Dans la même collection

BARTHE R., *La statistique descriptive en 10 leçons.*

BENOUN M., *Marketing, savoirs et savoir-faire*, 2e éd.

BERTONÈCHE M. et JACQUET D., *Risque de taux d'intérêt et choix des instruments financiers.*

BONNET F., *Comptabilité générale pour la gestion.*

CHA G. et PIGET P., *Comptabilité analytique.*

DEBEAUVAIS M. et SINNAH Y., *La gestion globale du risque de change : nouveaux enjeux et nouveaux risques*, 2e éd.

DESBARRIÈRES N., *La bourse et ses back-offices.*

DUPONT C. et AUDEBERT-LASROCHAS P., *Prévisions financières et tableau de variation d'encaisse.*

ERRERA J., *La gestion de l'entreprise et les échanges compensés.*

GARREC F., *Commerce international et finance : l'anglais des affaires – International Trade and Finance : a Language Textbook.*

HOUDAYER R., *Evaluation financière des projets.*

JAFFEUX C., *Le second marché – Mythes et réalités.*

LA BAUME Ch. (de), *Gestion du risque de taux d'intérêt*, 2e éd.

LABADIE A. et ROUSSEAU O., *Credit management - Gérer le risque client.*

LACHMANN J., *Le financement des stratégies de l'innovation.*

LACHMANN J., *Le seed capital : une nouvelle forme de capital-risque.*

LANGOT J., *Comptabilité anglo-saxonne*, 2e éd.

LENOIR R. et SARAVAS L., *La langue des affaires. Dictionnaire économique et commercial bilingue.*

MAHÉ de BOISLANDELLE H., *Gestion des ressources humaines dans les PME.*

MATHÉ J.C., *Politique générale de l'entreprise : analyse et management stratégiques.*

MONTIER J. et SCOGNAMIGLIO G., *Techniques de consolidation.*

ORÉAL S., *Management stratégique de l'entreprise.*

PILVERDIER-LATREYTE J., *Le marché financier français*, 3e éd.

THIEL D., *Management industriel.*

ZOPOUNIDIS C., *Evaluation du risque de défaillance de l'entreprise.*

Collection **Techniques de Gestion**

dirigée par Yves Simon, Professeur à l'Université de Paris IX-Dauphine et au Groupe HEC

Dictionnaire de l'Economie de la Finance et de la Comptabilité

(anglais/français et français/anglais)

Marie-Claude ESPOSITO

TG

ECONOMICA
49, rue Héricart, 75015 Paris

© Ed. ECONOMICA, 1997

Tous droits de reproduction, de traduction, d'adaptation et d'exécution
réservés pour tous les pays.

Remerciements

Je tiens à remercier les collègues de la Faculté de Sciences économiques et de Gestion de l'Université de Paris XII-Val de Marne qui m'ont apporté leur concours pour réaliser cet ouvrage. Ma reconnaissance va tout particulièrement à Nathalie MOURGUES, professeur en Sciences de Gestion, dont les conseils m'ont été très utiles tout au long de l'élaboration de ce dictionnaire.

Que John HUMBLEY, professeur de Linguistique à l'Université de Paris XIII, trouve également ici l'expression de ma gratitude.

Enfin, j'exprime ma reconnaissance au Professeur André GUILLAUME qui a bien voulu accepter d'effectuer une dernière relecture du manuscrit.

Bien entendu, je reste seule responsable de ce qui est écrit.

Avant-propos

Ce dictionnaire bilingue (anglais-français/français-anglais) présente des termes appartenant aux champs économique, financier et comptable. Il contient les principales expressions nominales relevant de ces trois champs disciplinaires ainsi que des adjectifs, des verbes, des prépositions et des adverbes qui apparaissent fréquemment dans les textes économiques. Les expressions nominales ont souvent été mises en situation à l'aide d'exemples. Ainsi, sous l'entrée **account**, on trouve **to keep the accounts, to open an account...** ; sous l'entrée **bénéfice**, on trouve **faire un bénéfice, participer aux bénéfices**...

La catégorie grammaticale est indiquée par une abréviation en caractère gras (**n**, **adj**, **v**, **prep**, **adv**). Du côté français/anglais, le genre est précisé (**nm** ou **nf**) de même que les formes féminines de mots masculins. Exemples :

exportateur -trice nm, f [gen, Eco] exporter ;
exportateur -trice adj export, exporting.

Les formes pluriel atypiques sont également données. Les mots qui ne sont utilisés qu'au pluriel font l'objet d'une entrée principale. L'abréviation **plu** derrière une entrée principale, indique l'usage exclusif du pluriel. Exemple :

advancers n, plu [St Ex] (US) valeurs (boursières) en hausse.

La traduction officielle d'un terme anglais est indiquée par le symbole (JO). L'usage britannique et l'usage américain sont précisés, le cas échéant, respectivement par les symboles (UK) et (US).

1. Les champs sémantiques

Ce dictionnaire couvre trois champs principaux : l'économie, la finance et la comptabilité. Il inclut également des termes appartenant à d'autres domaines sémantiques dont la connaissance est indispensable en économie (comptabilité nationale, statistiques, mathématique, droit, fiscalité...). Une abréviation entre crochets précise le domaine dont relève le mot. La liste de l'ensemble des abréviations utilisées est retracée au paragraphe 4. Lorsqu'une entrée principale relève de plusieurs champs sémantiques, ces derniers sont introduits à l'aide d'une numérotation chiffrée. Le chiffre 1, non suivi d'une abréviation entre crochets, donne le sens général du mot. Les sens différents à l'intérieur d'un champ sont introduits par les lettres **a), b), c), d)**. Les traductions équivalentes d'un mot sont séparées par une virgule ; les traductions non équivalentes sont séparées par un point-virgule. Exemples :

cost price prix de revient, prix coûtant ;

spot price [St Ex] a) cours au comptant ; b) prix du disponible sur les marchés de matières premières ; c) prix du marché libre (cf. marché des hydrocarbures) ;
prix de cession interne transfer price, intercompany price, intercompany transfer price (US), intra-group price ;
prix de référence a) benchmark ; b) reference price (cf. UE).

2. Ordre des mots

Les entrées principales sont classées par ordre alphabétique. Les entrées secondaires à une entrée principale sont classées par ordre alphabétique sans tenir compte du pluriel. Les variantes orthographiques, relatives à l'usage américain et britannique sont classées selon la règle de l'ordre alphabétique avec un renvoi à la forme traitée.

Lorsqu'une entrée (principale ou secondaire) présente un sigle, ce dernier est donné derrière le mot entre parenthèses. Chaque sigle fait également l'objet d'une entrée dans l'ordre alphabétique. Le développement du sigle (en italique) est traduit et la traduction est suivie de son sigle quand il en existe un. Exemples :
CAP *Common Agricultural Policy* Politique agricole commune (PAC).
MC *monnaie convertible* convertible currency (CC).
NAIRU *non-accelerating inflation rate of unemployment* taux de chômage non accélérateur de l'inflation (NAIRU).

Soulignons, dans certains cas, l'usage en français du sigle anglais.

3. Les composés

Les composés sont, en principe, regroupés sous des entrées principales. Toutefois, quelques composés, parce qu'ils sont considérés comme des mots-clé, font l'objet d'une entrée principale spécifique. A titre d'exemple, nous citerons : **interest rate, labour market, back door, masse monétaire, passager clandestin**. Quant aux composés écrits avec un trait d'union, ils font toujours l'objet d'une entrée principale.

Les entrées nominales principales représentent des mots-clé qui regroupent les mots composés (entrées secondaires) contenant le même mot-clé. Exemples :
market, entrée principale, regroupe des entrées secondaires telles que **black market, call market, exit market, market maker**
marché, entrée principale, regroupe des entrées secondaires telles que **marché de l'argent à court terme, marché émergent, marché hypothécaire, reprise du marché**

Du côté anglais, les expressions dans lesquelles le mot-clé est second ont été regroupées derrière le symbole * et les expressions dans lesquelles le mot clé est premier ont été regroupées derrière le symbole Δ. Exemple :
capital
* **circulating capital, debenture capital, funded capital**
Δ **capital accumulation**

Un mot composé est classé à l'entrée qui appartient à un des champs étudiés (**cash constraint** classé à **cash**). Lorsqu'un mot composé est formé de deux termes qui appartiennent à un champ étudié, le principe général est de classer le mot composé sous le deuxième terme (**debenture capital** classé à capital, **money capital** classé à **capital**). Toutefois, ce principe souffrant des exceptions, il est recommandé de vérifier qu'une expression composée ne soit pas classée sous le premier terme (ex : **capital accumulation** classée à **capital**). Dans certains cas, l'utilisation de l'abréviation q v indique à quelle entrée se reporter.

Du côté français, les expressions dans lesquelles le mot-clé est premier ont été regroupées derrière le symbole * et les expressions dans lesquelles le mot clé est second ont été regroupées derrière le symbole ∆. Exemple :

monnaie
* **monnaie de réserve**, **monnaie légale**, **monnaie papier**
∆ **création de monnaie**, **fausse monnaie**

4. Codes et abréviations utilisés

- Champs sémantiques

[Acc] comptabilité
[ASR] assurance
[Eco] économie (économie générale, macroéconomie, microéconomie, économie monétaire…) et économétrie
[Eco int] économie internationale
[Fin] finance, banque
[Fin pub] finance publique
[Fisc] fiscalité
[Jur] droit
[Math] mathématique
[SCN] comptabilité nationale
[St Ex] finance : marchés financiers
[Stat] statistiques

- Autres abréviations

adj	adjectif	prep	préposition
adv	adverbe	ptp	participe passé
cf.	(*confer*) voyez	q v	(*quod vide*) se reporter à l'entrée
f	féminin		
gen	sens général	qch	quelque chose
i.e.	(*id est*) c'est-à-dire	qn	quelqu'un
m	masculin	qqfs	quelquefois
n	nom	sb	somebody
nf	nom féminin	sth	something
nm	nom masculin	v	verbe
plu	pluriel	vs	versus

- Sigles utilisés

BDP	balance des paiements	IMF	International Monetary Fund
BIS	Bank for International Settlements	JO	Journal officiel
BOP	balance of payments	UE	Union Européenne
BRI	Banque des règlements internationaux	UK	a) usage britannique ; b) Royaume-Uni
EU	European Union	US	a) usage américain ; b) Etats-Unis
FMI	Fonds monétaire international		

Foreword

This bilingual dictionary (English-French/French-English) covers terms from economics, finance and accounting. Besides the main nouns and noun groups of these subject fields, the dictionary includes those adjectives, verbs prepositions and adverbs frequently met with in economic texts. The noun groups are often set in context with examples. Thus, under the entry **bénéfice,** the user will find the expressions **faire un bénéfice, participer aux bénéfices...**

The grammatical category is noted by an abbreviation in bold type (**n, adj, v, prep, adv**). In the French/English section, gender is indicated for nouns (**nm** or **nf**), and feminine forms of masculine nouns are given. For example :

exportateur -trice nm, f [gen, Eco] exporter ;
exportateur -trice adj export, exporting.

The official translation of an English-language term is marked with an abbreviation (JO = *Journal officiel*). British and American usages are marked as such, when relevant, by the abbreviations (UK) and (US) respectively.

1. Subject fields

As well as the three main subject fields economics, finance and accounting, the dictionary gives terms belonging to other fields which are essential to understanding economics (national income accounting, statistics, mathematics, law, taxation...). An abbreviation between square brackets indicates the subject field. The list of all abbreviations used is to be found in paragraph 4. When a main entry is used in several subject fields, these are presented numerically. When entry N°1 is not followed by an abbreviation in square brackets, it is the general meaning of the word that is given. The different meanings within a given subject field are indicated with letters **a), b), c), d)**. Equivalent translations are separated by a comma, whereas non-equivalent translations are separated by a semi-colon, for example :

cost price prix de revient, prix coûtant ;

spot price [St Ex] a) cours au comptant ; b) prix du disponible sur les marchés de matières premières ; c) prix du marché libre (cf. marché des hydrocarbures) ;

prix de cession interne transfer price, intercompany price, intercompany transfer price (US), intra-group price ;

prix de référence a) benchmark ; b) reference price (cf. UE).

2. Word order

Main entries are in strict alphabetical order. Secondary entries, found under main entries, are given in alphabetical order without taking plural forms into consideration. British and American spelling variations are given in alphabetical order, with cross reference to the entry.

Acronyms occurring in a main or secondary entry are given in brackets after the full form. Each acronym is also given as a main entry in alphabetical order, followed by the full form, the translation, and the equivalent acronym, when one exists, for example :

CAP *Common Agricultural Policy* Politique agricole commune (PAC).
MC *monnaie convertible* convertible currency (CC).
NAIRU *non-accelerating inflation rate of unemployment* taux de chômage non accélérateur de l'inflation (NAIRU).

It should be noted that in some cases French uses the English-language acronym.

3. Compounds

Compounds are usually to be found in the main entries. However, some compounds, which may be considered as key-words, are given headword status. This is the case, for instance, for **interest rate, labour market, back door, masse monétaire, passager clandestin**. Hyphenated compounds are always given as headwords.

Main noun entries have key-words with compounds (secondary entries) with the same key-word, for example :

market, main entry, contains secondary entries such as **black market, call market, exit market, market maker**

marché, main entry, contains secondary entries such as **marché de l'argent à court terme, marché émergent, marché hypothécaire, reprise du marché**

In English, the expressions in which the key-word comes first are marked with the symbol Δ, and when the key-word comes second it is marked with the symbol *, for example :

capital
* **circulating capital, debenture capital, funded capital**
Δ **capital accumulation**

A compound word is given in the entry corresponding to one of the fields studied (**cash constraint** is put under **cash**). A compound word made up of two terms which both belong to a field studied is generally listed under the second word (thus, **debenture capital** is put under **capital**). As there are exceptions, the user should check that a compound term is not listed under the first word (ex. **capital accumulation** is listed under **capital**). in certain cases, the abbreviation q v indicates which entry to turn to.

In French, the expressions where the key-word comes first are given after the symbol * and those where the key-word comes second after the symbol Δ.

monnaie
* **monnaie de réserve, monnaie légale, monnaie papier**
Δ **création de monnaie, fausse monnaie**

4. Codes and abbreviations used

- Subject fields

[Acc]	accounting	[Fin pub]	public finance
[ASR]	insurance	[Fisc]	taxation
[Eco]	economics (macroeconomics, microeconomics, monetary economics...) and econometrics	[Jur]	law
		[Math]	mathematics
		[SCN]	national income accounting
[Eco int]	international economics	[St Ex]	finance : financial markets
[Fin]	finance, bank	[Stat]	statistics

- Other abbreviations

adj	adjective	prep	preposition
adv	adverb	ptp	past participle
cf.	(*confer*) see	q v	(*quod vide*) look up this entry
f	feminine		
gen	general meaning	qch	quelque chose (something)
i.e.	(*id est*) that is	qn	quelqu'un (somebody)
m	masculine	qqfs	quelquefois (sometimes)
n	noun	sb	somebody
nf	feminine noun	sth	something
nm	masculine noun	v	verb
plu	plural	vs	versus

- Acronyms used

BDP	balance des paiements	IMF	International Monetary Fund
BIS	Bank for International Settlements		
		JO	Journal officiel
BOP	balance of payments	UE	Union Européenne
BRI	Banque des règlements internationaux	UK	a) British usage ; b) United Kingdom
EU	European Union	US	a) American usage ; b) United States
FMI	Fonds monétaire international		

ANGLAIS-FRANÇAIS
ENGLISH-FRENCH

A

A, AA, AAA [Fin, St Ex] notation financière attribuée par des agences de notation spécialisées, telles que *Moody's* et *Standard and Poor's*. AAA indique que l'émetteur d'un titre obligataire est sans risque aucun. Lorsque la lettre passe à B, le risque encouru par l'investisseur est important. D indique un risque de faillite.

abandonment n abandon, renonciation à un droit * **abandonment of the option** [St Ex] abandon de l'option ; **abandonment of the premium** [St Ex] abandon de la prime.

abatement n 1- réduction, diminution.
2- [Fisc] a) dégrèvement ; b) crédit d'impôt.

ABC analysis [Eco] loi de Pareto.

ability n compétence, aptitude * **ability to pay** solvabilité.

ABS *asset-backed securities* (US) titres représentatifs d'actifs bancaires.

absolute adj absolu.

absorb v 1- absorber *ou* amortir un choc.
2- [Eco] absorber une entreprise.

absorption n [Eco] absorption (opération de concentration d'entreprises).

abundance n [Eco] abondance.

abuse n abus * **abuse of confidence** abus de confiance ; **abuse of credit** abus de crédit.

A/C *account* compte.

AC *average cost* coût moyen (CM).

ACCA *accelerated capital cost allowance* amortissement fiscal accéléré.

accelerated adj accéléré.

acceleration n [Eco] accélération.
Δ **acceleration coefficient** coefficient d'accélération, accélérateur ; **acceleration principle** principe d'accélération.

accelerator n [Eco] accélérateur.

acceptance n 1- acceptation, accueil favorable.
2- [Fin] acceptation * **Banker's acceptance** acceptation de banque, acceptation bancaire ; **blank acceptance** acceptation en blanc.
Δ **acceptance clause** clause d'agrément (des actionnaires) ; **acceptance house** banque d'acceptation.

acceptor n [Fin] accepteur, tiré.

access n accès, admission * **access to financing** possibilité de trouver un financement.

accommodate v adapter, ajuster, accompagner * **to accommodate the credit demand** satisfaire la demande de crédit.

accommodating adj 1- obligeant. 2- [Eco] qui accompagne la conjoncture.

account (A/C, acct) **n** 1- [Acc, Fin, SCN] compte * **to keep the accounts** tenir la comptabilité ; **to open an account** ouvrir un compte ; **to overdraw an account** mettre un compte à découvert ; **to settle an account** régler un compte ; **to tamper with the accounts** falsifier les comptes ; **accounts payable** effets à payer, compte fournisseurs ; **accounts receivable** effets à recevoir, compte clients ; **activity accounts** [SCN] comptes de production des branches d'activité ; **adjustment accounts** comptes de régularisation ; **appropriation account** a) [SCN] compte qui regroupe les ressources et les emplois des différentes catégories d'agents ; b) [Acc] (UK) compte d'affectation des bénéfices ; **balance sheet accounts** comptes de bilan ; **balance sheet (and reconciliation) account** [SCN] compte de patrimoine ; **bank account** (UK) *or* **banking account** (US) compte bancaire ; **building society account** (UK) plan d'épargne logement ; **capital account** a) compte des opérations en capital (cf. BDP) ; b) [SCN] compte de capital ; **capital finance account** [SCN] compte de capital et de financement ; **check(ing) account** (US) compte courant ; **commodity account** [SCN] compte de biens et services marchands ; **control(ling) account** compte général, compte collectif ; **credit account** compte créditeur ; **current account** (UK) compte courant ; **dead account** compte fictif ; **debit account** ; compte débiteur ; **deposit account** compte de dépôts ; **disposable income and its appropriation account** [SCN] compte d'utilisation du revenu ; **doubtful accounts** (US) compte "créances douteuses" ; **drawing account** compte courant ; **escrow account** compte séquestre ; **(exchange) equalization account** fonds d'égalisation des changes, fonds de stabilisation des changes ; **external transactions account** [SCN] compte du Reste du Monde (compte RDM), compte des opérations avec l'extérieur ; **final accounts** comptes de résultats ; **financial account** [SCN] compte financier ; **flow accounts** [SCN] comptes de flux ; **frozen account** compte bloqué ; **general operating account** compte d'exploitation ; **group accounts** comptes de groupe ; **income account** a) [SCN] compte de revenu ; b) [Acc] compte d'exploitation ; **income and outlay account** [SCN] compte d'utilisation du revenu ; **IMF General Account** compte général du FMI ; **interest-bearing bank(ing) account** compte rémunéré ; **joint account** compte joint ; **loro account** compte loro ; **national accounts** [SCN] comptes de la nation ; **nostro account** compte nostro ; **NOW account** (US) compte à terme rémunéré qui peut être utilisé comme un compte à vue ; **numbered account** compte numéroté, compte numérique ; **open book account** compte courant ; **operating account**

compte d'exploitation ; **operating cost account** compte d'exploitation analytique ; **overdrawn account** compte à découvert ; **partners'current accounts** comptes d'associés ; **production account** [SCN] compte de production ; **profit and loss account** compte de pertes et profits ; **reconciliation account** compte de redressement ; **reserve account** compte de réserves facultatives ; **revaluation account** [SCN] compte de réévaluation ; **revenue account** (US) compte de résultat ; **savings account** compte d'épargne ; **screen account** [SCN] compte écran ; **share premium account** compte de prime d'émission, de fusion ou d'apport ; **share savings account** compte d'épargne en actions ; **Special Exchequer Account** (UK) compte spécial du Trésor ; **thrift account** (US) compte d'épargne ; **trading account** a) compte d'exploitation ; b) q v 2 ; **vostro account** compte vostro ; **working account** compte d'exploitation.

2- [St Ex] (UK) liquidation (en général deux semaines ; depuis juillet 1994, ce système est remplacé par un système de règlement-livraison en continu.) * **to buy for the account** faire des transactions à terme ; **end account** or **end of month account** liquidation de fin de mois ; **mid-month account** liquidation de quinzaine ; **trading account** les deux semaines précédant le jour de la liquidation.

Δ **account day** [St Ex] (UK) (jour de la) liquidation ; **accounts department** service de la comptabilité ; **account statement** relevé de compte.

accountancy n [Acc] comptabilité (cf. science) * **to study accountancy** faire des études de comptabilité.

accountant n [Acc] comptable * **certified public accountant** (US) or **chartered accountant** (UK) expert comptable ; **chief accountant** chef comptable ; **cost accountant** contrôleur de gestion ; **head accountant** chef comptable ; **management accountant** contrôleur de gestion.

accounting n [Acc] comptabilité, tenue des comptes * **accrual (basis) accounting** comptabilité des engagements ; **acquisition accounting** comptabilité aux coûts historiques ; **cash accounting** comptabilité sur la base des encaissements-décaissements, comptabilité de caisse ; **cost accounting** comptabilité analytique d'exploitation ; **fair value accounting** méthode du coût de remplacement ; **financial accounting** comptabilité générale ; **governmental accounting** (US) comptabilité publique ; **management accounting** comptabilité analytique ; **managerial accounting** comptabilité analytique ; **multiple currency accounting** comptabilité plurimonétaire ; **national (income) accounting** comptabilité nationale ; **private accounting** comptabilité privée ; **public service accounting** comptabilité publique.

Δ **accounting adjustment** ajustement comptable ; **accounting conventions** normes comptables ; **accounting cycle** cycle comptable ; **accounting entity** entité comptable, unité comptable ; **accoun-**

ting entry écriture comptable ; **accounting equation** équation comptable ; **accounting equilibrium** équilibre comptable ; **accounting firm** cabinet d'experts comptables ; **accounting framework** cadre comptable ; **accounting identity** équation comptable ; **accounting item** unité comptable ; **accounting period** exercice comptable ; **accounting procedures** règles comptables ; **accounting records** documents comptables ; **accounting standards** normes comptables ; **accounting unit** unité comptable ; **accounting year** exercice comptable.

accrual n 1- [Fin] accumulation, intérêts courus.
2- [Acc] **(plu) accruals** (US) charges et produits calculés et charges et produits décalés * **accrual of previously unrecorded expenses** charges à payer ; **accrual of previously unrecorded revenues** produits à recevoir ; **accruals receivable** sommes dues à la société (seront perçues à une date postérieure à l'arrêté du bilan).
Δ [Acc] **accrual basis** base des faits générateurs ; **accrual basis of accounting** comptabilité d'exercice.

accrue v [Fin] (interest) s'accroître, s'accumuler, courir * **interest accrues from**... les intérêts courent à partir de...

accruing adj (interest) à échoir.

acct *account* compte.

accumulate v (s') accumuler, (s') amasser.

accumulated adj cumulé.

accumulation n [Eco] accumulation (de capital) * **gross accumulation** [SCN] accumulation brute ; **net accumulation** [SCN] accumulation nette.

accumulative adj cumulatif.

achieve v réaliser, accomplir, mener à bien.

achievement n réalisation (d'un objectif), accomplissement * **the achievement of economies of scale** la réalisation d'économies d'échelle ; **the achievements of the Community** acquis communautaire (UE).

acknowledgement n a) reconnaissance des faits ; b) reçu, récipissé * **acknowledgement of debt** reconnaissance de dette.

acquire v acheter * **to acquire a company** acheter une entreprise.

acquisition n [Fin] achat d'une entreprise, prise de participation majoritaire * **acquisition of interests** prise de participation ; **cross-border acquisitions** acquisitions d'entreprises transfrontières.

across-the-board uniforme, général * **an across-the-board price increase** une augmentation générale des prix.

ACRS *accelerated cost recovery system* (US) méthode d'amortissement accéléré.

ACT *advance corporation tax* paiement anticipé de l'impôt sur les sociétés.

act n 1- action, acte.
2- [Jur] loi * **Act of Congress** (US) loi votée par le Congrès ; **Act of Parliament** (UK) loi votée par le Parlement ; **Appropriation Act** (UK) loi de finances ; **Balanced Budget Act** (US) loi sur l'équilibre du budget ; **Banking Act, 1987** (UK) loi bancaire de 1987 ; **Budget Act** (US) loi de finances ; **Building Societies Act, 1986** (UK) loi sur les sociétés de crédit immobilier de 1986 ; **Companies Act** (UK) loi sur les sociétés ; **Factory Act** (UK) loi sur les accidents du travail ; **Finance Act** (UK) loi de finances ; **Financial Services Act** (FSA), 1986 (UK) loi sur les services financiers de 1986 ; **Navigation Acts** (UK) lois de Navigation ; **Securities Act, 1933** (US) Loi sur les valeurs mobilières de 1933 ; **Securities Exchange Act, 1934** (US) loi sur les bourses de valeurs de 1934 ; **Single European Act** (SEA) Acte unique (UE).

act v agir * **to act on behalf of sb** agir au nom de quelqu'un.

action n 1- action.
2- [Jur] action en justice * **action for payment** action en paiement.

activation n [Eco] activation (JO).

active adj productif, en exploitation.

activity n 1- activité * **core activity** activité principale d'une entreprise ; **loss-making activity** activité non rentable ; **profit-making activity** or **profit-seeking activity** activité rentable, activité lucrative ; **reported activity** activité déclarée.
2- [SCN] branche d'activité * **ancillary activity** activité auxiliaire ; **primary activity** activité primaire ; **secondary activity** activité secondaire.

actor n 1- acteur.
2- [Eco] agent économique * **economic actor** agent économique.

actual adj effectif, véritable, constaté.

actuarial adj actuariel.

actuary n [Fin, ASR] actuaire.

adaptive adj évolutif, qui s'adapte.

add v 1- ajouter à, renforcer * **to add to the pressure** accentuer la pression.
2- [St Ex] gagner des points * **Gold shares added 1** les valeurs aurifaires ont gagné 1 point.
3- [Math] additionner.

addition n 1- apport, rajout, supplément * **addition to plant** agrandissement des installations.
2- [Math] addition.

additional adj en supplément, supplémentaire, d'appoint.

adjudication n [Jur] décision de tribunal * **adjudication of bankruptcy** déclaration de faillite.
Δ **adjudication order** jugement déclaratif de faillite.

adjust v a) (s') adapter ; b) corriger des données * **figures have been adjusted downwards** les chiffres ont été revus à la baisse ; **figures have been adjusted by GDP deflator** les chiffres ont été corrigés par le prix implicite du PIB.

adjustable adj variable, révisable, qui peut être ajusté.

adjusted adj corrigé, rectifié * **not seasonally adjusted** (NSA) (données) non désaisonnalisées ; **cyclically adjusted** [Eco] corrigé des influences de la conjoncture ; **seasonally adjusted** corrigé des variations saisonnières, désaisonnalisé.

adjustment n 1- ajustement, correction * **adjustment on conversion** [Fin] soulte de conversion ; **downward adjustment** révision à la baisse ; **industrial adjustment** adaptation industrielle, redéploiement industriel ; **seasonal adjustment** [Stat] désaisonnalisation, correction des variations saisonnières ; **upward adjustment** révision à la hausse.
2- [Acc] régularisation.
Δ **adjustment mechanism** [Eco int] mécanisme d'ajustement de la balance des paiements.

administer v (UK) gérer, administrer.

administered adj réglementé, administré.

administrate v (US) gérer, administrer.

administration n a) administration, gestion ; b) administration publique.

administrator n 1- gestionnaire, gérant.
2- [Jur] administrateur judiciaire.

admission n 1- admission, entrée.
2- [St Ex] admission à la cote, introduction en bourse.

ADR *American Depository Receipt* titre américain représentatif d'actions étrangères conservées dans le pays d'origine.

ADST *Approved Deferred Share Trust* (UK) un des systèmes d'intéressement des salariés aux bénéfices.

advance n 1- [Eco] avance, progrès * **economic advance** progrès économique ; **technical advance** progrès technique ; **technological advance** progrès technologique.
2- [Fin] avance, prêt ; **(plu) advances** (UK) prêts bancaires * **advance against collateral** *or* **advance against securities** avance sur titres ; **advance in foreign currencies** avance en devises ; **advances on contracts** [Acc] avances sur marchés ; **cash advance** avance en compte courant ; **secured advance** avance contre nantissement ; **uncovered advance** *or* **unsecured advance** avance à découvert.
3- [St Ex] **(plu) advances** valeurs (boursières) en hausse * **advances outnumbered declines** les valeurs en hausse ont été plus nombreuses que les valeurs en baisse.

advance v augmenter, progresser, monter.

advanced adj moderne, de pointe, d'avant garde.

advancers n, plu [St Ex] (US) valeurs (boursières) en hausse.

advantage n [gen, Eco int] avantage * **absolute advantage** avantage absolu ; **acquired advantages** avantages acquis ; **comparative advantage** avantage comparatif ; **competitive advantage** avantage en termes de concurrence ; **revealed comparative advantage (RCA)** avantage comparatif révélé.

adverse adj a) défavorable, indésirable ; b) déficitaire.

advertisement n a) annonce publicitaire ; b) annonce légale.

advertizing, advertising n publicité.

advertize, advertise v faire de la publicité.

AFBD *Association of Futures Brokers and Dealers* (UK) Association des courtiers et négociants de contrats à terme.

AFC *average fixed cost* coût fixe moyen (CFM).

affiliate n entreprise appartenant à un groupe de sociétés.

affiliated adj affilié.

affluence n abondance.

affluent adj riche, opulent, abondant.

afloat adv à flot * **to set afloat** renflouer, remettre à flot.

after-tax adj après impôt.

agency n 1- agence, bureau, succursale d'une banque.
2- [Jur] mandat, pouvoir.
3- [Eco, Fin] agence.
Δ **agency agreement** *or* **agency contract** [Eco, Fin] contrat d'agence, contrat de mandat ; **agency relation** [Eco, Fin] relation d'agence.

agent n agent, représentant, mandataire * **authorized agent** fondé de pouvoir ; **economic agent** agent économique ; **foreign agent** *or* **overseas agent** représentant à l'étranger.

aggregate n 1- ensemble, total * **in the aggregate** dans l'ensemble, globalement.
2- [Eco] agrégat * **broad (monetary) aggregate** agrégat monétaire de définition large ; **main aggregates** [SCN] principaux agrégats ; **monetary aggregate** agrégat monétaire ; **narrow (monetary) aggregate** *or* **narrowly-defined monetary aggregate** agrégat monétaire de définition étroite.

aggregate adj global, total.

aggregated adj [Stat] agrégé, de l'ensemble.

AGM *annual general meeting* assemblée générale des actionnaires.

agree v a) accepter, approuver * **to agree the accounts** *or* **the books** approuver les comptes, confirmer les écritures.
b) (figures) concorder, correspondre * **the figures do not agree** les chiffres ne correspondent pas.
c) être d'accord (*with* avec).

agreed adj convenu, forfaitaire.

agreement n accord, contrat * **to come to an agreement** arriver ou parvenir à un accord ; **to make an agreement with sb** passer un accord avec qn ; **to reach an agreement** arriver ou parvenir à un contrat ; **bilateral agreement** accord bilatéral ; **blanket agreement** accord global ; **Bretton Woods Agreement** Accords de Bretton Woods ; **buffer-stock agreement** [Eco int] accord de stock régulateur ; **clearance agreement** accord de compensation ; **European Monetary Agreement** (EMA) Accord monétaire européen (AME) ; **formal agreement** accord officiel ; **Free Trade Agreement** (FTA) Accord de libre-échange (entre US et Canada) ; **General Agreement on Tariffs and Trade** (GATT) Accord général sur les tarifs douaniers et commerciaux (AGETAC) ; **General Agreement on Trade of Services** (GATS) Accord général sur le commerce des services ; **gentleman's agreement** accord verbal ; **international commodity agreement** (ICA) accord international de produit (AIP) ; **marketing agreement** accord de commercialisation ; **monetary agreement** accord monétaire ; **multilateral agreement** accord multilatéral ; **mutual agreement** accord amiable ; **North America Free Trade Agreement** (NAFTA) Accord de libre échange nord américain (ALENA) ; **qualified agreement** accord conditionnel ; **Smithsonian Agreement** Accords de Washington ; **standstill agreement** [Fin] accord de non agression entre actionnaires ; **voluntary restraint agreement** (VRA) [Eco int] accord d'autolimitation ; **Yaounde Agreement** Accords de Yaoundé.

agribusiness n secteur agro-alimentaire.

agricultural adj agricole.

agriculture n agriculture.

AIBD *Association of International Bond Dealers* Association professionnelle des opérateurs en obligations internationales.

AICPA *American Institute of Certified Public Accountants* Ordre des experts comptables aux USA.

aid n 1- aide * **legal aid** aide judiciaire.
2- [Eco] aide publique au développement * **foreign aid** aide étrangère, aide extérieure ; **Marshall Aid** Plan Marshall ; **structural aid** aide structurelle ; **tied aid** [Eco int] aide liée ; **untied aid** [Eco int] aide non liée.

AIM *Alternative Investment Market* Second marché de la Bourse de Londres (créé en 1994 ; remplace le USM).

allocate v répartir, affecter.

allocation n affectation, répartition, ventilation * **allocation of resources** [Eco] allocation des ressources, répartition des ressources ; **allocation of shares** [Fin] attribution d'actions ; **budgetary allocation** dotation budgétaire ; **resource allocation** [Eco] allocation des ressources, dotation en facteurs de production.

Δ **allocation machinery** mécanisme de répartition des ressources.

allocative adj [Eco] relatif à l'allocation des ressources.

allot v allouer des crédits, attribuer des actions.

allotment n 1- [Fin] a) attribution, répartition * **allotment of shares** attribution d'actions ; b) attribution d'une part à un membre d'un syndicat bancaire (dans le cadre d'une euro-émission).
2- [Fin pub] dotation, crédit alloué *ou* attribué au titre du budget de l'Etat * **allotment of appropriations** répartition des crédits votés.

Δ **allotment letter** au moment d'une opération sur le capital, lettre par laquelle une société informe, ses anciens actionnaires, de leurs droits et du nombre d'actions qui leur sont attribuées.

allow for v corriger en fonction de, tenir compte de.

allowance n 1- a) déduction, abattement * **child tax allowance** [Fisc] déduction fiscale pour enfant ; **dependent (dependency) allowance** [Fisc] déduction fiscale pour personne à charge ; **personal allowance** [Fisc] abattement individuel.
b) indemnité, prestation * **cost of living allowance** prime pour vie chère ; **family allowances** allocations familiales ; **housing allowance** allocation logement ; **living allowance** indemnité journalière ; **rent allowance** allocation logement ; **shift allowance** indemnité pour travail posté ; **subsistence allowance** allocation journalière ; **transport allowance** prime de transport.
2- [Acc] dotation, provision, compte de provisions * **allowance for bad debts** provision pour créances douteuses ; **allowance for depreciation** provision pour amortissement, dotation au compte d'amortissement ; **allowance for doubtful accounts** (US) provision pour créances douteuses ; **allowance for inventory losses** provision pour dépréciation des stocks ; **allowance for uncollectible accounts** provisions pour dépréciation clients ; **allowance in cash** apport en espèces ; **allowance in kind** apport en nature ; **accelerated capital cost allowance** (ACCA) amortissement fiscal accéléré ; **capital allowance** (UK) dotation aux amortissements ; **capital cost allowance** (CCA) allocation du coût en capital ; **depreciation allowance** déduction pour amortissement, dotation au compte d'amortissement ; **initial allowance** (UK) amortissement initial ; **redemption allowance** (taux d') amortissement autorisé.

ALM *Assets and Liabilities Management* gestion actif passif (GAP).

alpha [Fin, St Ex] alpha.
Δ **alpha coefficient** *or* **alpha factor** coefficient alpha ; **alpha risk** [Math, Stat] risque de première espèce.

amalgamate v [Eco, Fin] fusionner.

amalgamation n [Eco, Fin] fusion, absorption.

AMEX *American Exchange* Bourse de New York (deuxième Bourse de New York pour les petites et moyennes entreprises).

amortization, amortisation n 1- [Fin] amortissement financier, amortissement d'un emprunt * **accelerated amortization** amortissement accéléré ; **straight line method amortization** amortissement linéaire, amortissement constant.
2- [Acc] (US) amortissement des immobilisations incorporelles.
Δ **amortization free of 2 years** différé d'amortissement de 2 ans ; **amortization table** tableau d'amortissement.

amortize, amortise v [Fin] amortir un emprunt, rembourser une dette.

amount n [gen, Fin, Acc] montant, somme * **amount brought forward** [Acc] somme reportée ; **amount carried forward** [Acc] somme à reporter ; **amount due under** somme due au titre de ; **amount of business** [St Ex] volume des transactions ; **amounts outstanding** encours ; **amount written off** amortissement ; **book amount** [Acc] valeur comptable ; **carrying amount** [Acc] valeur (nette) comptable ; **compensatory amounts** montants compensatoires (UE) ; **face amount** valeur nominale, valeur faciale ; **monetary compensatory amounts** (MCAs) montants compensatoires monétaires (MCM) (UE) ; **net book amount** [Acc] valeur comptable nette, valeur résiduelle ; **outstanding amount** montant restant dû ; **overall amount** montant total.

amount to v atteindre, s'élever à, se chiffrer à, représenter.

analysis n [Eco, Fin, Stat] analyse * **ABC analysis** loi de Pareto ; **chart analysis** [Fin] analyse chartiste ; **cost-benefit analysis** (CBA) [Eco] analyse coût-avantages (ACA) ; **cost-effectiveness analysis** (CEA) [Eco] analyse coût-efficacité (ACE) ; **critical path analysis** (CPA) analyse du chemin critique ; **cyclical analysis** [Eco] analyse conjoncturelle ; **disaggregated analysis** analyse détaillée ; **discriminant analysis** [Stat] analyse discriminante ; **dynamic analysis** [Eco] analyse en termes dynamiques ; **economic analysis** [Eco] analyse économique ; **factor analysis** [Stat] analyse factorielle ; **factor analysis of dependant structure** [Stat] analyse factorielle des correspondances ; **financial analysis** [Fin] analyse financière ; **incremental analysis** [Eco] analyse marginaliste ; **marginal analysis** [Eco] analyse marginaliste ; **Marx's analysis of surplus value** [Eco] analyse marxiste de la plus-value ; **monetary analysis** [Eco] analyse monétaire ; **multi-creteria analysis** (MCA) [Stat] analyse multicritères (AMC) ; **multi-creteria decision analysis** (MCDA) [Stat] analyse décisionnelle multicritères ; **portfolio analysis** analyse de portefeuille ; **principal component analysis** (PCA) [Stat] analyse en composantes principales (ACP) ; **risk-benefit analysis** (RBA) analyse risque-avantages (ARA) ; **static analysis** [Eco] analyse en termes statiques ; **statistical analysis** [Stat] analyse statistique ; **time-series analysis** [Stat] analyse des séries temporelles.

analyst n analyste * **financial analyst** or **security analyst** analyste financier.

analyze, analyse v analyser.

anchor n 1- ancre (de bateau).
2- [Eco] point d'ancrage * **the DM as the anchor of the ERM** le DM comme point d'ancrage du mécanisme de change du SME.

annual adj annuel.

annualize, annualise v annualiser.

annuity n [Fin] rente, annuité * **government annuity** rente sur l'Etat ; **life annuity** rente viagère ; **perpetual annuity** [Fin pub] rente perpétuelle ; **temporary annuity** rente temporaire.
Δ **annuity factor** facteur d'annuité, facteur de périodicité (FAP) ; **annuity payment** [Fin] rente.

ANPV *adjusted net present value* valeur actualisée nette ajustée (VANA).

anti-dumping n [Eco int] anti-dumping.

anti-inflationary adj [Eco] anti-inflationniste.

anti-trust adj (US) contre les pratiques restrictives et les monopoles.

anticipate v prévoir, escompter.

anticipated adj anticipé, attendu, prévu.

anticipation n anticipation, prévision.

anticyclic(al) adj [Eco] anticyclique.

AON *all or none order* ordre tout ou rien.

AP *additional premium* supplément de prime.

APB *Accounting Principles Board* (US) Conseil des principes comptables.

APC *average propensity to consume* propension moyenne à consommer (PMC).

APEC *Asia Pacific Economic Co-operation* Coopération économique dans la zone Asie-pacifique (APEC).

APM *average propensity to import* propension moyenne à importer (PMM).

applicant n 1- demandeur, candidat * **applicant for employment** demandeur d'emploi ; **job applicant** demandeur d'emploi.
2- [St Ex] * **applicant for shares** souscripteur.

application n 1- demande, candidature * **credit application** demande d'ouverture de crédit ; **job application** demande d'emploi.

2- [St Ex] demande de souscription * **application for excess shares** souscription d'actions à titre réductible ; **application for shares** souscription à des actions ; **excess application** souscription à titre réductible.
3- [Fin, Acc] affectation, utilisation * **applications of funds** utilisation des fonds, emploi des fonds (dans le rapport fourni aux actionnaires).

apply v imputer, répartir.

apply for v 1- demander, faire acte de candidature * **to apply for a job** faire une demande d'emploi.
2- [St Ex] souscrire (des actions, des obligations) * **to apply for shares** faire une demande de souscription d'actions.

apportion vt répartir, ventiler * **to apportion expenses to a period** [Acc] rattacher les charges à un exercice comptable.

apportioned adj réparti.

apportionment n ventilation, répartition * **apportionment of recorded costs** [Acc] répartition des charges payées d'avance ; **apportionment of recorded revenues** [Acc] répartition des produits encaissés d'avance.

appraised adj estimé, évalué.

appreciate v 1- apprécier.
2- [Eco, Fin] (currency) s'apprécier, monter ; (asset) prendre de la valeur.

appreciation n 1- estimation, évaluation.

2- [Eco, Fin] appréciation, hausse, augmentation de la valeur (d'un actif, d'une devise).

appropriate v [Fin, Acc] affecter des fonds.

appropriated adj [Fin, Acc] affecté.

appropriation n 1- [Fin pub] crédit budgétaire voté * **to allot appropriations** allouer des crédits votés ; **appropriations by type of expenditure** enveloppes budgétaires par type de dépenses ; **additional appropriations** (UK) crédits supplémentaires ; **authorized appropriation** crédit ouvert ; **block appropriations** enveloppe budgétaire, dotation budgétaire ; **budget appropriation** crédit budgétaire ; **deficiency appropriation** (US) crédit supplémentaire ; **supplementary appropriation** rallonge budgétaire ; **undistributed appropriations** crédits non affectés.
2- [Fin, Acc] répartition, affectation * **appropriation of funds** affectation de crédits ; **appropriation of the profits** répartition des bénéfices ; **appropriation to a reserve** dotation à une réserve ; **capital appropriations** bénéfices distribués ou mis en réserves.
Δ **appropriation line** ligne de crédit.

approval n approbation * **approval of the accounts** approbation des comptes.

approve v approuver, agréer, ratifier.

APS *average propensity to save* propension moyenne à épargner (PMS).

APT 1) *automated pit trading* (UK) système automatique de transactions en dehors des heures de séances sur le LIFFE.
2) *arbitrage pricing theory* théorie du prix d'arbitrage.

APW *average production worker* ouvrier moyen (OM).

AR *average revenue* recette moyenne (RM).

arbitrage n [Fin, St Ex] arbitrage, opération d'arbitrage * **arbitrage in exchange** arbitrage de change, arbitrage de devises ; **arbitrage in securities** arbitrage sur titres ; **arbitrage on goods** arbitrage sur marchandises ; **compound arbitrage** arbitrage indirect ; **covered interest rate arbitrage** arbitrage de taux d'intérêt avec couverture à terme, arbitrage de taux d'intérêt couverts ; **direct arbitrage** arbitrage direct ; **exchange arbitrage** arbitrage sur les taux de change ; **exchange rate arbitrage** arbitrage sur les taux de change ; **forward exchange rate arbitrage** arbitrage de taux de change à terme ; **index arbitrage** arbitrage sur indices ; **indirect arbitrage** arbitrage indirect ; **interest arbitrage** arbitrage de taux d'intérêt ; **interest rate arbitrage** arbitrage de taux d'intérêt ; **passive interest arbitrage** arbitrage passif de taux d'intérêt ; **spot exchange rate arbitrage** arbitrage de taux de change au comptant ; **time arbitrage** arbitrage d'échéances ; **triangular arbitrage** arbitrage triangulaire.
Δ **arbitrage opportunity** possibilité d'arbitrage.

arbitrager, arbitrageur n [St Ex] arbitragiste.

arbitrate v juger, trancher, arbitrer dans un conflit social.

arbitration n [Jur] arbitrage * **wage arbitration** arbitrage salarial.

area n zone, territoire, région * **assisted area** (UK) région assistée ; **depressed area** région touchée par la récession ; **distressed area** zone *ou* région en difficulté ; **European Economic Area** (EEA) Espace économique européen (EEE) ; **European Free Trade Area** (EFTA) Association européenne de libre-échange (AELE) ; **fringe area** a) zone périphérique ; b) domaine marginal ; **grey area** [Eco int] zone grise ; **growth area** secteur porteur, secteur d'avenir ; **intermediate area** (UK) région intermédiaire (cf. politique régionale) ; **less favoured area** (LFA) zone défavorisée ; **monetary area** zone monétaire ; **Overseas Sterling Area** (OSA) zone sterling ; **preferred trade area** (PTA) zone d'échanges préférentiels (ZEP) ; **problem area** a) question délicate ; b) région en crise économique.
Δ **area differential** indice différentiel de zone.

ARM *adjustable rate mortgage* (US) prêt hypothécaire à taux variable.

arm's length * **at arm's length** [Jur] d'égal à égal, sur un pied d'égalité ; **dealing at arm's length** traitant à des conditions normales de libre concurrrence.

ARP *adjustable rate preferred stock* (US) action privilégiée à taux variable.

arrangement n a) accord * **General Arrangements to Borrow** (GAB) Accords généraux d'emprunt (AGE) (cf. FMI) ; **multi-year arrangement** accord pluriannuel ; **Multifibres Arrangement** (MFA) Accord multifibres (AMF) ; **orderly marketing arrangement** (OMA) [Eco int] accord de commmercialisation ordonnée.
b) **(plu) arrangements** dispositions, mesures * **special arrangements** dispositions particulières.

arranger n [Fin] arrangeur (JO).

arrears n [Fin] arriéré, somme due non encore payée * **arrears of interest** arriérés d'intérêts, arrérages ; **arrears of payments** arriérés de paiement ; **arrears of principal** arriérés du capital ; **arrears of tax** arriéré d'impôt ; **arrears of wages** rappel de salaire ; **in arrears** en retard dans son paiement ; **payment arrears** arriérés de paiement.

article n 1- article, objet.
2- [Jur] article, clause d'un contrat * **articles of association** (UK) *or* **articles of incorporation** (US) statuts de société (cf. sociétés de capitaux) ; **articles of partnership** contrat de société (cf. société de personnes).

ASB *Accounting Standards Board* (UK) Conseil des normes comptables.

AsDF *Asian Development Fund* Fonds asiatique de développement.

ASP *American selling price* prix auquel est vendu, sur le marché américain, un produit importé (l'évaluation en douane est établie à partir d'un produit similaire fabriqué aux USA).

assess v évaluer, apprécier, donner le bilan de.

assessable adj imposable.

assessment n 1- appréciation, évaluation.
2- [Fisc] imposition * **presumptive assessment** forfait, évaluation forfaitaire.
Δ **assessment list** rôle.

asset n 1- [Eco, Fin] actif * **to dispose of assets** [Fin] céder des actifs ; **currency assets** avoirs en devises ; **economic asset** actif économique ; **external assets** créances sur l'étranger, avoirs à l'étranger ; **financial asset** actif financier ; **foreign assets** créances sur l'étranger, avoirs à l'étranger ; **foreign currency denominated asset** actif libellé en monnaie étrangère ; **liquid asset** actif liquide ; **liquid assets** a) liquidités de l'économie ; b) portefeuille de liquidités ; **monetary asset(s)** *or* **money asset(s)** actif(s) monétaire(s) ; **near-money asset(s)** actif(s) quasi-monétaire(s) ; **net external assets** avoirs extérieurs nets ; **net foreign assets of banks** position extérieure nette des banques ; **non-monetary asset(s)** actifs(s) non monétaires ; **official foreign assets** réserves officielles ;

paper asset actif financier ; **permanent assets** capitaux permanents ; **real asset** actif réel, bien immobilier ; **risk asset** actif *ou* placement à risque ; **underlying asset** actif sous-jacent, sous-jacent.
2- [Acc] a) élément d'actif (au bilan) ; b) **(plu) assets** l'actif du bilan * **assets and liabilities** a) actif et passif, avoirs et engagements, créances et dettes ; b) ressources et emplois ; **assets in kind** apports en nature ; **active asset(s)** élément(s) d'actif productifs de revenus ; **cash assets** liquidités, actif disponible ; **circulating assets** actif circulant, actif réalisable à court terme ; **current assets** actif circulant, actif réalisable à court terme, valeurs réalisables ; **dead assets** *or* **fictitious assets** actif fictif, non-valeurs ; **fixed assets** immobilisations, actif immobilisé ; **inactive asset** élément d'actif improductif ; **intangible assets** immobilisations incorporelles ; **frozen assets** actifs gelés ; **liquid assets** liquidités, actif disponible ; **long-term assets** actif immobilisé ; **net assets** actif net ; **non-wasting assets** actifs indéfectibles ; **operating assets** a) valeurs d'exploitation ; b) stocks et en-cours ; **other fixed assets** autres immobilisations ; **physical assets** actifs corporels, immobilisations corporelles ; **portfolio assets** actifs de portefeuille ; **quick assets** (US) actif mobilisable à très court terme ; **sight assets** avoirs disponibles à vue ; **tangible assets** immobilisations réelles, immobilisations corporelles ; **wasting assets** actifs défectibles.

∆ **asset allocation** allocation d'actifs ; **assets and liabilities management** (ALM) gestion actif-passif (GAP) (JO) ; **asset management** gestion de portefeuille, gestion de patrimoine ; **asset pricing** évaluation des actifs ; **asset sale** cession d'actifs ; **asset stripping** démembrement des actifs.

assign v 1- assigner, attribuer.
2- [Jur] céder, attribuer.
3- [Acc] imputer une charge.

assignable adj transférable.

assignation n 1- [Jur] cession, transfert.
2- [Fin] cession.

assignee n [Jur] cessionnaire * **assignee of bankruptcy** syndic de faillite.

assignment n 1- a) tâche assignée ; b) affectation (de personnel).
2- [Fin, Acc] cession, transfert * **assignment of a patent** cession d'un brevet ; **assignment of receivables** mobilisation de créances.
∆ **assignment agreement** accord de cession de créance.

assignor n [Jur] cédant(e).

assistance n assistance, aide * **assistance for economic development** aide au développement ; **foreign assistance** aide étrangère, aide extérieure ; **housing assistance** aide au logement ; **regional selective assistance** (RSA) (UK) assistance sélective régionale.

associate n associé.

associate v s'associer.

associated adj associé, lié.

association n association * **Association of Futures Brokers and Dealers** (AFBD) (UK) Association des courtiers et négociants de contrats à terme (a fusionné, en avril 1991, avec la Securities Association pour former The Securities Association (TSA)) ; **Association of International Bond Dealers** (AIBD) association professionnelle des opérateurs en obligations internationales ; **Association of South East Asian Nations** (ASEAN) Association des nations de l'Asie du Sud-Est (ANASE) ; **employers' association** syndicat patronal ; **Government National Mortgage Association** (GNMA) (US) organisme dépendant du ministère du Logement, spécialisé dans l'aide au logement à faible loyer ; **International Development Association** (IDA) Association internationale de développement (IDA) ; **National Association of Securities Dealers** (NASD) (US) Association des négociants de titres sur le marché de gré à gré ; **National Association of Securities Dealers Automated Quotations** (NASDAQ) [St Ex] marché NASDAQ (marché de gré à gré automatisé) ; **trade association** association professionnelle.

assume v faire l'hypothèse.

assumption n 1- supposition.
2- [Math, Stat, Eco] hypothèse * **conflicting assumptions** hypothèses contradictoires.

atomicity n [Eco] atomicité * **atomicity of demand** atomicité de la demande ; **atomicity of supply** atomicité de l'offre.

ATM *automated teller machine* or *automatic teller machine* or *automatic telling machine* guichet automatique de banque (GAB).

auction n 1- vente aux enchères * **to sell at auction** (US) or **to sell by auction** (UK) vendre aux enchères.
2- [Fin] adjudication * **bill auction** (US) adjudication de bons du Trésor ; **debt auction** (US) adjudication des titres de la dette ; **Dutch auction** adjudication "à la hollandaise" ; **French auction** adjudication "à la française".

auction v vendre *ou* mettre aux enchères.

auctioneer n adjudicateur.

audit n [Acc] vérification des comptes, expertise des comptes * **external audit** vérification des comptes externe à l'entreprise ; **field audit** vérification des comptes sur place ; **internal audit** vérification des comptes interne à l'entreprise ; **management audit** contrôle de gestion.

audit v [Acc] vérifier les comptes, faire un audit.

auditing n [Acc] a) vérification des comptes ; b) expertise comptable.

auditor n [Acc] a) contrôleur de gestion ; b) commissaire aux comptes.

augment v augmenter.

austerity n austérité.

autarchy n [Eco] autarcie.

authority n a) (competence) autorité.
b) mandat, habilitation * **management authority** [St Ex] mandat de gestion.
c) organisme officiel, pouvoirs publics * **customs authority** administration des douanes, services douaniers ; **High Authority** Haute autorité de la CECA ; **local authority** collectivité locale ; **monetary authorities** autorités monétaires ; **regulatory authorities** [St Ex] autorités de tutelle, organisations professionnelles chargées de la réglementation ; **reserve authorities** autorités monétaires ; **Securities and Futures Authority** (SFA) [St Ex] (UK) organisme qui, depuis 1991, contrôle les transactions sur titres et les contrats à terme.

authorization, authorisation n 1- [Jur] pouvoir, mandat.
2- [Fin] autorisation.

authorize, authorise v 1- [Jur] **to be authorized to do st** avoir qualité pour faire qqch.
2- [Fin] approuver, ouvrir (un crédit).

automate v automatiser.

automatic adj automatique.

automation n [Eco] automatisation.

autonomous adj [Eco] autonome, spontané.

available adj disponible.

AVC *average variable cost* coût variable moyen (CVM).

average n 1- moyenne * **above average** supérieur à la moyenne ; **arithmetic average** moyenne arithmétique ; **on average** en moyenne ; **moving average** moyenne mobile ; **weighted average** moyenne pondérée.
2- [St Ex] (US) indice boursier * **Dow Jones Average** indice Dow Jones ; **transportation average** indice des transports ; **utility average** indice des services publics privés.

average adj moyen.

average v a) établir une moyenne ;
b) atteindre une moyenne.

avoidance n 1- action d'éviter.
2- [Jur] annulation, résiliation.

award n 1- récompense.
2- [Jur] décision d'arbitrage.
3- [Fin] **Dutch award** adjudication "à la hollandaise" ; **French award** [Fin] adjudication "à la française".

Δ **award (wage) rate** taux de salaire fixé par arbitrage.

award v 1- décerner un prix, une récompense.
2- [Jur] adjuger.

AWU *annual work unit* unité travail-homme (UTH).

B

back v 1- soutenir, appuyer.
2- [Fin] cautionner, garantir * **to back a bill** avaliser une traite.

back door n [Eco] (UK) mécanisme par lequel la Banque d'Angleterre intervient sur le marché monétaire pour racheter des bons du Trésor au prix du marché. S'oppose à la technique du *front door*.

back-office n q v backoffice.

back-up adj d'appoint, de substitution.

back-up v soutenir, appuyer.

back-up line n [Fin] ligne de substitution (JO), ligne de garantie * **back-up line of credit** ligne de crédit de substitution.

backdate v antidater.

backdrop n * **inflationary backdrop** [Eco] contexte inflationniste.

backer n 1- commanditaire.
2- [Fin] donneur d'aval * **financial backer** bailleur de fonds.

backing n 1- soutien, appui.
2- [Fin] garantie * **gold backing** couverture or.

backlash n choc en retour.

backoffice n [St Ex] post-marché (JO).

backpayments n, plu [Fin] arrérages, rappels.

backward adj vers l'amont, en amont.

backwardation n [St Ex] déport (cf. marchés à terme).
Δ **backwardation rate** taux de déport.

badwill n [Acc] sous-valeur (des actifs incorporels d'une entreprise).

bail n [Jur] caution.

bail out v 1- [Jur] mettre en liberté sous caution.
2- [Fin] renflouer une entreprise.

bailout n [Fin] renflouement d'une entreprise, sauvetage financier d'une entreprise.

balance n 1- [Eco] a) balance (cf. BDP) * **balance of capital transfers** balance des transferts de capitaux ; **balance of current payments** balances des opérations courantes ; **balance of (direct) investment income** balance des revenus des investissements (directs) ; **balance of external claims and liabilities** balance des créances et des dettes sur l'étranger ; **balance of goods and services** balance des biens et services ; **balance of invisible trade** balance des invisibles ; **balance of invisible transactions** balance des invisibles ; **balance of non-monetary movements** balances des mouvements non monétaires ; **balance of payments** q v balance of payments ; **balance of services** balances des services ; **balance of trade** balance commerciale ; **balance of transfers** balance des transferts unilatéraux ; **balance on a liquidity base** balance des liquidités ; **balance on capital account** balance des opérations en capital ; **balance on capital flows** balance des capitaux ; **balance on current account** balance des opérations courantes ; **basic balance** balance de base ; **current (account) balance** balance des opérations courantes ; **external capital balance** solde des opérations en capital avec l'étranger ; **invisible balance** balance des invisibles ; **liquidity balance** balance des liquidités ; **official balance** or **official payments balance** or **official reserve transactions balance** or **official settlements balance** balance des règlements officiels ; **trade balance** balance commerciale ; **unfavourable trade balance** balance commerciale déficitaire.

b) **(plu) balances** encaisses, monnaie, liquidités * **active balances** monnaie active ; **bank balances** avoirs en banque ; **cash balances** encaisses de transaction ; **desired balances** encaisses désirées ; **dollar balances** balances dollars ; **foreign-held balances** avoirs détenus par les non-résidents ; **hoarded balances** encaisses thésaurisées ; **idle balances** monnaie oisive ; **money balances** encaisses monétaires ; **precautionary balances** encaisses de précaution ; **real (money) balances** encaisses réelles ; **sight balances** disponibilités à vue ; **speculative balances** encaisses de spéculation ; **sterling balances** balances sterling ; **transaction balances** encaisses actives, encaisses de transaction.

2- [Acc] solde, balance * **to strike the balance of an account** établir le solde d'un compte ; **the balances of the balance of payments** les soldes de la balance des paiements ; **balance brought forward** report, solde reporté ; **balance carried forward** solde à reporter ; **balance due** solde à régler ; **balance from last account** solde de l'exercice précédent ; **balance in account** solde créditeur en compte ; **balance in hand** solde créditeur en caisse ; **balance to be paid within 30 days** solde payable à 30 jours ; **active balance** solde créditeur ; **adjusted trial balance** balance de vérification ; **adverse balance** solde débiteur, solde négatif ; **adverse balance brought forward** pertes antérieures ; **bank balance** solde en banque ; **cash balance** solde de trésorerie ; **credit balance** solde créditeur ; **debit balance** solde débiteur ; **fiscal balance** [Eco] solde budgétaire ; **loss balance** solde déficitaire ; **net asset balance** [SCN] solde du compte de financement ; **opening balances** soldes en début d'exercice ; **trial balance** balance d'inventaire ; **trial balance after closing** balance d'inventaire définitive ; **trial balance before closing** balance préparatoire d'inventaire ; **unadjusted trial balance** balance avant inventaire.

∆ **balance item** poste du bilan ; **balance sheet** q v balance sheet.

balance v a) équilibrer (un budget, des comptes).
b) arrêter *ou* solder (un compte) * **to balance the books** arrêter les comptes ; **to balance the cash** faire la caisse.
c) (accounts) s'équilibrer.

balance of payments n (BOP *or* BoP) balance des paiements (BDP) * **balance of payments on a payment basis** *or* **balance of payments on a settlement basis** balance des paiements en termes de règlements ; **balance of payments on a transaction basis** *or* **balance of payments on an economic basis** balance des paiements en termes de transactions ; **overall balance of payments** balance globale.

balance sheet (B/S *or* bs) **n** [Acc, Fin] bilan * **to draw up the balance sheet** établir le bilan ; **to restore the balance sheet** rétablir la situation financière ; **balance sheet showing a loss** bilan déficitaire ; **balance sheet showing a profit** bilan bénéficiaire ; **active balance sheet** bilan bénéficiaire ; **adverse balance sheet** bilan déficitaire ; **closing balance sheet** bilan de fin d'exercice ; **consolidated balance sheet** bilan consolidé, comptes consolidés ; **employment-resources balance sheet** bilan ressources-emplois, bilan fonctionnel ; **final balance sheet** bilan de clôture ; **group balance sheet** bilan consolidé ; **provisional balance sheet** bilan intérimaire ; **summarized balance sheet** extrait de bilan ; **valuation balance sheet** bilan technique.
Δ **balance sheet position** situation financière ; **balance sheet ratio** ratio de bilan.

balanced adj équilibré, soldé.

balancing n compensation, régularisation.

balancing adj compensateur, d'équilibre.

balloon v (prices) monter en flèche.

ban n interdiction * **ban on imports** embargo sur les importations.

ban v interdire.

bancor n [Eco] bancor.

band n [Eco] fourchette, tranche * **fiscal band** [Fisc] tranche d'imposition ; **flexible bands** plages horaires mobiles.

bank n [gen, Eco, Fin] banque * **Bank For International Settlements** (BIS) Banque des règlements internationaux (BRI) ; **Bank of England** Banque d'Angleterre ; **Bank of France** Banque de France ; **bank of issue** banque d'émission, institut d'émission ; **acceptance bank** (US) banque d'acceptation ; **accepting bank** banque acceptante ; **advising bank** banque notificatrice ; **agent bank** banque mandataire (lors de l'octroi d'un eurocrédit par un consortium bancaire) ; **bankers' bank** banque des banques (cf. banque centrale) ; **central bank** q v central bank ; **city bank** (US, Japon) grande banque commerciale ; **clearing bank** (UK) banque de dépôts, banque commerciale ; **commercial bank** banque commerciale, banque de dépôts ; **data bank** banque de données ; **deposit bank** banque de dépôts ; **European Bank for Reconstruction and Development** (EBRD) Banque européenne pour la reconstruction et le développement (BERD) ; **European Central Bank** (ECB) Banque cenrale européenne (BCE) ; **European Investment Bank** (EIB) Banque européenne d'investissement (BEI) ; **federal reserve bank** (US) banque appartenant au Système fédéral de réserve (FED) ; **fringe bank** (UK) petite banque dans la Cité de Londres ; **high-street bank** (UK) banque grand public ; **Inter-American Development Bank** (IDB) Banque interaméricaine de développement (BID) ; **International Bank for Economic Co-operation** (IBEC) Banque Internationale pour la coopération économique (BICE) ; **International Bank for Reconstruction and Development** (IBRD) Banque internationale pour la reconstruction et le développement (BIRD) ; **International Investment Bank** (IIB) Banque internationale d'investissement (BII) ; **investment bank** (US) banques d'affaires ; **issuing bank** banque émétrice ; **joint-stock bank** banque de dépôts constituée en société anonyme ; **joint-venture bank** filiale commune de banque ; **lead bank** banque chef de file ; **long and medium-term credit bank** banque de crédit à moyen et long terme ; **managing bank** banque chef de file ; **member bank** (US) banque affiliée au Système fédéral de réserve (FED) ; **merchant bank** (UK) banque d'affaires ; **National Savings Bank** (UK) Caisse nationale d'épargne ; **non-member bank** (US) banque qui n'appartient pas au Système fédéral de réserve (FED) ; **non-registered bank** banque non inscrite ; **offshore bank** banque hors-lieu ; **registered bank** banque inscrite ; **retail bank** banque de détail (JO) ; **savings bank** caisse d'épargne ; **second tier bank** banque de second rang ; **trust bank** banque d'investissement ; **universal bank** banque universelle (JO) ; **underwriting bank** banque garante (cf syndicat d'enchères) ; **wholesale bank** banque spécialisée dans les grosses opérations.

Δ **bank accommodation** avance bancaire, facilité de caisse ; **bank branch** succursale bancaire ; **banks'despecialization** déspécialisation bancaire ; **bank failure** faillite bancaire ; **bank giro** (UK) paiement par virement bancaire ; **bank holiday** (UK) jour férié ; **bank line** (US) ligne de crédit ; **bank note** billet de banque ; **Bank rate** taux officiel d'escompte ; **bank secrecy** secret bancaire ; **bank statement** a) (particulier) relevé de compte bancaire ; b) (banque) situation financière de la banque ; **bank syndicate** consortium bancaire, syndicat de banques.

bank v déposer en banque * **to bank with Barclays** avoir un compte à la Barclays.

bank-to-bank adj [Eco, Fin] interbancaire.

bankable adj [Eco, Fin] bancable.

banker n [gen, Eco, Fin] banquier.

banking n [Eco, Fin] activité bancaire, opérations bancaires * **corporate banking** banque d'entreprise (JO) ; **correspondent banking** activités de correspondant bancaire ; **free banking** liberté totale d'émission ; **global banking** banque universelle (JO) ; **high-street banking** activités bancaires grand public ; **home banking** banque à domicile (JO) ; **offshore banking** opérations bancaires extraterritoriales ; **private banking** services bancaires aux particuliers ; **retail banking** banque de détail (JO) ; **unit banking** (US) banque sans succursale ; **universal banking** banque universelle (JO) ; **wholesale banking** banque de gros (JO).
Δ **banking business** activité bancaire ; **banking commission** commission bancaire ; **banking regulations** réglementation des banques ; **Banking (School) Principle** principe de (l'Ecole de) la banque (par opposition au *Currency School Principle*) ; **banking supervision** surveillance des activités bancaires ; **banking supervisor** organisme de surveillance du système bancaire.

banknote n [gen, Eco, Fin] billet de banque.

bankrupt adj [Jur] failli, en faillite * **to be bankrupt** être en faillite ; **to go bankrupt** faire faillite.

bankrupt v [Jur] mettre en faillite.

bankruptcy n [Jur] dépôt de bilan, faillite * **to file for bankruptcy** déposer son bilan ; **fraudulent bankruptcy** faillite frauduleuse ; **voluntary bankruptcy** dépôt de bilan.
Δ **bankruptcy court** tribunal de commerce ; **bankruptcy proceedings** procédure de faillite.

bargain n 1- bonne affaire.
2- [St Ex] (UK) transaction boursière * **bargains done** nombre de transactions boursières faites en une journée.
3- **(plu) bargains** [Fisc] concessions réciproques (dans une convention fiscale).

bargain v marchander, négocier des augmentations de salaire.

bargaining n négociation, marchandage * **collective bargaining** négociation collective.
Δ **bargaining power** pouvoir de négociation, marge de manœuvre dans une négociation.

barrier n [Eco] barrière * **barrier to entry** barrière à l'entrée ; **barrier to exit** barrière à la sortie ; **barrier to mobility** barrière à la mobilité ; **customs barrier** barrière douanière ; **exit barrier** barrière à la sortie ; **import barrier** barrière aux importations ; **non-tariff barriers** (NTB) barrières non tarifaires ; **tariff barriers** *or* **trade barriers** barrière tarifaires.

barter n [Eco int] troc, compensation * **barter and countertrade deal** opération de troc et d'échange compensé.
Δ **barter agreement** accord de troc, accord de compensation ; **barter deal** opération de troc, opération d'échange compensé ; **on barter terms** dans le cadre d'accords de compensation.

barter v échanger, troquer, faire du troc.

base n 1- base, fondement, point de départ * **comparison base** [Stat] base de référence ; **economic base** tissu économique ; **financial base** surface financière d'une entreprise ; **industrial base** tissu industriel ; **monetary base** [Eco] base monétaire.
2- [Fisc] assiette * **contribution base** or **contributory base** assiette des cotisations.
Δ **base period** période de référence ; **base year** année de référence.

base-line n niveau de départ, niveau de référence.

base-weighted adj pondéré par les valeurs observées pendant la période de référence.

basic adj de base, essentiel.

basis n 1- base * **on a cash basis** q v cash ; **on a financial year basis** d'un exercice à l'autre ; **on a long-term basis** durablement, à long terme ; **on a short-term basis** à court terme.
2- [Fisc] assiette * **basis of assessment** assiette de l'impôt ; **basis of tax assessment** assiette de l'impôt ; **basis of taxation** assiette de l'impôt ; **presumptive basis** base forfaitaire.

basket n [gen, Eco] panier * **basket of currencies** panier de devises ; **household basket** or **housewife's shopping basket** panier de la ménagère ; **SDR basket** panier de détermination du taux d'intérêt sur les DTS.
Δ **basket clause** [Jur] clause qui regroupe tous les cas qui n'ont pas été traités ailleurs ; **basket clause provision** [Fin] clause de répartition des risques.

BCR *benefit-cost ratio* rapport avantages-coûts.

bear n [St Ex] spéculateur à la baisse, vendeur à découvert * **to go a bear** spéculer à la baisse ; **to sell a bear** vendre à découvert.
Δ **bear account** a) position vendeur ; b) position à découvert avant la liquidation ; **bear closing** (UK) rachats par les vendeurs à découvert ; **bear covering** (UK) rachats par les vendeurs à découvert ; **bear operation** spéculation à la baisse ; **bear position** a) position vendeur, position à la baisse ; b) position à découvert (avant la liquidation) ; **bear sale** vente à découvert ; **bear seller** vendeur à découvert ; **bear speculation** spéculation à la baisse ; **bear squeeze** (UK) marché devenant brutalement haussier ; **bear transaction** spéculation à la baisse.

bear v 1- [Fin] rapporter un intérêt * **to bear a 10 % interest** rapporter 10 % d'intérêt.
2- [St Ex] chercher à faire baisser * **to bear the market** spéculer à la baisse.

bearer adj [Fin] au porteur.

bearish adj [St Ex] orienté à la baisse, baissier.

bed-and-breakfast n [St Ex] procédure qui consiste à vendre des actions à la fin d'une session boursière et à les racheter le lendemain afin de mettre en évidence, pour des raisons fiscales, un gain ou une perte.

behaviour n [gen, Eco] comportement * **behaviour of the currency** tenue de la monnaie ; **buying behaviour** comportement d'achat ; **monopolistic behaviour** comportement monopolistique ; **rational behaviour** comportement rationnel.

behavioural adj behavioriste.

BEL 20 *stock index in Brussels* indice boursier à Bruxelles (BEL 20).

BELFOX *Brussels financial futures market* marché à terme des instruments financiers à Bruxelles (BELFOX).

bellwether n [St Ex] indicateur de tendance, valeur de référence.

benchmark n repère, point de référence.
Δ **benchmark method** [Fin, Acc] méthode de référence (JO).

benchmarked adj [Stat] calé sur.

beneficial adj avantageux (*to* pour), salutaire (*to* pour).

beneficiary n [Jur] bénéficiaire, ayant droit.

benefit n a) avantage, effet positif * **economic benefit** avantage économique ; **incremental benefit** avantage additionnel ; **induced benefit** avantage induit.
b) allocation, prestation, indemnité * **benefit and endowment** avantages et prestations ; **benefit in cash** prestation en espèce ; **benefit in kind** prestation en nature ; **contingency benefit** prestation liée à un risque (cf maladie) ; **family benefits** allocations familiales ; **fringe benefits** avantages accessoires, avantages extra-salariaux ; **housing benefit** allocation logement ; **means-tested benefits** prestations liées à des conditions de ressources ; **sickness benefit** prestation de la sécurité sociale en cas de maladie ; **social benefits** prestations sociales, revenus de transferts ; **supplementary benefit** (UK) allocation de complément de ressources ; **welfare benefits** prestations sociales.

benefit v tirer avantage (*from* de), tirer parti (*from* de).

BER *benefit-cost ratio* indice de rentabilité (IR).

BERD *Business Enterprise Expenditure on R & D* dépenses intérieures brutes de R-D du secteur des entreprises (DIRDE).

beta [Fin, St Ex] bêta.
Δ **beta coefficient** *or* **beta factor** coefficient bêta ; **beta risk** [Math, Stat] risque de deuxième espèce.

b/f *brouht forward* reporté.

BFIs *bank financial intermediaries* intermédiaires financiers bancaires.

BHC *bank holding company* (US) holding bancaire.

bias n 1- préjugé favorable ou défavorable, penchant, pente naturelle * **inflation(ry) bias** [Eco] dérive inflationniste.
2- [Stat] biais, distorsion * **upward biais** biais par excès.

biased towards 1- privilégiant systématiquement, sujet à une dérive. 2- [Stat] entaché d'une erreur systématique.

bid n offre au prix auquel on veut acheter, soumission (à un appel d'offres) * **to make a higher bid** surenchérir ; **agreed bid** soumission de complaisance ; **cover bid** soumission de couverture ; **opening bid** première offre, enchère initiale.
Δ **bid invitation** appel d'offres.

bid v faire une offre * **to bid against sb** renchérir sur qn ; **to bid for deposits** se faire concurrrence pour la collecte des dépôts ; **to bid for a company's stocks** faire une offre de rachat d'une société.

bid and ask q v bid-ask.

bid-ask n [St Ex] fourchette de prix (cours acheteur-cours vendeur) que le teneur de marché est obligé d'afficher pour les titres dont il a la charge.

bid down v faire baisser, baisser * **sterling has bid down to FF 8,55** la livre est descendue à 8,55 FF.

bid up v a) faire monter * **to bid interest rates up** faire monter les taux d'intérêt.
b) surenchérir.

bidder n offrant, soumissionnaire (à un appel d'offres) * **highest bidder** soumissionnaire le plus offrant ; **lowest bidder** soumissionnaire le moins disant ; **successful bidder** adjudicataire.

bidding n enchère, soumission * **collusive bidding** soumissions concertées ; **limited international bidding** (LIB) appel d'offres international restreint.

Big Bang (UK) nom donné aux mesures de déréglementation de la Bourse de Londres (1986).

bilateral adj bilatéral.

bilateralism n bilatéralisme.

bill n 1- facture, addition * **oil bill** facture énergétique.
2- [Jur] (UK) projet de loi * **Budget Bill** projet de loi de finances ; **Finance Bill** projet de loi de finance.
3- [Fin] a) bon du Trésor à court terme ; b) (UK) effet de commerce, lettre de change, traite ; c) (US) billet de banque * **to accept a bill** accepter une traite ; **to meet a bill** honorer une traite ; **to present a bill for acceptance** présenter une traite à l'acceptation ; **to remit bills for collection** remettre des effets à l'encaissement ; **bills and bonds** titres à revenu fixe ; **bill(s) discounted** (UK) effet(s) escompté(s) ; **bill(s) for collection** effet(s) à l'encaissement ; **bills for discount** effets à escompter ; **bill(s) in the process of collection** effet(s) à encaisser ; **bill of debt** reconnaissance de dette ; **bill of exchange** lettre de change, effet de commerce ; **bill of exchange statement** lettre de change relevé (LCR) ; **bill of lading** q v bill of lading ; **bills payable** (UK) effets à payer ; **bills receivable** (UK) effets à recevoir ; **accommodation bill** traite de cavalerie ; **backed bill** effet *ou* traite

avalisée ; **bank bill** effet bancaire ; **bankable bill** effet bancable, effet éligible ; **bearer bill** effet au porteur ; **blank bill of exchange** traite au porteur ; **commercial bill** effet de commerce ; **demand bill** effet à vue, traite à vue ; **discountable bill** effet escomptable ; **discounted bill** effet escompté ; **dishonoured bill** effet impayé ; **due bill** (US) reconnaissance de dette ; **elligible (bank) bill** (UK) effets escomptés par des banques qui répondent à certains critères et qui sont admis sur le marché monétaire (q v non-eligible bank bills) ; **endorsable bill** effet endossable ; **external bill** (US) effet sur l'étranger ; **finance bill** effet financier ; **foreign bill** effet sur l'étranger ; **government bill** bon du Trésor ; **long-dated bill** effet long, papier long ; **non-eligible bank bills** (UK) effets escomptés par des banques qui ne répondent pas à certains critères (q v eligible bank bills) ; **negotiable bill** effet négociable ; **outstanding bill** effet en souffrance ; **overdue bill** effet impayé ; **past-due bill** effet en souffrance ; **short-dated bill** effet à court terme : **straight bill** traite simple (sans document) ; **T bill** (US) bon du Trésor à court terme ; **term bill** effet *ou* billet à terme ; **trade bill** (UK) effet de commerce ; **Treasury bill** bon du Trésor à court terme (à 3 mois au UK, jusqu'à 1 an aux US et au Canada).
Δ **bill holding** portefeuille d'effets ; **bill jobbing** arbitrage sur les lettres de change.

bill v facturer.

bill of lading (B/L) **n** connaissement.

billing n (US) facturation.

bimetallism n [Eco] bimétallisme.

binding n [Eco int] consolidation des tarifs douaniers (cf. GATT) * **binding of a tariff** consolidation d'un tarif douanier ; **binding of duties** consolidation des droits (cf. GATT).

binding adj [Jur] qui lie, qui entraîne des obligations, qui a force exécutoire.

birth n naissance * **births of companies** [Eco] créations d'entreprise.

BIS *Bank for International Settlements* Banque des règlements internationaux (BRI).

bivariate adj [Stat] à deux variables.

B/L *bill of lading* connaissement.

black n * [Fin] **to be in the black** être solvable, faire des bénéfices ; **to return to the black** redevenir créditeur ; **to stay in the black** garder un solde créditeur.

black v boycotter (certains produits ou certains fournisseurs).

blank adj en blanc.

blanket adj global.

BLEI *Belgium-Luxembourg Exchange Institute* Institut belgo-luxembourgeois des changes.

BLEU *Belgium-Luxembourg Economic Union* Union économique belgo-luxembourgeoise (UEBL).

block n [Fin, St Ex] paquet d'actions, bloc de titres * **control block** bloc de contrôle.
Δ **block offer** [St Ex] offre en bloc.

BLOX *block order exposure* transactions sur des paquets de titres.

BLUE *best linear unbiased estimator* meilleur estimateur non biaisé.

blue chip n [Fin, St Ex] (UK) valeur de premier ordre (JO).

blue-collar n col bleu.

Bn *billion* milliard.

board n a) tableau * **across the board** de manière uniforme, sans exception ; **distribution board** [Stat] tableau de distribution.
b) conseil, commission * **Board of Customs and Excise** (UK) Administration des douanes et des impôts indirects ; **board of directors** conseil d'administration ; **Board of Excise and Duties** (UK) Administration des impôts indirects ; **Board of Governors** Conseil des Gouverneurs (FMI) ; **Board of Inland Revenue** (UK) Direction des impôts ; **Board of Internal Revenue** (US) Direction des impôts ; **board of management** directoire (d'une société anonyme) ; **Accounting Principle Board** (APB) (US) Conseil des principes comptables ; **Accounting Standards Board** (ASB) (UK) Conseil des normes comptables ; **Big Board** (US) nom familier de la première Bourse de New York (New York Stock Exchange) située dans Wall Street ; **Chicago Board of Trade** (CBoT) Marché à terme de Chicago (marchandises et instruments financiers) ; **executive board** conseil de direction ; **Financial Accounting Standards Board** (FASB) (US) Conseil des normes comptables ; **Little Board** (US) nom familier de la seconde Bourse de New York (American Stock Exchange) ; **managing board** comité de direction ; **Securities and Investment Board** (SIB) (UK) Commission des opérations de bourse ; **supervisory board** a) (firm) conseil de surveillance ; b) (financial market) organisme de surveillance.

body n organisme, instance * **corporate body** [Jur] personne morale ; **governing body** organe de direction ; **joint body** organisme paritaire ; **public body** organisme public ; **semi-public body** organisme parapublic ; **standing body** organisme permanent ; **statutory body** organisme officiel.

bond n 1- [Jur] engagement, contrat * **bid and performance bond** caution de soumission et de bonne fin ; **joint and several bond** obligation conjointe et solidaire ; **performance bond** garantie de bonne exécution ; **surety bond** cautionnement, engagement de garantie.
2- [Eco int] entreposage (sous douane), entrepôt sous douane * **goods in bonds** marchandises entreposées sous douane.

3- [Fin] obligation, titre obligataire * **to draw bonds for redemption** rembourser des obligations par tirage au sort ; **to float bonds** *or* **to issue bonds** émettre des obligations ; **to redeem bonds** amortir des obligations ; **bonds and notes** obligations à plus d'un an ; **bonds called for repayment** obligations appelées au remboursement ; **bonds payable** obligations arrivant à maturité ; **bonds redeemable by lot** obligations remboursables par tirage au sort ; **bond tied to an index** obligation indexée ; **bonds with call options** obligations remboursables par anticipation au gré de l'émetteur ; **bonds with equity warrants** obligations à (*ou* assorties de) bons de souscription d'actions (OBSA) ; **bonds with put options** obligations remboursables par anticipation au gré du porteur ; **bonds with warrants** obligations avec bons de souscription ; **assumed bonds** obligations de la société absorbée reprises par la société absorbante ; **baby bond** obligation d'un faible montant ; (US) **bearer bond** obligation au porteur ; **bull and bear bonds** obligations à sensibilités opposées ; **Bulldog bonds** obligations étrangères émises en sterling et placées à Londres par des non-résidents ; **bullet bond** obligation dont l'amortissement a lieu à la dernière échéance ; **callable bond** obligation remboursable au gré de la société ; **cash bond** bon de caisse ; **chattel mortgage bonds** obligations garanties par une hypothèque sur un bien immobilier ; **chocolate bonds** obligations étrangères émises en francs suisses en Suisse par des non-résidents ; **collateral trust bonds** obligations garanties par un nantissement de titres négociables que la société détient en portefeuille ; **consolidated bonds** obligations de conversion ; **conventional bond** obligation classique ; **conversion bonds** obligations de conversion ; **convertible bond** obligation convertible ; **coupon bond** obligation à coupon détachable ; **dated bond** obligation à échéance fixe ; **(deep)-discount(ed) bond** obligation émise au-dessous du pair, obligation à prime d'émission élevée ; **discount bond** obligation émise au-dessous du pair ; **drop-log bond** obligation à taux variable convertible en taux fixe ; **dual-currency bond** obligation libellée en deux devises différentes ; **equipment trust bonds** obligations garanties par l'équipement industriel de la société ; **Exchequer bonds** obligations du Trésor ; **exit bonds** obligations émise par les PVD dans le cadre de la restructuration de la dette ; **extendable bond** obligation dont la durée d'existence peut être prolongée par le porteur ; **fixed-interest bond** obligation à revenu fixe ; **fixed-term bond** obligation à échéance fixe ; **floating rate bond** obligation à taux flottant ; **foreign bonds** obligations étrangères émises sur un marché national par des non-résidents (cf. Bulldog bonds, Kiwi bonds...) ; **foreign government bonds** emprunts (fonds) d'Etat à l'étranger ; **foreign targeted bond** obligation réservée aux investisseurs étrangers ; **government bond** titre d'Etat, obligation d'Etat ; **granny bond** (UK) emprunt d'Etat indexé ; **guaranteed bonds** obligations garanties par une société autre que la société émettrice ; **high-grade corporate bond** obligation de société de premier rang ; **high-yield bond** obligation à rendement élevé ; **hypothecated bond** obligation cautionnée ; **income bond** obligation à intérêt conditionnel ; **indexed bond** obligation indexée ; **indexed-linked bond** obligation indexée ; **interest-indexed bond** obligation à intérêt indexé ; **international bond** obligation internationale ; **irredeemable bond** obligation non remboursable, obligation non amortissable, obligation perpétuelle ; **junior bond** obligation de second ou dernier rang ; **junk bond** obligation à haut risque, obligation de pacotille ; **kangaroo bonds** obligations étrangères émises en dollars australiens et placées en Australie par des non-résidents ; **kiwi bonds** obligations étrangères émises en dollars néo-zélandais et placées en Nouvelle Zélande par des non-résidents ; **lottery bond** obligation à lots ; **marketable bond** obligation négociable ; **Matador bonds** obligations étrangères émises en pesetas et placées en Espagne par des non-résidents ; **minimax bond** obligation à taux variable avec taux plancher et taux plafond ; **mortgage bond** (UK) obligation hypothécaire ; **mortgage-revenue bond** obligation hypothécaire ; **multilateral bond** titre émis par un organisme international ; **municipal bond** (US) obligation émise par une collectivité locale (également appelée *muni*) ; **Nakasone bonds** obligations en dollars émises à l'étranger par une société japonaise ; **negotiable bond** obligation négociable ; **non-callable bond** obligation sans possibilité de remboursement anticipé ; **option bonds** emprunts à options ; **outstanding bonds** emprunts en circulation ; **permanent bond** obligation perpétuelle ; **perpetual bond** obligation perpétuelle ; **perpetual floating rate bond(s)** titre(s) à taux variable à durée indéterminée ; **premium bond** obligation à prime de remboursement, obligation à lots ; **priority bond** obligation privilégiée ; **prize bond** obligation à lots ; **profit-sharing bond** obligation donnant droit à une participation aux bénéfices ; **public corporation bonds** emprunts des entreprises publics ; **public sector bonds** emprunts obligataires du secteur public ; **redeemable bond** obligation remboursable au gré de la société ; **redeemed bond** obligation amortie ; **registered bond** obligation nominative ; **renewable bond** obligation renouvelable (France) ; **retractable bond** obligation à fenêtre (remboursable par anticipation) ; **Samurai bonds** obligations étrangères émises en Yen et placées au Japon par des non-résidents ; **seasoned bond** obligation émise depuis plus de trois mois ; **secured bond** obligation garantie (par un gage) ; **serial bonds** obligations faisant partie d'une même émission mais qui viennent à échéance par fraction ; **Shogun bonds** obligations émises au Japon par des non résidents dans une devise autre que le yen ; **single-coupon bond** obligation à coupon unique ; **splitted bond** obligation démembrée ;

bond 32 **boost**

stepped rate bonds emprunt à "fenêtres" assorti d'options de remboursement anticipé ; **straight bond** obligation à taux fixe ; **Sushi bonds** émissions en eurodollars destinées aux investisseurs japonais ; **term bond** obligation dont le remboursement se fait à l'échéance ; **Treasury bond** (US) bon du Trésor à plus de deux ans ; **umbrella bonds** emprunts obligataires groupés ; **unissued bonds** obligations émises mais non encore souscrites ; **variable-rate bond** obligation à taux variable ; **wolfhound bonds** emprunts en livres irlandaises ; **Yankee bonds** obligations étrangères émises en dollars et placées aux Etats-Unis par des non-résidents ; **zero-coupon bond** obligation à coupon zéro.

Δ **bond amortization** amortissement d'obligations ; **bond discount** prime d'émission (au-dessous du pair) ; **bond float** émission obligataire ; **bond immunization** immunisation d'un portefeuille contre le risque de taux ; **bond premium** prime d'émission (au-dessus du pair).

bond v entreposer en douane.

bond-financed adj [Fin] financé par emprunt obligataire.

bond-washing n [Fin, St Ex] (US) vente de titres à revenu fixe avant le paiement des intérêts (pour des raisons fiscales).

bonded adj entreposé, sous douane.

bondholder n [Fin] obligataire.

bonus n bonus, prime * **incentive bonus** prime d'encouragement, prime de rendement ; **insurance bonus** prime d'assurance.

book n 1- livret, registre, carnet * **bank book** livret d'épargne ; **cheque book** chéquier ; **dead book** registre des entreprises qui ont disparu ; **order book** carnet de commandes.

2- [Acc] journal * **to close the books** arrêter les comptes ; **balance book** livre d'inventaire ; **bill book** livre des effets à payer et à recevoir ; **cash book** livre de caisse ; **stock certificate book** carnet à souche des certificats d'actions.

3- [St Ex] **the Book** (UK) code de bonne conduite de la Bourse de Londres avant le *Big Bang*.

book v a) réserver ; b) enregistrer * **to book an order** enregistrer une commande.

book-keeper n [Acc] comptable.

book-keeping n [Acc] comptabilité * **double entry book-keeping** comptabilité en partie double.

boom n [Eco] boum (JO), période de haute conjoncture * **boom and bust** expansion suivie d'un effondrement de l'activité.

boom v prospérer, s'envoler.

booming adj prospère, en plein essor, florissant.

boost n [Eco] relance de l'activité * **fiscal boost** relance budgétaire.

boost v stimuler, donner de l'élan, favoriser * **to boost profit margins** gonfler les marges bénéficiaires ; **to boost the economy** relancer l'économie.

booster n [Fin, St Ex] obligation assortie d'une option sur le marché euro-obligataire (possibilité de verser les intérêts ou de rembourser le principal dans une monnaie différente de la monnaie d'émission).

BOP *balance of payments* balance des paiements (BDP).

BoP *balance of payments* balance des paiements (BDP).

border n frontière.
Δ **border restrictions** mesures de restriction aux frontières.

borrow v [gen, Fin] emprunter * **to borrow long** emprunter à long terme ; **to borrow short** emprunter à court terme ; **to borrow short and lend long** faire de la transformation (cf. banques).

borrower n a) [Fin] emprunteur ; b) [Acc] débiteur * **first-class borrower** emprunteur de premier ordre ; **high-rated borrower** emprunteur de tout premier ordre ; **less-than-prime borrower** emprunteur de second ordre ; **prime borrower** emprunteur de premier ordre.

borrowing n [SCN, Eco, Fin] financement, emprunt * **bond borrowing** emprunt obligataire ; **corporate borrowing** emprunt des entreprises ; **easy borrowing conditions** accès au crédit facile, larges facilités d'emprunt ; **equity-related borrowing** emprunt obligataire lié à des émissions d'actions ; **external borrowing** emprunts à l'extérieur ; **foreign borrowing** emprunts à l'étranger ; **foreign currency borrowing** emprunt en devises ; **jumbo borrowing** emprunt géant (plus d'un milliard de dollars US) ; **net borrowing** besoin de financement ; **net foreign borrowings** emprunts nets à l'étranger ; **outstanding borrowing** encours des emprunts ; **public sector borrowing** emprunts du secteur public.
Δ **borrowing conditions** conditions d'emprunt ; **borrowing facilities** possibilités d'emprunt ; **borrowing requirement** q v borrowing requirement.

borrowing requirement n [SCN, Eco] besoin de financement * **external borrowing requirement** besoin de financement extérieur ; **government borrowing requirement** (UK) besoin de financement de l'Etat ; **overall borrowing requirement** besoin de financement total ; **Public Sector Borrowing Requirement** (PSBR) (UK) besoin d'emprunt du secteur public.

bottleneck n goulot d'étranglement.

bottom n 1- fond * **to hit the bottom** être au plus bas.
2- [St Ex] cours le plus bas.
Δ **bottom line** [Acc] dernière ligne du compte de résultat, bénéfice net.

bottom out v redémarrer, repartir (après avoir atteint le point le plus bas du cycle).

bounce back n phénomène de rebond.

bounce back v rebondir, repartir, regrimper.

bouncer n chèque sans provision.

boundary n limite, frontière * **the changing boundaries of the firm** les contours changeants de l'entreprise.

bout n poussée, accès * **bout of inflation** poussée inflationniste.

boy n garçon * **golden boy** [St Ex] jeune loup de la finance.

boycott n boycott, boycottage.

boycott v boycotter.

box n boîte * **Edgeworth box** [Eco] rectangle *ou* diagramme d'Edgeworth.

bracket n 1- [Eco, Fisc] fourchette, tranche * **age bracket** tranche d'âge ; **higher income brackets** tranches supérieures de revenu ; **income bracket** tranche de revenu ; **pay bracket** tranche de revenu ; **top bracket** tranche d'imposition la plus élevée.
2- [Fin] emplacement où sont cités les membres d'un syndicat bancaire dans l'encart publicitaire annonçant une émission obligataire.

branch n agence bancaire, succursale.

brand n marque de fabrique, marque déposée.

Δ **brand image** image de marque ; **brand loyalty** fidélité à la marque ; **brand name** marque de fabrique ; **brand switching** changement de marque par les consommateurs.

brand new adj flambant neuf.

breach n [Jur] infraction * **breach of contract** rupture de contrat ; **breach of warranty** rupture de garantie.

breach v [Jur] rompre un contrat, dénoncer un contrat.

break n rupture, effondrement * **break in market prices** effondrement des cours.

break down v 1- a) tomber en panne ; b) échouer * **the negotiations broke down** les négociations ont échoué.
2- [Stat] (figures) ventiler, répartir * **to break down an overall figure** ventiler un chiffre global.

break-up n q v breakup.

break up v démanteler, démembrer une entreprise.

breakdown n 1- effondrement, écroulement, rupture * **breakdown of negotiation** arrêt des négociations.
2- [Stat] (figures) ventilation, répartition * **breakdown by sectors** répartition par branches d'activité.

breakeven n [Eco, Acc] seuil de rentabilité, point mort.
Δ **breakeven analysis** analyse du seuil de rentabilité, calcul du point mort ; **breakeven point** point mort, seuil de rentabilité.

breakeven v 1- atteindre l'équilibre. 2- [Acc] atteindre le seuil de rentabilité.

breakthrough n étape décisive, percée * **technical breakthrough** avancée technique.

breakup n démantèlement d'une entreprise.

bridge v combler une lacune, combler un déficit * **to bridge the gap** combler l'écart.

brilliant uncirculated (BU) [Fin] brillant universel (JO).

bring v apporter, rapporter.

bring down v abaisser, diminuer, réduire.

bring in v rapporter un intérêt.

bring out [St Ex] introduire des valeurs sur un marché * **new issues were brought out** de nouvelles émissions ont été lancées.

brisk adj (market) animé, actif.

briskness n animation, activité.

broker n 1- [St Ex] courtier (JO) * **foreign exchange broker** cambiste ; **gilt broker** (UK) courtier spécialiste en fonds d'Etat ; **interdealer government securities brokers** (US) intermédiaires entre les spécialistes en valeur du Trésor ; **interdealer broker** (IDB) (UK, US) intermédiaire entre les opérateurs primaires sur le marché monétaire, sur le marché des fonds d'Etat et sur le marché obligataire ; **money broker** (UK) intermédiaire sur le marché des titres d'Etat à long terme ; **pawn broker** prêteur sur gage. 2- [ASR] courtier.

brokerage n [St Ex] courtage.
Δ **brokerage commission** *or* **brokerage fee** droits de courtage ; **brokerage firm** *or* **brokerage house** société de bourse.

brought forward (b/f) ptp [Acc] (balance) reporté.

B/S *or* **bs** *balance sheet* bilan.

BSE *Boston Stock Exchange* Bourse de Boston.

BSFF *Buffer Stock Financing Facility* 1- mécanisme de financement des stocks régulateurs (FMI). 2- facilité Ortoli (CEE).

BU *brillant uncirculated* brillant universel (BU).

bubble n [Fin, St Ex] bulle financière, bulle spéculative.

buck n (US) terme familier pour dollar.

budget n [Eco, Fin, Fin pub, Acc, SCN] budget * **balanced budget** budget équilibré, équilibre budgétaire ; **capital budget** budget d'investissement ; **cash budget** budget de trésorerie ; **central government budget** budget de l'Etat ; **closed budget** enveloppe budgétaire ; **consolidated budget** budget consolidé ; **contingency budget** budget conjoncturel ; **current budget** budget de fonctionnement, budget des opérations courantes ; **distress budget** budget d'austérité ; **expansionary budget** budget de relance ; **family budget** budget familial, budget-type ; **interim budget** budget provisoire ; **national budget** budget de l'Etat ; **non-defence budget** budget civil ; **operating budget** budget de fonctionnement ; **reflationary budget** budget de relance ; **supplementary budget** budget annexe, rallonge budgétaire, collectif budgétaire.

Δ **budget allocation** dotation budgétaire ; **budget appropriation** [SCN] crédit budgétaire ; **budget bill** projet de loi de finances ; **budget consolidation** assainissement budgétaire ; **budget constraints** contraintes budgétaires ; **budget cuts** coupes budgétaires, compressions budgétaires ; **budget deficit** q v budget deficit ; **budget heading** article du budget ; **budget implications** incidences budgétaires ; **budget line** [Eco] droite de budget ; **budget package** mesures budgétaires ; **budget shortfall** déséquilibre budgé-taire ; **budget statement** présentation du budget ; **budget stringency** austérité budgétaire ; **budget surplus** excédent budgétaire ; **budget swing** variation du solde budgétaire ; **budget target** objectif budgétaire.

budget v prévoir des crédits au budget, inscrire au budget.

budget deficit n [Eco, Fin pub] déficit budgétaire, découvert budgétaire * **bond-financed (budget) deficit** déficit budgétaire financé par l'émission de titres et non pas par la création monétaire ; **cyclical budget deficit** composante conjoncturelle du déficit budgétaire ; **non-accommodated budget deficit** déficit budgétaire financé sans création monétaire.

budgeted adj budgétisé.

budgetary adj budgétaire.

budgeting n préparation du budget * **capital budgeting** décision d'investissement ; **full budgeting** budgétisation intégrale.

buffer n amortisseur, tampon.
Δ **buffer rule** [Fin] règle du butoir.

build-up n accumulation * **build-up in stocks** constitution de stocks ; **build-up of assets** accumulation d'actifs.

build up v accumuler, former, constituer des réserves.

building n 1- bâtiment.
2- [Acc] **(plu) buildings** constructions.
Δ **building society** (UK) société de crédit immobilier.

built-in adj incorporé, intégré, faisant partie intégrante de.

bull n [St Ex] spéculateur à la hausse * **the market is all bulls** le marché est à la hausse.
Δ **bull operation** spéculation à la hausse ; **bull position** position à la hausse, position longue ; **bull purchase** achat à découvert, achat spéculatif ; **bull run** longue période de hausse des cours ; **bull speculation** spéculation à la hausse ; **bull speculator** haussier, spéculateur à la hausse ; **bull transaction** spéculation à la hausse.

bullet n [Fin] emprunt remboursable *in fine* (JO).

bullion n or *ou* argent en lingots.

bullish adj [St Ex] orienté à la hausse, haussier.

bullishness n [St Ex] tendance à la hausse.

bumper n récolte très abondante * **1994 was a bumper year for pharmaceuticals** 1994 a été une excellente année pour l'industrie pharmaceutique.

buoyancy n dynamisme (de l'économie, d'un marché), fermeté de l'économie.

buoyant adj (market) actif, animé ; (growth) soutenue * **buoyant conditions** conjoncture soutenue.

burden n 1- fardeau, charge * **fiscal burden** pression fiscale.
2- [Acc] charges indirectes.
Δ **burden centre** section homogène.

burst n accès, poussée.

business n a) affaire, activité, entreprise * **to do business with** traiter avec ; **to manage a business** diriger une affaire ; **to run a business** diriger, gérer une affaire ; **to set up a business** lancer une affaire ; **to start a business** démarrer *ou* lancer une affaire ; **to take over a business** reprendre une affaire ; **big business** a) grosse affaire ; b) le grand capital ; **bread and butter business** activité de base ; **core business** activité principale ; **corporate business** entreprise constituée en société ; **family business** entreprise familiale ; **incorporated business** entreprise constituée en société ; **non-corporate business** entreprise individuelle ; **small and medium-sized businesses** (SMBs) petites et moyennes entreprises (PME).
b) les affaires * **to go out of business** se retirer des affaires ; **business is brisk** les affaires marchent ; **business is business** les affaires sont les affaires ; **business is picking up again** les affaires reprennent ; **day to day business** affaires courantes.
Δ **business administration** gestion des entreprises ; **business barometer** indicateur de conjoncture ; **business circles** milieux d'affaires ; **business climate** conjoncture économique ; **business climate survey** enquête de conjoncture effectuée auprès des chefs d'entreprise ; **business closure** fermeture d'entreprise ; **business community** milieux d'affaires ; **business conditions** conjoncture ; **business confidence** confiance des chefs d'entreprise ; **business day** a) jour ouvrable ; b) [St Ex] séance boursière ; **business environment** l'environnement de l'entreprise ; **business establishment** entreprise individuelle et commerciale ; **business failure** faillite ; **business fluctuations** cycles économiques ; **business formation** création d'entreprise ; **business game** jeu d'entreprise ; **business hours** heures d'ouverture ; **business incubator** pépinière d'entreprises ; **business name** [Jur] raison sociale ; **business practices** pratiques commerciales ; **business premises** locaux

business-minded — **by-product**

à usage professionnel ; **business survey** enquête de conjoncture effectuée auprès des chefs d'entreprise.

business-minded adj qui a l'esprit d'entreprise.

bust adj en faillite * **to go bust** faire faillite.

buy v acheter * **to buy a bull** [St Ex] acheter à découvert ; **to buy at market** [St Ex] acheter au prix du marché ; **to buy at the close market** [St Ex] acheter au dernier cours ; **to buy at the opening market** [St Ex] acheter au premier cours ; **to buy firm** [St Ex] acheter ferme ; **to buy for a rise** [St Ex] acheter à la hausse ; **to buy for cash** acheter comptant ; **to buy forward** [St Ex] acheter à terme (bourse de marchandises) ; **to buy long** [St Ex] acheter à la hausse ; **to buy low** [St Ex] acheter lorsque le cours est bas ; **to buy on credit** acheter à crédit ; **to buy on hire purchase** (UK) acheter à crédit ; **to buy on the spot market** [St Ex] acheter au comptant (bourse des marchandises) ; **to buy short** [St Ex] (US) acheter à découvert.

buy-back n [Eco int] contre-achat, échange de compensation.

△ **buy-back agreement** accord de rachat (dans les échanges compensés) ; **buy-back commitment** engagement de rachat ; **buy-back transaction** accord de rachat.

buy-out n [Fin] rachat, reprise * **leveraged buy-out** (LBO) rachat d'entreprise avec effet de levier ; **leveraged management buy-out** (LMBO) rachat d'entreprise par ses salariés (RES) (JO).

buy-out v [Fin] racheter une société lors d'une OPA.

buyer n acheteur * **buyers on the capital market** acheteurs de titres.

buying n achat * **advanced buying** achats d'anticipation ; **bulk buying** achats en grande quantité ; **forward buying** [St Ex] achat à terme ; **impulse buying** [Eco] achat impulsif ; **outright buying of forward dollars** [St Ex] achat sec de dollars à terme.

buying-up n * **buying-up of shares** [Fin] ramassage des actions.

buyout n q v buy-out.

by-product n [Eco] produit dérivé.

C

CACM *Central America Common Market* Marché commun centraméricain (MCCA).

CAF *currency adjustment factors* coefficients d'ajustements monétaires (CAM).

calculation n calcul * **to make a calculation** faire un calcul ; **calculation of positions on a day to day basis** [St Ex] calcul de position au jour le jour.

calculus n [Math] calcul * **differential calculus** calcul différentiel ; **economic calculus** calcul économique.

call n 1- a) appel téléphonique ; b) visite, escale.
2- [Fin, St Ex] a) appel de fonds, appel au remboursement * **call for additional cover** appel de marge ; **call for bids** appel d'offres ; **call for capital** appel de fonds ; **call for funds** appel de fonds ; **call for the option** levée de l'option ; **call for the premium** levée de la prime.
b) option d'achat * **call and put** option d'achat et option de vente ; **call of more** option du double à l'achat.
Δ **call buyer** acheteur d'une option d'achat ; **call protection** protection contre le risque de remboursement anticipé.

call v 1- a) appeler ; b) téléphoner ; c) convoquer une réunion.
2- [Fin] appeler au remboursement avant l'échéance *ou* par anticipation * **the bond issue cannot be called before 1999** l'emprunt obligataire ne pourra être remboursé avant 1999.

call in v 1- convoquer.
2- [Fin] * **to call in a bond** rembourser une obligation par anticipation ; **to call in debt** rendre la dette exigible.

callable adj [Fin] qui peut être appelé, qui peut être remboursé par anticipation.

Cameralism n [Eco] Caméralisme.

cancel v annuler.

cancel out v s'annuler, se compenser, s'équilibrer.

cancellation n [gen, Jur] annulation, abrogation * **cancellation of an entry** [Acc] annulation, contrepassation ; **cancellation of debt** [Fin] abandon de créance.
Δ **cancellation clause** [Fin, St Ex] clause de retrait.

CAP *Common Agricultural Policy* Politique agricole commune (PAC).

cap n [St Ex] a) taux plafond (JO) * **authorization cap** taux d'intérêt maximal autorisé ; **small cap** q v small cap.

b) sur le marché de gré à gré, contrat de garantie de taux d'intérêt selon lequel le vendeur s'engage à verser à l'acheteur la différence entre le taux d'intérêt préalablement fixé et le taux du marché.

capacity n 1- contenance.
2- [Eco] installations, capacités de production * **excess (plant) capacity** capacités de production excédentaires ; **existing capacity** capacités de production existantes ; **idle capacity** capacités de production inutilisées ; **output** or **production capacity** capacités de production ; **slack capacity** capacités de production inutilisées ; **spare capacity** capacités de production inutilisées ou disponibles.
3- [St Ex] capacité * **dual capacity** capacité double ; **single capacity** (UK) capacité simple (système, en vigueur à la Bourse de Londres avant le *Big Bang*, qui séparait la fonction de *jobber* et la fonction de *broker*).
Δ **capacity constraints** limites imposées par les capacités de production ; **capacity effect** effet de capacité ; **capacity limitation** blocage dû à l'insuffisance des capacités de production, goulot d'étranglement ; **capacity slack** sous-emploi des capacités de production.

capital n [Eco, SCN] facteur capital, capital économique, équipements ; [Fin, Acc] capital * **to lock up capital** immobiliser des capitaux ou des fonds ; **to raise capital** faire appel à l'épargne, se procurer des capitaux, mobiliser des capitaux ; **to repay capital** rembourser le capital ; **to tie up capital** immobiliser des capitaux ou des fonds ; **capital and reserves** capitaux propres ; **capital on call** capital à appeler ; **alloted capital** capital social souscrit ; **authorized capital** capital social maximal (inscrit dans les statuts) ; **call capital** capital pouvant être appelé ; **callable capital** capital souscrit appelable ; **called-up capital** capital appelé ; **circulating capital** actif circulant, fonds de roulement ; **debenture capital** or **debt capital** capitaux empruntés ; **earmarked capital** dotation en capital ; **equity capital** fonds propres ; **equity invested capital** capital investi en actions ; **equity share capital** capital en actions ordinaires ; **financial capital** fonds propres et emprunts à long et moyen terme ; **fixed capital** capital fixe ; **fixed capital formation** [SCN] formation de capital fixe ; **foreign capital** capitaux étrangers ; **front-end capital** capital de départ ; **front-up capital** capital de départ, capital initial ; **fully paid capital** or **fully paid-up capital** capital entièrement libéré ; **fully subscribed capital** capital entièrement souscrit ; **funded capital** capitaux investis à long terme ; **general capital increase** (GCI) augmentation générale de capital ; **gross fixed capital formation** (GFCF) formation brute de capital fixe (FBCF) ; **human capital** capital humain ; **idle capital** capital improductif, capital oisif ; **initial capital** capital de départ, capital initial ; **invested capital** capitaux engagés, capitaux permanents ; **issued capital** capital émis ; **loan capital** capital emprunté, ressources empruntées ; **loanable capital** capitaux empruntables, ressources d'emprunts ; **locked-up capital** capitaux immobilisés ; **long-term capital** capitaux à long terme, capitaux permanents ; **money capital** actifs monétaires ; **net capital** actif net ; **nominal capital** capital social maximal (inscrit dans les statuts) ; **non-monetary capital** capitaux non monétaires (cf. BDP) ; **non-paid capital** capital non libéré, capital non versé ; **obligated capital** capital souscrit ; **official capital** capitaux publics ; **opening capital** capital initial ; **operating capital** [Acc] valeurs immobilisées servant à l'exploitation ; **original capital** capital initial ; **overhead capital** investissements d'infrastructure (pour un pays) ; **own (ed) capital** capitaux propres, fonds propres ; **paid-in capital** a) capital libéré, capital versé ; b) prime de fusion ; **paid-up capital** capital libéré, capital versé ; **private capital** capitaux privés ; **registered capital** [Jur] capital social maximal (inscrit dans les statuts) ; **reserve capital** capital non distribuable ; **risk capital** capital-risque ; **seed capital** capital de démarrage, financement initial ; **selective capital increase** (SCI) augmentation sélective de capital ; **share capital** capital social, capital en actions ; **share capital and reserves** capitaux propres, fonds propres ; **short-term capital** capitaux à court terme ; **start-up capital** capital de départ ; **stated capital** capital déclaré (montant en-dessous duquel la valeur nette comptable de la société ne peut descendre) ; **subordinated capital** capitaux d'emprunt subordonnés, prêts participatifs ; **subscribed capital** capital social souscrit ; **tied-up capital** capital immobilisé ; **uncalled capital** capital souscrit non encore appelé ; **unpaid capital** capital non versé ; **venture capital** capital-risque (JO) ; **working capital** q v working capital ; **written-down capital** valeur nette comptable.

Δ **capital accumulation** formation de capital ; **capital adequacy** niveau requis de fonds propres ; **capital adequacy standards** normes de fonds propres ; **capital assets** a) actifs physiques, biens de production, biens de capital ; b) actifs financiers (cf. MEDAF) ; **capital base** capitaux propres *ou* capitaux propres et emprunts à long terme ; **capital budget** budget des dépenses en capital, budget des investissements ; **capital budgeting** décision d'investissement ; **capital carrying cost** coût d'immobilisation du capital ; **capital charges** frais financiers, coût monétaire de la dette ; **capital commitments** dépenses d'investissement engagées mais non réglées ; **capital consumption** consommation de capital ; **capital cost** coût du capital ; **capital cost allowance** (CCA) amortissement fiscal ; **capital costs** frais financiers, coût monétaire de la dette ; **capital coefficient** coefficient de capital ; **capital deepening** augmentation de l'intensité capitalistique ; **capital efficiency** [Eco] efficacité du capital ; **capital employed** capitaux (fonds propres et dettes à long terme) investis dans l'entreprise ; **capital employed per unit of output** coefficient de capital ; **capital en-**

dowment dotation en capital ; **capital equipment** [Eco] biens de production ; **capital expenditure** a) [Eco] dépenses en capital fixe, dépenses d'équipement ; b) [Acc] charges liées à l'investissement et enregistrées dans le compte immobilisations ; **capital export** exportation de capitaux ; **capital flight** fuite de capitaux, sorties de capitaux ; **capital flow** flux de capitaux ; **capital formation** [Eco] accumulation de capital, formation de capital ; **capital funds** capitaux propres *ou* capitaux propres et emprunts à long terme ; **capital gain** [SCN] gain en capital, plus-value, plus-value de cession ; **capital gearing** (UK) structure financière d'une entreprise qui présente un équilibre entre les fonds propres et les dettes à long terme ; **capital grant** subvention d'équipement ; **capital increase** augmentation de capital ; **capital inflow** entrée de capitaux ; **capital intensity** *or* **capital intensiveness** intensité capitalistique ; **capital investment** dépenses en capital fixe, dépenses d'équipement ; **capital loss** a) [Acc] moins-value de cession ; b) [SCN] perte en capital ; **capital market line** droite de marché, droite du marché des capitaux ; **capital movement** mouvements de capitaux ; **capital operation** opération en capital ; **capital outflow** sortie de capitaux ; **capital outlay** dépenses en capital fixe, dépenses d'équipement ; **capital ownership** actionnariat ; **capital project** projet d'investissement ; **capital raising** appel au marché ; **capital rationing** rationnement du capital ; **capital reconstruction** *or* **capital recovery** reconstitution du capital ; **capital reduction** réduction de capital ; **capital repayments** remboursement *ou* amortissement du capital ; **capital requirements** exigences en matières de fonds propres ; **capital restructuring** coup d'accordéon ; **capital share** a) part du capital dans le revenu des facteurs ; b) action ; **capital spending** dépenses en capital fixe, dépenses d'équipement ; **capital stock** a) [Eco] stock de capital (biens physiques) ; b) [Fin] capital-actions ; **capital structure** structure du capital ; **capital subscription** apports en capital ; **capital subsidies** subventions aux investisement ; **capital supply** offre de capitaux ; **capital surplus** gain en capital, plus-value ; **capital transaction** opération en capital ; **capital turnover** rotation du capital ; **capital widening** acccroissement des capacités de production ; **capital write-ups** réévaluation d'un actif inscrit au bilan.

capital-intensive adj [Eco] capitalistique, à forte intensité de capital.

capitalism n [Eco] capitalisme.

capitalist n [Eco] capitaliste.

capitalistic adj [Eco] capitalistique.

capitalization, capitalisation n [Fin, Acc, St Ex] capitalisation * **capitalization of debt(s)** augmentation de capital par conversion de créances ; **capitalization of interest** conversion des intérêts en principal, capitalisation des intérêts ; **capitalization of profits** augmentation de capital par incorporation du report à nouveau ; **capitalization of reserves** augmentation de capital par incorporation de réserves ; **market capitalization** capitalisation boursière ; **thin capitalization** insuffisance des fonds propres.

capitalize, capitalise v 1- exploiter, rentabiliser.
2- [Fin, Acc] a) inscrire en immobilisations ; b) augmenter le capital social par incorporation de réserves.

capitalized, capitalised adj * **poorly capitalized** [Fin] faiblement doté en fonds propres.

CAPM *capital asset pricing model* modèle d'équilibre des actifs financiers (MEDAF).

capping n [Fin] plafonnement * **rate capping** (UK) plafonnement des ressources des collectivités locales.

CAPS *convertible adjustable preferred stocks* (US) actions préférentielles à taux variables convertibles en actions ordinaires.

capture v capturer, prendre le contrôle * **to capture 20 % of the market** prendre 20 % du marché.

card n carte, fiche * **charge card** (US) carte de crédit ; **chip card** carte de crédit à puce ; **credit card** carte de crédit ; **smart card** carte de crédit à puce.

cargo n 1- cargaison, chargement.
2- [Eco int] fret.

CARICOM *Caribbean Common Market* Marché commun des Caraïbes.

carry-back n [Acc] report en arrière * **loss carry-back** report en arrière de déficit (JO).

carry back v [Acc] imputer sur l'exercice *ou* les exercices antérieurs(s).

carry-backward n [Acc] report sur l'exercice *ou* les exercices antérieur(s).

carry-forward n [Acc] report sur l'exercice *ou* les exercices à venir * **loss carry-forward** report de déficit sur les exercices à venir ; **tax loss carry-forward** report d'un déficit fiscal.

carry forward v [Acc] imputer sur un exercice ultérieur.

carry-over n [Acc] reprise en compte au titre de la période précédente, reconduction.
Δ **carry-over rate** [St Ex] prix du report ; **carry-over transaction** [St Ex] report.

cartel n [Eco] cartel, entente.

cartelization n [Eco] constitution d'ententes.

cash n [Eco, Fin, Acc] liquidités, encaisse, trésorerie, espèces (JO) * **to pay cash** payer comptant ; **to pay in cash** payer en espèces ; **to sell for cash** vendre (au) comptant ; **to settle for cash** régler au comptant ; **cash and carry** a) forme de vente en gros dans des magasins où les détaillants viennent acheter eux-mêmes ; b) [St Ex] opération d'arbitrage qui comporte un achat de titres au comptant et une vente simultanée des contrats à terme correspondants ; **cash and currrency notes** billets et monnaies divisionnaires ; **cash and other sight deposits** billets et autres créances à vue (sur le système monétaire) ; **cash in hand** disponibilités, avoirs en caisse, encaisse ; **cash on delivery** (COD) paiement à la livraison ; **cash with order** (CWO) payable à la commande ; **excess cash** excédent de trésorerie ; **hard cash** a) billets et monnaies divisionnaires ; b) (US) espèces sonnantes et trébuchantes ; **idle cash** encaisses oisives ; **reverse cash and carry** action de vendre au comptant et d'acheter à terme ; **spare cash** encaisse disponible ; **vault cash** (US) encaisse de réserve.

Δ **cash advance** avance en compte courant ; **(on a) cash basis** [Eco int] (sur la) base des règlements (cf. enregistrement des transactions dans la balance des paiements) ; **cash constraint** contrainte de liquidité ; **cash deficit** [Acc] déficit de trésorerie ; **cash disbursement** décaissement ; **cash dispenser** distributeur automatique de billets ; **cash flow** q v cashflow ; **cash forecast** plan de trésorerie ; **cash inflow** encaissement ; **cash input** apport en numéraire ; **cash limits** (UK) enveloppes budgétaires, pour les ministères, collectivités locales et les entreprises nationalisées, fixées délibérément en valeur nominale ; **cash management** gestion de trésorerie (JO) ; **cash outflow** décaissement ; **cash position** [Acc] (US) situation de trésorerie ; **cash refund** remboursement en espèces ; **cash requirement** [Acc] besoin de trésorerie ; **cash settlement** règlement en liquide ; **cash shortage** difficulté de trésorerie ; **cash terms** conditions de paiement qui s'appliquent lorsque l'acheteur paie comptant ; **cash transaction** opération en numéraire.

cash v encaisser, toucher * **to cash a cheque** encaisser un chèque.

cash-cow n vache à lait (cf. activité la plus lucrative d'une entreprise ou d'un secteur).

cash flow n q v cashflow.

cash in v encaisser, se faire rembourser.

cashflow n [Fin, Acc] flux de trésorerie, cash flow, marge brute d'autofinancement (MBA) (JO) * **discounted cashflow** (DCF) valeur actualisée des flux de trésorerie, flux monétaire actualisé (FMA) ; **equivalent discounted cashflow** valeur actualisée annuelle des flux de trésorerie, flux monétaire annuel équivalent (FMAE) ; **free cashflow** surplus de flux monétaires disponible après le financement des investissements rentables ; **incremental cashflow** flux monétaire différentiel ; **marginal cashflow** flux monétaire marginal, flux monétaire supplémentaire ; **operating cashflow** excédent de trésorerie d'exploitation (ETE), surplus monétaire lié à l'exploitation ; **overall cashflow** surplus monétaire global de l'entreprise (ce surplus est égal à la capacité

d'autofinancement diminuée ou augmentée de la variation du besoin en fonds de roulement).
Δ **cashflow statement** tableau des flux de trésorerie.

cashier n caissier.

catch up v rattraper.

catch(ing)-up n [Eco] phénomène de rattrapage (cf. des prix, de la demande).

caveat n 1- mise en garde, avertissement.
2- [Jur] notification d'opposition.
Δ *caveat emptor* [St Ex] que l'acheteur fasse attention ; *caveat vendor* [St Ex] que le vendeur fasse attention.

CBA *cost-benefit analysis* analyse coût-avantages (ACA).

CBI *Confederation of British Industries* (UK) Confédération des industries britanniques (syndicat patronal).

CBM *central bank money* monnaie banque centrale.

CBOE *Chicago Board Options Exchange* Marché des options de Chicago.

CBoT *Chicago Board of Trade* Marché à terme de Chicago (marchandises et instruments financiers).

CC *convertible currency* monnaie convertible (MC).

CCA *capital cost allowance* amortissement fiscal, allocation du coût en capital [Acc].

CCEET *Centre for Co-operation with the European Economies in Transition* Centre pour la coopération avec les économies européennes en transition (CCEET).

CCL *critical consumption level* niveau critique de consommation.

CCP *Common Commercial Policy* Politique commerciale commune (cf. UE).

CCT *capital transfer tax* (UK) droits de mutation.

CD 1- *certificate of deposit* certificat de dépôts.
2- *cash dispenser* distributeur automatique de billets (DAB).

CD function *Cobb-Douglas function* fonction du type Cobb Douglas.

CDDCs *commodity-dependent developing countries* pays en développement tributaires des produits de base (PDTPB).

CDF 1- *cumulative distribution function* fonction de répartition, fonction cumulative.
2- *Caribbean Development Facility* mécanisme de développement des Caraïbes.

CEA *cost-effectiveness analysis* analyse coût-efficacité (ACE).

CEC *Commision of the European Communities* Commission des Communautés européennes (CCE).

CEEC *Central and Eastern European countries* pays d'Europe centrale et orientale (PECO).

ceiling n plafond, plafonnement, limite supérieure * **ceilings on credit** [Eco, Fin] plafonnement *ou* encadrement du crédit ; **ceilings on lending** [Eco, Fin] plafonnement *ou* encadrement du crédit.
Δ **ceiling free** non plafonné.

CEM *Chicago Mercantile Exchange* Bourse des matières premières de Chicago.

census n [gen, Stat] recensement.

cent n (US) cent (centième du dollar).

center n (US) q v centre.

central bank n banque centrale * **wet central bank** banque centrale réputée faible (elle n'est pas crédible et l'attaque de la monnaie nationale entraîne une dépréciation de cette dernière) ; **dry central bank** banque centrale réputée forte (elle est crédible et l'attaque de la monnaie nationale entraîne une appréciation de cette dernière).

centre (UK), **center** (US) **n** centre * **Centre for Co-operation with the European Economies in Transition** (CCEET) Centre pour la coopération avec les économies européennes en transition (CCEET) (cf. OCDE) ; **financial centre** place financière ; **offshore financial centre** place financière extra-territoriale, zone franche bancaire.

cents-off adj (US) à prix réduit.

CEO *chief executive officer* directeur général (DG).

certificate n 1- [Jur] certificat * **certificate of incorporation** (UK) certificat de constitution (document nécessaire avec les *articles* pour créer une société de capitaux) ; **certificate of origin** certificat d'origine ; **bankrupt's certificate** [Jur] concordat.
2- [Fin] titre, bon * **certificate of deposit** (CD) certificat de dépôt (CD) ; **certificate of indebtedness** a) reconnaissance de dette ; b) titre de créance ; **bank certificate** bon de caisse ; **cash certificate** bon de caisse ; **investment certificate** certificat d'investissement (CI) ; **money market certificate** titre de placement sur le marché monétaire ; **savers certificate** certificat de dépôt comportant des avantages fiscaux ; **share certificate** (UK) certificat de propriété représentatif d'une action (les *share certificates* sont appelés à disparaître avec l'introduction du système CREST).

certificate v 1- certifier.
2- [Jur] accorder le concordat.

certification n certification, homologation.

certify v certifier, approuver.

CES function *constant elasticity of substitution function* fonction à élasticité constante de substitution.

CET *Common External Tariff* Tarif extérieur commun (TEC).

ceteris paribus [Eco] toutes choses égales par ailleurs.

CF *cost and freight* coût et frêt (CF).

CFF *Compensatory Financing Facility* Mécanisme de financement compensatoire (MFC).

CFTC *Commodity Futures Trading Commission* (US) Commission de surveillance sur les marchés à terme.

CGT *capital gains tax* impôt sur les plus-values.

chain n chaîne * **Markov chain** [Stat] chaîne de Markov.

chair v présider.

chairman n président * **chairman and chief executive** (US) président directeur général (PDG) ; **chairman and managing director** (UK) président directeur général (PDG) ; **chairman and president** (US) président directeur général (PDG) ; **chairman of the board (of directors)** président du conseil d'administration.

chalk up v enregistrer un résultat.

Chancellor of the Exchequer (UK) chancelier de l'Echiquier (correspond au ministre de l'Economie et des Finances).

change n 1- a) changement ; b) monnaie * **small change** petite monnaie.
2- [Eco] variation, évolution, mutation * **change in demand** [Eco] variation spontanée de la demande ; **change in supply** [Eco] variation spontanée de l'offre ; **change in the external monetary position** [Eco int] variation de la position monétaire extérieure ; **change in the external monetary position of the official sector** [Eco int] variation de la position monétaire extérieure du secteur officiel ; **adverse change** évolution défavorable ; **contemporary industrial change** l'évolution industrielle contemporaine ; **organizational change** a) évolution organisationnelle ; b) modification de structure.

change v a) changer, (se) modifier ; b) faire de la monnaie, changer de l'argent (*into* en).

change over v passer d'un système à l'autre.

changeover n changement, passage d'un système à l'autre.

channel n a) voie, canal ; b) circuit, filière * **financial channel** *or* **financing channel** circuit financier, circuit de financement ; **monetary transmission channels** canaux *ou* mécanismes de transmission de la politique monétaire.

channel v drainer des fonds, canaliser l'épargne, orienter l'épargne.

channelling n action d'orienter * **channelling of savings** [Eco] mobilisation de l'épargne.

CHAPS *Clearing House Automated Payment System* système de paiement interbancaire automatisé (Londres).

charge n 1- a) prix, tarif * **flat charge** tarif unique ; **public charges** *or* **state charges** tarifs publics.
b) responsabilité * **the person in charge** le responsable ; **to be in charge of the accounting depart-**

charge 48 **check**

ment être responsable du département de la comptabilité.
2- [Acc] charge, frais * **charges and fees** droits et redevances ; **accrued charges** charges à payer ; **administrative charges** frais de gestion ; **bank charges and interest** frais financiers ; **collecting charges** frais d'encaissement ; **commitment charge** [Fin] commission d'engagement ; **customs charges** frais de douane ; **deferred charge** charge payée d'avance ; **depreciation charge(s)** dotation(s) aux amortissements ; **extraordinary charges** charges exceptionnelles ; **financial charges** frais financiers ; **fixed charges** frais fixes, frais généraux ; **handling charges** frais de manutention (cf. BDP) ; **interest charge** intérêts, charges d'intérêt ; **lending charges** intérêts sur emprunts ; **loan charges** intérêt et commissions sur les prêts ; **maintenance charges** frais d'entretien ; **net of charges for depreciation** après déduction de l'amortissement ; **non-interest charges** frais autres que les frais financiers ; **non-recurrent charges** frais exceptionnels ; **overhead charges** frais fixes, frais généraux ; **standing charges** frais permanents ; **transfer charge** commission de transfert.
3- [Jur] a) chef d'accusation.
b) (UK) sûreté réelle qui garantit un emprunt obligataire * **fixed charge** garantie sur un ou plusieurs actifs spécifiques ; **floating charge** garantie sur une partie ou la totalité des actifs de la société, sans que soient spécifiés les actifs affectés à cette garantie.

charge v 1- faire payer, imputer, percevoir.
2- [Jur] accuser.

charge-off n [Fin, Acc] amortissement d'un prêt.

charge off v [Fin, Acc] amortir un prêt.

chargeable adj imputable à.

charged adj prélevé, imputé.

chart n graphe, graphique, diagramme, tableau * **chart of accounts** [Acc] liste des comptes fixée par l'entreprise en fonction de ses besoins ; **bar chart** histogramme ; **flow chart** diagramme de flux ; **pie chart** graphique en forme de camembert.

chartist n [Fin] (US) analyste chartiste.

chattels n, plu [Jur] biens meubles.

cheap adj a) bon marché, peu coûteux ; b) de mauvaise qualité.

cheapness n a) faible coût ; b) mauvaise qualité.

check n 1- a) vérification, contrôle * **to keep a check on** surveiller.
b) frein, entrave * **to hold the money supply in check** freiner la croissance de la masse monétaire.
2- [Fin] (US) chèque *(see also cheque)* * **dud check** chèque sans provision ; **rubber check** chèque en bois ; **traveller's check** chèque de voyage.
Δ **check book** (US) chéquier.

check v a) vérifier, contrôler * **to check the accounts** vérifier les comptes ; **to check the books** vérifier les comptes, vérifier la comptabilité.
b) endiguer, contenir, maîtriser * **to check inflation** enrayer l'inflation, juguler l'inflation ; **to check price increases** enrayer la hausse des prix.

checking n a) vérification, recoupement ; b) tirage par chèque.

cheque n [Fin] (UK) *(see also check)* chèque * **to cash a cheque** toucher un chèque ; **to endorse a cheque** endosser un chèque ; **to make out a cheque to** faire un chèque à l'ordre de ; **to pay a cheque into one's account** mettre un chèque sur son compte ; **to refer a cheque to drawer** renvoyer un chèque à l'émetteur ; **to stop a cheque** faire opposition à un chèque ; **bad cheque** chèque sans provision ; **banker's cheque** chèque de banque ; **bearer cheque** chèque au porteur ; **blank cheque** chèque en blanc ; **bouncing cheque** chèque en bois ; **certified cheque** chèque certifié ; **crossed cheque** chèque barré ; **dud cheque** chèque en bois ; **open cheque** chèque non barré ; **paid cheque** chèque encaissé ; **rubber cheque** chèque en bois ; **stale cheque** chèque périmé ; **traveller's cheque** chèque de voyage ; **uncrossed cheque** chèque non barré.
Δ **cheque book** carnet de chèques, chéquier.

chip v perdre des points.

CHIPS *Clearing House Interbank Payment System* Système de paiement interbancaire par chambre de compensation (New York).

choice n choix * **second-best choice** [Eco] optimum de second rang.

choke off v asphyxier, étouffer * **to choke off economic growth** paralyser la croissance.

churn v [St Ex] multiplier les transactions pour encaisser les commissions.

churning n, plu [St Ex] le fait de multiplier les transactions pour encaisser les commissions.

CIF *cost, insurance and freight* coût assurance frêt (CAF).

circle n cercle * **financial circles** cercles financiers ; **quality circle** cercle de qualité.

circuit n circuit.
Δ **circuit breaker** [St Ex] coupe-circuit.

circulate v a) circuler ; b) diffuser.

circulating adj circulant.

circulation n 1- diffusion *ou* tirage d'un journal.
2- [Eco] circulation * **fiduciary circulation** *or* **note circulation**.

CIRR *commercial interest reference rate* taux d'intérêt commercial de référence (TICR).

city n 1- grande ville.
2- [Fin] **the City** (UK) la Cité de Londres, la place financière de Londres.

claim n 1- a) réclamation * **to present a claim** présenter un recours ; **claim for damages** demande de dommages-intérêts ; **claim of refund** demande de remboursement ; b) revendication * **demand induced claims** revendications salariales provoquées par la pression de la demande du facteur travail sur le marché du travail.
2- [Jur] droit * **to have a prior claim** avoir un droit de priorité, avoir un droit d'antériorité.
3- [Acc, Fin] créance, somme due * **claim against** créance sur ; **claims on abroad** créances sur l'étranger ; **claims on non-residents** créances sur les non résidents ; **bad claim** créance douteuse ; **cross-border claims** créances sur l'étranger ; **dubious claim** créance douteuse ; **mortgage claim** créance hypothécaire ; **outstanding claims** créances à recou-vrer ; **secured claim** créance privilégiée ; **unrecovered claim** créance non recouvrée.

claim v réclamer, revendiquer, faire valoir un droit.

claimant n [Jur] personne qui fait valoir ses droits.

clamp down v durcir le contrôle.

clampdown n mesures visant à limiter, durcissement du contrôle * **clampdown on imports** arrêt des importations.

class n catégorie, type * **class of income** catégorie de revenu.

clause n [Jur] clause, disposition * **bisque clause** [Fin] clause qui permet de modifier *a posteri* les conditions de remboursement en fonction de la situation économique ; **cancellation clause** q v cancellation ; **clawback clause** q v clawback ; **cross-default clause** q v cross-default ; **enabling clause** [Jur, Eco int] clause autorisant un traitement spécial en faveur des PVD (cf. GATT) ; **escalator clause** [Eco] clause d'indexation, clause d'échelle mobile ; **escape clause** [Jur, Eco int] clause de sauvegarde (cf. GATT) ; **foreign currency clause** clause de garantie de change ; **grandfather clause** (US) clause de maintien des droits acquis ; **most-favoured nation clause** q v nation ; **negative pledge clause** clause de non-nantissement exclusif ; **opting-out clause** clause d'exemption ; **overriding clause** clause dérogatoire ; **red clause** [Fin] clause rouge (JO) ; **restrictive provision** clause restrictive ; **withdrawal clause** [Fin, St Ex] clause de résiliation, clause de retrait.

clawback n [Fisc] effet de la fiscalité selon lequel l'augmentation du revenu est totalement annulée par la hausse de l'impôt née du passage à une tranche supérieure.

Δ **clawback clause** [Fin] clause qui permet de réduire, lors d'une offre publique de vente, le nombre d'actions attribuées à chaque acheteur lorsque la demande de titres est plus importante que l'offre.

clay-clay approach [Eco] méthode économétrique fondée sur l'absence de substituabilité entre les facteurs de production.

clear v 1- a) débarrasser d'un obstacle, clarifier ; b) solder, liquider * **to clear goods** liquider des marchandises ; **to clear through the customs** dédouaner.
2- [Eco] a) assurer l'équilibre (du marché) ; b) assurer la compensation, compenser * **to clear cheques** compenser les chèques.

clearance n a) liquidation, soldes * **clearance sale** liquidation de stock.
b) déclaration en douane, dédouanement * **customs clearance** dédouanement.

clearing n [Eco, Fin] compensation * **clearing house** chambre de compensation (JO) ; **Clearing House Automated Payment System** (CHAPS) q v system ; **Clearing House Interbank Payment System** (CHIPS) q v system ; **clearing house scheme** système de compensation.

clerk n employé * **authorized clerk** [St Ex] (UK) commis de Bourse.

CLIO *Code of Liberalization of Current Invisibles* Code de la libéralisation des opérations invisibles courantes (cf. OCDE).

close n [St Ex] clôture * **close to close** [St Ex] pendant 24 h, en continu ; **close to open** [St Ex] pendant la fermeture.

close-down n cessation d'activité, fermeture (d'une entreprise, d'un magasin).

close down v arrêter la production, fermer une usine.

close out v 1- cesser son activité, fermer définitivement.
2- [St Ex] liquider une position.

closing n [St Ex] fin de séance, clôture.

closure n 1- fermeture, clôture * **plant closure** fermeture d'usine ; **year-end closure** [Acc] clôture d'un exercice, clôture des comptes.
2- [Eco] bouclage d'un modèle économétrique.

cluster n 1- groupe.
2- [Stat] grappe.
△ **cluster effect** effet de grappe.

clustering n [Stat] segmentation.

CME *Chicago Mercantile Exchange* Bourse des matières premières de Chicago.

co-creditor n [Jur, Fin] cocréancier.

co-debtor n [Jur, Fin] codébiteur.

co-manager n [Fin] co-chef de file (dans les crédits consortiaux).

co-owner n copropriétaire.

co-ownership n copropriété.

co-partner n [Jur] co-associé.

cobweb n toile d'araignée.
△ **cobweb theorem** [Eco] théorème du cobweb (modèle en forme de toile d'araignée qui prend en compte les délais de réaction entre l'offre et la demande).

COD *cash on delivery* paiement à la livraison.

code n code * **code of behaviour** code de bonne conduite ; **code of conduct** [Fin] code déontologique ; **code of practice** code de bonne conduite, déontologie ; **Code on customs valuation** Code de la valeur en douane (GATT) ; **Code on subsidies and countervailing duties** Code sur les subventions et les droits compensateurs (GATT) ; **Anti-Dumping Code** Code anti-dumping (GATT) ; **Standards Code** Code de la normalisation (GATT).

coefficient n [Stat, Eco] coefficient * **coefficient of correlation** [Stat] coefficient de corrélation ; **coefficient of cross elasticity** [Eco] coefficient d'élasticité croisée ; **coefficient of determination** [Stat] coefficient de corrélation multiple, coefficient de détermination ; **coefficient of elasticity** [Eco] coefficient d'élasticité ; **coefficient of kurtosis** [Stat] coefficient d'aplatissement ; **coefficient of regression** [Stat] coefficient de régression ; **coefficient of significance** [Stat] seuil de signification ; **coefficient of variation** [Stat] coefficient de variation ; **acceleration coefficient** [Eco] coefficient accélérateur ; **linear coefficient** [Stat] coefficient de linéarité ; **weighting coefficient** [Stat] coefficient de pondération.

cofinance v [Fin] cofinancer.

cofinancing n [Fin] cofinancement.

coin n pièce de monnaie * **coins** monnaie métallique.

COLA *cost of living agreements* (US) clauses d'indexation des salaires.

collapse n effondrement, écroulement, débâcle.

collapse v s'effondrer, s'écrouler, s'affaisser.

collar n 1- col * **blue collars** cols bleus ; **white collars** cols blancs. 2- [Fin] accord de taux d'intérêt qui combine un accord de taux plafond *(CAP)* et un accord de taux plancher *(FLOOR)*, afin de protéger les deux parties contre les fortes variations de taux.

collateral n 1- [Jur] garantie, nantissement, sûreté réelle * **against collateral of securities** contre nantissement de titres. 2- [Fin] (US) actif qui sert de support aux titres, sous-jacent. Δ **collateral acceptance** acceptation de cautionnement.

collateral adj 1- collatéral, parallèle. 2- [Fin] accessoire, subsidiaire.

collaterize, collateralise v [Jur] garantir (par voie de nantissement).

collect v 1- a) rassembler ; b) passer prendre (un paquet). 2- [Fin, Fisc] recouvrer.

collectable adj [Acc, Fin] recouvrable.

collected adj [Acc, Fin] recouvré, encaissé.

collector n receveur, percepteur * **tax collector** percepteur d'impôts.

collection n 1- collection. 2- [Fin, Acc, Fisc] encaissement, recouvrement * **collection of debts** recouvrement de créances ; **collection of taxes** mise en recouvrement * **judicial collection** recouvrement forcé.

Δ **collection lag** délai de recouvrement ; **collection period** période de recouvrement.

collude v [Jur] constituer une entente illicite.

collusion n [Jur] collusion, entente illicite.

combine n (US) entente industrielle.

combine v combiner, unir.

come down v diminuer, baisser.

commerce n commerce en gros, commerce international.

commercial adj commercial.

commission n a) commission, pourcentage * **on a commission basis** à la commission ; **illicit commission** pot de vin.
b) comité, commission * **commission of enquiry** commission d'enquête ; **Commision of the European Communities** (CEC) Commission des Communautés européennes (CCE) ; **Commodity Futures Trading Commission** (CFTC) (US) Commission de surveillance sur les marchés à terme ; **Federal Trade Commission** (FTC) (US) Commission fédérale du commerce ; **Manpower services Commission** (UK) Agence nationale pour l'emploi ; **Securities and Exchange Commission** (SEC) (US) Commission des opérations en Bourse (SEC).

commitment n engagement, obligation * **commitment for cover** [Fin] engagement de garantie ; **commitment of funds** [Fin] engagements de fonds ; **binding commitment** engagement irrévocable ; **contingent commitment** engagement conditionnel ; **financial commitment** [Fin] engagement financier ; **open commitment** [Fin] engagement d'un montant indéfini ; **open-ended commitment** [Fin] engagement indéterminé ; **unpaid commitment** [Fin pub] dépense engagée mais non payée.

committee n commission, comité * **Development Assistance Committee** (DAC) Comité d'aide au développement (CAD) ; **executive committee** comité de direction ; **Federal Open Market Committee** (FOMC) (US) Comité fédéral de l'open-market ; **IMF Interim Committee** Comité Intérimaire du FMI ; **International Accounting Standards Committee** (IASC) Comité des normes comptables internationales ; **steering committee** [Fin] comité de restructuration (JO).

commodity n [gen, Eco, Eco int] produit, produit de base, marchandise * **basic commodity** produit de base ; **hard-core commodities** produits de base essentiels ; **non-oil commodity** produit de base non pétrolier ; **primary commodity** produit de base ; **soft commodity** produit de base autre que les métaux ; **traded commo-**

dities biens faisant l'objet d'échanges internationaux.
Δ **commodity arrangements** accords concernant les produits de base ; **commodity assistance** aide en nature ; **commodity boom** flambée des prix des matières premières ; **commodity pattern** composition des échanges, répartition des échanges par catégorie de produits ; **commodity structure of imports** structure des importations par produits.

community n [gen, Jur] communauté * **European Atomic Energy Community** (EAEC) Communauté européenne de l'énergie atomique (CEEA) ; **European Coal and Steel Community** (ECSC) Communauté européenne du charbon et de l'acier (CECA) ; **European Communities** Communautés européennes ; **European Economic Community** (EEC) Communauté économique européenne (CEE).

company n [Jur, Acc, Fin] entreprise, société, compagnie * **affiliated company** société appartenant au même groupe ; **airline company** compagnie aérienne ; **amalgamated companies** sociétés fusionnées ; **associated company** (UK) société contrôlée au moins à hauteur de 20 % ; **bank holding company** (BHC) (US) holding bancaire ; **bidding company** société initiatrice d'une OPA ; **blue-chip company** entreprise de premier ordre ; **captive company** société captive ; **close(d) company** [Fin] (UK) société fermée ; **closed-end investment company** (US) fonds commun de placement fermé ; **conduit company** société relais, société écran ; **controlling company** société-mère, société qui a le conrôle sur une autre entreprise ; **daughter company** filiale ; **fictitious company** société fictive ; **finance company** société financière ; **financial holding company** (FHC) holding financier ; **financial services holding company** (FSHC) holding de services financiers ; **high-cap company** société à forte capitalisation ; **holding company** société holding ; **hollow company** entreprise qui a externalisé ses activités ; **incorporated company** (UK) société par actions ; **insurance company** compagnie d'assurance ; **investment company** a) fonds commun de placement (FCP), b) organisme de placement collectif en valeurs mobilières (OPCVM) ; **issuing company** (UK) maison d'émission de titres ; **joint-stock company** [Jur] société par actions, société de capitaux ; **leading company** société dominante ; **limited liability company** (UK) société par actions ; **listed company** (US) société cotée en bourse ; **middle-sized company** moyenne entreprise ; **mining company** société minière ; **multinational company** (MNC) (UK) firme multinationale (FMN) ; **mutual investment company** organismes de placement collectif en valeurs mobilières (OPCVM) ; **oil company** société pétrolière ; **open company** [Fin] société ouverte ; **parent company** maison-mère ; **private (limited) company** (Ltd) [Jur] (UK) société de capitaux qui ne peut pas faire appel à l'épargne publique ; **privately-owned company** société à capitaux privés ; **public (limited) company** (PLC)

[Jur] (UK) société de capitaux qui peut faire appel à l'épargne publique ; **publicly-owned company** société à capitaux publics ; **quoted company** (UK) entreprise cotée en Bourse ; **real estate company** société immobilière ; **registered company** société inscrite au registre du commerce ; **screen company** société-écran ; **securities company** maison de titres ; **semi-public company** société d'économie mixte ; **shadow company** société-écran ; **shell company** société fictive, société coquille ; **sister companies** filiales d'une même entreprise ; **small-cap company** société à faible capitalisation mais à fort potentiel de croissance ; **state-owned company** entreprise publique ; **subsidiary company** société filiale ; **target company** société cible (dans le cadre d'une OPA) ; **transnational company** (TNC) firme transnationale (FTN) ; **trust company** a) (UK) société d'investissement ; b) (US) société de gestion de portefeuille ; **underlying company** filiale ; **unlimited company** [Jur] (UK) société à responsabilité illimitée.
Δ **company's articles** statuts ; **company deed** contrat de société ; **company name** raison sociale.

comparative adj comparatif, comparé.

compare v comparer.

compensate v dédommager (*for* de), indemniser (*for* de).

compensation n a) indemnisation, compensation, indemnité compensatrice * **automatic price compensation** indexation des salaires sur les prix ; **closure compensation** indemnité pour cessation d'activité ; **cost-of-living compensation** indemnité de vie chère.
b) rémunération, salaire * **compensation of employees** rémunération des salariés [SCN] ; **hourly compensation** salaire horaire.

compensatory adj compensatoire.

compete v concurrencer, entrer en concurrence (*with* avec).

competing adj en concurrence, engagé dans la concurrence.

competition n [gen, Eco] concurrence * **cut-throat competition** concurrence acharnée ; **free competition** libre concurrence ; **imperfect competition** concurrence imparfaite ; **managed competition** concurrence organisée, concurrence régulée ; **monopolistic competition** concurrence monopolistique ; **non-price competition** concurrence hors prix ; **perfect competition** concurrence pure et parfaite ; **predatory competition** concurrence déloyale ; **price competition** concurrence par les prix ; **pure competition** concurrence pure et parfaite ; **stiff competition** concurrence vive ; **unfair competition** concurrence déloyale ; **workable competition** concurrence praticable, concurrence viable.

competitive adj [Eco] concurrentiel, compétitif.

competitiveness n [Eco] competitivité * **cost competitiveness** compétitivité-coûts ; **external competitiveness** compétitivité extérieure ; **non-price competitiveness** compétitivité hors prix ; **price competitiveness** compétitivité-prix.

competitor n [gen, Eco] concurrent.

complementarity n complémentarité.

complementary adj complémentaire.

complements n, plu [Eco] biens complémentaires.

compliance n conformité (*with* avec) * **in compliance with** conformément à.

Δ **compliance department** [St Ex] dans un établissement intervenant sur un marché financier, service chargé du contrôle interne et du respect de la réglementation ; **compliance officer** [St Ex] dans un établissement intervenant sur un marché financier, personne responsable du service chargé du contrôle interne et du respect de la réglementation.

comply v satisfaire (*with* à), se soumettre (*with* à) * **to comply with a clause** [Jur] respecter une disposition ; **to comply with allotments** [Fin] rester dans les limites des crédits autorisés.

component n facteur, composant, composante, élément * **components of aggregate demand** [Eco] composantes de la demande globale ; **cyclical component** [Eco] composante conjoncturelle ; **electronic component** composant électronique ; **export performance component** [Eco] facteur performance à l'exportation ; **structural component** [Eco] composante structurelle.

composite n [St Ex] indice * **AMEX composite** indice boursier de l'AMEX ; **NYSE composite** indice boursier de la NYSE.

composite adj synhétique.

composition n 1- composition.
2- [Jur] entente, arrangement, compromis * **composition to creditors** concordat.

compound adj composé, composite, combiné.

compound v composer, transiger * **to compound a debt** transiger sur le montant de la dette ; **to compound with one's creditors** s'arranger avec ses créanciers.

compounding n [Fin] calcul des intérêts composés.

comptroller n vérificateur au compte.

concentrate v (se) concentrer.

concentration n [Eco] concentration * **geographical concentration** concentration géographique ; **industry concentration** concentration industrielle.

concern n 1- a) intérêt, importance accordée à ; b) préoccupation, souci.
2- [Eco] entreprise, affaire * **going concern** affaire qui marche ; en-

concession 57 **consolidation**

treprise en croissance ; **parent concern** entreprise mère.

concession n 1- avantage concédé.
2- [Fisc] abattement.

concessional adj à des conditions de faveur, avantageux.

condition n a) modalité, critère * **the conditions of an issue** [Fin] modalités d'une émission ; **fine conditions** [Fin] bonnes conditions (pour l'emprunteur) ; **Marshall-Lerner Condition** [Eco int] condition de Marshall-Lerner, théorème des élasticités critiques.
b) **(plu) conditions** situation, conditions, circonstances * **economic conditions** situation économique, conjoncture ; **monetary conditions** situation monétaire ; **poor economic conditions** médiocrité de la conjoncture ; **prevailing conditions** conditions existantes ; **underlying conditions** situation de fond.

conditional adj conditionnel.

conduit n intermédiaire.

confederation n confédération * **Confederation of British Industries** (CBI) (UK) Confédération des industries britanniques (syndicat patronal).

conference n conférence * **United Nations Conference for Trade and Development** (UNCTAD) Conférence des Nations unies pour le Commerce et le Développement (CNUCED).

confidence n [gen, Stat] confiance.
Δ **confidence interval** intervalle de confiance ; **confidence limit** seuil de confiance.

confiscatory adj spoliateur.

conflict n conflit * **conflict of interest** [Fin, St Ex] conflit d'intérêt ; **internal-external balance conflict** [Eco] contrainte interne externe.

conflicting adj incompatible, inconciliable, en contradiction.

conglomerate n [Eco] conglomérat * **financial conglomerate** conglomérat financier.

congruence n [Math] congruence.

consistency n 1- cohérence.
2- [Stat] convergence.

consistent adj 1- compatible, cohérent, logique.
2- [Stat] (estimator) convergent.

consistently adv systématiquement, régulièrement.

consolidate v 1- grouper * **to consolidate goods** grouper des marchandises ; **to consolidate production** regrouper la production.
2- [Acc] consolider * **to consolidate accounts** établir les comptes du groupe, fusionner les comptes ; **to consolidate maturities** [Fin] consolider les échéances.

consolidated adj [Acc] consolidé.

consolidation n 1- consolidation, raffermissement.
2- [Acc] consolidation * **consolidation of balance sheets** consolidation des bilans.

3- [Eco] * **debt consolidation** réaménagement de la dette, consolidation de la dette ; **fiscal consolidation** assainissement des dépenses publiques, redressement budgétaire.
Δ **consolidation period** période du rééchelonnement de la dette.

consols n, plu (UK) [Fin] emprunts d'Etat perpétuels.

consortium n [Fin] consortium (banques qui s'associent pour accorder un crédit international) * **underwriting consortium** syndicat d'émission.

constraint n contrainte * **external constraint** [Eco] contrainte externe, contrainte de la balance des paiement ; **financial constraint** [Fin] contrainte financière ; **monetary constraints** [Eco] contraintes monétaires.

construction n 1- construction.
2- [Acc] * **constructions in progress** immobilisations en cours.

consultancy n a) activité de conseil ; b) cabinet de consultants.
Δ **consultancy firm** société de conseil.

consultant n expert, consultant.

consumable adj consommable.

consumables n, plu [Eco] produits de consommation.

consume v [gen, Eco] consommer.

consumer n [gen, Eco] consommateur * **end consumer** consommateur final ; **green consumer** consommateur qui prend en compte des considérations écologiques dans ses décisions d'achat.
Δ **consumer behaviour** [Eco] comportement des consommateurs ; **consumer indifference curve** [Eco] courbe d'indifférence (du consommateur) ; **consumer organization** organisation de consommateurs ; **consumer rationality** [Eco] rationalité du consommateur ; **consumer society** société de consommation ; **consumer survey** études des habitudes de consommation.

consumerism n consumérisme.

consumption n [gen, Eco, SCN] consommation * **consumption of fixed capital** [SCN] consommation de capital fixe ; **autonomous consumption** consommation autonome ; **final consumption** consommation finale ; **government consumption** consommation des administrations publiques ; **government final consumption** consommation finale des administrations publiques ; **home consumption** consommation intérieure ; **household consumption** [SCN] consommation finale des ménages ; **household enlarged consumption** [SCN] consommation élargie des ménages ; **intermediate consumption** consommation intermédiaire ; **intermediate consumption of industries** [SCN] consommation intermédiaire des branches d'activité marchande ; **intermediate consumption of producers of government services** [SCN] consommation intermédiaire des branches non marchandes des administrations publiques ; **intermediate consum-**

ption of producers of private non-profit services to households [SCN] consommation intermédiaire des branches non marchandes des institutions privées sans but lucratif au service des ménages ; **mass consumption** consommation de masse ; **national final consumption** [SCN] consommation finale nationale ; **own consumption** autoconsommation ; **per capita consumption** consommation par tête ; **personal consumption** consommation des ménages ; **private (final) consumption** [SCN] consommation (finale) privée ; **public consumption** consommation des administrations publiques ; **self-consumption** autoconsommation.
Δ **consumption function** fonction de consommation ; **consumption pattern** structure des dépenses de consommation ; **consumption possibility line** [Eco] droite de budget (cf. théorie du consommateur).

contain v a) contenir, comprendre ; b) contenir, freiner, maîtriser.

contango n [St Ex] report.
Δ **contango rate** taux de report.

contingencies n, plu q v contingency 3.

contingency n 1- éventualité, contingence, aléa, risque.
2- [Stat] contingence.
3- [Acc] a) perte exceptionnelle ; b) **(plu) contingencies** frais divers.
Δ **contingency allowance** [Acc] provision pour risques ; **contingency plan** [Eco] dispositif d'intervention, plan d'action conjoncturelle ; **contingency provision** [Acc] provision pour risque.

contingent adj contingent, éventuel, conditionnel.

continuation nf 1- poursuite, continuation.
2- [St Ex] report.
Δ **continuation day** jour des reports ; **continuation rate** taux de report.

continuing adj continu, permanent, durable.

continuous adj continu.

contract n [Jur, Fin, St Ex] contrat, marché * **to award a contract** passer un contrat ; **to cancel a contract** annuler un contrat ; **to draw up a contract** rédiger un contrat ; **to enforce a contract** faire exécuter un contrat ; **to terminate a contract** résilier un contrat ; **to void a contract** [Jur] annuler un contrat ; **contract of employment** contrat de travail ; **contingent claim contracts** [Fin, Eco] contrats des droits contingents ; **contracting contract** contrat pour la construction d'une usine ; **discharged contract** contrat "résolu" ; **draft contract** projet de contrat ; **employment contract** contrat de travail ; **fixed forward contract** opération à terme ferme ; **forward contract** [Fin, St Ex] contrat à terme ; **forward exchange contract** [Fin, St Ex] opération de change à terme ; **futures contract** [Fin, St Ex] contrat à terme ; **implied contract** contrat tacite ; **labour contract** contrat de travail ; **negotiated contract** marché de gré à gré ; **open end(ed) contract** contrat à durée indéterminée ; **option contract** [Fin, St Ex] titre à terme conditionnel ; **outstanding contract** contrat en cours ; **over-the-counter contract** [Fin, St Ex] contrat de gré à gré ; **prime contract** contrat principal (par opposition au contrat de sous-traitance) ; **private contract** contrat sous seing privé ; **spot contract** [Fin, St Ex] a) contrat sur le disponible ; b) contrat au comptant ; **tie-in sales contract** contrat de vente liée ; **turnkey contract** [Eco int] contrat "clés en main".

contract v 1- (se) resserrer, (se) réduire * **to contract credit** resserrer le crédit ; **to contract demand** comprimer la demande.
2- [Jur] contracter * **to contract with** passer un marché avec.

contract out v a) sous-traiter ; b) privatiser une partie de l'activité.

contracting n a) fait de passer un marché ; b) sous-traitance.

contracting adj 1- en recul, en repli. 2- [Jur] contractant * **contracting party** partie contractante.

contracting-out n sous-traitance de services publics au secteur privé.

contraction n contraction, repli * **contraction of demand** [Eco] fléchissement de la demande ; **economic contraction** [Eco] repli de l'économie.

contractionary adj [Eco] restrictif, déflationniste.

contractor n a) entrepreneur, entreprise de travaux publics ; b) sous-traitant * **prime contractor** maître d'œuvre.

contractual adj [Jur] contractuel.

contracyclical adj [Eco] anticyclique, contracyclique, de stabilisation conjoncturelle.

contribute v cotiser, contribuer.

contribution n [Eco, Fin, Acc] a) cotisation ; b) apport * **contribution in kind** apport(s) en industrie, apport(s) en nature ; **contribution of capital** apport en numéraire ; **contributions to pension funds** cotisations aux caisses de retraite ; **cash contribution** apports en numéraire ; **cash contribution to capital increase** augmentation de capital en numéraire ; **employees' (social security) contributions** cotisations salariales (de sécurité sociale) ; **employers' pension contributions** cotisations de retraite à la charge des entreprises ; **employers' (social security) contributions** cotisations patronales (de sécurité sociale) ; **grant-like contribution** quasi-don ; **income tax and social security contributions** prélèvements obligatoires ; **National Insurance contributions** (UK) cotisations au régime de sécurité sociale ; **outstanding contributions** cotisations non versées ; **pension contributions** cotisations à une caisse de retraite ; **social security contributions** cotisations à la sécurité sociale.

contributor n cotisant.

contributory adj contributif.

control n 1- a) autorité * **budgetary control** contrôle budgétaire (dans une entreprise ; **managerial control** fonction de contrôle exercée par la direction ; **state control** étatisme.
b) maîtrise * **cost control** maîtrise des coûts ; **fiscal control** discipline budgétaire ; **production control** gestion de la production.
2- [Eco] mesure de régulation, freinage, limitation * **credit control** encadrement du crédit, contrôle du crédit ; **currency** or **exchange controls** or **foreign exchange control** contrôle des changes, réglementation des changes ; **liquidity control** régulation de la liquidité ; **monetary control** freinage de la création monétaire ; **price controls** dispositif de contrôle des prix ; **wage and price controls** contrôle des prix et des salaires.

control v a) conduire, diriger, avoir la maîtrise de * **to control a company's stock** avoir la majorité des actions.
b) contenir, endiguer, limiter, lutter contre, restreindre * **to control inflation** maîtriser l'inflation.

controllable adj maîtrisable.

controlled adj dirigé * **controlled from abroad** contrôlé par l'étranger ; **foreign controlled** sous contrôle étranger ; **publicly controlled** sous contrôle de l'Etat.

controller n vérificateur aux comptes.

controlling adj qui a le contrôle sur.

conversion n [Fin] conversion * **conversion of debt into equity** conversion de dette en capital ; **debenture conversion** (UK) conversion d'obligations en actions ; **debt-equity conversion** conversion de la dette en fonds propres.

convert v convertir.

convertibility n [Eco] convertibilité monétaire * **convertibility into gold** convertibilité or ; **external convertibility** convertibilité externe ; **full convertibility** convertibilité intégrale ; **internal convertibility** convertibilité interne ; **limited** or **restricted convertibility** convertibilité partielle.

convertible adj convertible.

convertibles n, plu [Fin, St Ex] titres convertibles * **asset convertibles** obligations convertibles dans des actifs physiques tels que le pétrole, l'or… ; **equity convertibles** obligations convertibles en actions.

convey v 1- transporter.
2- [Jur] transmettre un bien, rédiger un acte de cession.

conveyance n 1- transport.
2- [Jur] transfert, cession.

cool v 1- rafraîchir.
2- [Eco] refroidir, calmer * **to cool the economy** prendre des mesures pour lutter contre la surchauffe de l'économie.

cooling-off n 1- apaisement, réflexion * **cooling-off period** délai de réflexion (avant la signature d'un contrat, avant le déclenchement d'une grève).
2- [Eco] accalmie de la conjoncture.

cooperate v collaborer, coopérer.

cooperation n coopération, collaboration * **Asia Pacific Economic Cooperation** (APEC) Coopération économique dans la zone Asie-pacifique (APEC).

cooperative n coopérative.

cooperative adj en coopération, concerté.

core n noyau, élément essentiel.

corporate adj qui a trait à l'entreprise, d'entreprise.

corporation n [Jur] a) (US) société de capitaux ; b) (UK) société publique ou semi-publique * **close(d) corporation** (US) société fermée ; **Federal Deposit Insurance Corporation** (US) organisme fédéral d'assurance des dépôts des banques et des caisses d'épargne (FDIC) ; **incorporated corporation** (US) société anonyme ; **International Finance Corporation** (IFC) Société financière internationale (SFI) (cf. Banque mondiale) ; **member corporation** (US) société anonyme d'agents de change membre de la Bourse ; **multinational corporation** (MNC) (US) entreprise multinationale ; **public corporation** entreprise nationalisée, entreprise publique ; **surviving corporation** (US) société absorbante ; **transnational corporation** (TNC) (US) firme transnationale (FTN).

correlation n [Stat] corrélation * **partial correlation** corrélation partielle.
Δ **correlation coefficient** coefficient de corrélation.

corset n [Eco] (UK) or **Supplementary Special Deposit Scheme** (SSDS) dispositif d'encadrement du crédit en vigueur de 1973 à 1980 correspondant à un système de réserves obligatoires assises sur les dépôts.

cost n [gen, Eco, Fin] coût ; [Acc] coût, charge, frais * **cost and freight** (CF) coût et frêt (CF) ; **cost, insurance and freight** (CIF) coût, assurance, frêt (CAF) ; **cost of capital** q v cost of capital ; **cost of living** q v cost of living ; **cost of money** loyer de l'argent ; **absolute cost** coût absolu ; **accrued costs** [Acc] charges à payer ; **acquisition cost** coût d'acquisition, [Acc] coût historique ; **average cost** (AC) coût moyen (CM) ; **average fixed cost** (AFC) coût fixe moyen (CFM) ; **average variable cost** (AVC) coût variable moyen (CVM) ; **bonding costs** coûts de dédouanement (cf. théorie de l'agence) ; **burning cost** a) [Fin] taux de flambage (JO) ; b) [ASR] prime pure ; **closing cost** coût de liquidation ; **comparative costs** coûts comparatifs ; **compensation costs** coûts salariaux ; **decreasing marginal cost** coût marginal décroissant ; **depreciation cost** coût d'amortissement ; **direct cost** charges directes, coût direct ; **dismissal costs** coût de licenciement ; **economic cost** coût économique ; **equivalent annual cost** coût annuel équivalent (CAE) ; **estimated cost** coût prévisionnel ; **excess costs** surcoût ; **external costs** coûts externes ; **factor cost** coût des facteurs ; **financial costs** charges financières ; **firing costs** coût de licenciement ; **fixed cost** charges fixes, charges indirectes ; **flotation cost** [Fin] coût d'émission ; **front-up costs** frais d'établissement ; **full cost** coût complet ; **funding cost** coût de financement ; **hedging cost** coût de protection contre le risque de change ; **hiring cost** coût de recrutement ; **historical cost** coût historique, coût d'acquisition ; **implicit cost** *or* **imputed cost** coût implicite, coût théorique ; **incumbent costs** coûts des entreprises en place ; **indirect cost** a) [Eco] coût fixe ; b) [Acc] coût indirect, frais généraux ; **induced cost** coût induit ; **initial cost** frais de premier établissement ; **interest costs** charges d'intérêt ; **inventory costs** frais de stockage ; **issuance cost** *or* **issue cost** *or* **issuing cost** [Fin] coût d'émission ; **labour costs** coût de la main-d'œuvre (salaires + charges sociales) ; **long-run average cost** (LRAC) coût moyen de longue période (CMLP) ; **long-run cost** coût sur longue période, coût à long terme ; **long-run marginal cost** (LRMC) coût marginal de longue période (CmLP) ; **maintenance costs** frais d'entretien ; **manufacturing cost** coût de fabrication ; **marginal cost** (MC) coût marginal (Cm) ; **marginal-cost/ average cost relationship** relation coût marginal/coût moyen ; **marginal long-term cost** coût marginal à long terme ; **marginal operating costs** (MOC) coûts marginaux d'exploitation ; **market cost** coût marchand, valeur marchande ; **monitoring costs** coûts de surveillance (cf. théorie de l'agence) ; **non-labour costs** coûts non salariaux ; **non-wage labour costs** coûts salariaux indirects (JO) ; **off-shore costs** coûts de fabrication à l'étranger ; **operating costs** coûts d'exploitation, dépenses de fonctionnement ; **opportunity cost** coût d'opportunité ; **opportunity cost of capital** coût d'opportunité du capital ; **option cost** coût de l'option ; **original cost** coût initial, coût d'acquisition ; **overall costs** coût global ; **overhead costs** frais généraux, charges fixes ; **pay roll costs** coûts salariaux ; **period cost** charges fixes, charges indirectes ; **production cost** coût de production ; **real cost** coût réel ; **replacement cost** coût de remplacement ; **residual costs** coûts résiduels ; **revalued cost** coût actualisé ; **running costs** coûts d'exploitation, dépenses de fonctionnement ; **severance cost** coût de licenciement ; **short-run average cost** (SRAC) coût moyen de courte période ; **social cost** coûts pour la collectivité ; **sunk costs** coûts antérieurs irrécupérables ; **total cost** (TC) coût total ; **transaction costs** coûts de transaction ; **underwriting cost** [Fin] coût de garantie d'émission ; **unit cost** coût unitaire ; **unit labour cost** (ULC) coût unitaire de la main-d'œuvre, coût salarial par unité produite ; **wage cost** coûts salariaux.

Δ **cost advantage** avantage en termes de coût ; **cost allocation** imputation des charges, imputation des coûts ; **cost allotment** répartition des charges *ou* des coûts ; **cost analysis** analyse du coût de revient ; **cost apportionment** répartition des charges *ou* des coûts ; **cost centre** centre de coût ; **cost control** maîtrise des coûts ; **cost fundamentals** principaux éléments du prix de revient ; **cost overrun** dépassement des coûts, dépassement du budget ; **cost price** prix de revient ; **cost recovery** couverture des dépenses par les recettes ; **cost unit** unité d'œuvre ; **cost trimming** réduction des coûts.

cost v a) coûter ; b) estimer le prix de, chiffrer une dépense.

cost-benefit n [Eco] coût-avantages.

cost-cutting n réduction des coûts.

cost-cutting adj qui réduit les coûts.

cost-effective adj [Eco] "efficace" par rapport au prix, d'un bon rapport qualité-prix.

cost-effectiveness n [Eco] "efficacité" par rapport au prix.

cost of capital n [Fin] coût du capital * **adjusted cost of capital** coût du capital ajusté ; **opportunity cost of capital** coût d'opportunité du capital, coût du capital ; **weighted average cost of capital** coût moyen pondéré du capital.

cost of living n [gen, Eco] coût de la vie.

Δ **cost-of-living adjustment** (US) indexation sur le coût de la vie ; **cost-of-living agreements** (COLA) (US) clauses d'indexation des salaires ; **cost-of-living escalator clause** clause d'échelle mobile.

cost-optimal adj optimal en termes de coût.

cost-push adj [Eco] poussé par les coûts * **cost-push pressures** hausse des coûts, pression des coûts.

cost-saving adj économique.

costing n [Acc] estimation des coûts * **absorption costing** méthode du coût complet ; **activity costing** méthode dite du coût par activité (préférée à celle du coût standard dans les entreprises très automatisées) ; **direct costing** méthode du coût variable ; **marginal costing** méthode du prix de revient au coût marginal ; **product costing** méthode du prix de revient du produit ; **replacement costing** calcul du coût au prix de remplacement ; **unit costing** calcul du coût unitaire de production ; **variable costing** méthode du coût variable.

costly adj coûteux.

council n conseil, assemblée * **European Council** Conseil de l'Europe ; **National Economic Development Council** (NEDC) (UK) Conseil national du développement économique (1962-1992).

count n dénombrement, recensement.

count v compter.

counter n guichet, caisse, rayon, comptoir * **over the counter** a) d'une manière légale ; b) [St

Ex] de gré à gré ; **under the counter** d'une manière illégale, au noir.

counter v contrecarrer, contrarier, neutraliser * **to counter the business cycle** prendre des mesures anticycliques.

counter-cyclical adj [Eco] anticyclique, contracyclique, de stabilisation conjoncturelle.

counter-measure n mesure corrective.

counter-offer n 1- contre-offre, contre proposition.
2- [Fin, St Ex] contrepartie.

counter-purchase n [Eco int] contre-achat (dans les échanges compensés).
Δ **counter-purchase arrangement** opération de compensation ; **counter-purchase deal** contre-achats, achats liés.

counter-trade n q v countertrade.

counteract v contrecarrer, contrarier, neutraliser.

counterbid n [Fin, St Ex] contre-offre (cf. OPA).

counterdemand n [Fin] contrepartie.

counterfeit n contrefaçon.

counterfeit v contrefaire.

counterfeiting n contrefaçon.

counterfeiter n faux-monnayeur.

counteroffer n [Fin, St Ex] contrepartie.

counterpart n 1- homologue.
2- [Eco, Fin] contrepartie * **credit counterparts** contreparties de la masse monétaire ; **gold and foreign assets counterpart** contrepartie or et devises ; **money supply counterparts** contreparties de la masse monétaire ; **net foreign assets counterpart** contrepartie or et devises.

counterproductive adj contre performant (allant à l'encontre de ce qui est recherché).

countertrade n [Eco] échanges compensés.
Δ **countertrade agreement** or **arrangement** accord d'échanges compensés, accord de troc.

countervail v contrebalancer, compenser.

countervailing adj compensatoire.

country n pays * **country of origin** pays d'origine ; **advanced country** pays développé, pays avancé ; **backward country** pays peu développé ; **Central and Eastern European countries** (CEEC) pays d'Europe centrale et orientale (PECO) ; **commodity-dependent developing countries** (CDDCs) pays en développement tributaires des produits de base (PDTPB) ; **commodity-producing country** pays de production primaire ; **debt-distressed country** or **debt-pressed country** pays surendetté ; **defaulting country** pays défaillant ; **developed country** pays développé ; developing country pays en voie de développement (PVD) ; **halfway country** pays moyennement développé ; **haven countries** paradis fiscaux ; **high(er)-income country** pays à revenu élevé ; **high-inflation country** pays à fort niveau d'inflation ; **highly indebted country** (HIC) pays très endetté ; **home country** pays où est installé le siège social ; **host country** a) pays d'implantation ; b) (Fin) pays d'accueil (cf. réglementation bancaire) ; **industrial(ized) country** pays industrialisé ; **intermediate countries** pays intermédiaires ; **intermediate income country** pays à revenu intermédiaire ; **least advanced countries** (LAC) *or* **least developed countries** (LLDC) pays les moins avancés (PMA) ; **less developed country** (LDC) pays en développement ; **low and middle income countries** (LMIs) pays à faible revenu et revenu intermédiaire ; **low income countries** (LICs) pays à faible revenu (PFR) ; **low wage country** pays à bas salaires ; **lower middle income countries** (LMICs) pays à revenu intermédiaire de la tranche inférieure (PRITI) ; **member country** pays membre ; **middle income countries** (MICs) pays à revenu intermédiaire (PRI) ; **new(ly) exporting** (*or* **export-oriented**) **countries** (NEC) nouveaux pays exportateurs ; **newly industrializing** (*or* **industrialized**) **country** (NIC) nouveau pays industriel (NPI) ; **non-oil developing country** (NODC) pays en développement non pétrolier (PDNP), pays en développement non producteur de pétrole ; **oil exporting country** pays exportateur de pétrole ; **oil-producing countries** pays producteurs de pétrole ; **overseas countries** pays d'outre-mer ; **overseas countries and territories** (OCT) pays et territoires d'outre-mer (PTOM) ; **outward-looking country** pays ouvert sur l'extérieur ; **pace setting countries** pays qui exercent une influence déterminante sur l'économie mondiale ; **primary exporting country** pays exportateur de produits primaires ; **primary producing country** pays de production primaire ; **recipient country** pays bénéficiaire (de l'aide) ; **source country** [Fisc] pays de la source ; **surplus country** pays excédentaire (cf. BDP) ; **third country** pays tiers ; **upper middle income countries** (UMICs) pays à revenu intermédiaire de la tranche supérieure (PRITS).

coupon n 1- coupon, bon de réduction.
2- [Fin] coupon * **split coupon** coupon échelonné (cf. marché des euro-obligations) ; **zero coupon** coupon zéro.
Δ **coupon rate** taux nominal d'une obligation.

couponing n [Fin] couponnage (JO) * **cross couponing** couponnage croisé (JO).

covariance n [Stat] covariance.

covariation n [Stat] covariation.

covenant n 1- [Jur] convention.
2- [Fin] obligation contractuelle * **protective covenant** contrat qui impose des restrictions spécifiques à l'émetteur afin d'augmenter la protection du prêteur.

cover n 1- couverture, protection.
2- [Fin, St Ex] couverture, garantie * **to operate without cover** [St Ex] opérer à découvert ; **forward cover** [St Ex] couverture à terme ; **forward exchange cover** couverture de change à terme ; **forward exchange cover for exports** couverture de change à terme des exportations ; **forward exchange cover for imports** couverture de change à terme des importations ; **gold cover** couverture-or.

cover v 1- couvrir, englober, comprendre.
2- [Fin, St Ex] couvrir * **to cover a deficit** combler un déficit ; **to cover shorts** racheter des titres vendus à découvert.

covering n [Fin, St Ex] couverture * **exchange covering** couverture cambiaire ; **short covering** rachats de vendeurs à découvert.
Δ **covering operation** opération de couverture ; **covering purchase** achat de couverture ; **covering transaction** opération de couverture.

CPA *critical path analysis* analyse du chemin critique.

CPI *Consumer Price Index* (US) indice des prix à la consommation (IPC).

CPM *critical path method* méthode du chemin critique.

CPT *corporate profit* tax impôt sur les bénéfices des sociétés (IBS).

crash n 1- a) effondrement ; b) accident.
2- [Fin, St Ex] krach boursier * **Great Crash** krach boursier de 1929.

crash v a) s'effondrer ; b) entrer en collision avec.

credentials n, plu 1- a) pièces justificatives ; b) lettres de recommandations.
2- [Fin] lettres de créance.

credit n 1- mérite, honneur.
2- [gen, Eco, Fin, Acc] crédit * **to control credit** encadrer le crédit ; **to decontrol credit** assouplir le crédit ; **to live on credit** vivre à crédit ; **to sell on credit** vendre à crédit ; **to squeeze credit** *or* **to tighten credit** resserrer le crédit ; **credit against net income** (US) crédit d'impôt ; **credit against securities** avance sur titres ; **acceptance credit** crédit par acceptation ; **assignable credit** crédit transférable ; **back-to-back credit** crédit face à face ; **bank credit** crédit bancaire ; **bridging credit** crédit relais ; **buyer's credit** crédit acheteur ; **concessional credit** crédit à des conditions très avantageuses ; **consumer credit** crédit à la consommation ; **day to day credit** (UK) argent au jour le jour ; **deferred credit** [Acc] produits constatés d'avance ; **documentary credit** crédit documentaire ; **easy credit** larges possibilités de crédit ; **evergreen credit** crédit perpétuellement renouvelable ; **extended credits** crédits prorogés ; **extended credit arrangement** accord de crédit élargi ; **guarantee credit** crédit contre cautionnement ; **installment credit** (US) crédit à tempérament ; **inter-enterprise credit** crédit face

à face ; **interest-subsidized credit** crédit bonifié ; **interim credit** crédit relais ; **jumbo credit** eurocrédit de plus de 1 milliard de dollars ; **long-term credit** crédit à long terme ; **medium-term credit** crédit à moyen terme ; **mortgage credit** crédit hypothécaire ; **official credits** crédits publics ; **outstanding credits** encours des crédits ; **preferential credit** crédit privilégié ; **refinancing credit** crédit de refinancement ; **retail credits** crédits aux particuliers ; **revolving credit** crédit permanent (JO) ; **roll-over credit** crédit à taux révisable (JO) ; **short-term credit** crédit à court terme ; **spot credit** crédit ponctuel (JO) ; **stand-by credit** crédit disponible à vue, crédit permanent ; **supplier's credit** crédit fournisseur ; **tied credit** crédit lié ; **tight credit** resserrement du crédit ; **trade credit** crédit-fournisseur.

Δ **credit application** demande de crédit ; **credit arrangement** accord de crédit ; **credit ceiling** plafond de crédit ; **credit conditions** coût du crédit ; **credit creation** création monétaire ; **credit crunch** resserrement du crédit ; **credit enhancement** amélioration des termes du crédit ; **credit expansion** expansion du crédit ; **credit expansion limits** encadrement du crédit ; **credit institution** établissement de crédit ; **credit limit** plafond de crédit ; **credit line** (US) ligne de crédit, [Fin pub] autorisation de programme ; **credit money** monnaie scripturale ; **credit outstanding** encours de crédit ; **credit period** période de remboursement du crédit ; **credit rationing** resserrement du crédit ; **credit relaxation** assouplissement du crédit ; **credit restrictions** encadrement du crédit ; **credit side** [Acc] colonne créditrice ; **credit source** source de financement ; **credit squeeze** resserrement du crédit ; **credit standing** solvabilité, qualité de la signature ; **credit stringency** resserrement du crédit ; **credit supply** offre de crédit ; **credit tightening** resserrement du crédit ; **credit tranche** tranche de crédit (cf. FMI).

credit v créditer * **to credit a sum to an account** créditer un compte d'une somme ; **to credit an account with a sum** porter une somme au crédit d'un compte.

credit against v déduire de.

credited adj porté au compte.

creditor n 1- [Jur, Fin] créancier * **bond creditor** créancier obligataire ; **deferred creditor** créancier payé après tous les autres ; **junior creditor** créancier détenteur de dette subordonnée, créancier de second *ou* dernier rang ; **mortgage creditor** créancier hypothécaire ; **preferential creditor** créancier de premier rang ; **senior creditor** créancier de premier rang ; **sundry creditors** créanciers divers ; **unsecured creditor** créancier chirographaire.
2- [Acc] (UK) **(plu) creditors** fournisseurs.

creditworthiness n [Fin] solvabilité, qualité de la signature.

creditworthy adj [Fin] solvable, digne de confiance.

creep up v monter lentement.

creeping adj latent, larvé.

CREST (UK) système électronique de transfert de propriété des titres. Il remplacera le système TAURUS qui dut être supprimé en 1993. Son introduction doit se faire progressivement de l'été 1996 au printemps 1997.

cripple v paralyser, asphyxier.

crisis n crise (**plu** crises) * **oil crisis** choc pétrolier.

criteria n critère * **criteria for investment project selection** [Fin] critères de choix des investissements.

cross adj réciproque, croisé.

cross v a) traverser ; b) barrer * **to cross a cheque** barrer un chèque.

cross-border adj extra-territorial, transfrontière.

cross-default n [Fin] défaut croisé (JO).
Δ **cross-default clause** clause de défaillance croisée.

cross-elasticity n [Eco] élasticité croisée.

cross-hedge n [Fin] couverture croisée.

cross-holding n [Fin] participations croisées.

cross-rates n, plu [Eco] parités croisées (UE).

cross-sectional adj transversal.

cross-sectoral adj intersectoriel.

crowd out v évincer, chasser d'un marché.

crowding out n [Eco] éviction.

crude adj (data) brut ; (estimate) grossier, approximatif, schématique.

crumble v s'effriter.

crunch n resserrement, restriction.

CSCE *Coffee Sugar and Cocoa Exchange* Bourse du café, du sucre et du cacao (à New York).

CSE 1- *consumer subsidy equivalent* équivalent subvention à la consommation (ESC).
2- *Cincinnati Stock Exchange* Bourse de Cincinnati.

CST *capital-saving technology* technologie peu coûteuse en capital.

CTT *capital transfer tax* (UK) droits de mutation.

cum-coupon [Fin, St Ex] avec coupon.

cum-dividend [Fin, St Ex] coupon attaché, avec le dividende.

cum-right [Fin, St Ex] droit attaché.

cumulated adj cumulé.

cumulative adj 1- cumulatif, en chaîne.
2- [Stat] cumulé.

curb v ralentir, brider, réfréner.

currency n [Eco] devise * **anchor currency** monnaie pivot ; **basket currency** monnaie panier ; **commodity currency** monnaie-marchandise ; **common currency** monnaie commune ; **common float currencies** monnaies de flottement concerté ; **convertible currency** (CC) monnaie convertible ; **denomination currency** monnaie support ; **domestic currency** monnaie nationale ; **floating currency** devise flottante ; **foreign currency** devise étrangère ; **gold-pegged currency** monnaie rattachée à l'or ; **hard currency** monnaie forte, devise forte ; **hedge currency** monnaie de couverture ; **international currency** monnaie internationale ; **intervention currency** monnaie d'intervention ; **investment currency** devise-titre ; **joint-float currencies** monnaies de flottement concerté ; **key currency** devise clé ; **leading currency** devise clé, monnaie dominante ; **legal currency** (US) monnaie ayant cours légal ; **local currency** monnaie nationale ; **mainstream currency** monnaie dominante ; **nonconvertible currency** (NCC) monnaie non convertible (MNC) ; **overvalued currency** devise surévaluée, monnaie surévaluée ; **reference currency** monnaie de référence ; **reserve currency** monnaie de reserve ; **safe-haven currency** monnaie-refuge ; **security currency** devise-titre ; **settlement currency** monnaie de règlement ; **soft currency** devise faible, monnaie faible ; **third currency** devise tierce ; **trading currency** or **transaction currency** monnaie de transaction ; **undervalued currency** monnaie sous-évaluée, devise sous-évaluée ; **weak currency** devise faible, monnaie faible.

Δ **currency adjustment factors** (CAF) coefficients d'ajustements monétaires (CAM) ; **currency appreciation** appréciation de la monnaie ; **currency area** zone monétaire ; **currency compensation** compensation monétaire ; **currency denomination** procédure qui permet, dans le cadre du rééchelonnement de la dette des pays en développement, de convertir une créance en dollars en une créance libellée dans la monnaie nationale du prêteur ; **currency depreciation** dépréciation monétaire ; **currency exposure** risque de change ; **currency illusion** illusion monétaire ; **currency management** politique du taux de change, gestion du taux de change ; **currency notes** (UK) billets de banques étrangers ; **Currency School (principle)** [Eco] Ecole de la "circulation" (par opposition à la *Banking School*) ; **currency substitution** substitution entre les monnaies ; **currency unit** unité monétaire ; **currency zone** zone monétaire.

current adj actuel, du moment, de l'époque, en cours.

current-weighted adj [Eco] pondéré d'après les données de la période actuelle.

curtail v réduire, ralentir.

curtailment n restriction, réduction, compression.

curve n [Stat, Eco] courbe * **augmented Phillips curve** [Eco] courbe de Phillips augmentée des anticipations ; **backward sloping curve** courbe descendant vers la gauche ; **bell-shaped curve** courbe en cloche ; **concentration curve** [Eco] courbe de concentration ; **cumulative frequency curve** courbe de fréquences cumulées ; **downward-sloping curve** courbe inclinée vers le bas ; **downward-sloping supply curve** [Eco] offre atypique ; **Edgeworth indifference curves** [Eco] courbes d'Edgeworth ; **envelope curve** [Eco] courbe enveloppe ; **expectations-adjusted Phillips curve** or **expectations-augmented Phillips curve** courbe de Phillips augmentée des anticipations ; **experience curve** courbe d'expérience ; **indifference curve** [Eco] courbe d'indifférence ; **iso-product curve** [Eco] courbe d'isoproduit ; **iso-utility curve** [Eco] courbe d'indifférence du consommateur ; **isocost curve** courbe ou ligne d'isocoût ; **IS curve** [Eco] courbe IS ; **IS and LM curves** [Eco] courbes IS-LM ; **J curve** [Eco int] courbe en J ; **kinked demand curve** [Eco] courbe de demande coudée (cf. oligopole) ; **Laffer curve** [Eco] courbe de Laffer ; **LM curve** [Eco] courbe LM ; **logarithm curve** courbe logarithmique ; **Lorenz curve** [Eco] courbe de Lorenz, courbe de concentration ; **Pareto curve** [Eco] loi de Pareto, loi des 20/80 ; **Phillips curve** [Eco] courbe de Phillips ; **production possibility (frontier) curve** [Eco] courbe des possibilités de production ; **skewed curve** courbe asymétrique ; **smoothed curve** courbe lissée ; **standard normal curve** courbe de Gauss ; **steep curve** courbe à forte pente ; **U-shaped curve** courbe en U.
Δ **curve fitting mehod** méthode d'ajustement d'une courbe.

cushion n marge de protection, stock-tampon.

cushion v protéger.

cushion off v amortir, atténuer (l'effet d'une évolution).

custodian n [St Ex] conservateur de titres.

custody n 1- [Jur] a) garde, tutelle ; b) détention, emprisonnement. 2- [St Ex] * **global custody** conservation internationale (JO) ; **local custody** conservation nationale (JO).

customer n client.

customization, customisation n fabrication à la demande.

customs n douanes.
Δ **Customs and Excise** (UK) Administration des douanes et des impôts indirects ; **(on a) customs basis** (sur la base de la) valeur en douane des marchandises ; **customs bonded** sous douane ; **customs clearance** dédouanement ; **customs cleared** dédouané ; **customs duties** [Eco int] droits de douane ; **customs entry** passage en douane ; **customs officer** douanier ; **customs union** union douanière.

cut n réduction, diminution, compression * **cuts in spending**

coupes budgétaires ; **cuts in taxation** allègements fiscaux.

cut v amputer, réduire, comprimer.

cut-back n compression, forte réduction.
Δ **cut-back management** stratégie de repli.

cut back v réduire, amputer, comprimer.

cut down v réduire, amputer, comprimer.

cut-off n interruption, séparation.
Δ **cut-off date** [Fin] date butoir (JO) ; **cut-off point** plafond, limite ; **cut-off procedures** [Acc] procédures de séparation des exercices (JO) ; **cut-off size** taille limite.

CVR *contingent value rights* droits relatifs à des contrats contingents.

CWO *cash with order* paiement à la commande.

cycle n [gen, Eco] cycle * **boom bust cycle** cycle conjoncturel ; **budget cycle** [Fin pub] règle de l'annualité budgétaire ; **business cycle** cycle conjoncturel ; **Juglar cycle** cycle de Juglar ; **Kondratief cycle** cycle de Kondratief ; **life cycle** cycle de vie ; **long-term cycle** cycle long, mouvement de longue durée ; **operating cycle** [Acc] cycle d'exploitation ; **product-life cycle** cycle de vie du produit ; **short-term cycle** cycle long, mouvement de longue durée ; **trade cycle** cycle conjoncturel ; **vital cycle** cycle vital.
Δ **cycle high** point le plus élevé du cycle, point le plus élevé de la courbe conjoncturelle ; **cycle low** point le plus bas du cycle, point le plus bas de la courbe conjoncturelle.

cyclical adj [Eco] cyclique, conjoncturel (dans le court terme seulement).

D

dabble v * **to dabble on the stock exchange** boursicoter.

dabbler n boursicoteur.

DAC *Development Assistance Committee* Comité d'aide au développement (CAD) (cf. OCDE).

DAE *dynamic Asian economies* économies dynamiques d'Asie (EDA).

DAF *delivered at frontier* rendu frontière (DAF).

damp down v freiner (la demande, la consommation).

dampen v modérer, ralentir, amortir.

data n, plu [gen, Stat] données, statistiques * **adjusted data** données corrigées, chiffres corrigés ; **back data** données rétrospectives ; **base-line data** données de base ; **crude data** données brutes ; **flow data** données en termes de flux ; **numerical data** données chiffrées ; **statistical data** série statistique ; **stock data** données en termes de stocks ; **unadjusted data** données non corrigées.
Δ **data analysis** analyse des données ; **data bank** banque de données ; **data base** base de données ; **data gathering** collecte des données ; **data input** entrée de données ; **data management** gestion de données ; **data output** sortie de données.

date n 1- date * **date of measurement** [Acc] date de décision (cf. plans d'option compensatoires) ; **date of record** [Acc] date de clôture des registres ; **date of trade** [St Ex] jour d'exécution d'un ordre.
2- [Fin] échéance, terme * **to pay at fixed dates** payer à échéances fixes ; **cut-off date** date butoir (JO) ; **due date** date d'exigibilité.

date v date.

date back to v dater de, remonter à.

date from v dater de.

dation in payment n [Jur] dation en paiement.

day n jour, journée * **make-up day** [Fin] jour d'arrêté des comptes ; **May Day** [St Ex] jour où la déréglementation financière a débuté sur la place de New York ; **working day** jour ouvrable.

daybook (DB) n [Acc] main courante, journal.

DB *daybook* main courante, journal.

db *debenture* obligation.

DCE *domestic credit expansion* expansion du crédit interne (ECI).

DCF *discounted cash flow* flux monétaire actualisé (FMA).

DDP *delivered duty paid* rendu droits acquittés (RDA).

DDU *delivered duty non paid* délivré droit non acquitté (DDU).

DE *Department of Employment* ministère du Travail.

de-indexation n [Eco] désindexation.

de-industrialisation n [Eco] désindustrialisation.

de-manning n réduction des effectifs.

de-skill v déqualifier.

dead adj 1- mort.
2- [Fin] (capital) inactif.

deadline n échéance, date limite.

deadwood n personnel improductif.

deal n 1- affaire, marché, transaction * **firm deal** marché ferme ; **linked deal** contre-achats, achats liés.
2- [Fin, St Ex] opération, transaction, négociation * **bought deal** a) procédure, sur le marché des euro-émissions, selon laquelle le chef de file fait une proposition ferme à l'émetteur potentiel ; b) (US) prise ferme d'une émission de titres. Si l'émetteur l'accepte, le chef de file prend la totalité de l'émission (s'oppose à la méthode du *pre-offered price*) ; **cash deal** opération au comptant, négociation au comptant ; **club deal** crédit monté par un consortium bancaire ; **intra-market deals** transactions entre opérateurs boursiers ; **premium deal** opération à prime(s), négociation à prime(s) ; **spot deal** opération au comptant, négociation au comptant.

deal v négocier (*with* avec) * **deal spot** [St Ex] faire des opérations au comptant.

dealer n 1- vendeur, négociant * **car dealer** concessionnaire automobile.
2- [St Ex] intervenant sur le marché * **authorized dealer** intermédiaire agréé (cf. opérations de change) ; **broker dealer** opérateur sur titres sans obligation de contrepartie ; **foreign exchange dealer** cambiste ; **forex dealer** opérateur sur devises, cambiste ; **money market dealer** courtier opérant sur sur le marché monétaire ; **primary dealer** (US) spécialiste en valeurs du Trésor (JO) ; **primary government securities dealer** (US) spécialiste en valeurs du Trésor (JO) ; **reporting dealer** correspondant en valeurs du Trésor (JO) ; **security dealer** courtier en valeurs mobilières.

dealership n 1- exclusivité * **to have the dealership for a make** avoir l'exclusivité d'une marque.
2- [St Ex] (UK) * **international dealerships** filiales spécialisées dans les transactions sur valeurs mobilières étrangères que les membres de la Bourse de Londres peuvent créer à condition de détenir la majorité du capital.

dealing n [St Ex] opération, transaction, négociation * **dealing for cash** opération au comptant ; **dealing for the account** opération

à terme, négociation à terme ; **dealing for the settlement** opération à terme, négociation à terme ; **cross-border share dealings** transactions transfrontières sur actions ; **foreign exchange dealings** opérations de change ; **forward dealings** opérations à terme, négociations à terme ; **forward exchange dealings** opérations de change à terme ; **heavy dealing** activité boursière intense ; **screen-based automated dealings** transactions automatisées sur écran ; **street dealings** marché après Bourse.
Δ **dealing room** salle des marchés.

dearth n pénurie.

death n mort * **death of companies** [Eco] disparition d'entreprises.

debasement n 1- dégradation.
2- [Eco] altération de la monnaie * **The Great Debasement** (UK) période d'altération monétaire sous Elisabeth I.

debenture (db) **n** [Fin] obligation émise par une entreprise (en général sans garantie aux US et à long terme au UK) * **bearer debenture** obligation au porteur ; **callable debenture** obligation remboursable à vue ; **convertible debenture** obligation convertible en action ou en une autre obligation ; **guaranteed debenture** obligation garantie ; **mortgage debenture** obligation hypothécaire ; **naked debenture** obligation chirographaire ; **registered debenture** obligation nominative ; **simple debenture** obligation chirographaire ; **sinking fund debenture** obligation assortie d'un fonds d'amortissement ; **subordinated debentures** créances de dernier rang ; **unissued debentures** obligations à la souche ; **variable-interest bearing debenture** obligation à intérêt variable ; **variable-yield debenture** obligation à revenu variable.

debit n [Acc] débit * **on the debit side** au passif.
Δ **debit column** colonne débitrice ; **debit note** avis de débit.

debit v [Acc] débiter * **This item will be debited as a charge** cette somme sera portée au débit d'un compte de charges ; **to debit £ 300 to Accounts payable** inscrire 300 £ au débit du compte fournisseurs.

debt n [Jur, Acc, Fin] dette, créance, endettement, passif * **to collect a debt** recouvrer une créance ; **to discharge a debt** acquitter *ou* régler une dette ; **to discharge sb from a debt** libérer qn d'une dette ; **to pay off a debt** appurer une dette ; **to raise debt** placer des titres ; **to repay a debt in full** amortir une dette ; **to settle a debt** apurer une dette ; **to write off a debt** amortir une dette ; **debt due** arriérés ; **debt outstanding** encours de la dette ; **bad debt** créance douteuse, créance irrécouvrable ; **bonded debt** dette obligataire gagée ; **consolidated debt** dette consolidée ; **corporate debt** endettement des entreprises ; **current debt** dettes exigibles ; **deadweight debt** dette sans contrepartie ; **debenture debt** dette obligataire ; **domestic debt** dette intérieure ; **doubtful debt** créance douteuse ; **due debt** créance exigible ; **external (na-**

tional) **debt** dette extérieure, endettement extérieur ; **floating debt** [Fin pub] dette flottante ; **foreign debt** dette extérieure, endettement extérieur ; **funded debt** a) dette publique consolidée ; b) (US) dette obligataire ; **government debt** dette *ou* titres de la dette publique ; **government debt outstanding** encours de la dette publique ; **guaranteed debt** dette garantie ; **interest-bearing debt** obligations avec coupons ; **joint debt** dette solidaire ; **junior debt** dette de second rang ; **long and medium-term debt** dette à long et à moyen terme ; **long-term debt** dette à long terme ; **matured debt** dette échue ; **maturing debt** dette venant à échéance ; **mezzanine debt** titres intermédiaires entre les dettes ordinaires et les capitaux propres, dette mezzanine ; **mortgage debt** créance hypothécaire ; **national debt** dette publique ; **official debt** dette publique ; **outstanding debt** encours de la dette ; **public debt** dette publique ; **public external debt** dette extérieure publique ; **public sector debt** dette publique ; **secured debt** dette garantie, créance garantie ; **senior debt** dette de premier rang, créance privilégiée ; **short-term debt** dette à court terme ; **straight debt** dette sans garantie ; **subordinated debt** dette subordonnée, dette de second rang, titres subordonnés ; **unfunded debt** [Fin pub] dette flottante, dette non consolidée ; **unmatured debt** dette non exigible ; **unsecured debt** dette chirographaire ; **unsinkable debt** dette non amortissable.

Δ **debt backlog** arriéré de dettes ; **debt build-up** accumulation de la dette ; **debt bunching** concentration des échéances d'une dette ; **debt burden** poids de la dette, poids de l'endettement ; **debt buy back** arrangement qui permet à un PVD de racheter sa dette au prix du marché ; **debt cancellation** abandon de créance ; **debt capacity** capacité d'endettement ; **debt capital** emprunts à moyen et long terme ; **debt ceiling** plafond d'endettement ; **debt certificate** certificat de reconnaissance de dette ; **debt collection** recouvrement des créances ; **debt defeasance** désendettement de fait (JO) ; **debt discount** provision pour dette ; **debt instrument** instrument de placement ; **debt obligations** charges du service de la dette ; **debt overhang** surendettement ; **debt profile** structure de la dette en fonction des échéances ; **debt rearrangement** réaménagement de la dette ; **debt redemption** *or* **debt repayment** remboursement, rachat d'une dette *ou* d'un emprunt ; **debt rephasing** *or* **debt rescheduling** *or* **debt restructuring** a) [Eco int] rééechelonnement de la dette ; b) [Fin] restructuration de la dette ; **debt retirement** remboursement, rachat d'une dette *ou* d'un emprunt ; **debt servicing** [Fin pub] service de la dette ; **debt structure** structure de l'endettement ; **debt supply** offre de titres.

debt-ridden adj couvert de dettes.

debtor n 1- [Jur, Fin] débiteur (-trice) débiteur * **delinquent debtor** débiteur défaillant ; **joint and several debtors** débiteurs so-

lidaires ; **joint debtor** co-débiteur ; **sovereign debtors** débiteurs souverains, Etats débiteurs.
2- [Acc] **(plu) debtors** (UK) clients.
Δ **debtor side** [Acc] colonne débitrice.

decelerate v ralentir.

deceleration n décélération, ralentissement * **deceleration of inflation** ralentissement de l'inflation.

decile n [Stat] décile.

decision n décision.
Δ **decision maker** décideur, gouvernant ; **decision making** processus de prise de décision ; **decision tree** [Math] arbre de décision.

decline n 1- déclin, baisse, ralentissement, repli * **decline in prices** baisse des prix.
2- St Ex **(plu) declines** (US) valeurs (boursières) en baisse.

decline v a) décliner (une invitation) ; b) baisser, diminuer, péricliter.

decliners n, plu [St Ex] (US) valeurs (boursières) en baisse.

deconcentrate v déconcentrer.

deconcentration n déconcentration.

decontrol v [Eco] déréglementer, libéraliser.

decrease n baisse, diminution (*in* de) * **decrease in value** [Fin, Acc] moins-value.

decrease v baisser, diminuer.

decreasing adj décroissant.

deduct v déduire, retrancher.

deducted adj déduit.

deductible adj déductible.

deduction n déduction, prélèvement, retenue * **deduction at source** [Fisc] retenue à la source ; **flat-rate deduction** [Fisc] prélèvement forfaitaire ; **standard deduction** [Fisc] (US) prélèvement forfaitaire.

deed n [Jur] acte notarié * **deed of conveyance** acte de cession ; **deed of partnership** acte constitutif d'une société de personnes ; **deed of transfer** acte de transfert de propriété.
Δ **trust deed** acte de fiducie.

deep adj profond * **deep in debt** endetté jusqu'au cou ; **deep in the money** [St Ex] "très dans les cours" ; **deep out of the money** [St Ex] "très hors des cours".

deepening n * **industrial deepening** augmentation du secteur industriel.

default n 1- [Jur] a) défaut, non comparution, contumace ; b) incapacité à remplir une obligation * **default on obligations** manquement aux obligations.
2- [Fin] défaut de paiement, cessation de paiement, défaillance * **to go into default** se déclarer en cessation de paiement ; **default by the principal** défaillance du donneur d'ordre ; **cross default** défaut croisé (JO) ; **customer defaults** [Acc] compte de dotation

default aux provisions pour dépréciation du compte clients.
Δ **default clause** clause de défaut.

default v 1- [Jur] a) ne pas comparaître devant le tribunal, condamner par contumace ; b) manquer à ses engagements.
2- [Fin] ne pas honorer ses engagements, ne pas payer * **the company has defaulted** l'entreprise est en état de cessation de paiement ; **to default on a debt** ne pas rembourser ses dettes, ne pas tenir ses engagements ; **to default on a loan** ne pas rembourser un prêt.

defaulted adj [Fin] impayé.

defaulter n 1- [Jur] contumace.
2- [Fin, St Ex] défaillant.

defeasance n 1-[Jur] abrogation d'un droit.
2- [Fin] **in substance defeasance** désendettement de fait (JO).

defer v ajourner, reporter, différer * **to defer payment** différer le paiement.

deferment n ajournement, report.

deferred adj différé.

deficiency n déficience, insuffisance, faiblesse.

deficit n [Eco, Fin, Acc] déficit, découvert * **to settle a deficit** apurer un déficit ; **deficit on the trade balance** déficit commercial ; **budget deficit** q v budget deficit ; **current (external) deficit** déficit de la balance des paiements courants ; **external deficit** déficit externe, déficit de la balance des paiements ; **fiscal deficit** déficit budgétaire ; **government deficit** déficit public ; **(gross) operating deficit** [Acc] déficit (brut) d'exploitation, déficit (brut) de fonctionnement ; **public sector deficit** déficit des finances publiques.

deflate v [Eco] exprimer en prix constants, déflater.

deflated adj [Eco] exprimé en prix constants.

deflation n [Eco] déflation, expression en prix constants.

deflationary adj [Eco] déflationniste.

deflator n [Eco] indice d'ajustement, indice de prix implicite * **consumer price deflator** indice implicite des prix à la consommation ; **GDP deflator** or **gross domestic product deflator** indice implicite des prix du PIB ; **price deflator** indice d'ajustement des prix ; **private consumption (price) deflator** indice implicite des prix de la consommation des ménages ; **public consumption deflator** indice implicite des prix de la consommation des administrations publiques.

degree n degré * **degree of freedom (df)** [Stat] degré de liberté (dl).

deindustrialization, deindustrialisation n [Eco] désindustrialisation.

delinquency n [Fin] (UK) créance douteuse.

delist v [St Ex] radier de la cote officielle.

delisting n [St Ex] radiation de la cote officielle.

deliver v 1- distribuer, remettre, livrer (marchandises) * **delivered at frontier** (DAF) rendu frontière (DAF) ; **delivered duties paid** (DDP) rendu droits acquittés ; **delivered duties unpaid** (DDU) rendus droits non acquittés (DDU) ; **delivered ex quay** (DEQ) rendu à quai (DEQ) ; **delivered ex ship** (DES) rendu ex ship (DES).
2- [St Ex] livrer.

deliverable adj livrable.

delivery n [gen, St Ex] remise, livraison * **delivery vs payment** (DVP) paiement contre livraison (PCL) ; **forward delivery** livraison à terme.

delta n [Fin] delta.
Δ **delta coefficient** coefficient delta, delta de l'option.

demand n 1- demande, exigence.
2- [Eco] la demande * **to meet the demand** satisfaire la demande ; **on demand** [Fin] à vue ; **demand for capital goods** demande de biens d'investissement ; **demand for consumer goods** demande de biens de consommation ; **demand for credit** demande de crédit ; **demand for labour** demande du facteur travail ; **demand for money** demande d'encaisses, demande de monnaie ; **active demand** demande soutenue ; **aggregate demand** demande globale ; **booming demand** emballement de la demande ; **cash demand** demande d'encaisses ; **consumer demand** demande de consommation ; **corporate demand** demande des entreprises ; **credit demand** demande de crédit ; **deferred demand** demande différée ; **deficient demand** demande insuffisante, insuffisance de la demande ; **derived demand** demande dérivée, demande induite ; **domestic demand** demande intérieure ; **effective demand** demande effective ; **elastic demand** demande parfaitement élastique ; **excess demand** demande excédentaire ; **export demand** demande d'exportations, demande étrangère ; **final demand** demande finale ; **flagging demand** fléchissement de la demande ; **foreign demand** demande étrangère ; **import demand** demande d'importations ; **inadequate demand** insuffisance de la demande ; **induced demand** demande induite, demande dérivée ; **inelastic demand** demande inélastique ; **joint demand** demande complémentaire *ou* conjointe *ou* liée ; **labour demand** demande du facteur travail ; **money demand** demande de monnaie ; **pent-up demand** demande non satisfaite ; **perfectly elastic demand** demande parfaitement élastique ; **perfectly inelastic demand** demande parfaitement inélastique ; **perfectly rigid demand** demande parfaitement rigide ; **precautionary demand for money** demande d'encaisses de précaution ; **reciprocal demand** demande réciproque ; **social demand** demande collective ; **speculative demand for money** demande d'encaisses de spéculation ; **total domestic demand** (TDD) demande intérieure totale ; **transaction demand for money** demande

d'encaisses de transaction ; **weaker demand** fléchissement de la demande ; **world demand** demande mondiale.

Δ **demand buoyancy** dynamisme de la demande ; **demand component** composante de la demande ; **demand factors** facteurs qui jouent du côté de la demande ; **demand function** fonction de demande ; **demand management** régulation de la demande globale ; **demand pull from abroad** tiré par la demande étrangère ; **demand push** poussée de la demande ; **demand restraint** freinage de la demande ; **demand schedule** courbe de demande ; **demand shift** déplacement de la demande.

demand-constrained adj [Eco] limité par la demande.

demand-deficient adj [Eco] dû à l'insuffisance de la demande.

demand-led adj [Eco] induit par la demande.

demand-pull adj [Eco] tiré par la demande.

demand-side adj [Eco] qui agit du côté de la demande.

demand-sider n [Eco] économiste partisan de la régulation de la demande.

demanning n q v de-manning.

dematerialization, dematerialisation n [Eco, Fin] dématérialisation * **dematerialization of money** dématérialisation de la monnaie.

demerge v [Eco, Fin] démanteler un groupe d'entreprises.

demerger n [Eco, Fin] fait de rendre autonomes des entreprises qui avaient antérieurement fusionné, cession d'actifs dans le cadre d'une restructuration.

demonetization, demonetisation n [Eco] démonétisation de l'or.

denationalization, denationalisation n dénationalisation.

denationalize, denationalise v dénationaliser.

denominate v [Fin] libeller en, exprimer en * **to denominate a loan in foreign currency** libeller un prêt en monnaie étrangère.

denominated adj * **dollar denominated** libellé en dollars ; **SDR denominated** libellé en DTS.

denomination n 1- dénomination. 2- [Fin] a) montant nominal, valeur nominale ; b) coupure (d'un titre) * **broadly-based denomination** valeur exprimée à partir de plusieurs monnaies ; **large denomination** montant important ; **small denomination** petite coupure.

department n a) département ; b) ministère * **Department of Commerce** (US) ministère du Commerce ; **Department of Employment** (DE) (UK) ministère du Travail ; Department of Labor (US) ministère du Travail ; **Department of Trade and Industry** (DTI) (UK) ministère de l'Industrie et du Commerce ; **com-**

departure | 81 | **depreciation**

pliance department q v compliance ; **Export Credit Guarantee Department** (ECGD) (UK) Sercice d'assurance des crédits à l'exportation (équivalent de la COFACE en France) ; **Treasury Department** q v Treasury.

departure n 1- départ.
2- [Stat] écart par rapport à la valeur moyenne * **departure from equilibrium** écart par rapport à l'équilibre.

depend on v tirer ses ressources de, dépendre de.

dependence n dépendance, fait d'être à charge.

dependent n personne à charge.

deplete v dégonfler, dégarnir, alléger.

depletion n 1- [Eco] épuisement des ressources.
2- [Acc] amortissement des actifs défectibles.

deposit n 1- arrhes, acompte, provision * **deposits on orders received** [Acc] acomptes sur commandes.
2- [Eco, Fin] dépôt, dépôt de garantie * **deposit in foreign currency** depôt en monnaie étrangère ; **bank deposit** dépôt bancaire ; **bank deposit creation** création monétaire ; **banker's deposits** (UK) dépôts d'une banque de second rang auprès de la Banque d'Angleterre ; **call deposit** dépôt à vue ; **cash deposit** dépôt à vue ; **checking deposit** (US) dépôt à vue ; **compulsory reserve deposits** réserves obligatoires en compte à la banque centrale ; **demand deposit** depôt à vue, (US) compte courant ; **domestic deposits** dépôts de résidents en monnaie nationale ; **external deposit** dépôt de non résident ; **fixed deposits** comptes à terme ; **foreign currency deposit** or **foreign exchange deposit** dépôt en devises ; **initial deposit** dépôt de garantie ; **non-interest bearing deposit** dépôt non rémunéré ; **special deposits** (UK) réserves obligatoires ; **sight deposit** dépôt à vue ; **supplementary deposits** (UK) réserves supplémentaires ; **term deposit** or **time deposit** dépôt à terme.
Δ **deposit taking** collecte des dépôts, drainage de l'épargne.

deposit v effectuer un dépôt auprès de, verser un acompte.

depositor n [Eco, Fin] déposant.

depreciate v 1- [Eco, Fin] (asset, currency) se déprécier.
2- [Acc] amortir * **to depreciate an asset** amortir un actif.

depreciation n 1- [Eco, Fin] dépréciation (de la monnaie) ; diminution (de la valeur d'un titre) * **competitive exchange depreciation** [Eco] dépréciation de surenchère.
2- [Acc] amortissement des actifs réels * **depreciation for the year** dotation de l'exercice aux amortissements ; **depreciation on a declining balance** amortissement dégressif ; **depreciation on a historical cost basis** amortissement sur la base du coût d'acquisition ou du coût historique ; **depreciation on a reducing balance** amor-

tissement dégressif ; **depreciation on a replacement cost basis** amortissement sur la base du coût de remplacement ; **depreciation on a replacement value** amortissement sur la base de la valeur de remplacement ; **depreciation on account of wear and tear** amortissement technique ; **accelerated depreciation** amortissement accéléré ; **declining-balance depreciation** (US) amortissement décroissant ; **deferred depreciation** amortissement différé ; **economic depreciation** amortissement économique ; **fixed installment depreciation** amortissement linéaire, amortissement à taux constant ; **product-unit depreciation** amortissement fonctionnel ; **straight-line depreciation** amortissement linéaire, amortissement à taux constant ; **wear and tear depreciation** amortissement pour usure.
Δ **depreciation schedule** tableau d'amortissement.

depress v peser sur, comprimer, faire baisser (les prix).

depressed adj en déclin, en difficulté, en perte de vitesse.

depression n [Eco] dépression économique, crise * **the Great Depression** la crise de 1929.

DEQ *delivered ex quay* rendu à quai (DEQ).

derate v déclasser, revoir à la baisse.

derating n [Fin] révision à la baisse de la notation accordée à une entreprise (cf. rating).

deregulate v [Eco] déréglementer, libérer.

deregulation n [Eco] libéralisation, déréglementation.

derivative n 1- [Eco] **derivatives of inputs and outputs** revenus des facteurs et de la production.
2- [Fin] produit dérivé.

deseasonalize, deseasonalise v [Stat] désaisonnaliser.

design n conception, création.
Δ **design effect** [Stat] effet de sondage.

deskill v déqualifier.

deskilling n déqualification des tâches.

deteriorate v (se) détériorer, (se) dégrader.

deterioration n détérioration, dégradation * **deterioration in external accounts** dégradation des comptes extérieurs.

determinant n 1- facteur déterminant.
2- [Stat] variable explicative.

detrend v [Stat] éliminer la tendance de.

detrending n [Stat] élimination de la tendance.

devaluate v [Eco] (US) dévaluer.

devaluation n [Eco] dévaluation * **competitive devaluation** dévaluation compétitive ; **currency devaluation** dévaluation de la monnaie ; **emergency** *or* **forced devaluation** dévaluation à chaud.

devalue v [Eco] dévaluer.

develop v a) développer, mettre en valeur ; b) (business) se développer.

development n 1- a) cours des choses, évolution ; b) développement, mise en valeur * **the latest developments in the aircraft industry** les dernières évolutions dans le secteur de l'aéronautique.
2- [Eco] développement * **outward-looking development** développement tourné vers l'extérieur ; **self-centred development** développement autocentré ; **self-sustained development** développement endogène ; **sustainable development** développement durable.
Δ **development area** zone (pôle) de développement ; **development centre** pôle de développement ; **development pattern** modèle *ou* schéma de développement ; **development stage** stade de développement.

deviate v dévier (*from* de).

deviation n [Stat] biais, écart * **actual deviation** écart observé ; **average deviation** écart moyen ; **mean deviation** écart moyen ; **mean square deviation** écart quadratique moyen ; **quartile deviation** écart interquartile ; **residual standard deviation** écart type résiduel ; **square root deviation** écart quadratique moyen ; **standard deviation** écart-type ; **trend deviation** écart par rapport à la tendance.

devolution n décentralisation de pouvoirs ou d'équipements * **with the devolution of responsibilities to operating units...** suite à la décentralisation des responsabilités vers les unités d'exploitation...

df *degree of freedom* degré de liberté (dl).

DFI *direct foreign investment* investissement étranger direct (IED).

difference n 1- a) différence ; b) désaccord.
2- [Stat] écart, divergence * **difference from trend** écart par rapport à la tendance.

differential n [Eco] écart, différence * **area differential** indice différentiel de zone ; **wage differentials** écarts de salaires, différences de salaires, éventail des salaires.

differential adj différencié.

differentiate v 1- faire la différence entre.
2- [Eco] différencier des produits.

differentiation n [Eco] différenciation.

dilemma n dilemme * **prisoner's dilemma** [Eco] dilemme du prisonnier.

dilution n [Fin] dilution * **dilution of earnings** dilution des bénéfices ; **dilution of equity** *or* **dilution of ownership** *or* **dilution of shareholding** dilution du capital.

diminish v diminuer, (se) réduire.

diminishnig adj décroissant.

dip n baisse soudaine * **dip in (economic) activity** repli de l'activité économique.

dip v diminuer, baisser soudainement, se replier.

director n 1- directeur, responsable d'un service * **finance director** directeur financier.
2- [Jur] administrateur (de société) * **company director** chef d'entreprise ; **executive director** administrateur, salarié de l'entreprise, qui assure des fonctions de gestion ; **managing director** (UK) président directeur général (PDG) ; **non-executive director** (Ned) (UK) or **outside director** (US) administrateur qui n'exerce une fonction qu'au sein du conseil d'administration, administrateur indépendant.

disbursement n décaissement, paiement.

discharge n 1- accomplissement, exécution.
2- [Jur] * **discharge in bankruptcy** réhabilitation (après remboursement de toutes les dettes) ; **discharge of mortgage** purge d'hypothèque ; **discharge of obligations** exécution des obligations.
3- [Fin] paiement d'une dette, acquittement d'une dette * **final discharge of a debt** apurement d'une dette.

discharge v 1- s'acquitter de, remplir.
2- [Jur] **to discharge a bankrupt** réhabiliter un failli.
3- [Fin] rembourser une dette.

disclose v divulguer, faire connaître des informations.

disclosure n 1- [Fin, St Ex] information du public, indication de renseignements financiers * **disclosure of shareholdings** (UK) obligation légale faite aux actionnaires détenant 3 % ou plus des actions d'une société d'en informer les administrateurs ; **financial disclosure** publication financière.
2- [Acc] état comptable complet.
Δ **disclosure requirements** [Fin, St Ex] obligation d'information.

discontinue v arrêter, mettre fin à * **to discontinue production** arrêter la production.

discount n 1- rabais, ristourne * **to allow a discount** accorder un rabais ; **purchase discounts** [Acc] rabais sur ventes.
2- [Fin] escompte * **to remit for discount** remettre à l'escompte.
3- [St Ex] a) décote * **to stand at a discount** être au-dessous du pair ; b) déport (sur le marché des changes) ; **the forward rate is at a discount** le taux à terme est en déport ; **exchange discount** déport de change à terme ; **forward discount** décote à terme, déport.
Δ **discount ceiling** plafond d'escompte ; **discount charges** frais d'agio ; **discount factor** taux ou coefficient d'actualisation ; **discount house** maison d'escompte ; **discount transactions** opérations d'escompte.

discount v 1- escompter.
2- [Fin] a) actualiser ; b) anticiper, tirer les conséquences à l'avance * **the markets have already dis-**

counted new inflationary pressures les marchés financiers ont déjà tiré les conséquences des nouvelles tensions inflationnistes.

discountable adj escomptable, mobilisable.

discounted adj 1- à prix réduits.
2- [Fin] a) escompté ; b) actualisé.

discounter n [Fin] discompteur (JO).

discounting n [Fin] actualisation.

discrepancy n 1- disparité.
2- [Stat] écart.

discretionary adj délibéré, discrétionnaire.

discriminate v discriminer, établir une différence (*against* à l'égard de).

discriminating adj discriminant.

discrimination n discrimination, différenciation.

discriminatory adj discriminatoire.

disease n maladie * **Dutch disease** [Eco] "mal hollandais" (se dit d'un pays qui vit au-dessus de ses moyens à la suite de l'exploitation du pétrole ou du gas naturel).

diseconomy n [Eco] déséconomie * **diseconomies of scale** déséconomies d'échelle ; **diseconomies of scope** déséconomies de champ ; **external diseconomies** déséconomies externes ; **internal diseconomies** déséconomies internes ; **size diseconomies** déséconomies de dimension.

disequilibrium n [Eco] déséquilibre.

disguised adj invisible, diffus, déguisé.

dishoard v [Eco] déthésauriser.

dishoarding n [Eco] déthésaurisation.

dishonoured adj [Fin] impayé.

disincentive n obstacle, frein, contre-incitation.

disinflation n [Eco] désinflation * **competitive disinflation** désinflation compétitive.

disintermediation n [Eco, Fin] désintermédiation bancaire.

disinvestment n 1- [SCN] diminution du stock de capital national.
2- [Fin] cession d'actifs par une entreprise, désinvestissement.

dismantle v démanteler (des barrières tarifaires).

dismantling n démantèlement, suppression (de barrières tarifaires).

dismiss v licencier.

dismissal n licenciement.

disparity n 1- disparité.
2- [Stat] écart.

dispersion n [Stat] dispersion.

displace v 1- déplacer.
2- [St Ex] déclasser (des actions).

displacement n 1- déplacement * **displacement of employment** transferts d'emploi.
2- [St Ex] (shares) déclassement.

disposable adj 1- jetable.
2- [Eco] (income) disponible.

disposal n 1- mise au rebut.
2- [Fin] cession d'actif.

dispose v * **to dispose for value** céder à titre onéreux ; **to dispose of assets** [Fin] céder des actifs.

dispute n différend, contestation, conflit.
Δ **dispute panel** comité d'experts chargé de l'examen des conflits (cf. GATT) ; **dispute settlement procedure** procédure de règlement des conflits.

dispute v contester.

disputed adj contesté.

dissave v [Eco] tirer sur son épargne, désépargner.

dissaving(s) n [Eco] désépargne, épargne négative.

distressed adj (area) en détresse, en difficulté.

distributable adj distribuable.

distribute v distribuer, répartir, ventiler.

distribution n 1- distribution * **chain of distribution** circuit de distribution.
2- [Eco] répartition * **distribution of income** *or* **income distribution** répartition des revenus ; **primary distribution** répartition primaire ; **secondary distribution** répartition secondaire.
3- [Fin] distribution de dividendes.
4- [Math, Stat] distribution, loi, répartition, ventilation, * **age distribution** répartition par tranche d'âge ; **binomial distribution** distribution de Bernouilli ; **cumulative frequency distribution** série cumulée ; **Gauss distribution** courbe de Gauss, distribution normale ; **normal distribution** loi normale, courbe de Gauss ; **occupational distribution** répartition par secteurs d'activité ; **Poisson (probability) distribution** distribution de Poisson ; **random distribution** distribution aléatoire ; **sampling distribution** distribution d'échantillonnage ; **standard normal distribution** loi normale centrée réduite.
Δ **distribution principle** [Eco] principe de la répartition.

distributional adj [Eco] qui a trait à la répartition.

distributive adj [Eco] qui a trait à la redistribution des revenus.

disutility n [Eco] désutilité.

disvestment n [Fin] désinvestissement, cession d'une filiale.

divergence n [gen, Eco] divergence * **seasonal divergences** écarts saisonniers.
Δ **divergence indicator** [Eco] indicateur de divergence (cf. SME) ; **divergence limit** [Eco] limite de divergence, point d'intervention (cf. SME) ; **divergence threshold** seuil de divergence (cf. SME).

diversification n [Eco] diversification.

diversify v [Eco] diversifier.

diversion n 1- (UK) déviation. 2- [Eco] a) détournement * **diversion of profits** transfert illégal de bénéfices d'un pays à un autre ; b) réorientation, redéploiement.

divert v détourner, déplacer, dévier * **to divert growth** [Eco] réorienter la croissance ; **to divert resources** [Eco] orienter les ressources vers autre chose.

divest v [Fin] céder des participations, se désengager, désinvestir * **the company has divested itself of its UK interests** l'entreprise s'est débarrassée de ses actifs au UK.

divestiture n [Fin] démembrement d'actifs, cession d'actifs, désinvestissement.

divestment n [Fin] cession d'actifs, désinvestissement.

divide v diviser.

divide out v répartir, distribuer.

dividend n [Fin] dividende, coupon * **dividend on** (US) coupon attaché ; **dividend off** (US) coupon détaché ; **bond dividend** dividende attribué sous forme d'obligations ; **cash dividend** dividend en numéraire ; **cum dividend** dividende attaché ; **cumulative dividend** dividende cumulatif ; **ex dividend** dividende détaché ; **extra dividend** dividende supplémentaire, dividende exceptionnel ; **gross dividend** dividende, avoir fiscal inclus ; **interest dividend** revenu d'intérêt ; **interim dividend** acompte sur dividende ; **preference dividend** dividende prioritaire ; **scrip dividend** (UK) or **share dividend** (UK) or **stock dividend** (US) dividende (payé) en actions.
Δ **dividend accruals** dividendes à distribuer ; **dividend cover** taux *ou* ratio de couverture des dividendes par le bénéfice ; **dividend entitlement** jouissance ; **dividend payout ratio** ratio de distribution des dividendes ; **dividend stripping** q v stripping ; **dividend tax credit** avoir fiscal.

division n division, séparation, répartition, partage * **division of labour** [Eco] division du travail ; **International Division of Labour** [Eco] Division internationale du travail.

divorce n * **divorce of ownership from control** [Fin] séparation entre la propriété et le contrôle de l'entreprise.

DMEs *developed market economies* pays développés à économie de marché.

DMIP *daily market indicator price* prix indicateur du marché qui s'établit quotidiennement.

document n document * **hard documents** [Acc] documents comptables établis à partir des coûts d'origine ; **soft documents** [Acc] documents comptables montrant les écarts entre les coûts d'origine et les coûts de remplacement.

dog n [Eco] établissement à très faible rentabilité, poids mort.

doldrums n, plu * **the economy is in the doldrums** le marasme de l'économie.

dole n allocation chômage * **to be on the dole** être au chômage.

dollar n dollar * **future dollars** dollars à terme ; **security dollar** dollar-titre.

Δ **dollar area** zone dollar ; **dollar denominated** libellé en dollars ; **dollar gap** pénurie de dollars ; **dollar-gold standard** étalon de change dollar ; **dollar rate** cours du dollar.

domestic adj intérieur, national, local.

domestic-led adj [Eco] tiré par l'activité intérieure.

domestic-oriented adj [Eco] centré sur la demande intérieure.

dominance n dominance * **cyclical dominance** [Eco] effet de dominance du cycle par rapport à d'autres composantes.

dominant adj dominant.

donation n [Eco int] transfert unilatéral.

doomsters n, plu * **Economic doomsters** les cassandres de l'économie.

DOT *designated order turnaround* (US) système informatisé du routage des petits titres.

dot n point.

double A q v AA.

Dow Jones n [St Ex] indice Dow Jones.

down-market adj bas de marque.

downgrade v (objectif) abaisser ; (dette) déclasser.

downgrading n déclassement.

downpayment n acompte * **downpayments from clients** [Acc] avances et acomptes sur commandes ; **downpayments to suppliers** [Acc] avances et acomptes aux fournisseurs.

downraid n [St Ex] tentative d'OPA sauvage.

downsizing n [Eco] réduction d'effectifs, dégraissage d'effectifs.

downstream adv en aval.

downswing n [Eco] phase descendante du cycle économique.

downturn n 1- [Eco] ralentissement de l'économie.
2- [St Ex] (security) retournement à la baisse.

downward adv en baisse, à la baisse.

DPI 1- *disposable personal income* revenu personnel des ménages.
2- *domestic product of industries* produit intérieur des branches marchandes (PIBM).

DPV *discounted present value* valeur actualisée.

draft n 1- brouillon de lettre, premier projet d'un contrat.
2- [Fin] traite, effet de commerce, lettre de change * **to honour a draft** honorer une traite ; **bank draft** chèque de banque ; **banker's draft** traite bancaire ; **documentary draft** traite documentaire ; **exchange draft** traite en devises ; **foreign draft** traite sur l'extérieur ; **sight draft** effet à vue.

drag n frein, entrave * **fiscal drag (UK)** [Eco] freinage budgétaire, ralentissement de l'activité dû à une fiscalité directe trop importante ; **nominal fiscal drag** [Eco] freinage nominal par l'impôt, freinage du revenu nominal par l'impôt ; **real fiscal drag** [Eco] freinage réel par l'impôt, freinage du revenu réel par l'impôt.

drain n ponction, exode, fuite, hémorragie * **drain on cash** ponction sur les liquidités ; **brain drain** exode des cerveaux.

draw v 1- tracer, tirer des traits.
2- [Fin] a) tirer (un chèque) ; b) retirer (de l'argent) * **to draw a cheque on a bank** tirer un chèque sur une banque ; **to draw money from a bank** retirer de l'argent.

draw on v prélever, puiser sur ses réserves.

draw upon v prélever, puiser sur ses réserves.

drawback n 1- inconvénient.
2- [Eco int] rembours.

drawee n [Fin] tiré (d'un chèque *ou* d'une lettre de change).

drawer v [Fin] tireur (d'un chèque *ou* d'une lettre de change).

drawing n [Eco, Fin] tirage * **drawing on cash** retrait de trésorerie ; **drawing on money balances** réduction des encaisses monétaires ; **credit tranche drawing** tirage dans les tranches de crédit (FMI) ; **gold tranche drawing** tirage sur la tranche-or (FMI).

drawing-down n prélèvement, réduction * **drawing-down on liquid assets** réduction des avoirs liquides.

drift n dérive par rapport à un objectif, dérapage * **drift from land** exode rural.

drift v dériver.

drift downwards v évoluer à la baisse.

drift upwards v évoluer à la hausse.

drips n, plu [Fin, St Ex] émissions obligataires par tranches.

drive n vigueur, force, effort * **dollar drive** [Eco] effort d'exportation vers la zone dollar.

driven adj tiré par, induit par, entraîné par.

drop n baisse, fléchissement, recul * **drop in prices** baisse des prix.

drop v a) diminuer, baisser * **the yen has dropped against the dollar** le yen a baissé par rapport au dollar.
b) abandonner * **to drop a project** renoncer à un projet.

drop back v redescendre, se replier, revenir (*to* à).

DSR *debt service ratio* coefficient du service de la dette (CSD).

DTI *Department of Trade and Industry* (UK) ministère du Commerce et de l'Industrie.

dual adj double, dual.

due adv [Fin] dû, exigible, arrivé à échéance * **to fall due** arriver à échéance.

dull adj (market) inactif, calme.

dullness n atonie, morosité, inertie (du marché).

dummy n [Fin] prête-nom.

dump v 1- déposer, jeter.
2- [Eco int] faire du dumping.

dumping n [Eco int] dumping.

duopolist n [Eco] duopoleur.

duopoly n [Eco] duopole * **Bertrand's duopoly** duopole de Bertrand ; **Bowley's duopoly** duopole de Bowley ; **Cournot's duopoly** duopole de Cournot ; **Stackelberg's duopoly** duopole de Stackelberg.

duopsonist n [Eco] duopsoneur.

duopsony n [Eco] duopsone.

durables n, plu [Eco] biens durables.

duration n 1- durée.
2- [Fin] duration.

duty n 1- devoir, fonction.
2- [Fisc, Eco int] droit, taxe, impôt * **liable to duty** imposable ; **ad valorem duty** [Eco int] tarif *ad valorem* ; **anti-dumping duty** droit compensateur, droit antidumping ; **bound duty** droit consolidé (cf. GATT) ; **countervailing duty** droit compensateur (cf. GATT) ; **customs duties** droits de douane ; **customs duties and fees** droits de douanes et taxes ; **death duties** (UK) droits de succession ; **estate duty** droit de succession ; **excise duty** (UK) droit d'accise, impôt indirect sur certains produits ; **house duty** (US) taxe d'habitation ; **legacy duty** (UK) droits de succession ; **licence duty** taxe professionnelle ; **stamp duties** [St Ex] (UK) droits de timbre.

duty-free adj exempt de droit de douane.

DVP *delivery vs payment* paiement contre livraison (PCL).

dynamic adj [gen, Eco] dynamique.

E

EAEC *European Atomic Energy Community* Communauté européenne de l'énergie atomique (CEEA).

EAGGF *European Agricultural Guidance and Guarantee Fund* Fonds europeén d'orientation et de garantie agricole (FEOGA).

eagle n aigle * **soaring eagles** entreprises en pleine expansion.

earmark v affecter (des crédits, des fonds).

earmarked adj [Fin] (credit) réservé à un emploi déterminé, affecté * **earmarked for refund** appelé au remboursement.

earn v 1- gagner (de l'argent, un salaire).
2- [Fin] rapporter (un dividende, un intérêt).

earn out n [Fin] technique de formation du prix d'acquisition dans les transactions de sociétés.

earner n [Eco] apporteur de revenu * **first family earner** premier apporteur de revenu (selon l'ordre de responsabilité dans la famille) ; **non-salary earner** personne jouissant de revenus non salariaux ; **salary earner** salarié ; **second family earner** deuxième apporteur de revenu (selon l'ordre de responsabilité dans la famille) ; **wage and salary earners** salariat ; **wage earner** salarié.

earnest n acompte, arrhes.

earning n 1- gain(s).
2- [Eco, Fin, Acc] a) (person) revenu d'activité, rémunération ; b) (business) bénéfices, profits * **earnings before interest and taxes** (EBIT) bénéfice avant versement des intérêts et des impôts ; **earnings from employment** revenus du travail ; **earning on assets** rentabilité des actifs ; **earnings per share** (EPS) bénéfice par action ; **after-tax earnings** gains *ou* bénéfices après impôt ; **bumper earnings** gains très élevés ; **cash earnings** recettes de trésorerie ; **consolidated retained earnings** réserves consolidées ; **corporate earnings** bénéfices des entreprises ; **current earnings** excédent brut d'exploitation ; **exchange earnings** recettes en devises, rentrées de devises ; **export earnings** revenus d'exportations ; **factor earnings** revenu des facteurs, rémunération des facteurs ; **foreign exchange earnings** recettes en devises, rentrées de devises ; **interest earnings** revenus provenant des intérêts ; **investment earnings** revenus des placements financiers ; **invisible earnings** recettes des invisibles (cf. BDP) ; **net earnings (for the year)** bénéfice (de l'exercice) non distribués ; **operating earnings** bénéfice d'exploitation ; **pre-tax earnings** gains *ou* bénéfices avant impôts ; **professional earnings** revenus des professions

libérales et des entrepreneurs individuels ; **reinvested earnings** bénéfices réinvestis ; **remitted earnings** bénéfices rapatriés (cf. BDP) ; **retained earnings** bénéfices non distribués (bénéfices mis en réserve et report à nouveau) ; **undistributed earnings** bénéfices non distribués ; **wage earnings** revenus salariaux ; **windfall earnings** gains *ou* bénéfices exceptionnels.

Δ **earning capacity** a) (salarié) capacité de gain ; b) (entreprise) capacité bénéficiaire ; **earning power** capacité de gain (pour un salarié), rentabilité d'un actif ; **earnings statement** bulletin de salaire.

EASDAQ *European Association of Securities Dealers Automated Quotations* marché européen pour les entreprises à forte croissance calqué sur son homologue américain : le NASDAQ. Il a été créé en septembre 1996.

ease v 1- assouplir, alléger (se) détendre * **to ease money market conditions** provoquer une détente sur le marché monétaire ; **to ease pressure on...** diminuer les tensions sur une monnaie ; **to ease the burden of taxation** diminuer le poids de la fiscalité. 2- [St Ex] diminuer, baisser, reculer * **shares eased 10 %** les actions ont perdu 10 %.

ease off v 1- se détendre, diminuer. 2- [St Ex] baisser, diminuer.

ease up v se ralentir, se réduire.

easing n assouplissement, détente, desserrement * **easing of credit restrictions** [Eco] assouplissement de l'encadrement du crédit ; **easing of interest rates** [Eco] détente des taux d'intérê ; **easing of the debt service** [Eco] allègement du service de la dette.

ebb n 1- reflux. 2- [Eco] déclin.

EBIT *earnings before interest and taxes* bénéfice avant versement des intérêts et des impôts.

EBRD *European Bank for Reconstruction and Development* Banque européenne pour la reconstruction et le développement (BERD).

ECB *European Central Bank* Banque centrale européenne (BCE).

ECCM *East Caribbean Common Market* Marché commun des Caraïbes orientales (MCCO).

ECGD *Export Credit Guarantee Department* (UK) Service d'assurance des crédits à l'exportation (équivalent de la COFACE en France).

econometric adj [Eco] économétrique.

econometrician n [Eco] économètre.

econometrics n [Eco] économétrie.

economic adj [Eco] économique (qui a trait à l'économie).

economical adj a) économique, qui fait faire des économies ; b) rentable.

economically adv à moindre coût.

economics n [Eco] science économique * **applied economics** économie appliquée ; **classical economics** théorie classique ; **development economics** économie du développement ; **general economics** économie politique ; **health economics** économie de la santé ; **industrial economics** économie industrielle ; **information economics** l'économie de l'information ; **Keynesian economics** keynésianisme, théorie keynésienne ; **labour economics** économie du travail ; **mathematical economics** économie mathématique ; **monetary economics** économie monétaire ; **neoclassical economics** théorie néo-classique ; **public economics** économie publique ; **supply-side economics** économie de l'offre ; **Welfare Economics** économie du bien-être.

economist n [Eco] économiste * **free market economist** économiste libéral.

economize, economise v économiser.

economy n [gen, Eco] a) fait d'économiser * **economies of scale** économies d'échelle ; **economies of scope** économies de champ ; **external economies** économies externes ; **size economies** économies de dimension, économies de taille.
b) économie (d'un pays donné) * **developed market economies** (DMEs) pays développés à économie de marché ; **dynamic Asian economies** (DAE) économies dynamiques d'Asie (EDA) ; **main developing economies** (MDE) principales économies en développement (PED) ; **newly industrializing** (*or* **industrialized**) **economies** (NIEs) nouvelles économies industrielles (NEI).
c) économie en tant que système * **to rein in the economy** calmer l'activité économique (au cours d'une période d'emballement conjoncturel) ; **the economy as a whole** l'économie dans son ensemble ; **the whole of the economy** l'ensemble de l'économie ; **agricultural economy** économie agricole ; **barter economy** économie de troc ; **black economy** économie souterraine ; **broadly based economy** économie diversifiée ; **capital economy** économie de capitaux ; **cash economy** économie monétaire, économie monétarisée ; **centrally planned economy** économie à planification centralisée ; **closed economy** économie fermée ; **command economy** économie dirigée ; **controlled economy** économie dirigée ; **debt economy** économie d'endettement ; **dominant economy** économie dominante ; **export-driven economy** économie dont la croissance est tirée par les exportations ; **export-led economy** économie dont la croissance est tirée par les exportations ; **feudal economy** économie féodale ; **free market economy** économie libérale, économie de marché ; **global economy** économie intégrée au niveau mondial ; **home economy** économie domestique ; **managed economy** économie planifiée ; **market-driven economy** *or* **market economy** économie de marché ; **mixed eco-**

nomy économie mixte ; **money economy** économie monétaire, économie monétarisée ; **moonlight economy** économie au noir ; **non-market economy** économie dirigée, planifiée ; **open economy** économie ouverte ; **overdraft economy** économie d'endettement ; **overheated economy** surchauffe de l'économie ; **parallel economy** économie souterraine, économie informelle ; **planned economy** économie dirigée, économie planifiée ; **political economy** économie politique ; **state-controlled economy** économie étatique ; **submerged economy** économie souterraine, économie informelle ; **subsistence economy** économie de subsistance ; **unrecorded economy** économie informelle, économie souterraine ; **world's economy** économie-monde, économie mondiale.

ECP *euro-commercial paper* eurobillet de trésorerie.

ECSC *European Coal and Steel Community* Communauté européenne du charbon et de l'acier (CECA).

ECU *European Currency Unit* unité monétaire européenne * **hard ECU** contreproposition britannique à la monnaie unique. Δ **ECU central rate** cours pivot de l'ECU.

EDF *European Development Fund* Fonds de développement européen (FED).

edge n 1- bord, arrête, tranchant.
2- [Eco] avantage * **competitive edge** avantage concurrentiel.

edge v se déplacer lentement.

edge ahead v monter légèrement.

edge down v [St Ex] se replier lentement, descendre lentement.

edge up v [St Ex] avoir tendance à monter, monter petit à petit.

EDP *environmentally-adjusted domestic product* produit intérieur corrigé des incidences environnementales (PIE).

EDRs *European depositary receipts* certificats de dépôts libellés en dollars.

EEA *European Economic Area* Espace économique européen (EEE).

EEC *European Economic Community* Communauté économique européenne (CEE).

EEIG *European Economic Interest Grouping* groupe européen d'intérêt économique (GEIE).

EEP *Export Enhancement Program* (US) programme d'encouragement des exportations.

EEZ *exclusive economic zone* zone économique exclusive.

EFF *Extended Fund Facility* mécanisme élargi de crédit (MEDC) (cf. FMI).

effect n effet, action, conséquence, résultat.
2- [Eco] effet * **announcement effect** effet d'annonce ; **catch-up effect** effet de rattrapage ; **cluster**

effect q v cluster ; **contractionary effect** effet de freinage ; **crowding out effect** effet d'éviction ; **demonstration effect** effet de démonstration, effet de Duesenberry ; **dependence effect** théorie de la dépendance ; **disincentive effect** effet de désincitation ; **distribution effect** effet de répartition ; **distributive effect** effet redistributif ; **diversion effect** effet de détournement ; **expansionary effect** effet de relance ; **external effect** effet de voisinage, externalité ; **harmful effects** nuisances ; **hysteresis effect** effet d'hystérésis ; **income distributive effect** effet sur la répartition du revenu ; **income effect** effet revenu, effet de Hicks ; **induced effect** effet induit ; **inflationary effect** effet inflationniste ; **knock-on effect** effet d'entraînement ; **lagged effect** effet différé ; **leverage effect** effet de levier, effet du levier d'endettement ; **lock-in effect** [Fin] effet de verrou ; **locomotive effect** effet d'entraînement ; **Metzler effect** effet Metzler, effet de richesse ; **Modigliani Effects** effets Modigliani ; **multiplying effect** effet mutiplicateur ; **negative income effect** effet de revenu négatif, paradoxe de Giffen ; **news effect** effet d'annonce, effet de surprise ; **pace setting effect** effet d'entraînement ; **parrot effect** effet de perroquet ; **Patinkin effect** effet de Patinkin ; **perverse effect** effet pervers ; **Pigou effect** effet Pigou-Patinkin, effet d'encaisse réelle ; **pooling effect** [Stat] effet de concentration ; **price effects** effets prix ; **price wage escalation effect** effet de perroquet ; **ratchet effect** effet de cliquet, effet de rémanence ; **real balances effect** effet d'encaisses réelles ; **redistribution effect** effet redistributif ; **residual effect** effet résiduel ; **Ricardo effect** effet Ricardo ; **ripple effect** effet de ricochet, effet d'entraînement ; **Sauvy's effect** effet Sauvy ; **scale effect** effet d'échelle ; **size effect** effet de taille ; **snowballing effect** effet boule de neige, répercussions en chaîne ; **spill(ing)-over effect** effet d'entraînement ; **spin-off effect** effet d'entraînement ; **substitution effect** effet de substitution ; **tax-push effects** effets inflationnistes dus à la fiscalité ; **threshold effect** effet de seuil ; **time-lag effect** délai de réponse ; **Veblen effect** effet Veblen, effet de snobisme ; **wealth effect** effet de richesse, effet Pigou-Patinkin, effet Patinkin.

effective adj a) efficace ; b) réel, effectif.

effectiveness n efficacité * **the effectiveness of economic policy** l'efficacité de la politique économique ; **the effectiveness of national production** l'efficience de la production nationale.

efficiency n [gen, Eco] efficacité, efficience * **allocative efficiency** efficacité de la répartition des ressources, allocation efficace ; **economic efficiency** efficience économique ; **financial market efficiency** efficience des marchés financiers ; **marginal efficiency** efficacité marginale ; **marginal efficiency of capital** efficacité marginale du capital.

efficient adj efficace, performant, rationnel.

effort n effort * **best effort** [Fin, St Ex] engagement donné à l'emprunteur par le syndicat de banques de réunir la totalité des fonds.

EFT *electronic funds transfer* transfert électronique de fonds.

EFTA *European Free Trade Area* Association européenne de libre-échange (AELE).

EFTPOS *electronic funds transfer at point of sale* transfert électronique de fonds au point de vente.

EGM *extraordinary general meeting* assemblée générale extraordinaire (AGE).

EIB *European Investment Bank* Banque européenne d'investissement (BEI).

EIRR *economic internal rate of return* taux de rentabilité économique.

elastic adj [Eco] élastique.

elasticity n [Eco] élasticité * **elasticity of demand** élasticité de la demande ; **elasticity of expectations** élasticité des anticipations ; **elasticity of substitution** élasticité de substitution ; **elasticity of supply** élasticité de l'offre ; **elasticity of X with respect to Y** élasticité de X par rapport à Y ; **arc elasticity** élasticité arc ; **cross elasticities** élasticités croisées ; **demand elasticity** élasticité de la demande ; **income elasticity** élasticité revenu ; **income elasticity of demand** élasticité de la demande par rapport au revenu ; **interest rate elasticity of the demand for money balances** élasticité de la demande d'encaisses par rapport au taux d'intérêt ; **point elasticity** élasticité point ; **price elasticity** élasticité-prix ; **price elasticity of demand** élasticité de la demande par rapport au prix, elasticité-prix de la demande ; **price elasticity of supply** élasticité de l'offre par rapport au prix, élasticité-prix de l'offre ; **price elasticity of wages** élasticité-prix des salaires ; **substitution elasticity** élasticité de substitution ; **unitary elasticity** élasticité unitaire, élasticité égale à 1.

Δ **elasticity coefficient** coefficient d'élasticité.

electronics n électronique * **consumer electronics** électronique "grand public".

eligibility n 1- fait de remplir les conditions requises.
2- [Eco, Fin] éligibilité.

eligible adj 1- (person) qui remplit les conditions requises, qui a droit à.
2- [Eco, Fin] éligible (se dit souvent des titres qui remplissent les conditions requises pour être acceptés par la banque centrale sur le marché monétaire).

EMA *European Monetary Agreement* Accord monétaire européen (AME).

embargo n [Eco int] embargo.

embark on/upon v entreprendre, mettre en route, mettre en train.

embezzle v détourner des fonds.

embezzlement n détournement de fonds.

EMCF *European Monetary Cooperation Fund* Fonds européen de coopération monétaire (FECOM).

emerge v se faire jour, se dessiner, s'esquisser, apparaître * **to emerge from recession** sortir de la récession.

emergence n apparition, émergence, entrée en scène * **the emergence of Asian countries in the global economy** l'émergence des pays asiatiques sur la scène de l'économie mondialisée.

emergency n crise, situation critique, cas d'urgence, danger.
Δ **emergency relief** secours d'urgence ; **emergency solution** mesures de fortune.

EMI *European Monetary Institute* Institut monétaire européen (IME)

employ v employer.

employability n a) caractéristiques positives qui, aux yeux de l'employeur, permettent l'embauche ; b) aptitude à retrouver un emploi.

employed adj employé, utilisé * **fully employed** occupant un emploi à plein temps ; **gainfully employed** employé contre rémunération.

employee n [gen, Eco] employé(e) * **full-time employee** salarié à temps complet ; **part-time employee** salarié à temps partiel ; **salaried employee** salarié.

employer n [gen, Eco] employeur * **employers** le patronat.

employment n [gen, Eco] emploi * **casual employment** emploi occasionnel ; **concealed employment** emploi non déclaré ; **dependent employment** salariat ; **disguised employment** emploi non déclaré ; **excess employment** suremploi ; **female employment** emploi des femmes ; **full employment** plein-emploi ; **full-time employment** emploi à temps plein ; **gainful employment** emploi rémunéré ; **insecure employment** travail précaire ; **lifetime employment** emploi à vie ; **mainstream employment** emploi sur le marché primaire ; **male employment** emploi des hommes ; **manufacturing employment** emploi manufacturier ; **part-time employment** emploi à temps partiel ; **productive employment** emploi productif ; **public sector employment** emploi dans le secteur public ; **service employment** emploi dans les services ; **sheltered employment** emploi protégé (réservé aux handicapés) ; **temporary employment** emploi temporaire ; **tertiary employment** emploi dans les services, emploi dans le secteur tertiaire ; **total employment** population active totale ; **undeclared employment** *or* **unrecorded employment** travail clandestin, travail au noir ; **unstable employment** travail précaire.
Δ **employment adjustment** restructuration de l'emploi ; **employment agency** agence pour l'emploi, bureau de placement ; **employment area** bassin d'emploi ; **employment gain** gains d'emploi ; **employment gap** q v

gap ; **employment growth area** pôle de croissance de l'emploi ; **employment opportunities** perspectives d'emploi ; **employment opportunity** possibilité d'emploi ; **employment outlook** perspectives de l'emploi ; **employment performance** résultats en matière d'emploi ; **employment premium** prime à la création d'emplois ; **employment security** sécurité de l'emploi ; **employment slack** marge de main-d'œuvre inutilisée ; **employment subsidy** aide à l'emploi, subvention à la création d'emploi ; **employment support scheme** programme de soutien de l'emploi ; **employment termination** cessation d'emploi.

EMS *European Monetary System* Système monétaire européen (SME) * **shadow EMS** (UK) renvoie à la période mars 1987-mars 1988 durant laquelle le chancelier de l'Echiquier Nigel Lawson s'efforça de maintenir les variations de la £ par rapport au DM dans une marge étroite autour du taux £ 1 = 3 DM, la livre ne faisant pas, à cette époque, partie du mécanisme de change du SME.

EMTN *euro medium term notes* billets à moyen terme négociables.

EMU *European Monetary Union* Union monétaire européenne (UEM).

encash v a) encaisser ; b) mobiliser, convertir en moyens de paiements.

encashable adj a) encaissable ; b) mobilisable, convertible en moyens de paiements.

encashment n a) encaissement ; b) mobilisation d'actifs financiers.

encumber v 1- encombrer, gêner.
2- [Jur] grever d'une hypothèque.

encumbered adj 1- encombré.
2- [Jur] grevé d'hypothèque, hypothéqué.

end n a) fin * **end of fiscal year** [Fin] fin de l'exercice ; **end of month maturity** [Fin] échéance de fin de mois.
b) extrémité * **long end of the market** [Fin] compartiment du long terme (cf. marché des capitaux) ; **short end of the market** [Fin] compartiment du court terme (cf. marché des capitaux) ; **top end of the market** haut de gamme.

end v 1- finir, (s') achever, (se) terminer.
2- [St Ex] clôturer * **the dollar ended at 4.85 FF** le dollar a terminé à 4.85 FF.

endogenous adj [Eco] endogène.

endorsable adj [Fin] endossable.

endorse v [Fin] endosser, avaliser * **to endorse a bill** endosser une traite.

endorsement n [Fin] endossement * **accommodation endorsement** endossement de complaisance ; **blank endorsement** endossement en blanc.

endorser n [Fin] endosseur (d'un chèque) ; avaliseur (d'une traite).

endow v doter (*with* de).

endowment n [Eco] dotation en ressources * **factor endowment** dotation en facteurs de production ; **relative factor endowment** abondance relative des facteurs, dotation relative des facteurs ; **resource endowment** dotation en ressources.

energy n énergie.
Δ **energy conservation** économies d'énergie ; **energy requirements** besoins d'énergie.

energy-efficient adj qui permet des économies d'énergie.

energy-intensive adj à fort contenu énergétique.

energy-saving adj qui permet des économies d'énergie.

enforce v mettre en vigueur, faire exécuter.

enforceable adj exécutoire, applicable.

enforced adj obligatoire.

enforcement n mise en vigueur, exécution * **for enforcement** [Fin] aux fins de recouvrement.
Δ **enforcement order** [Jur] mise en demeure.

enforcibility n exigibilité * **enforcibility of a claim** [Fin] exigibilité d'une créance.

engage v embaucher, engager.

engagement n a) rendez-vous ; b) engagement, promesse ; c) embauche, recrutement.

engineer n ingénieur, technicien.

engineering n ingénierie * **chemical engineering** génie chimique ; **civil engineering** génie civil, travaux publics ; **electrical engineering** génie électrique ; **mechanical engineering** mécanique, construction mécanique.
Δ **engineering factory** atelier de construction mécanique ; **engineering firm** société d'ingénierie, bureau d'études ; **engineering process** procédé de fabrication.

enterprise n entreprise * **free enterprise** libre entreprise ; **incorporated enterprise** entreprise constituée en société de capitaux ; **multinational enterprise** (MNE) (US) firme multinationale (FMN) ; **non-financial enterprise** [SCN] entreprise non financière ; **non-financial public enterprise** (NPE) entreprise publique non financière (EPN) ; **private enterprise** [SCN] entreprise privée ; **public enterprise** entreprise publique ; **small and medium-sized enterprises** (SMEs) petites et moyennes entreprises (PME) ; **state-owned enterprise** (SOE) entreprise publique ; **unincorporated enterprise** [SCN] entreprise individuelle, entreprise non constituée en société.
Δ **enterprise incubator** pépinière d'entreprises ; **enterprise zone** zone d'activité.

enterprising adj entreprenant, audacieux.

entity n entité * **economic entity** [Eco] agent économique ; **legal entity** [Jur] personne morale.

entrant n [Eco] intervenant, entrant * **new entrants on the labour market** les nouveaux arrivants sur le marché du travail ; **new entrants on the market** nouveaux intervenants sur le marché.

entrepreneur n entrepreneur, industriel, chef d'entreprise.

entrepreneurial adj qui fait preuve d'initiative économique.

entrepreneurship n esprit d'entreprise (qualités dont fait preuve le chef d'entreprise, esprit d'entreprise).

entry n 1- entrée, admission, adhésion * **the entry of Finland into the EU** l'entrée de la Finlande dans l'UE.
2- [Eco] entrée sur un marché * **free entry** libre entrée sur le marché ; **hit-and-run entry** entrée-sortie éclair sur un marché ; **new entry** première insertion sur le marché du travail.
3- [Acc] écriture comptable * **to adjust an entry** redresser une écriture ; **to make** or **to post an entry** passer une écriture ; **to reciprocate an entry** passer une écriture en conformité ; **to reverse an entry** contre-passer une écriture ; **adjustment entry** or **balancing entry** écriture d'ajustement ; **book entry** écriture comptable ; **closing entry** écriture de clôture ; **credit entry** inscription au crédit ; **cross entry** écriture de contre-passement ; **debit entry** inscription au débit ; **fraudulent entry** fausse écriture ; **journal entry** passation d'écriture ; **reverse entry** écriture de contre-passement, écriture inverse ; **reversing entries** réouverture des livres, opérations de contre-passation.

EPO *European Patent Office* Office européen des brevets (OEB).

EPP *equal principal payments* remboursement d'un prêt par tranches de capital égales.

EPS *earnings per share* bénéfice par action.

EPU *European Payments Union* Union européenne des paiements (UEP).

equal n égal(e), pair(e).

equal adj égal (*to* à).

equal v égaler.

equality n égalité * **equality of opportunity** égalité des chances.

equalization, equalisation n égalisation, péréquation.

equalize, equalise v effectuer une péréquation.

equate v 1- mettre sur le même pied (*with* que).
2- [Math] mettre en équation.

equation n [Math, Eco] équation * **the equation of exchange** [Eco] équation des échanges, équation de Fisher ; **accounting equation** équation comptable ; **Cambridge equation** [Eco] équation de Cambridge ; **exchange equation** [Eco] équation des échanges, équation de Fisher ; **Fisher's equation** [Eco] équation de Fisher ; **Quantity equation** [Eco]

Equation des échanges, Equation de Fisher ; **second degree equation** équation du second degré ; **simple equation** équation du premier degré .

equilibrium n [Eco] équilibre, optimum * **balance of payments equilibrium** équilibre de la balance des paiements ; **consumer equilibrium** ; équilibre du consommateur ; **dynamic equilibrium** équilibre dynamique ; **economic equilibrium** équilibre économique ; **external equilibrium** équilibre externe ; **general (economic) equilibrium** équilibre walrasso-parésien, équilibre général ; **Keynesian equilibrium** équilibre keynesien ; **long-run equilibrium** équilibre de long terme ; **macroeconomic equilibrium** équilibre macroéconomique ; **partial equilibrium** équilibre partiel ; **producer equilibrium** équilibre du producteur ; **rational expectations equilibrium** équilibre des anticipations rationnelles ; **static equilibrium** équilibre statique ; **under-employment equilibrium** équilibre de sous-emploi ; **Walras** or **Walrasian equilibrium** équilibre walrassien ; **Walras-Pareto equilibrium** équilibre walrasso-parésien.
Δ **equilibrium level of national income** revenu national d'équilibre ; **equilibrium (market) price** prix d'équilibre ; **equilibrium (market) quantity** quantité d'équilibre.

equip v équiper, installer * **he is well equiped for the job** il a les qualités requises pour cet emploi.

equipment n [gen, Acc] équipement * **delivery equipment** matériel de livraison ; **office equipment** équipement de bureau ; **store equipment** équipement de magasin.

equitable adj équitable.

equities n, plu q v equity 3 c.

equity n 1- équité, impartialité.
2- [Jur] ensemble de règles qui complètent la *Common Law*.
3- [Fin] a) participation financière ; b) ensemble des fonds laissés dans l'entrerise, capitaux propres, fonds propres * **to raise equity** procéder à une augmentation de capital ; **common equity** part des capitaux propres appartenant aux actionnaires ordinaires ; **owners' equity** fonds propres, capitaux propres ; **partners' equity** fonds propres, capitaux propres (dans une société de personnes) ; **proprietor's equity** fonds propres, capitaux propres (dans une société individuelle) ; **shareholders' equity** (UK) or **stockholders' equity** (US) fonds propres, capitaux propres (dans une société par actions).
c) action ordinaire * **leading equity** valeur vedette (JO) ; **sweat equity** action d'apport en industrie.
Δ **equity alliances** rapprochements d'entreprises ; **equity base** fonds propres ; **equity method** méthode de la mise en équivalence pour évaluer les participations ; **equity participation** prise de participation au capital social ; **equity stake** participation au capital, prise de participation ; **equity stock** capital social ; **equity transaction** opération sur capitaux propres.

equity-related adj [Fin] qui s'apparente à une action.

equivalence n équivalence.

equivalent n [Fin] équivalent * **$ billion équivalent** contre-valeur en milliards de dollars ; **certainty equivalent** équivalent certain ; **consumer subsidy equivalent** (CSE) équivalent subvention à la consommation (ESC) (cf politique agricole) ; **full-time equivalent** (FTE) équivalent plein temps (EPT) ; **gross equivalent** équivalent brut ; **producer subsidy equivalent** (PSE) équivalent subvention à la production (ESP).

equivalent adj équivalent.

eradicate v supprimer, venir à bout de, extirper.

ERDF *European Regional Development Fund* Fonds européen de développement régional (FEDR).

ERM *Exchange Rate Mechanism* Accord sur le rétrécissement des marges (cf. SME).

erode v ronger, éroder, réduire progessivement.

erosion n erosion, usure * **the erosion of the French franc** l'effritement du franc français ; **monetary erosion** érosion monétaire.

ERR *economic rate of return* taux de rentabilité économique.

erratic adj irrégulier, désordonné, instable.

erroneous adj erroné, faux.

error n 1- erreur * **errors and omissions** [Eco] erreurs et omissions (cf. BDP).
2- [Stat] erreur, écart * **error of estimate** erreur d'estimation ; **biased error** erreur systématique ; **measurement error** erreur d'observation ; **minimal mean square error** (MSE) erreur quadratique moyenne minimale ; **random error** erreur aléatoire ; **root mean square error** (RMS error) erreur quadratique moyenne ; **sampling error** erreur d'échantillonnage ; **square error** erreur quadratique ; **standard error** erreur type ; **standard error of estimate** (SEE) erreur type d'estimation ; **systematic error** erreur systématique ; **type I error** erreur de première espèce ; **type II error** erreur de deuxième espèce.
Δ **error term** résidu.

ESA *European System of Integrated Economic Accounts* Système européen de comptes économiques intégrés (SEC).

ESAF *Enhanced Structural Adjustment Facility* Facilité d'ajustement structurel renforcée (FASR) *ou* FAS renforcée.

ESCB *European System of Central Banks* Système européen de banques centrales (SEBC).

ESF *European Social Fund* Fonds social européen (FSE).

ESOP *Employee Stock* (or *share*) *Ownership* (or *option*) *Plan* plan de participation des salariés au capital.

essential n produit de première necessité.

essential adj essentiel, primordial.

establishment n a) établissement, firme.
b) création, instauration.
c) effectif d'une administration.
d) **The Establishment** la classe dirigeante.

estate n 1- bien, propriété, patrimoine * **industrial estate** (UK) zone de développement industriel ; **real estate** biens immobiliers, immobilier.
2- [Jur] succession * **undivided estate** succession indivise.

estimate n 1- évaluation, estimation, chiffre prévisionnel.
2- [Stat] estimation, estimateur * **convergent estimate** estimateur convergent ; **efficient estimate** estimateur à écart type minimum ; **interval estimate** estimation par intervalle ; **linear estimate** ajustement linéaire ; **unbiased estimate** estimataire non biaisé.

estimate v estimer, évaluer.

estimated adj estimé.

estimation n 1- estimation, évaluation * **income-based estimation** estimation faite à partir du revenu.
2- [Stat] estimation * **least square estimation** (LSE) estimation des moindres carrés (EMC).

estimator n [Stat] estimateur * **best linear unbiased estimator** (BLUE) meilleur estimateur non biaisé ; **consistent estimator** estimateur convergent ; **efficient estimator** estimateur efficace ; **maximum likelihood estimator** (MLE) estimateur du maximum de vraisemblance ; **unbiased estimator** estimateur sans biais.

EU *European Union* Union européenne (UE).

EUA *European Unit of Account* unité de compte européenne (UCE).

euro n [Eco] euro.

euro-commercial paper n euro-billet de trésorerie.

eurobank n euro-banque.

eurobond n euro-obligation * **straight eurobond** euro-obligation à taux fixe.

eurocredit n eurocrédit.

eurocurrency n euro-devise.

euroDM n euro-mark.

eurodollar n euro-dollar.

euroequities n euro-actions.

eurofranc n eurofranc.

euroissue n euro-émission.

euroloan n euro-crédit.

euromarket n euromarché.

euronote n euro-effet (son échéance est plus courte que celle d'une euro-obligation).

eurosterling n euro-sterling.

euroyen n euro-yen.

EV *expected value* espérance mathématique (EM).

evaluate v déterminer la valeur de, évaluer.

evaluation n évaluation.

even out v (s') égaliser.

even up v égaliser.

event n événement * **event of default** [Fin] déchéance du terme (JO) ;

evergreen n [Fin] crédit permanent reconductible de manière tacite.

evidence n [Jur] preuve * **evidence of debt** titre de créance ; **factual evidence** informations données par les faits.

evolution n evolution.

evolve v se développer.

ex allotment [Fin] hors répartition.

ex ante [Eco] ex-ante.

ex coupon [Fin] coupon détaché.

ex dividend [Fin] coupon détaché.

ex factory départ usine.

ex post [Eco] ex-post.

ex quay à quai, franco quai.

ex right [Fin] droit détaché.

ex scrip [Fin] ex répartition.

ex ship à bord.

ex wharehouse (ex whse, X whse) départ entrepôt.

ex wharf à quai, franco quai.

ex works (EXW) départ usine.

exceed v a) dépasser (une valeur, un montant) ; b) outrepasser.

excess n excès, excédent * **excess of income over expenditure** excédent des recettes sur les dépenses.

exchange n 1- échange * **exchange of foreign currencies** [Eco] cession de devises ; **exchange of goods and services** [Eco] échange de biens et services ; **exchange of shares** [St Ex] échange d'actions.
2- [Eco, Fin] change * **exchange at par** change au pair ; **exchange for forward delivery** *or* **exchange for future delivery** opération de change à terme ; **exchange for spot delivery** opération de change au comptant ; **foreign exchange** q v foreign exchange ; **forward exchange** change à terme ; **unfavourable exchange** change défavorable.
3- [St Ex] marché, bourse * **American Exchange** (AMEX) Bourse de New York (deuxième Bourse de New York pour les petites et moyennes entreprises) ; **Baltic Futures Exchange** marché à terme de marchandises (à Londres) ; **bullion exchange** marché de l'or (à Londres) ; **Chicago Board Options Exchange** (CBOE) Marché

des options de Chicago ; **Chicago Mercantile Exchange** (CME) Bourse des matières premières de Chicago ; **Coffee Sugar and Cocoa Exchange** (CSCE) Bourse du café, du sucre et du cacao (à New York) ; **commodity exchange** bourse de commerce, bourse de marchandises ; **derivatives exchange** marché des produits dérivés ; **employment exchange** bourse de l'emploi ; **foreign exchange** q v foreign exchange ; **futures exchange** marché à terme (marchandises, devises, titres, taux d'intérêt) ; **International Petroleum Exchange** (IPE) (UK) Marché (à terme) des produits pétroliers (créé à Londres en 1980) ; **labour exchange** bourse de l'emploi ; **London Commodity Exchange** (LCE) Bourse des marchandises à Londres ; **London Derivative Exchange** marché de produits dérivés à Londres encore appelé *London International Financial Futures and Options Exchange* (LIFFE) ; il est né, en 1992, à la suite de la fusion du marché à terme des instruments financiers (*London International Financial Futures Exchange*, LIFFE) et du marché des options négociables (*London Traded Option Market*, LTOM) ; **London Futures & Option Exchange** (LFOX) marché de contrats à terme et d'options (à Londres) ; **London International Financial Futures Exchange** *or* **London International Financial Futures and Options Exchange** (LIFFE) q v London Derivative Exchange et LIFFE ; **London Metal Exchange** (LME) Bourse des métaux de Londres (BML) ; **New York Mercantile Exchange** (NYMEX) Bourse de commerce de New York (NYMEX) ; **organised exchanges** marchés organisés ; **produce exchange** bourse de produits agricoles ; **producer exchange** bourse de marchandises (sauf pour les métaux) ; **Singapore International Monetary Exchange** (SIMEX) marché à terme d'instruments financiers et d'options créé à Singapour en 1984 ; **stock exchange** q v stock exchange ; **Swiss Options and Financial Futures Exchange** (SOFFEX) marché à terme d'instruments financiers et d'options créé à Zurich en 1988 ; **Tokyo International Financial Futures Exchange** (TIFFE) Marché à terme d'instruments financiers à Tokyo (Marché à terme d'instruments financiers à Paris).

Δ **exchange adjustment** [Acc] différences de conversion, écarts de conversion ; **exchange control** réglementation des changes ; **exchange equation** équation des échanges, équation de Fisher ; **exchange gain** bénéfice *ou* gain de change ; **exchange guarantee** garantie de change ; **exchange loss** perte de change ; **exchange position** position de change ; **exchange premium** bénéfice de change ; **exchange rate** q v exchange rate ; **exchange restrictions** contrôle des changes.

exchange v [gen, Eco] échanger.

exchange rate n [Eco] cours de change, taux de change, taux d'équivalence des monnaies * **equilibrium exchange rate** taux de change d'équilibre ; **effective exchange rate** taux de change effectif (pondéré par le volume des échanges) ; **fixed exchange rate** taux de change fixe ; **fixed exchange rates** parités fixes, fixité des changes ; **fixed but adjustable exchange rates** taux de change fixes mais ajustables ; **flexible exchange rate** taux de change flottant ; **flexible exchange rates** parités flexibles ; **floating exchange rate** taux de change flottant ; **floating exchange rates** changes flottants, parités flottantes, flexibilité des changes ; **forward exchange rate** taux de change à terme ; **free exchange rates** liberté des changes ; **managed exchange rate** taux de change administré ; **nominal exchange rate** taux de change nominal ; **official exchange rate** taux de change officiel ; **overvalued exchange rate** taux de change surévalué ; **real effective exchange rate** taux de change réel effectif ; **spot exchange rate** taux de change au comptant ; **sustainable exchange rate** taux de change qui peut être maintenu.

Δ **exchange rate adjustment** réalignement monétaire ; **exchange rate deterioration** évolution défavorable du taux de change ; **exchange rate differential** écart entre les taux de change ; **exchange rate expectations** anticipations relatives au taux de change ; **exchange rate management** politique de change ; **Exchange Rate Mechanism** (ERM) (EU) accord sur le rétrécissement des marges (UE) ; **exchange rate shortfall** perte de change ; **exchange rate strain** tension sur les taux de change.

Exchequer (UK) ministère de l'Economie et des Finances.

excisable adj [Fisc] imposable.

excise n [Fisc] impôt indirect, accise.

exciseman n [Fisc] (UK) contrôleur des impôts indirects.

exclusive adj exclusif, d'exclusivité.

execute v exécuter, mettre à exécution, s'aquitter de.

execution n exécution, validation d'un contrat.

executive n a) l'exécutif * **to be on the executive** faire partie de la direction ; b) cadre supérieur * **junior executive** cadre subalterne, **senior executive** cadre supérieur, dirigeant ; **top executive** cadre supérieur, dirigeant.

exempt adj dispensé, exonéré (*from* de).

exemption n [Fisc] exonération, abattement.

Δ **exemption method** système qui, au plan international, permet d'éviter la double imposition.

exercise n 1- exercice.
2- [Jur] exercice d'un droit * **exercise of an option** [Fin, St Ex] levée d'une option ; **exercise of the premium** [Fin, St Ex] levée de la prime.

exercise v [Jur] exercer un droit.

exit n 1- sortie.
2- [Eco] sortie du marché.

exogenous adj [Eco] exogène.

expand v (se) développer, (s') accroître, (s') étendre * **the market**

is expanding le marché est en croissance.

expandable adj extensible.

expansion n expansion, croissance * [Eco] **bond-financed fiscal expansion** relance budgétaire financée par l'émission d'obligations ; **credit expansion** expansion du crédit ; **domestic credit expansion** (DCE) expansion du crédit intérieur (ECI) ; **monetary expansion** croissance monétaire.

expansionary adj expansionniste, de relance.

expect v (s') attendre, prévoir.

expectancy n espérance * **life expectancy** espérance de vie ; **mathematical expectancy** [Math] espérance mathématique.

expectation n 1- prévision, espérance.
2- [Eco] anticipation * **adaptative expectations** anticipations adaptatives ; **inflationary expectations** anticipations inflationnistes ; **rational expectations** anticipations rationnelles.

expenditure n [Eco, SCN, qqfs Acc] dépense(s) * **expenditure on GDP** [SCN] emplois du PIB ; **budget expenditure** dépenses budgétaires ; **Business Enterprise Expenditure on R & D** (BERD) dépenses intérieures brutes de R-D du secteur des entreprises (DIRDE) ; **capital expenditure** dépenses d'investissement ; **core expenditure** dépenses incompressibles ; **current expenditure** dépenses courantes, dépenses de fonctionnement ; **domestic expenditure** dépense intérieure ; **final consumption expenditure** [SCN] consommation finale, dépense de consommation finale ; **final consumption expenditure of government services** [SCN] consommation finale des services des administrations publiques ; **final consumption expenditure of households** [SCN] consommation finale des ménages ; **government expenditure** dépenses des administrations publiques ; **government (final) consumption expenditure** [SCN] consommation (finale) des administrations publiques ; **gross domestic expenditure** dépense intérieure brute ; **gross domestic expenditure on R & D** (GERD) dépense intérieure brute de R-D ; **gross fixed capital expenditure** (GFCE) formation brute de capital fixe (FBCF) **gross national expenditure** (GNE) dépense nationale brute ; **gross national expenditure on R & D** (GNERD) dépense nationale brute de R-D ; **health expenditure** dépenses de santé ; **household expenditure** dépense des ménages ; **household final consumption expenditure** [SCN] dépenses de consommation des ménages ; **initial expenditure** [Acc] frais d'établissement ; **investment expenditure** dépenses d'investissement, dépenses d'équipement ; **loan expenditure** dépense financée par l'emprunt ; **national expenditure** [SCN] dépense nationale ; **net domestic expenditure** [SCN] dépense intérieure nette ; **net national expenditure** [SCN] dépense nationale nette ; **operating expenditure** dépenses d'exploita-

tion, dépenses de fonctionnement ; **personal consumption expenditure** (PCE) dépenses de consommation des ménages, consommation finale des ménages ; **private (final) consumption expenditure** [SCN] consommation (finale) privée ; **public expenditure** dépense(s) publique(s), dépense de l'Etat ; **revenue expenditure** dépenses publiques courantes (financées par les recettes courantes) ; **total domestic expenditure** [SCN] demande intérieure totale ; **total expenditure** dépense nationale ; **welfare expenditure** dépenses sociales.
Δ **expenditure backlog** dépenses non engagées ; **expenditure commitments** dépenses publiques incompressibles ; **expenditure control** maîtrise des dépenses ; **expenditure cutback** or **expenditure cuts** réduction des dépenses publiques ; **expenditure incurred** dépenses engagées ; **expenditure items** postes de dépense ; **expenditure restraint** limitation des dépenses.

expense n 1- dépense, frais * **to balance one's expenses** équilibrer son budget.
2- [Acc] charge * **accrued expenses** charges à payer ; **administrative expenses** frais divers de gestion ; **deferred expenses** charges payées d'avance ; **depreciation expenses** dotation aux amortissements ; **establishment expenses** frais d'établissement ; **extraordinary expenses** charges exceptionnelles ; **general expenses** frais généraux ; **incidental expenses** faux frais ; **initial expenses** frais de premier établissement ; **interest expenses** frais financiers ; **miscellaneous expenses** frais divers ; **operating expenses** dépenses d'exploitation ; **overhead expenses** frais généraux ; **patent expenses** redevances sur brevets ; **payroll expenses** frais de personnel ; **preliminary expenses** frais d'établissement ; **prepaid expenses** charges constatées d'avance ; **working expenses** frais d'exploitation.
Δ **expense centre** centre de coût.

expense v [Acc] inscrire dans un compte de charge.

expensive adj cher.

expert n expert, spécialiste.

expertise n compétence, connaissances techniques, savoir-faire.

expiration n expiration, échéance.
Δ **expiration date** [Fin] date d'échéance, date d'exercice ; **expiration month** [Fin] mois de livraison.

expire v expirer, arriver à échéance.

exploit v exploiter * **to exploit economies of scale** [Eco] tirer parti d'économies d'échelle.

exploitation n [Eco] exploitation * **exploitation of labour** exploitation capitaliste.

exponential adj exponentiel * **exponential smoothing** lissage exponentiel.

exponent n adepte d'une théorie.

export n [gen, Eco, Eco int] exportation * **commodity-based exports** exportations essentiellement de produits de base ; **domestic exports** exportations de produits nationaux ; **net exports** exportations nettes ; **real net exports** exportations nettes en volume.

Δ **export base** principaux secteurs exportateurs ; **export capacity** capacité d'exportation ; **export credit** crédit à l'exportation ; **export drive** effort d'exportation ; **export duties** droits à l'exportation ; **export grants** aides aux exportations ; **export licence** licence d'exportation ; **export outlets** débouchés à l'exportation ; **export performance** résultats à l'exportation ; **export quota** contingent d'exportation ; **export quota restrictions** restrictions quantitatives à l'exportation ; **export refund** restitution à l'exportation (UE) ; **export restitution** restitution à l'exportation (UE) ; **export sector** secteur exportateur ; **export shortfall** insuffisance des exportations ; **export subsidy** subvention à l'exportation ; **export surplus** excédent des exportations (par rapport aux importations).

export v exporter.

export-led adj [Eco] tiré par les exportations, entraîné par les exportations.

export-oriented adj [Eco] axé sur les exportations.

exportation n [gen, Eco] exportation.

exporter n [gen, Eco] exportateur (**f-** trice).

exporting adj exportateur (**f-** trice).

exposure n 1- exposition (aux intempéries).
2- [Fin, St Ex] a) risque encouru, exposition au risque * **bank exposure** montant des risques encourus par les banques ; **currency exposure** or **exchange exposure** risque de change.
b) montants engagés * **block order exposure** (BLOX) transactions sur blocs de titres.

Δ **exposure diversification** diversification des risques ; **exposure limits** plafond des risques.

extend v a) étendre, accroître ; b) proroger * **to extend maturity** [Fin] proroger l'échéance.

extended adj élargi, étendu, important.

extension n a) extension, accroissement ; b) prorogation.

external adj extérieur, externe, à l'étranger.

externalities n, plu [Eco] effets externes, facteurs externes, économies ou déséconomies externes, externalités.

extinction n [Fin] amortissement d'une dette, annulation d'un prêt.

extinguish v [Fin] amortir une dette.

extrabudgetary adj (UK) hors budget.

extraordinary adj [Acc] exceptionnel.

EXW *ex works* départ-usine.

F

facility n 1- facilité, possibilité.
2- [Eco] service, moyen matériel ; **(plu) facilities** équipements, installations * **community facilities** équipements collectifs ; **industrial facilities** équipements industriels ; **manufacturing facility** unité de production ; **production facilities** équipements productifs ; **transport facilities** moyens de transport.
3- [Fin] mécanisme de crédit, ligne de crédit * **acceptance cross-facilities** acceptations croisées ; **acceptance facility** (UK) crédit par acceptation ; **backstop loan facility** crédit exceptionnel ; **bank facilities** concours bancaires ; **borrowing facilities** possibilités d'emprunt ; **Buffer Stock Financing Facility** (BSFF) a) Mécanisme de financement des stocks régulateurs (cf. FMI) ; b) Facilité Ortoli (cf. CEE) ; **Caribbean Development Facility** (CDF) mécanisme de développement des Caraïbes ; **Compensatory Financing Facility** (CFF) Mécanisme de financement compensatoire (cf. FMI) (MFC) ; **credit facility** concours bancaire ; **drawing facilities** mécanismes de tirage ; **euroloan facility** ligne d'eurocrédit ; **euronote facilities** lignes d'eurocrédit appuyées sur l'émission de titres à court terme tels que les RUF, NIF et MOF ; **Enhanced Structural Adjustment Facility** (ESAF) Facilité d'ajustement structurel renforcée (FASR) *ou* FAS renforcée (cf. FMI) ; **Extended Fund Facility** (EFF) Mécanisme élargi de crédit (MEDC) (cf. FMI) ; **International Banking Facilities** (IBF) zones franches bancaires internationales ; **issuance facilities** facilités d'émission ; **lender of last resort facility** prêt en dernier ressort ; **lending facility** or **loan facility** mécanisme de prêt ; **multi-option (Financing) facility** (MOF or MOFF) facilité de crédit à options multiples (MOF *ou* MOFF) ; **non-underwritten facilities** facilités d'émission non garanties ; **note issuance facility** (NIF) facilité d'émission de billets, facilité d'émission garantie (NIF) ; **overdraft facility** autorisation de découvert ; **revolving underwriting facility** (RUF) facilité d'émission renouvelable (RUF) ; **short-term note issuance facility** (SNIF) facilité d'émission d'effets à court terme (SNIF) ; **Structural Adjustment Facility** (SAF) Facilité d'ajustement structurel (FAS) (cf. FMI) ; **uncommitted facilities** facilités non cautionnées (sans engagement de prise ferme) ; **underwritten facilities** facilités d'émission garanties.

factor n 1- [gen, Stat] facteur, coefficient, élément * **causal factor** facteur déterminant ; **cyclical factors** [Eco] facteurs conjoncturels ; **multiplying factor** coefficient multiplicateur ; **random factor** aléa (cf. économétrie) ; **underlying factor** facteur fondamental ;

weighting factor coefficient de pondération.
2- [Eco] facteur de production * **factors of production** facteurs de production ; **demand-side factors** facteurs qui agissent sur la demande ; **supply-side factors** facteurs qui agissent sur l'offre.
Δ **factor content** intensité factorielle ; **factor-cost line** q v line 2 ; **factor intensity** intensité factorielle ; **factor mobility** mobilité des facteurs de production ; **factor shares** parts relatives des facteurs de production.

factor-saving adj [Eco] qui permet des économies sur les facteurs de production.

factoring n [Acc] affacturage (JO).

factory n usine.

factual adj se rapportant aux faits, descriptif.

fail v échouer, ne pas réussir.

failure n échec, défaillance, carence * **failure in payment** [Fin] défaut de paiement, non paiement ; **failure to pay** [Fin] défaut de paiement, non paiement.

faint adj (recovery) faible, léger, timide.

fair adj équitable, loyal.

fall n diminution, réduction, recul * [Eco] **fall in demand** diminution de la demande ; **fall in prices** baisse des prix ; **fall in supply** diminution de l'offre ; **fall in the exchange rate** chute du taux de change.

fall v baisser, reculer, se ralentir, être orienté à la baisse, se replier.

fall back v se replier, céder du terrain.

fall behind v perdre du terrain.

fall due v [Fin] venir à échéance.

fall-off n fléchissement, baisse.

fall off v fléchir, décliner, faiblir.

falling adj en diminution, en recul.

falter v (economy) s'essoufler.

FAO *Food and Agriculture Organization* Organisation pour l'alimentation et l'agriculture.

farm n exploitation agricole.

farmer n agriculteur.

farming n agriculture * **mixed farming** polyculture ; **single crop farming** monoculture ; **stock farming** élevage ; **subsistence farming** agriculture de subsistance (non tournée vers l'exportation).

farmland n terres arables.

FAS *free along side ship* franco long du bord (FLB).

FASB *Financial Accounting Standards Board* (US) Conseil des normes comptables.

fatman nm [Fin, St Ex] * technique qui consiste, lors d'une OPA, à racheter ses filiales et donc à augmenter sa taille pour se défendre contre l'attaquant.

FDI *foreign direct investment* investissement direct à l'étranger (IDE).

FDIC *Federal Deposit Insurance Corporation* (US) Organisme fédéral d'assurance des dépôts des banques et des caisses d'épargne.

feasible adj faisable, réalisable, viable.

FED *Federal Reserve System* or *Federal Reserve Board* (US) Système fédéral de Réserve (FED) (i.e. banque centrale américaine).

fee n 1- honoraires, jeton de présence * **fees of company directors** tantièmes ; **consultant's fee** honoraire de consultant ; **directors'fees** jetons de présence.
2- [Fisc, St Ex] droit d'enregistrement, taxe * **user fee** redevance payée par l'usager.
3- [Fin, St Ex] commission * **agency fee** commission de gestion (JO) ; arrangement fee frais d'ouverture d'un dossier ; **commitment fee** commission d'engagement (JO) ; **flat fee** commission immédiate (JO) ; **front-end fee** frais d'ouverture de dossier de prêt (banque) ; **management fee** commission de chef de file (JO) ; **registration fee** [St Ex] droits d'enregistrement ; **stand-by fee** commission de garantie ; **take-up fee** commission de prise résiduelle ; **underwriting fee** commission de garantie (JO), commission de placement (JO), commission de prise ferme.

FHC *financial holding company* holding financier.

fictitious adj fictif.

fiduciary adj fiduciaire.

field n a) champ ; b) domaine, sujet, discipline * **financial field** domaine financier.
Δ **field research** or **field study** étude sur le terrain.

FIFO *first in first out* premier entré, premier sorti (PEPS).

figure n chiffre * **jobless figures** statistiques du chômage ; **unadjusted figures** données brutes, chiffres non ajustés.

file n dossier, fichier.

file v 1- classer, ranger, archiver.
2- [Jur] déposer un document, faire enregistrer une requête * **to file an application for a patent** déposer une demande de brevet ; **to file for bankruptcy** déposer le bilan.

fill or kill (FOK) [St Ex] ordre boursier qui doit être exécuté en totalité ou annulé.

FILO *first in last out* premier entré, dernier sorti (PEDS).

finance n [Fin] finance * **bridging finance** crédit relais ; **corporate finance** finance d'entreprise ; **debt finance** a) financement par emprunt obligataire ; b) financement de la dette ; **equity finance** financement par fonds propres, financement par augmentation de capital, financement par émission d'actions ; **equity-linked finance** financement revêtant des caractéristiques proches de celles du financement par capitaux propres ; **external finance** financement externe ; **foreign currency finance** financement en devises ; **foreign finance** capitaux étrangers ; **government finance** finances publiques ; **high finance** haute finance ; **loan finance** financement par l'emprunt ; **public finance** finances publiques ; **trade finance** crédits commerciaux.

finance v financer.

financed * **domestically financed** financé par l'épargne intérieure.

financial adj financier.

financing n [Fin] financement * **bond financing** financement obligataire ; **bridging financing** crédit relais ; **collateral financing** financement avec garantie ; **debt financing** a) financement par emprunt obligataire ; b) financement de la dette ; **deficit financing** financement par le déficit budgétaire, par l'impasse budgétaire ; **equity financing** financement par augmentation de capital, financement par fonds propres, financement par émission d'actions ; **external financing** financement externe ; **gap financing** a) financement du déficit budgétaire ; b) financement du besoin de financement (cf. BDP) ; **internal financing** financement sur ressources propres, autofinancement ; **market financing** financement par le marché ; **medium-term financing** financement à moyen terme ; **mezzanine financing** financement mezzanine, dette subordonnée ; **monetary financing** financement monétaire ; **money financing of the deficit** financement monétaire du déficit ; **non-monetary financing** financement non monétaire ; **off-balance sheet financing** (OBSF) financement hors bilan ; **public bond financing** financement par emprunts publics ; **seed financing** (US) financement à la création d'entreprise ; **start-up financing** financement de démarrage ; **structured financing** (US) technique qui consiste à adosser un titre d'emprunt à un actif et qui, de ce fait, résoud le conflit d'intérêt entre dette et capital ; **trade financing** financement du commerce extérieur ; **trilateral financing** financement triangulaire.

Δ **financing capacity** capacité de financement ; **financing channel** circuit de financement ; **financing gap** impasse financière ; **financing need** besoin de financement ; **financing package** montage financier ; **financing plan** plan de financement ; **financing requirement** besoin d'emprunt.

findings n, plu [Acc] (US) fournitures.

fine-tuning n [Eco] politique keynésienne de réglage de la conjoncture au plus près.

fineness n titre de la monnaie, titre de l'or.

finish v 1- prendre fin, (se) terminer. 2- [St Ex] clôturer * **Gilts finished at**... En clôture, les valeurs de premier ordre ont atteint...

FIO *free in and out* bord à bord (BAB).

fire v licencier.

firing n licenciement.

firm n 1- entreprise, firme * **broking firm** maison de titres, société de bourse, société de courtage ; **capital-intensive firms** entreprises très capitalistiques ; **member firm** [St Ex] (UK) membre d'une bourse, société de bourse ; **securities firm** maison de titres ; **small and medium-sized firms** petites et moyennes entreprises ; **stockbroking firm** maison de titres, société de bourse, société de courtage.
2- [Eco] firme * **diversified firm** firme diversifiée.

firm adj (currency, prices) ferme.

firm up v (currency) se raffermir.

firmness n (currency) fermeté, bonne tenue.

FIRR *financial internal rate of return* taux de rentabilité financière.

first adj 1- premier.
2- [Fin] de premier rang.

first-in first-out (FIFO) [Acc] premier entré, premier sorti (PEPS) (méthode de gestion des stocks).

first-in last-out (FILO) [Acc] premier entré, dernier sorti (PEDS) (méthode de gestion des stocks).

fiscal adj 1- [Eco] budgétaire.
2- [Fisc] fiscal (sens peu fréquent).

fiscalization, fiscalisation n [Eco, Fin pub] budgétisation.

fiscally-neutral adj sans incidence budgétaire.

fittings n, plu [Acc] installations.

fixed adj fixe, constant, qui ne varie pas.

fixing n 1- fixation, détermination * **collusive price fixing** entente sur les prix ; **gold fixing** fixation du cours de l'or ; **shock price fixing** [St Ex] cotation par opposition.
2- [St Ex] fixage (JO) (cotation des devises contre FRF à la Bourse de Paris).

fixtures n, plu [Acc] agencements.

flat adj a) (increase) uniforme ; b) (market) sans animation ; c) (trend) inchangé.

flatten out v se stabiliser, marquer un pallier, s'aplatir (pour une courbe).

flattened-out adj stabilisé.

flattening out n stabilisation, aplatissement (de la courbe).

flexibility n souplesse, flexibilité * **limited flexibility** [Eco] flexibilité limitée (cf. taux de change).

flexible adj souple, qui s'adapte.

flexitime n horaires variables.

flight n 1- vol * **non-stop flight** vol sans escale.
2- [Eco, Fin] fuite, exode * **flight from cash** *or* **flight from currency** *or* **flight from money** fuite devant la monnaie ; **flight from sterling** fuite devant le sterling.

flip-in n [Fin, St Ex] pilule empoisonnée qui donne aux actionnaires de l'entreprise cible d'une OPA la possibilité d'acheter de nouvelles actions à très bas prix.

flip-over n [Fin, St Ex] pilule empoisonnée qui donne aux actionnaires de l'entreprise cible d'une OPA la possibilité d'acheter à très bas prix des actions de la société attaquante lorsque la fusion aura eu lieu.

float n 1- masse flottante, flotteur.
2- [Fin] flottant (JO), chèques *ou* effets émis en cours de recouvrement, fonds en transit * **collection float** fonds en transit à recouvrer ; **payment float** fonds en transit à payer.
3- [Eco] flottement des monnaies * **clean float** flottement pur ; **common float** flottement concerté ; **controlled float** flottement manipulé, flottement impur ; **dirty float** flottement impur ; **joint float** flottement concerté ; **managed float** flottement manipulé, flottement impur.
∆ **float time** jour de valeur.

float v 1- flotter.
2- [Eco, Fin] flotter (pour des monnaies).
3- [Fin] émettre, lancer * **to float a loan** lancer, émettre un emprunt.

floatation n q v flotation.

floater n [Fin] obligation à taux variable émise en dollars.

floating n 1- [Eco] flottement des monnaies * **clean floating** flottement pur ; **concerted floating** flottement concerté (cf. SME) ; **dirty floating** flottement impur ; **free floating** flottement pur, libre fluctuation des monnaies ; **joint floating** flottement concerté ; **managed floating** flottement impur ; **widespread floating** flottement généralisé.
2- [Fin] émission de titres, lancement d'emprunts.

floating adj instable, flottant.

floor n 1- plancher, étage * **the factory floor** les ateliers ; **the first floor** premier étage (UK), rez-de chaussée (US) ; **the shop floor** les ateliers, les ouvriers des ateliers.
2- [St Ex] a) la Bourse * **the Floor** grande salle de la Bourse de Londres où avaient lieu les transactions avant le *Big Bang* ; **trading floor** salle des marchés (JO).
b) plancher, limite inférieure, seuil ;
c) contrat de gré à gré de fixation d'un taux plancher (contraire d'un *CAP*) * **interest rate floor** garantie de taux plancher.

flotation n 1- [Fin] mise sur le marché, émission de titres, lancement d'un emprunt.
2- [Eco] flottement des monnaies européennes * **concerted flotation** flottement concerté.

flow n [gen, Eco] flux * **flow into unemployment** flux de nouveaux chômeurs ; **flow of capital** mouvements de capitaux ; **flow of funds** a) circulation monétaire ; b) [Acc, Fin] excédent de trésorerie d'exploitation ; **flow of money** flux monétaire ; **flow of saving** flux d'épargne ; **flow out of unemployment** sorties de chômage ; **cash flow** flux de trésorerie ; **circular flow (of income)** or **circular flow of national income model** circuit économique, modèle du circuit économique ; **financial flows** flux financiers ; **money flow** flux monétaire.

flow v circuler.

flow in v affluer, rentrer à flots.

flowback n [Fin, St Ex] revente des titres d'une émission internationale sur le marché de l'émetteur.

fluctuate v osciller, fluctuer.

fluctuating adj fluctuant.

fluctuation n fluctuation, oscillation, variation * **fluctuation around the trend** [Stat] oscillation autour de la tendance ; **long-term fluctuation** [Eco] mouvement de longue durée, fluctuation de longue période ; **random fluctuations** [Stat] variations aléatoires ; **seasonal fluctuation** [Eco] mouvement saisonnier, fluctuation saisonnière ; **short-term fluctuation** [Eco] mouvement de coute durée, fluctuation de courte période.

FOB *free on board* franco à bord (FAB).

FOC *free of charge* sans frais.

focus n centre, point de mire, cible (q v strategy).

focus v cibler.

FOF *free on frontier* franco frontière.

FOK *fill or kill order* ordre "tout ou rien".

follow-up n mesures de suivi.

FOMC *Federal Open Market Committee* (US) Comité fédéral de l'open-market.

FOOTSIE (UK) indice Footsie (indice des cent premières valeurs du *Financial Times*).

FOQ *free on quay* franco quai.

FOR *free on rail* franco gare, franco wagon.

forbearance n tolérance * **forbearance of a right** [Jur] renonciation à l'exercice d'un droit.

force n mécanisme (de marché), moteur (de l'expansion).

force down v faire baisser * **to force prices down** faire baisser les prix.

Fordism n [Eco] Fordisme.

forecast n prévision.
△ **forecast period** période de prévision étudiée.

forecast v prévoir.

forecasting n prospective.

foreclose v [Jur] saisir un bien hypothéqué.

foreclosure n [Jur] saisie d'un bien.

forego v se priver de, renoncer à * **to forego present consumption** renoncer à la consommation présente.

foreign adj étranger.

foreign exchange (FOREX) [Eco, Fin] a) devise ; b) avoirs de change * **official foreign exchange** réserves de change.
Δ **foreign exchange allowance** allocation en devises ; **foreign exchange clause** clause de garantie de change ; **foreign exchange movements** fluctuations des cours de change ; **foreign exchange position** position de change ; **foreign exchange regulation** réglementation des changes ; **foreign exchange transaction** opération de change, opération sur devises.

foreign-owned adj [Fin] sous contrôle étranger.

foresee v prévoir.

foreseeable adj prévisible.

forestalling n [Fin, St Ex] accaparement.

FOREX *foreign exchange* devise.

forge v contrefaire, faire un faux.

forge ahead v aller de l'avant, prendre de l'avance.

forger n faussaire.

forgery n contrefaçon, falsification.

forthcoming adv à venir.

forward adv 1- vers l'avant, vers l'aval.
2- [St Ex] à terme * **forward-forward** terme contre terme ; **forward-outright** terme sec.

forward v expédier envoyer.

forwarder n expéditeur, transitaire.

FOT *free on truck* franco camion.

FOW 1- *free on wagon* franco wagon.
2- *free on wharf* franco quai.

FRA a) (on an organized market) *future rate agreement* accord de taux futur (JO) ; b) (on OTC market) *forward rate agreement* accord de taux futur (JO).

frame n cadre, plan, système.

franc n franc * **green franc** franc vert.
Δ **franc area** zone franc.

franchise n (US) licence exclusive de vente, franchise.

franchise v franchiser.

franchising n franchise, franchisage.

fraud n 1- escroquerie.
2- [Jur] fraude, fraudeur.

fraudulent adj frauduleux.

FRB *Federal Reserve Board of Governors* (US) Conseil des gouverneurs du FED.

free adj libre, gratuit * **free along side ship** (FAS) franco long du bord (FLB) ; **free in and out** (FIO) bord à bord (BAB) ; **free of charge** (FOC) sans frais, gratuit ; **free on board** franco à bord (FAB) ; **free on frontier** (FOF) franco frontière ; **free on quay** (FOQ) franco quai ; **free on rail**

(FOR) franco gare, franco wagon ; **free on truck** (FOT) franco camion ; **free on wagon** (FOW) franco wagon ; **free on wharf** (FOW) franco quai.

free trade n [Eco] libre-échange.

Δ **free trade agreement** accord de libre-échange ; **free trade area** zone de libre-échange ; **free trade zone** a) zone franche, b) port franc.

freedom n liberté * **freedom of entry** [Eco] liberté d'entrée (sur un marché), libre accès sur le marché ; **freedom of establishment** liberté d'établissement ; **freedom of exit** [Eco] liberté de sortie (du marché) ; **freedom of remittance** [Eco] liberté de transfert de capitaux.

freeport nm [Eco] port franc.

freeze n (wages, prices) blocage, gel * **comprehensive freeze** blocage général.

freeze v (wages, prices) bloquer, geler.

freight n 1- chargement, cargaison. 2- [Eco int] fret.
Δ **freight forward** (Frt. Fwd) port dû ; **freight paid** or **freight prepaid** franco de port ; **freight rate** fret.

frequency n fréquence * **cumulative frequency** [Stat] fréquence cumulée.

FRN *floating rate notes* obligations à taux variables, obligations à taux d'intérêt flottant.

front door n [Eco] (UK) mécanisme par lequel la Banque d'Angleterre accorde, à un taux pénalisateur, des prêts aux maisons d'escompte qui souffrent d'un besoin temporaire de liquidités. S'oppose au mécanisme du *back door*.

front-loaded adj [Fin] dont l'effet est concentré durant la ou les première(s) période(s) (cf. concentration des dépenses durant la première phase d'un programme).

front-loading n [Fin] concentration des dépenses ou des remboursements au début d'une période.

front office n [St Ex] salle des marchés (JO) (entre la salle des marchés et le post-marché).

fronting n [Fin] façade (JO).

FRS *Federal Reserve System* (US) Système fédéral de Réserve.

Frt. Fwd *freight forward* port dû.

FSA *Financial Services Act* (UK) Loi sur les services financiers.

FSHC *financial services holding company* holding de services financiers.

FTA *Free Trade Agreement* accord de libre échange (entre US et Canada).

FTC *Federal Trade Commission* (US) Commission fédérale du commerce.

FTE *full time equivalent* équivalent plein temps (EPT).

fuel n combustible.

fuel-efficient adj qui permet des économies d'énergie.

function n 1- responsabilité, compétence. 2- [Stat] fonction * **cumulative distribution function** (CDF) fonction de répartition cumulée, fonction cumulative ; **cumulative frequency function** fonction de fréquences cumulées ; **distribution function** loi *ou* fonction de distribution ; **double logarithmic function** fonction bilogarithmique ; **linear function** fonction linéaire ; **log-log function** fonction bilogarithmique ; **multivariate function** fonction à plusieurs variables ; **objective function** [Eco] fonction objectif ; **probability density function** (PDF) fonction de densité de probabilité ; **semi-log (arithmetic) function** fonction semi logarithmique.

fund n 1- [Fin] caisse, fonds * **closed-end fund** fonds commun de placement fermé ; **contingency fund** caisse de prévoyance ; **European Agricultural Guidance and Guarantee Fund** (EAGGF) Fonds européen d'orientation et garantie agricole (FEOGA) ; **European Development Fund** (EDF) Fonds européen de développement (FED) ; **European Fund for Monetary Cooperation** (EFMC) Fonds européen de coopération monétaire (FECOM) ; **European Monetary Cooperation Fund** (EMCF) Fonds européen de coopération monétaire (FECOM) ; **European Regional Development Fund** (ERDF) Fonds européen de développement régional (FEDR) ; **European Social Fund** (ESF) Fonds social européen (FSE) ; **exchange equalization fund** fonds d'égalisation des changes ; **Exchange Stabilisation Fund** Fonds de stabilisation des changes (FSC) ; **hedge fund** fonds d'investissement avec effet de levier, fonds d'arbitrage ; **International Monetary Fund** (IMF) Fonds monétaire international (FMI) ; **investment fund** société d'investissement à capital variable SICAV ; **money market mutual fund** (MMMF) fonds commun de placement en instruments à court terme du marché monétaire ; **money market trust fund** (UK) SICAV de trésorerie ; **Multilateral Guarantee Fund** Fonds multilatéral de garantie (UE) ; **mutual fund** (US) organisme de placement collectif en valeurs mobilières (OPCVM), société d'investissement à capital variable (SICAV) ; **mutual fund schemes** (US) organisme de placement collectif en valeurs mobilières (OPCVM) ; **mutual investment fund** (US) fonds commun de placement (FCP) ; **pension fund** fonds de pension, fonds de retraite ; **purchase fund** fonds de rachat (pour racheter les titres à un cours inférieur au prix de remboursement) ; **sinking fund** fonds d'amortissement ; **umbrella fund** fonds de fonds ; **unemployment fund** caisse de chômage ; **wages fund** fonds des salaires (cf. A. Smith) ; **white knight fund** fonds spécial utilisé comme moyen de lutte en cas d'OPA. 2- **(plu) funds** [Eco, Fin, Acc] a) fonds, ressources financières, li-

quidités, financement ; b) **The Funds** (UK) les fonds d'Etat * **to raise funds** mobiliser des capitaux ; **available funds** liquidités ; **borrowed funds** ressources d'emprunt ; **British funds** (UK) emprunts d'Etat, emprunt publics ; **Consolidated Funds** (UK) crédits du budget de l'Etat considérés comme des dépenses obligatoires ; **federal funds** (US) dépôts des banques commerciales auprès du FED ; **foreign funds** capitaux étrangers ; **go-go funds** (US) fonds communs de placement spéculatifs ; **government funds** fonds publics ; **liquid funds** (US) actif disponible ; **loanable funds** fonds prêtables ; **loose funds** fonds non affectés ; **offshore funds** fonds investis à l'étranger ; **public funds** fonds publics.
Δ **funds (flow) statement** tableau de financement, tableau des ressources et emplois ; **fund manager** gestionnaire de fonds *ou* de portefeuille ; **fund raising** mobilisation de fonds.

fund v [Fin] a) financer ; b) doter en capital ; c) consolider * **to fund a debt** consolider une dette ; **to fund the deficit** financer le déficit.

fundamental adj fondamental.

fundamentals n, plu [Eco] bases (JO), données fondamentales de l'économie.

funded adj [Fin] par capitalisation * **fully funded** a) système fondé sur la capitalisation ; b) entièrement autofinancé.

funding n [Fin] a) financement ; b) capitalisation ; c) consolidation * **funding of the budget deficit** financement du déficit budgétaire ; **block funding** financement global ; **equity funding** apport de fonds propres, dotation en capital ; **government funding** financement public ; **joint funding** cofinancement.
Δ **funding needs** besoins de financement ; **funding requirements** besoins de financement ; **funding source** source de financement ; **funding stock** emprunt de consolidation.

furnitures n, plu [Acc] mobilier.

future adj 1- futur.
2- [Fin, St Ex] à terme.

futures n, plu [Fin, St Ex] contrats à terme * **exchange futures** contrats à terme de devises ; **financial futures** contrats à terme d'instruments financiers (CATIF) (JO) ; **foreign currency futures** contrats à terme de devises ; **government bond futures** contrats à terme d'obligations d'Etat ; **interest rate futures** contrats à terme de taux d'intérêt ; **share price index futures** contrats à terme d'indices des cours des actions ; **stock (exchange) index futures** contrats à terme d'indices boursiers ; **Treasury bill futures** contrats à terme sur bons du Trésor.
Δ **futures contract** contrat à terme ; **futures deliveries** livraisons à terme ; **futures position** position sur contrats à terme, position à terme.

FY *fiscal year* année budgétaire, exercice.

G

G5 *Group of Five* Groupe des Cinq (G5).

G7 *Group of Seven* Groupe des Sept (G7).

GAAP *Generally Accepted Accounting Principles* (US) principes comptables généralement admis.

GAB *General Arrangements to Borrow* accords généraux d'emprunt (AGE) (cf. FMI).

gain n 1- gain, bénéfice, avantage * **gains against inflation** [Eco] résultats obtenus dans la lutte contre l'inflation ; **gains from trade** [Eco int] gains de l'échange.
2- [Fin, Acc] plus-value * **gain in value** plus-value ; **gain on sale of assets** plus-value sur cession d'éléments d'actifs immobilisés ; **gain on sale of securities** plus-value sur cession de valeurs mobilières ; **foreign exchange gains** gains de change ; **foreign exchange gains or losses** écarts de conversion ; **holding gain** plus-value non réalisée ; **unrealized gain** plus-value latente.

gain v gagner, conquérir * **to gain ground** gagner du terrain ; **shares gained 2 points** les actions on enregistré une hausse de 2 points.

gainer n [St Ex] valeur en hausse.

gainful adj lucratif, rémunérateur.

gamble v jouer, parier * **to gamble on the Stock Exchange** boursicoter.

gambler n joueur, boursicoteur.

game n jeu * **business game** jeu d'entreprise ; **minus-sum game** [Math] jeu à somme négative ; **non-zero-sum game** [Math] jeu à somme non nulle ; **zero-sum game** [Math] jeu à somme nulle.

GAP *gross agricultural product* produit agricole brut (PAB).

gap n 1- trou, vide, lacune.
2- [Eco, Fin, Stat] écart, différence, déficit, découvert, décalage * **to bridge the gap** or **to close the gap** combler l'écart, combler le déficit, faire la soudure ; **commitment gap** écart entre engagements et lignes de crédits (cf. FMI) ; **cyclical gap** écart conjoncturel, déphasage conjoncturel ; **demand-supply gap** insuffisance de l'offre au regard de la demande ; **deflationary gap** écart déflationniste ; **employment gap** insuffisance de l'emploi ; **funding gap** déficit de financement ; **GDP gap** écart entre le PIB potentiel et le PIB effectif ; **GNP gap** écart entre le PNB potentiel et le PNB effectif ; **inflationary gap** écart inflationniste ; **investment gap** insuffisance de l'investissement ; **job gap** déficit d'emplois ; **production**

gap écart entre la production réelle et la production potentielle ; **reverse yield gap** écart d'inversion dans les taux de rendement ; **resource gap** insuffisance des ressources ; **skill gap** déficit de main-d'œuvre qualifiée ; **technological gap** retard technologique ; **trade gap** déficit commercial ; **wage gap** écart des salaires par rapport aux gains de productivité.
Δ **gap financing** q v financing ; **gap theory approach** analyse de la croissance en termes d'écarts et d'étapes.

gas n gaz, essence (US) * **natural gas** gaz naturel.

GATS *General Agreement on Trade of Services* Accord général sur le commerce des services.

GATT *General Agreement on Tariffs and Trade* Accord général sur les tarifs douaniers (AGETAC).

GCI *general capital increase* augmentation générale de capital.

GCS *gross capital stock* stock de capital brut.

GDP *gross domestic product* produit intérieur brut (PIB).

GDY *gross domestic income* revenu intérieur brut.

gear v adapter (*to* à) * **wages are geared to inflation** les salaires sont indexés sur l'inflation.

gear up v [Fin] (UK) augmenter le taux d'endettement.

geared adj [Fin] (UK) endetté pour obtenir un effet de levier.

gearing n [Fin] (UK) endettement, "levier" financier * **gearing of capital** structure financière de l'entreprise ; **higher gearing** augmentation du ratio d'endettement ; **lower gearing** diminution du ratio d'endettement.
Δ **gearing adjustment** correction de l'endettement.

GEM *global econometric model* or *general equilibrium model* modèle économétrique mondial.

GEMM *gilt-edged market maker* (UK) spécialiste en valeurs du Trésor (SVT).

GERD *gross domestic expenditure on R & D* dépense intérieure brute de R-D (DIRD).

GES *gold exchange standard* étalon de change-or.

GFCF *gross fixed capital formation* formation brute de capital fixe (FBCF).

gilts n, plu [Fin, St Ex] (UK) fonds d'Etat, titres d'Etat, placements de père de famille, valeurs de tout repos, valeurs dorées sur tranche * **long-dated gilts** obligations d'Etat à long terme (souvent appelées *longs*).

Ginnie Maes n, plu [Fin] (US) créances hypothécaires émises par la Government National Mortgage Association (GNMA).

giro n (UK) service de virements.
Δ **giro cheque** chèque postal.

give v 1- donner.
2- [Fin] rapporter.

give up v 1- abandonner, renoncer.
2- [St Ex] céder des points.

globalization, globalisation n [Eco] intégration des marchés, internationalisation, mondialisation * **market globalization** intégration des marchés.

GLOBEX *global exchange* système international de transactions électroniques.

gloomy adj (forecast) sombre, pessimiste.

glut n engorgement, surabondance * **oil glut** surproduction de pétrole.

glut v inonder, saturer un marché.

GNE *gross national expenditure* dépense nationale brute.

GNERD *gross national expenditure on R & D* dépense nationale brute de R-D.

GNI *gross national income* revenu national brut (RNB).

GNMA *Government National Mortgage Association* (US) Organisme dépendant du ministère du Logement, spécialisé dans l'aide au logement à faible loyer.

GNP *gross national product* produit national brut (PNB).

GNY *gross national income* revenu national brut (RNB).

go up v monter, augmenter, progresser.

gold n [gen, Eco] or * **commodity gold** or-marchandise ; **monetary gold** or monétaire.
2- [St Ex] a) indice de la Bourse de Johannesburg ; b) **(plu) golds** valeurs aurifères.
Δ **gold bullion** lingot d'or ; **gold clause** clause or ; **gold coin and bullion** or en pièces et lingots ; **gold collateral transaction** transaction avec garantie or ; **gold exporting point** point de sortie de l'or ; **gold importing point** point d'entrée de l'or ; **gold import point and gold export point** points d'entrée et de sortie de l'or ; **gold points** points d'or ; **Gold Pool** Pool de l'or ; **gold tranche** tranche-or (cf. FMI) ; **gold tranche position** position de tranche-or (cf. FMI) ; **gold tranche purchase** achat dans la tranche-or (cf. FMI).

gold-backed adj avec garantie or, gagé sur l'or.

gold-pegged adj indéxé sur l'or.

goods n, plu 1- produits, marchandises * **bonded goods** marchandises sous douane ; **duty free goods** marchandises hors taxes.
2- [Eco, SCN, Jur] biens * **goods and services** biens et services ; **brown goods** électroménager ; **capital goods** biens de production, biens d'équipement ; **complementary goods** biens complémentaires ; **consumer goods** biens de (grande) consommation ; **consumption goods** biens de consommation ; **durable goods** biens durables ; **economic goods** biens

économiques ; **finished goods** produits finis ; **free goods** biens libres ; **fungible goods** biens fongibles ; **high-technology goods** biens de haute technologie ; **indivisible goods** biens indivisibles ; **industrial goods** biens intermédaires, biens de production ; **inferior goods** biens inférieurs ; **intangible goods** biens immatériels, biens incorporels ; **intermediate goods** biens intermédiaires, biens de production ; **investment goods** biens de production, biens d'équipement ; **joint-demand goods** produits à demande conjointe, produits liés ; **luxury goods** biens de luxe ; **manufactured goods** produits manufacturés ; **marketable goods** produits marchands ; **material goods** biens matériels ; **merit goods** biens tutélaires, biens d'intérêt public ; **non-durable goods** biens non durables ; **non-reproducible goods** biens non reproductibles ; **non-traded goods** biens, produits non soumis à la concurrence internationale ; **normal goods** biens normaux ; **other goods and services** autres biens et services ; **partly-finished goods** produits semi-finis, produits en cours, encours ; **perishable goods** denrées périssables ; **primary goods** biens primaires ; **private goods** biens individuels ; **producer goods** or **producers' goods** biens de production, moyens de production ; **public goods** biens collectifs, biens publics ; **reproducible goods** biens reproductibles ; **semi-durable goods** biens semi-durables ; **semi-finished goods** consommations intermédiaires, produits semi-finis ; **soft goods** biens semi-durables ; **staple goods** produits de base ; **superior goods** biens supérieurs ; **unsold goods** invendus ; **tangible goods** actifs corporels, biens corporels ; **taxable goods** biens imposables ; **tradable goods** biens exportables ; **traded goods** biens, produits faisant l'objet d'un échange international ; **white goods** électroménager.

3- [Acc] * **goods bought** achats ; **goods in progress** (UK) encours, produits en cours ; **goods in process** (US) encours, produits en cours ; **goods sold** ventes.

goodwill n 1- [Acc] écart d'acquisition (JO), fonds commercial (JO), fonds de commerce, survaleur de la filiale (cf. bilan de groupe).

2- [Fin] survaleur (JO), surplus de la valeur de rentabilité par rapport à la valeur patrimoniale.

governance n [Fin] gouvernance, gouvernement * **corporate governance** gouvernance de société, gouvernement d'entreprise.

Δ **governance structures** structures de gouvernance, formes d'organisation, stuctures de gestion.

government n 1- gouvernement.

2- [SCN] administrations * **central government** administration centrale ; **general government** ensemble des administrations publiques ; **local government** administrations locales.

Δ **government administration** fonction publique ; **government affiliated agency** organisme parapublic.

government-owned adj à capitaux public.

graduated adj modulé, progressif.

grandfathering n [Fin] (US) droits acquis.

grant n subvention, aide, aide financière * **grants and loans** dons et prêts ; **grant in kind** don en nature ; **grants received** [Acc] subventions reçues ; **closed-end grant** subvention limitée ; **debt relief grant** subvention au titre de l'allègement de la dette (cf. PVD) ; **direct grant** subvention directe ; **mobility grant** prime de mobilité ; **official grant** don du secteur public ; **outright grant** aide non remboursable ; **rate support grant** (UK) subvention de l'Etat aux collectivités locales ; **regional development grant** (RDG) (UK) subvention au développement régional ; **resettlement grant** allocation de réinstallation ; **termination grant** prime de départ ; **training grant** aide à la formation.

grant v allouer, accorder (un crédit, une subvention).

grant-aided adj subventionné par l'Etat.

grant-like adj assimilable à un don.

grantee n bénéficiaire.

graph n graphe * **bar graph** histogramme.

gray adj [St Ex] (US) (market) gris.

green mail n q v greenmail.

greenback n billet vert, dollar.

greenfield n société à capital risque.

greenmail n [Fin, St Ex] contre-OPA menée par l'équipe dirigeante de la société cible en surenchérissant sur le prix d'offre de l'entreprise prédatrice.

grey adj [St Ex] (UK) (market) gris.

gross adj [Eco] brut par opposition à *net*.

grounds n, plu [Acc] terrains.

group n groupe, catégorie * **group of accounts** [Acc] comptes de groupe ; **Group of Five** (G5) groupe des cinq (G5) ; **Group of Seven** (G7) groupe des sept (G7) ; **Group of Ten** Groupe des Dix ; **Group of Twenty** Groupe des Vingt ; **age group** classe d'âge ; **high-income groups** catégories à niveau de revenu élevé ; **low-income groups** catégories à faible niveau de revenu ; **occupational group** catégorie professionnelle.

grouping n groupement * **European Economic Interest Grouping** (EEIG) équivalent français de "groupe d'intérêt économique" (GIE).

grow v croître, grandir, se développer.

growth n [gen, Eco] croissance * **to divert growth** réorienter la croissance ; **actual growth** croissance réelle ; **balanced growth** croissance équilibrée ; **buoyant growth** croissance soutenue ; **credit growth** expansion du crédit ; **demand-led growth** croissance tirée par la demande ; **depressed growth** croissance faible ; **domes-**

tic-led growth croissance tirée par l'activité intérieure ; **domestic-oriented growth** croissance centrée sur la demand intérieure ; **economic growth** croissance économique ; **endogenous growth** croissance endogène ; **export-led growth** croissance tirée par les exportations ; **export-oriented growth** croissance centrée sur les exportations ; **extensive growth** croissance extensive ; **external growth** croissance externe ; **gentle growth** croissance relativement faible ; **high growth** forte croissance ; **intensive growth** croissance intensive ; **internal growth** croissance interne ; **inward-looking growth** croissance axée sur la demande intérieure ; **lending growth** expansion du crédit ; **modest growth** croissance faible ; **monetary growth** *or* **money growth** croissance de la masse monétaire ; **natural growth** a) croissance naturelle (de l'économie) ; b) croissance naturelle de la population ; **natural growth of population** mouvement naturel de la population ; **negative growth** croissance négative ; **optimal growth** croissance optimale ; **organic growth** croissance interne ; **outward looking growth** croissance axée sur les exportations ; **per capita growth** croissance par tête, PNB par habitant ; **potential growth** croissance potentielle ; **robust growth** croissance vigoureuse ; **secular growth** croissance de longue période, croissance séculaire ; **self-sustained** *or* **self-sustaining growth** croissance qui se poursuit d'elle-même, croissance autonome ; **slow growth** croissance lente ; **solid growth** croissance vigoureuse ; **steady growth** croissance régulière ; **strong growth** croissance vigoureuse, forte croissance ; **stunted growth** croissance ralentie ; **subdued growth** croissance ralentie, faiblesse de la croissance ; **sustainable growth** croissance durable ; **sustained growth** croissance soutenue ; **unbalanced growth** croissance déséquilibrée ; **zero growth** croissance zéro.

Δ **growth area** secteur à croissance rapide, secteur porteur ; **growth differential** écart de taux de croissance ; **growth expectations** anticipations quant à la croissance ; **growth lag** décallage de croissance entre deux pays ; **growth outcasts** les exclus de la croissance ; **growth path** sentier de croissance ; **growth pattern** modèle, type de croissance ; **growth potential** potentiel de croissance ; **growth prospects** perspectives de croissance ; **growth rate** taux de croissance ; **growth target** objectif de croissance ; **growth zone** zone de développement.

growth-led adj [Eco] tiré par la croissance.

growth-oriented adj [Eco] axé sur la croissance.

GS *gold standard* étalon-or.

GSP *Generalized System of Preferences* Système généralisé de préférence (SGP).

GSTP *Global System of Trade Preferences among Developing Countries* Système global de préférences commerciales entre pays en développement.

GTCO *good till (or until) cancelled order* ordre à révocation.

guarantee n [Jur] a) garantie, caution, sûreté ; b) bénéficiaire de la garantie * **bank guarantee** garantie bancaire ; **joint guarantee** caution solidaire ; **joint several guarantee** caution conjointe et solidaire.

guarantee v 1- garantir.
2- [Fin] (bill) avaliser.

guaranteed adj [Fin] guaranti * **official and officially guaranteed** public et garanti par l'Etat ; **officially guaranteed** garanti par l'Etat.

guarantor n [Jur] caution, garant.

guaranty n [Jur] garantie, caution, aval.

guideline n ligne directrice.

gunslinger n [St Ex] spéculateur, (opérateur qui cherche à obtenir un gain rapide).

GVA *gross value added* valeur ajoutée brute.

gyrate v fluctuer de manière importante.

gyration n fluctuation importante.

H

haggle v marchander.

haggling n marchandage.

half n moitié.

half adj demi.

half-monthly adj bi-mensuel.

half-yearly adj semestriel.

halt v enrayer, mettre fin à.

hamper v entraver, gêner.

hand n main * **at hand** à portée de main ; [Eco] **invisible hand** main invisible (cf. Adam Smith), libre jeu de l'économie ; **on hand** disponible, en magasin.

hand v donner, remettre (*to* à).

hand in v remettre * **to hand in one's resignation** remettre sa démission.

hand-made adj fait à la main.

hand over v remettre, céder, transmettre.

handing over n [Fin] cession (de devises).

handout n a) aumône, don, subvention.
b) document distribué.

handshake n poignée de main * **golden handshake** [Fin] indemnité de départ très importante versée à un administrateur ou à un salarié lorsqu'ils sont remerciés avant la fin de leur contrat.

harbour (UK), **harbor** (US) **n** port.

hardcore n 1- [Eco] ensemble d'éléments auquel s'appliquent un certain nombre de propriétés.
2- [Eco int] "restrictions résiduelles".

hardcore adj irréductible.

harden v a) durcir, restreindre.
b) (currency) se rafermir.

hardening n a) durcissement * **hardening of loan terms** durcissement des conditions de prêts.
b) (currency) raffermissement d'une devise.

hardware n a) quincaillerie.
b) matériel informatique.
Δ **hardware activities** [Eco] activités d'équipement (cf. Banque mondiale).

harmonize, harmonise v harmoniser.

harness v exploiter, aménager * **to harness resources** exploiter au mieux les ressources.

haven n refuge * **fiscal haven** *or* **tax haven** paradis fiscal.

haves and have-nots n, plu les riches et les autres.

hawker n marchand ambulant.

hazard n [Eco, Fin] aléa, risque * **moral hazard** aléa moral, risque moral (dans les contrats de mandat ou de toute autre relation de coopération entre deux agents).
Δ **hazard function** fonction de risque.

hazardous adj risqué, perilleux.

head n a) tête ; b) chef * **per head** par tête.

head v (se) diriger, être à la tête de * **Europe is heading for recovery** l'Europe a pris le chemin de la reprise.

headcount n comptage du nombre de personnes.

headhunter n chasseur de tête.

heading n intitulé, titre, rubrique.

headoffice n siège social d'une entreprise.

headquarters n, plu siège social d'une entreprise.

headquarter v installer le siège social.

headway n percée, avancée.

health n santé.
Δ **health care** prestation de la sécurité sociale en cas de maladie ; **health insurance** assurance contre la maladie.

healthy adj a) vigoureux, en bonne santé ; b) (économie, finances) saine(s).

heat up v (economy) montrer des signes de surchauffe ; (concurrence) s'exacerber.

heating-up n [Eco] surchauffe de l'économie.

hectic adj (market) agité, fiévreux.

hedge n [Fin, St Ex] couverture, arbitrage de portefeuille * **hedge against inflation** protection contre l'inflation ; **rolling hedge** technique de couverture sur les marchés à terme consistant à n'utiliser que l'échéance la plus proche avec renouvellement de période en période.
Δ **hedge buying** achat de couverture.

hedge v [Fin, St Ex] se couvrir (contre un risque) * **fully hedged** totalement couvert.

hedger n [Fin, St Ex] opérateur en couverture (JO).

hedging n [Fin, St Ex] a) opération de couverture à terme (JO) ; b) endiguement ; c) arbitrage de portefeuille * **hedging between cash and settlement** arbitrage comptant contre terme ; **exchange hedging** couverture cambiaire ; **exchange rate hedging** couverture du risque de change.

heighten v augmenter, (s') intensifier.

hello * **golden hello** [Fin] indemnité très importante versée à des ad-

heterogeneity — **hive-off**

ministrateurs ou à des cadres potentiels pour les inciter à rejoindre l'entreprise.

heterogeneity n [Eco] hétérogénéité.

heterogeneous adj [Eco] hétérogène.

heuristic adj heuristique.

heyday n apogée.

HIBOR *Hong Kong Interbank Offered Rate* taux interbancaire offert à Hong Kong.

HIC *highly indebted country* pays très endetté.

hierarchical adj hiérarchique.

hierarchy n hiérarchie * **hierarchy of needs** hiérarchie des besoins.

high n [St Ex] niveau record * **golds reached a new high** les valeurs aurifères ont atteint un nouveau record ; **highs and lows** cours extrêmes ; **all-time high** plus haut niveau historique, niveau historique record, chiffre sans précédent.

high adj haut, élevé, considérable.

high cap n entreprise à forte capitalisation.

high flyer n 1- cadre de haut vol.
2- [St Ex] valeur *ou* titre très volatile.

high-grade adj de premier rang.

high-income adj à niveau de revenu élevé.

high-ranking adj de haut rang.

high-rated adj de premier rang.

high-tech adj de haute technologie, de pointe.

high-yield adj à rendement élevé.

highcough, hiccup n accroc, raté.

highlight v mettre en lumière, souligner.

hike n hausse, augmentation.

hinge on v dépendre de.

hire v louer, embaucher.

hire purchase n [Fin] (UK) forme de crédit à la consommation.

histogram n [Stat] histogramme.

historical adj 1- historique.
2- [Eco] rétrospectif, chronologique, de référence.

history n 1- histoire.
2- [Eco] évolution, chronologie.

hit n succès.

hit v atteindre, affecter, toucher * **the sectors hit by the recession** les secteurs touchés par la récession.

hit bottom v être au plus bas, atteindre le point le plus bas.

hive-off n [Fin] séparation, scission * **hive-off of assets** scission d'actifs.

hive off v se séparer de * **the government have decided to hive off British Airways to the private sector** le gouvernement a décidé de privatiser British Airways.

hoard v 1- amasser * **to hoard labour** garder des effectifs en surnombre.
2- [Eco, Fin] thésauriser.

hoarding n [Eco, Fin] thésaurisation.

hold v a) tenir ; b) contenir ; c) détenir * **to hold a job** occuper un emploi ; **to hold shares** détenir des actions ; **to hold as security** détenir en garantie.
d) * **to hold in check** freiner, limiter, contenir.

hold down v freiner, modérer l'évolution.

hold up v tenir bon, résister * **to hold up better** se montrer plus dynamique.

holder n [Fin] détenteur d'un titre, porteur, titulaire * **asset holder** détenteur d'actif ; **debenture holder** obligataire ; **joint holder** codétenteur ; **portfolio holder** détenteur de portefeuille ; **private holder** détenteur privé.

holding n 1- détention, possession * **holding of assets** patrimoine ; **holding of bonds** portefeuille d'obligations ; **holding of cash** encaisse ; **holding of investments** portefeuille de titres ; **holding of stocks** a) portefeuille d'actions ; b) détention de stocks.
2- [Eco, Fin] a) participation ; b) **(plu) holdings** avoirs, encaisses * **asset holdings** portefeuille d'actifs ; **bank holdings** avoirs des banques ; **cross holdings** participations croisées ; **currency holdings** avoirs en devises ; **equity holdings** participations ; **foreign exchange holdings** avoirs en devises ; **gold and foreign exchange holdings** avoirs en or et devises ; **intercompany holdings** participations croisées ; **majority holding** participation majoritaire ; **minority holding** participation minoritaire ; **official holdings** avoirs officiels, **security holdings** titres en portefeuille ; **share holdings** portefeuille d'actions.

home-ownership n q v homeownerhip.

homeownerhip n accession à la propriété.

homestead n (US) exploitation agricole.

homogeneity n [Eco] homogénéïté (des produits).

homogeneous adj [Eco] homogène.

horizon n [Fin] horizon, durée, échéance.

hot up v (competition) s'intensifier.

hour n heure * **after the hours** [St Ex] hors bourse ; **average hours of work** durée moyenne du travail ; **core hours** plage fixe d'un horaire de travail mobile ; **flexible hours** horaire variable, horaire mobile ; **standard working hours** durée normale du travail ; **working hours** temps de travail.

house n 1- maison.
2- [Eco, Fin, St Ex] a) firme, entreprise * **accepting house** [Fin] (UK) maison d'acceptation ; **brokerage house** or **broking house** maison de titres, société de bourse, société de courtage ; **clearing house** [Eco, St Ex] chambre de compensation ; **financial house** établissement de crédit ; **investment house** a) société d'investissement ; b) (US) société de financement ; **securities house** maison de titres ; **trading house** maison de courtage.
b) **the House** la Bourse.

household n [gen, Eco, SCN] ménage * **households (as a statistical unit)** [SCN] ménages (unité statistique) ; **households including private non-financial unincorporated** [SCN] ménages et entreprises individuelles.

housing n secteur du logement * **low-cost housing** logements sociaux ; **subsidized housing** logements sociaux.

hyperinflation n [Eco] hyperinflation.

hypothesis n [Math, Eco] hypothèse (**plu** hypotheses) * **adaptative expectations hypothesis** hypothèse de la révision graduelle des anticipations ; **efficient-market hypothesis** hypothèse des marchés efficients ; **high growth hypothesis** hypothèse de forte croissance ; **life-cycle hypothesis** (LCH) hypothèse du cycle de vie ; **neutral money hypothesis** hypothèse de la neutralité monétaire ; **permanent income hypothesis** hypothèse du revenu permanent ; **rational expectations hypothesis** hypothèse des anticipations rationnelles ; **slow growth hypothesis** hypothèse de croissance basse.
Δ **hypothesis testing** test d'hypothèse.

hysteresis n [Eco] hystérésis.

I

IASC *International Accounting Standards Committee* Comité des normes comptables internationales.

IBEC *International Bank for Economic Co-operation* Banque internationale pour la coopération économique (BICE).

IBF *International Banking Facilities* zones franches bancaires internationales.

IBID *interbank bid rate* taux interbancaire demandé.

IBOR *interbank offered rate* taux interbancaire offert (TIO).

IBRD *International Bank for Reconstruction and Development* Banque internationale pour la reconstruction et le développement (BIRD).

IBS *International Banking Statistics* statistiques bancaires internationales de la BRI.

ICA *International Commodity Agreement* accord international de produit (AIP).

ICOR *incremental capital-output ratio* coefficient marginal de capital.

IDA *International Development Association* Association internationale de développement (IDA).

IDB 1- *Inter-American Development Bank* Banque interaméricaine de développement (BID).
2- *inter-dealer broker* (UK, US) intermédiaire entre opérateurs primaires sur le marché monétaire ou le marché obligataire.

IDBS *inter-dealer broker system* système interagent de marché (SIAM) (JO).

IFC *International Finance Corporation* Société financière internationale (SFI) (cf. Banque mondiale).

IFIs *international financial institutions* institutions financières internationales.

IIB *International Investment Bank* Banque internationale d'investissement (BII).

illiquid adj [Fin] illiquide.

illiquidity n [Fin] illiquidité.

ILO *International Labour Organisation* Organisation internationale du travail (OIT).

imbalance n [Eco] déséquilibre, déficit * **fiscal imbalance** déséquilibre budgétaire ; **macroeconomic imbalance** deséquilibre macroéconomique ; **underlying imbalance** déséquilibre structurel.

IMF *International Monetary Fund* Fonds monétaire international (FMI).

immovable adj 1- fixe.
2- [Jur] immobilier, immeuble.

immovables n, plu [Jur] biens immobiliers *ou* biens immeubles.

impact nm incidence, conséquences, répercussions * **fiscal impact** [Eco] incidence budgétaire, incidence du budget de l'Etat sur l'économie.

imperfect adj 1- défectueux, imparfait.
2- [Eco] imparfait.

implement v mettre en œuvre, exécuter * **to implement a supply-side policy** mettre en œuvre une politique de l'offre.

implementation n mise en œuvre, exécution.

implements n, plu [Acc] petit outillage.

import n [gen, Eco, Eco int] importation, produit d'importation * **imports of goods and services** [SCN] importations de biens et services ; **additional imports** supplément d'importations ; **complementary imports** importations de produits qui ne sont pas fabriqués dans le pays ; **energy imports** importations d'énergie ; **irreducible** *or* **irreductible imports** importations incompressibles ; **non-energy imports** importations hors énergie ; **retained imports** importations non réexportées.

Δ **import ban** embargo sur les importations ; **import bill** coût global des importations ; **import capacity** capacité d'importation ; **import coefficient** coefficient d'importation ; **import content** contenu (d'un produit) en importation ; **import coverage** (taux de) couverture des importations par les exportations ; **import duties** droits *ou* taxe sur les importations ; **import gold point** point d'entrée de l'or ; **import levy** (EU) taxe à l'importation ; **import licence** licence d'importation (UE) ; **import penetration** pénétration des importations ; **import protection** protection contre l'entrée des importations ; **import relief measures** mesures de limitation des importations ; **import surcharge** surtaxe à l'importation ; **import surplus** excédents de produits importés.

import v importer.

import-saving adj [Eco] qui permet de réduire les importations.

import-weighted adj [Eco] pondéré par les importations.

importation n importation.

imported adj importé.

importer n [gen, Eco] importateur (**f-** trice).

importing adj importateur (**f-** trice).

impoverish v appauvrir.

impoverished adj appauvri.

improve v progresser, améliorer.

improved adj amélioré, de meilleure qualité, supérieur.

improvement n amélioration.

impulse nm stimulation * **fiscal impulse** [Eco] (mesures de) relance budgétaire.

imputed adj imputé.

IMS *International Monetary System* Système monétaire international (SMI).

in and out [St Ex] opération immédiatement suivie de l'opération inverse.

in-house adj interne.

in-plant adj interne.

inactive adj a) inactif, inerte, improductif ; b) (market) calme.

inadequate adj inadéquat, inapproprié.

Inc *incorporated* doté de la personnalité morale, qui a pris la forme d'une société.

incentive n mesure incitative, mesure d'encouragement * **incentives and disincentives** mesures d'incitation et de dissuasion ; **government incentive** mesure d'aide publique ; **industrial incentive** aide à l'industrie ; **management incentives** intéressement des dirigeants ; **negative incentive** frein ; **non-targeted incentives** mesures incitatives indifférenciées.
Δ **incentive bonus** prime (au rendement) ; **incentive clause** clause d'intéressement ; **incentive measures** mesures incitatives ; **incentive plan** *or* **incentive scheme** système de prime d'encouragement.

inch up v (price) augmenter petit à petit.

inchoate adj incomplet, inachevé.

incidental adj éventuel.

incidentals n, plu [Acc] faux frais.

incipient adj a) ex ante ; b) (growth) qui s'amorce, naissant.

income n 1- [gen, Eco, SCN, Fin] revenu * **income from capital** revenu du capital ; **income from employment** revenu du travail ; **income from investments** revenu des placements, revenus des capitaux investis, revenus de portefeuille ; **income from labour** revenu du travail ; **income from property** [SCN] revenu de la propriété ; **income from property and entrepreneurship** [SCN] revenu de la propriété et de l'entreprise ; **income from shares** a) dividendes ; b) revenu des parts d'associés ; **income in kind** revenu en nature ; **income liable to tax** *or* **income subject to tax** revenu imposable ; **actual income** revenu effectif ; **after-tax income** revenu après impôt ; **aggregate income** revenu global ; **assessable** *or* **assessed income** [Fisc] revenu imposable ; **business income** revenus industriels et commerciaux ; **capital income** revenu du capital ; **cash income** revenu monétaire ; **casual income** revenu occasionnel ; **current income** revenu courant ; **direct investment income** revenu des investissements directs (cf. BDP) ; **discretionary income** revenu discrétionnaire ; **disposable income** revenu disponible ; **disposable personal income** (DPI) revenu disponible des ménages ; **domestic factor income** [SCN] revenu des facteurs issu de la production intérieure ; **earned and unearned income** revenus primaires ; **earned income** revenu du travail ; **entrepreneurial income** [SCN] revenu de l'entreprise ; **equilibrium income** revenu en situation d'équilibre ; **factor income** [SCN] revenu des facteurs ; **factor income from abroad** revenu des facteurs reçu de l'étranger ; **farm income** revenu agricole ; **funded income** revenu des capitaux ; **gross disposable income** revenu disponible brut (RDB) ; **gross domestic income** (GDY) revenu intérieur brut ; **gross national income** (GNY *or* GNI) revenu national brut (RBN) ; **household income** revenu des ménages ; **incidental income** revenus accessoires ; **interest income** revenu(s) provenant du paiement d'intérêts, intérêts perçus ; **investment income** revenu des placements, revenus des capitaux investis, revenus de portefeuille ; **labour income** revenu du travail ; **market incomes** revenus marchands ; **money income** revenu monétaire, revenu nominal ; **national factor income** [SCN] produit national net au coût des facteurs ; **national income** [SCN] produit national net (PNN) ; **national income at factor cost** [SCN] revenu national au coût des facteurs ; **national income at market prices** [SCN] revenu national aux prix du marché *ou* produit national net aux prix du marché (PNN) ; **net income** a) Eco) revenu net ; b) [Acc] bénéfice net après impôt ; **net national income** (NNI) revenu national net ; **nominal income** revenu nominal ; **non-labour income** revenus autres que ceux du travail ; **non-wage income** revenus non salariaux ; **per capita income** revenu national par habitant ; **permanent income** revenu permanent ; **personal disposable income** revenu disponible des ménages ; **personal income** revenu des ménages, revenu des personnes physiques ; **portfolio income** revenu des placements ; **primary income** revenu primaire ; **private income** revenu des ménages ; **property income** [SCN] revenu de la propriété ; **real disposable income** revenu réel disponible ; **real income** revenu réel (par opposition à nominal) ; **rental income** revenu tiré des loyers ; **self-employment income** revenu des travailleurs indépendants ; **subsistence income** revenu de subsistance ; **tax-free income** revenu non imposable ; **taxable income** revenu imposable ; **total capital income** revenu total du capital ; **total factor income** revenu total des facteurs ; **transfer income** revenus de transferts ; **undistributed income** revenus non distribués ; **unearned income** revenus non salariaux, revenus autres que les salaires, revenus du capital ; **wage income** revenus salariaux ; **world income** revenu mondial.

2- [Acc] produit, bénéfice, résultat * **income from business** bénéfices industriels et commerciaux ; **accounting income** bénéfice comptable ; **accrued income** produits à recevoir ; **consolidated (net) income** bénéfice *ou* résultat (net) consolidé ; **corporate income** bénéfices des entreprises ; **deferred income** produits constatés d'avance ; **distributable income** résultat distribuable ; **net income (for the year)** bénéfice net (de l'exercice), bénéfice net comptable ; **operating income** revenu d'exploitation, bénéfice d'exploitation ; **other income** produits divers ; **prepaid income** produit constaté d'avance ; **premium income** [ASR] chiffre d'affaires ; **profit income** profits, bénéfices ; **trading income** revenus *ou* produits d'exploitation.

Δ **income bracket** tranche de revenu, tranche du barème de l'impôt ; **income class** tranche de revenu ; **income cut-off point** plafond *ou* plancher de revenu ; **income distribution** répartition du revenu ; **income generation** formation du revenu ; **income group** tranche de revenu ; **income interest and dividend** [Acc] produits financiers ; **income maintenance** garantie de ressources ; **income parity** parité des revenus ; **income range** éventail des revenus ; **income recipient** titulaire de revenus ; **income scale** échelle des salaires ; **income sensitivity** sensibilité-revenu ; **income share** part du revenu des différents facteurs de production dans le revenu national ; **income spread** éventail des revenus ; **income support** garantie de revenu.

income-based adj établi à partir du revenu.

income-effective adj qui a une incidence positive sur le revenu.

income-generating adj générateur de revenu.

income-producing adj générateur de revenu.

income-related adj lié au revenu.

income-tested adj assorti d'un plafond de ressources (cf. prestations sociales).

income-testing adj soumis à des conditions de ressources.

incomings n, plu 1- [SCN] entrées. 2- [Acc] recettes.

inconvertibility n [Eco] non-convertibilité.

inconvertible adj [Eco] inconvertible.

incorporate v 1- incorporer (*into* dans). 2- [Jur] prendre la forme d'une société de capitaux.

incorporated adj 1- incorporé. 2- [Jur] qui a pris la forme d'une société de capitaux, doté de la personnalité morale.

incorporation n 1- incorporation (*into* dans) * **incorporation of reserves** [Fin] incorporation des réserves. 2- [Jur] constitution en société de capitaux.

incoterms n, plu incotermes.

increase n accroissement, augmentation, hausse * **to be on the increase** être en progression ; **increase in prices** hausse des prix ;

increase in purchasing power augmentation du pouvoir d'achat ; **increase in value** [Acc] plus-value ; **increase of capital** augmentation de capital ; **increase of demand** augmentation *ou* accroissement de la demande ; **increase of duties** relèvement tarifaire ; **increase of supply** augmentation *ou* accroissement de l'offre ; **flat-rate increase** augmentation uniforme.

increase v augmenter, majorer, (s)'accroître * **to increase by 10 %** augmenter de 10 % ; **to increase to 10 %** augmenter jusqu'à 10 %.

increment n accroissement, augmentation.

incremental adj a) additionnel ; b) marginal (au sens économique).

incrementation n augmentation.

incumbent n 1- titulaire d'une fonction.
2- [Eco] firme présente dans la branche.

incumbent adj * **to be incumbent on** *or* **upon sb** incomber à qn.

incur v courir, encourir, risquer * **incur debts** contracter des dettes ; **to incur expenditures** supporter des dépenses ; **to incur no charges** sans frais.

indebted adj endetté.

indebtedness n [Eco, Fin] endettement * **to reduce indebtedness** se désendetter ; **external** *or* **foreign indebtedness** endettement extérieur.

Δ **indebtedness capacity** capacité d'endettement.

indenture n [Jur] contrat, engagement * **bond indenture** [Fin] contrat obligataire.

index n [Stat, Eco] indice (**plu** indices) * **index of capacity utilization** taux d'utilisation des capacités productives ; **index of coincident indicators** (US) indice des indicateurs instantanés ; **Index of Industrial Production** (UK) indice de la production industrielle ; **index of lagging indicators** (US) indice des indicateurs retardés ; **index of leading indicators** (US) indice des indicateurs avancés ; **index of retail prices** indice des prix de détail, indice du coût de la vie ; **aggregate indices** indices globaux ; **all share index** indice calculé sur la Bourse d'Amsterdam ; **AMEX Major Market Index** (MMI) indice pondéré des vingt plus importantes valeurs cotées sur l'American Stock Exchange (AMEX) ; **Austrian Traded Index** Indice calculé sur la Bourse de Vienne ; **base weighted index** indice à pondération constante, indice de Laspeyres ; **benchmark index** indice de référence ; **Bovespa index** indice boursier calculé à Sao Paulo ; **building cost index** indice du coût de la construction ; **chain index (numbers)** [Stat] indices en chaîne ; **composite index** indice composite ; **comprehensive index of forward indicators** indice composite d'indicateurs avancés ; **consumer price index** (CPI) (US) indice des prix à la consommation (IPC) (différent de l'indice des prix de détail) ; **cost-of-living**

index indice du coût de la vie ; **current-weighted index** indice de Paasche ; **Dow Jones Index** (US) indice Dow Jones, indice des valeurs industrielles ; **export price index** indice des prix à l'exportation ; **Fisher's index** indice de Fisher ; **FOOTSIE index** or **FTSE 100 share index** (UK) indice FOOTSIE (indice des cent premières valeurs du *Financial Times* ; **Gini inequality index** indice de concentration de Gini ; **ideal index** indice idéal de Fisher ; **import-weighted index** indice pondéré par les importations ; **incomplete index** [Stat] indice partiel ; **Major Market Index** (MMI) indice pondéré des vingt plus importantes valeurs cotées sur l'American Exchange (AMEX) ; **Laspeyres index** indice de Laspeyres ; **Nasdaq composite index** (US) indice composite du NASDAQ (q v association) ; **NASDAQ 100 index** (US) indice NASDAQ des cent premières valeurs (q v association) ; **Nikkei index** indice Nikkei ; **omnibus index of efficiency** indice global d'efficience ; **original index** indice initial ; **output index** indice de production ; **overall index of effectiveness** indice global d'efficience ; **overall index of industrial production** indice global de la production industrielle ; **Paashe index** indice de Paasche ; **price compensation index** indice d'ajustement des salaires sur les prix ; **price index** indice des prix ; **productivity index** indice de productivité ; **proxy index** indice suppléif ; **Retail Price Index** (RPI) (UK) indice des prix de détail (légèrement différent de l'indice français) ; **SBC index** indice de la Bourse de Zurich ; **share index** indice des valeurs boursières ; **share prices index** indice du cours des actions ; **standardized index** [Stat] indice normalisé ; **stock index** indice boursier ; **Swiss Index** indice de la bourse de Zurich ; **unweighted index** indice non pondéré ; **value index** indice de valeur ; **volume index** indice de volume ; **weighted index** indice pondéré ; **wholesale price index** (WPI) indice des prix de gros.

Δ **index number** indice économique.

index-linked adj [Eco] indexé.

index-linking n [Eco] indexation.

index-pegging n [Eco] indexation.

index-tied adj [Eco] indexé.

indexation n [Eco] indexation * **formal indexation** indexation légale.

Δ **indexation clause** clause d'indexation ; **indexation scheme** système d'indexation.

indicator n [Eco, Fin, St Ex] indicateur, clignotant * **indicator of divergence** indicateur de divergence ; **business (climate) indicator** indicateur conjoncturel ; **business survey indicator** indicateur obtenu à partir des enquêtes de conjoncture ; **composite indicator** indicateur synthétique ; **current economic indicators** indicateurs conjoncturels ; **current indicators** indicateurs courants ; **divergence indicator** indicateur de divergence ; **early warning indicator** indicateur d'alerte ; **fiscal indicator** indicateur budgétaire ;

flashing indicator clignotant ; **forward indicator** indicateur avancé ; **lagged** *or* **lagging indicator** indicateur retardé ; **leading indicator** indicateur avancé, indicateur prospectif ; **main indicator** indicateur pilote ; **policy indicators** indicateurs de la politique économique ; **proxy indicator** variable supplétive.

indices n, plu q v index.

indigenous adj local, autochtone.

indirect adj indirect.

indorsement n [Fin] (US) endossement * **accommodation indorsement** (US) traite de cavalerie.

induced adj induit.

inducement n encouragement, stimulant, incitation.

inductive adj inductif.

industrial adj a) industriel.
b) qui concerne les rapports entre patronat et syndicats.

industrialist n industriel.

industrialization, indistrialisation n industrialisation * **inward industrialization** industrialisation autocentrée.

industrialize, industrialise v industrialiser.

industrials n, plu [St Ex] valeurs industrielles.

industry n secteur d'activité, secteur industriel, [SCN] branche d'activité marchande * **by industry** par branche d'activité ; **ailing industry** secteur en difficulté, secteur en perte de vitesse ; **aircraft industry** l'aéronautique, l'industrie aéronautique ; **auto(mobile) industry** (US) l'automobile, l'industrie de l'automobile ; **backbone industry** secteur clé ; **banking industry** secteur bancaire ; **basic industry** industrie de base ; **capital-intensive industry** secteur à forte intensité capitalistique ; **car industry** (UK) l'automobile, l'industrie de l'automobile ; **contracting industry** secteur en perte de vitesse ; **downstream industry** secteur en aval ; **electronics industry** l'électronique ; **flag-carrying industry** secteur phare ; **food-processing industry** industrie de l'agro-alimentaire ; **global industry** secteur d'envergure mondiale ; **growth industry** secteur porteur, secteur d'avenir ; **heavy industries** industrie lourde ; **high-technology industry** secteur de pointe, secteur de haute technicité ; **home industry** travail à domicile ; **infant industry** [Eco int] industrie naissante, industrie dans l'enfance ; **key industry** secteur clé ; **labour industries** industries de main-d'œuvre ; **labour-intensive industry** secteur à forte intensité de travail ; **lagging industry** secteur en perte de vitesse ; **leading industry** secteur de pointe ; **light street industries** petits métiers de la rue ; **manufacturing industries** industrie manufacturière, industries de transformation finale ; **mature industry** secteur ou activité parvenu(e) à maturité ; **mining industry** industrie minière ; **motor industry** (UK) industrie automobile ; **off-**

shore industry activité délocalisée ; **sheltered industry** secteur abrité, secteur protégé de la concurrence internationale ; **silver industries** (US) industries du troisième âge ; **small and medium-sized industries** (SMI) petites et moyennes industries ; **smokestack industries** industries traditionnelles ; **spearhead industries** secteurs d'avenirs, porteurs ; **staple industry** industrie de base ; **steel industry** la sidérurgie ; **sunrise industry** secteur d'avenir ; **sunset industry** secteur en perte de vitesse ; **textile industry** le textile, l'industrie textile ; **upstream industry** secteur en amont.

ineffective adj inefficace.

inefficiency n inefficacité * **allocative inefficiency** [Eco] inefficacité de la répartition des ressources, allocation inefficace.

inefficient adj inefficace.

inelastic adj [Eco] rigide, inélastique.

inelasticity n [Eco] inélasticité, rigidité * **inelasticity of demand** rigidité de la demande ; **inelasticity of supply** rigidité de l'offre.

ineligible adj 1- qui ne remplit pas les conditions requises.
2- [Eco, Fin] non bancable.

inference n [Stat] inférence.

inflate v recourir à la création monétaire.

inflation n [Eco] inflation * **to curb inflation** juguler, maîtriser l'inflation ; **to fuel inflation** alimenter l'inflation, nourrir l'inflation ; **to keep inflation under control** juguler, maîtriser l'inflation ; **to repress inflation** juguler, maîtriser l'inflation ; **anticipated inflation** inflation anticipée ; **asset inflation** inflation due aux actifs spéculatifs ; **built-in inflation** inflation structurelle ; **core inflation** noyau dur de l'inflation, inflation irréductible ; **cost-push inflation** inflation par les coûts ; **creeping inflation** inflation rampante ; **demand-pull inflation** inflation par la demande ; **depreciation-induced inflation** inflation induite par la dépréciation de la monnaie ; **domestically-generated inflation** inflation d'origine interne ; **double-digit inflation** inflation à deux chiffres ; **galloping inflation** inflation galopante ; **hidden inflation** inflation larvée ; **import-induced inflation** *or* **import-price-push inflation** *or* **imported inflation** inflation d'origine externe, inflation importée ; **open inflation** inflation déclarée ; **pent-up inflation** inflation contenue ; **profit-push inflation** inflation due à une hausse des profits ; **rampant inflation** inflation galopante ; **repressed inflation** inflation contenue ; **roaring inflation** inflation galopante ; **runaway inflation** inflation galopante ; **two-digit inflation** inflation à deux chiffres ; **unanticipated inflation** inflation non anticipée ; **underlying inflation** inflation tendancielle ; **wage-push inflation** inflation due aux salaires.

∆ **inflation adjusted** corrigé de l'inflation ; **inflation biais** dérive inflationniste ; **inflation bulge** poussée inflationniste ; **inflation control** maîtrise de l'inflation ; **inflation differential** écart entre les taux d'inflation ; **inflation drift** dérive inflationniste ; **inflation expectations** anticipations inflationnistes ; **inflation gap** écart d'inflation (JO) ; **inflation momentum** dynamique de l'inflation ; **inflation outlook** perspectives en matières d'inflation ; **inflation premium** prime pour compenser l'inflation (cf. taux d'intérêt) ; **inflation rate** taux d'inflation ; **inflation risk premium** prime de risque au titre de l'inflation.

inflation-adjusted adj [Eco] corrigé des effets de l'inflation.

inflation-indexed adj [Eco] indexé sur le taux de l'inflation.

inflation-minded adj sensibilisé à l'inflation.

inflation-prone adj enclin à l'inflation.

inflation-proof(ing) adj qui protège des effets de l'inflation.

inflationary adj [Eco] inflationniste.

inflow n 1- [Eco] apport, afflux, entrée * **capital inflows** entrée de capitaux ; **net inflow** entrée nette de capitaux.
2- [Acc] encaissement.

influx n arrivée massive.

informal adj informel, non institutionalisé.

information n informations, renseignements * **factual information** informations données par les faits ; **inside information** [St Ex] information privilégiée.

Δ **information gathering** collecte de l'information ; **information management** gestion de l'information ; **information processing** traitement de l'information ; **information technology** (IT) technologies de l'information.

infrastructure n infrastructure * **social infrastructure** équipements collectifs.

infringe v enfreindre, contrevenir à, violer.

infringement n violation, transgression de * **infringement of a patent** contrefaçon d'un brevet ; **infringement of industrial property rights** violation des droits de propriété industrielle.

infuse v injecter (de l'argent).

infusion n injection (d'argent).

ingot n lingot.

inheritance n héritage.

inject v injecter * **to inject new money** injecter de l'argent frais.

injection n [Eco] injection dans le circuit économique.

innovation n innovation.

innovative adj innovateur (f- trice).

innovator n innovateur (f-trice).

input n [Eco] intrant * **intermediate input** [SCN] consommation intermédiaire ; **non-factor input** moyens de production autres que le travail et le capital ; **primary inputs** facteurs de production (capital et travail).
Δ **input coefficient** coefficient technique (cf. TEI).

input-output n [Eco] entrées-sorties, intrants-extrants.
Δ **input-output analysis** analyse d'intrants-extrants ; **input-output coefficients** coefficients techniques de production ; **input-output matrix** [SCN] *or* **input-output table** (IOT) [SCN] tableau des entrées-sorties (TES), tableau d'échanges interindustriels, matrice de Léontief.

insider n 1- [Eco] travailleur intégré au marché du travail (contraire de *outsider*).
2- [St Ex] initié.
Δ **insider dealing** délit d'initié ; **insider knowledge** informations privilégiées ; **insider trading** délit d'initié.

insider-outsider [Eco] opposition entre travailleurs intégrés sur les marché du travail et travailleurs exclus.

insolvency n [Fin] insolvabilité.

insolvent adj [Fin] insolvable.

instability n [gen, Eco] instabilité.

instalment (UK), **installment** (US) **n** [Fin] versement par acompte * **by instalments** par versements échelonnés ; **initial instalment** premier versement.

INSTINET (US) réseau privé d'informations boursières. Assure également les transactions sur les titres.

institute n institut * **American Institute of Certified Public Accountants** (AICPA) Ordre des experts comptables aux USA ; **Belgium-Luxembourg Exchange Institute** (BLEI) Institut belgo-luxembourgeois des changes ; **European Monetary Institute** (EMI) Institut monétaire européen (IME).

institution n établissement, institution * **deposit-taking institution** établissement habilité à recevoir des dépôts ; **financial institution** établissement de crédit ; **other financial institutions** [SCN] autres institutions financières ; **specialised financial institution** banque spécialisée.

institutional adj institutionnel.

instrument n [gen, Eco, Fin] instrument * **instruments of payment** instruments de paiements, moyens de paiements ; **debt instrument** titre de la dette ; **equity-line instrument** instrument participatif ; **financial instrument** instrument financier ; **government debt instrument** titre de la dette publique ; **highly-liquid instruments** instruments très liquides ; **inchoate instrument** instrument incomplet ; **investment instrument** instrument de placement ; **monetary instrument** instrument de la politique monétaire ; **negotiable instrument** titre négociable ; **New Community Instrument** (NCI) nouvel instrument communautaire (NIC) (UE) ; **new financial instruments** nouveaux instruments financiers ; **New Trade Policy Instrument** nouvel instrument de politique commerciale communautaire (UE) ; **policy instrument** moyen d'action.

Δ **instrument order** effet endossable, effet à ordre.

insurance n [ASR] assurance * **comprehensive insurance** assurance multirisques ; **life insurance** assurance-vie ; **National Insurance** (UK) Sécurité sociale ; **old age insurance** assurance-vieillesse ; **sickness insurance** assurance-maladie.

insure v [ASR] assurer.

insured adj [ASR] assuré.

insurer n [ASR] assureur.

intangible adj immatériel, incorporel.

intangibles n, plu 1- [Eco] biens immatériels, biens intangibles.
2- [Acc] (US) immobilisations incorporelles.

integrate v intégrer, incorporer.

integrated adj intégré, incorporé.

integration n 1- intégration.
2- [Eco] intégration, concentration * **backward integration** intégration vers l'amont ; **economic integration** intégration économique ; **forward integration** intégration vers l'aval ; **horizontal integration** or **lateral integration** concentration horizontale ; **upstream integration** intégration vers l'amont ; **vertical integration** concentration verticale.

intensity n [Eco] proportion *ou* intensité d'un facteur de production.

intensive adj intensif.

intensiveness n [Eco] proportion *ou* intensité d'un facteur de production.

inter-bank adj q v interbank.

inter-firm adj [Eco] inter firme.

inter-industry adj q v interindustry.

interbank adj [Eco] interbancaire.

intercompany adj interentreprise.

interdependance n interdépendance.

interdependant adj interdépendant.

interest n 1- intérêt.
2- [Eco, Fin, Acc] a) intérêt * **to carry an interest** rapporter un intérêt ; **to earn an interest** rapporter un intérêt ; **interest accrued** intérêts cumulés mais non versés ; **interest accrued but not received** intérêts échus mais non perçus ; **interests accruing from deposits** intérêts à percevoir sur les dépôts ; **interest due** intérêts échus ; **interest earned** intérêts créditeurs ; **interest not accrued** intérêts non échus ; **interest on debt** intérêt de la dette, service de la dette ; **interest on loans** intérêts d'emprunt ; **interest paid** in-

térêts versés ; **interest payable** intérêts à payer ; **interest receivable** intérêts à recevoir ; **accrued interest** or **accumulated interest** [Fin] intérêts cumulés mais non versés ; [Acc] intérêts à recevoir, intérêts courus ; **back interest** intérêts courus, arréages ; **capital interest** rémunération du capital ; **collected interest** intérêt(s) perçu(s) ; **compound interest** intérêts composés ; **contingent interest** intérêt conditionnel ; **debit interest** intérêts débiteurs ; **earned interest** intérêts créditeurs ; **default interest** [Fin] intérêts pour défaut de paiement, intérêts moratoires ; **loan interest** intérêts d'emprunt ; **negative interest** intérêt négatif ; **open interest** q v open interest ; **penalty interest** intérêt de pénalisation ; **prepaid interest** intérêts précomptés ; **red interest** intérêt débiteur ; **simple interest** intérêts simples ; **tax-free interest** intérêts exonérés d'impôts.
b) participation financière (en actions) * **controlling interest** participation majoritaire, majorité de contrôle ; **equity interests** participations, prises de participations ; **majority interest** participation majoritaire ; **minority interest** participation minoritaire ; **ownership interest** participation ; **shareholders' interests** capitaux propres.
∆ **interest adjustment clause** clause de taux révisable ; **interest burden** charge d'intérêts ; **interest cap** or **interest ceiling** plafond des taux d'intérêt ; **interest concession** bonification d'intérêt ; **interest credit** or **interest deposit rate** taux d'intérêt créditeur ; **interest difference** bonification d'intérêts ; **interest differential** écart de taux d'intérêt, différence de taux d'intérêt (avec l'étranger) ; **interest expense** intérêts débiteurs ; **interest expenses** [Acc] frais financiers ; **interest margin** marge financière ; **interest payment** paiement d'intérêt ; **interest rate** q v interest rate ; **interest sensitivity** sensibilité aux différences de taux d'intérêt ; **interest subsidy** or **interest subsidization** bonification d'intérêt.

interest-bearing adj [Fin] rémunéré, rapportant des intérêts.

interest-elastic adj [Eco] élastique par rapport au taux d'intérêt.

interest-free adj [Fin] sans intérêt.

interest rate n [Eco, Fin] taux d'intérêt, loyer de l'argent * **below-market interest rate** taux d'intérêt réduit ; **concessional interest rate** taux d'intérêt privilégié ; **controlled interest rate** taux d'intérêt réglementé ; **covered interest rate** taux d'intérêt couvert (cf. couverture de change) ; **effective interest rate** taux d'intérêt effectif, taux de rendement effectif, taux de rendement actuariel ; **ex post real interest rate** taux d'intérêt réel ex post ; **floating interest rate** taux d'intérêt variable ou révisable ; **floor interest rate** taux plancher (JO) ; **free interest rate** taux d'intérêt non réglementé ; **inflation-adjusted interest rate** taux d'intérêt réel ; **key interest rate(s)** taux d'intérêt directeur(s) ; **London inter-bank interest rate demanded** (LIBID) taux interbancaire demandé à Londres sur les dépôts en eurodollars

(LIBID) ; **long-term interest rate** taux d'intérêt à long terme ; **market interest rate** taux d'intérêt du marché ; **mortgage interest rates** taux d'intérêt hypothécaires ; **nominal interest rate** taux d'intérêt nominal ; **real interest rate** taux d'intérêt réel ; **regressive interest rate** taux d'intérêt dégressif ; **regulated interest rate** taux d'intérêt réglementé, taux d'intérêt administré ; **SDR interest rate** taux d'intérêt sur le DTS ; **short-term interest rate** taux d'intérêt à court terme ; **subsidized interest rate** intérêts bonifiés ; **trend interest rate** taux d'intérêt tendanciel.

Δ **interest rate differential** écart de taux d'intérêt, différence de taux d'intérêt (avec l'étranger) ; **interest rate margin** marge financière ; **interest rate parity** parité des taux d'intérêt (PTI) ; **interest rate sensitivity of investment** sensibilité de l'investissement au taux d'intérêt ; **interest rate (term) structure** structure des taux d'intérêt ; **interest rate subsidy** bonification de taux d'intérêt.

interested adj intéressé * **interested party** partie intéressée, ayant-droit.

interim adj provisoire, temporaire.

interindustry adj [Eco] interindustriel, interbranche.

intermediary n [Eco] intermédiaire * **bank financial intermediaries** (BFIs) intermédiaires financiers bancaires ; **financial intermediary** intermédiaire financier ; **non-bank financial intermediaries** (NBFIs) intermédiaires financiers non bancaires.

intermediary adj intermédiaire.

intermediate adj intermédiaire.

intermediation n [Eco, Fin] intermédiation.

internal adj interne, interieur.

internalization, internalisation n [Eco] internalisation des coûts.

internalize, internalise v [Eco] internaliser des coûts.

international adj international.

internationalization, internationalisation n internationalisation.

internationalize, internationalise v internationaliser.

internationally-traded [Eco int] qui fait l'objet d'un échange international.

interval n [gen, Stat] intervalle * **nested intervals** intervalles emboîtés.

Δ **interval estimation** estimation par intervalles.

intervene v intervenir.

intervention n [gen, Eco] intervention * **exchange market intervention** interventions sur le marché des changes.

Δ **intervention points** [Eco] limites d'interventions, taux d'intervention obligatoire.

interventionism n [Eco] interventionnisme.

intra-market adj [St Ex] entre les opérateurs du marché.

intraconsumption n [SCN] intraconsommation.

invention n [Eco] invention.

inventories n, plu [Acc, SCN] (US) (q v inventory) stocks, stocks et encours de production, valeurs d'exploitation * **change in inventories** variation de stocks.

inventory n [Acc] (US) inventaire, stock *(see also inventories)* * **to build inventories** constituer des stocks ; **to run down inventories** réduire les stocks ; **to write down inventories** diminuer la valeur comptable des stocks ; **beginning inventory** stock initial, stock en début d'exercice ; **closing** or **ending inventory** stock final, stock de fin d'exercice ; **inactive inventory** stock dormant ; **initial inventory** stock initial, stock en début d'exercice ; **perpetual inventory** inventaire permanent ; **unintended inventory** stock involontaire. Δ **inventory accumulation** formation des stocks ; **inventory change** variation des stocks ; **inventory control** gestion des stocks ; **inventory cost** coût du stock ; **inventory coverage ratio** ratio de couverture des stocks ; **inventory disinvestment** [Eco] désinvestissement en stocks ; **inventory investment** [Eco] investissement en stocks ; **inventory management** gestion des stocks ; **inventory shortage** or **shrinkage** différence négative entre l'inventaire comptable et l'inventaire physique ; **inventory turnover** rotation des stocks ; **inventory valuation** évaluation des stocks ; **inventory valuation adjustment** (IVA) ajustement pour réévaluation des stocks, plus-values sur stocks ; **inventory unit** unité d'inventaire.

inverse adj inverse.

invert v intervertir.

invest v [Eco, Fin] investir, placer.

investment n [Eco, Fin] investissement, placement, qqfs participation financière, participation en actions * **to buy investments** effectuer des placements ; **investment abroad** investissement à l'étranger ; **investment in intangible assets** investissement incorporel ; **investment in tangible assets** investissement corporel ; **investment of capital** placement de capitaux ; **autonomous investment** investissement autonome ; **blue chip investment** titres *ou* placements de père de famille ; **bond investment** placement obligataire ; **brownfield investment** investissement dans les installations existantes ; **capacity investment** investissement de capacité ; **capital deepening investment** investissement de productivité ; **capital-intensive investment** investissement capitalistique ; **capital investment** dépenses en capital fixe ; **capital widening investment** investissement de productivité ; **collective investment scheme** organisme de placement collectif en valeurs mobilières (OPCVM) ; **corporate investment** investissement des entreprises ; **cost-saving investment** investissement de productivité ; **cross-hauling direct investment** investissements directs croisés ; **direct foreign investment** (DFI) investissement direct à l'étranger (IDE) ; **direct investment abroad** investissement direct à l'étranger ; **domestic investment** investissement intérieur ; **equity investment** apport de capitaux propres, participation au capital ; **equity-linked investments** titres assimilables à des actions ; **expansion investment** investissement de capacité ; **financial investment** placement financier ; **fixed investment** formation de capital fixe ; **fixed-yield investment** placement à revenu fixe ; **foreign direct investment** (FDI) investissement direct à l'étranger (IDE) ; **foreign investments** investissements à *ou* de l'étranger ; **front-loaded investment** investissement important au départ ; **gilt-edged investment** titres ou placements dorés sur tranche, valeurs de père de famille, valeurs de tout repos ; **good quality investment** placement sûr ; **government investment** investissement public ; **greenfield investment** investissement visant à la création d'une nouvelle usine (cf. croissance interne) ou à l'établissement d'une entreprise (cf création d'entreprise) ; **gross fixed investment** formation brute de capital fixe (FBCF) ; **gross investment** investissement brut ; **housing investment** investissement dans le secteur du logement ; **human investment** investissement en capital humain ; **improductive investment** investissement improductif ; **induced investment** investissement induit ; **intangible investment** investissement incorporel ; **intensive investment** investissements de productivité ; **intercompany investments** *or* **interlocking investments** participations croisées ; **intra-industry direct investment** investissements directs croisés ; **inventory investment** q v inventory ; **inward equity investment** placements en actions d'entreprises nationales effectués par des non résidents ; **inward investment** investissement(s) étranger(s) ; **job-creating investment** investissement créateur d'emploi ; **liquid investment** placement liquide ; **long-term investment** a) [Eco] placement à long terme, b) [Fin] titres de participation, c) [Acc] immobilisations financières ; **lumpy investment** investissements importants très concentrés ; **material investments** investissements corporels ; **mature investment** investissement qui commence à être rentable ; **negative investment** investissement négatif, désinvestissement ; **net fixed investment** [SCN] formation nette de capital fixe ; **net investment** investissement net ; **non-equity direct investment** investissements directs autres que les participations financières ; **non-profit seeking investment** investissements des administrations publiques ; **outward investment** investissement(s) réalisé(s) à l'étranger ; **over-investment** surinvestissement ; **overhead investments** investissements en équipements collectifs, investissements d'infrastructure ; **physical investment** investissement matériel *ou* physique ; **portfolio invest-**

ment investissement de portefeuille ; **private foreign investment** investissements privés à *ou* de l'étranger ; **private investment** investissement du secteur privé ; **private overseas direct investment** (PODI) investissements privés directs à l'étranger (IPDE) ; **productive investment** investissement productif ; **productivity-enhancing investment** investissement de productivité ; **public investment** investissement(s) du secteur public ; **rationalization investment** investissement de modernisation ; **real estate investment** placement immobilier ; **replacement investment** investissement de remplacement *ou* de renouvellement ; **residential investment** investissement en logements ; **sagging investment** effondrement de l'investissement ; **sluggish investment** faiblesse des investissements ; **stockmarket investment** placement boursier ; **upfront investment** investissement important au départ.

Δ **investment allowance** [Acc] amortissement fiscalement admis ; **investment analyst** analyste financier ; **investment counselling** conseil en placements ; **investment credit** (US) crédit d'impôt pour investissements, amortissement fiscalement admis ; **investment gap** insuffisance de l'investissement ; **investment grant** (UK) aide *ou* subvention à l'investissment ; **investment incentive** avantage fiscal pour favoriser l'investissement ; **investment institution** société de placement ; **investment instrument** instrument de placement ; **investment package** montage financier ; **investment plan** plan d'investissement ; **investment premium** prime à l'investissement ; **investment programme** programme d'investissement ; **investment project selection** [Fin] choix des investissements ; **investment rate** taux d'investissement ; **investment spending** dépense en capital ; **investment subsidies** aides à l'investissement ; **investment survey** enquête sur les intentions d'investissements (auprès des chefs d'entreprise).

investment-led adj [Eco] tiré par l'investissement.

investor n [Eco, Fin] investisseur * **individual investor** investisseur individuel, petit porteur ; **institutional investor** investisseur institutionnel ; **small investor** petit épargnant.

invisible adj invisible.

invisibles n, plu [Eco] invisibles, opérations *ou* transactions invisibles.

invitation n invitation * [Fin, St Ex] **invitation for bid** (IFB) *or* **invitation for tender** *or* **invitation to tender** invitation à soumissionner, appel d'offres.

invoice n facture.

invoicing n facturation.

inward adj vers l'intérieur.

IOS *interest only strips* variété de titres obligataires démembrés.

IOSCO *International Organization of Securities Commissions* Organisation internationale des commissions de valeurs (OICV).

IOT *input-output table* tableau des entrées-sorties (TES), tableau d'échanges interindustriels, matrice de Léontief.

IPC *Integrated Program for Commodities* programme intégré des produits de base (PIPB).

IPE *International Petroleum Exchange* marché (à terme) des produits pétroliers.

IPRs *intellectual property rights* droits de propriété intellectuelle (DPI).

IRP *interest rate parity* parité des taux d'intérêt (PTI).

IRR *internal rate of return* taux de rendement interne (TRI), efficacité marginale du capital.

irrecoverable adj [Fin] irrecouvrable.

irredeemable adj [Fin] irrachetable, non remboursable.

ISE *International Stock Exchange* (UK) Bourse de Londres (appelation donnée à la suite du Big Bang de 1986 mais qui n'a pas réussi à s'imposer).

isocost n [Eco] isocoût.

isoquant n [Eco] isoquant.
Δ **isoquant map** courbes d'isoquants.

issuance n [Fin] émision * **issuance of allotments** allocation de crédits.
Δ **issuance facility** facilité d'émision.

issue n [Fin] émission * **issue above par** émission au-dessus du pair ; **issue at a discount** émission au-dessous du pair ; **issue at a premium** émission au-dessus du pair ; **issue at par** émission au pair ; **issue below par** émission au-dessous du pair ; **issue for cash** émission en numéraire ; **issue of bond loans** émission d'emprunts obligataires ; **issue of shares** émission d'actions ; **issue other than for cash** apports en nature ; **amortization issue** émission à échéances multiples ; **bond issue** émission obligataire ; **bonus (share) issue** attribution gratuite d'actions par incorporation des réserves dans le capital social ; **bull and bear issue** émission, sur le marché euro-obligataire, d'obligations de sensibilité opposée ; **bullet issue** a) emprunt remboursable *in fine*, emprunt remboursable en totalité lors de la dernière échéance, b) obligations sans amortissement ; **capitalization issue** (UK) augmentation de capital par incorporation des réserves et des bénéfices (qui conduit à une attribution d'actions gratuites) ; **collateralized bond issue** émission, sur le marché euro-obligataire, d'obligations garanties par le Trésor américain ; **corporate issue** émission de titres pour le compte d'une entreprise ; **debt issue** émission obligataire ; **drop lock issue** sur le marché des euro-obligations, émission à taux variable qui peut

être convertie en une émission à taux fixe quand la rémunération descend en dessous d'un certains seuil ; **equity issue** émission d'actions, augmentation de fonds propres ; **euro-bond issue(s)** émission(s) euro-obligataire(s) ; **foreign capital issue** émission à l'étranger ; **foreign currency issue(s)** émission(s) en devises ; **foreign issue** émission étrangère ; **free issue of shares** attribution d'actions gratuites ; **government issue** emprunt de l'Etat ; **hot issue** émission de valeurs vedettes ; **index-linked bond issue** [Fin] emprunt indexé ; **loan issue** émission d'un emprunt ; **marketable bond issue** émission de titres négociables ; **new debt issue** émission nouvelle de titres de la dette ; **new equity issue** émission d'actions nouvelles ; **new issue** émission nouvelle, émission sur le marché primaire ; **open-ended issue** émission sans limitation de montant ; **public issue** a) appel public à l'épargne (APE) ; b) offre publique de vente (OPV) ; **red herring issue** émission ayant pour objet de tester le marché ; **rights issue** émission de droits préférentiels de souscription ; **secondary issue** émission secondaire ; **scrip issue** (UK) a) attribution gratuite d'actions par incorporation des réserves dans le capital social ; b) augmentation de capital par incorporation de réserves ; **share issue** émission d'actions ; **tap issue** (UK) émission de valeurs d'Etat à guichets ouverts ; **unseasonned issue** émission primaire.
Δ **issue ceiling** plafond d'émission ; **issue syndicate** syndicat de placement.

issue v [Fin] émettre des titres * **to issue bonds** émettre des obligations ; **to issue new capital** émettre de nouvelles actions ; **to issue shares at a discount** émettre des actions au-dessous du pair.

issuer n [Fin] organisme émetteur.

issuing n [Fin, St Ex] émission de titres.
Δ **issuing activity** activité sur le marché primaire ; **issuing authority** institut d'émission ; **issuing house** maison d'émission de titres.

IT *information technology* technologies de l'information.

item n 1- article, rubrique, terme, article du budget * **item on the agenda** question à l'ordre du jour.
2- [Acc] poste du bilan, écriture * **balancing item** poste d'ajustement ; **credit item** poste créditeur ; **debit item** poste débiteur ; **expenditure item** poste de dépense ; **extraordinary items** produits exceptionnels ; **memorandum items** engagements hors bilan ; **OBS item** *or* **off-balance sheet item** poste hors bilan.
Δ **item(s) codes** tarifs douaniers.

itemize v répertorier, détailler, ventiler par poste.

ITO *International Trade Organization* Organisation internationale du commerce (OIC).

IVA *inventory valuation adjustment* ajustement pour réévaluation des stocks, plus-values sur stocks.

J

jeopardize, jeopardise v mettre en danger.

jeopardy n danger, péril.

jerky adj saccadé, en dents de scie.

jewel nm joyau, bijou * **crown jewels** [Fin, St Ex] lors d'une OPA, technique qui consiste, pour l'entreprise cible, à démanteler ses actifs et à vendre les activités les plus rentables, c'est-à-dire les "joyaux de la couronne".

JIT *just in time* juste à temps.

jittery adj [St Ex] (stock market) nerveux.

job n a) tâche * **community jobs** travaux d'intérêt collectif.
b) emploi, métier, poste de travail * **to be out of job** être sans emploi, être au chômage ; **to look for a job** chercher un emploi ; **casual job** emploi occasionnel ; **dead-end job** emploi sans avenir ; **full-time job** emploi à plein temps ; **insecure job** emploi précaire ; **line job** poste opérationnel ; **mainstream job** emploi sur le marché primaire ; **non-market job** emploi non marchand ; **part-time job** emploi à temps partiel ; **qualified job** emploi qualifié ; **shared job** emploi sur poste partagé ; **turn-key job** contrat clés en main ; **unfilled job** emploi vaccant, vacance d'emploi.

Δ **job application** demande d'emploi ; **job boundaries** cloisonnement des emplois ; **job catchment area** bassin d'emploi ; **job content** contenu des tâches ; **job control** contrôle des tâches ; **job creation** création d'emplois ; **job description** définition de poste ; **job design** définition des tâches ; **job destruction** destruction d'emplois ; **job displacement** suppression d'emplois ; **job enlargement** diversification des tâches ; **job evaluation** évaluation des tâches ; **job experience** expérience professionnelle ; **job insecurity** précarité de l'emploi ; **job losses** destruction d'emplois ; **job mismatch(ing)** inadéquation entre offres et demandes d'emploi ; **job offer** offre d'emploi ; **job openings** offres d'emploi ; **job opportunities** possibilités d'emploi, offres d'empoi (pour un individu) ; **job protection** protection de l'emploi ; **job replacement** recrutement sur poste existant ; **job requirements** qualifications requises pour un poste ; **job seeker** demandeur d'emploi ; **job sharing** partage de poste ; **job specification** description de poste ; **job transfers** reclassements ; **job turnover** rotation des emplois ; **job upgrading** revalorisation des emplois ; **job vacancy** offre d'emploi.

job-creating adj [Eco] créateur d'emploi.

jobber n [St Ex] (UK) avant le *Big Bang* intermédiaire à la Bourse de Londres qui agissait pour son propre compte et assurait la fonction de contrepartie.
Δ **jobber's turn** marge du jobber (différence entre le cours acheteur et le cours vendeur).

jobbing n 1- travail à façon, travail à la pièce.
2- [St Ex] opérations boursières, ventes en gros sur bourses de matières premières * **jobbing in contangoes** arbitrage en reports.

jobless adj sans emploi, au chômage.

joblessness n chômage.

joint adj commun, conjoint, paritaire.

jointly adv solidairement, conjointement * **jointly and severally** [Jur] solidairement et indéfiniment.

jolt up v (prices) augmenter brusquement, faire un bond.

journal n 1- revue.
2- [Acc] livre de comptes, journal.

jump n bond * **jump in prices** hausse soudaine des prix.

jump v faire un bond, monter en flèche * **prices jumped 18 %** les prix ont fait un bon de 18 %.

jumpy adj [St Ex] (stock market) instable nerveux.

junior adj adjoint, subalterne, de rang inférieur.

justice n justice * **commutative justice** [Eco] justice commutative ; **distributive justice** [Eco] justice distributive.

K

kerb n [St Ex] (UK) opération traitée hors bourse.

keynesianism n [Eco] keynésianisme.

keynesians n, plu [Eco] keynésiens.

kicker n [Fin] (US) caractéristique supplémentaire donnée à une émission ou à un produit pour la/le rendre plus attrayant(e) auprès des investisseurs (= *sweetener*).

kind * **in kind** en nature.

knight n chevalier * **black knight** [Fin, St Ex] chevalier noir (JO) ; **white knight** [Fin, St Ex] chevalier blanc (JO).

know-how n savoir-faire (JO).

L

labor n (US) q v labour.

labour (UK), **labor** (US) n 1- main-d'œuvre * **female labour** main-d'œuvre féminine ; **foreign labour** main-d'œuvre étrangère ; **non-union labour** main-d'œuvre non syndiquée ; **organized labour** main-d'œuvre syndiquée ; **redundant labour** main-d'œuvre en surnombre ; **semi-skilled labour** ouvriers spécialisés ; **skilled labour** ; ouvriers qualifiés ; **unskilled labour** ouvriers non qualifiés.
2- [Eco] facteur travail.
Δ **Labor Administration** (US) ministère du Travail ; **labour catchment area** bassin d'emploi ; **labour costs** coûts salariaux ; **labour dispute** conflit du travail ; **labour force** a) force de travail ; b) population active ; **labour intensity** or **labour intensiveness** intensité du (facteur) travail ; **labour market** q v labour market ; **labour mobility** mobilité du (facteur) travail ; **labour shake out** or **labour shedding** compression des effectifs, dégraissage ; **labour share** part du travail (dans le revenu des facteurs) ; **labour shortage** pénurie de main-d'œuvre ; **labour turnover** taux de rotation de la main-d'œuvre ; **labor union** (US) syndicat ; **labour unrest** agitation sociale.

labour-intensive adj [Eco] à forte intensité de travail.

labour market n [Eco] marché du travail, marché de l'emploi * **external labour market** marché du travail externe (à l'entreprise) ; **formal labour market** marché du travail officiel ; **informal labour market** marché du travail non organisé ; **internal labour market** marché du travail interne (à l'entreprise) ; **mainstream labour market** or **primary labour market** marché du travail primaire ; **secondary labour market** marché du travail secondaire ; **tight labour market** marché du travail tendu, tensions sur le marché du travail.
Δ **labour market conditions** situation sur le marché du travail ; **labour market flexibility** flexibilité du marché du travail ; **labour market mismatch(ing)** déséquilibre entre l'offre et la demande sur le marché du travail ; **labour market rigidities** rigidités du marché du travail ; **labour market slack** excédent de l'offre sur le marché du travail ; **labour market strain** tensions sur le marché du travail ; **labour market tightening** l'augmentation des tensions sur le marché du travail.

labour-saving adj [Eco] qui économise du (facteur) travail.

LAC *least advanced countries* pays les moins avancés (PMA).

lack n absence, manque * **lack of capital** manque de capital.

lack v manquer, faire défaut * **to lack capital** manquer de capitaux.

lag n décalage dans le temps, retard, délai de réponse (à la suite d'une mesure) * **adjustment lag** délai d'ajustement ; **cyclical lag** [Eco] décalage conjoncturel ; **time lag** [Eco] temps de réponse (suite à une mesure), délai de réaction, décalage.

lag behind v être en retard sur, tarder à suivre, être en retard sur le programme.

lagged adj décalé, retardé, à retardement.

laissez-faire n [Eco] laisser-faire * **laissez-faire, laissez-passer** laissez-faire, laissez-passer.

lame duck n [Eco] canard boîteux.

land n 1- terre, terrain.
2- [Eco] terre.
3- [Acc] terrains * **land and buildings** terrains et constructions.
Δ **land reform** réforme agraire ; **land reshaping** remembrement.

landing n atterrissage * **hard landing** [Eco] entrée brutale en récession, ralentissement brutal de la croissance ; **soft landing** [Eco] retour à une croissance plus faible de l'économie.

landlord n propriétaire.

landmark n point de repère.

landowner n propriétaire foncier.

lapse n dérapage * **temporary lapse** dérapage passager.

lapse v venir à expiration, venir à échéance.

large adj grand, important.

large-scale adj à grande échelle.

last-in-first-out (LIFO) [Acc] dernier entré, premier sorti (méthode de gestion des stocks).

launch n lancement * **the launch of a new product** le lancement d'un nouveau produit.

launch v émettre, lancer * **to launch a bond issue** lancer un emprunt obligataire.

laundering n [Fin] blanchiment * **money laundering** blanchiment de l'argent, blanchiment des capitaux.

LAUTRO *Life Assurance and Unit Trust Regulatory Organization* (UK) Organisme professionnel de tutelle qui contrôle l'assurance, les FCP et les OPCVM.

law n 1- [Jur] a) loi * **Anti-Trust Laws** (US) lois contre les pratiques restrictives et les monopoles.
b) droit * **bank law** droit bancaire ; **business law** droit des affaires ; **commercial law** droit commercial ; **common law** droit du précédent judiciaire, droit "coutumier" ; **Community law** droit communautaire, droit européen ; **company law** (UK) droit des sociétés ; **competition law** droit de la concurrence ; **contract law** droit des contrats ; **corporation law** (US) droit des sociétés ; **European law** droit communautai-

re, droit européen ; **exchange law** droit cambiaire ; **revenue law** droit fiscal.

2- [Eco] principe, loi * **Law of absolute costs** théorie des avantages absolus ; **law of capital accumulation** loi de l'accumulation capitaliste ; **law of comparative costs** théorie des avantages comparatifs ; **law of diminishing marginal utility** loi de l'utilité marginale décroissante ; **law of diminishing productivity** loi des rendements décroissants ; **law of diminishing returns** loi des rendements décroissants ; **law of equal marginal utilities** loi de l'égalisation des utilités marginales, deuxième loi de Gossen ; **law of increasing costs** loi des rendements décroissants ; **law of large numbers** [Stat] loi des grands nombres ; **law of markets** loi des débouchés, loi de J.B. Say ; **law of scarcity** loi de la rareté ; **law of supply and demand** loi de l'offre et de la demande ; **law of the falling rate of profit** loi de la baisse tendancielle du taux de profit ; **law of value** loi de la valeur ; **fundamental psychological law** loi psychologique fondamentale, loi de Keynes ; **Iron Law of Wages** loi d'airain des salaires ; **Lassalle's law of wages** loi de Lassalle, loi d'airain ; **Okun Law** loi d'Okun ; **Pareto's Law** loi de Pareto, loi des 20/80 ; **Say's law of markets** loi de J.B.Say, loi des débouchés.

lawful adj [Jur] légal, licite.

lawyer n [Jur] avocat, juriste.

lay-off n [Eco] mise en chômage technique.

lay off v [Eco] mettre au chômage technique, licencier.

LBO *leveraged buy-out* rachat d'entreprise avec effet de levier.

LCE *London Commodity Exchange* Bourse des marchandises à Londres.

LCH *life-cycle hypothesis* hypothèse du cycle de vie.

LCT *light-capital technology* technologie peu coûteuse en capital.

LDC *less developed country* pays en voie de développement (PVD).

lead n tête, avance * **leads and lags** [Eco int] termaillage (JO) ; **cyclical lead** [Eco] écart conjoncturel positif.

lead v a) être à la tête de, tenir le premier rang ; b) conduire à, aboutir.

leader n 1- chef.
2- [Eco] entreprise dominante.
3- [St Ex] **(plu) leaders** valeurs vedettes.

leadership n 1- a) position de chef ; b) sens du commandement ; c) situation dominante, position dominante.

leading adj de premier plan, à la pointe du progrès.

leakage n [Eco] fuite (hors du circuit économique).

lease n [Jur, Fin] bail * **financial lease** bail financier (avec clause de rachat) (JO) ; **leveraged lease**

lease-back — **let-up**

bail à effet de levier (JO) ; **operating lease** bail d'exploitation sans clause de rachat (JO).

lease-back n [Fin] cession-bail (JO).

leasehold n [Acc] bail, immeuble loué à bail.

leaseholder n [Jur] preneur de bail, locataire.

leasing n [Fin] crédit-bail (JO), location avec option d'achat (LOA) (JO).

leave n congé * **sick leave** congé maladie ; **study leave** congé formation.

leave v a) partir, quitter ; b) laisser * **to leave a deposit** laisser des arrhes.

ledger n [Acc] grand livre * **bought ledger** grand livre des achats ; **customers' ledger** grand livre des ventes ; **goods-bought ledger** livre des fournisseurs ; **goods-sold ledger** livre des ventes ; **purchases ledger** grand livre des achats ; **sales ledger** grand livre des ventes ; **share ledger** or **stockholders' ledger** registre des actionnaires.

legacy n [Jur] legs.

legal adj [Jur] a) légal, licite ; b) juridique, judiciaire.

legal tender n [Eco] monnaie ayant cours légal * **to be legal tender** or **to have legal tender** avoir cours légal.

lend v [gen, Fin] prêter * **to lend against security** prêter sur gage

ou garantie ; **to lend at interest** prêter à intérêt ; **to lend money at 8 %** prêter à 8 % ; **to lend on collateral** prêter sur nantissement ; **to lend on security** prêter sur gage ou garantie.

lender n [Fin] prêteur, bailleur de fonds * **Lender of last resort** (LOLR) [Eco] prêteur en dernier ressort (PDR).

lending n [Fin] opération de prêt * **to go out for lending** prêter à tout va ; **bank lending** prêts bancaires ; **central bank lending** concours de la banque centrale ; **cross-board lending** prêts accordés à des non-résidents ; **debt reorganisation lending** prêt accordé au titre du réaménagement de la dette ; **domestic lending** crédits à l'économie ; **foreign lending** prêts accordés à des non-résidents ; **market-related lending** prêts aux conditions du marché ; **net lending** [SNC, Acc] capacité de financement ; **policy-based lending** prêt lié à la mise en œuvre de réforme ; **sovereign lendings** prêts aux Etats ; **structural adjustment lending** (SAL) prêts à l'ajustement structurel (PAS) (cf. BIRD).
Δ **lending capacity** capacité de prêt ; **lending limit** plafond de crédit.

lessee n [Jur] titulaire du bail, preneur.

lessen v diminuer, (se) réduire, s'atténuer.

lessor n [Jur] bailleur.

let-up n diminution, arrêt.

let up v diminuer, ralentir.

letter n lettre * **letter of acceptance** or **letter of allotment** [St Ex] avis d'attribution d'actions ; **letter of application** a) lettre de candidature (à un emploi) ; b) [St Ex] lettre de souscription (à des actions) ; **letter of commitment** lettre d'engagement ; **letter of credit** lettre de crédit ; **letter of exchange** [Fin] lettre de change ; **letter of intention** lettre ou déclaration d'intention ; **letter of subrogation** (UK) or **letter of subordination** (US) [Fin] lettre d'antériorité de créance.

level n niveau, échelon, palier, quantité * **level of confidence** [Stat] seuil de confiance ; **level of employment** [Eco] niveau de l'emploi ; **level of the money supply** [Eco] volume de la masse monétaire ; **general level of prices** [Eco] niveau général des prix ; **peak level** niveau record ; **replacement level** taux de remplacement ; **subsistence level** minimum vital.

level down v niveler par le bas.

level off v se stabiliser, arrêter de monter ou de descendre, arriver à un palier * **inflation has levelled off at 14 %** l'inflation s'est stabilisée à 14 %.

levelling off n plafonnement, stabilisation.

levelling out n stabilisation * **levelling out of unemployment** stabilisation du chômage.

leverage n 1- force de levier, influence.
2- [Fin] (US) effet de levier, effet d'endettement * **capital leverage** or **financial leverage** levier financier ; **fiscal leverage** incidence de la politique budgétaire, levier budgétaire ; **high leverage** endettement élevé, haut niveau d'endettement ; **high leverage position** niveau d'endettement élevé.
Δ **leverage coefficient** coefficient multiplicateur ; **leverage factor** effet de levier.

leveraged adj 1-induit, provoqué.
2- [Fin] avec effet de levier * **highly leveraged** surendetté.

levy n [Fisc] taxe, prélèvement * **capital levy** prélèvement sur le capital ; **import levy** (EU) taxe à l'importation ; **training levy** taxe pour financer la formation.

levy v [Fisc] percevoir un impôt, une taxe.

LFA less favoured area zone défavorisée.

LFOX London Futures & Option Exchange marché de contrats à terme et d'options (sur la place de Londres).

liabilities n, plu q v liability 2.

liability n 1- [Jur] responsabilité * **joint liability** responsabilité conjointe ; **limited liability** responsabilité limitée ; **product liability** responsabilité provenant du produit ; **tax liability** [Fisc] assujettissement à l'impôt.
2- [Eco, Fin, Acc] a) charge, engagement, exigibilité, dette ; b) **(plu) liabilities** passif du bilan * **to reduce liabilities** se désendetter ;

accrued liabilities [Acc] dettes provisionnées, dotations aux provisions ; **bank liabilities** passif des banques ; **contingent liabilities** [Acc] dettes futures qui ne sont pas encore comptabilisées, engagements hors bilan ; **current liabilities** [Acc] dettes d'exploitation, dettes à court terme ; **eligible liabilities** (UK) éléments du passif des banques pris en compte pour le calcul des réserves obligatoires ; **external liabilities** a) [Acc] passif externe ; b) engagements envers l'extérieur, dettes envers l'étranger ; **fixed liabilities** [Acc] dettes à moyen et long terme ; **foreign liabilities** engagements envers l'extérieur, dettes envers l'étranger ; **internal liabilities** [Acc] passif interne ; **long-term liabilities** [Acc] passif à long terme, dettes à long terme ; **net external liabilities** or **net foreign liabilities** position extérieure nette (cf BDP) ; **non-equity liabilities** [Acc] capitaux empruntés ; **OBS liabilities** or **off-balance sheet liabilities** [Fin] engagements hors bilan ; **outstanding liabilities** [Acc] encours des dettes ; **resident and nonresident liabilities** dépôts des résidents et des non-résidents ; **short-term liabilities** [Acc] dettes à court terme.

liable adj 1- passible (*to* de), assujetti (*to* à) * **liable to tax** passible de l'impôt.
2- [Jur] responsable civilement * **jointly liable** responsable conjointement ; **severally liable** responsable individuellement.

LIB *limited international bidding* appel d'offres international restreint.

liberalization, liberalisation n [Eco] libéralisation, déréglementation * **liberalization of markets** déréglementation des marchés ; **liberalization of trade** libéralisation des échanges.

liberalize, liberalise v [Eco] libéraliser, déréglementer.

LIBID *London interbank interest rate demanded* taux interbancaire demandé sur l'euromarché à Londres (LIBID).

LIBOR *London interbank offered rate* taux interbancaire offert sur l'euromarché à Londres (LIBOR).

LICs *low income countries* pays à faible revenu (PFR).

licence (UK), **license n** (US) a) licence d'exploitation ; b) autorisation * **exclusive licence** licence exclusive ; **non-exclusive licence** licence non exclusive ; **open licence** licence automatique.

licence (UK), **license** (US) **v** accorder une licence.

licenced (UK), **licensed** (US) **adj** agréé.

lien n [Jur] a) droit de gage, droit de rétention ; b) nantissement, sûreté.

life n vie * **economic life** durée de vie d'un produit ; **working life** années d'activité.
Δ **life conditions** conditions de vie ; **life expectancy** espérance de vie ; **life span** durée de vie ; **life style** genre de vie, mode d'existence.

lifeless adj (market) peu actif.

LIFFE *London International Financial Futures and Options Exchange* Marché à terme d'instruments financiers et d'options à Londres. Il est né de la fusion, en 1992, du marché à terme d'instruments financiers (*London International Financial Futures, LIFFE*), créé en 1982, et du marché des options (*London Traded Option Market*, LTOM), créé en 1978.

LIFO *last in first out* dernier entré, premier sorti (DEPS).

lighten v diminuer, alléger.

likelihood n 1- probabilité, chance.
2- [Stat] * **maximum likelihood** maximum de vraisemblance.

LIMEAN *London interbank mean rate* taux moyen des taux offerts (LIBOR) et des taux demandés (LIBID) à Londres (LIMEAN).

LMIs *low and middle income countries* pays à faible revenu et à revenu intermédiaire.

LMICs *lower middle income countries* pays à revenu intermédiaire de la tranche inférieure (PRITI).

limit n limite, délai * **class limits** [Stat] limites de classe ; **lower limit** limite inférieure, plancher ; **operating limits** [Eco] limites de capacité de production ; **upper limit** limite supérieure, plafond.

limit v limiter.

limited adj limité, restreint.

line n 1- a) ligne (de téléphone, de chemin de fer).
b) gamme de produits.
c) (entreprise) chaîne * **assembly line** chaîne de montage.
2- [Math] ligne d'un graphique * **broken line** ligne en tirets ; **capital market line** q v market ; **dotted line** ligne en pointillé ; **factor-cost line** [Eco] courbe d'isocoût ; **regresssion line** [Stat] courbe *ou* droite de régression ; **security market line** q v security ; **solid line** ligne en trait plein.
3- [Eco int] * **above the line** au-dessus de la ligne (cf BDP) ; **below the line** en-desous de la ligne (cf. BDP).
4- [Acc] * **above the line** (recettes et dépenses) courantes, ordinaires ; **below the line** (recettes et dépenses) exceptionnelles.

line of business n domaine d'activité.

line of credit n 1- [Fin] ligne de crédit.
2- [Fin pub] autorisation de programme.

linear adj linéaire.

link n lien, liaison, relation.

link v relier à, associer à, se rattacher à.

linkage n relation, liaison.

liquid adj [Eco, Fin, Acc] liquide, disponible.

liquidate v [Jur, Fin] a) (company) mettre en liquidation ; b) (debt) liquider, amortir.

liquidation n [Jur] liquidation.

liquidator n [Jur] liquidateur * **liquidator in bankruptcy** syndic de faillite.

liquidities n, plu [Eco] q v liquidity b.

liquidity n [Eco] a) liquidité de l'économie ; b) liquidité(s) * **bank liquidity** liquidité bancaire ; **international liquidity** liquidités internationale ; **primary liquidities** liquidités primaires ; **secondary liquidities** liquidités secondaires ; **tertiary liquidities** liquidités tertaires ; **world liquidity** liquidités mondiales.
Δ **liquidity control** régulation de la liquidité ; **liquidity position** [Acc] situation de trésorerie ; **liquidity preference** préférence pour la liquidité ; **liquidity squeeze** crise de liquidité ; **liquidity trap** trappe à monnaie, trappe à liquidités.

list n liste, nomenclature * **Blue List** [St Ex] (US) liste des obligations des collectivités locales ; **official list** [St Ex] (US) cote officielle.

list v 1- faire la liste de, énumérer. 2- [St Ex] coter.

listed adj [Fin, St Ex] (US) coté en Bourse.

listing n [Fin, St Ex] a) inscription à la cote officielle ; b) cotation * **dual listing** double cotation ; **outcry listing** cotation à la criée.
Δ **listing admission** admission à la cote, introduction en Bourse ; **listing requirements** conditions pour l'introduction en Bourse.

litigation n [Jur] litige, procès * **pending litigation** contentieux.

liveliness n (market) animation.

lively adj (market) animé, actif.

LLDC *least developped countries* pays les moins avancés (PMA).

LMBO *leveraged management buyout* rachat d'entreprise par ses salariés (RES).

LME *London Metal Exchange* Bourse des métaux de Londres (BML).

LMT *long-and medium-term* à long et moyen terme.

£ M-3 [Eco] (UK) agrégat M-3 en sterling.

loan n [gen, Eco, Fin] prêt, emprunt * **to apply for a loan** demander un prêt ; **to float a loan** émettre un emprunt (cf entreprise) ; **to grant a loan** accorder un prêt ; **to issue a loan** *or* **to launch a loan** émettre un emprunt (cf. entreprise) ; **to raise a loan** contracter un emprunt ; **to refloat a loan** émettre un nouvel emprunt ; **to repay a loan** *or* **to redeem a loan** rembourser *ou* amortir un emprunt ; **to secure a loan** garantir un emprunt ; **to sink a loan** amortir un emprunt ; **to subscribe to a loan** souscrire à une emprunt ; **loan at a premium** emprunt à primes, emprunt à lots ; **loan at call** emprunt à très court terme ; **loan in default** emprunt en souffrance ; **loan on collaterals** avance sur garantie ; **loan on securities** avance sur titres ; **back-to-back**

loan prêt inter-entreprises en devises ; **bailout loan** prêt de sauvetage ; **balloon loan** prêt dont les échéances de remboursement sont croissantes ; **bank loan** prêt bancaire, concours bancaire ; **bulldog loan** emprunt obligataire étranger émis au Royaume-Uni ; **bridging loan** crédit relais ; **call loan** prêt à très court terme ; **collateral loan** avance sur garantie, prêt sur titres ; **concessional loan** prêt à des conditions très avantageuses ; **consolidated loan** prêt consolidé ; **consolidation loan** prêt de consolidation ; **day-to-day loan** prêt à très court terme ; **dead loan** emprunt qui ne sera jamais remboursé ; **debenture loan** emprunt obligataire ; **defaulted loan** or **delinquent loan** prêt non remboursé ; **demand loan** prêt à très court terme ; **fixed-term loan** prêt à échéances fixes ; **forced loan** emprunt forcé ; **free loan** prêt sans intérêt ; **funding loan** emprunt de consolidation ; **government loan** emprunt d'Etat ; **hard loan** prêt accordé à des conditions rigoureuses ; **housing loan** prêt immobilier ; **indexed loan** prêt indexé ; **installment loan** (US) prêt à remboursements échelonnés ; **inter-bank loan** prêt interbancaire ; **international loans** crédit international ; **jumbo loan** euro-crédit ; **lombard loan** crédit lombard, avances sur titres ; **long-term loan** emprunt à long terme ; **lottery loan** emprunt à lots ; **medium and long-term loans** [SCN] prêts à long et moyen terme ; **mortgage loan** emprunt hypothécaire, prêt hypothécaire ; **nominal loan** emprunt classique (non indexé) ; **outstanding loans** encours des prêts ; **overnight loan** prêt à très court terme ; **perpetual loan** [Fin pub] rente perpétuelle ; **personal loan** prêt personnel ; **private loan** prêt au secteur privé ; **problem loan** prêt risqué ; **public loan** emprunt public, emprunt d'Etat ; **redeemed loan** or **refunded loan** emprunt amorti ; **repaid loan** emprunt amorti ; **samurai loan** emprunt obligataire étranger émis au Japon ; **secured loan** prêt garanti ; **shared loan** prêt partagé ; **short-term loan** emprunt à court terme ; **soft loan** prêt accordé à des conditions de faveur ; **straight loan** emprunt sans garantie ; **subordinated loan** dette subordonnée, titres subordonnés, prêt participatif ; **subsidized loan** prêt bonifié ; **syndicated loan** crédit syndiqué ; **term loan** crédit à moyen terme avec une phase de tirage et une phase de remboursement ; **time loan** prêt à échéance fixe ; **unsecured loan** prêt sans garanti.

∆ **loan agreement** contrat de prêt ; **loan application** demande de prêt ; **loan collateral** garantie de prêt, caution ; **loan commitment** engagement de prêt ; **loan shark** usurier.

loan v [Eco, Fin] prêter de l'argent.

loan-sharking n [Fin] octroi de prêts à des taux usuraires.

loanable adj [Eco, Fin] prêtable.

local adj local, sur place.

locate v situer, (s') implanter, (s') installer * **the headoffice is located in the US** le siège est situé aux US.

location n localisation des activités, implantation, lieu * **location of industry** répartition géographique des installations industrielles ; **industrial location** site industriel.

lock out v a) fermer l'usine à ; b) barrer le chemin à.

lock up v [Fin] immobiliser des fonds.

lockout n mise en chômage forcé.

LOG *logarithm* logarithme.

logarithm (LOG) **n** [Math] logarithme.

LOLR *lender of last resort* prêteur en dernier ressort (PDR).

London bridge [St Ex] liaison en temps réel entre la Bourse de Londres et la Bourse de New York.

long-dated adj [Fin] à échéance longue.

long-run adj à long terme.

long-term adj à long terme, de long terme.

longs n, plu [Fin, St Ex] (UK) obligations *ou* bons du Trésor à long terme (plus de 15 ans ; encore appelés *long-dated gilts*).

loose adj 1- lâche, peu, rigoureux.
2- [Fin] non affecté, disponible.

loosen v 1- desserrer.
2- [St Ex] se détendre * **financial markets are loosening (up)** les marchés financiers connaissent une détente.

lopsided adj déséquilibré.

lose v 1- perdre
2- [St Ex] se replier, se contracter, fléchir.

loser n 1- perdant(e).
2- [St Ex] valeur en baisse.

loss n 1- perte * **to carry a loss** enregistrer une perte.
2- [Acc, Fin] perte, moins-value * **loss for the period** *or* **loss for the year** perte nette de l'exercice, déficit de l'exercice ; **loss in value** moins-value (latente *ou* réalisée) ; **loss on exchange** perte de change ; **loss on realization** moins-value réalisée ; **loss on sale of assets** moins-value sur cession d'éléments d'actif immobilisé ; **loss on sale of securities** moins-value sur cession de valeurs mobilières de placement ; **accumulated losses** report à nouveau déficitaire ; **capital loss** moins-value ; **dead loss** perte sèche ; **deadweight loss** a) [Eco] réduction du surplus du consommateur due à une réduction de l'offre par rapport à celle d'un marché de concurrence pure et parfaite ; b) [Acc] perte sèche ; **experience loss** déficit actuariel ; **foreign exchange losses** pertes de change ; **holding loss** moins-value non réalisée ; **net loss (for the period** *or* **for the year)** perte nette (de l'exercice) ; **operating loss** perte d'exploitation ; **outright loss** perte sèche ; **paper loss** moins-value sur titres ; **trading loss** perte d'exploitation ; **windfall loss** perte exceptionnelle.

loss-making adj déficitaire, non rentable.

lot n [St Ex] quotité de négociation * **odd lot** rompu ; **round lot** (US) quotité standard de titres.

low n creux, point bas sur une courbe * **the dollar has reached a new low** le dollar a atteint son niveau le plus bas ; **all-time low** plus bas niveau historique, niveau historique record, chiffre sans précédent ; **cyclical low** [Eco] point le plus bas du cycle conjoncturel, creux conjoncturel.

low adj bas, faible.

low-cost adj à faible coût.

low-geared adj [Fin] à faible effet de levier.

low-income adj à faible revenu.

low-paid adj mal payé.

low-priced adj à bas prix.

LRAC *long-run average cost* coût moyen de longue période (CMLP).

LRMC *long-run marginal cost* coût marginal de longue période (CmLP).

LSE 1- *London Stock Exchange* Bourse de Londres.
2- *least square estimation* estimation des moindres carrés (EMC).
3- *London School of Economics*.

Ltd *limited (company)* société de capitaux qui ne peut pas faire appel à l'épargne publique.

LTOM *London Traded Option Market* Marché des options à la Bourse de Londres (Créé en 1978, il a fusionné, en 1992, avec le *London International Financial Futures Exchange* (LIFFE) pour former le *London Financial Futures and Options Exchange* (LIFFE).

lump n morceau, bloc.
Δ **lump sum** somme forfaitaire.

lurch n embardée * **inflationary lurch** [Eco] dérapage inflationniste.

M

M & A *mergers and acquisitions* fusions et acquisitions (F & A).

machine n machine * **automated teller machine** (ATM) guichet automatique de banque (GAB) ; **automatic teller machine** (ATM) (US) guichet automatique de banque (GAB) ; **automatic telling machine** (ATM) (UK) guichet automatique de banque (GAB).

machinery n 1- a) machines, matériel, équipement ; b) mécanisme, procédure, dispositif * **the machinery of the State** les rouages de l'Etat.
2- [Acc] machines * **machinery and equipment** matériel et outillage industriel ; **machinery leased to others** matériel donné en location.

macroeconomic adj [Eco] macroéconomique.

macroeconomics n [Eco] macroéconomie.

magnitude n ampleur, importance, amplitude * **the magnitude of the recession** l'ampleur de la récession.

main adj principal.

mainstay n 1- étai.
2- [Fin] activité de l'entreprise qui dégage l'essentiel du revenu.

mainstream adj [Eco] primaire, principal.

maintain v (se) maintenir.

maintenance n entretien, maintenance.

major adj important, principal, majeur.

majors n, plu [St Ex] les grandes compagnies pétrolières.

maladjustment n [Eco] déséquilibre.

Malthusianism n [Eco] malthusianisme * **economic Malthusianism** malthusianisme économique.

man n a) homme ; b) ouvrier.

man v pourvoir en personnel.

man-hour n [Eco] heure-homme.

man-month n [Eco] mois-homme.

man-year n [Eco] année-homme.

manage v a) réussir, parvenir à ; b) gérer, diriger * **to manage a business** diriger une affaire.

manageable adj facile à gérer.

managed adj contrôlé, dirigé, réglementé.

management n a) la direction (d'une entreprise, d'un hôtel) * **higher management** cadres supérieurs ; **lower management** or **middle management** cadres moyens ; **top management** cadres supérieurs ; **upper management** cadres supérieurs.
b) gestion * **business management** gestion d'entreprise ; **financial management** gestion financière ; **joint management** cogestion ; **short-term economic management** [Eco] régulation conjoncturelle.

manager n directeur, dirigeant, cadre, administrateur, gérant * **assistant manager** sous-directeur ; **deputy manager** sous-directeur ; **general manager** directeur général ; **lead manager** [Fin] chef de file (cf consortium bancaire) ; **senior manager** cadre supérieur.

managerial adj a) relatif à la direction ou aux dirigeants ; b) directorial.

mandate n 1 [Jur] mandat * **management mandate** [St Ex] mandat de gestion.
2- [Fin] mandat donné à une banque qui devient chef de file (cf. crédit consortial).

mandator n [Jur] mandant(e).

mandatory n [Jur] mandataire.

mandatory adj [Jur] obligatoire.

manned adj doté en effectif.

manning n effectifs (d'une entreprise).

Δ **manning levels** niveau des effectifs.

manpower n main-d'œuvre.
Δ **manpower development** amélioration des qualifications de la main-d'œuvre, valorisation des ressources humaines.

manpower-intensive adj [Eco] à forte intensité de main-d'œuvre.

manufacture n a) fabrication.
b) **(plu) manufactures** produits manufacturés.

manufacture v fabriquer.

manufacturer n fabriquant.

manufacturing n a) fabrication de produits finis ; b) industrie(s) manufacturière(s), industrie(s) de transformation.
Δ **manufacturing process** processus de fabrication.

margin n 1- [Acc, Fin] marge * **margin of profit** marge bénéficiaire ; **export margin** marge à l'exportation ; **gross margin** marge brute ; **operating margin** marge d'exploitation ; **profit margin** marge bénéficiaire ; **trading margin** marge commerciale.
2- [St Ex] dépôt de couverture.
Δ **margin account** [St Ex] compte de marge ; **margin buying** [St Ex] achat à la marge ; **margin call** [St Ex] appel de marge, demande de couverture supplémentaire (sur les marchés à terme) ; **margin requirement** [St Ex] couverture ; **margin transaction** [St Ex] opération de couverture.

marginal adj 1- marginal, limite, d'appoint.
2- [Eco] marginal.

mark-on n marge brute.

mark to market n [St Ex] cours du marché.

mark-up n [Acc] marge brute * **mark-up on production cost** marge sur coût de production ; **mark-up on purchase price** marge sur coût d'acquisition.

market n [gen, Eco, Fin, St Ex] marché * **to break into a market** percer sur un marché, s'implanter sur un marché ; **to capture a market** conquérir *ou* capturer *ou* gagner un marché ; **to control a market** dominer un marché ; **to find new markets** trouver de nouveaux marchés ; **to flood a market** inonder un marché ; **to gain a market** conquérir *ou* capturer *ou* gagner un marché ; **to penetrate a market** percer sur un marché, s'implanter sur un marché ; **to supply a market** approvisionner un marché ; **to tap a market** attaquer un marché ; **Alternative Investment Market** (AIM) [St Ex] Second marché de la Bourse de Londres (créé en 1994 ; remplace le USM) ; **asset market** [St Ex] marché des actifs financiers ; **at (the) market** [St Ex] au mieux ; **bear(ish) market** [St Ex] marché baissier (JO), marché à faible volume où la prudence conduit à repousser les achats à une date ultérieure ; **below market** au-dessous du prix du marché ; **bill market** [St Ex] marché de l'escompte ; **black market** marché noir ; **bond and equity market** [St Ex] marché des valeurs mobilières ; **bond market** [St Ex] marché obligataire ; **booming market** marché en plein essor ; **bullion market** [St Ex] marché des métaux précieux ; **bull(ish) market** [St Ex] marché haussier (JO) ; **buyer's market** [St Ex] marché favorable à l'acheteur, marché vendeur ; **call market** [St Ex] marché de l'argent au jour le jour ; **capital market(s)** [St Ex] marché(s) des capitaux (cf. moyen et long terme) ; **captive market** marché captif ; **Caribbean Common Market** (CARICOM) Marché commun des Caraïbes ; **cash market** marché au comptant ; **Central American Common Market** (CACM) Marché commun centraméricain (MCCA) ; **closed market** marché réservé ; **commodity futures market** [St Ex] marché à terme des matières premières ; **commodity market** [St Ex] marché de matières premières ; **common market** marché commun ; **competitive market** marché concurrentiel ; **contestable market** marché contestable ; **continuous market** [St Ex] marché en continu ; **contracting market** marché en recul ; **curb market** marché de gré à gré, marché hors cote, marché non réglementé ; **currency market** [St Ex] marché des changes ; **debt market** marché obligataire ; **declining market** marché en recul ; **deep market** marché actif ; **depressed market** marché déprimé ; **derivatives market** [St Ex] marché des produits dérivés ; **discount market** a) marché de l'escompte ; b) (UK) marché monétaire à court terme où interviennent les maisons d'escompte ; **domestic market**

marché intérieur ; **East Caribbean Common Market** (ECCM) Marché commun des Caraïbes orientales (MCCO) ; **easy market** marché où il y a peu d'acheteurs et donc des prix bas, [St Ex] marché calme ; **emerging company market** (US) marché ouvert en 1992 pour les petites entreprises à forte croissance (au sein de l'AMEX) ; **emerging market** [St Ex] marché émergent ; **equity market** [St Ex] marché des actions ; **eurobond market** [St Ex] marché des euro-obligations ; **eurocurrency market** [St Ex] euromarché ; **European Common Market** Marché commun économique ; **exchange market** [St Ex] marché des changes ; **exchange market intervention** intervention sur le marché des changes ; **factor market** marché des facteurs ; **financial futures market** [St Ex] marché à terme d'instruments financiers (MATIF) (JO) ; **financial market(s)** marché(s) des capitaux ; **fixed-income market** [St Ex] marché des valeurs à revenu fixe ; **flat market** marché peu animé ; **foreign bond market** [St Ex] marché des emprunts obligataires à l'étranger ; **foreign currency option market** [St Ex] marché des options sur devises ; **foreign exchange market** [St Ex] marché des changes ; **foreign market** marché extérieur ; **FOREX market** [St Ex] marché des changes ; **forward commodity market** [St Ex] marché à terme des matières premières ; **forward exchange market** [St Ex] marché à terme ; **forward market** marché à terme (JO) ; **fragmented market** marché cloisonné ; **free market** marché sur lequel jouent les mécanismes de marché ; **futures market** [St Ex] (US) marché à terme, marché de contrats à terme (JO) ; **futures option market** [St Ex] marché à terme conditionnel ; **gilt-edged market** [St Ex] (UK) marché des fonds d'Etat ; **global market** marché intégré au niveau mondial, marché mondialisé ; **goods market** marché des produits ; **gray market** [St Ex] (US) marché gris (JO) ; **growth market** marché porteur ; **grey market** [St Ex] (UK) marché gris (JO) ; **hedge market** [St Ex] marché d'arbitrage ; **highly-concentrated market** marché très peu concurrentiel ; **home market** marché intérieur ; **home mortgage market** [St Ex] (US) marché hypothécaire du logement ; **housing market** marché de l'immobilier ; **imperfect market** marché de concurrence imparfaite ; **index options market** [St Ex] marché des options sur indices boursiers ; **interbank market** [St Ex] marché interbancaire ; **interest rate futures market** marché à terme de taux d'intérêt ; **international capital market** [St Ex] marché financier international ; **international interbank market** [St Ex] marché interbancaire international ; **issue market** marché des émissions ; **job market** marché de l'emploi ; **labour market** q v labour market ; **lending market** [St Ex] marché du crédit ; **limited market** [St Ex] marché étroit, marché restreint ; **London Traded Option Market** (LTOM) Marché des options à Londres. Il a fusionné, en 1992, avec le *London International Financial Futures Exchange* (LIFFE) pour former le *London International*

Financial Futures and Options Exchange (LIFFE) ; **mature market** marché parvenu à maturité ; **money-bond market** [St Ex] marché des obligations classiques ; **money market** [St Ex] marché monétaire, marché de l'argent à court terme, marché de l'argent au jour le jour ; **mortgage market** [St Ex] marché hypothécaire ; **narrow market** [St Ex] marché étroit, marché fermé, marché restreint ; **new issue market** [St Ex] marché primaire ; **niche market** créneau ; **offshore market** zone franche bancaire, place financière extraterritoriale ; **oil market** marché pétrolier ; **open market** q v open market ; **option market** [St Ex] a) marché à primes ; b) marché des options négociables (MONEP) ; **order-driven market** [St Ex] marché régi par les ordres (marché qui assure le rapprochement des ordres boursiers) ; **organized market** [St Ex] marché organisé (d'options), marché de gré à gré ; **OTC market** *or* **over-the-counter market** (OTC) [St Ex] marché de gré à gré, marché hors cote, marché non réglementé ; **parallel (sterling) markets** [St Ex] (UK) marchés monétaires parallèles dans la Cité ; **perfect market** marché de concurrence pure et parfaite ; **physical market** marché au comptant ; **potential market** marché potentiel ; **price-driven-market** [St Ex] marché où les cours sont affichés par les teneurs de marché ; **primary market** [St Ex] marché primaire ; **private bill market** marché des effets privés ; **product market** marché des produits ; **profitable market** marché porteur ; **public bond market** marché des obligations d'Etat ; **quote-driven-market** [St Ex] marché où les cours sont affichés par les teneurs de marché ; **second market** [St Ex] (US) second marché ; **secondary market** [St Ex] marché secondaire ; **secondary (sterling) markets** [St Ex] (UK) marchés monétaires parallèles dans la Cité ; **securities market** [St Ex] marché des titres, marché des valeurs mobilières ; **seller's market** [St Ex] marché favorable au vendeur, marché acheteur ; **Single European Market** (SEM) Marché unique (UE) ; **soft market** marché peu actif ; **spot market** [St Ex] marché au comptant (JO), marché du disponible ; **SCP market** *or* **Sterling commercial paper market** (UK) marché des billets de trésorerie en sterling ; **stock index futures market** marché des contrats à terme d'indices boursiers ; **stock market** [St Ex] marché des valeurs mobilières, marché boursier ; **stock market evaluation** capitalisation boursière ; **straights market** marché des obligations à taux fixe ; **syndicated credit market** marché des crédits consortiaux ; **target market** marché cible ; **thin market** [St Ex] marché étroit, marché fermé, marché restreint ; **Third Market** [St Ex] (UK) Marché hors cote (1987-1990) ; **tight market** [St Ex] marché étroit ; **trade share option market** [St Ex] marché des options négociables ; **traded option market** [St Ex] marché des options négociables ; **transparent market** marché transparent ; **two-tier foreign exchange market** [St Ex] double marché des changes ; **two-tier gold market** [St Ex] double marché de l'or ; **Unlisted Securities Market** (USM) [St Ex] (UK) Second marché de la Bourse de Londres (1980-1994) ; **unofficial market** [St Ex] le marché hors cote ; **venture capital market** [St Ex] marché du capital-risque.

Δ **market abuses** pratiques commerciales abusives ; **market acceptance** acceptation du produit par le marché ; **market adjustment** [St Ex] corrections techniques, corrections dues au fonctionnement du marché ; **market behaviour** comportement du marché ; **market centre** [Fin] place boursière ; **market clearing** équilibre du marché ; **market collapse** effondrement du marché ; **market contraction** rétrécissement du marché ; **market conditions** état du marché ; **market demand** demande du marché ; **market development** évolution du marché ; **market disruption** déréglement du marché ; **market easing** détente sur le marché ; **market efficiency** efficacité des mécanismes de marché ; **market entry** entrée sur le marché ; **market exit** sortie du marché ; **market expansion** croissance du marché ; **market failure** défaillance du marché, échec des mécanismes de marché, inefficience du marché ; **market fluctuations** fluctuations du marché ; **market forces** forces du marché ; **market gains** gains de parts de marché ; **market globalization** intégration des marchés ; **market glut** saturation du marché ; **market growth** croissance du marché ; **market lead** or **market leadership** avance commerciale ; **market line** [Fin] droite de marché ; **market losses** pertes de parts de marché ; **market maker** [St Ex] q v market maker ; **market making** [St Ex] q v market making ; **market mechanism** mécanismes du marché ; **market niche** créneau ; **market operations** [St Ex] opérations boursières ; **market opportunities** possibilités offertes par un marché ; **market orientation** orientation par le marché ; **market participants** intervenants sur le marché ; **market penetration** pénétration du marché ; **market place** le marché ; **market position** [St Ex] position de place ; **market power** pouvoir de marché ; **market price** q v price ; **market price support** (MPS) soutien des prix du marché (SPM) ; **market rally** [St Ex] reprise du marché ; **market research** étude de marché ; **market rigging** [St Ex] manipulation du marché ; **market saturation** saturation du marché ; **market segment** compartiment du marché ; **market segmentation** segmentation du marché ; **market sentiment** climat sur le marché, situation du marché ; **market share** part de marché ; **market sharing** partage du marché ; **market signals** signaux envoyés par le marché ; **market size** taille du marché ; **market stabilization** assainissement du marché ; **market strengthening** raffermissement du marché ; **market structure** structure de marché ; **market support** soutien du marché ; **market survey** étude de marché ; **market tightening** apparition de tensions sur le marché ; **market trends** tendances du marché ; **market ups and downs** fluctuations du marché ; **market valuation** a) évaluation au prix du marché ; b) évaluation boursière.

market v to commercialiser, mettre sur le marché.

market-based adj [Eco] conforme aux lois du marché.

market-driven adj [Eco] grâce au jeu des mécanismes de marché.

market maker n [St Ex] teneur de marché (JO) * **gilt-edged market maker** (GEMM) (UK) spécialiste en valeurs du Trésor britannique.

market making n [St Ex] tenue de marché (JO).

market-oriented adj [Eco] qui favorise les mécanismes du marché.

market-related adj [Eco] conforme aux lois du marché.

market-sharing adj qui partage le marché.

marketable adj [Eco] marchand ; [Fin] négociable.

marketer n [Eco] * **free marketers** économistes libéraux.

Marxism n [Eco] Marxisme.

matching n rattachement (JO), adéquation * **matching of maturities** [Fin] accord des échéances ; **matching of supply and demand** [Eco] adéquation de l'offre et de la demande.

material n matière, tissu * **raw materials** matières premières.

material adj matériel, tangible.

materialize, materialise v se matérialiser, se concrétiser.

matrix n [Math] matrice * **Leontief matrix** [SCN] matrice de Leontief.

mature adj [Fin] arrivé à maturité.

mature v [Fin] arriver à échéance.

maturity n [Fin] maturité (d'un titre) ; durée (d'un crédit, d'un emprunt) * **to come to maturity** venir à échéance ; **to transform maturities** faire de la transformation (cf. banques) ; **at maturity** à échéance ; **average maturity** échéance ou durée moyenne ; **before maturity** avant échéance ; **initial maturity** échéance initiale ; **remaining** or **residual maturity** échéance résiduelle, durée de vie résiduelle.
Δ **maturity date** date d'échéance ; **maturity mismatch(ing)** non concordance des échéances ; **maturity profile** or **maturity structure** échéancier ; **maturity transformation** transformation des échéances.

maximax n [Math, Eco] maximax * **maximax criteria** critère du maxima.

maximin n [Math, Eco] maximin * **maximin criteria** critère du maximin.

maximization, maximisation n [Math, Eco] maximisation * **asset-growth maximization** maximisation de la croissance (de l'entreprise) ; **management-utility maximization** or **managerial utility maximization** maximization de la fonction d'utilité des dirigeants ;

maximize | 173 | **mechanize**

profit maximization maximisation du profit ; **utility maximization** maximisation de l'utilité.

maximize, maximise v [Math, Eco] maximiser.

maximum n maximum * **maximum de vraisemblance** [Stat] maximum likelihood.

maximum adj maximal, maximum.

MBS *mortgage-backed securities* (US) titres représentatifs de créances hypothécaires.

MC *marginal cost* coût marginal (Cm).

MCA *multi-creteria analysis* analyse multicritères (AMC).

MCAs *monetary compensatory amounts* montants compensatoires monétaires (MCM).

MCP *marginal cost pricing* tarification au coût marginal (TCM).

MDE *main developing economies* principales économies en développement (PED).

mean n [Math] moyenne (voir également *means*) * **arithmetic mean** moyenne arithmétique ; **geometric mean** moyenne géométrique ; **quadratic mean** moyenne quadratique ; **sample mean** moyenne de l'échantillon ; **weighted mean** moyenne pondérée.

mean adj moyen.

means n, plu moyens, possibilités, ressources (voir également *mean*) * **means of payments** [Eco] moyens de paiement ; **means of production** [Eco] moyens de production ; **means of subsistence** moyens de subsistance.

means-tested adj (allowance, benefit) soumis au contrôle des ressources.

measure n a) mesure, unité de mesure.
b) (economic policy) mesure, instrument, disposition * **austerity measures** mesures d'austérité ; **boosting measures** mesures de relance ; **deflationary measures** mesures déflationnistes ; **drastic measures** mesures draconiennes ; **emergency measures** mesures d'urgence ; **non-tariff measures** (NTM) mesures non tarifaires ; **official measures** mesures prises par les pouvoirs publics ; **retaliatory measures** [Eco int] mesures de rétorsion, mesures de représaille ; **stringent measures** mesures rigoureuses.

measure v mesurer.

measure up to v être au niveau de.

mechanical adj mécanique.

mechanism n mécanisme * **economic mechanism** [Eco] mécanisme économique ; **regulatory mechanism** [Eco, Fin] mécanisme de contrôle (cf. marchés financiers).

mechanization, mechanisation n machinisme, mécanisation.

mechanize, mechanise v mécaniser.

median n [Math] médiane, médiante, moyenne de position.

median adj [Math] moyen.

mediate v servir de médiateur, intercéder.

mediation n médiation.

mediator n médiateur (f- trice).

medicaid n (US) aide médicale pour les pauvres.

medical adj médical.

medicare n (US) assistance médicale aux personnes âgées.

medium n 1- moyen, intermédiaire * **medium of exchange** [Eco] moyen d'échange.
2- [Fin] (UK) **(plu) mediums** obligations *ou* bons du Trésor à moyen terme (5 à 15 ans).

medium adj moyen.

medium-term adj à moyen terme, de moyen terme.

meeting n réunion * **to call the meeting of shareholders** convoquer l'assemblée des actionnaires ; **meeting of creditors** assemblée des créanciers ; **annual general meeting** (AGM) assemblée générale annuelle des actionnaires, assemblée générale ordinaire (AGO) ; **extraordinary general meeting** (EGM) assemblée générale extraordinaire (AGE) ; **first meeting** [Acc] assemblée constitutive ; **general meeting** assemblée générale ; **ordinary general meeting** (OGM) assemblée générale ordinaire, assemblée générale annuelle des actionnaires (AGO).

member n 1- membre.
2- [Fin] actionnaire.
3- [St Ex] membre d'une bourse, société de bourse.

membership n 1- a) appartenance, adhésion * **to apply for membership** faire une demande d'adhésion ; **Finland's membership of the EU** l'appartenance de la Finlande à l'UE.
b) nombre d'adhérents.
2- [St Ex] charge d'agent de change.

memorandum n 1- bref rapport, note, circulaire * **placing memorandum** [Fin] memorandum de placement (donne des informations sur l'emprunteur).
2- [Jur] * **memorandum of association** (UK) acte constitutif de société.

mentality n mentalité * **inflationary mentality** comportement inflationniste.

MEPS *minimum efficient plant size* échelle minimale efficace (EME).

mercantile adj 1- marchand, commercial.
2- [Eco] mercantile.

Mercantilism n [Eco] Mercantilisme.

merchant n négociant, commerçant.

merchandise n marchandise(s).

merge v [Eco, Fin] fusionner.

merger n [Eco, Fin] fusion d'entreprises, concentration * **mergers and acquisitions** (M & A) fusions-acquisitions (F & A) ; **conglomerate merger** conglomérat ; **horizontal merger** concentration horizontale ; **vertical merger** concentration verticale.

merging n [Eco, Fin] fusion d'entreprises.

MESA *Mutual ECU Settlement Clearing System* regroupement de sept banques de l'UE pour mettre sur pied un système de compensation en ECU.

method n méthode * **accelerated depreciation method** [Acc] méthode de l'amortissement dégressif ; **accrual accounting method** [Acc] méthode de la comptabilité des engagements ; **annuity method** [Acc] méthode de l'amortissement progressif par annuité ; **benchmark method** [Fin] méthode de référence ; **compound interest method** [Fin] méthode d'amortissement progressif (méthode d'intérêts composés) ; **cost-price method** [Acc] méthode du coût majoré ; **sinking fund method** [Acc] méthode d'amortissement progressif (méthode du fonds d'amortissement) ; **straight-line (depreciation) method** (UK) [Acc] méthode de l'amortissement linéaire ; **written-down value method** [Acc] méthode de l'amortissement dégressif.

MFA *Multifibres Arrangement* accord multifibres (AMF).

MFN *most-favoured nation* nation la plus favorisée (NPF).

MGQ *maximum guaranteed quantity* quantité maximale garantie (QMG).

microeconomics n [Eco] microéconomie.

MICs *middle income countries* pays à revenu intermédiaire (PRI).

mid adj du milieu.

middle n milieu.

middle adj du milieu, moyen.

middle office n [St Ex] suivi de marché (JO).

middle-sized adj de taille moyenne.

middleman n intermédiaire.

mill n a) moulin ; b) usine ; c) (US) millième de dollar.

mine n 1- mine * **coal mine** mine de charbon.
2- [St Ex] **(plu) mines** valeurs minières.

minerals n, plu ressources minérales.

minimax n [Math] minimax (cf. théorie des jeux).

minimize, minimise v atténuer, minimiser.

minimum n minimum.

minimum adj minimum, minimal.

minor adj mineur, secondaire.

mint n hôtel de la Monnaie.

mint v frapper monnaie.

mintage n a) fait de frapper la monnaie ; b) frais de frappe.

minus n [Math] signe moins.

minus prep moins.

misalignement n [Eco] distorsions entre les taux de change.

misallocation n [Eco] mauvaise allocation des ressources.

misappropriate v [Jur] détourner des fonds.

misappropriation n [Jur] détournement de fonds * **misappropriation of corporate funds** abus de biens sociaux.

miscalculate v mal calculer.

miscalculation n erreur de calcul.

miscellaneous adj divers, varié.

misconduct n a) mauvaise conduite. b) mauvaise gestion.

mislead v tromper, abuser, induire en erreur.

misleading adj trompeur, fallacieux.

mismanage v mal gérer, faire des erreurs de gestion.

mismanagement n mauvaise gestion.

mismatch(ing) n inadéquation, manque de synchronisation * **mismatch(ing) of securities** [Fin] non concordance des échéances.

misprocurement n [Jur] contravention aux règles de passation des marchés publics.

mix n combinaison, panachage * **monetary fiscal policy mix** [Eco] dosage de mesures monétaires et budgétaires.

MLE *maximum likelihood estimator* estimateur du maximum de vraisemblance.

MMI *Major Market Index* indice pondéré des vingt plus importantes valeurs cotées sur l'*American Exchange* (AMEX).

MMMF *money market mutual fund* (US) fonds commun de placement en instruments à court terme du marché monétaire.

MMTC *multilateral exchange rate model* modèle multilatéral de taux de change.

MNC *multinational corporation* (UK) or *multinational corporation* (US) firme multinationale (FMN), mutinationale (MN).

MNE *multinational enterprise* (US) firme multinationale (FMN), mutinationale (MN).

mobile adj mobile.

mobility n mobilité * **mobility of capital** [Eco] mobilité du (facteur) capital ; **mobility of labour** [Eco] mobilité du (facteur) travail ; **geographical mobility** [Eco] mobilité géographique ; **occupational mobility** [Eco] mobilité professionnelle ; **social mobility** mobilité sociale.

mobilization, mobilisation n [Fin] mobilisation de capital.

mobilize, mobilise v [Fin] mobiliser du capital.

MOC *marginal operating costs* coûts marginaux d'exploitation.

mock-up n [Eco] maquette (utilisée en économétrie).

mode n 1- mode, moyen.
2- [Stat] moyenne de fréquence.

model n [Eco, Fin] modèle * **accelerator-multiplier model** oscillateur de Samuelson ; **adaptive (expectation) model** modèle fondé sur l'hypothèse de révision graduelle des anticipations ; **Black and Scholes model** modèle de Black and Scholes ; **capital asset pricing model** (CAPM) modèle d'équilibre des actifs financiers (MEDAF) ; **decision model** modèle décisionnel, modèle de politique économique ; **dynamic model** modèle dynamique ; **economic model** modèle économique ; **econometric model** modèle économétrique ; **General Equilibrium Model** (GEM) modèle d'équilibre général ; **global econometric model** (GEM) modèle économétrique mondial ; **incremental model** modèle marginaliste ; **internal-external balance model** modèle d'équilibre en économie ouverte ; **IS-LM model** modèle IS-LM ; **Modigliani-Miller's model** modèle de Modigliani-Miller ; **multilateral exchange rate model** (MMTC) modèle multilatéral de taux de change (cf. FMI) ; **multiregion econometric model** (MULTIMOD) modèle économétrique (MULTIMOD) ; **multisectoral general equilibrium model** modèle d'équilibre général multisectoriel ; **naive model** modèle simple ; **normative model** modèle normatif ; **portfolio balance model** modèle de portefeuille ; **profit maximization model** modèle de la maximisation du profit ; **purchasing power parity model** modèle des parités de pouvoir d'achat des monnaies ; **rational expectation model** modèle des anticipations rationnelles ; **Revised Minimum Standard Model** (RMSM) modèle macro-économique standard de la Banque mondiale ; **stock adjustment model** modèle de portefeuille à l'état d'équilibre ; **Walrasian model** modèle de Walras, modèle de l'équilibre général.
Δ **model building** modélisation.

modernization, modernisation n modernisation.

modernize, modernise v moderniser.

modest adj léger, faible.

MOF *multi-option facility* ligne d'euro-crédit à options multiples (MOF *ou* MOFF).

MOFF *multi-option financial facility* ligne d'euro-crédit à options multiples (MOFF *ou* MOF).

moment n [Stat] moment * **second order moment** moment de second ordre.

momentum n 1- élan, lancée, dynamisme * **to gain momentum**

prendre de la vitesse, prendre de l'ampleur ; **to gather momentum** prendre de la vitesse, prendre de l'ampleur ; **to lose momentum** s'essoufler.
2- [Fin, St Ex] indicateur avancé.

monetarism n [Eco] monétarisme.

monetary adj monétaire.

monetization, monetisation n [Eco] monétisation * **monetization of the public debt** financement du deficit budgétaire par création monétaire.

monetize, monetise v [Eco] monétiser * **to monetize public deficits** monétiser les déficits publics, financer les déficits publics par création monétaire.

money n [gen, Eco, Fin] argent, monnaie * **to handle money** manipuler de l'argent ; **money at call** argent au jour le jour ; **money of account** monnaie de compte ; **money of exchange** monnaie d'échange ; **money on call** argent au jour le jour ; **at the money** à parité (JO) ; **in money terms** en termes nominaux ; **in the money** dans le cours (JO) ; **out of the money** hors du cours (JO) ; **active money** [Eco] encaisses actives ; **bank money** monnaie scripturale ; **base money** base monétaire ; **black money** argent non déclaré au fisc ; **broad money** monnaie au sens large ; **call money** a) (UK) argent au jour le jour, prêts à très court terme (d'un jour à une semaine) des banques commerciales aux maisons d'escompte ; b) (US) argent au jour le jour prêté aux agents de change ; **central bank money (CBM)** monnaie banque centrale ; **cheap money (policy)** (politique de l') argent à bon marché ; **checkbook money** (US) dépôts sur les comptes bancaires ; **commodity money** monnaie-marchandise ; **day-to-day money** argent au jour le jour ; **dead money** argent improductif ; **dear money (policy)** (politique de l') argent cher ; **demand money** argent au jour le jour ; **deposit money** monnaie scripturale ; **easy money (policy)** (politique de l') argent facile ; **electronic money** monnaie électronique ; **endogenous money** monnaie interne (monnaie émise en contrepartie des créances sur l'économie) ; **fiat money** monnaie à cours forcé ; **fiduciary money** monnaie fiduciaire ; **fresh money** crédit additionnel (JO) (crédit nouveau accordé à un PVD dans le cadre de la restructuration de sa dette) ; **green money** monnaie verte (cf. montants compensatoires de l'UE) ; **high-powered money** encaisse active, monnaie active, base monétaire ; **hot money** capitaux flottants (JO), capitaux spéculatifs ; **hush money** pot de vin ; **idle money** encaisses inactives, monnaie oisive ; **inactive money** encaisses oisives, encaisses thésaurisées, monnaie oisive ; **inside money** monnaie interne ; **narrow money** monnaie au sens étroit, monnaie *stricto sensu* ; **near money** quasi-monnaie ; **new money** crédit de restructuration (JO) ; **outside money** monnaie externe ; **overnight money** argent au jour le jour ; **paper money** monnaie papier, monnaie fiduciaire ; **plastic money** monnaie électronique ; **public money** deniers publics ; **quick money** argent au jour le jour ; **security money** (UK) devise-titre ; **seed money** capital de démarrage, financement initial ; **slack money** argent facile ; **smart money** carte de crédit ; **tight money (policy)** (politique de l') argent cher ; **token money** monnaie fiduciaire ; **transaction money** encaisses actives, encaisses de transaction ; **unactive money** encaisse inactive.

Δ **money circulation** circulation monétaire ; **money creation** création monétaire ; **money erosion** érosion monétaire ; **money equivalent** contre valeur ; **money illusion** illusion monétaire ; **money laundering** blanchiment des capitaux ; **money masters** grands argentiers ; **money rate** taux de l'argent ; **money rate of interest** taux d'intérêt nominal ; **money stock** masse monétaire (au sens strict), monnaie *stricto sensu* ; **money supply** masse monétaire ; **money target** objectif monétaire ; **money trap** trappe à monnaie, trappe à liquidités ; **money tokens** signes monétaires.

money-like adj quasi monétaire.

moneymaker n a) personne qui sait faire de l'argent ; b) entreprise lucrative.

moneymaking adj lucratif.

moneyness n [Eco] degré de liquidité.

monies n, plu [Eco] disponibilités monétaires * **near monies** disponibilités quasi monétaires.

monitor v contrôler, assurer le suivi.

monitoring n contrôle, suivi * **project monitoring** suivi de projet.

monometallism n [Eco] monométallisme.

monopolist n [Eco] monopoleur.

monopolistic adj [Eco] monopolistique.

monopoly n [Eco] monopole * **absolute monopoly** monopole absolu ; **almost monopoly** quasi-monopole ; **bilateral monopoly** monopole bilatéral ; **buyer's monopoly** monopsone ; **complete monopoly** monopole parfait ; **discriminating monopoly** monopole à prix différenciés ; **imperfect monopoly** monopole imparfait, quasi-monopole ; **natural monopoly** monopole naturel ; **near monopoly** quasi-monopole ; **state monopoly** monopole d'Etat.

monopsony n [Eco] monopsone.

moonlighter n personne travaillant au noir.

moonlighting n travail au noir.

mop up v a) éponger les liquidités ; b) résorber le chômage.

mortgage n [Fin] a) hypothèque * **first mortgage** *or* **first-recorded mortgage** hypothèque de premier rang ; **junior mortgage** hypothèque de second *ou* dernier rang ; **overlying mortgage** hypothèque de second rang.
b) prêt hypothécaire, emprunt hypothécaire * **adjustable rate mort-**

gage (ARM) (US) prêt hypothécaire à taux variable ; **closed-end mortgage** prêt hypothécaire plafonné ; **flexible rate mortgage** (US) prêt hypothécaire à taux variable ; **open-end mortgage** (US) prêt hypothécaire non plafonné ; **variable rate mortgage** (US) prêt hypothécaire à taux variable.

mortgage v [Jur] hypothéquer.

mortgagee n [Jur] créancier hypothécaire * **junior mortgagee** créancier de second rang.

mortgager, mortgagor n [Jur] débiteur hypothécaire.

mothball v geler les capacités de production.

movable, moveable adj [Jur] meuble.

movables, moveables n, plu [Jur] biens meubles.

move up v augmenter, progresser, se redresser.

movement n movement, fluctuation * **cyclical movements** [Eco] mouvements conjoncturels ; **downward movement** movement à la baisse ; **free movement of capital** [Eco] libre circulation des capitaux ; **free movement of goods and services** [Eco] libre circulation des biens et des services ; **free movement of labour** [Eco] libre circulation de la main-d'œuvre ; **jerky movements** fluctuations en dents de scie ; **long-term movements** mouvements *ou* fluctuations de longue durée ; **natural movement of the population** mouvement naturel de la population ; **upward movement** movement à la hausse.

MPC *marginal propensity to consume* propension marginale à consommer (PMaC).

MPI *marginal propensity to import* propension marginale à importer.

MPP *marginal physical product* produit *ou* productivité marginale (physique) (Pm).

MPS 1- *marginal propensity to save* propension marginale à épargner (PMaS).
2- *market price support* soutien des prix du marché (SPM).

MR *marginal revenue* recette marginale (Rm).

MRP *marginal revenue product* produit marginal en valeur.

MRS *marginal rate of substitution* taux marginal de substitution (TMS).

MSE *minimal mean square error* erreur quadratique moyenne minimale.

MTFS *Medium-Term Financial Strategy* (UK) Stratégie financière à moyen terme (SFMT).

MTN 1- *medium-term note* bon à moyen terme négociable (BMTN).
2- *Multilateral Trade Negotiations* négociations commerciales multilatérales (NCM).

multi-centered adj polycentrique.

multi-tier adj différencié.

multi-year adj pluriannuel.

multicurrency n multidevise (JO).

multilateral adj multilateral.

multilateralism n [Eco int] multilatéralisme.

MULTIMOD *multiregion econometric model* modèle économétrique MULTIMOD.

multinational n multinationale, firme multinationale.

multinational adj multinational.

multiple n multiple * **price-earnings multiple** [Fin] coefficient de capitalisation des résultats (CCR) (JO).

multiplier n [Eco] multiplicateur * **budget mutiplier** multiplicateur des dépenses publiques ; **deposit multiplier** multiplicateur de crédit ; **employment multiplier** multiplicateur de l'emploi ; **export (balance) multiplier** multiplicateur du commerce extérieur, multiplicateur des exportations ; **fiscal multiplier** multiplicateur budgétaire ; **foreign trade multiplier** multiplicateur du commerce extérieur ; **government expenditure multiplier** multiplicateur des dépenses publiques ; **income multiplier** multiplicateur du revenu ; **investment multiplier** mutiplicateur d'investissement ; **keynesian multipliers** multiplicateurs keynésiens ; **money multiplier** multiplicateur monétaire, multiplicateur de crédit ; **trade balance multiplier** multiplicateur du commerce extérieur.
Δ **multiplier effect** effet multiplicateur ; **multiplier principle** principe du multiplicateur.

multisectoral adj plurisectoriel.

munis n, plu [Fin, St Ex] (US) obligations émises par les collectivités locales (encore appelées municipal bonds).

mushroom v proliférer.

mutualization of risk n [Fin] mutualisation du risque.

N

NAFTA *North American Free Trade Area* Accord de libre échange nord américain (ALENA).

NAIRU *non-accelerating inflation rate of unemployment* taux de chômage non accélérateur de l'inflation (NAIRU).

name n 1- appellation, dénomination, nomenclature * **name of securities** nomenclature des titres ; **brand name** marque de fabrique ; **corporate name** raison sociale ; **registered trade name** marque déposée.
2- [Fin] * **lesser name** signature de second rang.
Δ **Name day** [St Ex] deuxième jour de la liquidation (le nom de l'acheteur est communiqué au vendeur).

narrow adj (market) étroit, restreint.

narrowly-defined adj [Eco] (money supply) au sens étroit.

narrowness n étroitesse * **narrowness of the market** étroitesse du marché.

NASD *National Association of Securities Dealers* (US) Association des négociants de titres sur le marché de gré à gré.

NASDAQ *National Association of Securities Dealers Automated Quotations* (US) marché NASDAQ (marché boursier pour les entreprises innovantes à forte croissance ; q v NASD).

nation n nation * [Eco int] **most favoured nation** (MFN) nation la plus favorisée (NPF) ; **most-favoured nation clause** (MFN clause) clause de la nation la plus favorisée.

national n ressortissant * **foreign nationals** ressortissants étrangers.

national adj national, du pays, interne.

nationalism n nationalisme.

nationalization, nationalisation n nationalisation.

nationalize, nationalise v nationaliser.

nationwide adj à l'échelon national.

NAWRU *non-accelerating wage rate of unemployment* taux de chômage non accélérateur des salaires (NAWRU).

NBFIs *non-bank financial intermediaries* intermédiaires financiers non bancaires.

NCC *non-convertible currency* monnaie non convertible (MNC).

NCI *New Community Instrument* nouvel instrument communautaire (NIC).

NCS *net capital stock* stock de capital net.

NEC *new(ly) exporting countries* nouveaux pays exportateurs.

Ned *non-executive director* administrateur qui n'exerce une fonction qu'au sein du conseil d'administration.

NEDC *National Economic Development Council* (UK) Conseil national du développement économique (1962-1992).

need n [gen, Eco] besoin * **basic human needs** besoins essentiels de l'être humain ; **financial needs** [SCN, Acc] besoin de financement.

need v avoir besoin de.

negative adj négatif.

negotiability n [Fin] négociabilité.

negotiable adj [Fin] négociable.

negotiate v négocier.

negotiation n négociation * **Multilateral Trade Negotiations** (MTN) négociations commerciales multilatérales (NCM) ; **trade negotiations** négociations commerciales.

neoclassical adj [Eco] néo-classique.

neoKeynesians n, plu économistes néokeynésiens, néokeynésiens.

net adj [Eco] net par opposition à *brut*.

netting n [Fin] compensation monétaire de groupe (JO) * **netting out of positions** [St Ex] compensation de positions ; **currency netting** compensation des devises pour déterminer la position de change d'un groupe.

network n réseau.

networking n constitution de réseaux.

neutral adj neutre * **fiscally neutral** a) [Eco] sans incidence budgétaire ; b) [Fisc] sans incidence fiscale.

neutrality n neutralité * **fiscal neutrality** [Fisc] neutralité fiscale.

neutralize, neutralise v neutraliser.

New Deal (US) New Deal.

NGO *non-governmental organisation* organisation non gouvernementale (ONG).

NHS *National Health Service* (UK) Service de Santé, Sécurité sociale.

NIC *Newly Industrialising* (or *industrialized*) *Country* nouveau pays industriel (NPI).

niche n créneau.

NIEs *newly industrializing* (or *industrialized*) *economies* nouvelles économies industrielles (NEI).

NIEO *New International Economic Order* Nouvel ordre économique international (NOEI).

NIF *note issuance facility* facilité d'émission de billets (NIF).

nifty fifty n [St Ex] (US) valeurs boursières vedettes (les 50 premières valeurs américaines de premier ordre).

NIT *negative income tax* impôt négatif sur le revenu (INR).

NMS 1- *National Market System* (US) marché de gré à gré américain géré par la NASD.
2- *normal market size* (UK) quotité normale de transactions établie pour chaque valeur boursière (système introduit en 1991 pour remplacer la classification alpha, bêta, gamma et delta).

NNI *net national income* revenu national net.

NNP *net national product* produit national net (PNN).

NODC *non-oil developing country* pays en développement non pétrolier (PDNP), pays en développement non producteur de pétrole.

nominal adj [Eco] nominal.

nominate v 1- nommer, désigner, proposer.
2- [St Ex] désigner comme mandataire.

nominee n 1- [Jur] bénéficiaire.
2- [St Ex] mandataire.

non-accommodating adj [Eco] qui n'accompagne pas la conjoncture.

non-active adj en sommeil.

non-affiliated adj non affilié.

non-apportionable adj non distribuable.

non-assessable adj [Fisc] non imposable.

non-available adj non disponible.

non-bank adj [Eco] non bancaire.

non-binding adj non contraignant.

non-budgetary adj [Eco] extra budgétaire.

non-callable adj [Fin] non remboursable *ou* non amortissable par anticipation.

non-convertible adj [Eco] non convertible.

non-cumulative adj non cumulatif.

non-durable adj [Eco] non durable.

non-financial adj [Eco] non financier.

non-inflationary adj [Eco] non inflationniste.

non-interest-bearing adj [Eco] qui ne rapporte pas un intérêt, non rémunéré.

non-listed adj [St Ex] non coté.

non-marketable adj [Fin] non négociable.

non-monetary adj [Eco] non monétaire.

non-negotiable adj [Fin] non négociable.

non-paper based adj [Fin] sans support papier.

non-price adj [Eco] hors prix.

non-productive adj [Eco] non productif.

non-profit-making adj a) sans but lucratif ; b) qui ne dégage pas de bénéfice.

non-quoted adj [St Ex] non coté.

non-recurring adj exceptionnel.

non-resident adj [Eco] non résident.

non-targeted adj indifférencié.

non-tariff adj [Eco int] non tarifaire.

non-taxable adj [Fisc] non imposable.

non-tradable adj (US) [Eco] qui ne fait pas l'objet d'échanges internationaux.

non-tradeable adj q v non tradable.

non-transferable adj [Jur, Fin] nominatif.

non-variable adj fixe.

non-voting adj [Jur, Fin] sans droit de vote.

non-wage adj non salarial.

noncoverage n [Stat] défaut de couverture.

nondurables n, plu [Eco] biens non durables.

nonresident n [Eco] non-résident.

normalization, normalisation n normalisation.

normalize, normalise v normaliser.

normative adj normatif.

NOS *net operating surplus* a) [SCN] excédent net d'exploitation ; b) [Acc] solde d'exploitation.

nosedive v (prices, stockprices) être en chute libre.

note n 1- note.
2- [Eco] billet * **notes and coins** billets et pièces en circulation ; **outstanding notes** billets en circulation.
3- [Fin] a) billet souvent à court terme et à intérêt variable ; b) obligation d'une durée de vie inférieure à 10 ans ; c) bon du Trésor, * **capped convertible note** billet à ordre convertible ; **corporate note**s bons de caisse à moyen terme ; **deposit note** bon de caisse ; **euro-medium-term notes** (EMTN) billets à moyen terme négociables ; **euro notes** obligations libellées en eurodevises et qui s'échangent sur les euromarchés ; **floating rate note** (FRN) obligation à taux variable (taux indexé sur un taux d'intérêt de référence, le LIBOR par exemple) ; **medium-term note** (MTN) bon à

moyen terme négociable (BMTN) (JO) ; **municipal notes** (US) emprunts des collectivités locales ; **perpetual floating rate notes** titres subordonnés à durée indéterminée (TSDI) ; **promissory note** billet à ordre ; **quasi-equity notes** obligations assimilées à des actions ; **rolling note** billet à court terme et dont le taux variable est révisé mensuellement ; **short-term note** bon de caisse ; **term note** effet *ou* billet à terme ; **Treasury note** (US) bon du Trésor à court et moyen terme ; **variable rate note** obligation à taux indexé sur un taux d'intérêt de référence comme le PIBOR.
4- [Acc] a) effet ; b) (US) traite, lettre de change * **notes payable** (US) effets à payer ; **notes receivable** (US) effets à recevoir ; **notes to be collected** effets à encaisser ; **accommodation note** effet *ou* traite de complaisance.

notice n * **notice of (tax) assessment** [Fisc] avertissement.

notional n [Fin] notionnel (cf. contrat à terme).

notional adj [Fin] fictif.

nought n zéro.

novation n [Jur] novation.

NOW *negotiable on withdrawal* q v account.

NPE *non-financial public enterprise* entreprise publique non financière (EPN).

NPV *net present value* valeur actuelle nette (VAN).

NSA *not seasonally adjusted* non désaisonnalisées (cf. données).

NTB *non-tariff barrier* barrière non tarifaire.

NTM *non-tariff measures* mesures non tarifaires.

number n [Math] nombre, chiffre * **even number** nombre pair ; **odd number** nombre impair ; **random number** nombre aléatoire ; **round numbers** chiffres ronds.

numeraire n [Eco] numéraire.

NVA *net value added* valeur ajoutée nette.

NYFE *New York Futures Exchange* marché à terme des instruments financiers de la Bourse de New York (NYFE).

NYMEX *New York Mercantile Exchange* Bourse de commerce de New York (NYMEX).

NYSE *New York Stock Exchange* Bourse de New York (NYSE) (située dans Wall Street).

O

OAPEC *Organization of Arab Petroleum Exporting Countries* Organisation des pays arabes exportateurs de pétrole (OPAEP).

objective n objectif * **long-term objective** objectif de long terme ; **overriding objective** objectif prioritaire ; **qualitative objective** objectif qualitatif ; **quantitative objective** objectif quantitatif ; **short-term objective** objectif de court terme.

OBS *off-balance-sheet* hors bilan.

OBSF *off-balance-sheet financing* financement hors bilan.

obsolescence n 1- [Eco] obsolescence, désuétude.
2- [Acc] dépréciation pour vétusté.

obsolete adj obsolète, vétuste, vieilli.

OBU *offshore banking unit* établissement bancaire extraterritorial.

OCC *Office of the Comptroller of the Currency* (US) Office du contrôle de la monnaie (un des organes de surveillance du système bancaire).

occupation n a) occupation ; b) profession * **what is your occupation** quel est votre métier ?.

occupational adj professionnel, socioprofessionnel.

OCT *overseas countries and territories* pays et territoires d'outre-mer (PTOM).

odd adj impair.

odds n, plu probabilités, chances.

OECD *Organisation for Economic Cooperation and Development* Organisation de coopération et de développement économique (OCDE).

OEEC *Organisation for European Economic Cooperation* Organisation européenne de coopération économique (OECE).

off prep hors.

off-balance sheet (OBS) **adj** hors bilan.

off-board adj [St Ex] (US) hors cote.

off-budget adj (US) hors budget.

off-market adj [St Ex] hors marché.

off-peak adj aux heures creuses.

off-prime adj [Fin] (US) inférieur au taux de base offert aux clients privilégiés.

off the books [Acc] non comptabilisé.

off the floor [St Ex] hors marché.

offer n 1- offre, proposition.
2- [Fin, St Ex] émission * **offer for exchange of stock** offre publique d'échange (OPE) ; **offer for sale** offre publique de vente ; **exchange offer for shares** offre publique d'échange (OPE).

offeree n 1- destinataire d'une offre.
2- [St Ex] société visée par une OPA.

offering n [Fin, St Ex] émission * **bellwether offering** émission phare ; **debt offering** émission obligataire ; **exchange offering** offre de conversion de titres ; **external offering** émission à l'étranger ; **mixed public offering** offre publique mixte ; **public offering** a) appel public à l'épargne (APE) ; b) offre publique de vente (OPV) ; **rights offering** émission de droits de souscription.

offeror n 1- auteur d'une offre.
2- [St Ex] société initiatrice d'une OPA.

office n a) bureau, direction * **Office of Fair Trading** (OFT) (UK) Direction de la concurrence et des prix ; **Office of the Comptroller of the Currency** (OCC) (US) Office du contrôle de la monnaie (un des organes de surveillance du système bancaire) ; **Office of the European Statistics** (SOEC) Office statistique des Communautés européennes (Eurostat) ; **European Patent Office** (EPO) Office européen des brevets (OEB) ; **Serious Fraud Office** (SFO) (UK) Bureau de la répression des fraudes financières ; **Trading Standards Office** (US) Direction de la concurrence et des prix.
b) fonction, poste.

officer n responsable, dirigeant * **chief executive officer** (CEO) directeur général (DG) ; **compliance officer** q v compliance ; **customs officer** douanier ; **tax officer** agent du fisc.

official n a) haut fonctionnaire, représentant officiel ; b) **(plu) officials** milieux officiels * **high-level official** haut fonctionnaire.

official adj officiel, public.

offset v compenser, contrebalancer.

offsetting adj qui compense, qui neutralise, compensatoire.

offshore adj extra-territorial (JO), délocalisé.

offshore place n place extra-territoriale (JO).

OFT *Office of Fair Trading* (UK) Direction de la concurrence et des prix.

OGM *ordinary general meeting* assemblée générale ordinaire (AGO), assemblée générale annuelle des actionnaires.

oil n 1- pétrole * **crude oil** pétrole brut.
2- [St Ex] **(plu) oils** valeurs pétrolières.

OJT *on-the-job training* formation sur le tas.

oligopolistic adj [Eco] oligopolistique.

oligopoly n [Eco] oligopole * **bilateral oligopoly** oligopole bilatéral ; **imperfect oligopoly** oligopole imparfait ; **perfect oligopoly** oligopole parfait.

oligopsony n [Eco] oligopsone.

OLS *ordinary least squares* moindres carrés ordinaires (MCO).

OMA *orderly marketing arrangement* accord de commmercialisation ordonnée.

OMO *open market operation* opération d'open market.

omnibus adj de portée générale, global.

on-off adj à effet immédiat.

once-for-all adj à caractère définitif, exceptionnel.

OOP *other oil producers* autres pays producteurs de pétrole (hors OPEP).

OPEC *Organisation of Petroleum Exporting Countries* Organisation des pays exportateurs de pétrole (OPEP).

open v 1- ouvrir.
2- [St Ex] coter à l'ouverture, ouvrir.

open-end(ed) adj (US) 1- ouvert, modifiable.
2- [Fin] d'un montant indéfini, à capital variable.

open interest n [St Ex] position de place (cf. marchés à terme).

open market n [Eco] a) marché concurrentiel, marché ouvert.
b) interventions de la banque centrale sur le marché monétaire.
Δ **open market operation** (OMO) opération d'open market.

open to bids adj [St Ex] opéable.

open to close [St Ex] durant la séance.

open up v ouvrir * **to open up a new plant** implanter une nouvelle usine.

opening n a) ouverture, début.
b) débouché, créneau * **there are new openings for high-tech industries** il y a de nouveaux débouchés pour les industries de haute technologie.

opening adj initial, d'ouverture, de début d'exercice.

opening up n ouverture * **opening up of domestic markets** [Eco] ouverture des marchés nationaux ; **opening up of financial markets** [Fin] décloisonnement des marchés de capitaux.

openness n [Eco, Eco int] degré d'ouverture d'une économie sur l'étranger.

operate v a) faire marcher, faire fonctionner * **the member-states operate a common external tariff** les Etats-membres font fonctionner un tarif extérieur commun.
b) jouer * **new factors operated** de nouveaux facteurs ont joué.
c) prendre effet * **the VAT increase will operate from 1st August** l'augmentation de la TVA entrera en vigueur le 1er août.

operating adj 1- [Fin pub] de fonctionnement.
2- [Acc] d'exploitation.

operation n 1- marche, fonctionnement * **the operation of market forces** [Eco] le jeu des mécanismes de marché.
2- [Eco, Fin] opération, transaction * **operations on capital account** opérations en capital (cf. BDP) ; **operation on current account** opération courante (cf. BDP) ; **bank operations** opérations bancaires ; **bridging operation** [Fin] opération relais ; **cross-border operations** opérations avec l'étranger, opérations transfrontières ; **current operation** opération courante (cf. BDP) ; **financial operations** [SCN, Acc] opérations financières ; **hedging operation** opération de couverture ; **lending operation** opération de crédit ; **outright operation** opération sèche ; **stock exchange operations** opérations boursières ; **triangular operations** opérations triangulaires.

operator n 1- opérateur (**f** -trice), standardiste.
2- [St Ex] opérateur.

opponent n adversaire, opposant.

opportunity n occasion, perspective, condition favorable * **equal employment opportunity** égalité des chances devant l'emploi ; **equal opportunities** égalité des chances.

opposite adj opposé, contraire.

opt v * **to opt to do st** choisir de faire qch.

opt in v choisir de participer à.

opt out v choisir de ne pas participer à.

optimal adj optimal, optimum.

optimality n [Eco] optimum * **Pareto optimality** optimum de Pareto.

optimization, optimisation n [Math, Eco] optimisation.

optimum n [Eco] optimum * **second-best optimum** optimum de second rang.

option n 1- choix, option.
2- [Fin, St Ex] option * **to exercise an option** exercer une option ; **to exercise an option right** exercer le droit rattaché à l'option ; **option in** option à barrière activante ; **option out** option à barrière désactivante ; **option to buy** option d'achat ; **option to double** option du double ; **option to purchase** option d'achat ; **option to sell** option de vente ; **option to repurchase** réméré ; **American option** option à l'américaine ; **at-the-money option** option à parité ; **buyer's option** option d'achat ; **buyer's option to double** option du double à l'achat ; **call-of-more option** option du double à l'achat ; **call option** option d'achat (JO) ; **conversion option** option de conversion ; **currency option** option de change, option sur devises ; **equity option** option sur actions ; **European option** option à l'européenne ; **exchange option** option de change ; **extinguishable option** option à barrière ; **floating strike option** option dont prix d'exercice est égal à la

moyenne du sous-jacent durant la période ; **foreign currency option** or **foreign exchange option** option de change ; **forward option** option sur terme ; **futures option** option sur contrats à terme (JO) ; **in-the-money option** option en dedans, option dans le cours ; **index options** options sur indice boursier ; **interest-rate option** option sur taux d'intérêt ; **lock-up option** option d'achat sur les actifs d'une société visés par l'initiateur d'une OPA ; **lookback option** option pour laquelle le détenteur a le droit de choisir, à l'échéance, le prix d'exercice le plus avantageux ; **marketable option** option négociable ; **naked option** option vendue à découvert ; **out-of-the money option** option en dehors, option hors du cours ; **put-of-more option** option du double à la vente ; **put option** option de vente (JO) ; **seller's option** option de vente ; **seller's option to double** option du double à la vente ; **share option** option sur actions ; **stock options** options de souscription (cf. intéressement des salariés) ; **stock option plan** plan d'options sur titres (JO) ; **traded options** options négociables ; **uncovered option** option vendue à découvert ; **zero premium option** option (de change) à prime zéro.

Δ **option buyer** acheteur de l'option ; **option contract** contrat d'option ; **option right** droit attaché à l'option ; **option seller** vendeur de l'option.

order n 1- a) ordre, commandement ; b) commande ; c) ordonnancement * **New International Economic Order** (NIEO) Nouvel ordre économique international (NOEI).

2- [Fin] mandat * **money order** mandat ; **postal order** mandat postal ; **standing order** virement permanent.

3- [St Ex] ordre (de Bourse) * **order at best** ordre au mieux ; **order at closing price** ordre au dernier cours ; **order at market price** ordre au prix du marché ; **order at the opening** ordre au premier cours ; **order for the account** or **order for the settlement** ordre à terme ; **order valid for one day** or **order valid today** ordre valable jour ; **all or none order** (AON) ordre tout ou rien ; **at best order** au mieux ; **at the close order** ordre au dernier cours ; **at the opening order** ordre au premier cours ; **day order** ordre valable ce jour ; **buying order** ordre d'achat ; **contingent order** ordre lié ; **fill or kill order** (FOK) ordre "tout ou rien" ; **good till** (or **until**) **cancelled order** (GTCO) ordre à révocation ; **good-through month order** ordre valable jusqu'à la fin du mois ; **good through order** ordre à validité limitée ; **good-through week order** ordre valable jusqu'à la fin de la semaine ; **limit order** ordre à cours limite ; **market order** ordre "au mieux" ; **matched order** ordre "d'abord et ensuite" ; **near order** ordre "environ" ; **no limit order** ordre "au mieux" ; **open order** a) ordre au mieux, b) (US) ordre environ ; **option order** ordre à prime ; **OTC orders** ordres sur le marché de gré à gré ; **quick turn order** ordre d'arbitrage ; **selling order** ordre de vente ; **split order** ordre fractionné ; **stop-loss order** or **stop order** ordre stop.

Δ **order matching** [St Ex] rapprochement des ordres.

order v a) ordonner, commander, donner un ordre.
b) passer commande.

orderly adv régulier, sans à-coups.

ordinary adj courant, ordinaire.

organization, organisation n organisation, organisme * **Organisation for Economic Cooperation and Development** (OECD) Organisation de coopération et de développement économique (OCDE) ; **Organisation for European Economic Cooperation** (OEEC) Organisation européenne de coopération économique (OECE) ; **Organization for Trade Cooperation** (OTC) Organisation pour la coopération commerciale ; **Organization of Arab Petroleum Exporting Countries** (OAPEC) Organisation des pays arabes exportateurs de pétrole (OPAEP) ; **Organisation of Petroleum Exporting Countries** (OPEC) Organisation des pays exportateurs de pétrole (OPEP) ; **Food and Agriculture Organisation** (FAO) Organisation pour l'alimentation et l'agriculture ; **International Labour Organisation** (ILO) a) Bureau International du Travail (BIT) ; b) Organisation internationale du travail (OIT) ; **International Organization of Securities Commissions** (IOSCO) Organisation internationale des commissions de valeurs (OICV) ; **International Trade Organisation** (ITO) Organisation internationale du commerce (OIC) (was never set up) ; **Life Assurance and Unit Trust Regulatory Organization** (LAUTRO) (UK) Organisme professionnel de tutelle qui contrôle l'assurance, les FCP et les OPCVM ; **non-governmental organisation** (NGO) organisation non gouvernementale (ONG) ; **self-regulatory organisation** (SRO) (UK) organisme professionel de tutelle (Bourse de Londres) ; **trade organisation** organisation professionnelle ; **United Nations Organisation** (UNO) Organisation des Nations unies (ONU) ; **World Health Organisation** (WHO) Organisation mondiale de la santé (OMS) ; **World Intellectual Property Organization** Organisation mondiale de la propriété intellectuelle (OMPI) ; **World Trade Organisation** (WTO) Organisation mondiale du commerce (OMC).

Δ **organisation chart** organigramme.

organizational, organisational adj organisationnel, d'organisation.

organize, organise v organiser, agencer.

organized, organised adj organisé.

oriented adj axé sur, orienté sur.

origin n origine.

original adj d'origine.

OSA *Overseas Sterling Area* zone sterling.

OSB *official settlement balance* balance des règlements officiels.

OT's *overseas territories* territoires d'outre-mer (TOM).

OTC 1- *Organization for Trade Cooperation* Organisation pour la coopération commerciale.
2- *over-the-counter* de gré à gré, hors cote.

other things being equal [Eco] toutes choses égales par ailleurs, *ceteris paribus*.

outbalance v dépasser, être plus important que, l'emporter sur.

outbid v enchérir sur, surenchérir.

outbidding n [Fin] surenchère.

outbreak n déclenchement, vague, poussée * **the outbreak of inflationary pressures** déclenchement de pressions inflationnistes.

outcry n cri * **open outcry** [St Ex] cotation à la criée (cf. bourses de marchandises et marchés à terme).

outdated adj dépassé, archaïque.

outflow n 1- sortie de fonds.
2- [Eco] sortie de capitaux * **net outflow** sortie nette de capitaux.
3- [Acc] décaissement.

outgoings n, plu sorties d'argent, dépenses.

outlay n 1- dépense, frais.
2- [SCN] dépense en capital * **budget outlays** dépenses budgétaires.

outlet n débouché, marché.

outlook n perspective d'évolution * **economic outlook** perspectives économiques.

outmarket v battre une entreprise sur le marché.

outpace v aller plus vite que, distancer.

outperform v [St Ex] (security) se comporter mieux que les autres valeurs, être plus performant que.

outplacement n reclassement de cadres à la recherche d'un emploi.

output n [Eco] a) extrant ; b) production * **output of industries** [SCN] production marchande ; **output per capita** [Eco] production par tête ; **output per manday** [Eco] rendement journalier par ouvrier ; **output per manhour** [Eco] productivité horaire ; **output per man-year** [Eco] production par année-personne ; **actual output** production effective ; **gross output** produit brut, production brute ; **gross output of industries** [SCN] production des branches d'activité marchandes ; **gross output of producers of other goods and services** [SCN] production des branches non marchandes ; **national output** production nationale ; **net domestic output** [SCN] produit intérieur net (PIN) ; **net output** produit net, production nette ; **total output** production globale.

outright adj [St Ex] ferme, sans condition.

outrun v dépasser, l'emporter sur.

outsell v a) vendre davantage ; b) se vendre mieux que.

outsourcing n [Eco] externalisation d'une partie de la production ou d'une autre activité.

outstanding adj 1- exceptionnel, de premier ordre.
2- [Fin, Acc] restant dû, à recouvrer.

outstrip v dépasser, l'emporter sur.

over-capitalization n [Fin] surcapitalisation.

over-fulfill n dépassement des objectifs.

over-geared adj [Fin] surendetté.

over-indebtedness n [Eco int] surendettement.

over-the-counter (OTC) [St Ex] hors cote, de gré à gré.

overaccumulation n [Eco] suraccumulation (du capital).

overall adj général, global.

overcapacity n [Eco] surcapacité.

overcapitalization, overcapitalisation n [Fin] surcapitalisation.

overcapitalize, overcapitalise v [Fin] surcapitaliser.

overcharge n supplément de prix, majoration.

overcharge v faire payer trop cher.

overconsumption n [Eco] surconsommation.

overdraft n [Fin] découvert * **bank overdraft** découvert bancaire.

overdraw v mettre à découvert (un compte).

overdue adj [Fin] exigible, dont l'échéance est dépassée.

overemployment n [Eco] suremploi.

overestimate v surestimer, surévaluer.

overestimation n surestimation.

overexposed adj [Fin] (bank) lourdement engagé.

overexposure n [Fin, St Ex] concentration excessive des risques.

overfunding n [Eco] (UK) politique du surfinancement du déficit budgétaire utilisée au RU de 1981 à 1985. Elle consistait à vendre au secteur privé non bancaire un montant de titres publics supérieur au montant du déficit budgétaire, afin de réduire l'effet expansionniste du besoin d'emprunt du secteur public sur la masse monétaire.

overhang n [Eco] excédent pouvant créer un déséquilibre * **dollar overhang** excès *ou* surabondance de dollars ; **monetary overhang** excès de moyens de paiement ; **real wage overhang** avance des salaires réels par rapport aux gains de productivité.

overheads n, plu [Acc] a) charges d'exploitation, charges de structure ; b) (UK) frais fixes, frais généraux.

overheated adj [Eco] (economy) en surchauffe.

overheating n [Eco] surchauffe de l'économie.

overindebtedness n [Eco int] surendettement.

overinvestment n [Fin] surinvestissement.

overissue n [Fin] surémission.

overkill v casser l'expansion.

overlap n chevauchement, empiètement.

overlap v chevaucher, empiéter sur.

overman v affecter trop de personnel.

overmanned adj aux effectifs beaucoup trop importants.

overmanning n sureffectifs.

overnight [Fin] au jour le jour.

overpay v surpayer.

overpayment n a) rémunération excessive ; b) trop perçu.

overpopulated adj surpeuplé.

overpopulation n [Eco] surpopulation.

overprice v gonfler les prix.

overpriced adj trop cher.

overproduce v surproduire.

overproduction n [Eco] surproduction.

overrate v surestimer, surévaluer.

override v a) outrepasser un ordre ; b) ne pas tenir compte de ; c) annuler une décision.

overriding adj a) qui dépasse tous les autres, prioritaire ; b) qui passe outre.

overrule v 1- dominer.
2- [Jur] casser, annuler une décision.

overrun n dépassement * **outlay overrun** dépassement de crédit.

overrun v dépasser la durée prévue.

oversaving n [Eco] épargne excessive.

overseas n [SCN] le reste du monde.

overseas adj d'outre-mer, étranger, extérieur.

oversell v 1- vendre plus qu'on ne peut livrer.
2- [St Ex] vendre à découvert.

overselling n [St Ex] vente à découvert.

overshoot n dépassement * **overshoot in public spending** dépassement des dépenses publiques.

overshoot v dépasser le but.

overshooting n 1- dépassement d'un objectif.
2- [Eco] surréaction (des taux de change).

oversold adj 1- vendu au-delà des prévisions.
2- [St Ex] (position) à découvert.

overspend v dépenser trop, dépenser plus que son revenu.

overspill n [Fisc] surimposition.

overstaff v affecter trop de personnel.

overstaffed adj en sureffectif.

overstaffing n sureffectif.

overstep v dépasser.

oversubscribed adj [Fin] sursouscrit.

oversubscription n [Fin] sursouscription.

oversupply n [Eco] offre excédentaire.

oversupply v surapprovisionner.

overtime n heures supplémentaires.

overtrading n [Fin] (US) endettement excessif, insuffisance des fonds propres.

overvaluation n [Eco] surévaluation (d'une devise).

overvalued adj [Eco] surévalué.

overwithholding n trop perçu.

owe v devoir de l'argent.

owing adj échu, dû.

own v posséder.

owner n 1- propriétaire.
2- [Fin] détenteur de capitaux * **beneficial owner** bénéficiaire en titre d'un titre par opposition au mandataire (*nominee*) ; **majority owner** actionnaire majoritaire ; **minority owner** actionnaire minoritaire.

ownership n 1- [Jur] propriété * **home ownership** accession à la propriété.
2- [Fin] a) origine des capitaux, participation ; b) fonds propres * **ownership of a company** structure du capital d'une entreprise ; **cross ownership** participations croisées ; **employee stock (***or* **share) ownership plan** (ESOP) q v plan ; **foreign ownership** participations étrangères ; **joint ownership** copropriété ; **majority ownership** participation majoritaire ; **no equity ownership** contrôle sans participation au capital ; **public ownership** propriété de l'Etat ; **share ownership** actionnariat.
Δ **ownership status** régime de propriété.

P

package n ensemble de mesures, train de mesures, montage * **financial package** montage financier ; **fiscal package** ensemble de mesures budgétaires ; **reflationary package** mesures de relance ; **rescue package** programme de sauvetage ; **supplementary package** rallonge (budgétaire).
∆ **package deal** accord global, train de mesures.

paid adj payé, rémunéré.

paid-in adj [Acc, Fin] encaissé, versé.

paid-up adj [Acc, Fin] encaissé, versé, libéré.

panel n 1- [Stat] panel.
2- [Eco int] groupe d'experts de l'OMC pour le règlement des litiges.
3- [Fin] banques soumissionnaires lors d'une adjudication * **tender panel** syndicat d'enchères.

paper n 1- papier, document.
2- [Fin] effet, papier, titre * **accommodation paper** effet *ou* traite de cavalerie ; **bad paper** mauvais papier ; **bank paper** (US) effets bancable, papier éligible ; **bankable paper** papier bancable ; **bearer paper** effet au porteur ; **commercial paper** (US) billet de trésorerie (JO) ; **commodity paper** (US) traite sur marchandises ; **discountable paper** effet escomptable ; **eligible paper** (UK) effets bancables, effets primaires ; **eurocommercial paper** (ECP) eurobillet de trésorerie ; **financial paper** effets financiers ; **long-dated paper** effets longs, papier long ; **money market paper** titres du marché monétaire ; **negotiable paper** effets négociables ; **non-bankable paper** papier non bancable ; **private paper** effets privés ; **sterling commercial paper** (SCP) (UK) billets de trésorerie en sterling ; **trade paper** effets de commerce ; **tradable** *or* **tradeable money market paper** effets négociables sur le marché monétaire.

paper-based adj [Fin] à support papier.

par n [Eco, Fin] pair * **par of exchange** parité de change ; **above par** au-dessus du pair ; **at par** au pair ; **below par** au-dessous du pair ; **mint par (of exchange)** pair métallique, pair intrinsèque.

parachute n parachute * **golden parachute** [Jur, Fin] indemnité très importante prévue dans le contrat des administrateurs afin de les protéger dans le cas où ils seraient renvoyés à la suite d'une OPA ; **tin parachute** [Jur, Fin] clause spécifique, incluse dans les statuts d'une société, pour protéger l'ensemble des salariés en cas d'offre publique.

paradigm n [Eco] paradigme.

paradox n paradoxe * **paradox of thrift** [Eco] paradoxe de l'épargne ; **paradox of value** [Eco] paradoxe de la valeur ; **Giffen Paradox** paradoxe de Giffen ; **Leontief Paradox** [Eco] paradoxe de Leontief.

parameter n [Math] paramètre, variable.

pari passu * *pari passu* **clause** [Fin] clause de traitement égal ; clause *pari passu* ; *pari passu* **with** au même rythme que.

parity n [Eco] parité * **cross parity** parité bilatérale ; **dynamic parity** parité glissante ; **exchange parity** parité monétaire ; **fixed parity** parité fixe ; **flexible parity** parité flexible *ou* parité flottante ; **floating parity** parité flottante ; **fluctuating parity** parité flottante ; **gliding parity** parité glissante ; **gold parity** parité or ; **indirect parity** parité croisée ; **interest rate parity** (IRP) parité des taux d'intéret (PTI) ; **moving parity** parité glissante ; **Purchasing Power Parity** (PPP) parité des pouvoirs d'achat (PPA).
Δ **parity bands** marges de fluctuation (cf. SME) ; **parity grid** grille de parité (cf SME) ; **parity realignment** réalignement, réajustement monétaire.

part-time adj à mi-temps, à temps partiel.

participant n [Eco] intervenant(e) (sur un marché).

participation n [Fin] participation, titre de participation * **participation in profits** participation aux bénéfices ; **equity participation** participation.

partner n associé * **active partner** [Jur] commandité ; **general partner** [Jur] commandité ; **head partner** associé principal ; **junior partner** [Jur] associé minoritaire ; **limited partner** *or* **silent partner** *or* **sleeping partner** [Jur] commanditaire, associé passif ; **trading partner** partenaire commercial.

partnership n [Jur] société de personnes, société en nom collectif * **partnership limited by shares** société en commandite par actions ; **general partnership** société en nom collectif ; **limited liability partnership** société de personnes à responsabilité limitée (sprl) ; **limited partnership** société en commandite simple (SCS).
Δ **partnership agreement** statuts.

pass-through n [Fin] (US) titre émis par un *trust* assimilable à une action.

past-due adj [Fin] non réglé à l'échéance.

PAT *phase-average-trend* tendance moyenne de phase (PAT).

patent n brevet (d'invention) * **to file a patent** déposer une demande de brevet.
Δ **patent fees** droits d'enregistrement de brevets ; **patent goods** articles brevetés ; **patent rights** droits attachés à un brevet, propriété industrielle.

path n 1- sentier.
2- [Eco] trajectoire d'évolution * **controlled path** trajectoire de

référence ; **critical path** chemin critique ; **expansion path** sentier d'expansion de la firme ; **growth path** sentier de croissance ; **optimal growth path** sentier de croissance optimale.

pattern n a) dessin, motif ; b) configuration, schéma, habitudes, structure * **pattern of exports** [Eco int] composition *ou* structure des exportations ; **pattern of imports** [Eco int] composition *ou* structure des importations ; **cyclical pattern** [Eco] fluctuations conjoncturelles ; **self-sustained pattern** processus cumulatif.

pawn n gage, nantissement.

pawn v mettre en gage.

pawnbroker n prêteur sur gages.

pay n traitement, salaire, paye * **pay and allowances** salaire et allocations ; **pay as you earn** (PAYE) (UK) système d'imposition avec retenue à la source ; **pay as you go** (PAYG) régime de retraite financé par répartition ; **pay by results** rémunération au rendement ; **after-tax pay** salaire brut (après déduction de l'impôt sur le revenu) ; **back pays** rappels de salaire ; **base pay** salaire de base (US) ; **basic pay** salaire de base ; **equal pay** égalité des salaires ; **equal pay for equal work** à travail égal salaire égal ; **incentive pay** salaire au rendement ; **lay-off pay** indemnité de licenciement ; **profit-related pay** part de la rémunération liée aux résultats de l'entreprise ; **severance pay** indemnité de licenciement ; **take-home pay** rémunération nette (prélèvements obligatoires déduits) ; **termination pay** indemnité pour cessation de fonction.

Δ **pay bargaining** négociations de convention collective ; **pay bill** masse salariale ; **pay day** a) jour de la paye ; b) [St Ex] jour de la liquidation ; **pay claims** revendications de salaires ; **pay differentials** écarts de salaire ; **pay dispute** conflit salarial ; **pay grade** échelon de rémunération ; **pay hike** (US) augmentation de salaire ; **pay increase** augmentation de salaire ; **pay ladder** échelle des salaires ; **pay packet** conditions de rémunérations ; **pay rate** taux de rémunération ; **pay rise** augmentation de salaire ; **pay roll** [Acc] salaires, charges de personnel, masse salariale ; **pay scale** échelle des salaires ; **pay slip** feuille de salaire ; **pay talks** négociations salariales.

pay v payer, régler, verser * **to pay cash** payer comptant ; **to pay dividends** verser des dividendes ; **to pay in cash** payer en espèces ; **to pay in full** payer la totalité ; **to pay money into an account** verser de l'argent sur un compte ; **to pay on demand** payer à vue ; **to pay to the bearer** payer au porteur.

pay back v rembourser.

pay in v verser, donner à l'encaissement.

pay-off n (US) rentabilité.

pay off v 1- être payant, être rentable.
2- [Fin] rembourser, payer, amortir (un prêt).

pay-out n versement.

pay out v payer, débourser.

pay-through n [Fin] (US) titre de dette.

pay up v 1- régler, payer.
2- [Jur, Fin] libérer le capital, verser le capital.

payable adj exigible, dû * **payable in advance** payable d'avance ; **payable on demand** or **payable at sight** payable à vue.

payables n, plu [Acc] (US) comptes fournisseurs.

payback n [Fin] retour (d'un investissement).

Δ **payback period** délai de recouvrement, délai de retour d'un investissement.

paycheck n (US) salaire.

PAYE *Pay As You Earn* (UK) système d'imposition avec retenue à la source.

payee n [Fin] bénéficiaire (d'un chèque).

payer n [Fin] débiteur, tireur (d'un chèque).

PAYG *Pay As You Go* système de retraite par répartition.

paying-in n versement.

paying-off of shares [Fin] rachat d'actions.

paying-up of shares [Fin] libération d'actions.

payment n [gen, Fin] paiement, versement * **to stop payment** interrompre le paiement ; **payment by cash** paiement (au) comptant ; **payment by check** (US) or **payment by cheque** (UK) paiement par chèque ; **payment by instalments** paiements par versements échelonnés ; **payment by results** rémunération au rendement ; **payment by the month** mensualisation ; **payment in advance** paiement anticipé ; **payments in arrears** arriérés de paiement ; **payment in cash** paiement en espèces, paiement en numéraire ; **payment in full** paiement intégral ; **payment in full discharge** paiement libératoire ; **payment in kind** a) paiement en nature ; b) [Jur] dation en paiement ; **payment of capital** versement du capital ; **payment on account** [Acc] acompte ; **advance payment** acompte, arrhes ; **advance payments** [Acc] avances et acomptes ; **back payment** rappel ; **balloon payment** remboursement d'une dette par échéances croissantes, la plus importante étant payée *in fine* ; **cash payment** a) paiement au comptant ; b) paiement en espèces ; **deferred payment** paiement différé ; **deficiency payment** a) [Fin] paiement différentiel (JO) ; b) [Eco] paiement compensatoire (cf soutien au revenu des agriculteurs britanniques avant l'entrée du Royaume-Uni dans la CEE) ; **dividend payment** versement de dividende, paiement de dividendes ; **down payment** q v downpayment ; **early payment** paiement anticipé ; **electronic payment** paiement informatisé ; **equal principal payments** (EPP) remboursement d'un prêt par

tranches de capital égales ; **easy payments** facilités de paiement ; **factor payments** [Eco] rémunération des facteurs (de production) ; **guarantee payments** (UK) indemnisation au titre du chômage partiel ; **incentive payment** subvention ; **interest payments** paiement d'intérêts, charge d'intérêts ; **international payments** paiements internationaux ; **lump-sum payment** paiement forfaitaire ; **non-cash payment** règlement scriptural ; **official transfer payments** transferts publics (cf. BDP) ; **partial payment** acompte ; **partial payment of shares** libération partielle d'actions ; **progress payment** paiement échelonné ; **redundancy payment** indemnité de licenciement ; **service payment** [Fin pub] paiement au titre du service de la dette ; **social security payment** prestation de sécurité sociale ; **taxation payments** prélèvements fiscaux ; **token payment** paiement symbolique ; **transfer payments** revenus de transfert, revenus de solidarité ; **underwriting payment** paiement de garantie ; **unrequited payment** versement sans contrepartie ; **up-front payment** paiement d'avance ; **welfare payments** prestations de sécurité sociale, revenus de solidarité.
Δ **payment arrears** arriérés de paiement ; **payment date** date d'échéance ; **payment terms** conditions de paiements ; **payment voucher** justificatif de paiement.

payroll n [Acc] salaires, charges de personnel, masse salariale.

PCA *principal component analysis* analyse en composantes principales (ACP).

PCE *personal consumption expenditure* consommation finale des ménages.

PDF *probability density function* fonction de densité de probabilité.

PDV *present discounted value* valeur actualisée.

peak n sommet, point le plus élevé, niveau record * **peaks and troughs** [Eco] points de retournement de la conjoncture ; **all-time peak** plus haut niveau historique, niveau historique record, chiffre sans précédent ; **cyclical peak** [Eco] point le plus haut du cycle, période de haute conjoncture ; **seasonal peak** pointe saisonnière.
Δ **peak level** niveau record.

pecking order n [Fin] ordre hiérarchique, structure hiérarchique.

peg n * **adjustment of the peg** [Eco] ajustement du taux de change par rapport à l'unité de référence ; **composite peg** [Eco] taux de change dont la valeur est déterminée par rapport à un groupe de monnaies ; **crawling peg** [Eco] parités à crémaillère (JO) ; **dynamic peg** [Eco] parité glissante ; **trotting peg** [Eco] changes fixes mais ajustables.

peg v [Eco] indexer sur, aligner sur * **to peg a currency to** fixer le taux d'une monnaie par rapport à une autre monnaie.

pegged rattaché (*to* à).

pegging n [Eco] a) le fait d'accrocher ensemble ; b) le fait d'indexer * **basket pegging** détermination d'un taux de change par rapport à un panier de monnaies ; **currency pegging** détermination d'un taux de change par rapport à une monnaie ; **multicurrency pegging** détermination d'un taux de change par rapport à plusieurs monnaies ; **single pegging** rattachement à une seule monnaie.

penalty n [Jur] sanction pécuniaire, pénalité * **fiscal penalty** amende fiscale.
Δ **penalty clause** (contract) clause pénale.

penalize, penalise v sanctionner, pénaliser.

pending adj en souffrance.

penetration n [Eco] pénétration des importations.

pension n pension * **disability pension** pension d'invalidité ; **funded pension scheme** système de retraite par capitalisation ; **non-funded pension scheme** système de retraite par répartition ; **old-age pension** retraite vieillesse ; **retirement pension** pension de retraite.
Δ **pension plan** régime de retraite ; **pension premium** cotisation de retraite ; **pension scheme** régime de retraite.

pensioner n retraité.

PEP *personal equity plan* (UK) plan d'épargne en actions (PEA).

PER *price-earnings ratio* coefficient de capitalisation des résultats (CCR).

per prep par * **per annum** par an ; **per capita** par tête ; **per employee** par personne employée ; **per head** par tête.

percentage n pourcentage * **director's percentages** tantièmes.
Δ **percentage change** variation en pourcentage ; **percentage point** point de pourcentage.

percentile n [Stat] centile.

performance n résultat, performance * **economic performance** performances de l'économie ; **financial performance** résultats financiers.
Δ **performance measurement** [Fin] mesure de performance ; **performance requirement** obligation de résultat.

period n 1- période * **benefit-free period** *or* **benefit-waiting period** [Jur] délai de carence ; **grace period** [Fin] période de différé (d'amortissement).
2- [Acc] exercice * **prior period** exercice antérieur.

perishable adj périssable.

perishables n, plu denrées périssables.

perk n (UK) 1- avantage, à-côté.
2- [Fin] **(plu) perks** avantages en nature offerts par certaines entreprises britanniques à leurs actionnaires.

permanent adj permanent.

perpetual adj [Fin] perpétuel, dont l'échéance est indéfinie.

perquisite n avantage, à-côté.

person n personne * **legal person** [Jur] personne morale ; **natural person** [Jur] personne physique.

personal adj personnel.

personnel n (US) personnel * **clerical personnel** personnel de bureau ; **maintenance personnel** personnel d'entretien ; **operational personnel** personnel d'exploitation ; **senior personnel** personnel d'encadrement.

PERT *programme evaluation and review technique* méthode PERT.

petrocurrency n pétrodevise.

petrodollars n, plu [Eco] petrodollars.

PFP *policy framework paper* document cadre de la politique économique (DCPE) (cf. FMI).

phase n phase, stade * **phase of the cycle** [Eco] phase conjoncturelle.

phase in v introduire progressivement.

phase out v supprimer progressivement, retirer par étapes.

phasing n calendrier de réalisation.

Physiocracy n [Eco] école des physiocrates.

physiocrats n, plu [Eco] physiocrates.

PIBID *Paris interbank bid rate* taux interbancaire demandé à Paris (PIBID).

PIBOR *Paris interbank offered rate* taux interbancaire offert à Paris (TIOP).

pick v choisir * **to pick the winners** miser sur les secteurs d'avenir (cf. politique industrielle).

pick up n q v pickup.

pick up v a) choisir * **to pick up the winners** miser sur les secteurs d'avenir (cf. politique industrielle).
b) se redresser, reprendre * **sales picked up in June** les ventes ont repris en juin.

pickup n (economy, investment) reprise, redressement.

piecework n travail à la pièce.

piggy-back(ing) n aide à l'exportation apportée, moyennant rémunération, à une entreprise par un grand groupe bien implanté à l'étranger.

pills n, plu mesures anti OPA (q v poison pills).

PIMEAN *Paris interbank mean rate* taux moyen des taux offerts (PIBOR) et des taux demandés (PIBID) à Paris (PIMEAN).

pipeline n 1- oléoduc, gazoduc * **in the pipeline** a) (measure) en passe d'être prise (**new taxes in the pipeline** impôts nouveaux prévus par le gouvernement) ; b) (project) encours de réalisation.

2- [Eco] fonds en cours de versement.

pips n, plu [St Ex] centièmes de points.

pit n [St Ex] a) (US) corbeille ; b) pit (cf. marchés à terme).

placement n 1- nomination, affectation, (UK) stage pour étudiant.
2- [Fin, St Ex] placement des titres lors d'une émission * **private placement** placement privé, placement non offert au public ; **secondary placement** placement sur le marché secondaire.

placing n [Fin, St Ex] placement d'une émission de titres auprès d'investisseurs institutionnels * **public placing** placement des titres auprès du public.

plan n plan, programme * **plan for the relocation of industry** plan pour le redéploiement industriel ; **development plan** plan d'aménagement ; **employee share option plan** (ESOP) (UK) plan de participation des salariés au capital ; **employee stock option plan** (ESOP) (US) plan de participation des salariés au capital ; **financial plan** plan de financement ; **Marshall Plan** Plan Marschall ; **personal equity plan** (PEP) [Fin] (UK) plan d'épargne en actions (PEA) ; **regional plan** plan de développement régional.

planned adj prévu, programmé.

planning n planification, organisation, élaboration de plans * **central planning** planification centralisée ; **corporate planning** planification stratégique de l'entreprise ; **management planning** gestion prévisionnelle ; **manpower planning** planification des ressources humaines ; **staff planning** gestion prévisionnelle du personnel ; **target planning** planification par objectif ; **town and country planning** (UK) aménagement du territoire ; **town planning** aménagement du territoire, urbanisme.

plant n 1- usine, installation industrielle * **processing plant** usine de transformation ; **turnkey plant** usine clés en main.
2- [Acc] ensemble de l'installation commerciale et industrielle * **plant and equipment** immobilisations corporelles.

play n jeu * **free play of market forces** [Eco] libre jeu des mécanismes du marché.

pledge n 1- promesse de contribution.
2- [Jur, Fin] nantissement * **pledge of securities** nantissement de valeurs mobilières ; **dead pledge** garantie non recouvrable ; **negative pledge** engagement d'un émetteur selon lequel une émission future ne bénéficiera pas d'une garantie supérieure à celle donnée lors de l'émission considérée ; **negative pledge clause** clause de diminution des garanties.

pledging n 1- promesse de contribution.
2- [Jur, Fin] nantissement * **pledging of receivables** [Fin, Acc] mobilisation de créances.

plot n [Stat] tracé, graphique, point porté sur un graphique * **cumulative plot** graphique de fréquences cumulées.

plot v représenter graphiquement.

plough back (UK), **plow back** (US) v [Fin] réinvestir des profits dans l'entreprise.

plow back v q v plough back.

plummet v (prices, stock prices) descendre en flèche, s'effondrer.

plunge n (sales, stock prices) chute, effondrement.

plunge v (sales, stock prices) chuter, s'effondrer.

PODI *private overseas direct investment* investissements privés directs à l'étranger (IPDE).

point n 1- point * **at the point of entry** à l'entrée sur le territoire national ; **(cyclical) turning point** [Eco] point de retournement du cycle conjoncturel.
2- [Fin, St Ex] point de pourcentage, point d'indice boursier * **bonds gained 4 points yesterday** les obligations ont enregistré une hausse de 4 points hier ; **basis point** point de base, centième de point.

poison pills n, plu [Fin, St Ex] pilules empoisonnées, mesures anti OPA * **suicide poison pills** pilules empoisonnées qui obligent l'entreprise attaquante à rembourser les dettes de l'entreprise cible dans un délai très court.

policy n 1- politique.
2- [Eco] politique économique d'un gouvernement, mesures prises, mesures à prendre * **accommodating monetary policy** politique monétaire d'accompagnement ; **accommodating policy** politique d'accompagnement ; **adjustment policy** politique d'ajustement ; **anticyclical policy** politique conjoncturelle ; **beggar my neighbour policy** politique du chacun pour soi ; **benign neglect policy** (US) politique de la "douce négligence" ; **business cycle policy** politique conjoncturelle ; **Common Agricultural Policy** (CAP) (EU) politique agricole commune (PAC) (UE) ; **Common Commercial Policy** (CCP) (EU) politique commerciale commune (UE) ; **competition policy** politique de la concurrence ; **contractionary policy** politique restrictive, politique d'austérité ; **contractual policy** politique contractuelle ; **corrective policy** politique *ou* mesure d'assainissement ; **counter-cyclical policy** politique anticyclique, politique conjoncturelle ; **credit freeze policy** politique de blocage du crédit ; **dear money policy** politique de l'argent cher ; **demand management policy** *or* **demand policy** politique de régulation de la demande globale ; **demand-side policy** politique qui agit sur la demande ; **disengagement policy** politique de découplage ; **distribution policy** politique de distribution des dividendes ; **diversion policy** politique de redéploiement, politique de rééquilibrage ; **dividend policy** politique de dividendes ; **easy money policy** politique de l'argent facile ; **economic policy**

politique économique ; **employment and manpower policy** politique d'emploi et de la main-d'œuvre ; **employment policy** politique de l'emploi ; **even-keel policy** politique à taux constants menée par les autorités monétaires ; **exchange rate policy** politique de change ; **financial policy** politique financière ; **fiscal policy** politique budgétaire ; **free-trade policy** libre-échangisme ; **growth policy** politique de croissance ; **hands-off policy** politique non interventionniste, politique de laisser-faire ; **incomes policy** politique des revenus ; **inflation accommodating policy** politique d'accompagnement de l'infation ; **inward looking growth policy** politique de croissance axée sur la demande intérieure ; **jaw-bone policy** politique économique souple et incitative qui consiste, pour les pouvoirs publics, à formuler des grands principes directeurs ; **laissez-faire policy** politique de non intervention, politique du laisser-faire ; **macroeconomic policy** politique macroéconomique ; **manpower policy** politique de l'emploi ; **monetary policy** politique monétaire ; **outward-looking growth policy** politique de croissance axée sur les exportations ; **open market policy** politique d'open market ; **price policy** politique des prix ; **prices and incomes policy** politique des prix et des revenus ; **readjustment policy** politique de redressement ; **recruitment policy** politique d'embauche ; **reflation policy** politique de relance ; **regional policy** politique régionale ; **retrenchment policy** politique d'austérité, politique de réduction des dépenses publiques ; **savings policy** politique en faveur de l'épargne ; **socially responsible policy** politique économique prenant en compte les intérêts de la collectivité ; **stop and go policy** q v stop and go ; **supply policy** or **supply-side policy** politique (de régulation) de l'offre ; **supportive policy** politique de soutien ; **stabilization policy** politique (économique) de stabilisation ; **tax policy** politique fiscale ; **(tight) credit policy** politique (de resserrement) du crédit ; **tight fiscal policy** politique budgétaire restrictive ; **tight monetary policy** politique monétaire restrictive ; **tight policy** politique de rigueur *ou* politique restrictive ; **trade policy** politique commerciale ; **wage(s) policy** politique salariale.

3- [ASR] police d'assurance.

Δ **policy analysis** analyse des politiques économiques ; **policy approach** stratégie ; **policy area** domaine d'action des pouvoirs publics ; **policy aspects** aspects relevant de l'action des pouvoirs publics ; **policy bias against investment** politique des pouvoirs publics défavorisant l'investissement ; **policy changes** changement d'orientation de la politique ; **policy choices** choix offerts aux pouvoirs publics ; **policy developments** évolution de la politique ; **policy focus** orientation principale de la politique ; **policy framework** cadre de la politique ; **policy framework paper** (PFP) document cadre de la politique économique (cf FMI) (DCPE) ; **policy guidelines** lignes directrices ; **policy implications** conséquences de la politique menée ; **policy instrument** instrument de politique économique ; **policy issues** problèmes d'orientation de la politique économique ; **policy maker** dirigeant, gouvernant, décideur ; **policy making** élaboration de la politique ; **policy measures** mesures prises par les pouvoirs publics ; **policy mix** politique économique mixte ; **policy objectives** objectifs de la politique (économique) ; **policy option** action possible ; **policy package** train de mesures ; **policy paper** document de politique générale ; **policy priority** domaine d'action prioritaire ; **policy response** mesure corrective prise par les pouvoirs publics ; **policy stance** orientation de la politique économique ; **policy statement** déclaration sur les grandes orientations de la politique (économique) ; **policy variables** variables de la politique économique.

policy-oriented adj orienté vers l'action, pragmatique.

policyholder nm [ASR] assuré.

pool n [Fin] a) syndicat de banques ; b) tour de table (JO) * **underwriting pool** syndicat de prix ferme (JO).

pooling n mise en commun de ressources.
∆ **pooling arrangements** dispositif de mise en commun.

poor adj médiocre, insuffisant, faible.

population n population * **population of inference** [Stat] population d'inférence, champ de l'enquête ; **ageing population** vieillissement de la population ; **employed population** population active occupée ; **working population** population active.
∆ **population census** recensement de la population ; **population density** densité de peuplement ; **population optimum** optimum de peuplement, optimum de population ; **population pyramid** pyramide des âges.

porcupine [Fin] accord passé, lors d'une OPA, entre la firme cible et ses partenaires commerciaux et financiers ; il a pour objet de faire obstacle à l'intégration des activités de la firme cible avec celles de l'entreprise prédatrice.

port n port * **free port** or **open port** [Eco int] port franc.

portable adj [Fin] transférable.

portfolio n [Fin] portefeuille * **efficient portfolio** portefeuille efficient ; **investment portfolio** portefeuille-titres ; **liquid assets portfolio** or **liquidity portfolio** portefeuille de liquidités ; **market portfolio** portefeuille du marché ; **security portfolio** portefeuille-titres.
∆ **portfolio adjustment** ajustement de portefeuille, réallocation de portefeuille ; **portfolio-balance modelling** modèles de portefeuille ; **portfolio choice** choix de portefeuille ; **portfolio diversification** diversification de portefeuille ; **portfolio effect** effet de portefeuille ; **portofolio manager** gestionnaire de portefeuille ; **portfolio reshuffling** or **portfolio switching** réallocation de portefeuille, remaniement de portefeuille.

POs *principal only strips* variété de titres obligataires démembrés.

position n 1- fonction, position, poste * **managerial position** poste de direction.
2- [Eco, Fin, St Ex] situation, position, position prise * **to carry a position** porter une position ; **to close one's position** déboucler *ou* liquider sa position ; **banking reserve position** liquidité du secteur bancaire ; **bear position** position à la baisse ; **dominant position in the market** position dominante sur le marché ; **external monetary position** [Eco int] position monétaire extérieure ; **financial position** situation financière ; **foreign currency position** position de change ; **forward position** position à terme ; **leading position (in the market)** position dominante (sur un marché) ; **long position** a) [St Ex] position longue ; b) position créditrice sur une devise ; **naked position** position ouverte ; **net claim position** position créditrice nette d'un pays vis-à-vis de l'étranger ; **net foreign assets position** position monétaire extérieure ; **net position** position nette ; **offsetting position** opération en sens inverse (achat après vente ou vente après achat) ; **open exchange position** position de change non couverte ; **open forward exchange position** position de change à terme ; **open position** position ouverte ; **overall surplus or deficit position** situation excédentaire ou déficitaire ; **short position** a) [St Ex] position courte ; b) position débitrice sur une devise ; **square position** position de change fermée ; **trading position in foreign exchange** position de change ; **uncovered position** position ouverte.

positive adj positif.

post n [St Ex] (US) terme utilisé sur le marché boursier de Wall Street et qui correspond à "groupe de cotations" à la Bourse de Paris.

post-industrial adj [Eco] post-industriel * **post-industrial society** société post industrielle.

postdated adj postdaté.

postfinancing n [Fin] post-financement.

posting n [Acc] écriture * **deferred posting** écriture différée.

postpayment n [Fin] paiement différé.

potential n potentiel, capacité, possibilité offerte * **potential for drawing** [Fin] capacité de tirage ; **productive potential** potentiel de production.

potential adj potentiel, possible.

pound n [Fin] livre.
Δ **pound sterling** livre sterling.

poverty n pauvreté * **mass poverty** pauvreté généralisée.
Δ **poverty line** seuil de pauvreté ; **poverty trap** piège de la pauvreté.

power n 1- a) pouvoir, capacité * **bargaining power** pouvoir de négociation ; **borrowing power** capacité d'emprunt ; **earning**

power (of a company) capacité bénéficiaire (d'une entreprise) ; **importing power of exports** capacité d'importation possible grâce aux exportations ; **predictive power** capacité prédictive d'une variable *ou* d'un modèle ; **purchasing power** pouvoir d'achat.
b) pouvoir, puissance * **economic power** pouvoir économique ; **market power** pouvoir de marché ; **monopoly power** pouvoir de monopole.
c) énergie * **electric power** énergie électrique ; **nuclear power** énergie nucléaire.
2- [Math] puissance * **2 to the power of 2** 2 à la puissance 2.
Δ **power station** centrale électrique.

PPBS *Planning-Programming-Budgeting System* Rationalisation des choix budgétaires (RCB).

PPP *Purchasing Power Parity* parité des pouvoirs d'achat (PPA).

practice, practise n a) pratique, habitude * **fair business practices** pratiques commerciales conformes au principe de libre concurrence ; **restrictive (business) practices** pratiques (commerciales) restrictives ; **restrictive labour practices** pratiques restrictives en matière d'emploi ; **restrictive trade practices** pratiques commerciales restrictives, entraves à la liberté du commerce ; **unfair trade practices** pratiques commerciales déloyales.
b) clientèle * **accounting practice** cabinet d'experts comptables ; **law practice** cabinet d'avocats ; **private practice** clientèle privée.

pragmatic adj pragmatique.

pre-industrial adj [Eco] préindustriel * **pre-industrial society** société préindustrielle.

pre-tax adj avant impôt.

precarious adj précaire.

precautionary adj de précaution.

predictability n prévisibilité.

predictor n [Eco] a) variable explicative ; b) estimateur.

preference n préférence, traitement préférentiel * **community preference** (UE) préférence communautaire (UE) ; **Imperial Preference** système de la préférence impériale (protection douanière à l'intérieur de l'empire britannique) ; **(positive) time preference** [Eco] préférence pour le présent.

preferential adj préférentiel, privilégié.

preferred adj privilégié.

preliminary adj préliminaire.

premises n, plu lieux, locaux * **business premises** locaux commerciaux ; **office premises** locaux à usage professionnel.

premium n 1- prime.
2- [Fin, St Ex] a) prime, plus-value ; b) report (cf. marché des changes) ; c) prix d'une option * **to stand at a premium** être au-dessus du pair, faire prime ; **premium for risk** prime de risque ;

premium on bond redemption prime de remboursement des obligations ; **premium on bonds** prime d'émission d'un emprunt obligataire, prime à l'émission d'obligations ; **premium on capital stock** prime d'émission ; **premium on shares** prime d'émisssion d'actions ; **additional premium** (AP) supplément de prime ; **at a premium** a) au-dessus du pair ; b) avec un report (sur le marché des changes) ; **bond premium** prime lors de l'émission d'un emprunt obligataire ; **call premium** prime de remboursement ; **conversion premium** prime de conversion ; **interest rate premium** prime de taux ; **issue premium** prime d'émission lors d'une augmentation de capital ; **liquidity premium** prime de liquidité ; **market risk premium** prime de risque du marché ; **option premium** prix de l'option, prime ; **redemption premium** prime de remboursement (cf. obligations) ; **risk premium** prime de risque ; **share premium** prime d'émission (d'actions).
3- [ASR] prime.

prepaid adj payé d'avance.

prepayment n [Fin] remboursement anticipé.

prerequisite n condition préalable, prérequis.

present adj actuel, courant.

pressure n pression, degré de tension * **pressure for adjustment** [Eco] forces qui poussent à l'ajustement ; **contractionary pressure** [Eco] pression récessionniste ; **inflationary pressures** [Eco] pressions *ou* tensions inflationnistes ; **potential pressures** risques de tension ; **protectionist pressures** [Eco int] pressions en faveur de mesures protectionnistes.
Δ **pressure group** groupe de pression.

presumptive adj 1- [Jur] présomptif, par présomption.
2- [Fisc] forfaitaire.

prevail v prédominer, avoir cours.

prevailing adj courant, du moment.

price n [gen, Eco, Fin, St Ex] prix, cours * **to cut prices** casser les prix ; **to raise prices** augmenter *ou* majorer les prix ; **to slash prices** casser les prix ; **to undercut prices** casser les prix ; **price of money** loyer de l'argent ; **at a distress price** à un prix très faible ; **at constant prices** à prix constants, en termes réels ; **at current prices** aux prix courants ; **at market prices** aux prix du marché ; **actual price** prix effectif, prix instantané ; **adjusted price** [St Ex] cours ajusté ; **adjusted prices** prix corrigés ; **administered prices** prix administrés, prix réglementés ; **American selling price** (ASP) prix auquel est vendu, sur le marché américain, un produit importé (l'évaluation, faite en douane, est établie à partir d'un produit similaire fabriqué aux USA) ; **arm's length price** prix de libre concurrence ; **ask(ed) price** [St Ex] prix offert, cours vendeur ; **asking price** [St Ex] prix demandé (JO), cours vendeur ; **bid-and-asked price** [St Ex] cours acheteur et vendeur ; **bid-and-offered**

price [St Ex] cours acheteur et vendeur ; **bid price** [St Ex] prix offert (JO), cours acheteur ; **blended price** prix pondéré ; **bond price** cours des obligations ; **bottom price** [St Ex] cours le plus bas ; **break-up price** valeur de liquidation d'une entreprise ; **buying price** cours acheteur ; **call price** a) prix d'une option d'achat ; b) prix auquel une entreprise rembourse une action privilégiée ; **cash price** prix (le plus bas) qui s'applique lorsque l'acheteur paie comptant ; **ceiling price** prix plafond ; **clean price** [St Ex] cours pied de coupon ; **clearing price** prix d'équilibre à moyen terme ; **closing price** [St Ex] dernier cours, cours de clôture ; **commodity (market) price** cours *ou* prix des produits de base, cours des matières premières ; **community prices** prix communautaires ; **competitive price** [Eco] prix de concurrence ; **conversion price** [St Ex] prix de conversion ; **concessional price** prix de faveur ; **constant prices** prix constants ; **consumer price** prix à la consommation ; **contract price** [St Ex] prix contractuel dans les contrats à terme (cf. marchés de matières premières) ; **controlled price** prix réglementé ; **cost price** prix de revient, prix coûtant ; **current price(s)** prix courant(s) ; **cut(-off) price** prix réduit ; **delivery price** prix à la livraison ; **default price** [St Ex] cours de résiliation ; **demand price** prix demandé ; **deregulated prices** prix libérés ; **discounted price** prix réduit ; **domestic price** [Eco] prix sur le marché intérieur ; **dumping price** prix de dumping ; **efficiency price** prix économique ; **equity price** cours des actions ; **ex-factory price** prix départ usine ; **exercise price** prix de levée de l'option ; **export price** prix à l'exportation ; **fair price** juste prix ; **farm prices** prix agricoles ; **firm prices** prix fermes ; **fixed selling price** prix imposé ; **flat price** [St Ex] prix plein coupon ; **floor price** prix plancher ; **forward price** [St Ex] cours à terme ; **full price** prix fort ; **futures price** [St Ex] cours à terme ; **give away price** prix sacrifié ; **going price** a) prix en vigueur ; b) cours du jour ; **guaranteed minimum price** prix minimum garanti (UE) ; **guaranteed price** prix garanti ; **guide price** prix d'orientation (UE) ; **guiding price** prix indicatif ; **implicit price** prix implicite (cf. BDP) ; **import price** prix à l'importation ; **input prices** prix des intrants, prix des matières premières et des produits semi-ouvrés ; **intercompany price** [Acc] prix de cession interne, coût de cession ; **intercompany transfer price** [Acc] (US) prix de cession interne, coût de cession ; **intervention price** prix d'intervention (UE) ; **issue price** prix d'émission des actions de société ; **knockdown price** *or* **knockout price** prix très faible ; **list price** prix de catalogue ; **mainstream price** [St Ex] prix du marché principal dans les contrats à terme (hydrocarbures) ; **managed price** prix administré ; **market-clearing price** prix d'équilibre du marché ; **market price** a) [Eco] prix du marché ; b) [Eco] prix instantané, prix courant ; c) [St Ex] cours ; **market prices (at...)** évaluation aux prix du marché ; **mark-up price** prix majoré du taux de marque ; **mill price** prix d'usine ; **natural price** prix naturel, coût de production ; **nominal price** prix nominal, prix monétaire ; **non-arm's length price** prix anormal ; **normal price** [Eco] prix normal de longue période ; **notional price** prix fictif ; **offer price** prix *ou* cours vendeur ; **officially agreed price** prix conventionné ; **oil price** prix *ou* cours du pétrole ; **opening price** [St Ex] premier cours, cours d'ouverture ; **optimum price** prix optimum ; **option price** prix de l'option, prime ; **output price** prix à la production ; **posted price** prix affiché ; **pre-offered price** [St Ex] technique, sur le marché obligataire, selon laquelle le chef de file propose à l'émetteur un prix qui correspond à la moyenne des prix proposés par les banques du syndicat (s'oppose au *bought deal*) ; **predatory price** prix de vente à perte (pour casser le marché), prix d'éviction ; **predetermined price** prix convenu à l'avance ; **producer price** prix à la production ; **quoted price** prix coté ; **real price** prix en termes réels ; **redemption price** [Fin] prix de remboursement ; **reference price** prix de référence (UE) ; **regulated price** prix réglementé ; **relative price** prix relatif ; **retail maintenance price** (UK) prix de vente que le fabriquant impose à ses distributeurs ; **retail price** prix de vente au détail ; **rock-bottom price** prix sacrifé, prix défiant toute concurrence ; **selling price** prix de vente ; **shadow price** a) prix virtuel (JO) ; b) prix d'équilibre (théorie néoclassique) ; **sky-rocketing prices** prix montant en flèche ; **slashed prices** prix sacrifiés ; **soaring prices** prix montant en flèche, flambée des prix ; **spot price** [St Ex] a) cours au comptant ; b) prix du disponible sur les marchés de matières premières ; c) prix du marché libre (cf. marché des hydrocarbures) ; **steady prices** prix soutenus ; **street price** (US) cours après Bourse ; **strike price** or **striking price** [Fin] prix d'exercice (d'une option) (JO) ; **subsidized price** prix subventionné ; **support price** prix de soutien (UE) ; **target price** prix indicatif (UE) ; **tender price** prix d'adjudication ; **threshold price** prix de seuil ; **transfer price** [Acc] prix de cession interne, prix de transfert ; **trigger price** a) prix de seuil à partir duquel un mécanisme de soutien du prix est déclenché ; b) (US) prix à l'importation à partir duquel les entreprises peuvent, pour certains produits, recourir à des mesures de représailles ; **two-way prices** [St Ex] indication d'un cours acheteur et d'un cours vendeur ; **uniform Community intervention price** prix d'intervention commun uniforme (UE) ; **uniform Community target price** prix indicatif unique commun (UE) ; **uniform Community threshold price** prix de seuil unique commun (UE) ; **weighted price** prix pondéré ; **wholesale price** prix de gros ; **world (market) price** prix *ou* cours mondial.

Δ **price adjustment clause** clause de révision des prix ; **price agreement** entente sur les prix ; **price boom** flambée des prix ; **price cap** plafond de prix ; **price change** variation de prix ; **price component** composante prix ; **price cutting** réduction des prix ; **price differentials** écarts entre les prix, éventail des prix ; **price discount** rabais ; **price discrimination** discrimination par les prix ; **price distorsion** distorsion des prix ; **price drift** dérapage des prix ; **price enhancement** mécanisme de soutien aux prix ; **price equation** équation de prix ; **price escalation clause** clause de révision des prix ; **price expectations** anticipations prix ; **price follower** suiveur de prix ; **price formation** [Eco] formation des prix ; **price freeze** blocage des prix ; **price incentives** incitations par les prix ; **price increase** hausse de prix, majoration du prix ; **price leader** entreprise *ou* pays ayant une influence dominante dans la fixation des prix ; **price level** niveau des prix ; **price liberalization** libération des prix ; **price maker** fixeur de prix (JO) ; **price mechanism** mécanisme de formation des prix ; **price monitoring** surveillance des prix ; **price range** fourchette de prix ; **price rigidity** rigidité des prix ; **price risk** risque de cours ; **price schedule** barème des prix ; **price sensitivity** sensibilité-prix ; **price signal** indication fournie par le prix ; **price system** système des prix ; **price spread** écarts entre les prix, éventail des prix ; **price stability** stabilité des prix ; **price support** mécanisme de soutien des prix (UE) ; **price surge** dérapage des prix ; **price swing** fluctuations des prix ; **price taker** preneur de prix (JO) ; **price trends** évolution des prix ; **price war** guerre des prix.

price v priser (JO), fixer le prix * **to price oneself out of jobs** s'exclure du marché du travail par des revendications salariales trop élevées ; **to price oneself out of markets** s'exclure d'un marché en raison de prix trop élevés.

price down v réduire le prix de.

price up v augmenter le prix de.

pricer n priseur (JO).

pricing n [Eco, Fin] tarification, fixation des prix, fixation des conditions d'une émission, prisée (JO) * **average cost pricing** fixation du prix en fonction du coût moyen, tarification au coût moyen ; **common pricing** entente en matière de fixation de prix ; **cost pricing** fixation du prix en fonction du coût ; **fare pricing** fixation des tarifs des transports ; **free market pricing** libre fixation des prix ; **import-parity pricing** alignement des prix intérieurs sur le prix des produits importés ; **intra-group pricing** [Acc] prix de cession interne ; **marginal cost pricing** (MCP) fixation du prix au coût marginal, tarification au coût marginal (TCM) ; **mark-up pricing** méthode du coût majoré ; **market pricing** fixation des prix par le marché ; **penalty pricing** fixation de prix dissuasifs ; **predatory pricing** fixation de prix d'éviction ; **real cost pricing** *or* **realistic pricing** vérité des prix ; **transfer pricing** détermination de prix de cession interne ; **tight pricing** prix tirés.
Δ **pricing policy** politique des tarifs (cf services publics).

primary adj primaire, premier.

prime adj 1- principal, primordial. 2- [Fin] (securities) de premier ordre.

principal n 1- [Jur] personne principale, mandant.
2- [Fin] a) principal, capital * **principal and interest** principal et intérêts ; **principal due** montant du principal dû *ou* exigible ; **principal outstanding** part du capital non encore remboursée.
b) mandant dans une relation contractuelle (cf. théorie de l'agence).

principle n 1- principe.
2- [Acc] principe comptable * **accrual basis principle** principe de la séparation des exercices comptables ; **best execution principle** [St Ex] (UK) principe de la meilleure exécution (d'un ordre) ; **conservation principle** principe qui recommande de choisir l'alternative qui minimise l'évaluation et le résultat de la période considérée ; **consistency principle** principe de la permanence des méthodes (cf. GAAP) ; **cost principle** principe de l'évaluation aux coûts historiques ; **Generally Accepted Accounting Principles (GAAP)** principes comptables généralement admis (aux USA et pour les sociétés qui préparent leurs états financiers selon principes comptables américains) ; **going concern principle** principe de la continuité d'exploitation (cf GAAP) ; **locomotive principle** [Eco] principe selon lequel, durant une crise économique, les pays les mieux placés doivent prendre des mesures de relance pour relancer l'économie mondiale ; **matching principle** principe du rattachement des charges aux produits ; **materiality principle** principe de l'importance relative (cf GAAP) ; **monetary principle** principe du nominalisme monétaire ; **revenue realization principle** principe de la comptabilisation du produit à partir du moment où il est réalisé (GAAP) ; **self-selection principle** [Eco, Fin] principe d'auto sélection ; **worldwide principle** [Fisc] principe de l'imposition mondiale.

prior adj précédent, antérieur.

priority n 1- priorité.
2- [Jur, Fin] privilège d'un créancier.

private adj privé, du secteur privé.

privatization, privatisation n [Eco] privatisation, dénationalisation.

privatize, privatise v [Eco] privatiser.

privatized, privatised adj [Eco] privatisé, confié au secteur privé.

probability n [Stat] probabilité * **probability of selection** probabilité d'inclusion ; **complementary probability** probabilité complémentaire ; **compound probability** probabilité conditionnelle ; **joint probability of selection** probabilité d'inclusion double.

proceeds n, plu produit d'une vente, produit d'un impôt, rentrées * **proceeds of an issue** [Fin] produit d'une émission.

process n processus, développement * **process of change** [Eco] processus de reconversion ; **cumulative process** engrenage ; **manufacturing process** processus de

fabrication ; **random process** [Stat] processus aléatoire.
Δ **process specialization** spécialisation à l'intérieur d'un processus de production.

process v a) (raw materials) traiter, transformer ; b) (data) analyser.

processing n traitement, transformation * **data processing** traitement des données, informatique.

procurement n 1- obtention, acquisition.
2- [Jur] passation de marchés (publics le plus souvent) * **government procurement** marchés publics, achats gouvernementaux ; **public procurement** marchés publics (cf. UE).
Δ **procurement contract** marché public ; **procurement preferences** régime préférentiel concernant les marchés publics.

produce n produits agricoles * **farm produce** produits agricoles.

produce v produire, fabriquer.

producer n 1- fabriquant.
2- [Eco, SCN] producteur * **producers of government services** [SCN] producteurs des services rendus par les administrations ; **producers of private non-profit services to households** [SCN] producteurs de services rendus par les institutions privées sans but lucratif au service des ménages ; **other oil producers** (OOP) autres pays producteurs de pétrole (hors OPEP) ; **primary producers** producteurs de matières premières.
Δ **producer subsidy** subvention à la production.

product n 1- produit.
2- [Eco] a) produit (bien ou service) * **completed product** produit fini ; **consumer-oriented product** produit de consommation "grand public" ; **consumer product** produit de consommation ; **derivative product** [Fin] (US) produit dérivé ; **end product** produit final ; **end use product** produit de consommation finale ; **equity-related products** produits financiers s'apparentant à des actions ; **green product** produit vert, produit écologique ; **growth product** produit porteur ; **high-technology products** produits à forte intensité technologique ; **home products** produits nationaux ; **industrial product** produit manufacturé ; **intangible product** produit immatériel ; **intermediate product** produit intermédiaire ; **joint-demand products** produits à demande conjointe, produits liés ; **joint products** produits liés ; **key product** produit essentiel ; **leading (-edged) product** produit de pointe ; **manufactured product** produit manufacturé ; **mass-consumption product** produit de grande consommation ; **oil products** produits pétroliers, hydrocarbures ; **optional product** produit optionnel ; **partly-finished products** produits semi-finis, produits semi-ouvrés ; **primary product** produit primaire, produit de base ; **processed product** produit transformé ; **secondary products** produits secondaires, produits manufacturés ; **semi-manufactured products** produits semi-finis ; **sensitive product** produit sensible ; **staple product** produit de première nécessité ; **substitute product** produit de substitution ;

upmarket product produit haut de gamme.
b) [Eco, SCN] produit (valeur de l'activité de production) ; productivité d'un facteur de production * **aggregate product** produit global ; **domestic product** produit intérieur ; **domestic product of industries** (DPI) [SCN] produit intérieur des branches marchandes (PIBM) ; **environmentally-adjusted domestic product** (EDP) produit intérieur corrigé des incidences environnementales (PIE) ; **gross agricultural product** (GAP) produit agricole brut (PAB) ; **gross domestic product** (GDP) [SCN] produit intérieur brut (PIB) ; **gross domestic product, non-tradable** [SCN] produit intérieur brut non marchand ; **gross domestic product, tradable** [SCN] produit intérieur brut marchand ; **gross national product** (GNP) [SCN] produit national brut (PNB) ; **marginal physical product** (MPP) produit *ou* productivité marginale physique (Pm) ; **marginal product of capital** productivité marginale du capital, efficacité marginale du capital ; **marginal product of labour** produit marginal *ou* productivité marginale du facteur travail ; **marginal revenue product** (MRP) produit marginal en valeur ; **net domestic product** [SCN] produit intérieur net (PIN) ; **net domestic product at factor cost** [SCN] produit intérieur net au coût des facteurs ; **net domestic product at market prices** [SCN] produit intérieur net aux prix du marché ; **net national product** (NNP) [SCN] produit national net (PNN) ; **net welfare product** produit social net ; **traded gross domestic product** (TGDP) produit intérieur brut des branches marchandes (PIBM).
Δ **product curve** courbe d'indifférence du producteur, isoquant ; **product cycle** cycle de vie du produit ; **product differentiation** différentiation des produits ; **product line** gamme de produits.

production n [gen, Eco] production * **actual production** production effective ; **domestic production** production intérieure ; **final production** production de produits finis ; **gross domestic production** production intérieure brute ; **home-consumed production** autoconsommation ; **in-house production** production interne à l'entreprise ; **indigenous production** production locale ; **line production** (US) production à la chaîne ; **marketable production** [SCN] production marchande ; **mass production** production en série ; **national production** production nationale ; **net domestic production** production intérieure nette ; **offshore production** production délocalisée ; **primary production** production de matières premières ; **quota production** production contingentée ; **total production** production globale.
Δ **production capacity** capacités de production ; **production cycle** cycle de production ; **production coefficient** coefficient de production ; **production factors** facteurs de production ; **production function** fonction de production ; **production incentive** aide à la production ; **production line** chaîne de production ; **production mode**

mode de production ; **production pattern** structure de la production ; **production possibility (frontier) curve** q v curve.

productive adj productif.

productivity n [gen, Eco] productivité * **productivity of capital** productivité du (facteur) capital ; **productivity of labour** productivité du (facteur) travail ; **productivity per man-hour** productivité horaire ; **productivity per person employed** productivité par personne occupée ; **factor productivity** productivité des facteurs de production ; **labour productivity** productivité du (facteur) travail ; **marginal productivity** productivité marginale ; **marginal productivity of capital** productivité marginale du capital ; **marginal productivity of labour** productivité marginale du travail ; **overall productivity** productivité globale ; **total factor productivity (TFP)** productivité totale des facteurs (PTF).

Δ **productivity agreement** accord de productivité ; **productivity bargaining** accords de productivité ; **productivity bonus** prime de rendement ; **productivity deal** accord de productivité ; **productivity gain** gain de productivité ; **productivity target** objectif de rendement ; **production unit** unité de production.

professional n spécialiste, personne très spécialisée * **professionals** professions libérales.

professional adj de niveau universitaire, spécialiste * **professional people** les cadres.

profit n [Eco] profit ; [Fin, Acc] bénéfice, résultat * **profit and loss from operations** pertes et profits d'exploitation ; **abnormal profit** or **above-normal profit** [Eco] profit anormal, rente de situation, surprofit ; **accounting profit** bénéfice comptable ; **accumulated profit** [Acc] report à nouveau bénéficiaire ; **after-tax profit** bénéfice après impôt ; **book profit** bénéfice comptable ; **business profits** bénéfices industriels et commerciaux ; **consolidated profits** bénéfice ou résultat consolidé ; **corporate profits** bénéfices des entreprises ; **distributable profits** réserves et reports à nouveau distribuables ; **distributed profit** bénéfices distribués ; **excess profit** [Eco] profit anormal, surprofit, rente de situation ; **gross operating profit** bénéfice brut d'exploitation ; **gross profit** bénéfice brut, bénéfice avant impôt ; **investment profit** bénéfices tirés des placement ; **land profit** plus-value foncière ; **merchandising profit** (UK) bénéfice commercial ; **net operating profit** bénéfice net d'exploitation ; **net profit (for the year)** bénéfice net (de l'exercice), bénéfice net après impôt, bénéfice net comptable ; **non-commercial profits** bénéfices non commerciaux (BNC) ; **operating profit** bénéfice d'exploitation ; **paper profit** plus-value sur titres ; **pre-tax profit** bénéfice avant impôt ; **ploughed-back profits** or **plowed-back profits** ; bénéfices réinvestis ; **recorded profits** bénéfices réalisés ; **repatriated profits** bénéfices rapatriés ; **retained profits** bénéfices non distribués, report à nouveau ; **trading profit** bénéfice d'exploitation ; **undistributed profits** bénéfices non distribués, bénéfices mis en réserve et report à nouveau ; **windfall profits** bénéfices exceptionnels ; **year's operating profit** bénéfice d'exploitation de l'exercice.

Δ **profit absorption** compression des marges ; **profit behaviour** comportement de marge ; **profit centre** centre de profit ; **profit margin** marge bénéficiaire ; **profit rate** taux de profit ; **profit ratio** taux de marge ; **profit share** [Eco] part des profits (dans le revenu total des facteurs) ; **profit share of national income** part des profits dans le revenu national ; **profit sharing** participation des salariés aux bénéfices, intéressement des salariés ; **profit sharing scheme** système de participation des salariés aux bénéfices ; **profit squeeze** compression des bénéfices.

profit-making adj rentable.

profit-seeking adj à but lucratif.

profit-taking n [Fin, St Ex] prise de bénéfices.

profitability n [Fin, Acc] rentabilité.

profitable adj rentable, rémunérateur.

program n q v programme.

programme (UK), **program** (US) programme * **Export Enhancement Program** (EEP) (US) Programme d'encouragement des exportations ; **Integrated Program for Commodities** (IPC) Programme intégré des produits de base (PIPB) (cf. CNUCED) ; **Special Assistance Program** (SAP) Programme d'assistance spéciale (PAS) (cf. Banque mondiale) ; **Targeted Export Assistance Program** (TEA) (US) Programme d'aide à certaines exportations.

programming n élaboration de programmes * **linear programming** programmation linéaire ; **multiple objective programming** programmation à objectifs multiples ; **non-linear programming** programmation non linéaire.

progress n progrès, progression * **economic progress** progrès économique ; **technical progress** progrès technique.

progress v progresser.

progression n progression * **arithmetic progression** [Math] progression arithmétique ; **geometric progression** [Math] progression géométrique.

progressive adj a) progressif, graduel ; b) tourné vers l'avenir.

progressivity n [Fisc] progressivité (de l'impôt sur le revenu).

prohibition n prohibition.

project n 1- opération, projet, plan, réalisation.
2- [Fin] projet d'investissement * **contingent project** projet d'investissement dépendant ; **greenfield project** projet d'investissement sur un site entièrement vierge ; **mutually exclusive projects** projets d'investissement mutuellement exclusifs.

promising adj prometteur.

propensity n [gen, Eco] propension * **propensity to consume** propension à consommer ; **propensity to export** propension à exporter ; **propensity to import** propension à importer ; **propensity to save** propension à épargner ; **average propensity** propension moyenne ; **average propensity to consume** (APC) propension moyenne à consommer (PMC) ; **average propensity to import** (APM) propension moyenne à importer (PMM) ; **average propensity to save** (APS) propension moyenne à épargner (PMC) ; **marginal propensity** propension marginale ; **marginal propensity to consume** (MPC) propension marginale à consommer (PMaC) ; **marginal propensity to import** (MPI) propension marginale à importer ; **marginal propensity to save** (MPS) propension marginale à épargner (PMaS).

properties n, plu q v property 2.

property n 1- [gen, Jur] propriété, patrimoine * **affected property** immeuble hypothéqué ; **immovable property** biens immeubles *ou* immobiliers ; **industrial property** propriété industrielle ; **intangible personal property** biens personnels incorporels ; **intangible property** biens incorporels ; **intellectual property** propriété intellectuelle ; **landed property** propriété foncière ; **mixed property** biens meubles et immeubles ; **movable property** biens meubles ; **movable tangible property** biens meubles corporels ; **personal property** biens personnels, biens mobiliers ; **private property** propriété privée ; **public property** propriété publique ; **real property** biens immobiliers ; **separate property** biens propres ; **state property** propriété publique ; **tangible personal property** biens meubles corporels.
2- [Acc] **(plu) properties** immeubles.
Δ **property rates** (UK) taxe foncière.

proprietary adj [Jur] faisant l'objet d'un droit exclusif.

proprietor n [Jur] propriétaire.

proprietorship n [Jur] droit de propriété * **sole proprietorship** (US) société unipersonnelle, entreprise individuelle.

prospect n perspective * **future prospects** perspectives d'avenir.

prospective adj a) futur, à venir ; b) éventuel * **prospective studies** la prospective.

prospectus n [Fin, St Ex] prospectus * **pathfinder prospectus** (UK) *or* **preliminary prospectus** (US) prospectus préliminaire.

protection n protection * **monetary protection** [Eco int] protectionnisme monétaire ; **temporary protection from creditors** [Jur] règlement judiciaire.

protectionism n [Eco int] protectionnisme.

protectionist adj [Eco int] protectionniste.

protracted adj qui s'enlise, prolongé.

provide v a) offrir, fournir, mettre à disposition ; b) (document) stipuler * **the contract provides that** le contrat stipule que.

provider n prestataire.

provision n 1- fourniture, installation * **provision of services** prestation de services ; **infrastructure provision** installation des infrastructures.
2- [Jur] disposition, clause * **blank provision** clause générale ; **budgetary provisions** crédits budgétaires, dispositions budgétaires ; **statutory provisions** (UK) dispositions légales.
3- [Acc] provision, dotation aux provision * **provision for bad debts** provision pour créances douteuses ; **provision for contingencies** provisions pour risques ; **provision for depreciation** provision pour dépréciation ; **provision for depreciation on fixed assets** provision pour dépréciation des immobilisations ; **provision for exchange losses** provision pour pertes de change ; **provision for inventory losses** provision pour dépréciation des stocks en-cours ; **provision for loss on fixed assets** provision pour dépréciation des immobilisations ; **provision for losses and expenses** provision pour pertes et charges ; **provision for the year** dotation de l'exercice aux provisions.

provisional adj provisoire.

proxy n 1- [Jur] procuration, mandant * **as a proxy for** en tant que représentant de ; **by proxy** par procuration.
2- [Eco] variable de substitution, variable auxiliaire * **aggregate demand proxy** variable indicative de la demande globale.
△ **proxy agent** mandataire ; **proxy fight** [Fin, St Ex] démarche qui consiste à contacter les actionnaires individuellement pour contraindre le conseil d'administration à prendre une décision dans le cas d'une OPA.

prudential adj [Fin] prudentiel.

PSBR *Public Sector Borrowing Requirement* (UK) besoin de financement du secteur public.

PSDR *public sector debt repayment* (UK) remboursement de la dette publique.

PSE *producer subsidy equivalent* équivalent subvention à la production (ESP).

PSL 2 *private sector liquidity wide definition* (UK) ensemble des liquidités du secteur privé (agrégat le plus large).

PTA *preferred trade area* zone d'échanges préférentiels (ZEP).

public adj public, de l'Etat * **to go public** [Fin, St Ex] être introduit en bourse.

publicly-guaranteed adj garanti par l'Etat.

pump priming n [Eco] politique de relance.
△ **pump priming measures** mesures de relance.

pump up v * [Eco] **to pump up demand** relancer l'économie par la demande.

punter n [St Ex] (UK) boursicoteur.

purchase n 1- [gen, Eco, Fin, St Ex] achat * **purchase for the account** *or* **purchase for the settlement** [St Ex] achat à terme ; **purchase in the market** [St Ex] rachat en bourse ; **purchase of the debt** [Fin] achat de titres d'emprunt ; **purchase under resale agreement** [Eco, Fin] prise de titres en pension ; **firm** *or* **fixed purchase** achat ferme ; **forward purchase** achat à terme ; **lease purchase** bail avec option d'achat ; **market purchases** [SCN] biens et services achetés ; **outright purchase** achat ferme, achat sans condition ; **outstanding purchases** en-cours des achats ; **temporary purchase** [Eco] prise de titres en pension (cf. banque centrale).
2- [Acc] **(plu) purchases** achats, compte achats.
Δ **purchase returns** [Acc] rendus sur achats.

purchase v acheter.

purchaser n acheteur.

purchasing n achat.

push n poussée, dynamisme.

put n [Fin, St Ex] option de vente * **put and call** stellage ; **put o' more** *or* **put of more** *or* **put-of-more option** option du double à la vente.

putty * **putty-clay, putty-putty** [Eco] expressions qui traduisent, dans la fonction de production, le type de rapport entre les facteurs de production (i. e. plus ou moins grande substituabilité) ; *putty-clay* signifie que certains facteurs sont substituables et d'autres non ; *putty-putty* désigne la substituabilité parfaite entre les facteurs.

PVGO *present value of growth opportunities* valeur actualisée des occasions de croissance (VAOC).

Q

Q [Eco] Q de Tobin.

Q-Q dots [Eco] droite de Henry.

QRs *quantitative restrictions* restrictions quantitatives.

quadruple v quadrupler.

qualification n a) qualifications, aptitudes, qualités requises * **occupational qualifications** qualifications professionnelles.
b) restriction, condition.

qualified adj a) qualifié, ayant les titres requis.
b) conditionnel.

qualify v a) avoir les conditions requises, remplir les conditions.
b) apporter des réserves à, nuancer, restreindre.

qualifying adj ouvrant droit * **qualifying conditions** conditions requises pour bénéficier de prestations.

quality n qualité.
Δ **quality circle** cercle de qualité ; **quality control** contrôle de qualité.

QUANGO *quasi autonomous non governmental organization* organisation non gouvernementale semi autonome.

quantifiable adj quantifiable.

quantification n évaluation quantitative.

quantify v chiffrer quantifier.

quantile n [Stat] quantile.

quantitative adj quantitatif.

quantity n [gen, Eco] quantité * **maximum guaranteed quantity** (MGQ) (cf. EU) quantité maximale garantie (QMG).
Δ **quantity demanded** quantité demandée ; **quantity supplied** quantité offerte.

quarter n a) quart ; b) trimestre.

quarterly adv trimestriel.

quartile n [Stat] quartile.

quasi-money n [Eco] disponibilités quasi monétaires, quasi-monnaie.

quasi-rent n [Eco] quasi-rente.

quay n quai * **alongside quay** à quai ; **free on quay** rendu à quai ; **ex quay** franco à quai.

query v mettre en doute, contester * **to query figures** contester la validité de chiffres.

quicken v (s') accélérer.

quota n [Eco, Eco int] a) contingent, quota * **above quota** hors contin-

gent (cf. UE) ; **allocated quota** contingent réparti ; **commitment quota** contingent de quota ; **common quota** quote-part commune (cf. FMI) ; **Community quotas** contingents communautaires (cf. UE) ; **customs (tariff) quota** contingentement tarifaire ; **import quotas** quotas d'importation ; **producer's quotas** *or* **production quotas** quotas de production ; **rediscount quota** plafond de réescompte ; **tariff quota** contingent tarifaire.
b) quote-part (cf. FMI).
Δ **quota agreement** accord de contingentement ; **quota rent** [Eco int] rente économique liée au quota ; **quota system** contingentement.

quotation n 1- devis.
2- [St Ex] a) cotation * **bid and ask(ed) quotations** cotations par opposition ; **certain exchange quotation** cotation au certain ; **certain quotation of exchange** cotation au certain ; **open outcry quotation** cotation à la criée ; **pigeonhole quotation** cotation par casier.
b) cours boursier * **quotation on the close** dernier cours, cours de clôture ; **quotation on the opening** premier cours, cours d'ouverture ; **closing quotation** cours de clôture ; **continuous quotations** [St Ex] cotations en continu ; **forward quotation** cours à terme ; **indirect exchange quotation** (Eco) cotation (du change) à l'incertain ; **opening quotation** cours d'ouverture ; **spot quotation** cours au comptant.
Δ **quotation list** cote officielle.

quote n 1- [St Ex] cours indicatif * **ask quote** cours acheteur ; **bid quote** cours vendeur.
2- [ASR] tarification.

quote v 1- a) établir le prix ; b) rappeler une référence * **to quote the rate** [ASR] tarifer.
2- [St Ex] coter.

quoted adj [Fin, St Ex] (UK) coté en Bourse.

R

R & D *Research and Development* recherche développement (R-D).

raid n [Fin, St Ex] OPA * **to make a raid on** monter une OPA contre ; **dawn raid** (UK) tentative d'OPA surprise.

raid v [Fin, St Ex] monter une OPA contre.

raider n [Fin, St Ex] attaquant (JO), entreprise initiatrice d'une OPA sauvage.

raise n (US) augmentation.

raising n 1- augmentation, hausse.
2- [Fin] collecte de fonds * **raising of capital** *or* **raising of funds** mobilisation de capitaux ; **capital raising** mobilisation de capitaux.

rally n 1- rassemblement.
2- [St Ex] (currency, stock prices) redressement, reprise, redressement des cours * **sharp rally** reprise vigoureuse ; **technical rally** reprise technique.

rally v 1- se rallier.
2- [St Ex] (currency, stock prices) se redresser, reprendre.

rampant adj (inflation) gallopant.

random n * **at random** au hasard.

random adj [Stat] aléatoire, fait au hasard.

randomization, randomisation n [Stat] méthode de répartition aléatoire.

randomize, randomise v [Stat] donner un caractère aléatoire.

range n 1- série, gamme.
2- [Stat] domaine de variation, fourchette * **range of deviation** intervalle de variation ; **monitoring range** [Eco] (US) fourchette de croissance de la masse monétaire ; **target range** [Eco] fourchette retenue comme objectif de variation de la masse monétaire.

rank n place, rang.

rank v ranger, (se) classer * **to rank first** venir en première position ; **to rank** *pari passu* [Fin] avoir le même rang que.

ranking n classement, ordre d'importance.

ratchet n cliquet.
Δ **ratchet effect** q v effect.

rate n [gen, Eco, Fin, Acc] taux, pourcentage * **rate of exchange** q v exchange rate ; **rate of interest** q v interest rate ; **rate of protection** [Eco int] taux de protection ; **rate of return** q v rate of return ; **rate of saving** taux d'épargne ; **rate of yield** taux de rendement ; **rate of yield at issue** taux de rendement à l'émission ; **activity rate** taux d'activité ; **actual rate** taux observé ; **adjustable rate** taux révisable ; **annual rate** taux annuel ; **annualized rate** taux annualisé ; **asked rate** [St Ex] prix offert, cours vendeur ; **average hourly rate** taux de salaire moyen ; **average rate** taux effectif moyen ; **Bank rate** taux (officiel) d'escompte ; **base (lending) rate** a) (UK) taux de base bancaire ; b) (US) salaire de base ; **benchchmark rate** taux d'intérêt de référence ; **bid rate** (US) cours acheteur (prix pour lequel on achète) ; **bilateral central rate** taux *ou* cours-pivot bilatéral (cf. SME) ; **birth rate** a) taux de natalité ; b) taux de création d'entreprise ; **blue-chip rate** (UK) taux débiteur privilégié ; **bond rate** taux des obligations ; **business tax rate** taux d'imposition des sociétés ; **buying rate** cours acheteur ; **cap interest rate** taux plafond (JO) ; **capacity utilisation rate** taux d'utilisation des capacités ; **capitalization rate** taux de capitalisation ; **ceiling rate** taux plafond ; **central rates** taux-pivots (cf. SME) ; **clearing rate** taux d'équilibre ; **commercial interest reference rate** (CIRR) taux d'intérêt commercial de référence (TICR) ; **compound rate** taux composé ; **confiscatory rate** taux spoliateur ; **contango rate** q v contango ; **continuous compounding rate** taux de capitalisation continue ; **conversion rate** taux de conversion (monnaie, action préférentielle) ; **core rate of inflation** taux d'inflation restreint (hors alimentation et énergie) ; **coupon rate** [Fin] taux d'intérêt nominal ; **cover rate of imports** [Eco int] taux de couverture des importations ; **coverage rate** [Fin] taux de couverture ; **cross rates** parités bilatérales (cf. marché des changes) ; **cut rate** taux réduit ; **death rate** taux de mortalité ; **debenture rate** (UK) taux des obligations des entreprises privées ; **default rate** *or* **delinquency rate** taux d'impayés ; **deposit rate** taux de rémunération des dépôts ; **depreciation rate** taux d'amortissement ; **discount rate** a) taux d'escompte ; b) taux d'actualisation ; **equivalent annual rate** [Fin] taux d'équivalence ; **exchange cross rates** parités croisées ; **exchange rate** q v exchange rate ; **expected rate** taux attendu ; **failure rate** [Fin] taux de défaillance ; **federal funds rate** (US) taux de l'argent au jour le jour entre banques ; **fertility rate** taux de fécondité ; **fixed rate** taux fixe ; **flat rate** taux forfaitaire ; **floating rate** taux d'intérêt flottant ; **foreign exchange rate** taux de change ; **forward exchange rate** taux de change à terme ; **forward rate** cours à terme ; **forward rate agreement** (FRA) accord de taux futurs (ATF) (JO) (sur un marché de gré à gré) ; **future rate agreement** (FRA) accord de taux futur (ATF) (JO) (sur un marché organisé) ; **going rate** taux en vigueur ; **gross rate** taux brut ; **green rate** parité verte ; **growth rate** q v growth ; **hazard rate** probabilité qu'un événement se produise dans une période donnée ; **hourly rate** taux horaire ; **hurdle rate** [Fin] taux de rendement (des investissements) minimal requis ; **inflation rate** q v inflation ; **interbank bid rate** taux interbancaire (IBID) demandé ; **interbank offered rate** (IBOR) taux interbancaire offert (JO) ; **interbank rate** loyer de l'argent entre banques, taux interbancaire ; **interest deposit rate** taux d'intérêt créditeur ; **interest monetary rate** taux monétaire de l'intérêt ; **interest natural rate** taux naturel de l'intérêt ; **interest rate** q v interest rate ; **intervention rates** taux *ou* cours d'intervention ; **jobless rate** taux de chômage ; **leading rate** taux directeur ; **lending rate** taux d'intérêt débiteur ; **lombard rate** taux lombard, taux des avances sur titres ; **London interbank bid rate** (LIBID) taux interbancaire demandé à Londres sur les dépôts à court terme (LIBID) ; **London inter-bank mean rate** (LIMEAN) taux moyen des taux offerts (LIBOR) et des taux demandés (LIBID) à Londres (LIMEAN) ; **London inter-bank offered rate** (LIBOR) taux interbancaire offert à Londres sur les dépôts à court terme (LIBOR) ; **long rates** taux longs ; **long-term rate** taux long, taux à long terme ; **marginal rate** taux marginal ; **marginal rate of substitution** (MRS) [Eco] taux marginal de substitution (TMS) ; **marginal rate of taxation** [Fisc] taux marginal d'imposition ; **marginal rate of technical substitution** taux marginal de substitution technique (TMST) ; **marginal rate of transformation** taux marginal de transformation (TMT) ; **market capitalizatiion rate** taux de capitalisation du marché ; **middle rate** taux médian ; **minimum lending rate** (MLR) (UK) taux minimal de prêt (remplaça le *Bank Rate* en 1972) ; **monetary rate of interest** [Eco int] taux monétaire de l'intérêt ; **money rate** q v money ; **mortality rate** taux de mortalité ; **mortgage rate** taux des crédits hypothécaires ; **natural rate of growth** taux d'accroissement naturel (de la population) ; **natural rate of interest** [Eco] taux naturel de l'intérêt ; **natural rate of unemployment** taux de chômage naturel ; **non-accelerating inflation rate of unemployment** (NAIRU) taux de chômage non accélérateur de l'inflation (NAIRU) ; **non-accelerating wage rate of unemployment** (NAWRU) taux de chômage non accélérateur des salaires (NAWRU) ; **offer rate** [St Ex] prix offert *ou* cours vendeur ; **official market rate** taux directeur ; **operating rate** taux d'utilisation (des capacités de production) ; **overnight money rate** taux de l'argent au jour le jour ; **Paris inter-bank bid rate** (PIBID) taux interbancaire demandé à Paris (PIBID) ; **Paris inter-bank mean rate** (PIMEAN) taux moyen des taux offerts (PIBOR) et des taux demandés (PIBID) à Paris (PIMEAN) ; **Paris inter bank offered rate** (PIBOR) taux interbancaire offert à Paris (TIOP) ; **participation rate** taux d'activité ; **penalty rate** [Fin] taux de pénalité ; **penetration rate** taux de pénétration d'un produit ; **population growth rate** taux d'accroissement démographique ; **premium rate** [ASR] taux de prime ; **prevailing rate** taux en vigueur ; **prime rate** (US) taux de base bancaire ; **profit rate** q v profit ; **property rates** q v property ; **purchase rate for money market paper** taux de l'argent au jour le jour ; **real interest rate** taux d'intérêt réel ; **reference rate** taux directeur ; **retention rate** proportion des bénéfices re-

portés dans les bénéfices totaux ; **saving rate** q v saving ; **seasonally adjusted annual rate** (SAAR) taux annuel corrigé des variations saisonnières, taux CVS ; **short rates** taux courts ; **short-term rate** taux de court terme ; **Singapour inter-bank offered rate** (SIBOR) taux interbancaire offert à Singapour ; **single rate** a) [Stat] taux simple ; b) [Fisc] taux uniforme ; **spot exchange rate** taux de change au comptant ; **standardized unemployment rate** (SUR) taux de chômage standardisé (TCS) ; **tax rate** taux d'imposition ; **tender rate** q v tender ; **Tokyo inter-bank offered rate** (TIBOR) taux interbancaire offert à Tokyo ; **trend rate** or **underlying rate** taux tendanciel ; **unemployment rate** q v unemployment ; **wage rate** taux de salaire.
2- [Fisc] **(plu) rates** (UK) impôts locaux.

rate v 1- évaluer, estimer.
2- [Fin, St Ex] noter * **to rate a company triple A** noter une entreprise AAA.

rate of return n [Fin] taux de rentabilité * **accounting rate of return** taux de rendement comptable ; **earned rate of return** rémunération du capital ; **economic rate of return** (ERR) or **economic internal rate of return** (EIRR) taux de rentabilité économique ; **effective rate of return** taux de rendement effectif ; **expected rate of return** taux de rendement espéré, taux de rendement attendu ; **financial internal rate of return** (FIRR) taux de rentabilité financière ; **financial rate of return** taux de rentabilité financière ; **forward rate of return** taux de rendement à terme ; **internal rate of financial return** taux de rentabilité financière ; **internal rate of return** (IRR) taux de rendement interne (TRI), taux de rentabilité financière ; **nominal rate of return** taux de rendement nominal ; **real rate of return** taux de rendement réel.

rateable adj [Fisc] a) évaluable ; b) (UK) imposable.

ratepayer n [Fisc] (UK) contribuable (cf. impôts locaux).

rating n 1- évaluation * **merit rating** notation du personnel au mérite.
2- [Fin] a) notation, évaluation, cote ; b) évaluation des capacités d'endettement ; c) évaluation de la qualité d'une signature * **credit rating** qualité de la signature d'un emprunteur ; **market rating** estimation boursière ; **triple A rating** q v AAA.
Δ **rating agency** agence de notation (JO) ; **rating requirements** exigences à satisfaire pour obtenir la cotation dun titre ; **rating scale** échelle de notation.

ratio n [Acc, Fin] rapport, coefficient, ratio, quotient * **ratio of accounts receivable to net sales** ratio de rotation des crédits clients ; **ratio of capital to liabilities** ratio de solvabilité (fonds propres/total du passif) ; **ratio of fixed assets to long-term liabilities** ratio immobilisations/dettes à long terme ; **acid test ratio** ratio de liquidité immédiate, ratio de trésorerie ; **bank-liquidity ratio** [Eco] coefficient de liquidité bancaire ; **benefit-cost ratio** (BER) ratio coût-profit, indice de rentabilité (IR) ; **capital adequacy ratio** ratio de fonds propres, coefficient de solvabilité ; **capital-debt ratio** coefficient d'endettement ; **capital-labour ratio** [Eco] coefficient d'intensité capitalistique ; **capital-output ratio** [Eco] coefficient de capital ; **capital-productivity ratio** [Eco] ratio de rentabilité du capital ; **capital to circulating assets ratio** ratio de financement de l'actif circulant ; **capital to fixed assets ratio** ratio de financement des immobilisations ; **capital turnover ratio** ratio de rotation des capitaux propres ; **capital utilization ratio** [Eco] taux d'utilisation des capacités de production ; **cash ratio** a) [Acc] ratio de trésorerie ; b) [Eco] ratio de liquidité immédiate (cf. banques) ; **cash reserve ratio** [Eco] ratio de liquidité immédiate (cf. banques) ; **concentration ratio** [Eco] coefficient de concentration, indice de concentration ; **conversion ratio** rapport de conversion ; **Cooke ratio** [Eco] ratio Cooke ; **cost-benefit ratio** [Eco] ratio coût-avantages ; **current ratio** ratio de liquidité générale (actif circulant/ passif exigible à court terme) ; **debt coverage ratio** (US) ratio de solvabilité ; **debt-equity ratio** ratio d'endettement (capitaux empruntés/fonds propres) ; **debt ratio** a) [Eco] dette/PNB ; b) [Acc] ratio de solvabilité ; c) [Fin] ratio d'endettement ; **debt ratios** ratios d'autonomie financière ; **debt service ratio** (DSR) coefficient du service de la dette (CSD) ; **debt to net worth ratio** ratio d'endettement à long terme (dette à long terme/immobilisations) ; **dividend payout ratio** ratio de distribution de dividendes ; **earned income ratio** [Eco] part des revenus du travail dans le revenu national ; **equity-debt ratio** ratio de solvabilité (fonds propres/capitaux empruntés) ; **expenditure-GNP ratio** [Eco] rapport dépenses publiques/PNB ; **export-import ratio** [Eco] taux de couverture ; **financial ratios** ratios financiers ; **financial structure ratio** ratio de structure financière ; **gearing ratio** (UK) coefficient d'endettement, ratio d'endettement, ratio de solvabilité (capitaux empruntés/capitaux propres) ; **hedge ratio** [St Ex] ratio de couverture ; **import penetration ratio** [Eco int] taux de pénétration des importations ; **incremental capital-output ratio** (ICOR) [Eco] coefficient marginal de capital ; **interest coverage ratio** ratio de couverture des intérêts ; **investment-GNP ratio** [Eco] rapport investissement/PNB ; **leverage ratio** ratio de levier, ratio d'endettement ; **liquidity ratio** coefficient de liquidité générale ; **loan gearing ratio** ratio de levier ; **marginal capital-output ratio** [Eco] coefficient marginal de capital ; **output-capital ratio** [Eco] coefficient d'efficacité du capital ; **payout ratio** ratio de distribution de dividendes ; **ploughback ratio** (UK) *or* **plowback ratio** (US) ratio de réinvestissement ; **price-earnings ratio** (PER) coefficient de capitalisation des résultats (CCR) (JO) ; **profitability ratios** ratios de rentabilité ; **quick ratio** ratio de liquidité immédiate, ratio de trésorerie ; **reserve assets ratio** (UK) coefficient d'actifs liquides ; **self-financing ratio** ratio d'autofinancement ; **solvency ratio** ratio de solvabilité ; **special deposits ratio** [Eco] coefficient de réserves obligatoires ; **structure ratios** ratios de structure ; **vacancies-unemployed ratio** [Eco] ratio des offres d'emploi non satisfaites au nombre de chômeurs ; **valuation ratio** ratio d'évaluation, ratio financier ; **working capital ratio** ratio de liquidité générale (actif circulant/ passif exigible à court terme) ; **working capital turnover ratio** taux de rotation du capital circulant, taux de rotation du capital d'exploitation.

rational adj rationnel.

rationale n raisonnement.

rationality n [Eco] rationalité * **limited rationality** rationalité limitée ; **procedural rationality** rationalité procédurale ; **substantive rationality** rationalité réelle.

rationalization, rationalisation n [Eco] rationalisation de la production (réorganisation d'un secteur ou d'une entreprise d'une manière plus efficace).

rationalize, rationalise v [Eco] rationaliser *ou* réorganiser la production.

rationing n [Eco] rationnement.

RBA *risk-benefit analysis* analyse risques-avantages (ARA).

RCA *revealed comparative advantage* avantage comparatif révélé.

RDG *regional development grant* subvention au développement régional.

re-enter v * **to re-enter the labour force** réintégrer la population active.

re-entrant n [Eco] ré-entrant sur le marché du travail.

re-entry n 1- [Eco] réinsertion sur le marché du travail.
2- [Eco int] ré-importation d'une marchandise.

re-rating n [Fin] (notation) révision en hausse.

readjust v réajuster, corriger.

readjustment n [Eco] réajustement, reconversion * **readjustment of currencies** réalignement monétaire.

Reaganomics n [Eco] (US) politique de l'offre mise en œuvre sous l'Administration Reagan.

real adj réel.

realign v réaligner, réajuster.

realignment n [Eco] réalignement monétaire, réalignement des parités, réajustement monétaire * **exchange rate parity realignment** réalignement monétaire au sein du SME ; **exchange rate realignment** réalignement monétaire, réalignement des parités ; **Smithsonian realignment** réajustement des parités opéré à la suite des accords de Washington.

realizable, realisable adj 1- dont on peut se rendre compte.
2- [Fin] convertible en espèces.

realization, realisation n 1- prise de conscience.

2- [Fin] conversion des titres en espèces, liquidation.

realize, realise v 1- prendre conscience, se rendre compte.
2- [Fin] convertir des titres en espèces, réaliser un bien.

reallocate v 1- [Eco] redéployer des ressources, modifier l'allocation des ressources.
2- [Fin, Acc] redistribuer, réaffecter * **to reallocate profits** réimputer les bénéfices ; **to reallocate risk** redistribuer le risque.

reallocation n [Eco, Fin] réallocation, redistribution * **reallocation of funds** redistribution des fonds ; **reallocation of land** remembrement ; **resource reallocation** réaffectation des ressources.

reallowance n [St Ex] réattribution.

realty n [Jur] (US) biens immobiliers, biens immeubles.

reappraisal n évaluation *a posteriori*.

reappraise v réexaminer, réévaluer.

reassess n 1- réexaminer, réévaluer.
2- [Fisc] réviser le taux d'imposition.

reassessment n 1- réexamen, réévaluation.
2- [Fisc] révision d'un barème, redressement fiscal.

reassign v réaffecter des fonds.

rebatable adj déductible fiscalement.

rebate n rabais, remise.

rebound n [Eco] reprise, rebond * **rebound in activity** rebond de l'activité ; **technical rebound** [St Ex] reprise technique.

rebound v reprendre, repartir.

rebuild v 1- reconstruire.
2- [Acc] reconstituer des stocks.

recapitalization, recapitalisation n [Fin] restructuration du capital.

recapitalize, recapitalise v [Fin] restructurer le capital.

recapture n [Fisc] réintégration (de bénéfices, de provisions).

recapture v reprendre, récupérer * **to recapture a market** se réinstaller sur un marché, reprendre un marché.

recede v reculer, baisser * **Government stocks have receded further** les fonds d'Etat ont poursuivi leur repli.

receipt n 1- récépissé * **customs receipt** récépissé de douane.
2- [Eco, Fin, Acc] rentrée, recette, encaissement * **receipts and expenditures** recettes et dépenses ; **receipts of invisibles** recettes des invisibles ; **American Depository Receipt** (ADR) titre américain représentatif d'actions étrangères conservées dans le pays d'origine ; **capital receipts** recettes du compte capital ; **cash receipts** encaissements ; **cash receipts and payments** encaissements et sorties de caisse ; **current receipts** recettes courantes ; **European depositary**

receipts (EDRs) certificats de dépôts libellés en dollars (émissions en Europe d'actions de sociétés japonaises) ; **export receipts** recettes d'exportation ; **foreign exchange receipts** rentrées de devises ; **government receipts** recettes budgétaires, recettes publiques ; **invisible receipts** recettes des invisibles ; **non-recurrent receipts** recettes exceptionnelles ; **revenue receipt** rentrée fiscale ; **sundry receipts** recettes diverses ; **tax receipts** recettes fiscales ; **Treasury investment growth receipts** (TIGRs) instruments de placement hybrides (fonds d'Etat et obligations à coupon zéro).

receivables n, plu 1- [SCN] sommes à recevoir.
2- [Acc] compte clients.

receiver n 1- destinataire.
2- [Jur] réceptionnaire * **receiver in bankruptcy** administrateur judiciaire, liquidateur.

receivership n [Jur] liquidation judiciaire.

recession n [Eco] récession économique, fort ralentissement de l'activité économique.

recessionary adj récessif.

rechannel v remettre des fonds dans le circuit.

recipient n bénéficiaire.

reciprocal adj réciproque.

reciprocate v 1- agir de même, faire la même chose en retour.
2- [Acc] passer une écriture en conformité.

reciprocity v réciprocité.

reconcile v 1- concilier, réconcilier.
2- [Stat] faire concorder des résultats.
3- [Acc] vérifier des écritures, ajuster * **to reconcile an account** apurer un compte.

reconciliation n 1- conciliation, réconciliation.
2- [Stat] rapprochement, harmonisation.
3- [Acc] apurement de compte.

record n 1- a) record * **all-time record** record sans précédent ; b) enregistrement, document, compte-rendu * **to keep record** consigner des données, tenir un registre ; **employment record** expérience professionnelle ; **personal record** curriculum vitae.
2- [Acc] document comptable, registre.
∆ **record breaker** personne *ou* chose qui bat les records ; **record keeping** tenue d'un registre.

record adj sans précédent, jamais vu.

record v 1- enregistrer.
2- [Fin, Acc] enregistrer, comptabiliser.

recorded adj 1- enregistré, répertorié.
2- [Eco] (data) observé *par opposition à* calculé.
3- [Eco int] sur la base des transactions officielles.

recording n système de comptabilisation.

recoup v récupérer, regagner * **Equities recouped losses by mid session** les actions ont récupéré leurs pertes vers la mi-séance.

recover v reprendre, se redresser, regagner le niveau antérieur.

recovery n 1- redressement * **recovery of the group** redressement du groupe.
2- [Eco] reprise économique * **to underpin recovery** soutenir la reprise ; **buoyant recovery** reprise (de l'activité) très soutenue ; **business recovery** reprise des affaires, reprise de l'activité ; **capital recovery** reconstitution du capital ; **export-led recovery** reprise tirée par les exportations ; **full recovery** reprise dans tous les secteurs ; **incipient recovery** début de reprise ; **investment-led recovery** reprise de l'économie tirée par l'investissement ; **investment recovery** reprise de l'investissement ; **pronounced recovery** reprise (de l'activité) très marquée ; **self-generated recovery** reprise (de l'activité) autonome ; **solid recovery** reprise (de l'activité) très soutenue ; **stock-market recovery** remontée de la Bourse ; **sustainable recovery** reprise (de l'activité) durable.
3- [Fin, Acc] recouvrement, remboursement * **loan recovery** recouvrement d'un prêt.
Δ **recovery plan** a) plan de redressement ; b) plan de relance.

recruit v embaucher.

recruitment n recrutement * **recruitment by replacement** embauche sur postes existants.

RECS or **recs** *regional electricity companies* (UK) a) sociétés d'électricité nouvellement privatisées.
b) actions émises par les sociétés de production d'électricité nouvellement privatisées.

recurrent adj récurrent, itératif.

recurring adj récurrent, itératif.

recursive adj [Stat] récursif.

recycle v recycler.

recycling n [Fin] recyclage * **petrodollars recycling** recyclage des pétrodollars.

red n * **to be in the red** être en déficit.

red chip n [St Ex] action émise par une entreprise privatisée d'un ex-pays socialiste.

red-herring n [Fin, St Ex] (US) prospectus préliminaire.

red tape n paperasserie.

redeem v [Fin] racheter, rembourser, amortir * **to redeem a loan** rembourser un emprunt.

redeemable adj [Fin] remboursable, amortissable.

redeemed adj [Fin] remboursé, amorti.

redemption n [Fin] amortissement d'une dette, remboursement d'une dette * **redemption before due date** amortissement anticipé ; **redemption of bonds** rembourse-

ment d'obligations ; **redemption of the public debt** amortissement de la dette publique ; **accelerated redemption** or **advance redemption** or **early redemption** remboursement anticipé.
Δ **redemption date** date de remboursement ; **redemption table** tableau d'amortissement (d'un emprunt obligataire).

redeploy v [Eco] redéployer des ressources, reconvertir la main-d'œuvre.

redeployment n [Eco] redéploiement, restructuration * **redeployment of labour** redéploiement de la main-d'œuvre, reconversion de la main-d'œuvre ; **industrial redeployment** reconversion industrielle.

rediscount n [Fin] réescompte.
Δ **rediscount ceiling** plafond de réescompte.

rediscount v [Fin] réescompter.

rediscountable adj [Fin] réescomptable.

rediscounting n [Fin] réescompte.

redistribute v redistribuer, répartir à nouveau.

redistribution n [Eco] redistribution * **redistribution of income** or **redistribution of wealth** redistribution du revenu.

reduce v réduire, diminuer, atténuer.

reduced adj réduit.

reduction n réduction, diminution * **reduction in prices** diminution de prix ; **reduction of capital** réduction de capital.

redundancy n personnel ou postes en surnombre, licenciement économique.

redundant adj (staff) en surnombre, dont l'emploi a été supprimé.

reemploy v réembaucher.

reemployment n réemploi.

reendorse v 1- réendosser. 2- [Acc] contre-passer.

reendorsement n 1- réendossement. 2- [Acc] contre-passation.

reference n référence, données significatives.
Δ **reference chronology** [Stat] chronologie ou série de référence ; **reference cycle** [Stat] cycle de référence ; **reference period** période de référence ; **reference year** année de base, année de référence.

refinance v [Fin] refinancer.

refinancing n [Fin] refinancement à l'aide d'un nouveau prêt, consolidation.

reflate v [Eco] relancer l'activité.

reflation n [Eco] relance de l'activité * **demand reflation** relance par la demande.

refloat v renflouer une entreprise.

refocus v recentrer * **to refocus on one's core business** se recentrer sur son activité principale, se recentrer sur son métier de base.

refocussing n recentrage (q v strategy).

refund n remboursement, restitution (cf. UE) * **refund to producers** restitution à la production (cf. UE) ; **presumptive refund** [Fisc] remboursement forfaitaire.

refund v [Fin] a) rembourser ; b) refinancer.

refundable adj [Fin] remboursable.

refunding n [Fin] a) remboursement ; b) refinancement.
Δ **refunding clause** clause de remboursement ; **refunding operations** opérations de refinancement, opérations de consolidation.

regain v regagner, récupérer.

regainable adj récupérable.

region n [gen, Stat] région * **region of acceptance** [Stat] région d'acceptation, intervalle d'acceptation ; **region of rejection** [Stat] région de rejet.

regional adj régional.

register n registre * **register of companies** registre du commerce ; **register of debenture holders** registre des obligataires ; **register of directors'shareholdings** (UK) registre des actions détenues par les administrateurs ; **register of members** (UK) registre des actionnaires.

register v inscrire sur un registre, enregistrer, immatriculer.

registered adj 1- immatriculé, inscrit.
2- [Fin, St Ex] (securities) nominatif.

registrar n 1- officier de l'état civil * **registrar's office** (UK) bureau de l'état civil.
2- [Jur] greffier * **registrar of companies** (UK) a) registre du commerce, registre des sociétés ; b) responsable du registre du commerce.
3- [Fin] (in a company) agent comptable.

registration n 1- formalités d'inscription *ou* d'immatriculation * **registration of mortgage** [Jur] inscription hypothécaire ; **shelf registration** [St Ex] (US) enregistrement par la SEC d'une émission qui satisfait aux dispositions du *Securities Act, 1933*. L'émission peut ensuite avoir lieu dans les deux années qui suivent l'enregistrement.
2- [Jur] (UK) (company) inscription au registre du commerce.

regrade v reclasser.

regrading n reclassement.

regress v 1- régresser, reculer.
2- [Math] régresser.

regression n 1- baisse, recul, régression.
2- [Stat] régression * **least squares regression** ajustement linéaire, droite des moindres carrés ; **multiple regression** régression multiple ; **time regression** régression temporelle.

Δ **regression analysis** méthode de régression.

regressor n [Eco, Stat] estimateur, variable explicative.

regulate v réguler, contrôler.

regulated adj réglementé, contrôlé.

regulating adj régulateur.

regulation n a) régulation.
b) réglementation, règlement * **banking regulations** réglementation bancaire ; **financial regulations** réglementation financière ; **fiscal regulations** réglementation fiscale ; **prudential regulations** réglementation prudentielle pour les banques ; **Q Regulation** (US) Réglementation Q (interdiction de la rémunération des dépôts à vue et plafonnement de la rémunération des dépôts à terme en vigueur jusqu'en 1980).

regulator n 1- régulateur.
2- [St Ex] autorité de marché, organe de surveillance.

regulatory adj de contrôle.

rehire n réembauche.

rehire v réembaucher.

rehiring n réembauche.

reimburse v rembourser.

reimbursement n remboursement.

reimport v réimporter.

reimportation n réimportation.

rein in v calmer, contenir, empêcher l'emballement * **to rein in spending** contenir les dépenses ; **to rein in the economy** empêcher la surchauffe de l'économie.

reinflate v ranimer, relancer.

reinfuse v réinjecter des fonds.

reinfusion n réinjection de fonds.

reintermediation n [Eco] réintermédiation bancaire.

reinvest v [Fin] réinvestir.

reinvestment n [Fin] nouveau placement, réinvestissement.

reissue n [Fin, St Ex] nouvelle émission de titres.

reissue v [Fin, St Ex] procéder à une nouvelle émission de titres.

REIT *real estate investment trust* (US) fonds commun de placement immobilier.

relapse v [St Ex] reculer, céder du terrain.

related to adj relié à, touchant à, apparenté.

relation n relation, rapport, lien * **relations of production** rapports de production ; **industrial relations** relations du travail, relations patronat-syndicat.

relationship n relation, rapport, lien.

relax v assouplir, atténuer, modérer, desserrer.

relaxation n assouplissement, détente, relâchement (de restrictions) * **relaxation of credit control** [Eco] assouplissement de l'encadrement du crédit ; **relaxation of monetary conditions** [Eco] détente des conditions monétaires.

relevance n pertinence.

relevant adj pertinent.

reliability n fiabilité, validité.

reliable adj fiable.

reliance n a) confiance en qn ou qch.
b) dépendance, besoin * **heavy reliance on borrowing** recours massif à l'emprunt.

relief n 1- allègement, atténuation, aide.
2- [Fisc] dégrèvement * **to give relief** accorder une déduction *ou* un abattement ; **relief from income tax** dégrèvement fiscal au titre de l'impôt sur le revenu ; **relief from taxation** déductions fiscales ; **basic relief** dégrèvement de base ; **marginal relief** (UK) dégrèvement marginal.

relieve v a) soulager ; b) aider, secourir ; c) exempter, exonérer.

relocate v [Eco] délocaliser.

relocation n [Eco] délocalisation des industries, redéploiement géographique.

remedy n [Jur] recours, réparation, dédommagement.

remedy v rémédier à.

remission n 1- [Eco, Fin] transfert de fonds * **remission of gold** cession d'or.
2- [Fisc] exonération, dégrèvement * **remission of fees** dispense de droits à payer ; **remission of taxes** remise d'impôts.

remit n attributions * **the Commission's remit** les attributions de la Commission de Bruxelles.

remittance n [Eco, Fin] transferts de capitaux, transferts de fonds (cf. BDP) * **workers' remittance** transferts de salaires (cf. BDP).

renewable adj [Eco] (capital, resources) renouvelable, reproductible.

rent n 1- loyer.
2- [Eco] rente * **economic rent** rente économique ; **implicit rent** rente implicite, rente supplétive ; **land rent** rente (foncière) ; **monopoly rent** rente de monopole ; **pure economic rent** rente économique pure.
3- [SCN] loyer, revenu de la terre * **farm rent** fermage.

repackaging n [Fin] a) réaménagement d'un prêt ; b) reconditionnement d'un titre.

repay v rembourser.

repayable adj remboursable.

repayment n [Fin] remboursement *ou* amortissement d'un prêt *ou* d'un emprunt * **contractual repayment** remboursement contractuel ; **loan repayment** amortissement d'un emprunt ; **lump-sum repayment** remboursement

en totalité à l'échéance ; **mortgage repayment** remboursement d'un prêt hypothécaire ; **principal repayment** remboursement du capital ; **public sector debt repayment** (PSDR) (UK) remboursement de la dette publique.
Δ **repayment pattern** modalités de remboursement ; **repayment period** période de remboursement ; **repayment provisions** conditions de remboursement ; **repayment schedule** tableau d'amortissement, échéancier de remboursement.

rephase v [Fin] réaménager un prêt.

rephasing n * **rephasing of a loan** [Fin] réaménagement d'un prêt.

replenish v réapprovisionner, reconstituer des réserves.

replenishable adj [Eco] (capital, resources) renouvelable, reproductible.

replenishment n reconstitution (de ressources, de réserves…).

report n rapport, compte-rendu, exposé * **annual report** rapport d'activité, rapport annuel.

report v 1- rapporter, rendre compte de, déclarer.
2- [Acc] communiquer les données comptables * **Toyota reported a 54 % decline in profits** Toyota a enregistré une baisse de ses profits égale à 54 %.

reported adj observé, relevé, enregistré, déclaré.

reporter n organisme déclarant.

reporting n 1- compte-rendu, déclaration.
2- [Acc] établissement des états financiers * **financial reporting** comptabilité.
3- [St Ex] déclaration des ordres (JO).
Δ **reporting period** période comptable sur laquelle portent les données communiquées ; **reporting procedures** procédures de communications des données ; **reporting requirements** [Fisc] obligations déclaratives ; **reporting system** système d'information comptable (JO) ; **reporting unit** unité déclarante.

REPO *repurchase agreement* a) mise/prise en pension ; b) accord de réméré, pension livrée.

reposess v [Jur] reprendre possession de.

reposession n [Jur] reprise en possession (d'un bien).

reproducible adj [Eco] (capital, resources) renouvelable, reproductible.

repurchase n [Fin] obligation de rachat * **advance repurchase** *or* **early repurchase** rachat avant l'échéance, rachat anticipé.
Δ **repurchase agreement** (REPO) a) mise/prise en pension ; b) accord de réméré, pension livrée ; **repurchase clause** clause de réméré.

repurchase v racheter.

request n demande * **request for quotation** *or* **request to bid** appel d'offres.

require v a) avoir besoin de ; b) exiger.

required adj exigé, requis.

requirement n besoin, nécessité, condition requise * **requirement of need** critère de besoin (FMI) ; **financial requirement** besoin de financement ; **Public Sector Borrowing Requirement** q v borrowing requirement.

rescaled adj [Stat] réduit.

reschedule v rééchelonner une dette.

rescheduling n [Eco, Fin] rééchelonnement, réaménagement d'échéances * **compulsory rescheduling** rééchelonnement obligatoire ; **debt rescheduling** rééchelonnement de la dette ; **mandatory rescheduling** rééchelonnement obligatoire.

rescue n 1- sauvetage.
2- [Fin] apport de capitaux, renflouement d'une entreprise.
Δ **rescue package** plan de redressement, plan de sauvetage.

rescue v sauver (*from* de).

research n recherche * **research and development** (R & D) recherche-développement ; **applied research** recherche appliquée ; **basic research** recherche fondamentale ; **operational research** recherche opérationnelle.

resell v revendre.

reseller n revendeur.

reservation n [Jur] clause de sauvegarde, réserve.

reserve n [gen, Eco, Fin, Acc] a) réserve, provision, liquidité ; b) **the Reserve** (UK) réserves en monnaies divisionnaires et billets détenues par la Banque d'Angleterre * **reserves for contingencies** provisions pour risques ; **reserve for depreciation** provision pour amortissement ; **reserve for doutful debts** provision pour créances douteuses ; **reserve for inventory losses** provision pour dépréciation des stocks ; **reserve in gold and foreign exchange** réserves d'or et de devises ; **reserves written back** reprise sur réserves ; **actuarial reserves** réserves actuarielles ; **bad debt reserve** provision pour créances douteuses ; **bank reserves** réserves des banques ; **benchmark reserves** (US) réserves obligatoires (pour les banques) ; **bullion reserve** encaisse métallique ; **capital redemption reserve** réserve pour amortissement du capital ; **capital reserves** [Acc] réserves qui ne peuvent pas être distribuées ; **cash reserves** liquidités (des banques) ; **cash reserve requirements** coefficient de réserves obligatoires (cf. banques) ; **compulsory reserves** réserves obligatoires (des banques) ; **compulsory reserve requirements** coefficient de réserves obligatoires (cf. banques) ; **contingency reserve** [Acc] provision pour risques divers ; **contractual reserve** [Acc] réserve contractuelle ; **excess reserves** (US) réserves excédentaires des banques appartenant au système fédéral ; **exchange reserves** réserves de change, avoirs officiels ; **external reserves** réserves de change internationales ; **Federal Reserve** (US) Réserve fédérale ; **Federal Reserve Board** (US) conseil de la Réserve fédérale (= banque centrale américaine) ; **Federal Reserve System (FED)** (US) Système fédéral de Réserve ; **floating cash reserve** volant de trésorerie ; **foreign exchange reserves** réserves de change ; **foreign reserves** réserves de change, réserves en devises ; **free reserve** [Acc] réserve facultative ; **free reserves** (US) réserves libres des banques ; **gold and foreign exchange reserves** réserves en or et devises ; **gold reserve** encaisse-or ; **hidden reserve** [Fin] réserve latente due à une sous-évaluation d'actifs et/ou une surévaluation des dettes (cf. effet de l'inflation) ; **inner reserves** (UK) réserves latentes ; **international reserves** réserves de change internationales ; **legal reserve** [Acc] réserve légale ; **monetary reserve** encaisse métallique ; **monetary reserves** réserves monétaires ; **net borrowed reserve** (US) endettement des banques auprès du FED ; **official foreign exchange reserve** or **official reserve** réserves de changes ; **own reserves** réserves propres ; **profit equalization reserve** [Acc] réserve pour stabilisation des dividendes ; **required reserves** (US) réserves obligatoires ; **revaluation reserve** [Acc] réserve de réévaluation ; **revenue reserves** [Acc] réserves pouvant être distribuées sous forme de dividendes ; **statutory reserve** [Acc] réserve statutaire ; **tax reserves** provisions pour impôts ; **taxation equalization reserve** (UK) réserve pour égalisation de l'impôt ; **tied reserves** réserves non disponibles ; **undisclosed reserves** [Acc] réserves latentes ; **world exchange reserves** or **world reserves** réserves mondiales.

Δ **reserve deficiency** insuffisance des réserves ; **reserve ease** liquidité bancaire élevée ; **reserve position** a) degré de liquidité des banques commerciales ; b) volume des réserves internationales d'un pays ; **reserve requirements** taux des réserves obligatoires ; **reserve tranche** tranche de réserve (cf. FMI).

residence n [Fisc] résidence * **main residence** résidence principale.

Δ **residence status** statut de résident ou de non résident.

resident n [Eco, Fisc] résident * **non resident** non résident.

residual n 1- résidu, reste.
2- [Math] **(plu) residuals** chiffres résiduels.

residual adj résiduel.

resign v démissionner.

resignation n démission.

resilience n capacité d'adaptation.

resilient adj qui a du ressort, qui s'adapte.

resistance n 1- résistance.
2- [St Ex] seuil qui, dans un mouvement baissier, constitue un butoir.

resite v réimplanter, réinstaller sur un autre site.

resource n [gen, Eco, Fin] ressource * **resources and expenditures** or **resources and uses** ressources et emplois ; **cash resources** ressources disponibles ; **depletable resources** ressources non renouvelable ; **foreign resources** avoirs étrangers ; **human resources** capital humain ; **idle resources** ressources inemployées ; **natural resources** ressources naturelles ; **tied resources** ressources liées ; **uncommitted resources** ressources non engagées ; **untapped resources** ressources inexploitées ; **world resources** ressources mondiales.
△ **resource allocation** [Eco] allocation des ressources, dotation en facteurs de production.

resource-based adj [Eco] grand consommateur de ressources.

resource-efficient adj [Eco] économe en ressources.

resource-intensive adj [Eco] grand consommateur de ressources.

resource-neutral adj [Eco] sans effet sur les ressources, sans effet sur l'allocation des ressources.

resource-saving adj [Eco] économe en ressources.

respond v répondre, réagir (to à).

response n réaction, réponse * **lagged response** effet différé.

responsive adj qui réagit rapidement.

responsiveness n capacité d'adaptation, capacité d'ajustement * **supply-side responsiveness** [Eco] capacité d'adaptation de l'offre.

restated adj révisé.

restock v réapprovisionner, reconstituer les stocks.

restocking n reconstitution des stocks.

restrain v freiner, ralentir.

restraint n freinage, rigueur, austérité * **budget(ary) restraint** rigueur budgétaire ; **financial restraint** austérité financière ; **fiscal restraint** politique budgétaire d'austérité ; **monetary restraint** austérité monétaire, resserrement de la politique monétaire ; **voluntary export restraints** (VER) [Eco int] restrictions volontaires d'exportations.

restrict v restreindre, limiter.

restricted adj limité, restreint.

restriction n [Eco] restriction, mesure restrictive, limitation * **restrictions on free trade** entraves au libre échange ; **production restrictions** mesures cherchant à limiter la production ; **quantitative export restrictions** [Eco int] restrictions quantitatives à l'exportation ; **quantitative import restrictions** [Eco int] restrictions quantitatives à l'importation ; **quantitative production restrictions** limites quantitatives à la production ; **quantitative restrictions** (QRs) restrictions quantitatives.

restrictive adj restrictif.

restructure v restructurer.

restructuring n restructuration * **industrial restructuring** restructuration du tissu industriel.

result n 1- conséquence, résultat 2- [Acc, Fin] **(plu) results** résultat * **financial results** résultat financier ; **net results for the year** résultat net de l'exercice ; **operating result** or **trading result** résultat d'exploitation.

result in v avoir pour conséquence.

result from v découler de.

resulting adj qui provient, qui est le résultat (*from* de).

retail n transactions avec des particuliers, vente au détail.

retailer n détaillant.

retailing n a) vente au détail ; b) secteur de la distribution.

retain v garder, conserver.

retained adj [Acc, Fin] non distribué.

retaliate v prendre des mesures de rétorsion.

retaliation n mesures de retorsion, mesures de représailles.

retaliatory adj de représaille.

retention n retenue * **retention on wages** retenue sur les salaires ; **retention of profits** [Acc, Fin] mise en réserve des bénéfices non distribués.

retire v 1- prendre sa retraite. 2- [Fin] rembourser * **to retire securities** rembourser des titres.

retiree n (US) retraité.

retirement n 1- retraite * **early retirement** retraite anticipée ; **early retirement scheme** système de retraite anticipée, système de pré-retraite ; **funded retirement scheme** système de retraite par capitalisation ; **non-funded retirement scheme** système de retraite par répartition. 2- [Fin] remboursement, retrait.
Δ **retirement clause** [Fin] clause de retrait.

retractable adj [Fin] avec option de remboursement avant l'échéance finale.

retrain v (workforce) reconvertir, recycler.

retraining n reconversion du personnel.

retrench v restreindre, réduire, faire des économies.

retrenchment n compression, diminution (de l'activité, des dépenses) * **fiscal retrenchment** [Eco] (US) austérité budgétaire ; **monetary retrenchment** [Eco] austérité monétaire, resserrement de la politique monétaire.

return n 1- retour. 2- [Eco, Fin] rentabilité, rendement, résultat * **return on assets** (ROA) rendement de l'actif, rentabilité économique ; **return on capital** (ROC) rendement de l'investissement, rendement *ou* rentabilité des capitaux investis (RCI), rendement des capitaux propres (RCP) ; **return on capital employed** (ROCE) rendement de l'investissement, rendement *ou* rentabilité des capitaux investis (RCI) ; **return on earning assets** rendement des actifs productifs ; **return on equity** (ROE) rendement de l'investissement, rendement *ou* rentabilité des capitaux investis (RCI), rendement des capitaux propres (RCP), rentabilité financière ; **return on investment** (ROI) rendement de l'investissement, rentabilité des capitaux investis (RCI), rendement des capitaux propres (RCP) ; **return on production** rentabilité de la production ; **return on securities** rendement des titres, revenus des titres, revenu des valeurs mobilières ; **return on total assets** rendement de l'actif total ; **return to capital** rendement de l'investissement, rendement *ou* rentabilité des capitaux investis, rendement des capitaux propres (RCP) ; **returns to scale** rendement d'échelle ; **benchmark expected return** taux de rendement attendu pris comme référence ; **constant returns to scale** rendement d'échelle constants ; **decreasing returns** rendements décroissants ; **decreasing returns to scale** rendements d'échelle décroissants ; **diminishing returns** rendements décroissants ; **diminishing returns to scale** rendements d'échelle décroissants ; **increasing returns** rendements croissants ; **increasing returns to scale** rendements d'échelle croissants ; **investment returns** rendement *ou* rentabilité des capitaux investis *ou* engagés ; **net return on equity** rendement

des capitaux investis ; **productive return** rentabilité ; **quick return** rendement immédiat ; **stockholders' return** rémunération des actionnaires ; **total return** rendement global d'une action.
3- [Acc] a) relevé, état, déclaration * **annual return** déclaration annuelle dans laquelle une entreprise fournit au *Registrar* des informations requises par la loi et le détail du compte de résultat ; b) **(plu) returns** rentrée d'argent * **returns and allowances** ristournes et remises ; **purchase returns and allowances** ristournes et rabais sur achats ; **sales returns and allowances** ristournes et remises sur ventes.
4- [Fisc] déclaration * **return of income** or **tax (income) return** déclaration de revenu.

revaluation n [Fin, Acc] réévaluation * **revaluation of assets** réévaluation d'actifs.

revalue v [Fin, Acc] réévaluer.

revenue n [Fin pub, Fisc, Acc] a) revenu, recettes souvent publiques ou fiscales ; b) [Acc] produits * **accrued revenue** [Acc] produits à recevoir ; **average revenue** recette moyenne ; **business revenue** [Acc] recettes d'exploitation ; **capital revenue** recettes en capital ; **current revenue** recettes courantes ; **deferred revenue** [Acc] produits constatés d'avance ; **export revenue** recettes d'exportation ; **fiscal revenue** recettes budgétaires ; **general government revenue** recettes des administrations publiques ; **government revenue** recettes de l'Etat, recettes publiques ; **gross national reve-**

nue [SCN] revenu national brut (RNB) ; **miscellaneous revenues** [Acc] produits divers *ou* accessoires ; **operating revenue** produit d'exploitation ; **sales revenue** [Acc] (US) chiffre d'affaires ; **tax revenue** revenu de l'impôt, recettes fiscales ; **The Inland Revenue** (UK) administration fiscale, Direction des impôts ; **The Internal Revenue** (US) administration fiscale, Direction des impôts ; **total revenue** recette totale.
Δ **Revenue Commissioners** (UK) administration fiscale ; **revenue concessions** avantages fiscaux ; **revenue shortfall** perte de recettes fiscales.

revenue-neutral adj sans incidence sur les recettes.

revenue-producing adj générateur de recettes.

reversal n 1- renversement, retournement * **reversal in the trend** inversion de la tendance.
2- [Acc] contrepassement, annulation.

reverse n [St Ex] opération d'arbitrage qui comporte une vente de titres au comptant et un achat simultané des contrats à terme correspondants (inverse du *cash and carry*).

reverse v renverser, retourner, faire marche arrière * **to reverse the trend** renverser la tendance.

review n examen, tour d'horizon, analyse * **mid-term review** examen à mi-parcours.

review v réexaminer, reconsidérer.

revise v corriger, modifier, réviser * **to revise downwards** réviser à la baisse ; **to revise upwards** réviser à la hausse.

revision n révision * **downward revision** révision à la baisse ; **upward revision** révision à la hausse.

revival n remontée, redressement, regain * **revival of economic** activity regain de l'activité économique ; **economic revival** reprise économique.

revive v réactiver, se rétablir, se redresser.

revolution n révolution * **industrial revolution** révolution industrielle.

revolving adj renouvelable, permanent.

reward n prime, supplément * **rewards from investment** rendement de l'investissement.

rider n * **free rider** [Eco] passager clandestin (JO).

rig n [St Ex] coup de bourse.

rig v [St Ex] manipuler le marché.

rigging n [St Ex] manipulation du marché * **bid rigging** collusion lors d'une adjudication.

right n [Jur, Fin, St Ex] droit * **right of allotment** droit d'attribution ; **right of establishment** droit d'établissement ; **right of redemption** droit de rachat ; **right to the lease** droit au bail ; **allotment right**

droit d'attribution ; **application right** droit de souscription ; **contingent value rights** (CVR) droits relatifs à des contrats contingents *ou* conditionnels ; **conversion right** droit de conversion ; **cum right** droit attaché ; **double voting right** droit de vote double ; **drawing rights** droits de tirage (cf. FMI) ; **ex right** droit détaché ; **intellectual property rights** (IPRs) droits de propriété intellectuelle (DPI) ; **property right** droit de propriété (cf. FMI) ; **special drawing right** (SDR) droit de tirage spécial (DTS) ; **stock right** droit de souscription à des actions nouvelles ; **voting right** droit de vote.
Δ **rights letter** avis d'émission de droits de souscription.

rigidity n [Eco] rigidité * **rigidities on the labour market** rigidités sur le marché du travail ; **downward rigidity** rigidité à la baisse, inélasticité ; **structural rigidity** rigidité structurelle.

ring-fence n 1- [Eco] (US) ensemble des banques obligées de constituer des réserves auprès du FED.
2- [Fisc] (UK) système permettant d'isoler les bénéfices pétroliers.

rise n accroissement, hausse, appréciation * **hidden price rise** augmentation de prix déguisée.

rise v augmenter, s'apprécier.

risk n 1- risque, danger, aléa.
2- [Eco, Fin] risque * **risk of default** risque de défaillance ; **risk of insolvency** risque d'insolvabilité ; **business risk** risque d'exploitation ; **counterparty risk** risque de contrepartie ; **country risk** risque pays ; **currency risk** risque de change ; **currency transfert risk** risque de transfert ; **default risk** risque de non paiement ; **downside risk** risque de chute du cours ; **exchange risk** risque de change ; **financial risk** risque financier ; **foreign exchange risk** risque de change ; **inflationary risk** risque inflationniste ; **interest-rate risk** risque de taux (d'intérêt) ; **lending risk** risque de crédit ; **market risk** risque de marché ; **mismatch risk** risque lié au décalage entre les échéances ; **non-diversifiable risk** risque non diversifiable ; **operating risk** risque d'exploitation ; **portfolio risk** risque de portefeuille ; **residual risk** risque résiduel, risque spécifique, risque non systématique ; **settlement risk** risque de règlement ; **sovereign risk** risque souverain ; **systematic risk** risque systématique ; **systemic risk** risque systémique, risque de système ; **transfer risk** risque de non transfert ; **unsystematic risk** risque aléatoire.
Δ **risk assessment** évaluation du *ou* des risque(s) ; **risk aversion** aversion pour le risque ; **risk avoider** agent économique refusant de prendre des positions risquées ; **risk exposure** risques encourus ; **risk lover** agent économique ayant une fonction de préférence pour le risque ; **risk management** gestion du risque ; **risk premium** prime de risque (cf. risque économique) ; **risk spread** marge pour les risque ; **risk taker** agent économique acceptant de prendre un risque.

risky adj risqué, hasardeux.

rival n rival, concurrent.

rivalry n rivalité, concurrence.

RMSM *Revised Minimum Standard Model* modèle macro-économique standard de la Banque mondiale.

ROA *return on assets* rendement de l'actif.

ROC *return on capital* rendement *ou* rentabilité des capitaux investis (RCI).

ROCE *return on capital employed* rentabilité des capitaux investis (RCI).

rock-bottom n niveau le plus bas.

rocket v (prices) monter en flèche.

ROE *return on equity* rendement *ou* rentabilité des capitaux investis (RCI).

ROI *return on investment* rendement de l'investissement *ou* rentabilité des capitaux investis (RCI).

roll down n [St Ex] report de position.

roll forward n [St Ex] report de position.

roll out n [St Ex] report de position.

roll-over n [Fin] renouvellement d'un crédit, reconduction d'une dette * **roll-over of gains** réemploi des plus-values ; **debt roll-over** opération de refinancement.

roller coaster n montagne russe (expression utilisée pour désigner de fortes variations des prix, de la croissance…) * **inflationary roller coasters** vague inflationniste.

roly-poly n [Fin] euro-émission à taux d'intérêt ajustable.

round n série, cycle, cycle de négociations au sein du GATT.

round down v arrondir au chiffre inférieur.

round trip n [St Ex] aller-retour.

round tripping n [St Ex] (UK) opération de "carrousel" (opération d'arbitrage entre deux marchés monétaires qui consiste à emprunter sur un marché à un taux faible pour reprêter sur un autre marché à un taux élevé).

round turn n [St Ex] aller-retour.

round up v arrondir au chiffre supérieur.

rounding n fait d'arrondir les chiffres.

royalty n redevance (JO), honoraires, droits d'auteur.

RPI *Retail Price Index* (UK) indice des prix de détail.

RSA *regional selective assistance* (UK) assistance sélective régionale.

RUF *Revolving Underwriting Facilities* facilités d'émission renouvelables (RUF).

ruin n faillite.

rule n règle, statut * **rule of thumb** règle empirique ; **Bayes's rule** [Stat] théorème de Bayes ; **best execution rule** [St Ex] règle de la meilleure exécution ; **eighty-twenty rule** [Eco] loi des 80-20 ; **golden rule** [Eco] règle d'or de l'accumulation.

run n 1- période, terme, exercice * **in the long run** à long terme ; **in the short run** à court terme.
2- [Eco] * **run on a currency** attaque contre une devise, spéculation contre une devise ; **run on the dollar** spéculation contre le dollar, fuite devant le dollar ; **run on banks** mouvement de retraits massifs de fonds auprès des banques, ruée sur les dépôts.

run v gérer, administrer, faire fonctionner * **to run a business** gérer une entreprise.

run behind v prendre du retard.

run down v (stocks) laisser baisser, dégonfler, diminuer.

run-off period n période de règlement.

run-up in interest rates n réajustement des taux d'intérêt à la hausse.

runaway adj aberrant, anormal, excessif, galopant.

rundown n réduction, diminution, contraction * **rundown of inventories** or **of stocks** réduction des stocks ; **rundown of the money supply** contraction de la masse monétaire.

S

S & L *savings and loans* (US) caisse d'épargne.

S & P 500 *Standard & Poor's 500* (US) indice boursier calculé par l'agence Standard & Poor's à partir des 500 premières sociétés américaines.

SAAR *seasonally adjusted annual rate* taux annuel corrigé des variations saisonnières, taux CVS.

sack v licencier.

sacking n licenciement individuel.

SAF *Structural Adjustment Facility* Facilité d'ajustement structurel (FAS) (cf. FMI).

safeguard n protection, sauvegarde.
Δ **safeguard clause** clause de sauvegarde.

safeguard v sauvegarder.

safety n sécurité.
Δ **safety net** filet de protection.

sag n fléchissement.

sag v fléchir.

SAL *structural adjustment lending* prêts à l'ajustement structurel (PAS) (cf. BIRD).

salable adj q v saleable.

salary n salaire, traitement * **basic salary** salaire de base ; **net salary** salaire net.
Δ **salary supplements** primes ; **salary scale** grille des salaires.

sale n 1- [gen, Fin, St Ex] vente, cession * **sale from portfolio** cession de titres en portefeuille ; **sale of loans** cession de créances ; **sale of loan maturities** cession d'échéances de prêts ; **sale under repurchase agreement** mise en pension (cf. titres) ; **auction sale** vente aux enchères ; **bear sale** vente spéculative à la baisse, vente à découvert ; **debt sale** vente de titres de la dette publique ; **distress sale** vente publique de biens saisis ; **external sale** vente à l'étranger ; **forward sale** vente à terme ; **hire-purchase sale** (UK) vente à crédit ; **installment sale** (US) vente à tempérament, vente à crédit ; **loan sale** cession de créances ; **portfolio sale** cession de portefeuille ; **short sale** vente à découvert ; **temporary sale** mise en pension (cf. titres) ; **uncovered sale** vente à découvert ; **voluntary sale** vente de gré à gré.
3- [Acc] (US) **(plu) sales** chiffre d'affaires * **gross sales** chiffre d'affaires brut ; **net sales** chiffre d'affaires net.

saleable (UK), **salable** (US) **adj** vendable, négociable.

salesman n vendeur, représentant de commerce.

sample n [gen, Stat] échantillon * **adequate sample** échantillon représentatif ; **check sample** échantillon témoin ; **cross-section sample** échantillon diverisfié ; **master sample** échantillon maître ; **probability sample** échantillon aléatoire, échantillon tiré au hasard ; **random sample** échantillon aléatoire, échantillon tiré au hasard ; **representative sample** échantillon représentatif ; **standard sample** échantillon type ; **unbiased sample** échantillon sans erreur systématique ; **weighted sample** échantillon pondéré.
Δ **sample inquiry** enquête par sondage ; **sample period** période d'échantillonage ; **sample survey design** méthode d'échantillonnage.

sampling n [Stat] échantillonnage * **sampling with replacement** tirage non exhaustif ; **sampling without replacement** tirage exhaustif ; **balanced sampling** échantillonnage équilibré, échantillonnage contrôlé ; **cluster sampling** échantillonnage en grappe ; **quota sampling** échantillonnage par la méthode des quotas ; **random sampling** échantillonage par tirage aléatoire ; **stratified sampling** échantillonnage à plusieurs degrés.
Δ **sampling design** plan de sondage ; **sampling error** erreur d'échantillonnage ; **sampling frame** base de sondage ; **sampling interval** intervalle de sondage ; **sampling methods** méthode d'échantillonage ; **sampling period** période d'échantillonnage ; **sampling plan** plan d'échantillonage ; **sampling unit** unité d'échantillonnage ; **sampling weight** poids de sondage.

SAP *Special Assistance Program* Programme d'assistance spéciale (PAS) (cf. Banque mondiale).

saturate v (market) saturer.

saturated adj (market) saturé.

saturation n (market) saturation, engorgement.

save v [gen, Eco] épargner * **save as you earn** (SAYE) (UK) plan d'épargne indexé sur le coût de la vie.

saver n [gen, Eco] épargnant.

saving n 1- a) action d'épargner ; b) épargne.
2- [Eco, SCN] a) épargne en termes de flux ; b) **(plu) savings** épargne en termes de stock, montant de l'épargne * **active saving** épargne active ; **budget savings** économies budgétaires ; **community's saving** épargne collective ; **consumer saving** épargne du consommateur ; **contractual savings** épargne contractuelle ; **corporate savings** épargne des entreprises ; **desired saving** épargne désirée ; **domestic saving** épargne interne ; **financial savings** épargne financière, placements ; **forced saving** épargne forcée ; **government saving** épargne des administrations publiques ; **gross saving** épargne brute ; **household saving** épargne des ménages ; **idle saving** épargne oisive ; **inactive saving** épargne inactive ; **involuntary saving** épargne forcée ; **liquid saving** épargne liquide ; **negative saving** déspargne, épargne négative ; **net national saving** épargne nationale nette ; **net saving** [SCN] épargne

nette ; **personal saving** épargne individuelle ; **precautionary saving** épargne de précaution ; **private saving** épargne du secteur privé ; **tax saving** économie d'impôt ; **total net saving** épargne nette totale ; **voluntary saving** épargne spontanée.

Δ **saving rate** taux d'épargne ; **saving ratio** taux d'épargne ; **saving scheme** plan d'épargne ; **saving-related share option scheme** (UK) plan d'options sur titres ; **savings related retirement scheme** plan d'épargne retraite ; **savings scheme** plan d'épargne ; **saving shortfall** insuffisance de l'épargne.

savings n q v saving 2.

savings and loans (S & L) **n** (US) caisse d'épargne.

savings-related adj lié à l'épargne.

SAYE *Save As You Earn* (UK) plan d'épargne indexé sur le coût de la vie.

scale n a) échelle, barème, grille * **scale of apportionment** barème de répartition ; **scale of charges** barème des prix ; **scale of contributions** barème des contributions ; **degressive scale** barème dégressif ; **graduated scale** barème progressif ; **income scale** échelle des salaires ; **minimum efficient scale** [Eco] échelle minimale efficace (EME) ; **opinion scale** échelle d'attitude ; **preference scale** [Eco] échelle de préférence ; **progressive scale** barème progressif ; **sliding scale** échelle mobile ; **sliding wage scale** échelle mobile des salaires ; **tax scale** barème de l'impôt.

b) envergure, ampleur * **on a large scale** de grande ampleur ; **on a small scale** de faible ampleur.

scale back v réduire l'échelle.

scale down v réduire dans une certaine proportion, diminuer, ralentir.

scale up v passer à une plus grande échelle, augmenter.

scaling n [Stat] effet d'échelle.

scalper n [St Ex] (US) spéculateur qui, sur les marchés à terme, multiplie très rapidement les prises de position pour profieter des plus petites variations de cours.

scarce adj rare, insuffisant.

scarcity n [gen, Eco] rareté * **scarcity of money** rareté de l'argent ; **contrived scarcity** pénurie artificielle.

scatter n [Stat] dispersion.

Δ **scatter chart** nuage de points, nuage statistique, graphique de corrélation ; **scatter coefficient** coefficient de dispersion ; **scatter diagram** nuage de points, nuage statistique, graphique de corrélation.

scenario n [Eco] scénario de croissance * **base-line scenario** scénario de référence ; **high scenario** scénario à hypothèse haute ; **low scenario** scénario à hypothèse basse.

schedule n 1- échéancier, prévision, programmation dans le temps * **schedule of concessions** liste

scheme

des concessions tarifaires (cf. GATT).
2- [Eco] courbe * **schedule of marginal efficiency of capital** courbe de l'efficacité marginale du capital.

scheme n plan, dispositif, système.

School n 1- école.
2- [Eco] école de pensée * **School of Public Choice** Ecole des choix publics ; **Austrian School** Ecole autrichienne ; **Cambridge School** Ecole de Cambridge ; **Chicago School** Ecole de Chicago ; **Classical School** Ecole classique ; **German Historical School** Ecole historique allemande ; **Lausanne School** Ecole de Lausanne ; **Manchester School** Ecole de Manchester ; **Marginal Utility School** Ecole marginaliste ; **Neo-Cambridge School** Ecole néo-cambridgienne ; **Stockholm School** Ecole de Stockholm ; **Swedish School** Ecole suédoise ; **Vienna School** Ecole de Vienne ; **Walras School** Ecole walrassienne, Ecole de l'équilibre général.

SCI *selective capital increase* augmentation sélective de capital.

scope n a) possibilité ; b) envergure, champ d'action.

score v scorer (JO).

scoreboard n tableau d'affichage * **corporate scoreboard** tableau de bord de l'entreprise.

scoring n [Fin] évaluation par score (JO).

SCP *Sterling commercial paper* (UK) billets de trésorerie en sterling.

scrip n [Fin, St Ex] action gratuite.
Δ **scrip bonus** (UK) émission d'actions gratuites, attribution d'actions gratuites.

scripholder n [Fin] détenteur de titres.

SDR *special drawing right* droit de tirage spécial (DTS) (cf. FMI).

SEA *Single European Act* Acte unique (européen).

SEAQ *Stock Exchange Automated Quotations* (UK) système de cotations automatisées à la Bourse de Londres (pour les titres britanniques).

SEAQ I *Stock Exchange Automated Quotations International* (UK) système de cotations automatisées à la Bourse de Londres (pour les titres étrangers).

seasonal adj saisonnier.

seasonality n caractère saisonnier.

SEC *Securities and Exchange Commission* (US) Commission des opérations de bourse (équivalent de la COB à Paris).

second-best adj [Eco] de second ordre, de second rang (par rapport à optimum de Pareto).

sector n [gen, Eco] secteur (voir aussi *industry*) * **banking sector** secteur bancaire ; **capital-intensive sector** secteur très capitalis-

tique ; **corporate sector** secteur des entreprises ; **endangered sector** secteur exposé ; **energy sector** secteur énergétique ; **exposed sector** secteur exposé à la concurrence internationale ; **financial sector** secteur financier ; **formal sector** secteur formel *ou* secteur organisé de l'économie (entreprises et Etat) ; **general government sector** secteur des administrations publiques ; **government sector** secteur public ; **growth sector** secteur porteur, d'avenir ; **hard hit sector** secteur durement touché (par concurrence internationale ou les restructurations) ; **household sector** secteur des ménages ; **informal sector** secteur informel *ou* parallèle de l'économie ; **institutional sector** [SCN] secteur institutionnel ; **key sector** secteur clé ; **labour-intensive sector** secteur à forte intensité de travail ; **leading sector** secteur de pointe, secteur phare ; **manufacturing sector** secteur manufacturier, secteur des industries manufacturières ; **market sector** secteur marchand ; **money sector** secteur monétaire ; **non-bank private sector** secteur privé non bancaire ; **non-financial business sector** *or* **non-financial corporate sector** secteur des entreprises non financières ; **non-financial corporate and quasi-corporate sector** (SCN) secteur des sociétés et quasi-sociétés non financières ; **non-market sector** secteur non marchand ; **open sector** secteur soumis à la concurrence étrangère ; **organized sector** secteur structuré ; **overseas sector** l'extérieur ; **personal sector** secteur des ménages ; **primary sector** secteur primaire ; **private sector** secteur privé ; **productive sector** secteur productif ; **promising sector** secteur d'avenir, secteur porteur ; **public sector** secteur public ; **quarternary sector** secteur quaternaire ; **secondary sector** secteur secondaire ; **service sector** secteur des services, secteur tertiaire ; **sheltered sector** secteur protégé ; **soft sector** secteur non organisé ; **tertiary sector** secteur tertiaire ; **third sector** secteur de l'économie sociale, secteur associatif ; **traded sector** secteur marchand ; **unofficial sector** secteur informel.
Δ **sector approach** approche sectorielle (cf. GATT).

sectoral adj sectoriel.

secular adj séculaire, de très longue période.

secure v 1- obtenir.
2- [Fin] garantir.

secured adj [Jur, Fin] garanti, nanti.

securities n, plu q v security 3.

securitization, securitisation n [Fin] titrisation (JO).

securitize, securitise v [Fin] titriser.

security n 1- sécurité * **job security** sécurité de l'emploi ; **Social Security** (UK) Sécurité sociale.
2- [Jur] a) caution, garantie, nantissement, sûreté * **security for payment** garantie de paiement ; **collateral security** nantissement subsidiaire, garantie additionnelle ; **dead security** garantie irrécouvrable ; **financial security** garantie financière ; **mortgage security** ga-

rantie hypothécaire ; **personal security** garantie mobilière.
b) donneur de caution * **to stand security for a debt** avaliser une créance ; **to stand security for a signature** avaliser une signature ; **to stand security for someone** se porter caution.
3- [Fin, St Ex] **(plu) securities** titres, valeurs mobilières * **securities lodged as collateral** titres remis en nantissement ; **asset-backed securities** (ABS) (US) titres représentatifs d'actifs bancaires ; **bearer securities** titres au porteur ; **bellwether securities** titres dont les variations servent d'indicateur des tendances du marché, titres phares ; **book-entry securities** titres dématérialisés ; **collateral securities** titres admis en nantissement ; **debt securities** titres de créance ; **domestic securities** titres nationaux ; **fixed-interest (-bearing) securities** or **fixed-yield securities** titres ou valeurs à revenu fixe ; **foreign securities** valeurs étrangères ; **gilt-edged securities** (UK) fonds d'Etat, titres ou placements dorés sur tranche, valeurs de père de famille, valeurs de tout repos ; **government securities** fonds d'Etat, titres de la dette publique ; **hybrid securities** titres hybrides, valeurs mobilières composées ; **interest-bearing securities** titres à revenu fixe ; **investment securities** titres de placement ; **junior securities** titres de second ou dernier rang ; **listed securities** valeurs admises à la cote ; **marketable securities** titres négociables, titres cessibles ; **medium-dated securities** titres à moyen terme ; **money market securities** titres du marché monétaire ; **mortgage-backed securities** (MBS) (US) titres représentatifs de créances hypothécaires ; **negotiable securities** titres négociables, titres cessibles ; **non-negotiable securities** titres non négociables ; **open market securities** titres offerts au public ; **paperless securities** titres dématérialisés ; **pink sheet securities** (US) titres non admis à la cote officielle, titres négociés sur le marché de gré à gré ; **portfolio securities** valeurs de portefeuille ; **quoted securities** titres admis à la cote officielle ; **redeemable securities** valeurs remboursables ; **registered securities** titres nominatifs ; **senior securities** titres de premier rang, titres ayant priorité de rang ; **short-term marketable securities** titres négociables à court terme ; **stock exchange securities** valeurs boursières ; **subordinated securities** titres subordonnés ; **transferable securities** titres cessibles, titres transférables ; **Treasury securities** fonds d'Etat, titres de la dette publique ; **underlying securities** actifs sous-jacents, gisement ; **unlisted securities** or **unquoted securities** titres non admis à la cote officielle ; **utility securities** (US) titres émis par les services publics.
Δ **securities company** maison de titres ; **securities department** service des titres (cf. banque) ; **securities firm** or **house** maison de titres ; **securities market line** droite de marché des actifs risqués.

SEDOL *Stock Exchange Daily Official List* (UK) liste officielle des transactions (publiée par la Bourse de Londres).

SEE *standard error of estimate* erreur-type d'estimation.

segment n segment, compartiment d'un marché.

segmentation n (market) segmentation, cloisonnement.

segmented adj (market) cloisonné.

selection n choix, sélection * **adverse selection** [Eco, Fin] sélection adverse ; **random selection** [Stat] sélection aléatoire, sélection par tirage au sort.

self [Eco] donne souvent l'idée de quelque chose d'automatique.

self-adjusting adj qui s'ajuste seul, qui se régule seul.

self-adjustment n auto-ajustement, auto-correction.

self-administered adj autonome.

self-assessment n auto-évaluation.

self-balancing adj se dit d'un système où il existe une compensation automatique.

self-centred (UK), **self-centered** (US) **adj** autocentré.

self-employed adj qui travaille pour son propre compte * **the self-employed** travailleurs indépendants.

self-employment n travail indépendant.

self-finance v [Eco, Acc, Fin] autofinancer.

self-financing n [Eco, Acc, Fin] financement sur ressources propres, financement sur fonds propres autofinancement.

self-fulfilling adj [Eco] (expectation) qui s'autocorrobore, autoréalisatrice.

self-liquidating adj [Fin] (debt) qui s'amortit de soi-même, qui s'éteint de soi-même.

self-managed adj autogéré.

self-management n autogestion.

self-perpetuating adj qui s'auto-alimente, phénomène de l'"échelle de perroquet".

self-regulation n [St Ex] (London Stock Exchange) auto-réglementation des organisations professionnelles.

self-reliance n capacité à subvenir à ses propres besoins.

self-restraint n limitation volontaire.

self-rule n autonomie.

self-sufficiency n [Eco] indépendance économique.

self-sufficient adj [Eco] indépendant du point de vue économique, autosuffisant.

self-supporting adj qui subvient à ses propres besoins, indépendant.

self-sustained adj [Eco] (growth, inflation) qui s'entretient de soi-même, endogène.

self-sustaining adj [Eco] (growth, inflation) qui s'entretient de soi-même, endogène.

self-validating adj (expectation, forecast) qui génère l'apparition du phénomène anticipé ou prévu.

sell v vendre * **to sell a bear** q v bear ; **to sell at a loss** vendre à perte ; **to sell at market** [St Ex] vendre au mieux ; **to sell at the close** [St Ex] vendre au dernier cours ; **to sell at the opening market** [St Ex] vendre au premier cours ; **to sell below cost** vendre en dessous du coût de production, vendre à perte ; **to sell for delivery** [St Ex] vendre à découvert ; **to sell forward** [St Ex] vendre à terme ; **to sell firm** [St Ex] vendre ferme ; **to sell on tap** [St Ex] vendre à guichet ouvert (cf. bons du Trésor) ; **to sell short** [St Ex] vendre à découvert ; **to sell spot** q v spot.

sell out v 1- vendre tout son stock.
2- [Fin] réaliser (un portefeuille), liquider.

sell up v 1- vendre tout son stock.
2- [Fin] réaliser (un portefeuille), liquider.
3- [Jur] saisir.

selldown n [Fin, St Ex] placement intégral (de titres).

seller n [gen, Fin, St Ex] vendeur * **seller of a call option** vendeur d'une option d'achat ; **seller of a put option** vendeur d'une option de vente ; **short seller** vendeur à découvert.

selling n [gen, Fin, St Ex] vente * **hedge selling** vente de couverture.
Δ **selling group** syndicat de placement ; **selling power** capacité de placement ; **selling technique** technique de placement.

selling-off n [Fin, St Ex] * **selling group** syndicat de placement ; **selling-off of shares** vente des actions d'une société pour s'en désengager.

selloff n [St Ex] vente de titres très importante.

SEM *Single European Market* Marché unique.

senior adj 1- le plus élevé en âge, le plus élevé en grade.
2- [Fin] (debt) de premier rang.

seniority n ancienneté.

sensitive adj sensible.

sensitivity n [gen, Eco] sensibilité * **sensitivity of demand** sensibilité de la demande ; **cyclical sensitivity** sensibilité aux variations de la conjoncture ; **interest rate sensitivity of investment** sensibilité de l'investissement au taux d'intérê.

sentiment n [St Ex] climat (sur un marché).

series n, plu 1- série, collection.
2- [Stat] série * **bivariate statistical series** série statistique à deux variables ; **derived series** série dérivée ; **discrete series** valeurs discontinues, valeurs discrètes ; **erratic series** série de valeurs aberrantes ;

rounded series chiffres arrondis ; **single variate** series série statistique simple ; **time series** série chronologique.

service n 1- service, emploi * **Civil Service** (UK) fonction publique ; **National Health Service** (NHS) (UK) système de santé.
2- [Eco] **(plu) services** services, le secteur des services, le secteur tertiaire * **business services** services aux entreprises ; **community services** services fournis à la collectivité ; **consumer services** services fournis aux particuliers ; **fee-based services** services payants ; **financial services** services financiers ; **government services** [SCN] services rendus par les administrations publiques ; **neighbourhood services** services de proximité ; **non-banking services** services non bancaires offerts par les banques ; **non-market services** services non marchands ; **producer services** services aux entreprises ; **professional services** les professions libérales ; **public services** services fournis par les administrations publiques ; **public utility services** services publics ; **social services** services sociaux ; **welfare services** services sociaux.
Δ **service jobs** emplois dans les services.

service v 1- fournir des services, entretenir.
2- [Fin] assurer le service d'une dette.

servicing n 1- entretien.
2- [Fin] service de la dette * **debt servicing** service de la dette ; **public sector debt servicing** gestion de la dette publique.

Δ **servicing charge** charge du service de la dette.

SET *selective employment tax* (UK) taxe sur la main-d'œuvre.

set-off n compensation.

set off v compenser * **to set off a gain against a loss** compenser une perte par un gain.

setback n 1- déception, déconvenue.
2- [St Ex] repli, tassement, recul.

setting n a) environnement, cadre * **competitive setting** conditions d'exercice de la concurrence.
b) fixation *ou* détermination d'objectifs.

settlement n 1- accord, arrangement * **settlement of a dispute** règlement d'un conflit.
2- [Fin] règlement d'une somme, apurement d'un compte * **early settlement** règlement anticipé ; **official settlements** règlements officiels (cf. BDP).
3- [St Ex] liquidation, règlement-livraison * **end month settlement** liquidation de fin de mois ; **rolling settlement** règlement-livraison en continu (système en passe de se généraliser sur toutes les places boursières).
Δ **(on a) settlement basis** sur la base des règlements (cf. BDP) ; **settlement day** [St Ex] jour de la liquidation.

severally adv [Jur] individuellement, séparément.

severance n cessation de fonction, rupture, licenciement.

SFA *Securities and Futures Authority* (UK) Organisme professionnel de tutelle qui, depuis 1991, contrôle les transactions sur titres et les contrats à terme.

SFO *Serious Fraud Office* (UK) Bureau de la répression des fraudes financières.

shadow adj fictif, virtuel.

shake v secouer, ébranler.

shake off v se débarrasser de.

shake-out n 1- dégraissage, réduction de personnel.
2- [St Ex] secousse boursière, débandade des investisseurs.

shake out v dégraisser.

shake-up n remaniement total, restructuration complète * **French PM unveils welfare shake-up** le Premier ministre de la France dévoile la restructuration totale du système de santé.

shake up v transformer totalement.

shakedown n réduction d'effectifs.

shape n forme, tracé d'une courbe.

share n 1- part.
2- [Fin, St Ex] action ordinaire, part sociale * **shares and bonds** ensemble des valeurs mobilières ; **shares outstanding** (UK, US) actions en circulation ; **share with equity options** *or* **share with share warrants** avec bons de souscription d'actions (ABSA) ; **A share** action ordinaire sans droit de vote ; **accumulative shares** actions à dividende cumulable ; **alloted share** action attribuée ; **alpha shares** (UK) actions alpha, titres très actifs (la classification alpha, beta, gamma, delta, introduite avec le *Big Bang*, a été remplacée, en 1991, par le système NMS) ; **authorized shares** capital autorisé par les statuts, actions dont l'émission est autorisée par les statuts ; **B share** action ordinaire avec droit de vote souvent détenue par le fondateur d'une entreprise et sa famille ; **bearer share** action au porteur ; **beta shares** (UK) actions bêta, titres moin actifs que les alpha shares (q v alpha shares) ; **bonus share** action gratuite ; **common share** action ordinaire ; **cumulative preference shares** actions de priorité à dividendes cumulatifs ; **delta shares** (UK) titres delta, titres très peu liquides dont le prix n'apparaissait pas sur le SEAQ (q v alpha shares) ; **dividend share** action de jouissance ; **double voting share** action à vote double ; **equity share** action ordinaire ; **first preference share** action privilégiée de premier rang ; **founder's share** part de fondateur ; **fully paid shares** actions entièrement libérées, capital entièrement libéré ; **fully-paid-up ordinary shares** actions ordinaires entièrement libérées ; **fully paid-up shares** actions entièrement libérées, capital entièrement libéré ; **gamma shares** (UK) titres gamma, titres encore moins liquides que les beta shares (q v alpha shares) ; **golden share** action spécifique créée lors d'une privatisation et détenue par l'Etat ; **growth share** valeur de croissance ; **guaranteed share**

action émise par le secteur public et dont le dividende est garanti par l'Etat ; **issued shares** capital émis, actions émises ; **junior share** action nouvelle ; **leading share** valeur vedette ; **listed share** action cotée en bourse, action admise à la cote officielle ; **majority shares** participation majoritaire, participation de contrôle ; **management shares** a) titres possédés par les dirigeants d'une entreprise ; b) titres permettant le contrôle d'une société grâce à leurs droits de vote privilégiés ; **mining shares** valeurs minières ; **multivoting share** *or* **multiple voting share** action à vote plural ; **no-par value-share** (US) action sans valeur nominale ; **nominative share** action nominative ; **non-cumulative voting shares** actions de priorité à dividendes non cumulatifs ; **non-participating preference share** action privilégiée *ou* de priorité ne donnant droit qu'au dividende fixe ; **non-voting share** action sans droit de vote ; **oil shares** valeurs pétrolières ; **ordinary share** action ordinaire ; **outstanding shares** (UK, US) actions en circulation ; **over-the-counter share** action non admise à la cote officielle ; **own shares** actions émises puis rachetées par la société ; **par value share** (US) action à valeur nominale ; **participating preference share** action privilégiée *ou* de priorité donnant droit à un dividende supplémentaire ; **partly-paid shares** actions partiellement libérées ; **penny shares** (UK) actions dont le prix est inférieur à £1 mais dont le risque est élevé ; **phantom shares** actions réservées aux dirigeants, mais non distribuées, qui donnent droit ultérieurement à une prime égale à l'augmentation de l'action ainsi qu'aux dividendes ; **preference non-voting share** action à dividende prioritaire sans droit de vote (ADP) ; **preference share** action préférentielle, action à dividende prioritaire ; **preferred share** action préférentielle, action à dividende prioritaire ; **prior dividend share** action à dividende prioritaire (ADP) ; **prior share** action privilégiée ; **promoter's share** part de fondateur ; **quoted share** action cotée en bourse ; **regional electricity shares** (UK) actions émises par les sociétés de production d'électricité nouvellement privatisées ; **redeemable (preference) share** action préférentielle remboursable au gré de la société ; **registered share** (UK) action nominative ; **split share** action fractionnée ; **tech shares** *or* **technology shares** actions émises par les entreprises de haute technologie ; **tied share** action à cessibilité restreinte ; **transferable share** action cessible ; **treasury shares** actions émises puis rachetées par la société ; **unissued shares** capital non encore émis, actions non encore émises ; **voting share** action avec droit de vote.

△ **share buy-back** rachat d'actions par l'entreprise ; **share premium** prime d'émission, prime de fusion.

share v partager, répartir.

share-out n partage.

share out v répartir, distribuer.

shareholder n [Fin] (UK) actionnaire * **core shareholders** noyau dur

d'actionnaires ; **major shareholder** actionnaire principal.
Δ **shareholders' meeting** assemblée des actionnaires ; **shareholders' equity** capitaux propres.

shareholding n [Fin] (UK) participation, actionnariat * **cross shareholding** participations croisées ; **majority shareholding** participation majoritaire ; **minority shareholding** participation minoritaire.

sharing n partage.

shark n escroc, requin.
Δ **shark repellants** mesures "anti-requins" auxquelles ont recours les entreprises menacées par une OPA.

sharp adj vigoureux, vif, accentué.

shed v 1- verser * **to shed labour** licencier.
2- [St Ex] céder des points, perdre des points.

sheet n feuille, feuillet * **pink sheets** [St Ex] (US) liste des actions négociées sur le marché de gré à gré ; **yellow sheets** [St Ex] (US) liste des obligations négociées sur le marché de gré à gré.

shell operation n société coquille, société écran.

shelter n abri.

shelter v abriter, protéger.

sheltered adj protégé.

shield v protéger (*from* de).

shift n 1- équipe, travail posté * **night shift** équipe de nuit.
2- [Stat] déplacement (d'une courbe) * **shift in demand** déplacement de la demande ; **downward shift of the curve** déplacement de la courbe vers le bas ; **upward shift of the curve** déplacement de la courbe vers le haut.
3- [Eco] déplacement, transfert de ressources * **shift from lower to higher productivity sectors** transferts de ressources des secteurs moins productifs vers les secteurs plus productifs ; **shift in the allocation of resources** modification, changement dans l'affectation des ressources ; **shift to services** tertiarisation de l'économie.

shift v déplacer, transférer * **to shift away from X to Y** abandonner X au profit de Y.

shift out n désengagement.

shifted adj * **shifted backward** répercuté vers l'amont ; **shifted forward** répercuté vers l'aval.

shifting n répercussion, transfert * **shifting of a curve** déplacement d'une courbe ; **backward shifting** répercussion en amont ; **downward shifting** répercussion en aval.

shipbuilding n construction navale.

shock n choc, bouleversement, perturbation * **endogenous shock** [Eco] perturbation endogène ; **exogenous** *or* **external shock** [Eco] choc exogène ; **oil shock** [Eco] choc pétrolier ; **second oil shock** [Eco] deuxième choc pétrolier.

shop n a) magasin ; b) atelier * **closed shop** monopole d'embauche.

shopping n achats * **opinion shopping** [Acc] opinion shopping.

short adj 1- a) court ; b) insuffisant. 2- [St Ex] à découvert.

short-dated adj à échéance proche.

short-lived adj de courte durée, éphèmère * **the boom was short-lived** la période de haute conjoncture fut de courte durée.

short-staffed adj dont le personnel est insuffisant.

short-term adj à court terme, de court terme.

shortage n pénurie, insuffisance * **shortage of capital** pénurie de capital ; **shortage of saving** insuffisance de l'épargne ; **skill shortage** insuffisance de main-d'œuvre dans certaines qualifications.

shorten v réduire, raccourcir.

shortfall n écart par rapport aux prévisions, insuffisance * **shortfall in income** manque à gagner.

shorts n, plu [Fin, St Ex] (UK) obligations *ou* bons du Trésor à court terme (jusqu'à 5 ans).

shoulder v endosser, supporter * **shoulder the cost of st** supporter la totalité du coût ; **to shoulder the risk** assumer les conséquences du risque.

showdown n épreuve de force * **showdown at Air France over recovery plan** épreuve de force à Air France en raison du plan de restructuration.

shrinkage n contraction, retrécissement.

shrinking n contraction, retrécissement.

shut down v fermer définitivement.

shut off v interdire l'accès à, exclure.

shut out v interdire l'accès à, exclure.

SIB *Securities and Investment Board* (UK) Commission des opérations de bourse (équivalent de la COB à Paris).

SIBOR *Singapour inter-bank offered rate* taux interbancaire offert à Singapour (pour les dépôts en euro$) (TIOS).

sight n vue * **at sight** à vue ; **payable at sight** payable à vue.

signals n, plu [Eco] signaux du marché.

significance n 1- importance, poids, influence. 2- [Stat] signification. Δ **significance level** seuil de signification.

significant adj 1- significatif, important, notable. 2- [Stat] significatif.

SIMEX *Singapore International Monetary Exchange* marché à terme d'instruments financiers et d'options créé à Singapour en 1984.

sink v 1- couler, sombrer. 2- [Fin] investir, amortir * **to sink the national debt** amortir la dette publique.

site nm emplacement, site * **greenfield site** zone industrielle nouvelle.

sizable adj q v sizeable.

size n taille * **critical size** [Eco] taille critique ; **normal market size (NMS)** [St Ex] (UK) quotité normale de transactions établie pour chaque valeur (système introduit en 1991 pour remplacer la classification alpha, bêta, gamma et delta).

sizeable (UK), **sizable** (US) **adj** non négligeable.

skewness n asymétrie.

skill n compétence technique, qualification, savoir-faire * **managerial skills** compétences pour la gestion des entreprises ; **occupational skills** qualifications professionnelles ; **technical skills** compétences dans les domaines techniques.
Δ **skill content of jobs** niveau de qualification des emplois ; **skill shortage** insuffisance de personnel dans certaines qualifications.

skilled adj qualifié.

slack n [Eco] a) ralentissement de l'activité * **slack in demand** insuffisance de la demande ; b) sous-emploi des ressources * **slack develops in the economy** des capacités inutisées apparaissent ; c) manque de tension sur un marché.
Δ **slack absorption** résorption des capacités inutilisées.

slack adj inactif, peu animé * **business is slack** l'activité marche au ralenti.

slacken v ralentir, fléchir.

slackening n ralentissement, fléchissement, tassement.

slide n glissement, baisse.

slide v glisser, baisser.

sliding adj glissant, mobile.

slimming n réduction d'effectifs, dégraissage.

slope n [gen, Stat] pente * **negative slope** pente négative.

slow adj lent, stagnant.

slow down v (se) ralentir.

slowdown n [Eco] ralentissement des affaires, contraction de la demande * **cyclical slowdown** [Eco] ralentissement conjoncturel ; **economic slowdown** [Eco] ralentissement de l'économie ou de l'activité économique.

sluggish adj faible, déprimé, léthargique.

sluggishness n apathie * **sluggishness of demand** faiblesse de la demande.

slump n 1- [Eco] forte baisse de l'activité, récession, marasme économique.
2- [St Ex] effondrement * **slump in prices** effondrement des prix.

small cap n entreprise à faible capitalisation mais à fort potentiel de croissance.

smallness n petitesse * **smallness of the market** étroitesse du marché.

smash n [Eco, Fin, St Ex] effondrement, débâcle, krack.

SMBs *small and medium-sized businesses* petites et moyennes entreprises (PME).

SMEs *small and medium-sized enterprises* petites et moyennes entreprises (PME).

SMI *small and medium-sized industries* petites et moyennes industries (PMI).

smooth adj [gen, Math] régulier.

smooth out v lisser, atténuer les fluctuations.

smoothing n [Stat] lissage d'une courbe * **exponential smoothing** lissage exponentiel.

snake n 1- serpent.
2- [Eco] **the Snake** serpent monétaire européen * **European monetary snake** [Eco] serpent monétaire européen.

SNIF *short-term note issuance facility* facilité d'émission de billets à court terme (SNIF).

soar v monter en flèche, grimper, s'envoler.

social adj social, collectif.

socially-acceptable adj acceptable pour la collectivité.

socially-beneficial adj avantageux pour la collectivité.

society n société * **affluent society** société d'abondance ; **consumer society** société de consommation ; **post-industrial society** société post industrielle.

SOE *state-owned enterprise* entreprise publique.

SOEC *Statistical Office of the European Statistics* Office statistique des Communautés européennes (OSCE) (Eurostat).

SOFFEX *Swiss Options and Financial Futures Exchange* marché à terme d'instruments financiers et d'options créé à Zurich en 1988.

soft adj 1- doux.
2- [St Ex] (stock market) faible, peu actif.

softening n légère baisse, détente, accalmie * **softening of interest rates** détente des taux d'intérêt.

solvency n [Fin] solvabilité.

solvent adj [Fin] solvable.

sound adj [Fin] sain, solide, sans danger.

soundness n [Fin] (bank) solvabilité.

source n source, provenance * **sources and uses of funds** [Acc] emplois et ressources.

sourcing n [Eco] sourçage (JO).

spare adj disponible.

specie n numéraire * **gold specie** numéraire or.

specification n caractéristique technique, descriptif, norme technique.

speculate v [St Ex] spéculer * **to speculate for a fall** or **to speculate on a fall** jouer à la baisse ; **to speculate on a rising market** jouer à la hausse.

speculation n [Fin, St Ex] spéculation * **active speculation** spéculation active ; **counter speculation** contre-spéculation ; **foreign exchange speculation** spéculation sur les taux de change.
Δ **speculation motive** motif de spéculation.

speculator n [Fin, St Ex] spéculateur.

spell n période * **spell in progress** période en cours ; **completed spells of unemployment** périodes de chômage complètes.

spend v dépenser.

spending n [gen, Eco] dépense * **to cut back on** or **to cut down spending** réduire les dépenses ; **to rein in spending** contenir les dépenses ; **to reduce spending** réduire les dépenses ; **capital spending** dépenses d'investissement ; **consumer spending** dépenses de consommation ; **deficit spending** financement du déficit budgétaire par l'emprunt ; **government spending** dépense(s) publique(s) ; **investment spending** dépenses d'investissement ; **public spending** dépense(s) publique(s) ; **voluntary consumption spending** demande effective.
Δ **spending departments** or **spending ministries** ministères dont le montant des dépenses est important ; **spending patterns** structure des dépenses de consommation ; **spending power** pouvoir d'achat ; **spending targets** objectifs de dépenses.

spill(ing)-over n retombée, conséquence, répercussion, effet d'entraînement.

spin-off n 1- [Eco] a) retombées technologiques ; b) essaimage (JO) * **university spin-off** entreprise née de la recherche universitaire.
2- [Fin] distribution d'actions d'une filiale à la société-mère.

spin off v [Eco, Fin] a) démanteler une entreprise en plusieurs entreprises, créer une entreprise par essaimage ; b) essaimer.

spiral n spirale * **cost-price spiral** [Eco] spirale des coûts et des prix ; **inflationary spiral** [Eco] spirale inflationniste ; **inflationary wage-price spiral** [Eco] cycle infernal des prix et des salaires ; **price-wage spiral** [Eco] spirale prix-salaires ; **wage-price spiral** [Eco] spirale des salaires et des prix.

spiral v (prix) s'envoler.

split n 1- séparation, répartition, ventilation.
2- [Fin] division du titre * **stock split** (US) division d'actions, fractionnement d'actions ; **two-for-one split** attribution d'une action nouvelle pour deux anciennes.

split v diviser * **to split shares** diviser des actions.

splitting n [Fin] division (JO), fractionnement d'une action.

sponsor n parraineur (JO), organisme parrainant, bailleur de fonds.

sponsor v parrainer (JO).

sponsoring n parrainage (JO).

spot n [St Ex] comptant * **to deal spot** faire des opérations au comptant ; **to sell spot** vendre au comptant.
Δ **spot transaction** transaction au comptant.

spread n [Fin, St Ex] a) écart, marge (JO) * **bid-ask spread** or **bid-offer spread** écart entre cours acheteur et cours vendeur ; **quality spread** prime exigée en raison de la qualité de la signature ; **rating spread** marge liée à la qualité de l'emprunteur ; b) rémunération du prêteur dans un eurocrédit.
2- [Stat] dispersion.

spread v 1- étendre, s'étendre.
2- [St Ex] spéculer sur les écarts de cours.

spreading n échelonnement, répartition * **spreading of risks** [Fin] répartition des risques.

square n [Stat] carré * **least squares** moindres carrés ; **least squares method** méthode des moindres carrés ; **ordinary least squares** (OLS) moindres carrés ordinaires (MCO).

square adj carré.

square v [St Ex] solder sa position, déboucler sa position.

square up v régler ses dettes.

squaring * **book squaring** [St Ex] liquidation des positions.

squeeze n compression, coup de frein, austérité * **cost-price squeeze** [Eco] effet de tenaille qui résulte de l'évolution en sens contraire de prix et des coûts ; **monetary squeeze** [Eco] austérité monétaire.

squeeze v geler, bloquer * **to squeeze liquidity** ressérer l'offre de liquidités ; **to squeeze profit margins** comprimer les marges bénéficiaires.

SRAC *short-run average cost* coût moyen de courte période.

SRO *self-regulatory organisation* (UK) organisme professionel de tutelle (cf. Bourse de Londres).

SSD *sum of squared deviations* or *sum of squared differences* somme des carrés des écarts (SCE).

SSDS *Supplementary Special Deposit Scheme* (UK) système de réserves obligatoires (connu également sous le nom de *corset*).

stability n [gen, Eco] stabilité.

stabilization, stabilisation n [gen, Eco] stabilisation * **fiscal stabilization** stabilisation de l'économie au moyen de la politique budgétaire ; **fiscal stabilization measures** mesures de redressement budgétaire.

stabilize, stabilise v stabiliser.

stabilizer, stabiliser n [Eco] stabilisateur * **automatic stabilizers** stabilisateurs (fiscaux) automatiques ; **built-in stabilizers** stabilisateurs (fiscaux) automatiques.

stable adj stable.

staff n personnel, effectifs * **clerical staff** personnel de bureau ; **executive staff** personnel d'encadrement ; **management staff** personnel d'encadrement ; **office staff** personnel de bureau ; **temporary staff** personnel intérimaire.
Δ **staff cut** or **staff reduction** compression de personnel.

staff v pourvoir en personnel.

staff up v renforcer en personnel.

stag n [St Ex] (UK) spéculateur (au moment d'une émission).

stag v [St Ex] (UK) souscrire à une nouvelle émission de titres pour les revendre à prime immédiatement après.

stage n 1- scène.
2- [Eco] stade de la production, phase de la croissance * **stages of economic growth** phases de la croissance économique.

stagflation n [Eco] stagflation.

stagnate v tourner au ralenti, plafonner, stagner.

stagnation n ralentissement, fléchissement, stagnation.

stake n 1- enjeu, mise.
2- [Fin] participation * **controlling stake** participation majoritaire, bloc de contrôle ; **equity stake** participation au capital d'une entreprise ; **majority stake** participation majoritaire ; **minority stake** participation minoritaire.

stalemate n impasse, situation de blocage.

stance n [Eco] orientation de la politique économique * **expansionary stance** orientation expansionniste de la politique économique ; **fiscal stance** orientation de la politique budgétaire ; **monetary stance** orientation de la politique monétaire.

stand at v se situer à, s'élever à * **to stand at 1 £ million** s'élever à 1 million de livres.

stand-by n soutien, secours.
Δ **stand-by line of credit** (IMF) ligne de crédit de substitution (FMI).

stand-by adj de réserve, de secours.

standard n 1- a) norme, règle * **prudential standards** [Eco] normes prudentielles ; **quality standards** normes de qualité.
b) niveau * **standard of living** niveau de vie ; **by historical standards** par rapport aux niveaux enregistrés dans le passé ; **high standards** niveaux élevés.
2- [Eco] étalon * **dollar standard** étalon-dollar ; **gold bullion standard** étalon or-lingot (JO) ; **gold exchange standard** (GES) étalon de change-or (JO) ; **gold specie standard** étalon de numéraire

or ; **gold standard** (GS) étalon-or ; **monetary standard** étalon monétaire.

standard adj normal, normalisé.

Standard & Poor's 500 (S & P 500) [St Ex] (US) indice boursier calculé par l'agence Standard & Poor's à partir des 500 premières sociétés américaines.

standardization, standardisation n standardisation.

standardize, standardise v normaliser, uniformiser.

standing n rang, importance, position * **standing of issuer** [Fin] qualité de l'émetteur ; **financial standing** [Fin] qualité de la signature.

standing adj en cours.

standstill n blocage, statu quo.

staple adj de base, de première nécessité.

staples n, plu produits essentiels.

state n a) état, situation ; b) Etat * **member state** Etat membre ; **stationary state** [Eco] état stationnaire ; **welfare state** [Eco] état-providence (JO).

state-controlled adj public, détenu par l'Etat.

state-owned adj public, détenu par l'Etat.

statement n 1- déclaration, exposé * **Autumn statement** (UK) déclaration budgétaire d'automne (correspond, dans le système français, à la loi de Finances rectificative) ; **budget statement** présentation du budget, déclaration budgétaire.
2- [Fin, Acc] état (de dépenses), bilan (US) * **statement of assets and liabilities** (US) bilan financier ; **statement of financial position** situation financière ; **statement of income and expenses** état des recettes et des dépenses ; **cash statement** situation de trésorerie ; **consolidated financial statement** (US) bilan consolidé, comptes consolidés ; **consolidated income statement** compte de résultat consolidé ; **deficiency statement** (US) bilan déficitaire ; **financial statement** a) document comptable, rapport financier ; b) (US) bilan ; **income statement** compte d'exploitation ; **interim statement** (US) bilan provisoire ; **operating statement** compte d'exploitation ; **production statement** (US) compte d'exploitation ; **reconciliation statement** état de rapprochement.

static adj [gen, Eco] statique.

statistical adj [Stat] statistique.

statistics n [Stat] statistique * **International Banking Statistics** (IBS) statistiques bancaires internationales de la BRI.

statutory adj [Jur] fixé par la loi, réglementaire.

steady adj régulier.

steady up v se raffermir, se stabiliser.

steep adj très important, excessif.

stem v contenir, juguler * **to stem the effects of** contenir les effets de ; **to stem the upward drift in public expenditure** juguler la dérive des dépenses publiques.

stem from v résulter de, provenir de.

step n étape, échelon, palier.

sterilization, sterilisation n [Fin] stérilisation (des liquidités).

sterilize, sterilise v [Fin] absorber, éponger (les liquidités).

sterling n sterling.
Δ **sterling area** [Eco] zone sterling.

stickiness n [Eco] viscosité (de la demande) ; rigidité (du marché du travail) * **downward stickiness** rigidité de la demande à la baisse ; **upward stickiness** rigidité de la demande à la hausse.

sticky adj inerte, rigide.

stimulate v stimuler, relancer * **to stimulate demand** [Eco] relancer la demande.

stimulation n stimulation * **stimulation measures** [Eco] mesures de relance.

stimuli n, plu q v stimulus.

stimulus n [Eco] incitation, stimulant, mesure de relance (**plu** stimuli) * **fiscal stimulus** mesures de relance budgétaire ; **monetary stimulus** mesures de relance monétaire.
Δ **stimulus plan** plan de relance.

stochastic adj [Stat] stochastique.

stock n 1- [gen, Eco] stock, montant cumulé * **buffer stocks** stocks régulateurs ; **bumper stock** stock régulateur ; **debt stock** encours de la dette ; **gold stock** encaisse-or.
2- [Acc] (UK) stock * **closing stock** stock de clôture ; **dead stocks** invendus ; **opening stock** stock au début de l'exercice.
3- [Fin, St Ex] a) (US) valeur(s) mobilière(s), action(s), capital action ; b) (UK) obligation à long terme émise par une entreprise ou l'Etat * **adjustable rate preferred stock** (ARP) (US) action de priorité à taux variable (indéxé sur taux des bons du Trésor à court terme) ; **alpha stock** action alpha ; **bellwether stock** action dont les variations servent d'indicateur des tendances du marché, action phare ; **beta stock** action bêta, titre bêta ; **bonus stock** action gratuite ; **bullish stocks** valeurs en hausse ; **callable preferred stock** action privilégiée qui peut être remboursée au gré de l'émetteur ; **common stock** action ordinaire ; **control stock** actions qui assurent le contrôle d'une société ; **convertible adjustable preferred stocks** (CAPS) actions préférentielles à taux variables convertibles en actions ordinaires ; **con-vertible preferred stock** actions préférentielles convertibles en actions ordinaires ; **cumulative preferred stock** actions de priorité à dividendes cumulatifs ; **cumulative voting stock** (US) action à vote plural, action à (droit de) votes multiples ; **debenture stock** action préférentielle ; **delta stock**

action delta, titre delta ; **foreign government stocks** (UK) emprunts *ou* fonds d'Etat à l'étranger ; **fully-paid capital stock** actions entièrement libérées ; **funding stock** (UK) emprunt de consolidation ; **gamma stock** action gamma, titre gamma ; **glamour stock** (US) valeur vedette (JO) ; **gilt-edged stocks** (UK) fonds d'Etat, titres *ou* placements dorés sur tranche, valeurs de père de famille, valeurs de tout repos ; **government stock** (UK) obligation à long terme ; **government stocks** (UK) fonds d'Etat ; **guaranteed stock** action à dividende garanti ; **letter stock** action à valeur nominale ; **management stock** a) titres possédés par les dirigeants d'une entreprise ; b) titres permettant le contrôle d'une société grâce à leurs droits de vote privilégiés ; **no-par-value stock** action sans valeur nominale ; **non-cumulative preferred stocks** actions de priorité à dividendes non cumulatifs ; **non-participating preferred stock** action privilégiée *ou* de priorité ne donnant droit qu'au dividende fixe ; **non-voting loan stock** titre participatif ; **par value stock** action à valeur nominale ; **participating preferred stock** action privilégiée donnant droit à un dividende supplémentaire ; **partly-paid stock** action partiellement libérée ; **preference stock** action privilégiée ; **preferred stock** action privilégiée, action de priorité ; **redeemable stock** action remboursable par la société émettrice ; **registered stock** action nominative ; **tap stock** (UK) emprunt d'Etat ; **technology stocks** actions émises par les entreprises de haute technologie ; **Treasury stock** a) (UK) fonds d'Etat à long terme ; b) (US) action émise et rachetée par la société ; **underlying stock** titre support.

Δ **stock basket** (US) panier d'actions ; **stock certificate** certificat d'action ; **stock exchange** q v stock exchange ; **stock market** q v market ; **stock option (plan)** q v option ; **stock piling** accumulation de stocks ; **stock right** droit de souscription (à des actions nouvelles) ; **stock turnover** taux de rotation des stocks ; **Stock Watch** (US) Service de surveillance du cours des titres à la NYSE.

stock exchange n [Eco, Fin, St Ex] bourse de valeurs mobilières * **Boston Stock Exchange** (BSE) Bourse de Boston ; **Cincinnati Stock Exchange** (CSE) Bourse de Cincinnati ; **International Stock Exchange** (ISE) (UK) Bourse de Londres (appellation à partir du *Big Bang* (1986) mais qui, par la suite, n'a pas réussi à s'imposer) ; **London Stock Exchange** (LSE) Bourse de Londres ; **New York Stock Exchange** (NYSE) Bourse de New York (NYSE) (la plus grande Bourse de New York située à Wall Street).

Δ **Stock Exchange Automated Quotations** (SEAQ) (UK) système de cotations automatisées à la Bourse de Londres (pour les titres britanniques) ; **Stock Exchange Automated Quotations International** (SEAQ I) (UK) système de cotations automatisées à la Bourse de Londres (pour les titres étrangers) ; **Stock Exchange Daily Official List** (SEDOL) (UK) liste officielle des transactions (publiée par la Bourse de Londres).

stockbroker n [Fin, St Ex] agent de change, courtier en valeur mobilières.

stockbroking n [Fin, St Ex] courtage.

stockbuilding n formation de stocks.

stockholder n [Fin] (US) actionnaire.

stockholding n [Fin] (US) participation, actionnariat * **cross stockholding** participations croisées ; **majority stockholding** participation majoritaire.

stockpile n stock, réserve.

stockpile v stocker, constituer des réserves, amasser.

stockpiling n formation de stocks.

stocktaking n inventaire.

stop and go n [Eco] alternance de phases de relance et de phases de freinage de l'activité.
Δ **stop and go policy** (UK) politique de relance de la conjoncture se caractérisant par l'alternance de phases brutales de relance et de freinage.

stop-loss n [St Ex] ordre d'achat ou de vente pour limiter les pertes.

store n a) magasin ; b) réserve, stock * **store of value** [Eco] réserve de valeur.

straddle n [Fin, St Ex] stellage, ordre lié (JO).

straights n, plu [Fin, St Ex] obligations classiques à taux fixes sur le marché euro-obligataire.

strain n tension, difficulté, pression * **strain upon resources** pression sur les ressources.

strangle n [St Ex] achat simultané d'une option d'achat et d'une option de vente à des prix d'exercice différents, lorsque l'agent anticipe une augmentation de la volatilité de l'actif sous-jacent.

strap n [St Ex] achat d'un nombre supérieur de *call* que de *put* lorsque l'agent anticipe une hausse de l'actif sous-jacent (inverse du *strip*).

strategy n stratégie * **blanketing strategy** stratégie de concentration d'entreprises qui vise à quadriller une région ; **competitive strategy** stratégie de compétitivité ; **corporate strategy** stratégie d'entreprise ; **focus strategy** stratégie de recentrage (sur l'activité de base) ; **harvest strategy** stratégie de désengagement et de désinvestissement ; **Medium-Term Financial Strategy** (MTFS) (UK) Stratégie financière à moyen terme (SFMT) (nom donné à la politique macroéconomique à partir de 1980) ; **refocussing strategy** stratégie de recentrage sur l'activité de base.

stream n flot, flux, afflux.

stream in v affluer.

streamline v rationaliser, simplifier, restructurer.

street n rue * **main street** [St Ex] (US) désigne les activités bancaires et financières autres que celles concentrées sur la place de Wall Street.

strength n a) force, vigueur, vitalité ; b) importance numérique * **competitive strength** compétitivité ; **financial strength** surface financière.

strengthen v se redresser, se raffermir.

strengthening n redressement, raffermissement * **strengthening of the $** le redressement du $.

strike n grève * **go slow strike** grève perlée ; **indefinite strike** grève illimitée ; **selective strike** grève tournante ; **sit-in strike** grève avec occupation des lieux ; **staggered strike** grève tournante ; **sympathy strike** grève de solidarité ; **token strike** grève symbolique ; **unofficial strike** grève sauvage ; **wild cat strike** grève sauvage.

stringency n resserrement, rigueur, durcissement * **financial stringency** austérité financière ; **monetary stringency** austérité monétaire, resserrement de la politique monétaire.

stringent adj a) (measure) strict, rigoureux ; b) (market) tendu.

strip n 1- [St Ex] achat d'un nombre supérieur de *put* que de *call* lorsque l'agent anticipe une baisse de l'actif sous-jacent (inverse du *strap*).
2- [Fin] **(plu) strips** masse de titres hypothécaires démembrés se composant d'*interest only strips* (IOs) et de *principal only strips* (POs).

stripping n [Fin] démembrement d'un titre (JO) * **stripping of bonds** (US) démembrement des titres obligataires, le titre principal et le coupon étant négociés séparément ; **dividend stripping** revente d'actions sans le dividende.

structural adj structurel.

structure nf structure, composition, configuration * **age structure** pyramide des âges ; **optimal structure of capital** structure optimale du capital ; **organizational structure** structure de l'organisation.

sub-market n compartiment du marché.

sub-sector n filière.

subcontract n marché de sous-traitance.

subcontracted adj sous-traité.

subcontracting n sous-traitance.
△ **subcontracting arrangement** accord de sous-traitance.

subcontractor n sous-traitant.

subcustody n [Fin] conservation nationale (JO).

subdued adj morose.

submission n soumission * **submission of bids** remise des offres, soumission.

subordinated adj [Fin] subordonné, de deuxième rang.

subordination n [Fin] subordination.

subscribe v [Fin, St Ex] souscrire (*to* de, à).

subscribed adj [Fin, St Ex] souscrit.

subscription n [Fin, St Ex] souscription * **free subscription** souscription libre.

subsidiary n filiale * **fully-owned subsidiary** filiale contrôlée à 100 % ; **joint subsidiary** filiale commune.

subsidize, subsidise v subventionner.

subsidy n subvention, prime, aide financière * **subsidies and grants** aides et subventions ; **balancing subsidy** subvention d'équilibre ; **building subsidy** prime à la construction ; **development subsidy** prime d'équipement ; **farm subsidies** subventions aux agriculteurs ; **housing subsidies** aides au logement ; **veiled subsidy** subvention déguisée.

substitute n [Eco] bien substituable * **import substitute** produit de substitution aux importations.

substitute v substituer * **to substitute capital for labour** [Eco] substituer du capital au travail ; **to substitute labour for capital** [Eco] substituer du travail au capital.

substitution n [gen, Eco] substitution * **substitution of capital for labour** substitution du capital au travail ; **substitution of labour for capital** substitution du travail au capital ; **capital-for-labour substitution** substitution capital-travail ; **factor substitution** substitution des facteurs ; **import substitution** substitution de produits nationaux aux produits importés.

sufficiency n 1- quantité suffisante. 2- [Stat] exhaustivité.

sum n somme * [Stat] **sum of squared deviations** (SSD) *or* **sum of squared differences** (SSD) somme des carrés des écarts.

superannuation n retraite.
Δ **superannuation scheme** régime de retraite.

supervise v surveiller, contrôler.

supervision n surveillance.

supervisory adj a) de surveillance ; b) de tutelle.

supplement n supplément de revenu * **earnings related supplement** (UK) part de l'allocation chômage proportionnelle au salaire ; **earnings supplement** complément de rémunération ; **income-tested supplement** allocation assujettie à des conditions de ressources.

supplies n, plu q v supply 1.

supply n 1- approvisionnement * **food supplies** approvisionnements en vivres.
2- [Eco] offre de biens et services * **supply and demand** l'offre et la demande ; **supply and disposition** ressources et emplois [SCN] ; **supply of skills** offre de main-d'œuvre qualifiée ; **aggregate supply** offre globale ; **burdensome supply** offre excédentaire pesant fortement sur le marché ; **capital supply** offre de capitaux ; **elastic supply** offre

élastique ; **excess supply** offre excédentaire ; **foreign supply** offre étrangère ; **inadequate supply** insuffisance de l'offre ; **inelastic supply** offre rigide, offre inélastique ; **joint supply** [Eco] offre complémentaire *ou* conjointe *ou* liée ; **labour supply** offre de travail ; **money supply** masse monétaire (au sens large), monnaie *lato sensu* ; **overall supply** offre globale ; **potential supply** offre correspondant à la pleine utilisation des capacités de production ; **(perfectly) elastic supply** offre (parfaitement) élastique ; **(perfectly) inelastic supply** offre (parfaitement) inélastique ; **(perfectly) rigid supply** offre (parfaitement) rigide ; **short supply** pénurie ; **world supply** offre mondiale.

Δ **supply bottleneck** goulet d'étranglement du côté de l'offre ; **supply constraint** contrainte imposée par l'offre, limite imposée par l'offre ; **supply factors** facteurs qui jouent du côté de l'offre ; **supply management** régulation de l'offre ; **supply schedule** courbe de l'offre.

supply v fournir, approvisionner.

supply-side adj [Eco] du côté de l'offre.

supply-sider n [Eco] économiste partisan de l'économie de l'offre.

support n 1- a) soutien, appui ; b) contribution, aide, subvention (US) * **government support** aides publiques ; **welfare support** aide sociale.
2- [St Ex] seuil qui, dans un mouvement baissier, constitue un butoir.

Δ **support point** point d'intervention.

support v a) donner son appui, prêter son concours.
b) entretenir, subvenir aux besoins de.

supported * **officially supported** soutenu par l'Etat, garanti par l'Etat.

supporter n partisan(e) de.

SUR *standardized unemployment rate* taux de chômage standardisé (TCS).

surcharge n [Fisc] surtaxe.

surcharge v faire trop payer.

surety n [Jur] caution, garantie, garant * **to stand surety for sb** se porter caution pour qn.

surge n (imports) poussée soudaine ; (prices) flambée * **inflationary surge** dérive inflationniste.

surge v monter en flèche.

surplus n 1- excédent, surplus * **to show a surplus** dégager un excédent.
2- [Eco] a) rente, surproduit (cf. théorie marxiste) * **buyer's surplus** rente du consommateur ; **consumer's surplus** rente du consommateur, surplus du consommateur ; **land surplus** la rente ; **producer's surplus** rente du producteur, surplus du producteur.
b) excédent * **budget surplus** excédent budgétaire ; **current surplus** excédent de la balance des transactions courantes ; **invisible surplus** excédent de la balance des

invisibles ; **post-quota surplus** excédent hors quota.
3- [Acc] a) excédent ; b) réserves et provisions * **surplus for the year** bénéfice de l'exercice ; **surplus from appreciation of assets** réserve de réévaluation des actifs ; **surplus reinvested** plus-values réinvesties ; **appraisal surplus** réserve de réévaluation ; **appropriated earned surplus** réserves ; **capital surplus** gains hors exploitation ; **cash surplus** excédent de trésorerie ; **contractual appropriated earned surplus** réserve contractuelle ; **discretionary appropriated earned surplus** réserves facultatives ; **earned surplus** bénéfices après impôt ; **earned surplus appropriated** bénéfices d'exploitation non distribués ; **earned surplus unappropriated** bénéfices en attente d'affectation, report à nouveau ; **gross operating surplus** excédent brut d'exploitation (EBE) ; **net operating surplus** (NOS) a) [SCN] excédent net d'exploitation ; b) [Acc] solde d'exploitation ; **operating cash surplus** excédent de trésorerie d'exploitation (ETE) ; **operating surplus** excédent net d'exploitation ; **paid-in surplus** prime de fusion ; **trading surplus** résultat d'exploitation.
4- [Fin, St Ex] boni, prime * **liquidation surplus** boni de liquidation ; **paid-in surplus** [St Ex] prime de fusion.

survey n enquête, étude analyse.

sustain v soutenir * **to sustain demand** soutenir la demande.

sustainable adj [Eco] (development, growth) susceptible de se prolonger, soutenable à moyen ou long terme.

sustained adj [Eco] (development, growth) durable, soutenu, prolongé.

swap n [Fin] échange financier (JO) * **assets based swap** échange sur actifs où les parties échangent leurs gains d'intérêt ; **callable swap** échange financier permettant à l'une des parties de sortir avant l'échéance ; **cross-currency interest swap** échange de taux d'intérêt et de devises ; **cross currency swap** crédit croisé (JO) ; **currency swap** échange de devises dues (JO) ; **debt commodity swap** échange de dettes contre des matières premières (cf. PVD) ; **debt equity swap** échange de créances contre actifs (JO) ; **debt swap** échange de créances (JO) ; **debt to debt swap** échange de créances ; **forward swap** échange à terme (JO) ; **interest and currency swap** échange financier de taux d'intérêt et de devises ; **interest rate swap** échange financier de taux d'intérêt (JO) ; **liability based swap** échange financier de dette (les parties s'échangent les intérêts dont elles sont débitrices) ; **roller swap** échange renouvelable (JO) ; **syndicated swap** échange syndiqué (JO) ; **treasury swap** échange cambiste (JO).

Δ **swap agreement** accord d'échanges réciproques (JO) ; **swap arrangement** accord de crédits croisés ; **swap buyback** or **swap close** rachat d'un échange financier par les parties d'origine.

swap v échanger (JO).

swaption n [Fin, St Ex] option d'échange (JO).

swing n forte fluctuation, à-coup, revirement * **adverse swing** changement *ou* variation défavorable ; **cyclical swings** [Eco] à-coups de la conjoncture ; **downward swing** [Eco] phase de dépression ; **seasonal swings** [Eco] fluctuations saisonnières ; **upward and downward swings** [Eco] oscillations de la conjoncture ; **upward swing** [Eco] phase d'expansion.

swing line n [Fin] crédit de sécurité (JO), crédit de soudure.

switch n 1- changement, variation.
2- [St Ex] arbitrage, arbitrage à l'aide d'une devise tierce.
Δ **switch transaction** opération d'arbitrage à l'aide d'une devise tierce.

switching n [St Ex] arbitrage * **inward switching** mise en report ; **outward switching** prise en report ; **portfolio switching** réallocation de portefeuille.

syndicate n [Fin] syndicat bancaire, consortium financier * **bank syndicate** syndicat de banques ; **issue syndicate** syndicat de placement, syndicat d'émission ; **purchase syndicate** syndicat de prise ferme ; **underwriting syndicate** syndicat de prix fermes (JO), syndicat de garantie.

syndication n [Fin] création d'un syndicat bancaire pour le montage d'une opération.

system n système * **accelerated cost recovery system** (ACRS) [Acc] (US) méthode de l'amortissement accéléré ; **banking system** système bancaire ; **capitalist system** système capitaliste ; **Clearing House Automated Payment System** (CHAPS) (UK) système de paiement interbancaire automatisé (à Londres) ; **Clearing House Interbank Payment System** (CHIPS) (US) Système de paiement interbancaire par chambre de compensation (à New York) ; **clearing system** système de compensation ; **colonial system** système colonial ; **diminishing instalment system** [Acc] méthode de l'amortissement dégressif ; **economic system** système économique ; **European Monetary System** (EMS) Système monétaire européen (SME) ; **European System of Central Banks** (ESCB) Système européen de banques centrales (SEBC) ; **European System of Integrated Economic Accounts** (ESA) Système européen de comptes économiques intégrés (SEC) ; **exchange system** système *ou* régime de change ; **Federal Reserve System** (FED *or* FRS) (US) Système fédéral de Réserve (FED *or* FRS) ; **financial system** système financier ; **fiscal system** fiscalité ; **fixed instalment system** [Acc] méthode de l'amortissement linéaire ; **Generalized System of Preferences** (GSP) Système généralisé de préférences (SGP) (cf. GATT) ; **Global System of Trade Preferences among Developing Countries** (GSTP) Système global de préférences commerciales entre pays en développement (cf. CNUCED) ; **inter-dealer broker system** (IDBS) système interagent de marché (SIAM) (JO) ; **International Mo-**

netary System (IMS) Système monétaire international (SMI) ; **managed system** système réglementé ; **mercantile system** Mercantilisme ; **monetary system** système monétaire ; **multilateral preferential treatment system** système généralisé de préférence ; **Mutual ECU Settlement Clearing System** (MESA) regroupement de sept banques de l'UE pour mettre sur pied un système de compensation en ECU ; **National Market System** (NMS) [St Ex] (US) marché de gré à gré américain géré par la National Association of Securities Dealers (NASD) ; **order-matching system** [St Ex] système de rapprochement des ordres ; **planning-programming-budgeting system** (PPBS) rationalisation des choix budgétaires (RCB) ; **productive system** système productif ; **reporting system** [Acc] système d'information comptable (JO) ; **Trans-european Automated Realtime Gross Settlement Express Transfer System** (TARGET) [St Ex] Système européen de transfert express automatisé à règlement brut en temps réel (TARGET) ; **two-tier currency system** double marché des changes ; **two-tier gold system** double marché de l'or.

T

table n tableau, liste * **financial operations table** [SCN] tableau des opérations financières (TOF) ; **Leontief input-output table** [Eco] tableau de Leontief, tableau d'échanges interindustriels.

tableau n * **Leontief's tableau of interindustry flows** tableau de Leontief, tableau d'échanges interindustriels.

take n rentrée d'argent, revenu, recette * **government take** prélèvement de l'Etat.

take off n 1- décollage.
2- [Eco] décollage de l'économie (JO).

take-over n q v takeover.

take over v 1- reprendre * **to take over a mortgage** reprendre une hypothèque ; **to take over as chairman** prendre les fonctions de président.
2- [Fin] prendre le contrôle, reprendre (une entreprise).

takeover n [Fin, St Ex] prise de contrôle, rachat (d'une entreprise, d'une affaire).
Δ **takeover bid** q v takeover bid ; **takeover candidates** entreprises susceptibles d'être rachetées ; **Takeover Panel** (UK) organisme de surveillance des OPA ; **takeover target** entreprise cible d'une OPA.

takeover bid (TOB) **n** [Fin, St Ex] offre publique d'achat (OPA) * **contested takeover bid** offre publique d'achat inamicale ; **friendly takeover bid** offre publique d'achat amicale ; **hostile takeover bid** offre publique d'achat inamicale ; **reversed takeover bid** contre OPA.

takeover-prone adj [Fin, St Ex] opéable.

taker n preneur * **licenced deposit taker** [Eco] institution financière habilitée à recevoir des dépôts.

tangency n [Math] tangence.
Δ **tangency point** point de tangence.

tangential adj [Math] tangenciel.

tangible adj physique, corporel, matériel.

tangibles n, plu [Acc] (US) immobilisations corporelles.

tap n robinet * **on tap** [St Ex] à guichet ouvert (se dit pour une émission de valeurs mobilières) ; **to sell on tap** [St Ex] vendre (des obligations) à guichet ouvert, en continu.

tap v solliciter un marché.

taper off v se raréfier, diminuer.

tapering adj dégressif.

TARGET *Trans-European Automated Realtime Gross Settlement Express Transfer System* Système européen de transfert express automatisé à règlement brut en temps réel (TARGET).

target n [gen, Eco] objectif, cible * **to set a target** fixer un objectif ; **fixed targets** objectifs quantitatifs fixes (cf. politique économique) ; **monetary growth target** objectif de croissance de la masse monétaire ; **monetary target** objectif monétaire ; **operating targets** variables sur lesquelles agissent directement les instruments de la politique monétaire ; **range target** fourchette retenue comme objectif (de croissance monétaire).

Δ **target approach** régulation monétaire à l'aide d'objectifs quantitatifs ; **target company** q v company ; **target range** fourchette retenue comme objectif de croissance de la masse monétaire ; **target setting** fixation d'objectifs.

target-oriented adj [Eco] (monetary policy) fondée sur la définition d'objectifs quantitatifs.

targeted adj ciblé.

targeting n définition de cibles * **monetary targeting** [Eco] régulation monétaire à l'aide d'objectifs quantitatifs.

tariff n 1- [ASR] tarif.
2- [Eco int] tarif douanier * **common external tariff** (CET) tarif extérieur commun (TEC) ; **customs tariff** tarif douanier ; **discriminatory tariff** tarif douanier discriminatoire ; **import tariffs and duties** tarifs douaniers et droits sur les importations.

Δ **tariff agreement** accord tarifaire ; **tariff compensation** compensation des tarifs douaniers ; **tariff concession** concession tarifaire ; **tariff harmonization** harmonisation des tarifs douaniers ; **tariff headings** nomenclature douanière ; **tariff policy** politique tarifaire ; **tariff preferences** préférences tarifaires ; **tariff protection** protection douanière ; **Tariff Schedule of the United States** (TSUS) nomenclature douanière des Etats-Unis ; **tariff scheme** *or* **tariff system** régime douanier ; **tariff union** union douanière.

tariff-like adj [Eco int] assimilable à un tarif douanier.

task n tâche, activité, poste de travail.

Δ **task force** groupe de projet (JO).

TAURUS *Transfer and Automated Registration of Uncertificated Stock* (UK) système électronique de transfert de propriété des titres. Introduit à la Bourse de Londres à la suite du *Big Bang,* pour supprimer l'émission de certificats de propriété, il dut être supprimé en 1993.

tax n [Fisc] impôt, taxe * **to lay a tax on sth** *or* **to levy a tax on sth** imposer une taxe sur ; **to levy taxes** *or* **to raise taxes** percevoir des impôts ; **additional tax** impôt supplémentaire ; **advance corporation tax** (ACT) paiement anticipé de l'impôt sur les sociétés ; **anticyclical tax** prélèvement conjoncturel ; **back taxes** arriérés d'impôts ; **capital gains tax** (CGT) impôt sur les plus-values ; **capital tax** impôt sur le capital ; **capital transfer tax (CTT)** (UK) droits de mutation ; **capital yield tax** impôt sur les revenus du capital ; **consumption tax** impôt sur la consommation ; **corporate income tax** (US) impôt sur les bénéfices des sociétés (IBS) ; **corporate profit tax (CPT)** impôt sur les bénéfices des sociétés (IBS) ; **corporate tax** impôt sur les sociétés ; **corporation tax** impôt sur les sociétés ; **countervailing tax** droit compensatoire ; **death tax** (US) droits de succession ; **degressive tax** impôt dégressif ; **delinquent taxes** (US) arriérés d'impôts ; **direct tax** impôt direct ; **direct taxes on income** [SCN] impôts directs sur le revenu ; **earmarked tax** impôt ayant une affectation spéciale ; **energy tax** impôt sur les produits énergétiques ; **estate tax** droits de succession ; **federal income tax** (US) impôt sur le revenu du gouvernement fédéral ; **gift tax** impôt sur les donations ; **green tax** impôt pour la protection de l'environnement ; **hidden tax** impôt déguisé ; **income tax** impôt sur le revenu des personnes physiques ; **indirect tax** impôt indirect ; **indirect taxes on production and imports** [SCN] impôts liés à la production et à l'importation ; **inflation tax** prélèvement dû à l'inflation ; **inheritance tax** (US) droits de succession ; **Interest Equalization Tax** taxe d'égalisation des taux d'intérêt (US, 1963) ; **land tax** impôt foncier ; **legacy tax** (US) droits de succession ; **negative income tax** (NIT) impôt négatif sur le revenu (INR) ; **non-recurrent tax** impôt exceptionnel ; **partial tax relief** exonération partielle d'impôt ; **payroll taxes** charges patronales, charges sociales ; **personal income tax** impôt sur le revenu des personnes physiques ; **poll tax** (UK) impôt locaux (impôt de capitation entré en vigueur en 1990) ; **profit tax** impôt sur les bénéfices ; **progressive tax** impôt progressif ; **property tax** (US) taxe foncière ; **property transfer tax** droits de mutation ; **salt tax** gabelle ; **Selective Employment Tax (SET)** (UK) impôt sélectif sur l'emploi (uniquement dans le secteur des services ; introduite en 1966 et supprimée en 1973) ; **transfer tax** droits de mutation ; **turnover tax** impôt sur le chiffre d'affaires ; **underlying tax** impôt sur les bénéfices de la filiale à l'étranger ; **user tax** impôt acquitté par l'usager ; **value-added tax (VAT)** taxe à la valeur ajoutée (TVA) ; **wealth tax** impôt sur la fortune ; **windfall tax** impôt sur les bénéfices exceptionnels ; **withholding tax** (US) impôt retenu à la source.

∆ **tax accountant** or **tax adviser** conseiller fiscal ; **tax agreement** convention fiscale, accord fiscal ; **tax allowance** abattement fiscal ; **tax arrears** arriérés d'impôts ; **tax assessment** calcul de l'impôt ; **tax audit** contrôle fiscal ; **tax authorities** administration fiscale ; **tax avoidance** évasion fiscale ; **tax band** tranche d'imposition ; **tax base** or **tax basis** assiette de l'imposition, assiette fiscale ; **tax benefit** agrément fiscal ; **tax bracket** tranche d'imposition ; **tax break** avantage fiscal ; **tax burden** pression fiscale ; **tax cheating** fraude fiscale ; **tax code** (UK) code des impôts ; **tax collection** recouvrement de l'impôt ; **tax collections** recettes fiscales ; **tax collector** percepteur ; **tax concessions** réductions d'impôts ; **tax convention** convention fiscale ; **tax credit** crédit d'impôt, avoir fiscal ; **tax deduction** déduction fiscale ; **tax delinquency** infraction fiscale ; **tax dodger** fraudeur fiscal ; **tax dodging** fraude fiscale ; **tax drain** ponction fiscale ; **tax enforcement** application de la législation fiscale ; **tax equity** justice fiscale ; **tax evader** fraudeur fiscal ; **tax evasion** fraude fiscale ; **tax exemption** exonération fiscale ; **tax form** feuille d'impôts ; **tax fraud** fraude fiscale ; **tax haven** or **tax heaven** paradis fiscal ; **tax hike** augmentation d'impôt ; **tax holiday** période d'exonération fiscale ; **tax incentives** mesures fiscales incitatives ; **tax inspector** (UK) inspecteur des contributions directes ; **tax level** niveau d'imposition ; **tax liability** a) assujettissement à l'impôt ; b) montant de l'impôt ; **tax list** rôle ; **tax load** charge fiscale, pression fiscale ; **tax loophole** faille dans la législation fiscale qui permet d'obtenir une diminution d'impôt ; **tax notice** avis d'imposition ; **tax offset** (US) crédit d'impôt (sur valeurs mobilières) ; **tax package** ensemble de mesures fiscales ; **tax payer** contribuable ; **tax policy** politique fiscale ; **tax pressure** pression fiscale ; **tax proceeds** produit de l'impôt ; **tax progression** progressivité de l'impôt ; **tax push effects** effets inflationnistes de la fiscalité ; **tax rate** taux d'imposition ; **tax rebate** dégrèvement fiscal ; **tax receipts** recettes fiscales ; **tax record** déclaration fiscale ; **tax reform** réforme fiscale ; **tax refund** remboursement d'impôt ; **tax regulations** réglementation fiscale ; **tax relief** dégrèvement fiscal, réduction d'impôt ; **tax remission** dégrèvement fiscal ; **tax return** déclaration d'impôts ; **tax revenue** recettes fiscales ; **tax scale** or **tax schedule** barème de l'impôt, barème d'imposition ; **tax shelter** paradis fiscal ; **tax shield** disposition fiscale en faveur des entreprises qui leur permet d'obtenir une réduction d'impôt ; **tax sparing** crédit d'impôt fictif (cf. conventions fiscales internationales) ; **tax surcharge** surtaxe ; **tax take** ponction fiscale ; **tax token** (UK) vignette automobile ; **tax threshold** minimum imposable, seuil ; **tax treatment** régime fiscal ; **tax treaty** convention fiscale internationale ; **tax waiver** exonération fiscale ; **tax wedge** "coin fiscal ; **tax write-off** déduction pour amortissement. ; **tax year** année fiscale, exercice fiscal ; **tax yield** produit de l'impôt, rendement de l'impôt.

tax v [Fisc] imposer.

tax-deductible adj [Fisc] déductible des impôts.

tax-deferred adj [Fisc] dont l'imposition est différée.

tax-exempt adj [Fisc] exonéré d'impôt, défiscalisé.

tax-free adj [Fisc] net d'impôt.

taxable adj [Fisc] imposable.

taxation n [Fisc] fiscalité, imposition * **taxation at source** imposition, retenue à la source ; **business**

taxation fiscalité des entreprises ; **corporate taxation** fiscalité des entreprises ; **direct taxation** fiscalité directe ; **double taxation** double imposition ; **household taxation** fiscalité des ménages ; **indirect taxation** fiscalité indirecte ; **joint taxation** imposition conjointe ; **land taxation** impôt foncier ; **personal taxation** imposition des personnes physiques ; **presumptive taxation** imposition forfaitaire ; **progressive taxation** imposition progressive ; **worldwide profit taxation** *or* **worldwide unitary taxation** imposition sur la base du bénéfice mondial.

Δ **taxation bands** tranches du barème de l'impôt ; **taxation schedule** barème de l'impôt, barème d'imposition ; **taxation treatment** régime fiscal.

taxpayer n [Fisc] contribuable * **high-income taxpayers** les gros contribuables.

taylorism n [Eco] taylorisme.

TDD *total domestic demand* demande intérieure totale.

TEA *Targeted Export Assistance Program* (US) Programme d'aide à certaines exportations.

technical adj technique.

technique n une technique, une méthode.

technologic(al) adj technologique.

technology n technologie, technique * **advanced technology** technologie de pointe ; **capital-saving technology** (CST) technologie peu coûteuse en capital ; **high technology** technologie de pointe ; **labour-saving technology** technologie économisant le facteur travail ; **light-capital technology** (LCT) technologie peu coûteuse en capital ; **mature technology** technologie arrivée à maturité.

Δ **technology package** transfert global de technologie.

technology-based adj technologique, fondé sur la technologie.

technology-intensive adj de haute technicité.

technostructure n technostructure.

temping n travail temporaire.

temporary adj temporaire, provisoire.

tender n (UK) 1- soumission à un appel d'offres * **to ask for tender** lancer un appel d'offres, mettre en adjudication ; **to invite to tender** lancer un appel d'offres ; **by tender** par adjudication ; **call for tenders** appel d'offres ; **collusive tender** soumission concertée ; **open tender** *or* **public tender** adjudication publique.

2- [Fin, St Ex] a) offre d'achat ; b) bons du Trésor vendus en adjudication * **competitive tender** système d'adjudication des bons du Trésor ; **legal tender** q v legal tender ; **two-tier tender offer** offre assortie d'une fusion-absorption ; **weekly Treasury bill tender** (UK) adjudication hebdomadaire des bons du Trésor.

Δ **tender offer** (UK) offre publique d'achat ; **tender panel** syndicat d'enchères (JO) ; **tender rate** taux de soumission, taux d'adjudication.

tender v faire une offre de vente à un certain prix.

tenderer n soumissionnaire.

tendering n fait de soumissionner * **collusive tendering** soumissions concertées ; **open tendering** appel d'offres ouvert.

term n 1- période, durée, délai * **to extend a term** proroger un délai ; **term of acceptance** délai d'acceptation ; **long term** long terme ; **long-and medium-term** (LMT) à long et moyen term ; **medium term** moyen terme ; **short term** court terme.
2- [Fin] a) terme, échéance * **fixed term** à échéance fixe ; **outright term** [St Ex] terme sec.
b) **(plu) terms** conditions financières d'un prêt, modalités, dispositions * **terms of a credit** conditions d'un crédit ; **terms of assistance** conditions d'aide ; **terms of issue** conditions d'émission ; **terms of payment** conditions de paiement, conditions de règlement ; **concessional terms** à des conditions privilégiées ; **easy terms** facilité de paiement ; **financial terms** conditions financières ; **hard terms** conditions du marché ; **in real terms** en termes réels ; **in value terms** aux prix courants ; **issuing terms** conditions d'émission ; **non-concessional terms** aux conditions du marché ; **on easy terms** avec des facilités de paiement ; **soft terms** conditions favorables ; **standard terms** conditions-types.

Δ **term structure** a) structure des échéances ; b) structure des taux (d'intérêt) ; **term structure of government debt** structure des échéances de la dette publique ; **term structure of interest rates** structure (des taux d'intérêt) selon l'échéance (SSE), structure temporelle des taux d'intérêt.

terms of trade n, plu [Eco int] termes de l'échange.

terminate v [Jur] (contract) mettre fin à, résilier.

termination n 1- [Jur] (contract) résiliation.
2- [Fin] expiration.
Δ **termination clause** [Fin, St Ex] clause de résiliation, clause de retrait.

territory n territoire * **domestic territory** [SCN] territoire économique ; **overseas territories** (OT's) territoires d'outre-mer (TOM).

tertiary adj tertiaire.

test n 1- test, essai, vérification * **means test** critère de ressources.
2- [Stat] test * **chi square test** test du khi 2 ; **Chow test** test de Chow ; **significance test** test de signification.

test v tester.

testing n évaluation.

TEV *total economic value* valeur économique totale.

textiles n, plu [St Ex] valeurs textiles.

TFP *total factor productivity* productivité totale des facteurs (PTF).

TGDP *traded gross domestic product* produit intérieur brut des branches marchandes (PIBM).

theorem n [Math] théorème * **Bayesian Theorem** Théorème de Bayes ; **central limit theorem** théorème central limite ; **Cobweb Theorem** [Eco] Théorème du Cobweb ; **Heckscher-Ohlin Theorem** [Eco] Théorème de Heckscher-Ohlin.

theorist n théoricien * **quantity theorist** [Eco] économiste quantitativiste.

theory n théorie * [Eco, Fin] **theory of consumer behaviour** théorie du consommateur ; **theory of contracts** théorie des contrats ; **theory of distribution** théorie de la répartition ; **theory of games** théorie des jeux ; **theory of income determination** théorie de la détermination du revenu ; **theory of international trade** théorie du commerce international ; **theory of management** théorie de l'organisation ; **theory of market gluts** théorie de la surproduction permanente ; **theory of production** théorie de la production ; **theory of second best** théorie de l'optimum de second rang ; **theory of the Bullion Committee** bullionisme ; **theory of the firm** théorie de la firme ; **theory of transaction costs** théorie des coûts de transaction ; **theory of value** théorie de la valeur ; **abstinence theory of interest** théorie de l'abstinence ; **accelerator theory** théorie de l'accélérateur ; **agency theory** théorie de l'agence ; **arbitrage pricing theory (APT)** théorie du prix d'arbitrage ; **behavioural theories of the firm** théories behaviouristes de l'entreprise ; **decision theory** [Math] théorie de la décision ; **economic theory** théorie économique ; **efficient-markets theory** théorie des marchés efficients ; **endogenous theories of the business cycle** (*or* **trade cycle**) théories endogènes du cycle économique ; **exogenous theories of the business cycle** théories exogènes du cycle économique ; **expectation theory** théorie des anticipations ; **expected utility theory** théorie de l'utilité anticipée ; **game theory** théorie des jeux ; **information theory** théorie de l'information ; **internal theories of the business cycle** (*or* **trade cycle**) théories endogènes du cycle économique ; **Interest Rate Parity Theory** *or* **IRP Theory** théorie de la parité des taux d'intérêt ; **Keynes theory** théorie keynésienne, keynésianisme ; **labour theory of value** théorie de la valeur-travail ; **liquidity preference theory** théorie de la préférence pour la liquidité ; **loanable funds theory** théorie des fonds prêtables ; **locomotive theory** principe selon lequel, durant une crise économique, les pays les mieux placés doivent prendre des mesures de relance pour relancer l'économie mondiale ; **managerial theories of the firm** théories managériales de l'entreprise ; **marginal productivity theory of wages** *or* **marginal productivity wage theory** théorie de la productivité marginale du travail ; **Marginal Utility Theory** Marginalisme ; **maximum value theory** théorie de la maximisation ; **neoclassical theory** théorie néoclassique ; **organization theory** théorie des organisations ; **overinvestment theory of the business** *or* **trade cycle** théorie du surinvestissement du cycle économique ; **overproduction theories of the business** *or* **trade cycle** théories de la surproduction du cycle économique ; **pecking order theory** [Fin] théorie du financement hiérarchique de l'entreprise ; **permanent income theory** théorie du revenu permanent ; **Purchasing Power Parity Theory** *or* **PPP Theory** théorie de la parité des pouvoirs d'achat ; **quantitative theory of money** théorie quantitative (de la monnaie) ; **quantity theory** quantitativisme ; **Quantity Theory of Money** théorie quantitative (de la monnaie) ; **random walk theory** [Stat] théorie de la marche au hasard ; **Regulationist Theories** théories de la régulation ; **second-best theory** théorie de l'optimum de second rang ; **Wage Fund Theory** théorie du fonds des salaires.

thin adj 1- mince.
2- [St Ex] (stock market) étroit.

think tank n groupe de réflexion.

thought n pensée * **economic thought** pensée économique.

threat n menace * **threat of entry** menace des nouveaux entrants sur un marché ou dans un secteur.

threaten v menacer.

threefold adj triple.

threshold n seuil * **divergence threshold** seuil de divergence (dans le SME) ; **indicator threshold** seuil d'un indicateur ; **registration threshold** [Fisc] seuil d'assujettissement à la TVA.

thrift n épargne * **the Thrifts** (US) les caisses d'épargne.
Δ **thrift institution** (US) caisse d'épargne.

thriftless adj dépensier.

thrifty adj économe.

thrive v prospérer.

thriving adj prospère, florissant.

TIBOR *Tokyo inter-bank offered rate* taux interbancaire offert à Tokyo (TIBOR).

tick n [St Ex] échelon de cotation.

tiered adj [Fin] différencié.

tiering n [Fin] différenciation des conditions liée à la qualité des emprunteurs * **rate tiering** différentiation par les taux.

TIFFE *Tokyo International Financial Futures Exchange* Marché à terme d'instruments financiers à Tokyo.

tight adj (measure) restrictif ; (market) tendu.

tighten v (se) resserrer, (se) durcir.

tightening n resserrement, durcissement * **tightening of monetary**

tightness | 283 | trade

policy [Eco] durcissement de la politique monétaire.

tightness n a) rareté ; b) rigueur (de la politique économique).

TIGRs *Treasury investment growth receipts* instruments de placement hybrides (fonds d'Etat et obligations à coupon zéro).

time n temps * **time of recording** date d'enregistrement (cf. BDP) **response time** délai de réaction.
Δ **time dimension** facteur temps ; **time horizon** horizon temporel ; **time limit** délai ; **time preference** préférence pour le présent.

timesharing n travail en temps partagé.

timing n calendrier, échéancier.

tip n [St Ex] renseignement boursier, tuyau boursier.

TNC *transnational company* or *transnational corporation* firme transnationale (FTN).

TOB *takeover bid* offre publique d'achat (OPA).

Tobin's Q [Eco] Q de Tobin.

token n signe.

token adj symbolique, pour la forme.

tombstone n publicité financière annonçant une émission obligataire après sa réalisation.

tool n 1- outil * **machine tool** machine-outil.
2- [Acc] **(plu) tools** petit matériel et outillage.

top n haut * **double top** [St Ex] deux plus hauts successifs.

top out v atteindre son point le plus élevé.

tort n [Jur] délit civil.

total n total * **grand total** total général.

totalize, totalise v additionner, totaliser.

touch n 1- contact, rapport.
2- [St Ex] (UK) écart entre le meilleur cours demandé et le meilleur cours offert.

TPM *trigger price mechanism* (US) mécanisme des prix de seuil déclenchant un dispositif de soutien.

trace v retracer une évolution.

tradable adj q v tradeable.

trade n 1- a) commerce ; b) profession.
2- [St Ex] transaction * **block trade** transaction sur bloc de titres.
3- [Eco, Eco int] commerce, échanges * **barter trade** commerce de troc, commerce d'échanges compensés ; **external trade** commerce extérieur ; **extra-community trade** échanges extracommunautaires ; **fair trade** échanges commerciaux fondés sur la réciprocité (cf. GATT) ; **foreign trade** commerce extérieur ; **free trade** q v free trade ; **international trade** échange international, commerce

international ; **intra-community trade** échanges intracommunautaires ; **intra-firm trade** échanges entre entreprise mère et filiales ; **intra-industry trade** échanges croisés ; **invisible trade** échanges sur les invisibles, échanges sur les services ; **managed trade** commerce dirigé ; **preferential trade agreements** accords commerciaux préférentiels ; **retail trade** commerce de détail ; **visible trade** commerce extérieur ; **wholesale trade** commerce de gros ; **world trade** commerce mondial.

Δ **trade agreement** accord commercial ; **trade balance multiplier** q v multiplier ; **trade channels** circuits commerciaux ; **trade creation** création de trafic, création de courants d'échange ; **trade deficit** déficit commercial ; **trade dispute** conflit commercial ; **trade diversion** détournement de trafic, détournement de courants d'échange ; **trade figures** chiffres du commerce extérieur ; **trade flow** courant d'échanges ; **trade gap** déficit commercial ; **trade matrix** matrice du commerce international ; **trade negotiation** négociation commerciale ; **trade patterns** configuration des échanges, composition des échanges ; **trade policy** politique commerciale ; **trade relations** relations commerciales ; **trade representative** a) représentant de commerce ; b) (US) représentant des USA dans les négociations commerciales ; **trade restrictions** pratiques restrictives en matière de commerce international ; **trade war** guerre commerciale.

trade v 1- faire le commerce de.
2- [St Ex] * **to be trading at** se négocier à.

trade-off n relation inverse * **trade-off between factors** substitution entre le travail et le capital ; **unemployment inflation trade-off** relation inverse entre le chômage et l'inflation, dilemme inflation chômage.

trade-off v arbitrer * **to trade-off time-income** arbitrer entre les loisirs et le revenu.

trade-weighted adj pondéré sur la base du commerce extérieur, pondéré sur la base des échanges internationaux.

tradeable (UK), **tradable** (US) **adj** a) négociable, échangeable ; b) qui fait l'objet d'échanges internationaux.

traded adj qui fait l'objet d'un échange * **widely traded** [St Ex] (securities) très demandé.

trader n 1- négociant * **small trader** petit commerçant ; **sole trader** (UK) entreprise individuelle.
2- [St Ex] opérateur sur les marchés financiers * **currency trader** cambiste ; **floor trader** courtier ; **noise trader** opérateur qui agit en fonction d'éléments exogènes (de "bruits" qu'il a entendus) et non pas en fonction des données fondamentales sur les cours ; **screen trader** opérateur travaillant sur écran ; **smart trader** opérateur agissant en fonction des données fondamentales sur les cours.

tradesman n commerçant.

trading n 1- commerce, échanges * **fair trading** pratique commerciale loyale.

2- [St Ex] transactions, opérations * **trading in derivatives** transactions sur les produits dérivés ; **trading in futures** transactions sur les marchés à terme ; **after hours trading** transactions hors bourse ; **agency trading** transactions effectuées par un établissement bancaire ou une maison de titres pour le compte de ses clients ; **automated pit trading (APT) (UK)** système automatique de transactions sur le LIFFE en dehors des heures de séances boursières ; **basket trading (US)** transactions sur paniers de titres ; **block trading** négociation de blocs de titres ; **bond trading** transactions sur obligations ; **commodity futures trading** opérations à terme sur les marchandises ; **computerized trading (US)** transactions informatisées ; **continuous trading** cotations en continu ; **day trading** transactions effectuées dans la même journée ; **dual trading (US)** capacité double ; **foreign exchange trading** opérations sur devises ; **in early trading** en début de séance ; **insider trading** délit d'initié ; **multiple trading** traitement d'une valeur mobilière sur plusieurs marchés à la fois ; **order driven trading (UK)** système automatisé de transactions régi par les ordres qui devrait être introduit à la Bourse de Londres pour remplacer le SEAQ ; **over-the-counter trading** transactions de gré à gré ; **pre-market trading** marché gris ; **program trading (US)** opérations d'arbitrage programmmées sur ordinateur (les arbitrages entre les placements sur Wall Street et sur les marchés à terme se font automatiquement) ; **proprietary trading** transactions effectuées par un établissement bancaire ou une maison de titres pour son propre compte ; **round the clock trading** cotation en continu 24 heures sur 24 ; **screen-based trading** transactions automatisées ; **thin trading** faiblesse du marché boursier.
- △ **trading day** séance boursière ; **trading floor** salle des marchés (JO) ; **trading halt** suspension des cotations ; **trading pit** la corbeille ; **trading room** salle des marchés (JO) ; **trading session** séance boursière ; **trading volume** volume des transactions (boursières).

trading adj [Acc] d'exploitation.

train v former.

trained adj formé, qualifié.

trainee n stagiaire.

training n formation professionnelle * **in-house training** formation en interne ; **industrial training** or **occupational training** formation professionelle ; **off-the-job training** formation à l'extérieur de l'entreprise ; **on-the-job training (OJT)** formation sur le tas ; **sandwich training** formation en alternance ; **vocational training** enseignement professionnel.
- △ **training centre** centre de formation ; **training course** or **training programme** or **training scheme** programme de formation.

transaction n [Eco, Fin, St Ex] transaction, opération * **transactions in goods and services** opérations sur biens et services ; **arm's length transaction (US)** transaction

où les deux partenaires se trouvent sur un pied d'égalité ; **business transaction** opération commerciale ; **currency-hedged transaction** opération couverte contre le risque de change ; **current transaction** opération courante ; **distribution transactions** [SCN] opérations de répartition ; **financial transactions** [SCN, Acc] opérations financières ; **forward transaction** transaction à terme ; **futures option transaction** opération à terme conditionnelle ; **non-monetary transactions** mouvements de capitaux non monétaires (cf. BDP) ; **offset transaction** opération de compensation, couverture de position ; **securities transactions** transactions sur titres ; **sham transaction** transaction fictive ; **spot transaction** opération au comptant ; **triangular transaction** opérations triangulaires.
Δ **(on a) transaction basis** [Eco int] (sur la base) des transactions (cf. BDP) ; **transaction motive** motif de transaction.

transfer n [Eco, Fin, SCN] transfert monétaire, virement * **transfer of funds** transfert de fonds ; **transfers paid** sommes versées au titres des transferts ; **transfers received** sommes reçues au titre des transferts ; **bank transfer** transfert bancaire ; **current transfers** [SCN] transferts courants ; **current transfers from government** transferts courants en provenance de l'Etat ; **current transfers, net** solde des transferts courants ; **electronic funds transfer** (EFT) transfert électronique de fonds ; **electronic funds transfer at point of sale** (EFTPOS) transfert électronique de fonds au point de vente ; **financial transfer** transfert financier ; **government transfers** transferts publics (cf. BDP) ; **international private transfers** [SCN] transferts privés internationaux ; **net current transfers from the rest of the world** transferts nets reçus du reste du monde ; **net transfers from households to the public sector** transferts nets des ménages vers le secteur public ; **official transfers, net** solde des transferts du secteur public ; **private transfers** transferts privés ; **private transfers, net** solde des transferts privé ; **profit transfers** rapatriement des bénéfices ; **public transfers** transferts publics (cf. BDP) ; **security transfers** transferts sociaux ; **social transfers** transferts sociaux ; **technology transfer** transfert de technologie ; **unilateral transfers** transferts unilatéraux (cf BDP) ; **welfare transfers** transferts sociaux.

transfer v [Fin] virer, transférer.

transferability n [Jur] transmissibilité, cessibilité.

transferable adj transférable.

transparency n [Eco] (market) transparence.

transplant n usine transplantée *ou* délocalisée.

trap n piège * **low growth trap** piège de la croissance lente ; **poverty trap** cercle vicieux de la pauvreté.

Treasuries n, plu [St Ex] (US) valeurs émises par le Trésor américain.

Treasury n (UK) Trésorerie, ministère de l'Economie et des Finances.
∆ **Treasury Department** (US) ministère de l'Economie et des Finances.

treatment n traitement * **differential treatment** [Eco int] traitement différencié (cf. GATT) ; **most-favoured nation treatment** [Eco int] régime de la nation la plus favorisée ; **national treatment** traitement national (cf investissements étrangers).

treaty n [Jur] traité, convention * **Treaty of Rome** Traité de Rome ; **Maastricht Treaty** Traité de Maastricht.
∆ **treaty obligation** obligation conventionnelle ; **treaty overriding provisions** dispositions qui priment sur les conventions internationales ; **treaty provisions** dispositions conventionnelles ; **treaty shopping** [Jur, Fisc] a) recherche de la législation nationale la plus avantageuse ; b) chalandage fiscal (JO) (procédure permettant à une personne d'obtenir, par le biais d'une société relais, les avantages d'une convention qu'elle ne peut obtenir directement).

trend n [Stat, Eco] tendance de longue période, évolution * **trend in stock and prices** évolution des prix et des stocks ; **trend over time** évolution chronologique ; **business trend** conjoncture ; **cyclical trend** tendance conjoncturelle ; **demographic trend** tendance démographique ; **downward trend** tendance à la baisse ; **easing trend** tendance à la détente ; **falling trend** [St Ex] tendance à la baisse ; **long-term trend** tendance de longue période ; **phase-average-trend** (PAT) [Stat] tendance moyenne de phase (PAT) ; **prevailing trend** tendance observée ; **seasonal trend** tendance saisonnière ; **secular trend** tendance séculaire, tendance de très long terme ; **short-term trend** tendance conjoncturelle ; **underlying trend** tendance profonde ; **upward trend** tendance à la hausse.
∆ **trend coefficient** coefficient de la tendance ; **trend equation** équation de tendance ; **trend pattern** profil d'évolution ; **trend reversal** renversement de tendance.

trigger n déclencheur, seuil de déclenchement.
∆ **trigger price mechanism** (TPM) (US) mécanisme des prix de seuil déclenchant un dispositif de soutien.

trigger v déclencher * **EMU will trigger a wave of bank mergers** l'UEM va déclencher une vague de fusions dans le secteur bancaire.

trim v réviser une prévision à la baisse.

triple A q v AAA.

trough n point le plus bas d'une courbe * **cyclical trough** [Eco] point le plus bas du cycle conjoncturel, creux conjoncturel.

trust n 1- confiance.
2- [Jur] fidéicommis, trust.
3- [Fin] fiducie (JO), trust * **Approved Deferred Share Trust** (ADST) (UK) un des systèmes d'intéressement des salariés aux

bénéfices ; **closed-end investment trust** (UK) fonds commun de placement fermé ; **closed trust** fonds d'investissment à capital fixe ; **discretionary trust** société d'investissement où le choix des investissements est laissé au gérant de fonds ; **investment trust** a) société d'investissement ; b) (UK) fonds commun de placement fermé ; investment-led tiré par l'investissement, entraîné par l'investissement ; **mixed investment trust** fonds de placement mixte ; **mutual investment trust** organismes de placement collectif en valeurs mobilières (OPCVM) ; **open-ended trust** fonds commun de placement (FCP), fonds de placement ouvert, société d'investissement à capital variable (SICAV) ; **performance trust** fonds de performance ; **real estate investment trust** (REIT) (US) fonds commun de placement immobilier ; **security investment trust** société d'investissement en valeurs mobilières ; **unit trust** (UK) fonds commun de placement (FCP), organisme de placement collectif en valeurs mobilières (OPCVM), fonds de placement ouvert, société d'investissement à capital variable (SICAV).

trustee n [Fin] fiduciaire (JO), gérant de fonds.

TSUS *Tariff Schedule of the United States* nomenclature douanière des Etats-Unis.

tuning n réglage * **fine tuning** [Eco] politique keynésienne de réglage de la conjoncture au plus près.

turn n retournement, renversement, nouvelle tendance * **negative turn** évolution défavorable ; **round turn** q v round turn.

turnaround n (US) renversement *ou* retournement de la tendance * **designated order turnaround** (DOT) [St Ex] (US) système informatisé du routage des petits titres.

turnround n (UK) renversement *ou* retournement de la tendance.

turnkey clés en main.
Δ **turnkey operation** opération clés en main.

turnover n 1- rotation, taux de rotation.
2- [Acc] (UK) chiffre d'affaires.
3- [St Ex] volume de transactions.

twist n distorsion, divergence * **twist in the policy mix** [Eco] divergence trop importante entre la politique monétaire et la politique budgétaire.

twist v changer d'orientation, infléchir.

type n type, catégorie, modèle * **types of income** catégories de revenu.

U

U-shaped adj [Math, Stat] (curve) qui a une forme en U.

U-turn n [Eco] revirement dans la politique économique, volte-face.

UCITS *undertaking for collective investment in transferable securities* organismes de placement collectif en valeurs mobilières (OPCVM).

ULC *unit labour cost* coût unitaire de la main-d'œuvre, coût salarial par unité produite.

UMICs *upper middle income countries* pays à revenu intermédiaire de la tranche supérieure (PRITS).

unabated adj qui ne montre aucun signe de relâchement.

unaccounted adj [Acc] non inscrit au bilan.

unadjusted adj [Stat] non corrigé.

unaffiliated adj non affilié.

unallocated adj [Fin] non alloué, sans affectation.

unallotted adj [Fin] non réparti.

unamortized, unamortised adj [Fin, Acc] non amorti.

unappropriated adj [Fin] non réparti.

unassignable adj [Jur] incessible, inaliénable.

unaudited adj [Acc] non contrôlé, non vérifié.

unavailable adj indisponible.

unbalance n déséquilibre.

unbalanced adj [Acc] non soldé.

unbankable adj [Fin] non bancable.

unbiased adj 1- non biaisé, sans biais.
2- [Stat] centré.

unbundle v [Fin] vendre par appartements.

unbundling n [Fin] vente par appartements.

uncallable adj [Fin] qui ne peut pas être amorti *ou* remboursé.

uncalled adj [Jur, Fin] (capital) non appelé.

uncashed adj [Fin] non encaissé.

uncertain adj incertain.

uncertainty n [gen, Fin] incertitude, avenir incertain.

uncollectable adj [Fisc] non recouvrable.

uncollected adj [Fisc] non collecté.

uncommitted adj non engagé.

unconditional adj [Fin] non assorti de conditions particulières.

unconsolidated adj [Acc] non inscrit au bilan consolidé.

uncontrollable adj qui ne peut être maîtrisé.

uncontrolled adj non maîtrisé.

unconvertible adj [Fin] non convertible.

uncovered adj [Fin, St Ex] à découvert.

UNCTAD *United Nations Conference for Trade and Development* Conférence des Nations unies pour le Commerce et le Développement (CNUCED).

uncurbed adj sans frein, effréné.

uncurtailed adj sans restriction.

undepreciated adj [Acc] non amorti.

undepressed adj [St Ex] (activity) soutenu.

underadjustment n sous-ajustement.

underassess v sous-évaluer.

underassessment n [Fisc] sous-imposition.

underbid v [Fin] faire une offre moins élevée.

undercapitalization, undercapitalisation n [Fin] sous-capitalisation.

undercapitalized, undercapitalised adj [Fin] sous-capitalisé.

underconsumption n [Eco] sous-consommation.

undercut v vendre à des conditions plus avantageuses.

undercutting n vente à des conditions très avantageuses.

underdeveloped adj [Eco] sous développé.

underdevelopment n [Eco] sous-développement.

underemployed adj [Eco] sous-employé.

underemployment n [Eco] sous-emploi (des facteurs de production).

underestimate v sous-estimer, sous-évaluer.

underestimation n sous-estimation.

underfinanced adj [Fin] qui ne dispose pas d'un financement suffisant.

underfunded adj [Fin] qui ne dispose pas d'un financement suffisant.

underinvest v [Eco] sous-investir.

underinvestment n [Eco] sous-investissement.

underlying adj tendanciel, sous-jacent.

undermanned adj en sous-effectifs.

undermanning n sous-effectif, manque de personnel.

underpay v sous-payer.

underperform v [St Ex] (security) se comporter moins bien que les autres valeurs.

underperforming adj dont les performances sont insuffisantes.

underpin v soutenir la croissance, défendre la monnaie.

underpopulated adj sous-peuplé.

underprice v fixer le prix de qch à un niveau trop bas.

underproduction n [Eco] sous-production.

underrate v sous-estimer, sous-évaluer.

underreport v [Acc, Fisc] (company) ne pas déclarer l'intégralité de son revenu.

underreporting n [Acc, Fisc] (company) déclaration insuffisante du revenu.

undersell v a) vendre moins cher que ; b) vendre au-dessous de sa valeur.

undershoot v [Eco] (money supply, exchange rate) rester en deçà des objectifs.

undershooting n [Eco] (money supply, exchange rate) résultat en deçà des objectifs.

underspend v ne pas utiliser totalement le budget.

underspending n sous-utilisation de l'argent disponible, sous-utilisation d'un crédit.

understaffed adj dont l'effectif est insuffisant.

understaffing n insuffisance en effectifs.

undersubscribe v [Fin] ne pas souscrire l'intégralité d'un emprunt.

undersubscribed adj [Fin] non entièrement souscrit.

underuse v [Eco] (production factors) sous-utiliser.

underutilization n [Eco] (production factors) sous-utilisation.

underutilize, underutilise v [Eco] (production factors) sous-utiliser.

undervaluation n [Fin] sous-évaluation.

undervalue v [Fin] sous-évaluer.

undervalued adj [Fin] sous-évalué.

underwrite v 1- [Fin] a) garantir ; b) souscrire (des titres).
2- [ASR] souscrire des risques.

underwriter n 1- [Fin] banque membre d'un syndicat d'émission ou de garantie, preneur ferme de titres * **leading underwriter** chef de file.
2- [ASR] souscripteur (assureur) * **chief underwriter** souscripteur principal ; **deputy underwriter** souscripteur adjoint.

underwriting n 1- [Fin] prise ferme de titres, garantie de placement.
2- [ASR] souscription.
Δ **underwriting agreement** convention de prise ferme ; **underwriting business** activité qui a pour but de garantir les émissions ; **underwriting commission** commisssion de garantie ; **underwriting commitment** engagement de prise ferme ; **underwriting group** syndicat de garantie ; **underwriting pledge** engagement de prise ferme.

underwritten adj [Fin] garanti, cautionné.

undisbursed adj non décaissé.

undisclosed adj [Fin] non rendu public.

undiscountable adj [Fin] qui ne peut être escompté.

undistributable adj [Fin] non distribuable.

undistributed adj [Fin] non distribué.

unearned adj non salarial.

uneconomic adj [Eco] contraire aux lois de l'économie.

uneconomical adj peu rentable.

unemployed adj au chômage.

unemployment n [gen, Eco] chômage * **bedrock unemployment** chômage irréductible ; **casual unemployment** chômage occasionnel ; **classical unemployment** chômage classique ; **concealed unemployment** chômage déguisé ; **core unemployment** chômage incompressible ; **covert unemployment** chômage déguisé ; **cyclical unemployment** or **demand-deficient unemployment** chômage conjoncturel, chômage dû au cycle économique, chômage dû à une insuffisance de la demande ; **disguised unemployment** chômage déguisé ; **frictional unemployment** chômage frictionnel ; **full unemployment** chômage complet ; **general unemployment** chômage généralisé ; **hardcore unemployment** chômage irréductible ; **hidden unemployment** chômage déguisé ; **involuntary unemployment** chômage involontaire ; **keynesian unemployment** chômage keynésien, chômage involontaire ; **large-scale unemployment** chômage massif ; **long duration unemployment** or **long-term unemployment** chômage de longue durée ; **mass unemployment** chômage massif ; **measured unemployment** chômage recensé ; **mismatch unemployment** chômage dû à une inadéquation entre l'offre et la demande de travail ; **non-voluntary unemployment** chômage involontaire, chômage keynésien ; **registered unemployment** chômage déclaré ou recensé ; **seasonal unemployment** chômage saisonnier ; **short-duration unemployment** chômage de courte durée ; **structural unemployment** chômage structurel ; **technological unemployment** chômage technologique ; **transitional unemployment** chômage frictionnel ; **unrecorded unemployment** or **unregistered unemployment** chômage non recensé, chômage non déclaré ; **voluntary unemployment** chômage volontaire ; **youth**

unemployment chômage des jeunes.
△ **unemployment benefit** (UK) allocation chômage ; **unemployment figures** chiffres du chômage ; **unemployment inflows and outflows** phénomène d'entrée et de sortie du chômage ; **unemployment rate** taux de chômage ; **unemployment spell** période de chômage ; **unemployment statistics** statstiques du chômage.

unencumbered adj [Jur] non grevé d'une hypothèque.

unendorsed adj [Fin] non endossé.

unfair adj a) injuste ; b) (competition) déloyal.

unfavourable, unfavorable adj défavorable.

unfeasible adj irréalisable.

unforeseeable adj imprévisible.

unforeseen adj imprévu.

unfunded adj [Fin] a) non financé, non consolidé.
b) basé sur la répartition (et non sur la capitalisation).

unhedged adj [Fin, St Ex] non couvert contre le risque.

unimproved adj sans changement, sans amélioration.

unincorporated adj [Jur] qui n'a pas pris la forme d'une société par actions.

union n a) union ; b) (UK) syndicat * **Belgium-Luxembourg Economic Union** (BLEU) Union économique belgo-luxembourgeoise (UEBL) ; **economic union** union économique ; **European Monetary Union** (EMU) Union monétaire européenne (UME) ; **European Payments Union** (EPU) Union européenne des paiements (UEP) ; **European Union** (EU) Union européenne ; **labor union** (US) syndicat ; **monetary union** union monétaire ; **trade union** (UK) syndicat.

unionism n syndicalisme.

unionist n syndiqué.

unionize, unionise v (se) syndiquer.

unissued adj [Fin] non encore émis, à la souche.

unit n unité, élément * **unit of account** étalon, unité de compte ; **unit of interest** [Stat] unité d'observation ; **unit of production** unité de production ; **unit of trading** [St Ex] quotité de négociation ; **activity unit** [Acc] (US) unité d'œuvre ; **annual work unit** (AWU) unité travail-homme (UTH) ; **economic unit** agent économique ; **European Currency Unit** (ECU) unité monétaire européenne (ECU) ; **European monetary unit** unité monétaire européenne ; **European Unit of Account** (EUA) unité de compte européenne (UCE) ; **institutional unit** [SCN] unité institutionnelle ; **monetary unit** unité monétaire ; **primary unit** [Stat] unité primaire ; **purposive unit** [Stat] unité-type ; **secondary unit** unité secondaire ; **statistical unit** [SCN] unité statistique ; **year work unit** (YWU) unité travail année (UTA).

univariate adj [Stat] à une variable.

unlawful adj illégal.

unlimited adj illimité.

unlisted adj [St Ex] non admis *ou* non inscrit à la cote officielle.

unmarketable adj [Fin] non négociable.

unmatured adj [Fin] non échu.

unnegotiable adj [Fin] non négociable.

UNO *United Nations Organization* Organisation des nations unies (ONU).

unofficial adj non officiel.

unpaid adj a) non rétribué ; b) impayé, non acquité.

unparalleled adj incomparable, sans égal.

unpeg v [Eco] suspendre l'alignement d'une monnaie sur une autre.

unpriced adj dont le prix n'est pas indiqué.

unproductive adj [Eco] improductif.

unprofessional adj qui ne respecte pas l'éthique de la profession.

unprofitable adj peu rentable.

unqualified adj a) non qualifé ; b) inconditionnel.

unquoted adj [St Ex] (sans cotation) non coté.

unrealized, unrealised adj (profit) qui n'a pas été atteint, qui n'a pas été réalisé.

unrecorded adj non recensé, non enregistré.

unredeemable adj [Fin] non amortissable, non remboursable.

unredeemed adj [Fin] non amorti, non remboursé.

unregistered adj non déclaré, non inscrit.

unreliable adj peu fiable.

unresponsive adj qui ne réagit pas.

unresponsiveness n absence de réaction, rigidité.

unrest n agitation sociale, conflit du travail.

unrestricted adj sans restriction.

unrivalled, unrivaled adj sans égal.

unsalebale adj q v unsaleable.

unsaleable (UK), unsalable (US) adj invendable.

unscheduled adj non programmé.

unsecured adj [Jur, Fin] chirographaire, sans garantie.

unskilled adj non qualifié.

unsold adj invendu.

unsound adj erroné, peu judicieux, malsain.

unstable adj instable.

unsteady adj irrégulier, instable, fluctuant.

unsubscribed adj [Fin] non souscrit.

unsubsidized, unsubsidised adj non subventionné.

unsuccessful adj qui ne réussit pas, infructueux.

unsuitability n qui n'a pas le caractère requis.

unsuitable adj qui ne convient pas.

unsuited adj qui ne convient pas, inadapté.

untapped adj (resources) inexploité.

untaxable adj [Fisc] non imposable.

untested adj non vérifié.

untransferability n [Jur] caractère inaliénable.

untransferable adj [Jur] incessible, non transférable, inaliénable.

unused adj non utilisé, non exploité.

unvalued adj non évalué.

unweighted adj non pondéré.

unwinding n [St Ex] dénouement d'une opération, débouclage.

unworkable adj impraticable, inexploitable.

unwritten adj non écrit, verbal.

up-market adj haut de gamme.

up-tick n [St Ex] hausse minimale d'un cours.

up-to-date adj moderne, à la pointe.

update v mettre à jour, actualiser.

updating n mise à jour, actualisation.

upgrade v revaloriser.

upgrading n revalorisation, reclassement.

upheaval n bouleversement, agitation.

upkeep n entretien, maintenance.

ups-and-downs n, plu oscillation, fluctuation * **cyclical ups and downs** [Eco] aléas conjoncturels, fluctuations conjoncturelles.

upskill v élever le niveau de qualification.

upskilling n élévation du niveau de qualification.

upstream adv en amont.

upsurge n forte progression, poussée, montée.

upswing n [Eco] phase ascendante du cycle éconnomique * **cyclical upswing** retournement de la conjoncture.

uptick n [St Ex] hausse minimale d'un cours.

upturn n 1- [Eco] reprise *ou* rebond de l'économie.
2- [St Ex] (security) retournement à la hausse.

upvaluation n révision à la hausse.

upvalue v revaloriser une monnaie par rapport à une autre.

upward adj à la hausse, ascendant.

upwards adv à la hausse.

usable adj utilisable.

use n 1- utilisation, emploi * **household use** usage à des fins domestiques.
2- [SCN] emploi ; **(plu) uses** les emplois (cf. tableau entrées sorties) * **end use** emploi final ; **final use of goods and services** emplois finals de biens et services ; **final uses** emplois finals ; **intermediate uses** emplois intermédiaires.

user n utilisateur * **end user** [Eco] utilisateur final ; **heavy user** gros utilisateur, gros consommateur.

USM *Unlisted Securities Market* (UK) Second marché de la Bourse de Londres (1980-1994). Depuis 1994, il est remplacé par le *Alternative Investment Market* (AIM).

usury n usure.

utensils n, plu [Acc] petit outillage.

utilities n, plu [St Ex] (US) titres émis par les services publics.

utility n 1- a) utilité ; b) service public * **collective utilities** équipements collectifs ; **public utility** service public.
2- [Eco] utilité * **cardinal utility** utilité cardinale ; **management utility** *or* **managerial utility** utilité des dirigeants ; **marginal utility** utilité marginale ; **marginal utility of money** utilité marginale de la monnaie ; **ordinal utility** utilité ordinale ; **total utility** utilité totale.
Δ **utility function** fonction d'utilité.

V

vacancy n offre d'emploi * **filled vacancy** offre d'emploi satisfaite ; **unfilled vacancy** offre d'emploi non satisfaite.

vacant adj vacant, libre.

valid adj valable * **valid for one day** [St Ex] valable un jour.

validity n validité * **validity of data** validité des données.

valuable adj d'une grande valeur.

valuables n, plu objets de grande valeur.

valuation n 1- évaluation, attribution d'une valeur.
2- [Fin, Acc] valorisation * **asset valuation** évaluation des actifs ; **inventory valuation** (US) évaluation des stocks ; **market valuation** a) évaluation au prix du marché ; b) évaluation boursière ; **stock valuation** (UK) évaluation des stocks.
Δ **valuation adjustment** réévaluation comptable ; **valuation clause** clause de réévaluation ; **valuation effect** effet de valorisation.

value n [Eco, SCN, Fin, Acc, St Ex, Stat] valeur * **to dispose for value** céder à titre onéreux ; **to gain in value** prendre de la valeur, s'apprécier ; **to lose in value** perdre de la valeur, se déprécier ; **value in exchange** valeur d'échange ; **value in use** valeur d'usage ; **value of labour** valeur travail ; **value of money** valeur de la monnaie ; **absolute value** valeur intrinsèque ; **actual value** valeur observée, valeur effective ; **adjusted net present value** (ANPV) valeur actualisée nette ajustée (VANA) ; **approximate value** valeur approchée ; **asset value** (US) valeur de l'entreprise ; **bonded value** valeur en douane ; **book value** valeur comptable ; **break-up value** (US) valeur de liquidation d'une entreprise ; **capital value of plant** valeur des installations ; **carrying value** valeur comptabilisée ; **cash value** valeur au comptant, valeur marchande ; **conversion value** valeur de conversion, prix de conversion ; **current value** valeur aux prix courants ; **customs value** valeur en douane ; **deflated value** valeur à prix constants ; **discounted present value** (DPV) valeur actualisée ; **domestic value** valeur sur le marché national ; **equity value** a) cours des actions ; b) valeur comptable d'une entreprise ; **exchange value** a) valeur d'échange (par opposition à valeur d'usage) ; b) contre-valeur du change ; **expected value** (EV) [Stat] espérance mathématique (EM) ; **external value** valeur à l'exportation ; **extreme value** [Stat] valeur extrême ; **face value** valeur faciale, valeur nominale ; **factor value, approximate** [SCN] valeur approchée au coût des facteurs ; **fair (market) value** valeur vénale ;

gold value valeur-or ; **gross value added** (GVA) [SCN] valeur ajoutée brute ; **intrinsic value** valeur (mathématique) intrinsèque ; **liquidation value** valeur de liquidation, valeur des actions lors de la liquidation de l'entreprise ; **market value** a) [Eco] prix du marché ; b) [St Ex] valeur boursière, valeur de marché ; **maturity value** valeur à l'échéance ; **mean value** valeur moyenne ; **money value** valeur monétaire, valeur nominale ; **net asset value** valeur liquidative ; **net book value** valeur nette comptable, valeur résiduelle ; **net present value** (NPV) [Fin] valeur actuelle nette (VAN) ; **net value added** (NVA) [SCN] valeur ajoutée nette ; **nominal value** valeur faciale, valeur nominale ; **par value** a) [Eco] parité ; b) [Fin] valeur nominale d'un titre ; **present discounted value** (PDV) valeur actualisée ; **present value** valeur actualisé ; **present value factor** coefficient d'actualisation ; **present value of growth opportunities** (PVGO) valeur actualisée des occasions de croissance (VAOC) ; **property value** valeur patrimoniale ; **purchase value** valeur d'acquisition ; **real values** valeurs en termes réels ; **realization value** valeur de liquidation ; **redemption value** a) (bond) valeur de remboursement ; b) (share) montant que la société doit payer lorsqu'elle veut racheter une action émise dans le public ; **replacement value** valeur de remplacement ; **sale value** valeur vénale ; **salvage value** [Acc] valeur résiduelle, valeur de liquidation ; **scrap value** valeur résiduelle, valeur de liquidation ; **stated value** (US) valeur déclarée des actions sans valeur nominale ; **stock market value** capitalisation boursière ; **surplus value** plus-value, surtravail ; **time value** valeur-temps ; **total economic value** (TEV) valeur économique totale ; **underlying value** valeur intrinsèque ; **unit value** valeur unitaire ; **use value** valeur d'usage ; **written-down value** (UK) valeur comptable après amortissement.

Δ **value additivity** additivité de la valeur ; **value analysis** analyse de la valeur ; **value date** date de valeur ; **value judgement** jugement de valeur.

value v évaluer, accorder une valeur à.

value-added n [Fisc] valeur ajoutée * **value-added at factor prices** valeur ajoutée au coût des facteurs.

valueless adj sans valeur.

variable n [Math, Stat, Eco] variable * **variable of interest** variable d'intérêt ; **dependent variable** variable dépendente, variable endogène ; **dummy variable** variable muette, variable auxiliaire, variable fictive ; **endogenous variable** variable endogène ; **exogenous variable** variable exogène ; **explanatory variable** variable explicative, variable indépandante ; **given variable** donnée exogène ; **independent variable** variable indépendante, variable explicative ; **instrument variable** variable opérationnelle ; **non-instrument variable** variable non représentative de la politique économique ; **policy variable** variable représentative de la politique économique ; **random variable** variable aléatoire ; **standard normal variable** variable normale centrée réduite ; **target variable** variable choisie comme objectif de la politique économique.

variable adj variable.

variance n 1- [Acc] écart.
2- [Stat] variance * **unexplained variance** variance résiduelle.
Δ **variance analysis** analyse des écarts.

variate n [Stat] variable * **continuous variate** variable continue ; **discontinuous variate** variable discontinue ; **normal variate** variable normale ; **standard normal variate** variable normale centrée réduite.

variation n [gen, Stat] variation * **cyclical variations** variations dues au cycle économique ; **seasonal variations** variations saisonnières.

vary v varier.

VAT *value added tax* taxe à la valeur ajoutée (TVA).

vector n [Math] vecteur * **column vector** vecteur colonne ; **line vector** vecteur ligne.
Δ **vector space** espace vectoriel.

vega n [Fin] vega.

vehicle n véhicule * **motor vehicles** [Acc] matériel roulant, parc automobile.

velocity n [Eco] vitesse * **velocity of circulation** vitesse de circulation ; **velocity of circulation of money** vitesse de circulation de la monnaie ; **income velocity** vitesse-revenu ; **income-velocity of money** vitesse revenu de circulation de la monnaie ; **money velocity** vitesse de circulation de la monnaie ; **transaction velocity** vitesse-transaction.

venture n entreprise * **foreign venture** entreprise implantée à l'étranger ; **high-risk venture** entreprise à haut risque ; **joint venture** co-entreprise (JO) ; **joint venture agreement** accord de partenariat.

venture v s'aventurer, se risquer.

venturesome adj risqué.

versatile adj adaptable, polyvalent.

versatility n adaptabilité, polyvalence.

versus prep contre, par opposition à * **trade liberalization versus protectionism** libéralisation des échanges opposé au protectionnisme.

visible adj visible (cf. importations, exportations).

visibles n, plu [Eco int] marchandises.

vocational adj professionnel.

volatile adj volatile, instable.

volatility n [Eco, Fin, St Ex] (interest rates, exchange rates, securities) caractère fluctuant, forte instabilité, volatilité.

volume nm 1- volume.

2- [St Ex] nombre de transactions, volume d'activité.

voluntary adj a) volontaire ; b) bénévole.

voting n scrutin * **cumulative voting** [Fin] l'actionnaire obtient, pour chaque action détenue, autant de droits de vote qu'il y a d'administrateurs à élire ; **majority voting** [Fin] l'actionnaire obtient un nombre de droits de vote égal au nombre d'actions qu'il détient.

voucher n bon, bordereau, reçu, récipissé * **vouchers payable** [Acc] factures à régler.

VRA *voluntary restraint agreement* accord d'autolimitation (des exportations).

W

wage n 1- paie, paye, salaire d'un ouvrier.
2- [Eco] salaire * **wages and salaries** [SCN] salaires et traitements ; **actual wage** salaire effectif ; **basic wage** salaire de base ; **guaranteed wage** salaire garanti ; **implicit wage** rémunération *ou* salaire implicite ; **incentive wage** salaire au rendement ; **indirect wage** salaire indirect, salaire lié aux revenus de transferts ; **market-clearing wage** salaire d'équilibre ; **minimum living wage** salaire minimum vital ; **minimum wage** salaire minimum ; **money wage** salaire nominal ; **natural wage** salaire naturel ; **net wage** salaire net ; **nominal wage** salaire nominal ; **product wage** salaire calculé en unités de produits ; **real wage** salaire réel ; **shadow wage** salaire virtuel ; **subsistence wage** salaire de subsistence.
Δ **wage agreement** accord salarial ; **wage bargaining** négociation salariale ; **wage bill** masse salariale ; **wage claims** revendications salariales ; **wage differentials** disparités *ou* écarts entre les salaires ; **wage dispute** conflit salarial ; **wage drift** glissement des salaires, dérive des salaires ; **wage freeze** blocage des salaires ; **wage increase** augmentation de salaire ; **wage lag** retard des salaires par rapport aux prix ; **wage negotiations** négociations salariales ; **wage norm** norme salariale ; **wage pause** pause salariale ; **wage push** pression des salaires ; **wage restraint** freinage des salaires ; **wage rigidity** rigidité des salaires ; **wage round** négociation salariale ; **wage settlement** accord salarial ; **wage sheet** feuille de paye ; **wage shift** glissement des salaires ; **wage spread** éventail des salaires ; **wage standstill** blocage des salaires ; **wage talks** négociations salariales.

waiver n [Jur] dérogation (cf. GATT, FMI), exonération.
Δ **waiver clause** clause dérogatoire.

walk n marche * **random walk** [Stat] marche au hasard.

wall n mur * **to go to the wall** faire faillite ; **to push sb to the wall** acculer qn ; **Chinese walls** [Fin, St Ex] "murs" qui visent à séparer les différentes activités d'une institution financière pour éviter les conflits d'intérêt et protéger les intérêts des clients ; **tariff wall** barrière tarifaire, barrière douanière.

Wall Street n [St Ex] a) Bourse de New York ; b) la place financière de New York.

want n [Eco] besoin * **consumer wants** désirs des consommateurs ; **primary wants** besoins primaires.

warehouse n entrepôt * **bonded warehouse** entrepôt sous douane.

warning n signal d'alarme, alerte.
Δ **warning signal** [Eco] clignotant, indicateur précurseur.

warrant (WT) **n** [Fin, St Ex] bon de souscription * **bond warrant** bon de souscription d'obligation ; **covered warrants** valeurs mobilières représentatives d'options sur actions à long terme (2 à 3 ans). Donnent non seulement droit à des actions mais également à un montant en espèces égal à la différence entre le cours de l'action et le prix d'exercice ; **equity warrant** bon de souscription d'action ; **investment certificates subscription warrants** obligations à bons de souscription de certificat d'investissement (OBSCI) ; **share warrant** bon de souscription d'action ; **stock warrant** bon de souscription d'action.

warrranted adj garanti.

wastage n perte d'effectifs * **natural wastage** diminution naturelle des effectifs (par mises à la retraite et démissions).

waste n a) gaspillage.
b) **(plu) wastes** (US) déchets.

wasteful adj peu rentable, peu économique.

wasting adj défectible.

watchdog n 1- Etat gendarme.
2- [St Ex] organisme de surveillance sur un marché.

wave n 1- vague.
2- [Eco] tendance à long terme.

weak adj faible, déprimé, manquant de dynamisme.

weaken v faiblir, fléchir.

weakening n fléchissement.

weakness n faiblesse, lacune, insuffisance.

wealth n [gen Eco] richesse, patrimoine * **financial wealth** patrimoine financier ; **national wealth** [SCN] richesse nationale.

wealthy adj prospère, riche.

wear * **wear and tear** [Acc] dépréciation par usure.

weight n 1- poids.
2- [Stat] pondération.

weight v [Stat] pondérer.

weighted adj [Stat] pondéré.

weightening n [Stat] redressement.

weighting n [Stat] pondération.

welfare n bien être (social), protection sociale, intérêt général * **social welfare** protection sociale.
Δ **welfare plan** plan social ; **welfare recipient** bénéficiaire de l'aide sociale ; **Welfare State** Etat-providence (JO).

WHO *World Health Organization* Organisation mondiale de la santé (OMS).

wholesale adj de gros.

wholesaler n grossiste.

wholesaling n commerce de gros.

widen v (s)'élargir, se creuser.

widespread adj répandu, fréquent.

wind up v 1- clôturer un compte.
2- [Jur] liquider une société, mettre en liquidation.

windfall n avantage exceptionnel.

winding-up n 1- achèvement, clôture.
2- [Jur] liquidation judiciaire * **compulsory winding-up** mise en règlement judiciaire ; **voluntary winding-up** liquidation volontaire.
Δ **winding-up order** ordonnance de mise en liquidation.

window n guichet.
Δ **window dressing** [Acc] habillage de bilan (JO).

winner n 1- gagnant * **to pick up the winners** miser sur les secteurs d'avenir.
2- [St Ex] valeur en hausse.

wipe off v [Fin] apurer, régler.

wipe out v éponger (les liquidités), résorber, éliminer.

wiping-out n [Fin] apurement d'une dette.

WIPO *World Intellectual Property Organization* Organisation mondiale de la propriété intellectuelle (OMPI).

withdraw v (se) retirer * **to withdraw money from a bank account** retirer de l'argent d'un compte bancaire.

withdrawal n 1- retrait.
2- [Eco] fuite hors du circuit économique.
3- [Fin] retrait de fonds * **withdrawal of capital** retrait de fonds.
Δ **withdrawal clause** [St Ex] clause de retrait.

withhold v retenir, différer.

withholding n retenue * **withholding at source** [Fisc] retenue à la source.

work n 1- a) travail * **work to rule** grève du zèle ; **casual work** travail occasionnel ; **contract work** sous-traitance ; **full-time work** travail à plein temps ; **home work** travail à domicile ; **market work** travail marchand ; **non-market work** travail non marchand ; **overtime work** heures supplémentaires ; **part-time work** travail à mi-temps, travail à temps partiel ; **remote control work** travail à distance, travail hors de l'entreprise ; **seasonal work** travail saisonnier ; **shift work** travail posté ; **skilled work** travail qualifié ; **unpaid work** travail non rémunéré ; **unrecorded work** travail non déclaré.
b) **(plu) works** (UK) usine * **chemical works** usine de produits chimique ; **steel works** aciérie
2- [Acc] * **work in process** *or* **work in progress** produits en cours, en-cours.
Δ **work disincentive** désincitation au travail ; **work load** charge de travail ; **work patterns** formes de travail ; **work practices** pratiques professionnelles ; **work sharing** partage du travail.

work v a) travailler ; b) fonctionner, marcher.

workable adj réalisable, faisable, possible.

worker n [gen, Eco] ouvrier, travailleur * **average production worker** (APW) ouvrier moyen (OM) ; **blue-collar worker** travailleur manuel ; **border worker** travailleur frontalier ; **casual worker** travailleur occasionnel ; **contingent workers** personnel d'appoint ; **core workers** effectif permanent, personnel permanent ; **craft worker** ouvrier qualifié ; **displaced worker** travailleur dont l'emploi a été supprimé ; **domestic worker** employé de maison ; **farm worker** ouvrier agricole ; **highly-skilled worker** ouvrier très qualifié ; **home worker** travailleur à domicile ; **mainstream worker** travailleur sur le marché primaire ; **manual and non-manual workers** ouvriers et employés ; **part-time worker** travailleur à mi-temps ; **primary worker** premier apporteur de revenu (dans la famille) ; **private worker** travailleur du secteur privé ; **secondary worker** deuxième apporteur de revenu (dans la famille) ; **self-employed worker** travailleur indépendant ; **semi-skilled worker** ouvrier spécialisé ; **short-time worker** a) travailleur dont l'emploi est à horaire réduit ; b) travailleur en chômage partiel ; **skilled worker** ouvrier qualifié ; **temporary worker** intérimaire ; **unskilled worker** ouvrier non qualifié ; **white collar worker** travailleur non manuel, employé.

workforce n main-d'œuvre, personnel, effectif d'une entreprise * **to enter the workforce** entrer dans la vie active.

working n a) fonctionnement * **working of the market** mécanismes du marché.
b) travail * **short-time working** a) travail à horaire réduit ; b) travail à temps partiel.
Δ **working conditions** conditions de travail ; **working patterns** formes de travail ; **working standards** normes de travail ; **working time** temps de travail, durée du travail.

working adj [Acc] d'exploitation.

working capital n [Acc] fonds de roulement * **negative working capital** besoin en fonds de roulement ; **net working capital** fonds de roulement net.

works n, plu q v work 1- b.

workshop n atelier.

world n monde * **fourth world** quart monde ; **third world** tiers monde.

worldwide adj mondial, global.

worsen v s'aggraver, empirer.

worsening n aggravation.

worth n valeur * **net worth** [Acc] actif net, situation nette.

WPI *wholesale price index* indice des prix de gros.

write v 1- écrire.
2- [St Ex] * **to write a (stock) option** vendre une option.

write back v [Acc] contre-passer.

write-down n [Acc] réduction de valeur.

write down v [Acc] réduire la valeur de.

write-off n [Acc] a) annulation comptable, passage d'une créance irrecouvrable par profits et pertes ; b) amortissement.
Δ **write-off schedule** plan d'amortissement.

write off v [Acc] a) annuler une créance, passer par pertes et profits ; b) amortir.

write-up n [Acc] a) réévaluation d'un poste du bilan ; b) surévaluation d'un actif.

write up v [Acc] a) réévaluer un élément d'actif ; b) surévaluer un élément d'actif au bilan.

written back adj [Acc] repris.

written down adj [Acc] provisionné.

written off adj [Acc] amorti.

WT *warrant* bon de souscription.

WTC *world trade centre* centre d'affaires international (JO).

WTO *World Trade Organization* Organisation mondiale du commerce (OMC).

XYZ

X-coupon [Fin] coupon détaché.

X-dividend [Fin] ex-dividende.

X-factory départ usine.

X-mill départ usine.

X-warehouse départ entrepôt.

X-works départ usine.

xenocurrencies n, plu [Eco] xénodevises.

year n année * **year on year** *or* **year over year** en glissement annuel ; **base year** année de base, année de référence ; **calendar year** année civile ; **financial year** année budgétaire, exercice ; **fiscal year** (FY) a) [SCN] année budgétaire, exercice budgétaire ; b) [Acc] exercice ; **taxable year** (US) année fiscale ; **reference year** année de base, année de référence.

yearling n [Fin] (UK) emprunt d'une collectivité locale.

yield n 1- rendement.
2- [Fin] rendement financier * **yield to maturity** (YTM) (taux de) rendement actuariel, taux de rendement à l'échéance ; **bond yield** rendement d'une obligation ; **bonus yield** prime offerte lors de l'émission d'obligations ; **capital yield** rendement du capital ; **compound yield** rendement global ; **coupon yield** rendement nominal ; **current yield** taux actuariel ; **dividend yield** rendement des dividendes ; **earnings yield** taux de rendement de l'action mesuré par le ratio bénéfice par action/cours de l'action ; **expected yield** rendement attendu, rendement anticipé ; **gilt-edged yield** rendement des fonds d'Etat ; **interest yield** taux de rendement des obligations ; **issue yield** rendement à l'émission ; **offering yield** rendement à l'émission ; **redemption yield** rendement actuariel, taux actuariel.

yield curve n [Fin] structure des taux, courbe des taux, hiérarchie des taux * **to ride the yield curve** tirer parti de la hiérarchie des taux d'intérêt ; **inverse yield curve** *or* **inverted yield curve** courbe de taux inversée.

YTM *yield to maturity* (taux de) rendement actuariel.

YWU *year work unit* unité travail année (UTA).

zone n zone * **customs-free zone** zone franche ; **exclusive economic zone** (EEZ) zone économique exclusive ; **free trade zone** q v free trade ; **free zone** zone franche ; **grey zone** zone grise ; **target zones** zones cibles ; **twilight zone** [Acc, Fin] partie du bilan entre les capitaux propres et les dettes correspondant à la notion de quasi-fonds propres.

FRANÇAIS-ANGLAIS
FRENCH-ENGLISH

A

abattement nm [Fisc] allowance, deduction, cut, tax reduction (US) * **abattement au titre des investissements** investment allowance ; **abattement forfaitaire** standard deduction, standard allowance.

abondance nf 1- affluence, plenty * **vivre dans l'abondance** to live in plenty.
2- [Eco] abundance.
Δ **année d'abondance** year of plenty ; **société d'abondance** affluent society.

abondant adj plentiful * **être peu abondant** to be in short supply.

ABSA *action à bon de souscription d'actions* share with share warrant, share with stock warrant, share with equity option.

absorption nf 1- [Eco int] absorption.
2- [Fin] (d'une entreprise) merger, take-over, acquisition.

abus nm abuse * **abus de biens sociaux** [Jur] misappropriation of corporate funds *or* assets ; **abus de confiance** [Jur] breach of trust ; **abus de position dominante** [Eco] abuse of dominant position ; **abus de pouvoir** abuse of power, misuse of power.

ACA *analyse coût-avantages* cost-benefit analysis (CBA).

ACC *allocation du coût en capital* capital cost allowance (CCA).

accaparement n [Fin, St Ex] forestalling.

accélérateur nm [Eco] accelerator.
Δ **coefficient de l'accélérateur** accelerator coefficient ; **principe de l'accélérateur** acceleration principle.

acceptation nf 1- agreement, approval.
2- [Fin] acceptance * **acceptation bancaire** bank acceptance, banker's acceptance ; **acceptation d'une traite** acceptance of a bill ; **acceptation de cautionnement** collateral acceptance ; **acceptation du produit par le marché** market acceptance ; **acceptation financière** financial acceptance.
Δ **maison d'acceptation** accepting house (UK).

accord nm [gen, Jur, Eco, Eco int, Fin] agreement, arrangement * **d'un commun accord** by mutual agreement, by common consent, of a common accord ; **arriver** *ou* **parvenir à un accord** to come to terms, to come to an agreement, to reach an agreement ; **passer un accord avec qn** to make an agreement with sb ; **tomber d'accord avec qn** to come to terms, to reach an agreement with sb ; **accord amiable** mutual agreement ; **accord bilatéral** bilateral agreement ; **accord commercial** trade agreement, commercial treaty ; **accords commerciaux préférentiels** preferential trade agree-

ments ; **accord conditionnel** qualified agreement ; **accord d'autolimitation** voluntary restraint agreement (VRA) ; **accord d'échanges réciproques** swap agreement ; **Accords de Bretton Woods** Bretton Woods Agreement ; **accord de commercialisation** marketing agreement ; **accord de compensation** clearance agreement ; **accord de contingentement** quota agreement ; **accord de coopération industrielle** joint venture ; **accord de consolidation** consolidation agreement ; **accord de crédit** credit arrangement ; **accord de crédit élargi** extended credit arrangement ; **accord de libre-échange** free trade agreement ; **Accord de libre échange nord américain** (ALENA) North American Free Trade Area (NAFTA) ; **accord de partage des marchés** market-sharing agreement ; **accord de partenariat** joint-venture agreement ; **accord de principe** agreement in principle ; **accord de rachat** buy-back agreement, buy-back transaction ; **accord de sous-traitance** subcontracting arrangement ; **accord de stock régulateur** buffer-stock agreement, international buffer stock ; **accord de taux futur** (ATF) a) (sur un marché de gré à gré) forward rate agreement (FRA) ; b) (sur un marché organisé) future rate agreement (FRA) ; **accord de troc** [Eco int] barter agreement, countertrade agreement ; **Accords de Washington** Smithsonian Agreement ; **Accords de Yaoundé** Yaounde Agreement ; **accord douanier** customs agreement ; **Accords du Smithsonian Institute** Smithsonian Agreement ; **Accord général sur les tarifs douaniers et commerciaux** (AGETAC) General Agreement on Tariffs and Trade (GATT) ; **Accords généraux d'emprunt** (AGE) General Arrangements to Borrow (GAB) ; **accord global** blanket agreement ; **accord fiscal** tax agreement ; **accord international de produit** (AIP) international commodity agreement (ICA) ; **accord monétaire** monetary agreement ; **Accord monétaire européen** (AME) European Monetary Agreement (EMA) ; **Accord multifibre** (AMF) Multi-Fibre Arrangement (MFA) ; **accord multilatéral** multilateral agreement ; **accord mutuel** mutual agreement ; **accord pluriannuel** multi-year arrangement ; **accord salarial** wage agreement, wage settlement ; **Accord sur le rétrécissement des marges** (cf. SME) Exchange Rate Mechanism (ERM) ; **accord tarifaire** tariff agreement.
Δ **base d'un accord** the basis of an agreement.

accorder v (prêt, rabais, subvention) to grant.

accroissement nm (prix, production, ventes) increase, rise (*de* in)
* **accroissement naturel** (de la population) natural growth.
Δ **taux d'accroissement** rate of increase ; **taux d'accroissement naturel** natural rate of growth.

accroître v to increase, to raise, to add to.

accroître (s') v to increase, to grow.

accumulation nf 1- (augmentation) build-up.

2- [Eco] (cf. théorie marxiste) accumulation.

ACE *analyse coût-efficacité* cost-benefit analysis (CBA).

achat nm 1- (action) purchase, purchasing, buying ; (résultat) purchase * **achat à crédit** credit purchase ; **achat à tempérament** hire purchase (UK), installment buying (US) ; **achat au détail** retail purchase ; **achat en gros** wholesale buying, bulk buying ; **achat spontané** impulse buying.
2- [Acc] **(plu) achats** purchases, goods bought.
3- [St Ex] buying, purchase * **achat à découvert** bull purchase ; **achat à la hausse** bull buying, bull purchase ; **achat à terme** buying for the account (UK), buying for the settlement ; (Bourse des marchandises) futures buying ; **achat au comptant** buying on the spot market ; **achat de produits de couverture** hedge buying.
△ **département des achat**s purchasing department ; **directeur des achats** purchasing manager ; **fonction achats** purchasing function ; **habitudes d'achat** purchasing patterns, shopping habits ; **pouvoir d'achat** purchasing power, spending power ; **service achats** purchasing department, buying department.

achetable adj purchasable.

acheter v 1- to buy, to purchase * **acheter à crédit** to buy on credit, to buy on hire purchase (UK).
2- [St Ex] to buy * **acheter à découvert** to buy a bull, to buy short (US) ; **acheter à la baisse** to buy for a fall, to buy on a fall, to buy on a falling market ; **acheter à la hausse** to buy long, to buy for a rise ; **acheter à terme** (Bourse des marchandises) to buy forward ; **acheter au comptant** to buy on the spot market ; **acheter au dernier cours** to buy at the close market ; **acheter au premier cours** to buy at the opening market ; **acheter comptant** to buy for cash ; **acheter ferme** to buy firm.

acheteur, -euse nm, f buyer, purchaser.

acompte nm (arrhes) deposit, advance payment ; (premier versement) down payment, first instalment * **payer par acomptes** to pay by instalments ; **verser un acompte** to make a deposit ; **verser un premier acompte de** to pay a first instalment of.

ACP *analyse en composantes principales* principal component analysis (PCA).

acquéreur nm buyer, purchaser.

acquérir v to acquire, to gain, to get ; (des biens) to buy, to purchase.

acquis nm experience, expertise * **l'acquis communautaire** (cf. UE) the achievements of the Community.

acquis adj a) acquired ; b) (fait démontré) established ; c) (gagné) earned ; (acheté) bought, purchased.

acquisition nf [Fin, Acc] acquisition.
△ **écart d'acquisition** goodwill ; **prix d'acquisition** acquisition cost.

acte nm 1- act, action.
2- [Jur] (état civil) certificate ; (notarié) deed * **acte constitutif de société** articles of incorporation (US), memorandum of association (UK) ; **acte d'association** partnership agreement, articles of partnership ; **acte de cession** deed of transfer, deed of assignment ; **acte de faillite** act of bankruptcy ; **acte de fiducie** trust deed ; **acte de propriété** title-deed ; **acte de société** deed of partnership ; **acte de vente** bill of sale, agreement for sale, sales contract ; **acte fictif** fictitious transaction ; **acte fiduciaire** trust deed ; **acte officiel** official document ; **acte sous seing privé** private deed ; **Acte unique (européen)** Single European Act (SEA).

actif nm 1- [Eco, Fin, SCN] a) asset * **actif à risque** risk asset ; **actif économique** economic asset ; **actif financier** financial asset, paper asset ; **actif immatériel** intangible asset ; **actif libellé en monnaie étrangère** foreign currency denominated asset ; **actif monétaire** money asset, monetary asset ; **actif non monétaire** non-monetary asset ; **actif quasi monétaire** near-money asset ; **actif réel** real asset ; **actif sous-jacent** ou **actif support** underlying asset, underlying security.
b) **(plu) les actifs** (personnes occupant un emploi rémunéré) employed people.
2- [Acc] assets * **actif et passif** assets and liabilities ; **actif amortissable** depreciable assets ; **actif circulant** current assets, circulating assets ; **actif comptable** total asset value ; **actif corporel** tangible assets ; **actifs défectibles** wasting assets ; **actif disponible** cash assets, liquid assets, available assets ; **actif fictif** fictitious assets ; **actif gelé** frozen assets ; **actif hors exploitation** non-operating assets ; **actif immobilisé** fixed assets, long-term assets ; **actif incorporel** intangible assets ; **actif mobilisable à très court terme** quick assets (US) ; **actif net** net assets, net worth ; **actif permanent** fixed assets ; **actif réalisable** current assets, circulating assets ; **actif réalisable à court terme** current assets, circulating assets.
Δ **accumulation d'actifs** build up of assets ; **dissimulation d'actifs** concealment of assets ; **évaluation des actifs** asset pricing, asset valuation ; **élément d'actif** asset ; **gestion actif et passif** (GAP) assets and liabilities management (ALM).

actif, -ive adj [Eco] a) (encaisses) high-powered ; b) (marché) buoyant ; c) (population) working.

action nf 1- action * **action concertée** joint action, concerted action.
2- [Jur] action * **action en nullité** action for avoidance of contract ; **action en paiement** action for payment ; **action judiciaire** legal action.
3- [Fin, St Ex] share (UK), stock (US), equity * **attribuer des actions** to allot shares ; **céder des actions** to assign shares, to transfer shares ; **détenir des actions** to hold shares ; **diviser des actions** to split shares ; **émettre des actions** to issue share ; **fractionner des actions** to split shares ; **répartir des actions** to allot shares ; **souscrire des actions** to subscribe shares, to apply for shares ; **action**

à bon de souscription d'actions (ABSA) share with equity option, share with share warrant, share with stock warrant ; **action à cessibilité restreinte** tied share, letter stock (US) ; **action à dividende cumulatif** cumulative share ; **action à dividende fixe** non-participating (preferred) share ; **action à dividende non cumulatif** non-cumulative share ; **action à dividende prioritaire** (ADP) prior dividend share ; **action à dividende prioritaire sans droit de vote** non-voting prior dividend share ; **action à droit de vote privilégiée** voting share ; **action à vote double** double voting share ; **action à vote multiple** multiple voting share, multi-voting share ; **action à vote plural** multiple voting share, multi-voting share, cumulative voting stock (US) ; **action à vote simple** voting share, voting right share ; **action admise à la cote officielle** listed share, quoted share ; **action attribuée** alloted share ; **action au porteur** bearer share ; **action avec droit de vote** voting share ; **action cessible** transferable share ; **action convertible** convertible share ; **action cotée** listed share, quoted share ; **action d'apport** founder's share, promoter's share ; **action d'apport en industrie** sweat equity ; **action de fondateur** founder's share ; **action de garantie** qualifying share ; **action de jouissance** dividend share, bonus share ; **action de numéraire** cash share ; **action de préférence** preference share (UK), preferred share (UK), prior share, preferred stock (US) ; **actions de préférence convertibles en actions ordinaires** convertible preferred stock ; **action de priorité** preference share (UK), preferred share (UK), prior share, preferred stock (US) ; **action de priorité cumulative** cumulative preference share (UK), cumulative preference stock (US) ; **action entièrement libérée** paid-up share, fully paid-up share ; **action fractionnée** split share ; **action gratuite** bonus share (UK), bonus stock (US) ; **action indivise** joint share ; **action libérée** paid-up share, fully paid-up share, fully paid share, fully paid stock (US) ; **action nominative** registered share (UK), registered stock (US) ; **action non admise à la cote officielle** unlisted share, unquoted share ; **action non attribuée** unalloted share ; **action non cotée** unlisted share, unquoted share ; **action non entièrement libérée** partly paid-up share ; **action nouvelle** new share, junior share ; **action nouvelle souscrite en numéraire** share paid in cash ; **action ordinaire** equity (share), common share (UK), ordinary share (UK), common stock (US) ; **action ordinaire avec droit de vote** B share (UK), voting share (UK), voting stock (US) ; **action ordinaire de préférence** preferred ordinary share ; **action ordinaire sans droit de vote** A share (UK), non-voting share (UK) ; **action privilégiée** preference share (UK), preferred share (UK) preferred stock (US) ; **action remboursable** redeemable share (UK), redeemable stock (US) ; **action sans droit de vote** non-voting share ; **action spécifique** (cf. dénationalisation) golden share.

Δ **cession d'actions** transfer of shares ; **cours de l'action** share

actionnaire 314 **actualisé**

prices ; **démembrement d'action** share split (UK), stock split (US) ; **détenteur d'actions** shareholder (UK), stockholder (US) ; **division d'actions** share split (UK), stock split (US) ; **échange d'actions** exchange of shares ; **émission d'actions** issue of shares ; **fractionnement d'actions** share split (UK), stock split (US) ; **libération d'actions** payment of shares, paying-up of shares ; **libération partielle d'actions** partial payment of shares ; **libération totale d'actions** total payment of shares, paying-up of shares ; **lot d'actions** block of shares, block of stocks ; **nantissement des actions** pledging of shares ; **paquet d'actions** block of shares, block of stocks ; **ramassage des actions** buying-up of shares ; **répartition d'actions** allotment of shares ; **souscription d'actions** application for shares ; **souscription d'actions à titre irréductible** application as of right for new shares ; **souscription d'actions à titre réductible** application for excess shares ; **transfert d'actions** share transfer, transfer of shares.

actionnaire nm [Fin] shareholder (UK), stockholder (US), owner * **actionnaire majoritaire** majority shareholder, majority owner ; **actionnaire minoritaire** minority shareholder, minority owner.
Δ **assemblée des actionnaires** shareholders' meeting ; **noyau dur d'actionnaires** core shareholders, core investors ; **rémunération des actionnaires** stockholders' return.

actionnariat nm [Fin] shareholding (UK), stockholding (US), stock ownership (US) * **actionnariat d'une entreprise** the company's shareholders (UK), the company's stockholders (US).

activation nf [Eco] activation.

activité nf a) (entreprise) activity, line of business * **activité de base** core activity, core business ; **activité déclarée** reported activity ; **activité non rentable** loss-making activity ; **activité principale** main line of business, core activity, core business ; **activité rentable** profit-making activity.
b) (métier) job, occupation, business * **être en activité** to be working.
c) * **activité bancaire** banking ; **activité boursière** trading ; **activité d'exploitation** [Acc] operating activity ; **activités hors bilan** [Fin] off-balance sheet operations, OBS operations.
Δ **branche d'activité** [SCN] q v branche ; **cessation d'activité** discontinuation of business ; **nature de l'activité** type of activity ; **ralentissement de l'activité** downturn, slack ; **rapport d'activité** [Fin, Acc] annual report ; **regain d'activité** a) revival of economic activity ; b) [St Ex] rally ; **taux d'activité** activity rate ; **volume d'activité** [St Ex] trading turnover.

actuaire nm [Fin, ASR] actuary.

actualisation nf 1- up-dating.
2- [Acc] current value accounting.
3- [Fin] present value method or net present value method.
Δ **taux d'actualisation** [Fin] discount factor, discount rate.

actualisé adj discounted.

actualiser v 1- to up-date, to bring up to date.
2- [Acc] to convert to current values.

actuariat nm [ASR] actuarial theory, insurance mathematics.

actuariel adj actuarial.

additionnel, -elle adj additional.

additionner v to add up, to tot up (US).

additionner (s') v to add.

adjudicataire nm (enchères) successful bidder, highest bidder ; (appel d'offres) successful tenderer.

adjudicateur nm (vente aux enchères) adjudicator ; (contrat) awarder of contract.

adjudication nf 1- (enchères) sale by auction, (appel d'offres) awarding, allocation * **adjudication au moins disant** allocation to the lowest tenderer.
2- [Jur] * **adjudication judiciaire** sale by order of court.
3- [Fin] award, tender, auction (US) * **par adjudication** by tender ; **adjudication "à la française"** French award, French auction ; **adjudication "à la hollandaise"** Dutch award, Dutch auction ; **adjudication de gré à gré** tendering by private contract ; **adjudication des bons du Trésor** weekly Treasury bill tender (UK), bill auction (US).

adjuger v (aux enchères) to knock down, to auction ; (appel d'offre) to award.

administrateur, -trice nm, f (de biens) administrator ; (conseil d'administration) board member, director.

administratif, -ive adj administrative.

administration nf a) (gestion) administration, management ; b) (services de l'Etat) public services, government services ; **l'Administration** the Civil service (UK) * **administration des Douanes** the Customs and Excise ; **administration des Impôts** Tax Authorities, The Inland Revenue (UK), The Internal Revenue (US) ; **administration fiscale** tax authorities, The Inland Revenue (UK), The Internal Revenue (US) ; **administration locale** Local Government ; **administrations publiques** [SCN] General Government, Government Bodies ; **administration publique centrale** [SCN] Central Government ; **administrations publiques locales** [SCN] State and Local Government ; **administrations publiques résidentes** [SCN] Resident Government Bodies.

administré adj (prix) administered.

administrer v (entreprise) to manage, to run ; (biens) to administer.

admission nf admission, entry * **admission à la cote officielle** [St Ex] listing ; **admission de l'Autriche dans l'UE** Austria's entry into the EU ; **admission temporaire** [Eco int] temporary admission.

ADP *action à dividende prioritaire* prior dividend share.

AELE *Association européenne de libre-échange* European Free Trade Area (EFTA).

aéronautique nf (secteur industriel) aircraft industry.

affacturage nm [Acc] factoring.

affaire nf a) (transaction) deal, transaction, (très bonne affaire) bargain * **une grosse affaire** a big deal ; **conclure une affaire** to strike a deal ; **avoir affaire à** to deal with.
b) (entreprise) business, firm, company, concern * **une grosse affaire** a large firm ; **diriger une affaire** to run a business, to manage a business ; **gérer une affaire** to run a business, to manage a business ; **lancer une affaire** to start a business, to set up a business ; **reprendre une affaire** to take over a business.
c) **(plu) les affaires** business * **les affaires reprennent** business is picking up again ; **les affaires se maintiennent** business is keeping up ; **les affaires sont les affaires** business is business ; **être dur en affaires** to be a tough businessman (business woman) ; **faire des affaires** a) to make money ; b) to do business with ; **se retirer des affaires** to go out of business ; **voyager pour affaires** to travel on business.
Δ **anglais des affaires** business English ; **cabinet d'affaires** business consultancy firm ; **chiffre d'affaires** q v chiffre d'affaires ; **femme d'affaires** business woman ; **homme d'affaires** business man ; **les milieux d'affaires** business circles ; **le monde des affaires** the world of business ; **ralentissement des affaires** slowdown ; **voyage d'affaires** business trip.

affectation nf 1- (nomination) appointment, assignment * **affectation des tâches** job assignment.
2- [Eco, Fin, Acc] (crédits, ressources) allocation, allotment, appropriation * **affectation budgétaire** [Fin pub] budget appropriation ; **affectation de recettes** [Fin] revenue allocation, revenue allotment ; **affectation des ressources** [Eco] resource allocation ; **affectation du résultat** [Acc] appropriation of the profit.

affecter v 1- (nommer) to appoint ; (toucher) to affect, to hit * **plusieurs secteurs sont très affectés par la chute du dollar** several industries are severely hit by the dollar's fall.
2- [Eco, Fin] (crédits, ressources) to allocate, to allot, to earmark.

affermir (s') v to strenghthen, to rally * **le dollar s'est affermi** the dollar strengthened, the dollar rallied.

affilié adj affiliated.

affluer v to flow * **les capitaux étrangers affluent** there is an inflow of foreign capital.

afflux nm flow, inflow, influx * **afflux de capitaux** capital inflow ; **afflux de main-d'œuvre étrangère** labour influx.

AGE 1- *accords généraux d'emprunt* General Arrangements to Borrow (GAB).
2- *assemblée générale extraordinaire* extraordinary general meeting (EGM).

âge nm age.
Δ **groupe d'âge** age group, age bracket ; **tranche d'âge** age bracket.

agence nf 1- (succursale) branch (office), agency, bureau * **agence bancaire** (bank) branch ; **agence de notation** [Fin] rating agency ; **agence de placement** employment agency, job centre.
2- [Fin] (théorie de l'agence) agency.
Δ **contrat d'agence** agency agreement, agency contract ; **coût d'agence** agency cost ; **relation d'agence** agency relation.

agent nm 1- agent, (administration) officer, official * **agent du fisc** tax official.
2- [Eco, SCN] * **agent économique** economic agent, economic entity, economic unit ; **agents non financiers résidents** non-financial residents.

AGETAC *Accord général sur les tarifs douaniers et commerciaux* General Agreement on Tariffs and Trade (GATT).

aggravation nf increase (*de* in), worsening * **aggravation du déficit de la balance commerciale** the worsening of the trade balance.

aggraver v to worsen, to make worse.

aggraver (s') v to get worse, to increase.

agio nm 1- [Fin] premium, (intérêts débiteurs) bank charges.
2- [St Ex] agio, premium.

agiotage nm [St Ex] speculation.

agioter v [St Ex] to speculate.

agioteur n [St Ex] speculator.

AGO *assemblée générale ordinaire* ordinary general meeting (OGM).

agrégat nm [Eco, SCN] aggregate * **agrégat de crédit** credit aggregate ; **agrégat monétaire** monetary aggregate ; **agrégat monétaire de définition étroite** narrow (monetary) aggregate *or* narrowly-defined monetary aggregate ; **agrégat monétaire de définition large** broad (monetary) aggregate.
Δ **principaux agrégats** [SCN] main aggregates.

agricole adj agricultural.

agriculteur nm farmer.

agriculture nf agriculture, farming.

agro-alimentaire nm agri-business.

aide nf 1- help.
2- [Eco] (publique en argent) aid, assistance ; (subvention) grant, subsidy * **aide à l'investissement** investment grant ; **aide au développement** assistance for economic development ; **aide au logement** housing assistance ; **aides aux exportations** export subsidies, export grants ; **aide étrangère** foreign aid, foreign assistance ; **aide extérieure** foreign aid, foreign assistance ; **aide liée** [Eco int] tied aid ; **aide non liée** [Eco int] untied aid ; **aide sociale** welfare support, welfare payments ; **aide structurelle** structural aid.

aide-comptable nm accountant's assistant.

AIP *accord international de produit* International Commodity Agreement (ICA).

ajustement nm [Eco, Stat, Acc] adjustment * **ajustement à la baisse** downward adjustment ; **ajustement à la hausse** upward adjustment ; **ajustement comptable** accounting adjustment ; **ajustement linéaire** least square regression ; **ajustement pour variations saisonnières** adjustment for seasonal variations ; **ajustement structurel** structural adjustment.
∆ **mécanisme d'ajustement** adjustment mechanism ; **variable d'ajustement** adjustment variable.

ajuster v to adjust.

aléa nm hazard * **aléa moral** [Eco, Fin] moral hazard ; **aléas conjoncturels** [Eco] cyclical ups and downs.

aléatoire adj 1- uncertain, risky.
2- [Stat] random.

ALENA *Accord de libre échange nord américain* North America Free Trade Area (NAFTA).

alignement nm [Eco] alignment, adjustment * **alignement des salaires sur l'inflation** wage ajustment in line with inflation ; **alignement monétaire** monetary adjustment ; **alignement sur les prix du marché** imitative pricing.

aligner v 1- to bring into line (*sur* with).
2- [Eco] (une monnaie sur une autre) to peg.

aligner (s') v to fall into line (*sur* with) * **les salaires s'alignent sur l'inflation** wages are falling into line with inflation.

aller et retour nm [St Ex] round trip, round turn (US).

allocation nf 1- (indemnité) allowance, benefit * **allocations familiales** family allowances, family income support, child benefit (UK) ; **allocation logement** housing benefit, rent allowance ; **allocation maladie** sickness allowance ; **allocation vieillesse** old-age pension.
2- [Eco, Fin] allocation * **allocation d'actifs** asset allocation ; **allocation des ressources (productives)** resource allocation ; **allocation efficace** allocative efficiency ; **allocation inefficace** allocative inefficiency.
3- [Acc] * **allocation du coût en capital** capital cost allowance (CCA).
∆ **principe d'allocation** allocation principle.

allouer v [Eco, Fin] (des ressources, des actions) to allocate, to allot.

AMC *analyse multicritères* multicreteria analysis (MCA).

AME *Accord monétaire européen* European Monetary Agreement (EMA).

aménagement nm a) (action d'aménager) fitting-out ; b) (changement) adjustment ; c) (installations) amenities, facilities * **aménagement d'horaire** flexible working hours, reduced working hours ; **aménagement du temps de travail** flexible time management ; **aménagement du territoire** town planning.

aménager v a) (un local) to fit out ; b) (modifier) to adjust ; c) (une région) to develop.

AMF *Accord multifibres* Multifibres Arrangement (MFA).

amont nm upstream.

amorcer v to begin, to start * **la reprise est amorcée depuis plusieurs mois** there have been signs of recovery for the last few months ; **le yen amorce un redressement** the yen is beginning to rise again.

amorcer (s') v to begin, to start * **une croissance durable semble maintenant s'amorcer** there are now signs of a sustainable growth in the economy.

amortir v 1- to cushion (off) ; (choc, effet) to soften.
2- [Fin] to pay off ; (dette) to amortize ; (action, emprunt, obligation) to redeem.
3- [Acc] (immobilisations corporelles) to depreciate ; (immobilisations incorporelles) to amortize.

amortissable adj 1- [Fin] (titres boursiers) redeemable, repayable * **emprunt amortissable sur 15 ans** loan redeemable *or* repayable over 15 years.
2- [Acc] (immobilisations corporelles) depreciable * **immobilisations amortissables** depreciable assets.

amortissement nm 1- [SCN] * **amortissement économique** consumption of fixed capital.
2- [Fin] (emprunt) amortization, redemption, repayment * **amortissement anticipé** redemption before due date ; **amortissement constant** straight-line (method) amortization ; **amortissement d'un emprunt** loan repayment ; **amortissement d'un prêt** loan repayment ; **amortissement de la dette publique** redemption of public debt, public debt redemption ; **amortissement du capital** amortization of capital, share capital redemption ; **amortissement obligatoire** mandatory redemption.
3- [Acc] (immobilisations) depreciation ; (immobilisations incorporelles) amortization (US) ; (ressources naturelles) depletion * **amortissement accéléré** accelerated depreciation ; **amortissement comptable** depreciation expense ; **amortissement constant** straight-line depreciation ; **amortissement dégressif** depreciation on a declining balance, depreciation on a reducing balance ; **amortissement dérogatoire** excess tax depreciation over normal depreciation ; **amortissement des immobilisations** depreciation of fixed assets ; **amortissement différé** deferred depreciation ; **amortissement fiscal** capital cost allowance (CCA) ; **amortissement linéaire** straight-line depreciation ; **amortissement pour usure** wear and tear depreciation ; **amortissement sur la base du coût d'acquisition** *ou* **du coût historique** depreciation on a historical cost basis ; **amortissement sur la base du coût de remplacement** depreciation on a replacement cost basis ; **amortissement sur la base de la valeur de remplacement** depreciation on a replacement value.

Δ **calendrier d'amortissement** repayment schedule ; **différé d'amortis-**

analyse | 320 | **annualité**

sement de 2 ans amortization free of 2 years ; **dotation aux amortissements** (immobilisation corporelle) depreciation allowance ; (immobilisation incorporelle) amortization expense (US) ; **période d'amortissement** amortization period ; **tableau d'amortissement** a) (emprunt, prêt) redemption table, repayment schedule ; b) (immobilisation corporelle) depreciation schedule ; c) (immobilisation incorporelle) amortization table (US) ; **taux d'amortissement** depreciation rate.

analyse nf analysis * **analyse chartiste** [Fin] chart analysis ; **analyse conjoncturelle** [Eco] cyclical analysis ; **analyse coût-avantages** (ACA) [Eco] cost-benefit analysis (CBA) ; **analyse coût-efficacité** (ACE) [Eco] cost-effectiveness analysis ; **analyse de bilan** [Acc] balance sheet analysis ; **analyse de la valeur** [Eco] value analysis ; **analyse de la variance** [Stat] analysis of variance ; **analyse de système** [Eco] system analysis ; **analyse des données** [Stat] data analysis ; **analyse des écarts** [Stat] variance analysis ; **analyse des séries temporelles** [Stat] time-series analysis ; **analyse discriminante** [Stat] discriminant analysis ; **analyse dynamique** [Eco] dynamic analysis ; **analyse économique** [Eco] economic analysis ; **analyse en composantes principales** (ACP) [Stat] principal component analysis (PCA) ; **analyse factorielle** [Stat] factor analysis ; **analyse factorielle des correspondances** [Stat] factor analysis of dependant structures ; **analyse financière** [Fin, Acc] financial analysis ; (Fin, St Ex) security analysis ; **analyse monétaire** [Eco] monetary analysis ; **analyse multicritères** (AMC) [Stat] multi-creteria analysis (MCA) ; **analyse risques-avantages** (ARA) risk-benefit analysis (RBA) ; **analyse statistique** [Stat] statistical analysis ; **analyse statique** [Eco] static analysis ; **analyse systémique** [Eco] system analysis.

analyser v to analyse.

analyste nm analyst * **analyste financier** financial analyst, security analyst.

analytique adj analytical.

ANASE *Association des nations de l'Asie du Sud-Est* Association of South East Asian Nations (ASEAN).

ancrage nm [Eco] anchor.
Δ **point d'ancrage** anchor.

année nf year * **année budgétaire** financial year, fiscal year ; **année civile** calendar year ; **année d'imposition** taxable year ; **année de base** base year ; **année de référence** base year ; **année fiscale** financial year (UK), taxable year (US) ; **année record** record year, bonanza year.

annualisation nf annualisation.

annualiser v to annualize, to calculate on a yearly basis.

annualité nf yearly recurrence * **annualité budgétaire** [Fin pub] yearly budgeting, budgetary cycle ;

annualité de l'impôt [Fisc] yearly taxation ; **annualité du budget** [Fin pub] yearly budgeting, budgetary cycle.

annuité nf [Fin, Acc] annual *or* yearly payment, annual *or* yearly instalment * **annuité constante** regular repayment, regular instalment ; **annuité d'amortissement** annual depreciation charge ; **annuité de remboursement** annual repayment, annuity (US).

annulation nf 1- (commande, rendez-vous) cancellation.
2- [Jur] nullification, invalidation, voidance * **clause d'annulation** voidance clause.
3- [Acc] (écriture comptable) reversal.
4- [Fin] * **annulation d'un échange financier** voluntary termination.
5- [St Ex] (de titres) cancellation.

annuler v 1- (commande, rendez-vous) to cancel.
2- [Jur] to invalidate, to nullify, to void.
3- [Acc] (écriture comptable) to reverse.
4- [St Ex] to cancel.

anti-dumping nm [Eco int] anti-dumping.

anti-inflationniste adj [Eco] anti-inflationary, counter-inflationary.

anticipation nf [Eco] expectation * **anticipations adaptatives** adaptative expectations ; **anticipations inflationnistes** inflationary expectations ; **anticipations rationnelles** rational expectations.

anticipé adj early, anticipated.

anticiper v 1- to anticipate * **anticiper sur ses revenus** to anticipate one's revenues.
2- [Fin] to pay before due date.

anticonjoncturel, -elle adj [Eco] counter-cyclical.

anticyclique adj [Eco] counter-cyclical, contracyclical.

antisélection nf [Eco] adverse selection.

APE *appel public à l'épargne* public issue, public offering.

APEC *Coopération économique dans la zone Asie-pacifique* Asia Pacific Economic Cooperation (APEC).

appel nm 1- call ; (demande) request.
2- [Fin, St Ex] call, request, invitation * **appel d'offres** call for tender, invitation for bid (IFB), invitation to bid, invitation to tender, request to bid ; **appel d'offres international restreint** limited international bidding (LIB) ; **appel d'offres ouvert** open tendering ; **appel de fonds** call for capital, call for funds ; **appel de marge** margin call ; **appel en couverture** request for cover ; **appel public à l'épargne** (APE) public issue, public offering.
3- [Jur] appeal * **faire appel** to appeal ; **cour d'appel** Court of Appeal.

apport nm [Fin, Acc] contribution * **apport d'argent frais** injection of new money, infusion of new money ; **apports des actionnaires** capital provided by shareholders,

shareholders'contributions, shareholders'funds ; **apport en capital** contribution of capital, capital contribution (US) ; **apport en espèces** contribution in cash, cash contribution, allowance in cash ; **apport en industrie** contribution in kind ; **apport en nature** contribution in kind, allowance in kind, consideration in kind, consideration *or* issue other than in cash ; **apport en numéraire** consideration in cash, contribution in cash, cash contribution, issue for cash ; **apports en société** capital invested ; **apport partiel d'actifs** transfer of part of assets.

appréciation nf 1- (évaluation) assessment, appraisal, estimation * **appréciation du risque** [Fin] risk assessment.
2- [Eco] (devise) appreciation, rise * **appréciation du yen par rapport au dollar** the appreciation *or* rise of the yen against the dollar.

apprécier v (évaluer) to assess, to appraise, to estimate, to evaluate.

apprécier (s') v [Eco] (devise) to appreciate, to rise.

approvisionnement nm a) (action) supplying, procurement, stocking (en, de of) ; b) (résultat) supplies, stock.
Δ **défaut d'approvisionnement** [Fin] insufficient funds ; **fonction d'approvisionnement** supply function, purchasing function, procurement function ; **source d'approvisionnement** source of supply.

approvisionner v a) to supply with ; b) to pay money into an account.

approvisionner (s') v (chez) to buy from ; (en) to stock up supplies in.

approvisionneur nm supplier.

approximatif adj (estimation) rough ; (chiffre) approximate.

approximation nf rough estimate.

appui nm support * **appui financier** financial aid, financial assistance, financial backing.

âpre adj (concurrence) fierce, sharp, cutthroat.

apurement nm 1- [Fin] (dette) wiping off, discharge.
2- [Acc] (compte) audit, auditing.

apurer v [Fin] 1- (dette) to wipe off, to settle.
2- [Acc] (compte) to audit.

ARA *analyse risque avantages* risk-benefit analysis (RBA).

arbitrage nm 1- [Jur] arbitration * **régler un conflit par arbitrage** to settle a conflict by arbitration ; **arbitrage sur les salaires** wage arbitration.
2- [Eco] trade-off * **arbitrage inflation-chômage** inflation-unemployment trade-off.
3- [Fin, St Ex] arbitrage * **arbitrage comptant contre terme** hedging between cash and settlement ; **arbitrage d'échéances** time arbitrage ; **arbitrage de change** exchange rate arbitrage, arbitrage in exchange ; **arbitrage de devises** exchange rate arbitrage, arbitrage in exchange ; **arbitrage de taux d'interêt** interest rate arbitrage ;

arbitrage de taux d'intérêt avec couverture à terme *ou* arbitrage de taux d'intérêt couverts covered interest rate arbitrage ; **arbitrage de taux de change** exchange rate arbitrage, arbitrage in exchange ; **arbitrage de taux de change à terme** forward exchange rate arbitrage ; **arbitrage de taux de change au comptant** spot exchange rate arbitrage ; **arbitrage direct** direct arbitrage ; **arbitrage en couverture** hedging ; **arbitrage en reports** jobbing in contangoes ; **arbitrage indirect** compound arbitrage, indirect arbitrage ; **arbitrage sur indices** index arbitrage ; **arbitrage sur les taux de change** exchange arbitrage, arbitrage in exchange ; **arbitrage sur marchandises** arbitrage on goods ; **arbitrage sur titres** arbitrage in securities ; **arbitrage triangulaire** indirect arbitrage, compound arbitrage, triangular arbitrage.
Δ **possibilité d'arbitrage** arbitrage opportunity.

arbitragiste nm [St Ex] arbitrageur, arbitragist * **arbitragiste en couverture de risque** hedger.

argent nm cash, funds, money * **avancer de l'argent** to lend money ; to advance funds ; **gagner de l'argent** to earn money ; **manquer d'argent** to be short of money ; **payer argent comptant** to pay cash ; **placer de l'argent** to invest ; **prêter de l'argent** to lend money ; **retirer de l'argent** to withdraw money ; **argent à bon marché** cheap money, easy money, slack money ; **argent au jour le jour** day to day money (UK), call money, money at call, money on call, overnight money, quick money ; **argent cher** dear money, tight money ; **argent facile** easy money, slack money ; **argent frais** fresh money, new money ; **argent improductif** dead money ; **argent liquide** ready money, ready cash ; **argent rare** tight money ; **argent sale** dirty money.
Δ **blanchiment de l'argent** money laundering ; **loyer de l'argent** cost of money, price of money.

argentiers nm, plu * **grands argentiers** money masters, top Ministers of Finance.

arrangeur nm [Fin] arranger.

arrérages nm, plu [Fin] arrears, back interest.

arrhes nf, plu deposit, downpayment, earnest money * **verser des arrhes** to leave a deposit, to make a deposit.

arriéré nm [Fin] arrears * **arriérés d'intérêt** arrears of interest, back interest ; **arriérés de dividende** arrears of dividend, back dividend ; **arriérés de paiement** arrears of payment, payment arrears, payments in arrears ; **arriérés du capital** arrears of principal.

arrondir v to round off * **arrondir au chiffre inférieur** to round down to the nearest figure ; **arrondir au chiffre supérieur** to round up to the nearest figure.

assainir v (l'économie) to stabilize, to improve.

assainissement nm (économie) stabilization, stabilizing.

assemblée nf meeting * **assemblée générale annuelle** annual general meeting (AGM), ordinary general meeting (OGM) ; **assemblée générale des actionnaires** shareholders'general meeting (UK), stockholders' general meeting (US) ; **assemblée générale des associés** partners'general meeting ; **assemblée générale extraordinaire** (AGE) extraordinary general meeting (EGM) ; **assemblée générale ordinaire** (AGO) ordinary general meeting (OGM).

assignation nf [Fin] assignment.

assistance nf assistance, aid, help.

association nf association * **association de libre-échange** free trade association ; **Association des nations de l'Asie du Sud-Est** (ANASE) Association of South East Asian Nations (ASEAN) ; **Association européenne de libre-échange** (AELE) European Free Trade Area (EFTA) ; **Association internationale de développement** (IDA) International Development Association (IDA) ; **association professionnelle** trade association.

associé, e nm, f [Fin] partner, associate * **associé fictif** nominal partner ; **associé majoritaire** senior partner ; **associé minoritaire** junior partner ; **associé passif** dormant partner, sleeping partner.

associer v to combine (à with).

associer (s') v [Jur] (personnes) to form a partnership, to go into partnership with.

assouplir v to relax, to ease.

assouplissement nm relaxation, easing.

assumer v 1- (responsabilité) to assume.
2- [Fin] (dépenses) to meet ; (risque) to bear, to shoulder * **assumer la totalité des frais** to meet all the expenses ; **assumer les conséquences du risque** to shoulder the risk.

assurable adj [ASR] insurable.

assurance nf [ASR] insurance * **assurance accidents du travail** employers' liability insurance ; **assurance au tiers** third party insurance ; **assurance chômage** unemployment insurance ; **assurance contre le vol** insurance against theft ; **assurance crédit** credit insurance ; **assurance multirisques** comprehensive insurance ; **assurance pertes d'exploitation** business interruption insurance ; **assurance risques divers** casualty insurance ; **assurance tous risques** all risks insurance ; **assurance-maladie** sickness insurance ; **assurance-vie** life insurance, life assurance ; **assurance-viellesse** old age insurance.
Δ **attestation d'assurance** insurance certificate ; **compagnie d'assurance** insurance company ; **courtier d'assurance** insurance broker ; **police d'assurance** insurance policy ; **prime d'assurance** insurance premium.

assuré nm [ASR] insured person, assured person, policyholder

assuré social welfare recipient, member of the National Insurance Scheme (UK).

assurer v 1- a) (affirmer) to assure that, to ensure.
b) (service) to maintain, to operate, to provide.
2- [ASR] (biens) to insure ; (personnes) to assure ; (risque) to cover.

assurer (s') v 1- a) (un appui) to secure ; b) (de qqch) to make sure of sth, to check.
2- [ASR] assurer to insure o. s, to take an insurance.

assureur nm [ASR] insurance agent, insurance broker.

atelier nm workshop * **les ateliers** shopfloor ; **atelier de fabrication** manufacturing shop ; **atelier de montage** assembly shop.
Δ **chef d'atelier** foreman, forewoman.

ATF *accord de taux futur* a) (sur un marché de gré à gré) forward rate agreement (FRA) ; b) (sur un marché organisé) future rate agreement (FRA).

atomicité nf [Eco] atomicity * **atomicité de l'offre** atomicity of supply ; **atomicité de la demande** atomicity of demand.

attaquant nm [Fin, St Ex] raider.

attaque nf 1- attack, assault.
2- [Eco] run on * **attaque contre le sterling** run on sterling.

attaquer v a) to attack ; b) (marché) to tap, to tackle ; c) (devise) to attack, to put pressure on.

atteindre v to reach, to arrive at, to hit * **les taux d'intérêt ont atteints des niveaux records en mai** interest rates reached record levels in May ; **atteindre le point le plus bas** to bottom out.

atteinte nf attack * **atteinte à la libre concurrence** unfair trade practices, restrictive trade practices.

attendu adj anticipated.

atténuer v to lessen, to diminish, to mitigate, to reduce.

atténuer (s') v to decrease, to diminish, to ease off * **la dégradation de l'activité s'est atténuée** the deterioration in activity eased off.

attribuer v 1- to award, to grant.
2- [Fin] to grant, to allocate.
3- [St Ex] (actions) to allot.

attribution nf 1- awarding, granting.
2- [Fin, St Ex] (prêt) granting ; (actions) allotment * **attribution d'actions** allotment of shares ; **attribution d'actions gratuites** free issue of shares, free allotment of shares, bonus issue, scrip issue (UK).
Δ **avis d'attribution** allotment letter, letter of allotment ; **droits d'attribution** allotment rights.

au-dessous de la ligne [Eco int] under-the-line.

au-dessus de la ligne [Eco int] above-the-line.

au mieux [St Ex] at best, at market (US).

audit nm [Acc] audit, auditing * **audit externe** external auditing ; **audit interne** internal auditing.
Δ **cabinet d'audit** auditing firm ; **rapport d'audit** audit report.

auditeur nm auditor * **auditeur externe** external auditor ; **auditeur interne** internal auditor.

augmentation nf increase, rise, raise (US) (*de* in).

augmentation de capital [Fin, Acc] capital increase, increase in capital * **procéder à une augmentation de capital** to raise equity ; **augmentation de capital en numéraire** cash contribution to capital increase ; **augmentation de capital par conversion de créances** capitalization of debt ; **augmentation de capital par émission d'actions** equity issue ; **augmentation de capital par incorporation de réserves** capitalization of reserves, scrip issue ; **augmentation de capital par incorporation du report à nouveau** capitalization of retained earnings ; **augmentation générale de capital** general capital increase (GCI) ; **augmentation sélective de capital** selective capital increase (SCI).

augmenter v a) to increase, to rise, to go up * **augmenter fortement** to increase *or* to go up *or* to rise sharply ; **augmenter légèrement** to increase *or* to rise *or* to go up slightly ; **augmenter peu à peu** to inch up.

austérité nf [Eco] austerity, stringency * **austérité budgétaire** budget restraint, budget stringency, fiscal retrenchment (US) ; **austérité monétaire** monetary squeeze, monetary restraint, monetary retrenchment.
Δ **mesures d'austérité** austerity measures.

autarcie nf [Eco] autarchy, self-sufficiency.

autocentré adj [Eco] self-centred.

autoconsommation nf [Eco, SCN] self-consumption.

autofinancement nf [Fin, Acc] self-financing, internal financing.
Δ **capacité d'autofinancement** (CAF) self-financing capacity ; **marge brute d'autofinancement** (MBA) cash flow.

autofinancer v [Fin, Acc] to self finance.

autogéré adj self-managed.

autogestion nf self-management.

autolimitation nf voluntary restraint, self-limitation * **autolimitation des exportations** [Eco int] voluntary export restraint (VER).

automatisation nf [Eco] automation.

automatisé adj automated.

automatiser v to automate, to automatize (US).

automobile nf (secteur industriel) car industry (UK), auto(mobile) industry (US).

autonome adj autonomous.

autoréglementation nf self-regulation.

autorégulation nf self-regulation.

autorité nf authority * **autorités de marché** [St Ex] regulators ; **autorité de tutelle** regulatory agency ; **autorités monétaires** [Eco] monetary authorities.
Δ **Haute autorité** (cf. CECA) High Authority.

autosuffisance nf self-sufficiency.

autosuffisant adj self-sufficient.

aval nm 1- backing, support * **donner son aval à un projet** to back, to support a project ; **en aval de** downstream.
2- [Jur] guarantee.
3- [Fin] endorsement * **donner son aval à un effet** to endorse a bill, to guarantee a bill.

avaliser v 1- to back, to support.
2- [Fin] to endorse, to guarantee * **avaliser une créance** *ou* **un prêt** to stand security for a debt *or* a loan.

avance nf 1- lead, edge * **à l'avance** beforehand, in advance ; **avoir de l'avance dans son travail** to be ahead of schedule ; **avoir de l'avance sur ses concurrents** to be ahead of one's competitors, to have the lead over one's competitors ; **avance technologique** technological lead, technological edge.
2- [Fin] advance * **avance à découvert** uncovered advance *or* unsecured advance ; **avance bancaire** bank advance ; **avance contre nantissement** secured advance ; **avance de fonds** advance ; **avance de trésorerie** cash advance ; **avance en blanc** blank loan ; **avance en compte courant** overdraft, current account credit ; **avance en devises** advance in foreign currencies, advance in froreign exchange ; **avance sur effets** advance against pledge bills ; **avance sur garantie** loan on collaterals ; **avance sur nantissement** advance against security ; **avance sur titres** advance against collateral, advance against securities, loan on securities, security-backed loan, collateral loan (US).
3- [Acc] * **avances et acomptes** advance payments and payments on account ; **avances et acomptes aux fournisseurs** advance payments and payment on account to suppliers ; **avances et acomptes reçus des clients** advance payments and payment on account from customers.

avantage nm advantage, benefit * **avantage(s) absolu(s)** [Eco int] absolute advantage(s) ; **avantages acquis** acquired advantages ; **avantage(s) comparatif(s)** [Eco int] comparative advantage(s) ; **avantage comparatif révélé** [Eco int] revealed comparative advantage (RCA) ; **avantages en espèces** [Fisc] benefit in cash ; **avantages en nature** [Fisc] fringe benefits, benefits in kind, perks ; **avantage fiscal** tax break ; **avantages fiscaux pour investissements** [Fisc] investment incentives ; **avantages sociaux** welfare benefits.

avantageux adj profitable, advantageous.

avenir nm future * **avenir incertain** [Fin] uncertainty.

avis nm a) opinion, advice ; b) note, notice * **avis d'échéance** [Fin] order to pay ; **avis d'exécution** [St Ex] broker's note ; **avis d'imposition** [Fisc] notice of tax assessment, tax notice ; **avis d'introduction en Bourse** [St Ex] notice of listing ; **avis de crédit** credit note, credit advice ; **avis de prélèvement** debit note, debit advice ; **avis de virement** transfer notice, payment notice.

avocat nm [Jur] lawyer.
Δ **cabinet d'avocats** law firm, law practice.

avoir nm 1- [Acc] a) credit * **inscrire une somme à l'avoir d'un compte** to enter a sum to the credit of an account ; b) (reconnaissance de dette) credit note.
2- [Eco, Fin] (actifs) assets, holdings * **avoirs à l'étranger** assets held abroad, external assets, foreign assets, foreign holdings ; **avoirs des banques** bank holdings ; **avoirs en devises** currency assets, foreign exchange holdings ; **avoirs en or et devises** gold foreign exchange holdings ; **avoirs extérieurs** foreign assets, external assets ; **avoirs officiels** exchange reserves ; **avoirs sur l'étranger** foreign assets.
3- [Fisc] * **avoir fiscal** tax credit.

ayant droit nm [Jur] assignee.

B

BAB *bord à bord* free in and out (FIO).

bail nm [Jur, Fin] lease * **bail à effet de levier** (JO) leveraged lease ; **bail d'exploitation sans clause de rachat** (JO) operating lease ; **bail financier** (avec clause de rachat) (JO) financial lease.
∆ **droit au bail** [Acc] leasehold, key money.

bailleur nm [Jur] lessor.

baisse nf decrease, fall, drop, decline * **baisse cyclique** cyclical downturn ; **baisse d'activité** slowdown, downturn ; **baisse des prix** price decrease, drop in prices, fall in prices ; **baisse du dollar** dollar's fall ; **baisse tendancielle du taux de profit** [Eco] falling rate of profit.
∆ **revirement à la baisse** downturn, downswing.

baisser v to lower, to bring down, to reduce, to drop, to fall, to diminish, to go down.

baissier, -ière nm, f [St Ex] bear, bear speculator, short seller.

baissier, -ière adj [St Ex] bearish.

balance nf 1- (appareil de mesure) scales.
2- [Eco] a) balance * **avoir une balance déficitaire** to be in the red, to show an adverse balance ; **avoir une balance excédentaire** to be in the black ; **balance commerciale** balance of trade, trade balance ; **balance de base** basic balance ; **balance de l'endettement international** balance of external claims and liabilities ; **balance des biens et services** balance of goods and services ; **balance des capitaux** balance on capital flows ; **balance des invisibles** balance of invisible trade, balance of invisible transactions, invisible balance ; **balance des liquidités** balance on a liquidity basis, liquidity balance ; **balance des mouvements non monétaires** balance of non monetary movements ; **balance des opérations courantes** (BOC) balance on current account, current balance, balance of current payments, current account balance of payments ; **balance des opérations en capital** balance on capital account ; **balance des opérations non monétaires** balance of non monetary movements ; **balance des paiements** q v balance des paiements ; **balance des règlements officiels** official (settlements) balance, official reserve transactions balance, official payments balance ; **balance des revenus des investissements (directs)** balance of (direct) investment income ; **balance des services** balance of services ; **balance des transactions courantes** balance on current account, current balance, balance of current payments, current account balance of payments ; **balance des trans-**

balance des paiements ferts de capitaux balance of capital transfers, net foreign disinvestment ; **balance des transferts unilatéraux** balance of transfers, transfer payments ; **balance du commerce extérieur** balance of foreign trade ; **balance globale** overall balance of payments.
b) * **balances dollars** dollar balances ; **balances sterling** sterling balances.
3- [Acc] balance * **établir la balance d'un compte** to balance an account ; **balance après inventaire** post-closing trial balance ; **balance avant inventaire** pre-closing trial balance, trial balance before closing ; **balance avant régularisations** pre-closing trial balance ; **balance d'inventaire** trial balance ; **balance d'inventaire définitive** trial balance after closing ; **balance de l'actif et du passif** balance of assets and liabilities ; **balance de vérification** trial balance ; **balance reportée** balance brought forward.

balance des paiements (BDP) nf balance of payments (BOP) * **balance des paiements courants** balance on current account, current balance, balance of current payments, current-account balance of payments ; **balance des paiements en termes de règlements** balance of payments on a payment basis, balance of payments on a settlement basis ; **balance des paiements en termes de transactions** balance of payments on a transaction basis, balance of payments on an economic basis.
Δ **déficit de la balance des paiements** balance of payment deficit ; **excédent de la balance des paiements** balance of payment surplus.

balancier nm pendulum.
Δ **retour de balancier** backlash ; [St Ex] backwash.

bancable adj [Eco, Fin] discountable, bancable.

bancaire adj [Eco, Fin] banking.

bancarisation nf [Eco] extension of banking services.

bancor nm [Eco] bancor.

banque nf [gen, Eco] a) (établissement) bank ; b) (activité) banking * **banque à domicile** home banking ; **banque centrale** central bank ; **Banque centrale européenne (BCE)** European Central Bank (ECB) ; **banque commerciale** commercial bank, deposit bank, retail bank ; **banque confirmatrice** confirming bank ; **banque d'acceptation** accepting house ; **banque d'affaires** merchant bank (UK), investment bank (US) ; **Banque d'Angleterre** Bank of England ; **banque d'émission** bank of issue ; **banque d'entreprise** corporate banking ; **banque d'investissement** investment bank ; **Banque de crédit à moyen et long terme** long and medium-term credit bank ; **banque de dépôts** deposit bank, commercial bank, retail bank, clearing bank (UK) ; **banque de détail** retail bank(ing) ; **banque de données** data bank ; **Banque de France** Bank of France ; **banque de gros** wholesale bank(ing) ; **banque de placement** issuing bank ; **banque de premier rang** central bank ; **banque de second rang** second tier bank ; **Banque des règlements interna-**

tionaux (BRI) Bank for International Settlements (BIS) ; **banque émettrice** issuing bank ; **banque étrangère** foreign bank ; **Banque européenne d'investissement** (BEI) European Investment Bank (EIB) ; **Banque européenne pour la reconstruction et le développement** (BERD) European Bank for Reconstruction and Development (EBRD) ; **banque hors-lieu** offshore bank ; **banque inscrite** registered bank ; **Banque interaméricaine de développement** (BID) Inter-American Development Bank (IDB) ; **Banque internationale d'investissement** (BII) International Investment Bank (IIB) ; **Banque internationale pour la coopération économique** (BICE) International Bank for Economic Co-operation (IBEC) ; **Banque internationale pour la reconstruction et le développement** (BIRD) International Bank for Reconstruction and Development (IBRD) ; **Banque mondiale** World Bank ; **banque(s) nationalisée(s)** nationalised bank(s) ; **banque non inscrite** non-registered bank ; **banque notificatrice** notifying bank ; **banque secondaire** (dans la Cité de Londres) fringe bank ; **banque spécialisée** specialised financial institution ; **banque universelle** universal bank(ing), global banking.
Δ **guichet de banque** bank counter.

banqueroute nf [Eco] bankruptcy * **banqueroute frauduleuse** frauduleuse bankruptcy.

banquier nm banker.

barème nm scale, schedule * **barème de l'impôt** tax scale ; **barème de répartition** scale of apportionment ; **barème des contributions** scale of contributions ; **barème dégressif** degressive scale ; **barème progressif** graduated scale.

barre nf 1- limit * **barre inférieure** lower limit ; **barre supérieure** upper limit.
2- [Jur] witness box (UK), witness stand (US).

barrière nf barrier * [Eco] **barrière à l'entrée** [Eco] barrier to entry ; **barrière à la mobilité** [Eco] barrier to mobility ; **barrière à la sortie** [Eco] barrier to exit ; **barrières douanières** [Eco int] customs barriers ; **barrières non tarifaires** [Eco int] non-tariff barriers (NTB) ; **barrières tarifaires** [Eco int] trade barriers, tariff barriers, tariff wall.
Δ **abaissement des barrières douanières** lowering of customs barriers.

bas nm bottom * **bas historique** all-time low.

base nf base, basis * **bases de l'économie** [Eco] fundamentals ; **base des faits générateurs** [Acc] accrual basis ; **base monétaire** [Eco] monetary base, base money, high-powered money (US).

bâtiment nm (secteur industriel) building industry.

BCE *Banque centrale européenne* European Central Bank (ECB).

BDP *balance des paiements* balance of payments (BOP *ou* BoP).

BEI *Banque européenne d'investissement* European Investment Bank (EIB).

bénéfice nm 1- advantage, benefit * **bénéfice du doute** benefit of the doubt.
2- [Acc, Fin] profit, income, earnings * **dissimuler des bénéfices** to conceal profits ; **faire de gros bénéfices** to make big profits, to reap big profits ; **faire un bénéfice** to make a profit ; **participer aux bénéfices** to have a share in the profits, to have an interest in the profits ; **réaliser un bénéfice** to make a profit, to earn a profit ; **bénéfice après impôt** after-tax profit, after-tax earnings ; **bénéfice après répartition** net profit, income after tax and dividends ; **bénéfice avant impôt** pre-tax profit, profit before tax, pre-tax income, pre-tax earnings ; **bénéfice brut** gross profit, pre-tax profit ; **bénéfice brut d'exploitation** gross operating profit ; **bénéfices commerciaux** business profits, trading profits ; **bénéfice comptable** accounting profit, accounting income, book profit ; **bénéfice consolidé** consolidated net income, consolidated surplus, consolidated profits ; **bénéfice d'exploitation** operating profit, operating earnings, operating income, trading profit ; **bénéfice de l'exercice** profit for the period, net income for the period (US) ; **bénéfices des entreprises** corporate profits ; **bénéfice distribuable** distributable profit ; **bénéfices distribués** distributed profits ; **bénéfice escompté** anticipated profit ; **bénéfice exceptionnel** windfall profit, windfall earnings ; **bénéfice imposable** taxable profit, taxable earnings, taxable income ; **bénéfices industriels et commerciaux** (BIC) business income, business profits ; **bénéfice mis en réserve** retained earnings, retained profit, retained surplus, earned surplus (US) ; **bénéfice net** net income, net earnings, net profit, surplus for the year ; **bénéfice net après impôts** net income ; **bénéfice net comptable** net income, net earnings, net income ; **bénéfice net d'exploitation** net operating profit ; **bénéfices non-commerciaux** (BNC) non-trading profits ; **bénéfice(s) non distribué(s)** retained earnings, retained profit, undistributed earnings, undistributed profit ; **bénéfice non imposable** tax-exempt profit ; **bénéfices non rapatriés** non-remitted earnings, non-remitted profits ; **bénéfices non réparti** retained earnings, retained profits, retained surplus, earned surplus (US) ; **bénéfice par action** (BPA) earnings per share (EPS), income per share ; **bénéfices rapatriés** remitted earnings, remitted profit ; **bénéfice(s) réinvesti(s)** reinvested earnings, reinvested profit, retained earnings, ploughed-back profits (UK), plowed-back earnings (US) ; **bénéfices reportés** profits carried forward.

△ **compression des bénéfices** profit squeeze ; **dilution des bénéfices** dilution of earnings *or* of profits ; **intéressement au bénéfice** profit sharing ; **maximisation des bénéfices** profit maximisation ; **mise en réserve de bénéfices** retention of profits ; **part de bénéfice** share in profit ; **partage des bénéfices** distribution of profits ; **prise de bénéfices** profit-taking ; **rapatrie-**

ment des bénéfices profit transfers ; **répartition des bénéfices** appropriation of profits, allotment of profits.

bénéficiaire nm beneficiary ; (traite) payee, endorsee ; (allocation) recipient * **bénéficiaire de l'aide sociale** welfare recipient.

bénéficiaire adj profit making, profitable * **être bénéficiaire** to show a profit.

bénéficier v to enjoy, to get, to benefit (*de* by *or* from) * **bénéficier d'un non-lieu** [Jur] to be discharged ; **bénéficier d'une remise** to get a rebate, to get a discount.

bénéfique adj beneficial, positive.

BERD *Banque européenne pour la reconstruction et le développement* European Bank for Reconstruction and Development (EBRD).

besoin nm [Eco] want, need * **répondre aux besoins de qn** to meet sb's needs ; **besoin collectif** collective need, collective want, public need, public want ; **besoins complémentaires** complementary needs, complementary wants ; **besoins concurrents** competitive needs, competitive wants ; **besoins des consommateurs** consumer needs ; **besoins élémentaires** primary needs, primary wants ; **besoins fondamentaux** primary needs, primary wants ; **besoin individuel** individual need, individual want ; **besoins primaires** primary needs, primary wants ; **besoins secondaires** secondary needs, secondary wants.

BFR *besoin en fonds de roulement* negative working capital.

biais nm [Stat] bias, deviation.

BIC *bénéfices industriels et commerciaux* business income, business profits.

BICE *Banque internationale pour la coopération économique* International Bank for Economic Cooperation (IBEC).

BID *Banque interaméricaine de développement* Inter-American Development Bank (IDB).

bien nm [Eco, SCN] good * **biens et services** goods and services ; **autres biens et services** [SCN] other goods and services ; **bien(s) collectif(s)** public good(s), collective good(s) ; **biens complémentaires** complements, complementary goods, joint-demand goods ; **biens corporels** tangible assets, tangible goods, tangibles ; **biens d'équipement** capital goods, capital equipment, industrial goods, investment goods, producer'(s) goods ; **biens d'investissement** capital goods, investment goods ; **biens d'intérêt public** merit goods ; **bien(s) de consommation (courante)** consumer good(s), consumption good(s) ; **biens de consommation durables** durable consumer('s) goods, consumer durable goods, durables ; **biens de consommation non durables** non-durable consumer('s) goods, consumer non-durable goods, non durables ; **biens de consommation semi-durables** semi-durable consumer('s) goods, consumer semi-durables ; **bien(s) de**

grande consommation consumer good(s) ; **bien(s) de haute technologie** high-technology good(s), high-tech good(s) ; **bien(s) de luxe** luxury good(s), fancy good(s) ; **biens de production** capital goods, capital equipment, industrial goods, investment goods, producer'(s) goods ; **biens défectibles** wasting assets ; **biens durables** durable goods, durables ; **bien(s) économique(s)** economic good(s) ; **biens essentiels** essential goods ; **bien(s) exportable(s)** tradable goods ; **biens fongibles** fungible goods ; **bien(s) immatériel(s)** intangible good(s), intangible asset(s) ; **bien(s) imposable(s)** taxable good(s) ; **biens incorporels** intangible goods, intangibles ; **biens indirects** intermediate goods ; **biens individuels** private goods ; **biens indivisibles** indivisible goods ; **biens inférieurs** inferior goods ; **biens intermédiaires** intermediate goods, semi-processed goods, semi-finished goods ; **biens libres** free goods ; **bien(s) manufacturé(s)** manufactured goods ; **biens non durables** non-durable goods, non durables ; **bien(s) non reproductible(s)** non-reproducible good(s) ; **bien(s) non soumis à la concurrence étrangère** non-tradable good(s) ; **biens normaux** normal goods ; **biens primaires** primary goods ; **bien(s) public(s)** public good(s), social capital ; **bien(s) reproductible(s)** reproducible goods ; **biens semi-durables** semi-finished goods ; **bien(s) soumis à la concurrence étrangère** traded goods; **biens substituables** substitutes ; **biens supérieurs** superior goods ; **biens tangibles** tangible goods, tangibles ; **biens tutélaires** merit goods.

2- [Jur] estate, property * **biens fonciers** landed property ; **biens immeubles** real estate, real property ; **biens immobiliers** landed property, real estate ; **biens indivis** joint estate ; **biens réservés** earmarked property.

bien-être nm [gen, Eco] welfare * **bien-être social** social welfare.

BII *Banque internationale d'investissement* International Investment Bank (IIB).

bilan nm 1- a) (estimation) appraisal, assessment, evaluation ; b) (conséquences) results.
2- [Acc, Fin] balance sheet (B/S *or* bs), financial statement (US) * **déposer son bilan** to file for bankruptcy ; **dresser** *ou* **établir le bilan** to draw up the balance sheet ; **falsifier un bilan** to falsify a balance sheet, to window-dress a balance sheet ; **bilan actualisé** discounted balance-sheet ; **bilan bénéficiaire** balance sheet showing a profit, active balance sheet ; **bilan consolidé** consolidated balance sheet, group balance sheet, consolidated accounts, consolidated financial statement (US) ; **bilan d'ouverture** opening balance sheet ; **bilan de clôture** closing balance sheet, final balance sheet ; **bilan de fin d'exercice** closing balance-sheet ; **bilan de liquidation** statement of realization and liquidation ; **bilan de vérification** trial balance ; **bilan déficitaire** balance sheet showing a loss, adverse balance sheet ; **bilan du groupe** consolidated balance sheet, group balance sheet, consolidated accounts, consolidated financial statement (US) ; **bilan financier** statement of assets and liabilities ; **bi-**

lan fonctionnel employment-resources balance-sheet ; **bilan initial** opening balance sheet ; **bilan intérimaire** provisional balance sheet, interim statement ; **bilan intermédiaire** provisional balance sheet, interim statement ; **bilan maquillé** dressed-up balance sheet ; **bilan prévisionnel** budgeted balance sheet, budgeted financial statement (US) ; **bilan provisoire** interim balance sheet, interim statement (US) ; **bilan technique** valuation balance sheet ; **bilan véridique** actualized balance sheet.
Δ **comptes de bilan** balance sheet accounts ; **contrôle du bilan** balance sheet auditing ; **dépôt de bilan** voluntary bankruptcy ; **éléments hors bilan** off-the-balance sheet items, OBS items ; **extrait de bilan** summarized balance sheet ; **faux bilan** falsified balance sheet, fraudulent balance sheet, window-dressed balance sheet ; **habillage de bilan** window-dressing ; **poste du bilan** balance sheet item ; **réévaluation du bilan** revaluation of the balance sheet, reappraisal of assets.

bilatéral adj bilateral.

bilatéralisme nm bilateralism.

billet nm 1- ticket * **billet d'entrée** entrance ticket.
2- [Eco, Fin] a) (argent) note (UK), bill (US) ; b) (effet de commerce) note, bill * **billet à ordre** promissory note ; **billet à ordre convertible** convertible note ; **billet à ordre du Trésor** Treasury promissory note ; **billet de banque** bank note ; **billet de trésorerie** commercial paper ; **billets de trésorerie en sterling** (UK) Sterling commercial paper (SCP) ; **billets et autres créances à vue** cash and other sight deposits ; **billets et monnaies divisionnaires** cash and currency notes ; **billets et pièces en circulation** notes and coins ; **faux billet** forged bank note.
Δ **distributeur automatique de billets** (DAB) cash dispenser (CD).

bimétallisme nm [Eco] bimetalism.

bio-industries nf, plu bio-industries.

BIRD *Banque internationale pour la reconstruction et le développement* International Bank for Reconstruction and Development (IBRD).

BIT *Bureau international du Travail* International Labour Organization (ILO).

bloc nm 1- bloc, group * **bloc de l'Est** Eastern bloc ; **bloc monétaire** monetary bloc.
2- [St Ex] block * **bloc de contrôle** controlling interest, control block.
Δ **achat en bloc** block purchase ; **négociation de bloc** block trading ; **offre en bloc** block offer ; **vente en bloc** block sale.

bloc-or nm [Eco] gold pool.

blocus nm blockade * **blocus économique** economic blockade.

bloquer v a) (marchandises) to hold up, to stop ; b) (salaires) to freeze ; (compte en banque) to stop.

BML *Bourse des métaux de Londres* London Metal Exchange (LME).

BMTN *bon à moyen terme négociable* medium-term note (MTN).

BNC *bénéfices non commerciaux* non-trading profits.

BOC *balance des opérations courantes* balance on current account, current balance, balance of current payments.

bon nm [Fin, Acc] bill, bond, certificate, note, warrant * **bon à moyen terme négociable** (BMTN) medium-term note (MTN) ; **bons à lots** lottery bonds ; **bon anonyme** bearer bond ; **bon d'épargne** savings certificate, savings bond ; **bon de caisse** short term note ; **bon de capitalisation** investment growth bond ; **bon de commande** order form, purchase order ; **bon de souscription** warrant ; **bon de souscription d'actions** equity warrant, share warrant, stock warrant ; **bon de souscription d'obligations** bond warrant ; **bon du Trésor** Treasury bill, Treasury bond ; **bon du Trésor à court terme** Treasury bill (UK, US, Canada) ; **bon du Trésor à court et moyen terme** Treasury note (US) ; **bon du Trésor à long terme** Treasury bond (US) ; **bon du Trésor à taux fixe** (BTF) fixed-interest T-bill ; **bon du Trésor à taux variable** (BTV) variable-interest T-bill ; **bons du Trésor négociables** (BTN) Treasury certificates, Treasury bonds ; **bons négociables** (France) negotiable bills *or* bonds ; **bons non négociables** (France) non-negotiable bills *or* bonds.

bonus nm bonus.

bord à borb (BAB) free in and out (FIO).

bordereau n [Acc] a) note, slip ; b) (facture) invoice * **bordereau d'achat** purchase note ; **bordereau d'envoi** consignment note, dispatch note ; **bordereau d'expédition** consignment note, dispatch note ; **bordereau de caisse** cash statement ; **bordereau de crédit** credit note ; **bordereau de débit** debit note ; **bordereau de livraison** delivery slip, delivery note ; **bordereau de salaire** wage slip, pay slip ; **bordereau de versement** pay-in slip, voucher.

boum nm [Eco] boom.

bourse nf 1- a) purse, bag * **tenir les cordons de la bourse** to hold the purse strings ; b) (allocation) **bourse (d'études)** student's grant. 2- [Eco, Fin, St Ex] a) exchange ; b) **la Bourse** the Stock Exchange (UK), the Stock Market (US) * **jouer à la bourse** to gamble on the stock exchange ; **bourse d'options** options exchange ; **bourse de commerce** commodity exchange, commodity market, produce exchange (sauf métaux) ; **Bourse de commerce de New York** (NYMEX) New York Mercantile Exchange (NYMEX) ; **Bourse de Londres** London Stock Exchange (LSE) (appellation actuelle et avant le *Big Bang* de 1986), International Stock Exchange (ISE) (appellation utilisée peu après le *Big Bang* de 1986, mais qui n'a pas réussi à s'imposer) ; **bourse de marchandises** commodity exchange, commodity market, produce exchange (sauf métaux) ; **Bourse de New York** (NYSE) New York Stock Exchange (NYSE) ; **Bourse des marchandises de Londres** London Commodity Exchange (LCE) ; **Bourse des métaux de Londres** (BML) London Metal Exchange (LME) ; **bourse des valeurs** stock exchange (UK), stock market (US) ; **bourse du travail** labour exchange.

∆ **coup de bourse** speculation ; **introduction en bourse** flotation ; **opération de bourse** stock exchange transaction, stock exchange operation ; **remontée de la Bourse** stock-market recovery.

boursicotage nm [St Ex] dabbling on the stock exchange.

boursicoter v [St Ex] to dabble on the stock exchange.

boursicoteur nm [St Ex] punter (UK).

boursier, -ière adj [St Ex] stock exchange, stock market.

boycott nm boycott.

boycottage nm boycott.

boycotter v to boycott.

BPA *bénéfice par action* earnings per share (EPS).

brader v to sell cheaply, to sell off.

branche nf [SCN] industry * **branches marchandes** [SCN] industries ; **branches non marchandes** [SCN] producers of services.

brasserie nf a) (fabrique de bière) brewery ; b) (industrie) brewing industry.

brevet nm a) (diplôme) certificate, diploma.
b) (invention) patent * **déposer un brevet** to file a patent ; **exploiter un brevet** to work a patent, to exploit a patent ; **transmettre un brevet à qn** to assign a patent to.

∆ **bureau des brevets** patent office ; **demande de brevet** application for a patent ; **contrefaçon de brevet** patent infringement ; **échange de brevets** patent trading.

BRI *Banque des règlements internationaux* Bank for International Settlements (BIS).

brillant universel (BU) **nm** [Fin] brillant uncirculated (BU).

brusque adj sudden.

brut nm (pétrole) crude (oil).

brut adj 1- raw, crude.
2- [Eco] a) (opposé à net) gross ; b) (indice) unadjusted.

BTF *bon du Trésor à taux fixe* fixed interest T-bill.

BTN *bon du Trésor négociable* Treasury certificate, Treasury bond.

BTV *bon du Trésor à taux variable* variable interest T-bill.

BU *brillant universel* brillant uncirculated.

budget nm [Eco, Fin, Fin pub, Acc] budget * **adopter le budget** to pass the budget ; **dépasser son budget** to overrun one's budget ; **élaguer le budget** to trim the budget ; **équilibrer le budget** to balance the budget ; **établir le bud-**

get to draw up the budget ; **inscrire au budget** to budget ; **présenter le budget** to introduce the budget ; **prévoir au budget** to budget for ; **rééquilibrer le budget** to rebalance the budget ; - **voter le budget** to pass the budget ; **budget annexe** supplementary budget ; **budget civil** non defence budget ; **budget d'austérité** distress budget ; **budget d'exploitation** operating budget ; **budget d'investissement** capital budget ; **budget de fonctionnement** operating budget, operational budget ; **budget de l'Etat** central government budget, national budget ; **budget de relance** reflationary budget, expansionary budget ; **budget de trésorerie** cash budget ; **budget équilibré** balanced budget ; **budget familial** family budget ; **budget général** a) [Fin pub] general budget ; b) [Acc] comprehensive budget ; **budget serré** tight budget ; **budget social** social budget.
Δ **article du budget** budget heading, budget item ; **élaboration du budget** the drafting of the budget ; **neutralité du budget** neutral budget ; **préparation du budget** budgeting ; **projet de budget** draft budget.

budget-type nm [Eco] family budget.

budgétaire adj budgetary, fiscal, financial.

budgétisation nf 1- budgeting * **budgétisation intégrale** full budgeting.
2- [Eco, Fin pub] fiscalization * **budgétisation des charges sociales** fiscalization of employers' social security contributions.

budgétisé adj budgeted.

budgétiser v to include in the budget.

bulle nf [Eco, Fin] bubble * **bulle financière** (financial) bubble ; **bulle spéculative** (speculative) bubble.

bullionisme nm [Eco] Bullionism, theory of the Bullion Committee.

bureautique nf office automation.

but nm aim, goal, target * **but lucratif** profit making ; **but non lucratif** non-profit making.

butoir nm [Eco, Fin] buffer.

C

CAC *cotation assistée en continu* continuous automated trading.

CAC 40 *indice boursier sur la place de Paris* stock index in Paris (CAC 40).

CAD *Comité d'aide au développement* Development Aid Committee (DAC).

cadre nm a) (responsable) executive (US), manager (UK) * **cadre dirigeant** senior manager, senior executive ; **cadre moyen** middle manager, middle executive ; **cadre supérieur** senior manager, senior executive, top manager, top executive ; **les cadres moyens** the middle management ; **les cadres supérieurs** the top management, the upper management.
b) (domaine) scope, framework * **dans le cadre de la nouvelle réglementation** within the framework of the new regulation.
c) (emballage) crate, frame.

CAE *coût annuel équivalent* equivalent annual cost.

CAF 1- *capacité d'autofinancement* self-financing capacity.
2- *coût assurance frêt* cost insurance freight (CIF).

calcul nm calculation * **calcul de positions** [St Ex] calculation of positions.
2- [Math] calculus * **calcul différentiel** differential calculus ; **calcul économique** economic calculus.

CAM *coefficients d'ajustements monétaires* currency adjustment factors (CAF).

cambiste nm [St Ex] foreign exchange broker, foreign exchange dealer, forex dealer.

camembert nm (graphique) pie chart.

caméralisme nm [Eco] cameralism.

canard boîteux nm [Eco] lame duck.

capacité nf 1- a) (contenance) capacity ; b) (compétence) capacity, ability * **capacité bénéficiaire** [Fin] earning capacity, earning power ; **capacité double** [St Ex] dual capacity ; **capacité unique** [St Ex] single capacity.
2- [Eco] (capacités de production) capacity * **capacités disponibles** idle capacity, spare capacity ; **capacités existantes** existing capacity ; **capacités inutilisées** idle capacity, spare capacity.

capital nm, plu -aux [Eco, Fin, Acc, Jur] capital * **amortir le capital** to repay capital ; **immobiliser des capitaux** to lock up capital, to tie up capital ; **mobiliser des capitaux** to raise capital, to raise funds ; **capital à risque** risk capital, venture capital ; **capital amorti** redeemed capital ; **capital appelé** called-in capital, called-up capital ; **capital autorisé** authorized capital ; **capital circulant** circulating capital, working capital ; **capital d'apport** initial capital ; **capital de départ** start-up capital, front-end capital, front-up capital, seed capital ; **capital émis** issued capital ; **capital emprunté** debenture capital, debt capital, loan capital ; **capital engagé** invested capital ; **capital entièrement libéré** fully-paid capital, fully paid-up capital ; **capital financier** financial capital ; **capital fixe** [Eco] fixed capital ; [SCN] fixed assets ; **capital humain** human capital ; **capital immatériel** immaterial capital ; **capital immobilisé** tied-up capital ; **capital improductif** idle capital, dead capital, idle capacity (US) ; **capital initial** initial capital, starting capital, opening capital ; **capital investi** invested capital ; **capital investi en actions** equity invested capital ; **capital libéré** paid-in capital, paid-up capital ; **capital matériel** physical capital ; **capital monétaire** money capital ; **capital nominal** nominal capital ; **capital non amorti** unredeemed capital ; **capital non libéré** non-paid capital, capital not paid-in ; **capital non versé** non-paid capital, capital not paid-in ; **capital oisif** idle capital ; **capital productif** productive capital ; **capital social** authorized *or* nominal *or* registered capital ; **capital social souscrit** alloted *or* subscribed capital ; **capital souscrit, appelé non versé** subscribed capital called and unpaid, subscribed capital called but not paid ; **capital souscrit, appelé versé** subscribed capital called and paid up ; **capital souscrit non appelé** uncalled subscribed capital, uncalled capital ; **capital technique** technical equipment ; **capital variable** working capital, circulating capital ; **capital versé** paid-up capital, paid-in capital ; **capitaux à court terme** short-term capital ; **capitaux à long terme** long-term capital ; **capitaux empruntés** debenture capital, debt capital, loan capital, non-equity liabilities ; **capitaux fébriles** hot money, flight capital ; **capitaux flottants** hot money ; **capitaux immobilisés** locked-up capital ; **capitaux improductifs** idle capital ; **capitaux oisifs** idle capital ; **capitaux permanents** long-term capital ; **capitaux propres** owners'equity, owned capital, share capital and reserves, shareholders'equity (UK), stockholders'equity (US), proprietors'equity (US) ; **capitaux spéculatifs** hot money, flight capital.

△ **accumulation de capital** capital accumulation, capital formation ; **augmentation de capital** q v augmentation de capital ; **blanchiment de capitaux** money laundering ; **composition organique du capital** organic composition of capital ; **coût d'immobilisation du capital** capital carrying cost ; **coût du capital** cost of capital, opportunity cost of capital ; **dépense en capital fixe** capital expenditure, capital investment, capital outlay, capital spending ; **dilution du capital** dilution of equity, dilution of shareholding ; **efficacité du capital** capital efficiency ; **efficacité marginale du capital** marginal efficiency of capital ; **entrée de capitaux** capital inflows ; **évasion des capitaux** flight of capital, capital flight ; **exode des capitaux** flight of capital, capital flight ; **faible dotation en capital** poorly capitalized, thin capitalization ; **formation brute de capital fixe**

(FBCF) gross fixed capital formation (GFCF), gross fixed investment, gross fixed capital expenditure ; **formation de capital** capital formation, capital accumulation ; **fuite des capitaux** flight of capital, capital flight ; **mobilisation de capital** raising of capital, raising of funds ; **mouvements de capitaux** capital flows ; **pénurie de capital** shortage of capital ; **rationnement du capital** capital rationing ; **reconstitution du capital** capital recovery ; **réduction de capital** reduction of capital ; **rémunération du capital** [Eco] income from capital ; [Fin] return on capital ; **sortie de capitaux** capital outflows ; **structure du capital** capital structure ; **structure optimale du capital** optimal structure of capital ; **transmisssion de capital** capital transfer.

capital-risque nm [Fin] venture capital.

capitalisation nf [Fin] capitalization * **capitalisation boursière** market capitalization, stock market evaluation ; **capitalisation des profits** capitalization of earnings ; **capitalisation des intérêts** capitalization of interest.

capitaliser v [Fin] to capitalize.

capitalisme nm [Eco] capitalism * **capitalisme sauvage** unrestrained capitalism.

capitaliste nm, f [Eco] capitalist.

capitalistique adj [Eco] capital-intensive.

capitaux nm, plu q v capital.

carré nm [gen, Math] square * **moindres carrés** least squares ; **moindres carrés ordinaires** (MCO) ordinary least squares (OLS).

cartel nm [Eco] cartel.

cash flow nm [Acc, Fin] cash flow * **cash flow actualisé** discounted cash flow (DCF) ; **cash flow brut** pre-tax cash flow, gross cash flow ; **cash flow net** net cash flow.

catégorie nf category, group * **catégorie de revenu** income bracket ; **catégorie socio-professionnelle** (CSP) socio-professional group.

CATIF *contrat à terme d'instruments financiers* financial futures.

caution nf [Jur] a) (garantie) guarantee, security * **caution de banque** bank guarantee ; **caution en numéraire** security in cash.
b) (garant) guarantor.

cautionnement nm [Jur] guarantee * **cautionnement bancaire** bank guarantee.

cautionner v 1- to support, to back.
2- [Jur, Fin] to guarantee, to stand security, to back.

CCE *Commission des Communautés européennes* Commision of the European Communities (CEC).

CCEET *Centre pour la coopération avec les économies européennes en transition* Centre for Co-operation with the European Economies in Transition (CCEET).

CCR *coefficient de capitalisation des résultats* price-earnings ratio (PER).

CECA *Communauté européenne du charbon et de l'acier* European Coal and Steel Community (ECSC).

CEE *Communauté économique européenne* European Economic Community (EEC).

centile nm [Stat] percentile.

cercle nm circle * **cercle de qualité** quality circle ; **cercles financiers** financial circles.

cessibilité nf [Jur] transferability.

cession nf [Jur, Fin, Acc] assignment, transfer * **cession d'actif** asset disposal, asset sale, divestiture, divestment ; **cession d'actions** transfer of shares ; **cession d'échéances de prêt** sale of loan maturities ; **cession de brevet** assignment of a patent ; **cession de créance** [Jur] transfer of a claim, transfer of a debt ; **cession de créances** a) [Acc] assignment of receivables ; b) [Fin] (titrisation) sale of loans, loan sale ; **cession de devises** exchange of foreign currencies ; **cession de parts** share transfer, stock transfer (US) ; **cession de portefeuille** sale of a portfolio ; **cession de titres en portefeuille** sale from portfolio.
Δ **acte de cession** transfer deed ; **frais de cession** transfer charge.

cession-bail nf [Fin] lease back.

cessionnaire nm [Jur] assignee.

CF *coût et fret* cost and freight (CF).

CFM *coût fixe moyen* average fixed cost (AFC).

chalandage nm * **chalandage d'opinion** [Acc] opinion shopping ; **chalandage fiscal** [Jur, Fisc] treaty shopping.

champ nm field * **champ d'application** [Fisc] field of taxation.

change nm [Eco] a) **(sing)** exchange, foreign exchange * **change à terme** forward exchange, foreign currency exchange ; **change au comptant** spot exchange ; **change au pair** exchange at par ; **change défavorable** unfavourable exchange rate ; **change direct** direct exchange ; **change favorable** favourable exchange rate ; **change indirect** indirect exchange ; **change manuel** money exchange, exchange of bank notes ; **change scriptural** bank exchange ;
b) **(plu) les changes** exchange rates * **changes fixes** fixed exchange rates ; **changes fixes mais ajustables** trotting peg ; **changes flexibles** flexible exchange rates, floating exchange rates ; **changes flottants** floating exchange rates.
Δ **agent de change** (cambiste) (foreign)-exchange dealer, (foreign)-exchange broker ; **bureau de change** foreign exchange office ; **contrôle des changes** exchange control ; **couverture de change** q v couverture ; **fixité des changes** fixed exchange rates ; **flexibilité des changes** floating exchange rates ; **gain de change** exchange gain ; **liberté des changes** free exchange rates ; **marché des changes** q v marché ; **opération**

de change foreign exchange dealing or transaction ; **perte de change** exchange loss ; **régime de changes fixes** system of fixed exchange rates ; **régime de changes flexibles** ou **flottants** system of flexible exchange rates, system of floating exchange rates, system of free exchange rates, floating exchange rate system ; **réglementation des changes** (foreign) exchange control ; **risque de change** exchange (rate) risk ; **système de changes** q v système ; **taux de change** q v taux de change.

changer v 1- a) (modifier) to change, to alter ; b) (transférer) to move, to transfer ; c) (changer de) to change * **changer de métier** to change jobs.
2- [Eco, Fin] to (ex)change * **changer des livres en dollars** to change pounds into dollars.

charge nf 1- a) (responsabilité) responsibility * **avoir la charge de** to be in charge of, to be responsible for ; b) (poids) load, freight, cargo * **charge de travail** workload.
2- [Acc] charge, expense, cost * **charges à payer** accrued liabilities, accrued cost(s), accruals (US) ; **charges à répartir sur plusieurs exercices** charges to be allocated over several years ; **charges administratives** administrative costs, administrative expenses, overheads ; **charges autres que les frais financiers** non-interest charges ; **charges constatées d'avance** prepaid expenses ; **charges d'exploitation** operating expenses, operating costs, running expenses, running costs ; **charges de personnel** payroll ; **charges différées** deferred charges ; **charges directes** direct expenses ; **charges et produits constatés d'avance** prepaid income and expenses ; **charges exceptionnelles** non-recurring expenses or charges, extraordinary expenses or charges ; **charges fixes** fixed cost, fixed expenses, overhead cost, committed cost ; **charges incorporables** production costs ; **charges locatives** additional property expenses ; **charges non déductibles** non-allowable charges ; **charges non incorporables** period costs ; **charges payées d'avance** deferred charges, deferred expenses, prepaid charges ; **charges salariales** payroll charges ; **charges semi-directes** semi-direct costs ; **charges semi-variables** semi-variable costs, semi-fixed costs ; **charges sociales** payroll taxes, social security charges, National Insurance contribution (UK) ; **charges variables** operating expenses, operating costs.

chef de file nm [Fin] lead manager.

chemin nm path * **chemin critique** [Math] critical path.

chèque nm [Fin] cheque (UK), check (US) * **encaisser un chèque** to cash a cheque ; **endosser un chèque** to endorse a cheque ; **faire opposition à un chèque** to stop a cheque ; **faire un chèque au bénéfice de qn** to make or to write a cheque to the order of ; **libeller un chèque au bénéfice de qn** to make or to write a cheque to the order of ; **tirer un chèque sur** to draw a cheque on ; **toucher un chèque** to

cash a cheque ; **chèque barré** crossed cheque, closed cheque ; **chèque bloqué** stopped cheque ; **chèque de voyage** traveller's cheque ; **chèque en blanc** blank cheque ; **chèque en bois** bad cheque, bounced cheque, dishonored check (US), rubber check (US), dud check (US) ; **chèque non barré** uncrossed cheque, open cheque ; **chèque postal** giro cheque ; **chèque sans provision** bad cheque, bounced cheque, dishonored check (US), rubber check (US), dud check (US).
Δ **carnet de chèques** chequebook (UK), checkbook (US).

chéquier nm cheque book (UK), check book (US).

chevalier nm knight * **chevalier blanc** [Fin, St Ex] white knight ; **chevalier noir** [Fin, St Ex] black knight.

chiffrable adj calculable.

chiffre nm figure * **chiffre approximatif** approximate figure ; **chiffres ronds** round figures.
Δ **arrondir au chiffre inférieur** to round down ; **arrondir au chiffre supérieur** to round up.

chiffre d'affaires nm [Acc] turnover (UK), sales (US), sales revenue (US) * **chiffre d'affaires à l'exportation** export sales ; **chiffre d'affaires hors-taxe** pre-tax turnover (UK), pre-tax sales (US) ; **chiffre d'affaires brut** gross turnover, gross sales ; **chiffre d'affaires net** net turnover, net sales.

chiffrer v to calculate, to work out.

chiffrer (se) v to amount (à to), to come (à to).

chirographaire adj [Jur, Fin] unsecured.

choc nm shock * **choc endogène** [Eco] endogenous shock ; **choc exogène** [Eco] exogenous shock, external shock ; **choc pétrolier** [Eco] oil shock, oil crisis.

choix nm choice, selection * **choix rationnel** [Eco] rational choice.

chômage nm unemployment * **être au chômage** to be unemployed, to be out of job ; to be on the dole ; **mettre au chômage** to lay off, to shed labour, to make redundant ; **s'inscrire au chômage** to register for unemployement benefits ; **chômage accidentel** casual unemployment ; **chômage classique** classical unemployment ; **chômage complet** complete unemployment, total unemployment ; **chômage conjoncturel** cyclical unemployment ; **chômage cyclique** cyclical unemployment ; **chômage de courte durée** short duration unemployment ; **chômage de longue durée** long-term unemployment, long duration unemployment ; **chômage déclaré** registered unemployment ; **chômage déguisé** disguised unemployment, concealed unemployment, covert unemployment, hidden unemployment ; **chômage des jeunes** youth unemployment ; **chômage frictionnel** frictional unemployment, transitional unemployment ; **chômage incompressible** core unemployment ; **chômage involontaire** involuntary unemployment, non-voluntary unemploy-

ment ; **chômage irréductible** hardcore unemployment ; **chômage keynésien** keynesian unemployment ; **chômage massif** large scale unemployment, mass unemployment ; **chômage naturel** natural unemployment ; **chômage non déclaré** unrecorded unemployment, unregistered unemployment ; **chômage occasionnel** casual unemployment ; **chômage partiel** part-time unemployment ; **chômage saisonnier** seasonal unemployment ; **chômage structurel** structural unemployment ; **chômage technique** lay-off ; **chômage technologique** technological unemployment ; **chômage volontaire** voluntary unemployment.
Δ **allocation chômage** unemployment benefits ; **chiffres du chômage** unemployment figures ; **indemnité de chômage** unemployment benefit ; **mise au chômage technique** laying off ; **période de chômage** unemployment spell ; **statistiques du chômage** unemployment statistics ; **taux de chômage** q v taux de chômage ; **traitement social du chômage** social treatment of unemployment.

chômeur, -euse nm, f unemployed person, jobless person.

choses égales par ailleurs (toutes ...) [Eco] other things being equal, *ceteris paribus*.

CI *certificat d'investissement* investment certificate.

cible nf target, objective.

cibler v to target.

circuit nm channel, network * **circuit commercial** trade network ; **circuit de détail** retail chain ; **circuit de distribution** distribution channel, trade channel ; **circuit de financement** [Eco, Fin] financing channel ; **circuit économique** [Eco] circular flow (of income) ; **circuit financier** [Fin] financial channel.

circulant adj circulating.

circulation nf [Eco] circulation, movement * **circulation fiduciaire** fiduciary circulation, note circulation ; **circulation financière** credit circulation ; **circulation monétaire** flow of funds, money circulation.
Δ **libre circulation** free circulation, free movement ; **libre circulation des capitaux** free movement of capital ; **libre circulation des marchandises** free movement of goods ; **libre circulation des personnes et des biens dans l'UE** free circulation of people and goods within the EU.

classe nf class, group * **classe d'âge** age group.

clause nf [Jur] clause, provision * **clause d'abandon** waiver clause ; **clause d'arbitrage** arbitration clause ; **clause d'échelle mobile** [Eco] escalator clause, sliding scale clause ; **clause de défaillance croisée** [Fin] cross default clause ; **clause de la nation la plus favorisée** (Eco int) most-favoured nation clause, MFN clause ; **clause de non-nantissement exclusif** negative pledge clause ; **clause de réméré** [Fin] repurchase clause ; **clause de renoncement** waver clause ; **clause de retrait**

[St Ex] withdrawal clause, cancellation clause ; **clause de sauvegarde** escape clause ; **clause de traitement égal** [Fin] *pari passu* clause ; **clause dérogatoire** overriding clause ; **clause pari passu** [Fin] *pari passu* clause ; **clause restrictive** restrictive provision ; **clause rouge** red clause.

client nm 1- customer, (banque, avocat...) client.
2- [Acc] **(plu) clients** accounts receivable, debtors (UK).

clientèle nf customers.

clignotant nm [Eco] flashing indicator.

cloisonné adj (marché) segmented.

cloisonner v to compartmentalize.

cloisonnement nm (marché) segmentation.

clôture nf 1- a) end ; b) closing, closure.
2- [Acc] year-end closure, year-end closing (US).
3- [St Ex] close * **en clôture** at the close of the Stock Exchange session.

clôturer v 1- a) to end, to finish ; b) to close.
2- [St Ex] to close * **clôturer en baisse** to close at a loss.

CM *coût moyen* average cost (AC).

Cm *coût marginal* marginal cost (MC).

CMLP *coût moyen de longue période* long-run average cost (LRAC).

CmLP *coût marginal de longue période* long-run marginal cost (LRMC).

CNUCED *Conférence des Nations unies sur le commerce et le développement* United Nations Conference on Trade and Development (UNCTAD).

co-chef de file nm [Fin] co-manager.

co-entreprise nf joint-venture.

COB *Commission des Opérations de Bourse* autorité de tutelle de la Bourse de Paris qui équivaut au *Securities and Investment Board* (SIB) (UK) *ou* à la *Stock Exchange Commission* (SEC) (US).

cocréancier nm [Jur, Fin] cocreditor, joint creditor.

code nm code * **Code anti-dumping** (cf. GATT) Anti-Dumping Code ; **code de bonne conduite** code of behaviour, code of practice ; **Code de la normalisation** (cf. GATT) Standards Code ; **Code de la valeur en douane** (cf. GATT) Code on customs valuation ; **Code sur les subventions et les droits compensateurs** (cf. GATT) Code on Subsidies and Countervailing Duties.

codébiteur nm [Jur, Fin] joint debtor.

codifier v to codify.

coefficient nm [Stat, Eco, Fin, Acc] coefficient, ratio * **coefficient alpha** [Fin] alpha coefficient ; **coefficient bêta** [Fin] beta coefficient ; **coefficient budgétaire** [Eco] budget coefficient ; **coefficient d'accélération** [Eco] accelerator coefficient, accelerator coefficient ; **coefficient d'actifs liquides** [Eco] reserve assets ratio (UK) ; **coefficient d'actualisation** [Acc, Fin] discount factor, present value factor ; **coefficients d'ajustement monétaire** (CAM) [Eco] currency adjustment factors (CAF) ; **coefficient d'aplatissement** [Stat] coefficient of kurtosis ; **coefficient d'efficacité du capital** [Eco] output-capital ratio ; **coefficient d'élasticité** [Eco] elasticity coefficient ; **coefficient d'endettement** [Fin] debt ratio ; **coefficient d'erreur** [Stat] error margin ; **coefficient de capital** [Eco] capital-output ratio, capital coefficient, capital employed per unit of output ; **coefficient de capitalisation des résultats** (CCR) [Fin, Acc] price-earnings ratio (PER), price-earnings multiple ; **coefficient de concentration** [Eco] concentration ratio ; **coefficient de corrélation linéaire** [Stat] correlation coefficient ; **coefficient de covariance** [Stat] covariance coefficient ; **coefficient de dispersion** [Stat] scatter coefficient ; **coefficient de linéarité** [Stat] linear coefficient ; **coefficient de liquidité** (cf. banque) bank liquidity ratio ; **coefficient de liquidité (générale)** [Eco] liquidity ratio ; **coefficient de pondération** [Stat] weighting factor ; **coefficient de pénétration** [Eco int] penetration ratio ; **coefficient de réserves obligatoires** [Eco] special deposits ratio ; **coefficient de rotation des stocks** [Acc] inventory turnover ; **coefficient de solvabilité** [Fin] capital adequacy ratio, solvency ratio ; **coefficient de spé**cialisation [Eco int] specialization ratio ; **coefficient de trésorerie** [Fin, Acc] liquidity ratio, acid test ratio ; **coefficient de variation** [Stat] coefficient of variation ; **coefficient du service de la dette** (CSD) [Eco] debt service ratio (DSR) ; **coefficient marginal de capital** [Eco] marginal capital-output ratio ; **coefficient multiplicateur** multiplying factor.

coentreprise nf joint venture.

cogérance nf joint management, co-administration.

cogérant nm joint manager, co-administrator.

cogérer v to manage jointly.

cogestion nf joint management, co-management.

coin fiscal nm [Fisc] tax wedge.

collectif budgétaire nm [Fin pub] supplementary budget.

collectivités publiques nf, plu public bodies.

colonne nf column * [Acc] **colonne créditrice** credit side ; **colonne débitrice** debit side.

comité nm committee * **Comité d'aide au développement** (CAD) Development Aid Committee (DAC) ; **Comité Intérimaire du FMI** IMF Interim Committee ; **comité de restructuration** [Fin] advisory committee, steering committe.

commande nf [Acc] order * **passer commande à qn** to place an order with.

commander v 1- (diriger) to be in charge of.
2- [Acc] (passer commande) to order.

commanditaire nm [Jur] limited partner, sleeping partner.

commandité nm [Jur] active partner, general partner.

commerce nm trade, business * **faire du commerce avec** to trade with ; **faire du commerce de détail** to be in the retail business ; **faire du commerce de gros** to be in the wholesale business ; **commerce d'exportation** export trade ; **commerce d'importation** import trade ; **commerce de détail** retail trade ; **commerce de gros** wholesale trade ; **commerce extérieur** foreign trade, external trade, visible trade ; **commerce international** international trade ; **commerce mondial** world trade.
Δ **fonds de commerce** [Acc] goodwill ; **ministère du Commerce** Board of Trade (UK), Department of Commerce (US) ; **monde du commerce** business world.

commercer v to trade (*avec* with).

commercial nm sales person, salesman * **les commerciaux** sales people ; **technico-commercial** technico-salesman.

commercial adj commercial, trade.

commercialisation nf marketing.

commercialiser v to market.

commission nf 1- (comité) commission, committee * **Commission des Communautés européennes** (CCE) Commission of the European Communities (CEC).
2- [Fin, St Ex] commission, fee * **prélever une commission** to charge a commission ; **travailler à la commission** to work on commission ; **commission bancaire** banking commission ; **commission d'encaissement** charge for collection, commission for collection ; **commission d'engagement** commitment fee ; **commission de chef de file** management fee ; **commission de découvert** overdraft charge, overdraft commission ; **commission de garantie** underwriting commission, underwriting fee, stand-by fee ; **commission de gestion** agency fee ; **commission de négociation** trading fee ; **commission de placement** underwriting fee ; **commission de prise ferme** underwriting fee ; **commission de prise résiduelle** take-up fee ; **Commission des Opérations de Bourse** (COB) autorité de tutelle de la Bourse de Paris qui équivaut au *Securities and Investment Board* (SIB) (UK) ou à la *Stock Exchange Commission* (SEC) (US) ; **commission immédiate** flat fee.

commissionnaire nm agent, broker * **commissionnaire auprès d'une bourse de commerce** commodity broker.

communautaire adj (cf. UE) community.

communauté nf community * **communauté de biens** [Jur] joint estate ; **Communauté économique européenne** (CEE) European Economic Community (EEC) ; **Communauté européenne de l'énergie atomique** (CEEA) European Atomic Energy Community (EAEC) ; **Communauté européenne du charbon et de l'acier** (CECA) European Coal and Steel Community (ECSC) ; **Communautés européennes** European Communities.

compagnie nf company * **compagnie aérienne** airline company ; **compagnie d'assurance** insurance company ; **compagnie financière** financial company ; **compagnie maritime** shipping company.

comparable adj comparable (*avec* with).

comparatif adj comparative.

comparer v to compare (*à* with).

compatible adj compatible.

compensation nf 1- offsetting, setting off.
2- [Eco, Fin] (chèques) clearing.
3- [Eco int] countertrade.
4- [Acc, St Ex] netting (out) * **compensation de positions** netting out of positions ; **compensation monétaire de groupe** netting.
Δ **chambre de compensation** clearing house.

compensatoire adj compensating, counterbalancing.

compenser v 1- to compensate for.
2- [Fin] a) (chèque) to clear ; b) (dette) to set off.

compétitif adj competitive.

compétitivité nf [Eco] competitiveness, competitive strength * **compétitivité extérieure** external competitiveness ; **compétitivité hors prix** non-price competitiveness ; **compétitivité par les prix** price competitiveness.

compétitivité-coûts nf cost competitiveness.

compétitivité-prix nf price competitiveness.

complémentaire adj supplementary, additional.

complémentarité nf complementarity.

complexe industriel nm industrial complex, industrial estate.

comportement nm behaviour * **comportement du** *ou* **des consommateur** q v consommateur ; **comportement face au risque** q v risque ; **comportement inflationniste** inflationary mentality ; **comportement monopolistique** monopolistic behaviour.

comporter v a) to include, to contain, to consist of ; b) to entail, to involve.

comporter (se) v a) (personne) to behave ; b) (titre financier, équipement) to perform.

composant, e nm, f component, constituent * **composant électronique** electronic component ; **composante structurelle** [Eco] structural component.

composé, e adj compound.

composite adj composite.

compression nf reduction, cut, cutback * **compressions budgétaires** budget squeeze, budget cuts ; **compression des dépenses publiques** reduction in public spending or in public expenditure, cuts in public spending or expenditure, spending cuts.

comprimer v to cut back, to reduce.

comptabiliser v [Acc] to enter into the accounts, to post * **comptabiliser à l'actif** to enter on the assets side ; **comptabiliser au passif** to enter on the liabilities side.

comptabilité nf [Acc] a) (science) accountancy ; b) (tenue des comptes) accounting, bookkeeping (cf. petite entreprise) * **comptabilité analytique** cost accounting ; **comptabilité d'exercice** accrual basis of accounting ; **comptabilité de caisse** cash accounting ; **comptabilité de flux** flow accounting ; **comptabilité de gestion** management accounting ; **comptabilité de prix de revient** cost accounting ; **comptabilité en partie double** double-entry accounting ; **comptabilité générale** financial accounting ; **comptabilité intégrée** integrated accounts, integrated cost accounting (US) ; **comptabilité nationale** national (income) accounting ; **comptabilité plurimonétaire** multiple currency accounting ; **comptabilité privée** private accounting ; **comptabilité publique** public service accounting, governmental accounting (US) ; **comptabilité sur la base des encaissements décaissements** cash accounting.

comptable nm [Acc] accountant, bookkeeper (petite entreprise) * **comptable agréé** chartered accountant (UK), certified public accountant (US).
Δ **chef comptable** chief accountant (UK), chief controller (US).

comptant nm cash * **acheter au comptant** to buy for cash ; **payer comptant** to pay cash.

compte nm 1- (facture) account, bill ; (décompte) calculation.
2- [Acc, Fin, Eco, SCN] account * **arrêter un compte** to settle an account, to balance an account, to close an account ; **bloquer un compte** to stop an account ; **clôturer un compte** to close an account ; **créditer un compte** to credit an account ; **débiter un compte** to debit an account ; **fermer un compte** to close an account ; **ouvrir un compte** to open an account ; **rééquilibrer les comptes** to rebalance the accounts ; **régler un compte** to settle an account ; **solder un compte** to balance an account ; **tenir les comptes** to keep the accounts, to keep the books ; **compte à découvert** overdrawn account, account in the red ; **compte à terme** deposit account ; **compte à vue** demand deposit account ; **compte bancaire** bank(ing) account, checking account (US) ; **compte bloqué** escrow account, frozen account ; **compte chèque** cheque book ; **comptes clients** accounts receivable, receivables ; **comptes consolidés** consolidated accounts, consolidated financial statement

(US) ; **compte courant** current account (UK), checking account (US), drawing account, open account ; **compte créditeur** account showing a credit balance ; **comptes d'associés** partners' current accounts ; **compte d'effets à payer** bills payable account ; **compte d'effets à recevoir** bills receivable account ; **compte d'épargne** savings account, thrift account (US) ; **compte d'exploitation** trading account, (general) operating account, working account, operating statement (US), production statement (US) ; **compte d'utilisation du revenu** [SCN] disposable income and its appropriation account ; **compte de bilan** balance sheet account ; **compte de caisse** cash account ; **compte de capital** [SCN] capital account ; **compte de capital et de financement** [SCN] capital finance account ; **compte de charges** (expense account ; **compte de dépôts** deposit account ; **compte de flux** [SCN] flow account ; **comptes de la nation** [SCN] national accounts ; **compte de liquidation** realization account ; **compte de non résident** external account ; **compte de passif** liability account, payables (US) ; **compte de pertes et profits** income statement (US), profit and loss account (UK), profit and loss account ; **compte de production** [SCN] production account ; **comptes de production des branches d'activité** [SCN] activity accounts ; **compte de produits** income account, revenue account ; **compte de provision pour moins-value** valuation account ; **compte de régularisation** (a) de l'actif) prepayments and accrued account ; b) (du passif) accruals and deferred income ; **compte de réserves facultatives** reserve account ; **compte de résultat** income statement (US), profit and loss account (UK), earnings statement (US) ; **compte de résultat consolidé** consolidated income statement, consolidated financial statement (US) ; **compte de revenu** [SCN] income account ; **compte de stock** stock account ; **compte de substitution du FMI** substitution account ; **comptes de tiers** other debtors and creditors ; **compte débiteur** debit account ; **compte des opérations avec l'extérieur** *ou* **compte du reste du monde** [SCN] external transactions accounts ; **compte en banque** bank account, banking account ; **compte fictif** dead account ; **compte financier** [SCN] financial account ; **comptes fournisseurs** accounts payable, creditors (UK), payables (US) ; **compte général du FMI** IMF General Account ; **compte joint** joint account ; **compte loro** loro account ; **compte mal approvisionné** insufficiently funded account ; **compte nostro** nostro account ; **compte numéroté** numbered account ; **compte "prime d'émission, de fusion, d'apport"** share premium account ; **compte rémunéré** interest-bearing account, interest-bearing bank(ing) account ; **compte sur livret** savings book ; **compte vostro** vostro account.

△ **ajustement des comptes** reconciliation of accounts ; **approbation des comptes** approval of the accounts, certifying of the accounts ; **approvisionnement d'un compte** paying money into an account ; **apurement d'un compte** reconciliation ; **arrêté de compte** account balance ; **certification des comptes** auditing ; **classe de comptes** class of accounts, group of accounts ; **commissaire aux comptes** auditor ; **fermeture d'un compte** closing of an account ; **numéro de compte** account number ; **ouverture d'un compte** opening of an account ; **publicité des comptes** disclosure of information ; **rapprochement de comptes** reconciliation of accounts ; **relevé de compte** bank statement, statement of account.

concentration nf [Eco] a) (secteur industriel) amalgamation, concentration * **concentration capitaliste** capitalist concentration ; **concentration géographique** geographical concentration.
b) (entreprise) integration * **concentration conglomérale** conglomerate merger ; **concentration en amont** backward integration ; **concentration en aval** downward integration ; **concentration horizontale** horizontal integration ; **concentration industrielle** concentration of industry ; **concentration verticale** vertical integration.
∆ **courbe de concentration** Gini curve, Lorenz curve ; **degré de concentration industrielle** industrial concentration ratio.

concentrer v 1- to concentrate
2- [Eco] (activités des entreprises) to integrate, to merge.

concordat nm [Jur] composition to creditors.

concours nm [Fin] aid, assistance, facility * **concours bancaires** credit facilities, bank loans.

concurrence nf [Eco] competition * **entraver la concurrence** to hamper competition, to hinder competition ; **faire concurrence à** to compete with ; **concurrence atomisée** atomistic competition ; **concurrence déloyale** unfair competition ; **concurrence hors prix** non-price competition ; **concurrence imparfaite** imperfect competition ; **concurrence monopolistique** monopolistic competition ; **concurrence organisée** managed competition ; **concurrence par les prix** price competition ; **concurrence parfaite** pure competition ; **concurrence praticable** workable competition ; **concurrence pure et parfaite** perfect competition, pure competition ; **concurrence sauvage** fierce competition, unrestrained competition ; **concurrence viable** workable competition ; **concurrence vive** stiff competition.
∆ **entraves à la concurrence** restrictive practices ; **libre concurrence** free competition ; **libre jeu de la concurrence** free play of competition.

concurrencer v to compete with.

concurrent nm competitor, rival.

concurrent adj competing.

concurrentiel adj competitive.

concussion nf [Jur] misappropriation of public funds, embezzlement.

condition nf condition, term, requirement * **condition de Marshall-Lerner** [Eco int] Marshall-Lerner criteria ; **condition préalable**

prerequisite ; **conditions privilégiées** [Fin] concessional terms ; **condition suspensive** [Jur] suspensive condition.

conditionnel adj conditional.

conférence nf conference * **Conférence des Nations Unies pour le commerce et le développement (CNUCED)** United Nations Conference on Trade and Development (UNCTAD).

confiance nf 1- confidence, trust * **confiance des chefs d'entreprise** business confidence.
2- [Stat] confidence.
Δ **intervalle de confiance** confidence interval ; **niveau de confiance** confidence level.

conflit nm conflict, dispute * **conflit d'intérêt** [Fin, St Ex] conflict of interest ; **conflit d'objectifs** [Eco] conflicting objectives ; **conflit salarial** wage dispute ; **conflit social** industrial conflict, labour strife.

conglomérat nm [Eco] conglomerate * **conglomérat financier** financial conglomerate.

congruence nf [Math] congruence.

conjoncture nf [Eco] economic circumstances, present economic situation, business conditions, economic conditions, business climate, economic situation.
Δ **amélioration de la conjoncture** economic upturn, signs of recovery ; **frémissements de la conjoncture** signs of an economic upswing or upturn ; **haute conjoncture** strong economic activity ; **indicateur de conjoncture** business indicator ; **période de basse conjoncture** slump ; **période de haute conjoncture** boom, boom period ; **point de retournement de la conjoncture** cyclical turning point ; **redressement de la conjoncture** recovery, economic upturn ; **retournement de la conjoncture** turnaround in the business cycle.

connaissement nm bill of lading (B/L).

conseil nm a) piece of advice.
b) (entreprise) board * **conseil d'administration** board of directors ; **conseil de direction** executive board.
c) (commission) council, committee * **Conseil de l'Europe** Council of Europe.

conseiller, -ère nm, f adviser, consultant * **conseiller fiscal** tax adviser ; **conseiller juridique** legal adviser.

conservation nf * **conservation internationale** [Fin] global custody ; **conservation nationale** [Fin] local custody, subcustody.

consolidation nf 1- (d'une position) strengthening.
2- [Acc, Fin] (dette) consolidation ; (crédit, dette publique) funding.
3- [Eco int] * **consolidation d'un tarif douanier** binding of a tariff ; **consolidation des droits** binding of duties.

consolidé adj [Acc, Fin] (dette) consolidated ; (dette publique) funded.

consolider v [Acc, Fin] to consolidate, to fund.

consommateur, -trice nm, f [gen, Eco] consumer * **consommateur final** end consumer.

Δ **comportement du** *ou* **des consommateurs** consumer behaviour ; **conditionnement du consommateur** consumer conditioning ; **désirs des consommateurs** consumer wants ; **gros consommateur** heavy user ; **rationalité du consommateur** consumer rationality ; **souveraineté du consommateur** consumer sovereignty.

consommation n 1- a) [gen, Eco] consumption ; b) [SCN] consumption, expenditure * **renoncer à la consommation présente** to forego present consumption ; **consommation autonome** autonomous consumption ; **consommation collective** collective consumption ; **consommation de capital fixe** [SCN] consumption of fixed capital ; **consommation de masse** mass consumption ; **consommation des administrations publiques** government consumption, public consumption ; **consommation des ménages** private consumption, household consumption ; **consommation finale** [SCN] final consumption, final consumption expenditure ; **consommation finale des administrations publiques** [SCN] government final consumption expenditure ; **consommation finale des ménages** [SCN] final consumption expenditure of households, personal consumption expenditure (PCE) ; **consommation finale des services des administrations publiques** [SCN] final consumption expenditure of government services ; **consommation finale privée** [SCN] final private expenditure ; **consommation incompressible** autonomous consumption ; **consommation intermédiaire** [SCN] intermediate consumption ; **consommation intermédiaire des branches d'activité marchande** [SCN] intermediate consumption of industries ; **consommation intermédiaire des branches non marchandes des administrations publiques** [SCN] intermediate consumption of producers of government services ; **consommation intermédiaire des branches non marchandes des institutions privées sans but lucratif au service des ménages** [SCN] intermediate consumption of producers of private non-profit services to households ; **consommation par tête** consumption per head, per capita consumption.

2- [Acc] **(plu) consommations intermédiaires** semi-finished goods.

Δ **dépenses de consommation** consumer spending ; **fonction de consommation** consumption function ; **habitudes de consommation** consumption patterns ; **prix à la consommation** consumer price ; **société de consommation** consumer society ; **structure de consommation** consumption pattern.

consommer v [gen, Eco] to consume.

consomptible adj consumable.

consortium nm consortium * **consortium bancaire** bank(ing) syndicate, pool (of banks) ; **consortium financier** financial syndicate.

constant adj constant.

constructeur nm maker * **constructeur automobile** car maker, car manufacturer, auto maker (US).

construction nf 1- building industry, construction industry, house building * **construction électrique** electrical engineering ; **construction navale** shipbuilding industry. 2- [Acc] **(plu) constructions** buildings.

consultant nm consultant * **cabinet de consultants** consultancy firm.

consumérisme nm consumerism.

contenir v 1- to hold, to accommodate. 2- [Eco] (inflation, prix, dépenses) to control, to hold in check.

contingent nm [Eco, Fisc] quota * **contingent bilatéral** bilateral quota ; **contingent d'exportation** export quota ; **contingent d'importation** import quota ; **contingent tarifaire** tariff quota ; **contingent unilatéral** unilateral quota.

contingentement nm [Eco int] quota system * **contingentement bilatéral** bilateral quota system ; **contingentement tarifaire** customs tariff quota system ; **contingentement unilatéral** unilateral import quota.

contingenter v to fix quotas.

contracter (se) v to shrink.

contraction nf (marché) shrinking.

contrainte nf constraint * **contrainte budgétaire** budget constraint ; **contrainte extérieure** *ou* **externe** [Eco] balance of payments constraint, external constraint.

contrat nm [Jur, Fin, St Ex] contract, agreement * **annuler un contrat** to cancel a contract ; [Jur] to void a contract ; **faire exécuter un contrat** to enforce a contract ; **passer un contrat** to award a contract ; **résilier un contrat** to terminate a contract ; **contrat à terme** q v contrat à terme ; **contrat d'emprunt** loan agreement ; **contrat de change à terme** forward exchange contract, future exchange contract ; **contrat de change au comptant** spot exchange contract ; **contrat de crédit** credit agreement ; **contrat de crédit-bail** leasing agreement ; **contrat de fixation de taux d'intérêt** fixed rates agreement (FRA) ; **contrat de gré à gré** over-the-counter contract ; **contrat de mandat** agency contract ; **contrat de prêt** loan agreement ; **contrat de productivité** productivity deal ; **contrat de travail** employment contract, service contract (US) ; **contrat de vente** sale contract, agreement to sell ; **contrat des droits contingents** contingent claims contract ; **contrat implicite** implicit contract ; **contrat standardisé** standardized contract.
∆ **objet d'un contrat** purpose of a contract ; **projet de contrat** draft contract.

contrat à terme nm [Fin, St Ex] futures (contract) * **contrat à terme d'indices boursiers** stock (exchange) index futures ; **contrat à terme d'indices des cours des actions** share price index futures ; **contrat à terme d'instruments financiers** (CATIF) financial futures, futures contract ; **contrat à terme d'obligations d'Etat** government bond futures ; **contrat à terme de devises** exchange futures, foreign currency futures ; **contrat à terme de taux d'intérêt** interest rate futures.

contre-offre nf counterbid, counteroffer.

contre-OPA nf [Fin, St Ex] reversed take-over bid, reversed TOB.

contre-ordre nm counter-order.

contre-passation nf [Acc] cancellation of an entry, reversal (US).

contre-proposition nf counter proposal, counteroffer.

contre-publicité nf adverse publicity, counter publicity.

contre-spéculation nf [St Ex] counter speculation.

contre-valeur nf [Fin] (devise) exchange value.

contrebande nf smuggling.

contrefaçon nf counterfeiting, forgery.

contrefaire v to counterfeit, to forge * **contrefaire un produit** to infringe a product.

contrepartie nf 1- [Eco] counterpart * **contrepartie or et devises** gold and foreign assets counterpart ; **contreparties de la masse monétaire** credit counterparts, money supply counterparts.
2- [Fin, St Ex] counterdemand, counteroffer.

Δ **fonction de contrepartie** market making.

contrepartiste nm [St Ex] market maker.

contribuable nm [Fisc] taxpayer.

contribuer v to contribute (*à* to).

contribution nf 1- contribution * **contributions sociales** welfare contributions, social contributions.
2- (Fisc) tax * **contributions directes** direct taxes ; **contributions indirectes** indirect taxes, customs and excise duties.

contrôle nm 1- a) (inspection) checking.
b) (maîtrise) control * **contrôle budgétaire** budgetary control ; **contrôle de gestion** management control ; **contrôle de la qualité** quality control ; **contrôle des naissances** birth control.
2- [Acc] audit, auditing * **contrôle externe** external audit ; **contrôle interne** internal audit.

Δ **bloc de contrôle** [Fin] controlling stake ; **majorité de contrôle** [Fin] controlling interest ; **prise de contrôle** [Fin] takeover ; **prise de contrôle majoritaire** [Fin] acquisition ; **sous contrôle étranger** [Fin] foreign-owned ; **sous contrôle de l'Etat** state-owned.

contrôler 1- a) to check, to control ; b) to supervise.
2- [Acc] to audit.

contrôleur, -euse nm, f [Acc] auditor * **contrôleur externe** external auditor ; **contrôleur interne** internal auditor.

convention nf [Jur] agreement, contract * **convention de double imposition** [Fisc] double taxation agreement ; **convention de Lomé** Lomé I, Lomé II, Lomé III ; **convention de placement** [Fin] placing memorendum ; **convention de prise ferme** [Fin] underwriting agreement ; **convention fiscale** [Fisc] tax agreement, tax treaty ; **convention internationale** national convention, international treaty ; **convention salariale** wage agreement, wage pact (US).

convergence nf [Stat] (estimateur) consistence.

convergent adj [Stat] consistent.

conversion nf [Fin] conversion * **conversion d'obligations (en actions)** bond conversion, debenture conversion ; **conversion de dettes en actifs** debt equity swap. ∆ **émission de conversion** conversion issue ; **prime de conversion** conversion premium ; **rapport de conversion** ou **ratio de conversion** conversion ratio.

convertibilité nf [Eco] convertibility * **convertibilité externe** external convertibility ; **convertibilité intégrale** full convertibility ; **convertibilité interne** internal convertibility ; **convertibilité limitée** limited convertiblity, restricted convertibility ; **convertibilité or** convertibility into gold ; convertibilité.

convertir v [Fin] to convert (*en* into), to change (*en* for, into).

coopération nf coopération * **Coopération économique dans la zone Asie-pacifique** (APEC) Asia Pacific Economic Cooperation (APEC).

corbeille nf [St Ex] (trading) floor (UK), pit (US).

corporel adj [Jur, Acc] tangible.

correction nf correction * **correction des variations saisonnières** [Stat, Eco] seasonal adjustment.

corrélation nf [Stat] correlation * **corrélation multiple** multiple correlation ; **corrélation partielle** partial correlation ; **corrélation simple** simple correlation.

correspondant en valeurs du Trésor nm [Fin] reporting dealer.

corrigé adj adjusted * **corrigé des variations saisonnières** (CVR) [Stat, Eco] seasonally adjusted.

corriger v to adjust, to revise * **corriger à la baisse** to revise downwards ; **corriger à la hausse** to revise upwards.

cotation nf [St Ex] quotation, listing * **cotation à la criée** outcry listing, open outcry quotation ; **cotation assistée en continu** (CAC) continuous automated trading ; **cotation du change à l'incertain** uncertain exchange quotation, uncertain quotation of exchange, indirect quotation of exchange ; **cotation du change au certain** certain exchange quotation, certain quotation of exchange, direct quotation of exchange ; **cotation(s) en continu** continuous

quotations, continuous trading ; **cotation en continu 24 heures sur 24** round the clock trading ; **cotation par casier** pigeonhole quotation ; **cotation par opposition** bid and ask(ed) quotations, stock price fixing.
∆ **échelon de cotation** tick ; **suspension des cotations** trading halt.

cote nf 1- (entreprise) rating.
2- [St Ex] a) (d'un titre boursier) quotation, quote ; b) (liste des titres cotés) list * **Cote officielle** official list, quotation list.
∆ **admis à la cote** listed ; **admission à la cote officielle** listing ; **demande d'inscription à la cote** application for admission to the list ; **inscription à la cote** admission to the list.

coté, e adj 1- (entreprise) rated * **entreprise bien cotée** highly rated company ; **entreprise mal cotée** poorly rated comapny.
2- [St Ex] (titre boursier) listed, quoted.

coter v 1- (entreprise) to rate.
2- [St Ex] (valeurs boursières) to list, to quote * **coter à l'incertain** to quote indirect exchange ; **coter à l'ouverture** to open at ; **coter à la clôture** to close at ; **coter au certain** to quote direct exchange.

cotisant, e nm, f contributor.

cotisation nf contribution * **cotisations à la sécurité sociale** social security contributions ; **cotisations aux caisses de retraite** contributions to pension funds ; **cotisations patronales (de sécurité sociale)** employers'(social security) contributions ; **cotisations salariales (de sécurité sociale)** employees'(social security) contributions ; **cotisations sociales** National Health contribution (UK), social contribution.
∆ **assiette des cotisations** [Fisc] contribution base ; **période de contisation** contribution period.

cotiser v to contribute (*à* to).

coup d'accordéon nm 1- [Eco] stop and go.
2- [Fin, Acc] capital restructuring.

coupe nf cut, cutback * **coupes budgétaires** budget cuts ; **coupes sombres dans les dépenses publiques** drastic cuts in public spending.

coupe-circuit nm [St Ex] circuit breaker.

coupon nm 1- coupon, voucher.
2- [Fin] coupon * **coupon attaché** cum, with coupon, dividend on (US) ; **coupon détaché** ex coupon ; **coupon zéro** zero coupon.
∆ **détachement du coupon** ex coupon, ex dividend, dividend off (US) ; **rendement du coupon** coupon yield.

couponnage nm [Fin] couponing * **couponnage croisé** cross couponing.

courant, e adj (actuel) current.

courbe nf [Math, Stat, Eco, Fin] curve, schedule * **tracer la courbe de** to plot the curve of ; **courbes d'Edgeworth** Edgeworth curves, Edgeworth diagram, indifference curves ; **courbe d'indifférence** indifference curve ; **courbe d'indif-**

férence du consommateur isoutility curve, consumer indifference curve ; **courbe d'indifférence du producteur** isoproduct curve, product curve ; **courbes d'isoquants** isoquant map ; **courbe d'offre** supply curve, supply schedule ; **courbe de Beveridge** Beveridge curve ; **courbe de demande** demand curve, demand schedule ; **courbe de demande coudée** kinked demand curve ; **courbe de fréquences cumulées** cumulative frequency distribution ; **courbe de Gauss** standard normal curve, Gauss distribution, normal distribution ; **courbe de Laffer** Laffer curve ; **courbe de Lorenz** Lorenz curve ; **courbe de Phillips** Phillips curve ; **courbe de Phillips augmentée des anticipations** (expectations) augmented Phillips curve, expectation-adjusted Phillips curve ; **courbe de taux inversée** inverted yield curve ; **courbe des contrats** Edgeworth diagram ; **courbe des possibilités de production** production possibility curve ; **courbe des taux d'intérêt** yield curve ; **courbe en cloche** bell-shaped curve ; **courbe en J** J curve ; **courbe en S** logistic curve ; **courbe enveloppe** envelope curve ; **courbes IS-LM** IS and LM curves ; **courbe isoélastique** isoelastic curve ; **courbe logistique** logistic curve.

cours nm [Eco, Fin, St Ex] price, quotation, rate * **casser les cours** to bang the market ; **faire monter les cours** to push up prices ; **dans le cours** in the money ; **dernier cours** closing price ; **hors du cours** out of the money ; **cours à terme** forward quotation, forward price, futures price ; **cours acheteur** [St Ex] bid rate, bid price, buying price ; [Fin] buying rate ; **cours acheteur et vendeur** bid and offered price ; **cours ajusté** adjusted price ; **cours après Bourse** street price (US) ; **cours au comptant** spot price, spot rate ; **cours boursier** quotation ; **cours d'introduction** issue price ; **cours d'intervention** intervention rate ; **cours d'ouverture** opening quotation, opening price ; **cours de change** exchange rate ; **cours de change à terme** forward (exchange) rate ; **cours de change au comptant** spot (exchange) rate ; **cours de clôture** closing quotation, closing price ; **cours de résiliation** default price ; **cours des actions** equity price, share price, stock price ; **cours des matières premières** commodity (market) price ; **cours des obligations** bond price ; **cours du dollar** dollar rate ; **cours du jour** going price ; **cours du marché** mark to market ; **cours extrêmes** [St Ex] highs and lows ; **cours forcé** forced circulation ; **cours indicatif** quote ; **cours le plus bas** bottom price ; **cours légal** legal tender ; **cours moyen** middle rate, middle price ; **cours pivot** central rate ; **cours pivots bilatéaux** bilateral central rates ; **cours plancher** floor rate, minimum rate ; **cours vendeur** [St Ex] asked rate, asked price, asking price, ask price (US) ; [Fin] selling price.
Δ **redressement des cours** rally.

courtage nm [St Ex] brokerage.
Δ **commission de courtage** brokerage fee ; **maison de courtage** brokerage firm, brokerage house.

courtier nm [St Ex] broker.

coût nm [Eco, Fin, Acc] cost * **au coût des facteurs** at factor costs ; **coût absolu** absolute cost ; **coût annuel équivalent** (CAE) equivalent annual cost ; **coût assurance frêt** (CAF) cost insurance freight (CIF) ; **coûts comparatifs** comparative costs ; **coût complet** [Acc] full cost ; [Eco] total cost ; **coût d'acquisition** acquisition cost, historical cost (US) ; **coût d'agence** agency cost ; **coût d'émission** issuing cost ; **coûts d'exploitation** operating costs, managing costs ; **coût d'opportunité** opportunity cost ; **coût d'opportunité du capital** opportunity cost of capital ; **coût d'option** opportunity cost ; **coût de cession** transfer price ; **coûts de dédouanement** bonding costs ; **coût de distribution** dustribution cost ; **coûts de faillite** bankruptcy costs ; **coûts de fonctionnement** operating costs ; **coût de la main-d'œuvre** labour costs ; **coût de la vie** cost of living ; **coût de production** [Eco, Acc] production cost ; [SCN] gross input ; **coût de protection contre le risque de change** hedging cost ; **coût de remplacement** replacement cost ; **coût de revient** cost of goods sold, cost of sales ; **coût de substitution** opportunity cost ; **coûts de surveillance** monitoring costs ; **coûts de transaction** transaction costs ; **coût des facteurs** [SCN] factor cost ; **coût direct** direct cost ; **coût du capital** cost of capital, opportunity cost of capital ; **coût et fret** (CF) cost and freight (CF) ; **coût explicite** explicit cost ; **coût fixe** fixed cost ; **coût fixe moyen** (CFM) average fixed cost (AFC) ; **coût historique** historical cost ; **coût implicite** implicit cost ; **coût indirect** indirect cost ; **coût marginal** (Cm) marginal cost (MC) ; **coût marginal croissant** increasing marginal cost ; **coût marginal de longue période** (CmLP) long-run marginal cost (LRMC) ; **coût marginal décroissant** decreasing marginal cost ; **coûts marginaux d'exploitation** marginal operating costs (MOC) ; **coût moyen** (CM) average cost (AC) ; **coût moyen de longue période** (CMLP) long-run average cost (LRAC) ; **coût moyen pondéré du capital** weighted average cost of capital ; **coût partiel** partial cost ; **coût préétabli** estimated cost ; **coût prévisionnel** estimated cost ; **coût relatif** comparative cost ; **coûts résiduels** residual costs ; **coût salarial** wage cost ; **coût salarial par unité produite** unit labour cost (ULC) ; **coûts salariaux indirects** non-wage labour costs ; **coûts sociaux** social costs ; **coût standard** standard cost ; **coût total** total cost (TC) ; **coût unitaire** unit cost, cost per unit ; **coût unitaire de la main-d'œuvre** unit labour cost (ULC) ; **coût unitaire total** total unit cost ; **coût variable** variable cost ; **coût variable moyen** (CVM) average variable cost (AVC) ; **coût variable total** (CVT) total variable cost.

∆ **centre de coût** cost centre ; **compression des coûts** cost cutting, cost containment ; **dépassement de coût** overrun costs ; **évaluation des coûts** costing ; **facteur coût** cost factor ; **structure des coûts** cost structure.

coût-efficacité [Eco] cost-benefit.

coûts-avantages [Eco] cost-benefit.

coûter v to cost.

coûteux, -euse adj expensive, costly.

couvert, e adj 1- [Fin] covered, oversubscribed.
2- [St Ex] hedged.

couverture nf 1- cover, covering, coverage.
2- [Eco] cover * **couverture-or** gold cover ; **couverture intégrale** complete cover ; **couverture proportionnelle** proportional cover.
3- [Fin] cover, hedge, hedging * **couverture à terme** forward cover, exchange hedging ; **couverture croisée** cross hedge, cross hedging ; **couverture de change à terme** forward exchange cover ; **couverture de change à terme des exportations** forward exchange cover for exports ; **couverture de change à terme des importations** forward exchange cover for imports.
4- [St Ex] (garantie demandée lors d'une opération à terme) margin requirement.
Δ **appel en couverture** [St Ex] margin call ; **opérateur en couverture** (JO) hedger ; **opération de couverture** [St Ex] margin transaction ; **taux de couverture** [St Ex] margin ratio.

couvrir v 1- to cover.
2- [Fin] (dépenses) to cover * **couvrir un découvert** to cover an overdraft.

couvrir (se) v [Fin, St Ex] to hedge * **se couvrir contre l'inflation** to hedge against inflation ; **se couvrir contre le risque de change** to hedge against exchange risk.

covariance nf [Stat] covariance.

covariation nf [Stat] covariation.

créance nf 1- [Jur, Fin] (voir 4) debt, claim * **amortir une créance** to write off a debt ; **avaliser une créance** to stand security for a debt ; **céder une créance** to assign a claim ; **recouvrer une créance** to collect a debt ; **créance cessible** transferable claim ; **créance chirographaire** unsecured debt ; **créance garantie** secured debt ; **créance hypothécaire** mortgage debt, mortgage loan ; **créance privilégiée** senior debt.
2- [Eco] * **créances sur l'économie** credit counterparts ; **créances sur l'étranger** cross-border claims.
3- [SCN] financial claims.
4- [Acc] debt receivable, account receivable (US) receivables * **créance à recouvrer** outstanding debt ; **créance douteuse** bad debt, doubtful debt, delinquincy (UK) ; **créance exigible** due debt ; **créance irrecouvrable** bad debt, doubtful debt, delinquency (UK).
Δ **abandon de créance** cancellation of debt, debt cancellation ; **mobilisation de créances** assignment of receivables, pledging of receivables ; **recouvrement des créances** debt collection ; **titulaire de créance** debtholder.

créancier, -ière nm, f [Jur, Fin] creditor * **créancier chirographaire** unsecured creditor ; **créancier de dernier rang** junior creditor ; **créancier de premier rang** senior creditor ; **créancier de second rang** junior creditor ; **créancier détenteur de dette subordonnée** junior creditor ; **créancier hypothécaire** mortgage creditor ;

créancier obligataire bond creditor.

création monétaire nf [Eco] credit creation, bank deposit creation.

crédit nm [Eco, Fin, Acc] credit, loan * **acheter à crédit** to buy on credit, to buy on installment (US) ; **assouplir le credit** to decontrol credit, to ease credit ; **demander un crédit** to ask for a loan ; **encadrer le crédit** to control credit ; **ouvrir un crédit** to open a credit line ; **plafonner le crédit** to put a ceiling on credit ; **rembourser un crédit** to repay a loan ; **resserrer le crédit** to squeeze credit, to tighten credit ; **vendre à crédit** to sell on credit, to sell on easy terms ; **vivre à crédit** to live on credit ; **voter des crédits** to allocate funds ; **crédits à court terme** short-term loans ; **crédit à l'exportation** export credit ; **crédit à la consommation** consumer('s) credit, hire purchase (UK) ; **crédit à long terme** long-term credit ; **crédit à moyen terme** medium-term credit, term loan ; **crédit à taux révisable** rollover credit ; **crédit à très court terme** call money ; **crédit acheteur** buyer('s) credit ; **crédit additionnel** fresh money ; **crédit bancaire** bank credit ; **crédit(s) budgétaire** [Fin pub] budget appropriation(s), budget provision(s) ; **crédit croisé** cross currency swap ; **crédit d'impôt** tax credit, credit against net income (US) ; **crédit de restructuration** new money ; **crédit de sécurité** swing line ; **crédit de substitution** (ligne de...) stand-by line of credit ; **crédit de trésorerie** cash advance ; **credit fournisseur** supplier('s) credit ; **crédit hypothécaire** mortgage loan, mortgage financing ; **crédit international** international loans ; **crédit interne** internal credit ; **crédit lié** tied credit ; **crédit lombard** lombard loan ; **crédit par acceptation** acceptance facility (UK), acceptance credit ; **crédit permanent** revolving credit ; **cédit personnel** personal credit, personal loan ; **crédit ponctuel** spot credit ; **crédit privilégié** credit for selective purposes ; **crédit relais** bridging loan ; **crédit syndiqué** syndicated loan ; **crédit transférable** assignable credit.

Δ **assouplissement de l'encadrement du crédit** easing of credit restrictions ; **carte de crédit** credit card, chip card, smart card (US) ; **contrôle du crédit** monetary control, credit control (US) ; **encadrement du crédit** credit control, credit restrictions, credit expansion limits ; **encours de crédit** credit outstanding ; **établissement de crédit** credit institution ; **expansion du crédit** credit expansion, credit growth ; **expansion du crédit intérieur** (ECI) domestic credit expansion (DCE) ; **gonflement du crédit** credit growth ; **instrument de crédit** credit instrument ; **ligne automatique de crédit** automatic credit line ; **mécanisme élargi de crédit** (MEDC) (cf. FMI) Extended Fund Facility (EFF) ; **multiplicateur de crédit** credit multiplier ; **ouverture de crédit** credit line ; **plafonnement du crédit** ceilings on credit, ceilings on lending ; **resserrement du crédit** credit tightening, credit rationing, credit squeeze, credit crunch ; **tranche de crédit** (cf. FMI) q v tranche de crédit.

crédit-bail nm [Fin] leasing.

créditer v to credit * **créditer son compte** to put money into one's account.

créditeur, -trice nm, f creditor.

créneau nm niche.

creux nm [Eco] trough * **creux conjoncturel** cyclical trough, cyclical low.

crise nf [Eco] crisis, slump, depression * **sortir de la crise** to pull out of the crisis ; **crise boursière** stock market crash ; **crise budgétaire** budgetary crisis ; **crise de 1929** the 1929 Depresssion, the Great Depression ; **crise de l'emploi** employment slump ; **crise de l'énergie** energy crisis ; **crise économique** economic crisis ; **crise pétrolière** oil crisis, oil shock.

critère nm criterion (**plu** criteria) * **critères de choix des investissements** [Fin] criteria for investment project selection ; **critères de convergence** [Eco] convergence criteria.

croissance nf [gen, Eco] expansion, growth * **croissance anticipée** expected growth ; **croissance démographique** population growth ; **croissance déséquilibrée** unbalanced growth ; **croissance durable** sustainable growth ; **croissance économique** economic growth ; **croissance endogène** endogenous growth ; **croissance équilibrée** balanced growth ; **croissance extensive** extensive growth ; **croissance externe (d'une firme)** external growth ; **croissance intensive** intensive growth ; **croissance interne (d'une firme)** internal growth, organic growth ; **croissance monétaire** monetary growth ; **croissance naturelle** natural growth ; **croissance optimale** optimal growth ; **croissance par tête** per capita growth ; **croissance potentielle** potential growth ; **croissance ralentie** stunted growth, subdued growth ; **croissance réelle** actual growth ; **croissance vigoureuse** strong growth, solid growth ; **croissance zéro** zero growth.
Δ **courbe de croissance** growth curve ; **facteur de croissance** growth factor ; **faiblesse de la croissance** subdued growth ; **indicateur de croissance** growth indicator ; **moteur de la croissance** driving force behind growth ; **objectif de croisance** growth target ; **ralentissement de la croissance** slowing down of growth ; **sentier de croissance** growth path ; **taux de croissance** growth rate.

croissant, e adj growing, increasing, rising.

croître v to grow, to increase.

CSD *coefficient du service de la dette* debt service ratio (DSR).

CSF *catégorie socio-professionnelle* socio-professional group.

cumulatif adj cumulative.

CVM *coût variable moyen* average variable cost (AVC).

CVS *corrigé des variations saisonnières* seasonally adjusted.

CVT *coût variable total* total variable cost (TVC).

cycle nm [gen, Eco] cycle * **cycle comptable** accounting cycle ; **cycle conjoncturel** business cycle, trade cycle, boom bust cycle ; **cycle court** short-term cycle ; **cycle d'exploitation** [Acc] operating cycle ; **cycle de Juglar** Juglar cycle ; **cycle de Kondratief** Kondratief cycle, long-term cycle ; **cycle de production** production cycle ; **cycle de vie du produit** product-life cycle ; **cycle des affaires** business cycle ; **cycle économique** economic cycle ; **cycle long** long-term cycle.

cyclique adj [gen, Eco] cyclical.

D

DAB *distributeur automatique de billets* cash dispenser (CD).

DAF *rendu frontière* delivered at frontier (DAF).

date nf date * **date butoir** a) deadline ; b) [Fin] cut off date ; **date d'exercice** [Fin, St Ex] expiration date ; **date d'exibilité** due date ; **date de valeur** value date ; **date limite** deadline.

DCPE *document cadre de la politique économique* (cf. FMI) policy framework paper (PFP).

DDU *délivré droit non acquitté* delivered duty non paid (DDU).

débauchage nm laying off, dismissing.

débaucher v to lay off, to make redundant.

débit nm [Acc] debit.

débiter v [Acc] to charge, to debit.

débiteur, -trice nm, f [Jur, Fin, Acc] debtor * **débiteur défaillant** delinquent debtor ; **débiteurs solidaires** joint and several debtors ; **débiteurs souverains** sovereign debtors.

débiteur, -trice adj debit.

débouché nm (marché) outlet, market.

débouclage nm [St Ex] unwinding.

décaissement nm payment.

décaisser v to disburse, to pay out.

décalage nm a) gap, lag ; b) discrepancy * **décalage conjoncturel** [Eco] cyclical lag.

décentralisation nf decentralization, decentralisation * **décentralisation industrielle** industrial relocation.

décile nm [Stat] decile.

décision nf decision.
△ **arbre de décision** decision tree.

déclaration nf 1- a) statement ; b) notice, notification.
2) [Fisc] return * **déclaration de revenu** income-tax return, tax return ; **déclaration fiscale** income-tax return, tax return.

déclarer v a) to announce, to declare, to state, to report ; b) to notify, to register.

décloisonnement nm [Fin] opening up * **décloisonnement des marchés des capitaux** the opening up of capital markets.

décollage nm [gen, Eco] take off.

découvert nm [Fin] overdraft * **opérer à découvert** [St Ex] to go short, to take a short position ;

solder un découvert to pay off an overdraft ; **découvert bancaire** bank overdraft ; **découvert budgétaire** budget deficit.
Δ **autorisation de découvert** overdraft facility.

décroissant adj decreasing.

décroître v to decrease, to decline, to diminish, to fall.

dédouanement nm customs clearance.

déductible adj deductible.

déductif adj deductive.

déduction nf 1- deduction.
2- [Fisc] tax allowance.

déduire v to deduct, to take off * **déduire 20 %** to deduct 20 %, to take off 20 %.

défaillance nf 1 - breakdown, failure, weakness.
2- [Fin] (non paiement) default, delinquency * **défaillance d'entreprise** bankruptcy, company failure, business failure ; **défaillance du donneur d'ordre** default by the principal.

défaillant nm [Fin] defaulter.

défaut nm 1- (imperfection technique) defect, flaw * **défaut de fabrication** manufacturing defect ; **défaut zéro** zero defect.
2- [Jur, Fin] default * **défaut croisé** cross default ; **défaut de couverture** non-coverage ; **défaut de paiement** default in payment, non-payment.

défavorable adj unfavourable, unfavorable.

déficit nm [Eco, Fin, Acc] deficit * **accuser un déficit** to show a deficit ; **apurer un déficit** to settle a deficit ; **combler un déficit** to fill a gap ; **enregistrer un déficit** to show a deficit ; **être en déficit** to be in deficit, to be in the red ; **déficit actuariel** experience loss ; **déficit brut d'exploitation** gross operating deficit ; **déficit (brut) de fonctionnement** (gross) operating deficit ; **déficit budgétaire** q v déficit budgétaire ; **déficit commercial** deficit on the trade balance, trade (balance) deficit ; **déficit d'exploitation** operating deficit ; **déficit de la balance commerciale** deficit on the trade balance, trade (balance) deficit ; **déficit de la balance des paiements** external deficit, balance of payments deficit ; **déficit de la balance des paiements courants** current (external) deficit ; **déficit de trésorerie d'exploitation** (DTE) operating cash deficit ; **déficit des finances publiques** public sector deficit ; **déficit du commerce extérieur** deficit on the trade balance, trade balance deficit ; **déficit externe** external deficit ; **déficit public** government deficit.

déficit budgétaire nm [Eco, Fin pub] budget deficit, fiscal deficit * **déficit budgétaire financé par l'émission de titres** bond-financed deficit ; **déficit budgétaire financé sans création monétaire** non-accommodated budget deficit.
Δ **composante conjoncturelle du déficit budgétaire** cyclical budget deficit ; **financement du déficit**

budgétaire par l'emprunt deficit spending.

déflation nf [Eco] deflation.

déflationniste adj [Eco] deflationary.

dégradation nf deterioration, worsening (*de* in) * **dégradation de la situation économique** worsening economic situation ; **dégradation des comptes extérieurs** deterioration of external accounts ; **dégradation du marché de l'emploi** labour market deterioration.

dégrader (se) v to deteriorate, to worsen.

dégraissage nm cutting back, trimming * **dégraissage de main-d'œuvre** labour shedding.

dégraisser v to cut back, to shed, to trim.

dégrèvement nm [Fisc] reduction, relief, rebate * **dégrèvement de base** basic relief ; **dégrèvement fiscal** tax rebate, tax relief, tax cut ; **dégrèvement fiscal au titre de l'impôt sur le revenu** relief from income tax.

délai nm time limit, deadline * **délai de recouvrement** [Fin] payback period.

délit nm [Jur] offence * **délit d'initié** [Fin, St Ex] insider dealing, insider trading.

délocalisation nf [Eco] relocation * **délocalisation industrielle** industrial relocation.

délocaliser v [Eco] to relocate.

déloyal adj [Eco] (concurrence) unfair.

delta nm [Fin] delta.

demande nf [gen, Eco] demand * **satisfaire la demande** to meet the demand ; **demande collective** social demand ; **demande complémentaire** joint demand ; **demande conjointe** joint demand ; **demande coudée** kinked demand ; **demande d'encaisses** demand for money, cash demand ; **demande d'encaisses de précaution** precautionary demand for money ; **demande d'encaisses de spéculation** speculative demand for money ; **demande d'encaisses de transaction** transaction demand for money ; **demande d'exportations** export demand ; **demande d'importations** import demand ; **demande de biens d'investissement** demand for capital goods ; **demande de biens de consommation** demand for consumer goods ; **demande de consommation** consumer demand ; **demande de crédit** demand for credit ; **demande de monnaie** q v monnaie ; **demande de précaution** precautionary demand for money ; **demande de travail** demand for labour, labour demand ; **demande dérivée** derived demand ; **demande des entreprises** corporate demand ; **demande du facteur travail** demand for labour, labour demand ; **demande effective** effective demand, voluntary consumption spending ; **demande élastique** elastic demand ; **demande étrangère** foreign demand, export demand ; **demande excédentaire** excess demand ; **demande extérieure** foreign demand ; **demande finale** final demand ; **demande globale** aggregate demand ; **demande induite** derived demand, induced demand ; **demande inélastique** inelastic demand ; **demande intérieure** domestic demand ; **demande intérieure totale** [SCN] total domestic demand (TDD), total domestic expenditure ; **demande liée** joint demand ; **demande mondiale** world demand ; **demande non satisfaite** pent-up demand ; **demande parfaitement élastique** perfectly elastic demand ; **demande parfaitement inélastique** perfectly inelastic demand ; **demande parfaitement rigide** perfectly inelastic demand ; **demande potentielle** potential demand ; **demande pure** pure demand ; **demande réciproque** reciprocal demand ; **demande rigide** inelastic demand, rigid demand ; **demande soutenue** active demand ; **demande spéculative** speculative demand (for money) ; **demande transactionnelle** transactional demand.

Δ **composantes de la demande** components of demand, demand components ; **composantes de la demande intérieure** components of domestic demand ; **déplacement de la demande** demand shift ; **dynamisme de la demande** demand buoyancy ; **emballement de la demande** booming demand ; **faiblesse de la demande** sluggishness of demand, weak demand ; **fléchissement de la demande** contracting demand, flagging demand, weaker demand ; **fonction de demande** demand function ; **freinage de la demande** demand restraint ; **induit par la demande** demand-led ; **insuffisance de la demande** slack in demand, deficient demand ; **limité par la demande** demand-constrained ; **régulation de la demande** demand management ; **rigidité de la demande** inelasticity of demand ; **tiré par la demande** demand-pull.

dématerialisation nf [Eco, Fin] dematerialization.

démembrement nm [Fin] split, stripping * **démembrement des actifs** asset stripping, divestiture, divestment ; **démembrement des actions** share split (UK), stock split (US) ; **démembrement des titres obligataires** stripping of bonds, bond stripping.

démentèlement nm [Eco, Fin] (d'une entreprise, d'un groupe) demerger, break-up, breakup.

démenteler v [Eco, Fin] (une entreprise, un groupe) to demerge, to break up, to spin off.

démographie nf demography.

demonétisation nf [Eco] demonetization, demonetisation.

dénationalisation nf denationalization, denationalisation.

dénationaliser v denationalize, denationalise.

denier nm penny * **deniers publics** public money.

denrée nf commodity.

départ entrepôt ex warehouse.

départ usine ex works (EXW).

dépense nf 1- [Eco, SCN] expenditure, spending * **contenir les dépenses (publiques)** to rein in spending ; **réduire les dépenses** to reduce spending, to cut back on spending, to cut down spending ; **dépenses budgétaires** public expenditure, budget expenditure ; **dépenses courantes** current expenditure ; **dépenses d'équipement** capital expenditure, capital spending, capital investment, capital outlay ; **dépenses d'investissement** capital expenditures, capital spending, capital investment, capital outlay ; **dépenses de consommation** consumer spending ; **dépenses de consommation des ménages** [SCN] personal consumption expenditure (PCE), household final consumption ; **dépense de consommation finale** [SCN] final consumption expenditure ; **dépenses de fonctionnement** current expenditure, operating expenditure ; **dépense de l'Etat** public expenditure ; **dépenses de santé** health expenditure ; **dépenses des administrations publiques** government expenditure ; **dépenses des ménages** household expenditure ; **dépenses en capital** capital expenditure ; **dépenses engagées** expenditure incurred ; **dépense financée par l'emprunt** loan expenditure ; **dépenses incompressibles** core expenditure ; **dépense intérieure** domestic expenditure ; **dépense intérieure brute** gross domestic expenditure ; **dépense intérieure brute en R & D** gross domestic expenditure on R & D (GERD) ; **dépenses intérieures brutes de R-D du secteur des entreprises** (DIRDE) Business Enterprise Expenditure on R & D (BERD) ; **dépense intérieure nette** [SCN] net domestic expenditure ; **dépense nationale** [SCN] national expenditure, total expenditure ; **dépense nationale brute** gross national expenditure (GNE) ; **dépense nationale brute en R & D** gross national expenditure on R & D (GNERD) ; **dépense nationale nette** [SCN] net national expenditure ; **dépenses non engagées** expenditure backlog ; **dépense(s) publique(s)** government spending, public expenditure ; **dépenses publiques courantes** revenue expenditure ; **dépenses publiques incompressibles** public expenditure commitments ; **dépenses sociales** welfare expenditure.
2- [Acc] expense, charge * **dépenses d'exploitation** operating expenses, operating charges ; **dépenses de fonctionnement** operating expenses, operating charges.
Δ **compression des dépenses** spending cuts ; **limitation des dépenses** expenditure restraint ; **maîtrise des dépenses** expenditure control ; **objectifs de dépenses** spending targets ; **réduction des dépenses (publiques)** expenditure cuts, expenditure cutback.

dépenser v to spend.

dépensier adj thriftless.

déport nm [St Ex] backwardation, discount * **déport de change à terme** exchange discount.

déposant nm [Eco ; Fin] depositor.

dépôt nm 1- a) (entrepôt) warehouse, yard ; b) (douanes) bond.
2- [Eco, Fin] deposit * **effectuer un dépôt auprès de** to deposit ; **dépôt à terme** time deposit, term deposit ; **dépôt à vue** cash deposit, call deposit, demand deposit, sight deposit, checking deposit (US) ; **dépôt bancaire** bank deposit ; **dépôt de couverture** reserve deposit ; **dépôt de garantie** initial deposit ; **depôt de non résident** external deposit ; **dépôt en devises** foreign currency deposit, foreign exchange deposit ; **dépôt en espèces** cash deposit, money deposit ; **dépôt en monnaie étrangère** deposit in foreign currency ; **dépôt non rémunéré** non-interest bearing deposit.
Δ **certificat de dépôt** (CD) certificate of deposit (CD) ; **collecte des dépôts** deposit taking ; **ruée sur les dépôts** run on banks.

dépréciation nf [Eco, Fin] depreciation * **dépréciation de surenchère** competitive exchange depreciation ; **dépréciation monétaire** depreciation of money.

déprécier (se) v [Eco, Fin] to depreciate.

dépression nf [Eco] recession, slump.

DEPS *dernier entré, premier sorti* last in first out (LIFO).

DEQ *rendu à quai* delivered ex quay (DEQ).

déqualification nf deskilling.

déqualifier v to deskill.

déréglementation nf [Eco, St Ex] deregulation.

déréglementer v [Eco, St Ex] to deregulate, to decontrol, to liberalize.

dérive nf drift * **dérive inflationniste** inflation bias, inflation drift ; **dérive des salaires** wage drift.

dernier entré, premier sorti (DEPS) [Acc] last in first out (LIFO).

désaisonnalisation nf [Stat] adjustment for seasonal variations, seasonal adjustment.

désaisonnaliser v [Stat] to adjust for seasonal variations.

déséconomie nf [Eco] diseconomy * **déséconomies d'échelle** diseconomies of scale ; **déséconomies de champ** diseconomies of scope ; **déséconomies de dimension** size diseconomies ; **déséconomies externes** external diseconomies ; **déséconomies internes** internal diseconomies.

désendettement nm [Fin] debt reduction * **désendettement de fait** in substance defeasance, debt defeasance.

désendetter (se) v to reduce one's debt, to reduce indebtedness, to reduce liabilities.

désengagement nm withdrawal.

désengager (se) v to withdraw.

désépargne nf [Eco] dissaving.

désépargner v [Eco] to dissave.

déséquilibre nm [Eco] disequilibrium * **déséquilibre budgétaire** budget shortfall.

désindexation nf [Eco] deindexation.

désindexer v [Eco] to deindex.

désindustrialisation nf [Eco] de-industrialisation.

désinflation nf [Eco] disinflation * **désinflation competitive** competitive disinflation.

désintermédiation nf [Eco, Fin] disintermediation.

désinvestir v [Eco] to disinvest.

désinvestissement nm [Eco] disinvestment, divestment, divestiture * **désinvestissement en stocks** stock disinvestment, inventory disinvestment.

déspécialisation nf [Fin] despecialisation, despecialization * **déspécialisation bancaire** banks'despecialization.

déstockage nm stock decrease.

désutilité nf [Eco] disutility.

détail nm retail.

détaillant nm retailer.

déthésaurisation nf [Eco] dishoarding.

dette nf 1- [Eco, Jur, Fin, Fin pub] debt * **amortir une dette** to repay a debt in full, to redeem a debt, to write off a debt ; **apurer une dette** to pay off a debt, to settle a debt ; **faire des dettes** to get or to run into debt ; **libérer qn d'une dette** to discharge sb from a debt ; **liquider une dette** to pay off a debt, to settle a debt ; **rééchelonner la dette** to reschedule the debt ; **régler une dette** to discharge a debt ; **s'acquitter d'une dette** to pay off a debt ; **dette à court terme** short-term debt ; **dette à long et moyen terme** long and medium-term debt ; **dette à long terme** long-term debt ; **dette chirographaire** unsecured debt ; **dette de premier rang** senior debt ; **dette de second rang** junior debt, subordinated debt ; **dette échue** matured debt ; **dette extérieure** external debt, foreign debt ; **dette extérieure publique** public external debt ; **dette flottante** floating debt, unfunded debt ; **dette garantie** secured debt ; **dette intérieure** domestic debt ; **dette mezzanine** mezzanine debt ; **dette non amortissable** unsinkable debt ; **dette non consolidée** unfunded debt ; **dette non exigible** unsecured debt ; **dette obligataire** debenture debt, funded debt (US) ; **dette obligataire gagée** bonded debt ; **dette perpétuelle** perpetual debt ; **dette prioritaire** senior debt ; **dette publique** government debt, national debt, public debt, public sector debt ; **dette publique consolidée** funded debt ; **dette solidaire** joint debt ; **dette subordonnée** subordinated debt, junior debt, subordinated loan ; **dette venant à échéance** maturing debt.

2- [Acc] debt, liability * **dettes à long terme** long-term liabilities ; **dettes à moins d'un an** current liabilities, short-term liabilities ; **dettes à payer** accounts payable, debts due ; **dettes à plus d'un an** long-term liabilities ; **dettes d'exploitation** current liabilities ; **dettes exigibles** debts due.

∆ **accumulation de la dette** debt-build-up ; **encours de la dette** debt outstanding, outstanding debt ; **encours de la dette publique** Governement outstanding debt ; **poids de la dette** debt burden ; **rachat d'une dette** debt redemption, debt repayment, debt retirement ; **réaménagement de la dette** debt rearrangement ; **reconnaissance de dette** acknowledgement of debt ; **rééchelonnement de la dette** debt rescheduling, debt restructuring, debt rephasing ; **restructuration de la dette** debt rescheduling, debt restructuring ; **service de la dette** debt servicing ; **structure de la dette** debt profile.

dévaluation nf [Eco] devaluation * **dévaluation à chaud** emergency devaluation ; **dévaluation compétitive** competitive devaluation.

dévaluer v [Eco] to devalue, to devaluate (US).

développement nm 1- development, expansion, growth.
2- [Eco] development * **développement autocentré** self-centred development ; **développement durable** sustainable development ; **développement endogène** self-sustained development ; **développement tourné vers l'extérieur** outward-looking development.

∆ **étape de développement** development stage ; **mode** ou **modèle de développement** development pattern ; **niveau de développement** development stage ; **phase de développement** development stage ; **pôle de développement** development centre ; **schéma de développement** development pattern ; **stades de développement** development stages ; **zone de développement** development area.

développer v to develop, to expand.

développer (se) v to develop, to expand.

devise nf [Eco] currency, foreign currency, foreign exchange (FOREX) * **perdre contre une devise** to decline against ; **devise clé** key currency ; **devise étrangère** foreign currency ; **devise faible** soft currency, weak currency ; **devise sous-évaluée** undervalued currency ; **devise surévaluée** overvalued currency ; **devise tierce** third currency.

∆ **rentrées de devises** foreign exchange receipts.

devise-titre nf [Eco] security currency, investment currency.

DG *directeur général* chief executive officer (CEO).

diagramme nm diagram, chart, graph.

différentiel nm [Stat] differential * **différentiel d'inflation** inflation differential ; **différentiel de taux d'intérêt** interest rate differential.

dilemme nm dilemma * **dilemme du prisonnier** [Eco] prisoner's dilemma.

dilution nf [Fin] dilution * **dilution des bénéfices** dilution of earnings ; **dilution du capital** dilution of equity, dilution of ownership, dilution of shareholding.

diminuer vi to decrease, to drop, to diminish, to fall, to go down.
vt to reduce, to bring down, to lower.

diminution nf decrease, reduction, fall, drop.

DIRD *dépense intérieure brute de R-D* gross domestic expenditure on R & D (GERD).

DIRDE *dépenses intérieures brutes de R-D du secteur des entreprises* Business Enterprise Expenditure on R & D (BERD).

directeur nm manager, director, head * **directeur adjoint** deputy manager, assistant manager ; **directeur financier** financial director, controller, treasurer ; **directeur général** (DG) chief executive officer (CEO).

direction nf a) management, running ; b) management ; c) department, division * **direction des ventes** sales department ; **direction par objectifs** management by objectives.
Δ **fonctions de direction** managerial functions, management functions.

directive nf (grandes lignes) guidelines * **directives de l'UE** EU Directives.

dirigeant nm manager, director, executive * **dirigeant d'entreprise** corporate manager, corporate executive.

diriger v a)- (entreprise) to manage, to run ; b) (être responsable de) to be at the head of, to be in charge of.

dirigisme nm [Eco] command economy, planned economy.

discrimination nf discrimination.

discriminer v to discriminate.

disparité nf [Stat] disparity.

dispersion nf [Stat] dispersion, scatter.

disponibilités nf, plu 1- [Eco] money, money balances * **disponibilités à vue** sight balances ; **disponibilités monétaires** money balances, money stock ; **disponibilités quasi monétaires** near money, quasi money.
2- [Acc] cash, cash in hand.

disponible adj available.

distorsion nf distorsion.

distribuer v 1- to distribute.
2- [Fin] (dividendes) to pay ; (actions) to allot, to allocate.

distribution nf 1- a) distribution ; b) (secteur) retailing.
2- [Eco] distribution * **distribution des revenus** distribution of income, income distribution ; **distribution des richesses** distribution of wealth ; **distribution primaire** primary distribution ; **distribution secondaire** secondary distribution.
3- [Fin] (dividendes) payment ; (actions) allotment * **distribution de dividendes** dividend payments ;

distribution gratuite (d'actions) free allotment, free issue of shares, capitalization issue, scrip issue.
4- [Stat] distribution * **distribution aléatoire** random distribution ; **distribution d'échantillonnage** sampling distribution ; **distribution de Bernouilli** Bernouilli process, binomial distribution ; **distribution de Poisson** Poisson probability distribution ; **distribution normale** normal distribution ; **distribution statistique** statistical distribution.
Δ **la grande distribution** supermarkets ; **réseau de distribution** network, distribution channels.

DIT *division internationale du travail* International Division of Labour.

divergence nf [gen, Eco] divergence.
Δ **seuil de divergence** (cf. SME) divergence threshold.

diversification nf [Eco] diversification.
Δ **stratégie de diversification** diversification strategy.

diversifier v [Eco] to diversify.

diversifier (se) v [Eco] to diversify.

dividende nm [Fin] dividend * **distribuer** *ou* **verser des dividendes** to pay dividends ; **dividende attaché** cum dividend ; **dividende cumulatif** cumulative dividend ; **dividende détaché** ex dividend ; **dividende différé** scrip dividend ; **dividende en actions** share dividend (UK), stock dividend (US) ; **dividende en numéraire** cash dividend ; **dividende exceptionnel** extra dividend ; **dividende fictif** sham dividend ; **dividende intérimaire** interim dividend ; **dividendes non distribués** unpaid dividends ; **dividende prioritaire** preference dividend ; **dividende supplémentaire** extra dividend ; **dividendes versés** dividends paid.
Δ **acompte sur dividende** interim dividend.

diviser v to divide, to split.

divisibilité nf divisibility.

divisible adj divisible.

division nf 1- (partage) sharing (out).
2- [Eco] * **division du travail** division of labour ; **division internationale du travail** (DIT) International Division of Labour.
3- [Fin] split, splitting * **division d'actions** share split (UK), stock split (US).
4- [Math] division.

dl *degré de liberté* degree of freedom (df).

document nm document * **documents comptables** accounting records, financial statements.

dollar nm dollar, greenback.

dominant adj [Eco] dominant, leading.

don nm [Eco] aid, grant.

donnée nf [gen, Stat] datum (plu data) * **données brutes** crude data ; **données chiffrées** numerical data ; **données corrigées** ad-

justed data ; **données de base** base-line data ; **données en termes de flux** flow data ; **données en termes de stocks** stock data ; **données non corrigées** unadjusted data ; **données rétrospectives** back data ; **données statistiques** statistical data ; **données statistiques de base** benchmark statistics.
Δ **analyse des données** data analysis ; **banque de données** data bank ; **base de données** data base ; **collecte des données** data gathering ; **entrée de données** data input ; **gestion de données** data management ; **sortie de données** data output.

dotation nf 1- [Eco] endowment * **dotation en capital** capital endowment ; **dotation en facteurs de production** (production) factor endowment ; **dotation en ressources** factor endowment ; **dotation factorielle** factor endowment ; **dotation relative des facteurs** relative factor endowment.
2- [Fin] * **dotation en capital** alloted capital.
3- [Acc] allowance, charge * **dotation aux amortissements** a) (immobilisations corporelles) depreciation allowance, depreciation charge, capital allowance (UK) ; b) (immobilisations incorporelles) amortization expense.

doubler v (nombre, prix) to double, to increase twofold.

douce négligence nf [Eco] begnin neglect..

DPI *droits de propriété intellectuelle* intellectual property rights (IPRs).

droit nm 1- [Jur] a) **le droit** law * **droit bancaire** bank law ; **droit cambiaire** exchange law ; **droit commercial** commercial law ; **droit communautaire** Community law ; **droit de la concurrence** competition law (UK), anti-trust legislation (US) ; **droit des affaires** business law ; **droit des contrats** law of contract, contract law ; **droit des sociétés** company law (UK), corporation law (US) ; **droit fiscal** revenue law.
b) right * **droit au bail** right to the lease ; **droit d'établissement** right of establishment ; **droit de propriété** right of ownership, property right ; **droits de propriété intellectuelle** (DPI) intellectual property rights (IPRs).
2- [Fin, St Ex] right * **droit attaché** cum right ; **droit d'attribution** right of allotment, allotment right ; **droit de conversion** conversion right ; **droit de rachat** redemption right ; **droit de souscription** (application) right ; **droit de souscription à des actions nouvelles** share right (UK), stock right (US) ; **droit de tirage** (cf. FMI) drawing right ; **droit de tirage spécial** (DTS) (cf. FMI) special drawing right (SDR) ; **droit de vote** voting right ; **droit de vote double** double voting right ; **droit détaché** ex right.
3- [Fisc] duty, tax * **droits à l'exportation** export duties ; **droits à l'importation** import duties ; **droits antidumping** antidumping duties ; **droit compensatoire** countervailing duty, countervailing tax ; **droit d'accise** excise duty ; **droits de douane** customs duties ; **droits de mutation** capital transfer tax (CTT) (UK) ; **droit de régie** excise duty ; **droit de succession** death

duties (UK), death tax (US) ; **droit de timbre** stamp duty.

droite nf line * **droite caractéristique** [Fin] characteristic line ; **droite de budget** [Eco] budget line, consumption possibility line ; **droite de Henry** [Stat] Q-Q dots ; **droite de marché** ou **droite du marché des capitaux** [Fin] capital market line ; **droite de marché des actifs risqués** [Fin] securities market line ; **droite des moindres carrés** [Stat] least squares regression.

DTE *déficit de trésorerie d'exploitation* operating cash deficit.

DTS *droit de tirage spécial* special drawing right (SDR).

dumping nm [Eco] dumping.

duopole nm [Eco] duopoly * **duopole de Bertrand** Bertrand's duopoly ; **duopole de Bowley** Bowley's duopoly ; **duopole de Cournot** Cournot's duopoly ; **duopole de Stackelberg** Stackelberg's duopoly.

duopsone nm [Eco] duopsony.

durable adj (croissance, développement) sustainable.

duration nf [Fin] duration * **duration de Macauley** Macauley's duration.

durée nf 1- duration * **durée de vie d'un bien** economic life ; **durée du travail** duration of work, hours of work, working hours, working time ; **durée hebdomadaire du travail** hours worked weekly ; **durée moyenne du travail** average hours of work ; **durée normale du travail** standard working hours.
2- [Fin] life, length * **durée amortissable** depreciation life.

dynamique adj [gen, Eco] dynamic.

E

EBE *excédent brut d'exploitation* operating surplus.

écart nm 1- difference.
2- [Eco] gap * **écart déflationniste** deflationary gap ; **écart inflationniste** inflation(ry) gap.
3- [Fin, St Ex] spread, margin * **écart entre cours acheteur et cours vendeur** bid-ask spread, bid-offer spread.
4- [Acc] variance * **écart d'acquisition** goodwill ; **écarts de conversion** foreign exchange gains or losses ; **écart de production** production variance ; **écart des coûts** cost variance ; **écart sur charges de structures** overhead variance.
5- [Stat] deviation * **écart à la moyenne** mean deviation, average deviation ; **écart interquartile** quartile deviation ; **écart moyen** mean deviation, average deviation ; **écart observé** actual deviation ; **écart par rapport à la tendance** trend deviation ; **écart quadratique moyen** mean square deviation, square root deviation ; **écart statistique** sampling deviation.

écart-type nm [Stat] standard deviation * **écart-type résiduel** residual standard deviation.

échange nm 1- exchange * **échange de biens et services** exchange of goods and services.
2- [Eco, Eco int] trade * **échanges commerciaux** trade ; **échanges croisés** intra-industry trade ; **échange entre entreprise mère et filiale** intra-firm trade ; **échanges extracommunautaires** extra-community trade ; **échange international** international trade ; **échanges intracommunautaires** intra-community trade ; **échanges inter-industriels** input output analysis, interindustry analysis ; **échanges sur les invisibles** invisible trade ; **échanges sur les services** invisible trade.
3- [Fin swap] * **échange à terme** forward swap ; **échange cambiste** treasury swap ; **échange de créances** debt swap, debt to debt swap ; **échange de créances contre actifs** debt equity swap ; **échange de dettes contre des matières premières** debt commodity swap ; **échange de devises dues** currency swap ; **échange de taux d'intérêt** interest swap, interest rate swap ; **échange de taux d'intérêt et de devises** cross-currency interest swap ; **échange financier** swap ; **échange financier de taux d'intérêt** interest rate swap ; **échange financier de taux d'intérêt et de devises** interest and currency swap ; **échange renouvelable** roller swap ; **échange sur actifs** assets based swap ; **échange syndiqué** syndicated swap.
Δ **courant d'échanges** trade flow ; **gains de l'échange** gains from trade ; **libéralisation des échanges** trade liberalization ; **rachat d'échange financier** swap close, swap buy-back ; **termes de l'échange** terms of trade.

échanger v to exchange, to swap.

échantillon nm [gen, Stat] sample * **échantillon aléatoire** random sample, probability sample ; **échantillon diversifié** cross-section sample ; **échantillon maître** master sample ; **échantillon pondéré** weighted sample ; **échantillon représentatif** adequate sample, representative sample ; **échantillon sans erreur systématique** unbiased sample ; **échantillon témoin** check sample ; **échantillon tiré au hasard** random sample, probability sample ; **échantillon type** standard sample.

échantillonnage nm [Stat] sampling * **échantillonnage à plusieurs degrés** stratified sampling ; **échantillonnage en grappe** cluster sampling ; **échantillonnage par la méthode des quotas** quota sampling ; **échantillonnage par tirage aléatoire** random sampling.
Δ **erreur d'échantillonnage** sampling error ; **méthode d'échantillonnage** sample survey design, sampling design ; **période d'échantillonnage** sampling period ; **plan d'échantillonnage** sampling plan.

échantillonner v [Stat] to sample.

échéance nf 1- expiry date, deadline. 2- [Fin] (coupon) due date ; (obligation, bon du Trésor) maturity date ; (emprunt) redemption date * **à échéance** at maturity ; **avant échéance** before maturity ; **venir à échéance** to come to maturity ; **échéance initiale** initial maturity ; **échéance moyenne** average maturity ; **échéance résiduelle** remaining or residual maturity.
Δ **date d'échéance** maturity date ; **non concordance des échéances** maturity mismatch(ing) ; **transformation des échéances** maturity transformation.

échéancier nm [Fin] repayment schedule, refunding program (US).

échelle nf scale * **échelle de préférence** [Eco] preference scale ; **échelle des revenus** [Eco] income scale ; **échelle minimum efficace (EME)** [Eco] minimum efficient scale ; **échelle mobile** [Eco] sliding scale ; **échelle mobile des salaires** [Eco] sliding wage scale.

échoir v to fall due, to come, to maturity.

échu adj outstanding, matured, due.

ECI *expansion du crédit intérieur* Domestic Credit Expansion (DCE).

Ecole nf [gen, Eco] school * **Ecole autrichienne** Austrian School ; **Ecole classique** Classical School ; **Ecole de Cambridge** Cambridge School ; **Ecole de Chicago** Chicago School ; **Ecole de l'équilibre général** General equilibrium analysis, Walras School ; **Ecole de l'équilibre partiel** Partial equilibrium analysis ; **Ecole de Lausanne** Lausanne School ; **Ecole de Manchester** Manchester School ; **Ecole de Stockholm** Stockholm School ; **Ecole de Vienne** Vienna School ; **Ecole des choix publics** School of Public Choice ; **Ecole économique** school of economic thought ; **Ecole historique allemande** German Historical School ; **Ecole néo-**

cambridgienne Neo-Cambridge School ; **Ecole suédoise** Swedish School.

économe adj thrifty.

économétrie nf [Eco] econometrics.

économie nf [Eco] a) (fait d'économiser) economy ; b) économie d'un pays) economy ; c) (l'activité économique) economy ; d) (science économique) economics * **relancer l'économie** to reflate or to boost or to stimulate the economy ; **l'économie dans son ensemble** the economy as a whole ; **économie à planification centralisée** centrally planned economy ; **économie agricole** agricultural economy ; **économie appliquée** applied economics ; **économie classique** classical economics ; **économies d'échelle** economies of scale, increasing returns to scale ; **économie d'endettement** debt economy, overdraft economy ; **économies d'éventail** economies of scope ; **économie de capitaux** capital economy ; **économies de champ** economies of scope ; **économie de l'information** information economics ; **économie de l'offre** supply-side economics ; **économie de la santé** health economics ; **économie de marché** (free) market economy, market-driven economy ; **économie de subsistance** subsistence economy ; **économie de troc** barter economy ; **économie dirigée** non market economy, state-controlled economy ; **économie diversifiée** broadly-based economy ; **économie domestique** home economy ; **économie dominante** dominant economy ; **économies dynamiques d'Asie** (EDA) dynamic Asian economies (DAE) ; **économie du bien-être** welfare economics ; **économie du développement** development economics ; **économie du travail** labour economics ; **économie duale** dual economy ; **économie en pleine expansion** booming economy ; **économie étatique** state controlled economy ; **économies externes** external economies ; **économie féodale** feudal economy ; **économie fermée** closed economy ; **économie industrielle** industrial economics ; **économie informelle** unrecorded economy, parallel economy, submerged economy ; **économies internes** internal economies ; **économie keynésienne** Keynesian economics ; **économie libérale** free market economy ; **économie mathémathique** mathematical economics ; **économie mixte** mixed economy ; **économie monde** world's economy ; **économie mondiale** world's economy ; **économie monétaire** monetary economics ; **économie monétarisée** cash economy, money economy ; **économie nationale** national economy ; **économie néo-classique** neo-classical economics ; **économie ouverte** open economy ; **économie planifiée** command economy, controlled economy ; **économie politique** poli- tical economy ; **économie publique** public economics ; **économie quantitative** quantitative economics ; **économie souterraine** unrecorded economy, parallel economy, submerged economy.
Δ **assainissement de l'économie** stabilizing of the economy ; **atterrissage en douceur de l'économie** soft landing of the economy ; **ba-**

économique romètre de l'économie leading indicator ; **bases de l'économie** fundamentals ; **l'ensemble de l'économie** the whole of the economy ; **nouvelles économies industrielles** (NEI) newly industrializing (*or* industrialized) economies (NICs) ; **ralentissement de l'économie** economic slowdown ; **redémarrage de l'économie** recovery, revival of the economy ; **reprise de l'économie** recovery, upturn, pick-up ; **surchauffe de l'économie** overheating, heating up, overheated economy ; **tertiarisation de l'économie** shift to services, tertiarization of the economy.

économique adj a) (qui a trait à l'économie) economic ; b) (qui fait faire des économies) economical.

économiser v to economize.

économiste nm [Eco] economist * **économiste de l'offre** supply sider ; **économiste libéral** free market economist ; **économistes libéraux** free marketers ; **économistes néokeynésiens** neoKeynesians.

écriture nf [Acc] entry * **approuver les écritures** to agree the accounts *or* the books ; **arrêter les écritures** to balance the books, to close the books, to close the accounts ; **confirmer les écritures** to agree the accounts *or* the books ; **contre-passer une écriture** to reverse an entry ; **passer une écriture** to make an entry, to enter, to post an entry ; **passer une écriture en conformité** to reciprocate an entry ; **redresser une écriture** to adjust an entry ; **écriture au crédit** credit entry ; **écriture au débit** débit entry ; **écriture comptable** entry, accounting entry, book-entry ; **écriture de clôture** closing entry ; **écriture de contre-passement** cross entry, reverse entry ; **écriture de fermeture** closing entry ; **écriture de redressement** correcting entry ; **écriture de régularisation** adjusting entry. Δ **fausse écriture** false entry ; **faux en écriture** falsification of accounts ; **jeu d'écriture** dummy entry.

ECU *unité monétaire européenne* European Currency Unit (ECU).

EDA *économies dynamiques d'Asie* dynamic Asian economies (DAE).

EDR *European depositary receipt* certificat de dépôt libellé en dollars.

EEE *Espace économique européen* European Economic Area (EEA).

effectif nm workforce, staff, manpower * **faire partie des effectifs** to be on the payroll ; **maintenir le niveau des effectifs** to keep up manning levels ; **réduire les effectifs** to cut labour, to shed labour, to reduce the workforce.
Δ **compression des effectifs** labour cuts, labour cutback, job reduction, job displacement, staff reduction ; **gestion des effectifs** manpower management ; **réduction** *ou* **suppression** des effectifs labour cuts, labour cutback.

effectif adj effective, actual.

effet nm 1- consequence, effect, result, impact.

2- [Eco] effect * **effet d'annonce** news effect, announcement effect ; **effet d'encaisses réelles** real balances effect, Pigou's effect ; **effet d'entraînement** knock-on effect, pace setting effect, locomotive effect, spill(ing)-over effect ; **effet d'éviction** crowding-out effect ; **effet d'hystérésis** hysteresis effect ; **effet de boule de neige** snowballing effect ; **effet de cliquet** ratchet effect ; **effet de concentration** [Stat] pooling effect ; **effet de contagion** knock-on effect ; **effet de Courbis** Courbis Effect ; **effet de création de trafic** trade creation ; **effet de démonstration** demonstration effect, Duesenberry effect ; **effet de désincitation** disincentive effect ; **effet de détournement de trafic** (Eco int) trade diversion ; **effet de freinage** contractionary effect ; **effet de levier** leverage effect, leverage factor ; **effet de patrimoine** wealth effect ; **effet de perroquet** parrot effect ; **effet de rattrapage** catch-up effect ; **effet de réaction en chaîne** knock-on-effect ; **effet de relance** expansionary effect ; **effet de rémanence** ratchet effect ; **effet de revenu négatif** negative income effect, Giffen's Paradox ; **effet de revenu permanent** permanent income effect ; **effet de richesse** wealth effect, Metzler effect ; **effet de ricochet** ripple effect ; **effet de seuil** threshold effect ; **effet de snobisme** Veblen effect ; **effet de substitution** substitution effect, Marshall effect ; **effet de surprise** news effet ; **effet de taille** scale effect ; **effet de valorisation** valuation effect ; **effet de verrou** [Fin] lock-in effect ; **effet de voisinage** external effect ; **effet différé** lagged effect ; **effet Dusenberry** Dusenberry Effect ; **effet externe** external effect, externality ; **effet Fisher** Fisher effect ; **effet Friedman** Friedman effect ; **effet Hicks** Hicks effect ; **effet indirect** indirect effect ; **effet induit** induced effect ; **effet inflationniste** inflationary effect ; **effet Keynes** Keynes effect ; **effet Marshall** Marshall effect ; **effet Metzler** Metzler effect ; **effets Modigliani** Modigliani effects ; **effet multiplicateur** multiplying effect ; **effet Patinkin** Patinkin effect ; **effet pervers** perverse effect ; **effet Pigou** Pigou effect ; **effet Pigou-Patinkin** Pigou effect, real balances effect, wealth effect ; **effet prix** price effect ; **effet redistributif** distributive effect ; **effet redistributif de l'inflation** distributive effect of inflation ; **effet redistributif de la fiscalité** distributive effect of taxation ; **effet résiduel** residual effect ; **effet revenu** income effect ; **effet Ricardo** Ricardo effect ; **effet Sauvy** Sauvy's effect ; **effet Veblen** Veblen effect.

3- [Fin] bill, note, paper * **effets à l'encaissement** bills for collection, bills in the process of collection ; **effet à court terme** short-dated bill ; **effet à long terme** long-dated bill ; **effet à terme** term bill ; **effets admis sur le marché monétaire** eligible bills, tradeable money market paper ; **effet au porteur** bearer bill, bearer paper ; **effets avalisés** backed bills ; **effets bancables** eligible bills, bankable bills, elligible

paper, bank paper (US) ; **effet bancaire** bank bill ; **effet de cavalerie** accommodation paper ; **effet de commerce** commercial bill, trade bill (UK), trade paper ; **effet de garantie** collateral bill ; **effet documentaire** documentary bill ; **effet en souffrance** outstanding bill, past-due bill ; **effet endossable** endorsable bill ; **effet escomptable** discountable bill, discountable paper ; **effets escomptés** bills for discount, bills discounted (UK) ; **effet financier** financial bill, financial paper ; **effet impayé** dishonoured bill, overdue bill ; **effet long** long-dated paper ; **effet négociable** negotiable bill, negotiable paper ; **effets négociables sur le marché monétaire** eligible bills, tradeable money market paper ; **effets privés** private paper ; **effet public** government security, government stock ; **effet sur l'étranger** foreign bill, external bill (US).
4- [Acc] * **effets à payer** bills payable (UK), notes payable (US) ; **effets à recevoir** bills receivable (UK), notes receivable (US).

efficace adj efficient.

efficacité nf [Eco] efficiency, effectiveness * **efficacité de la politique économique** effectiveness of economic policy ; **efficacité marginale du capital** marginal efficiency of capital, marginal product of capital.

efficience nf [Eco, Fin] efficiency * **efficience des marchés** market efficiency ; **efficience économique** economic efficiency.

effondrement nm collapse, slump.

effondrer (s') v to collapse, to slump, to nose-dive.

égal à adj equal to.

égalisation nf equalization, levelling.

égaliser v a) to equalize ; b) (revenus) to level out.

élasticité nf [Eco] elasticity * **élasticité arc** arc elasticity ; **élasticité croisée** cross-elasticity ; **élasticité de l'offre** elasticity of supply, supply elasticity ; **élasticité de l'offre par rapport au prix** price-elasticity of supply ; **élasticité de la demande** elasticity of demand, demand elasticity ; **élasticité de la demande d'encaisses par rapport au taux d'intérêt** interest rate elasticity of the demand for money balances ; **élasticité de la demande par rapport au prix** price-elasticity of demand ; **élasticité de la demande par rapport au revenu** income-elasticity of demand ; **élasticité de substitution** substitution elasticity, elasticity of technical substitution ; **élasticité de X par rapport à Y** elasticity of X with respect to Y ; **élasticité des anticipations** elasticity of expectations ; **élasticité égale à 1** unitary elasticity ; **élasticité point** point elasticity ; **élasticité unitaire** unitary elasticity.
Δ **coefficient d'élasticité** elasticity coefficient.

élasticité-prix nf [Eco] price elasticity * **élasticité-prix croisée** cross-price elasticity ; **élasticité-prix de la demande** price-elasticity of demand ; **élasticité-prix de l'offre** price-elasticity of supply ; **élastici-**

élasticité-revenu | 383 | **emploi**

té-prix des salaires price-elasticity of wages.

élasticité-revenu nf [Eco] income elasticity.

électroménager nm domestic appliances, household appliances, brown goods, white goods.

électronique nm electronics * **électronique grand public** consumer electronics.

élever (s') v a) to go up, to increase, to rise ; b) **s'élever à** to amount to, to reach, to stand at.

EM *espérance mathématique* expected value (EV).

embargo nm embargo.

embauche nf hiring, recruiting.

embaucher v to engage, to hire, to recruit.

EMC *estimation des moindres carrés* least square estimation estimation (LSE).

EME *échelle minimum efficace* minimum efficient scale.

émetteur, -trice nm, f [Fin] issuer.

émetteur, -trice adj [Fin] issuing.

émettre v [Fin] (monnaie, titres) to issue ; (chèque) to draw ; (emprunt) to float * **émettre de nouvelles actions** to issue new capital, to issue new shares.

émission nf [Fin] (monnaie, titres) issue, issuing ; (chèque) drawing ; (emprunt) floating * **émission à l'étranger** foreign capital issue ; **émission au-dessous du pair** issue at a discount, issue below par ; **émission au-dessus du pair** issue above par, issue at a premium ; **émission au pair** issue at par ; **émission avec option de change** issue with currency option ; **émission d'actions** share issue, issue of shares, equity issue ; **émission d'actions nouvelles** new equity issue ; **émission d'emprunts obligataires** issue of bond loans ; **émission d'obligations** bond issue ; **émission d'un emprunt** loan issue ; **émission de droits préférentiels de souscription** rights issue, rights offering ; **émission de titres** security issue ; **émission de titres négociables** marketable bond issue ; **émission en cours** current issue ; **émission en devises** foreign currency issue ; **émission en numéraire** issue for cash ; **émission étrangère** foreign issue ; **émission euro-obligataire** eurobond issue ; **émission obligataire** bond issue, debt issue, debt offering.
△ **conditions de l'émission** terms of the issue ; **institut d'émission** note issuing authority.

emploi nm 1- [Eco] a) (pour un individu) job ; b) (macroéconomie) employment * **être à la recherche d'un emploi** to look for a job ; **être sans emploi** to be unemployed, to be out of work, to be out of job, to be jobless ; **chercher un emploi** to look for a job ; **postuler à un emploi** to apply for a job ; **supprimer des emplois** to lay off people, to make people redundant ; **emploi à plein temps** full time job, full-time employment ; **emploi à temps partiel** part-time job ; **emploi à vie** lifetime employment ; **emploi dans le secteur public** public sector employment ; **emploi dans le secteur tertiaire** tertiary employment ; **emploi dans les services** tertiary employment, service employment ; **emploi de bureau** office job ; **emploi des femmes** female employment ; **emploi des hommes** male employment ; **emploi intérimaire** temporary job ; **emploi manufacturier** manufacturing employment ; **emploi non déclaré** concealed employment, disguised employment ; **emploi non marchand** non-market employment ; **emploi occasionnel** casual job, casual employment ; **emploi précaire** insecure job ; **emploi productif** productive employment ; **emploi qualifié** qualified job ; **emploi rémunéré** gainful job, paid job ; **emploi sur le marché primaire** mainstream job, mainstream employment ; **emploi sur poste partagé** shared job ; **emploi temporaire** temporary job, temporary employment ; **emploi vacant** unfilled job, vacancy ; **emplois tertiaires** jobs in the service sector, jobs in services, tertiary employment.

2- [SCN] * **emplois du PIB** expenditure on GDP ; **emplois finals de biens et services** final uses of goods and services ; **emplois intermédiaires** intermediate uses.

3- [Acc] * **emplois et ressources** sources and uses of funds.

∆ **agence de l'emploi** employment agency ; **aide à l'emploi** employment subsidy ; **bassin d'emploi** employment area, job catchment area ; **cessation d'emploi** employment termination ; **chercheur d'emploi** job seeker ; **créateur d'emploi** job creating ; **création d'emplois** job creation ; **déficit d'emplois** job gap, employment gap ; **demande d'emploi** job application ; **demandeur d'emploi** job seeker, job applicant ; **destruction d'emplois** job losses, destruction of jobs ; **insuffisance de l'emploi** employment gap ; **niveau de l'emploi** employment level ; **offre d'emploi** job offer, job vacancy ; **offres d'emploi non satisfaites** unfilled vacancies ; **perspectives de l'emploi** employment outlook ; **prime de création d'emploi** employment premium ; **pôle de croissance de l'emploi** employment growth area ; **politique de l'emploi** employment policy ; **possibilités d'emploi** job opportunities ; **précarité de l'emploi** job insecurity ; **programme de soutien de l'emploi** employment support scheme ; **protection de l'emploi** job protection ; **restructuration de l'emploi** employment adjustment ; **revalorisation des emplois** job upgrading ; **rotation des emplois** job turnover ; **sauvegarde de l'emploi** job preservation ; **sécurité de l'emploi** employment security ; **services de l'emploi** employment services ; **suppression d'emplois** labour cuts, labour cutback, job reduction, job displacement.

employé nm employee, white collar worker, clerk * **employé de bureau** clerk ; **employés de bureau** white collars, clerical staff.

employé adj employed.

employer v to employ.

employeur nm employer.

emprunt nm [gen, Fin] loan, borrowing, bond issue, bonds * **amortir un emprunt** to sink a loan ; **garantir un emprunt** to secure a loan ; **lancer un emprunt** to float a loan, to issue a loan, to launch a loan, to raise a loan ; **rembourser un emprunt** to redeem a loan, to repay a loan ; **souscrire à une emprunt** to subscribe to a loan ; **emprunt à court terme** short-term loan ; **emprunt à "fenêtres"** stepped rate bonds ; **emprunt à long terme** long-term loan ; **emprunt à lots** lottery loan ; **emprunts à moyen et long terme** long and medium-term loans, debt capital ; **emprunts à options** option bonds ; **emprunt à primes** loan at a premium ; **emprunt à taux variable** floater ; **emprunt à très court terme** loan at call ; **emprunt amorti** redeemed loan, refunded loan, repaid loan ; **emprunt avec garantie or** gold loan, gold-clause loan, loan backed by gold, loan secured on gold ; **emprunt classique** (non indexé) nominal loan ; **emprunt d'Etat** public loan, government loan, British funds (UK) ; **emprunt de consolidation** funding loan ; **emprunts des entreprises publiques** public corporation bonds ; **emprunts en circulation** outstanding bonds ; **emprunt en devises** foreign currency borrowing ; **emprunt en souffrance** loan in default ; **emprunt étranger** foreign bond issue, foreign loan, extern loan ; **emprunt forcé** forced loan ; **emprunt garanti** collateral loan ; **emprunt hypothécaire** mortgage loan ; **emprunt hypothécaire non plafonné** open-end mortgage ; **emprunt hypothécaire plafonné** closed-end mortgage ; **emprunt indexé** index-linked bond issue ; **emprunt intérieur** domestic bond issue, domestic loan ; **emprunts nets à l'étranger** net foreign borrowings ; **emprunt obligataire** debenture loan, loan capital, bond issue ; **emprunts obligataires du secteur public** public sector bonds ; **emprunt obligataire étranger émis au Japon** Samuaraï loan ; **emprunt obligataire étranger émis au Royaume-Uni** bulldog loan ; **emprunt obligataire étranger émis aux Etats-Unis** Yankee loan ; **emprunt public** public loan ; **emprunt sans garantie** unsecured loan, straight loan.

Δ **capacité d'emprunt** borrowing capacity ; **conditions d'emprunt** borrowing conditions ; **lancement d'un emprunt** floating, floatation, flotation ; **possibilités d'emprunt** borrowing facilities ; **ressources d'emprunt** borrowed funds.

emprunter v [gen, Fin] to borrow * **emprunter à court terme** to borrow short ; **emprunter à long terme** to borrow long ; **emprunter sur gage** ou **sur nantissement** to borrow on pledge, to borrow on security.

emprunteur nm [gen, Fin] borrower.

encaissable adj [Fin] (chèque) cashable ; (effet) collectable.

encaisse nf [Eco] cash in hands, cash on hand, cash balance * **encaisses actives** active money, high-powered balances ; **encaisses de précaution** precautionary balances ; **encaisses de spéculation** speculative balances ; **encaisses de transaction** transaction balances, cash balances, transaction money ; **encaisse désirée** desired balances ; **encaisse excédentaire** excess money balance ; **encaisse inactive** idle money, inactive money, transaction money, transaction balances, cash balances ; **encaisse métallique** bullion reserve ; **encaisses monétaires** money balances ; **encaisses oisives** idle money, inactive money, idle balances ; **encaisses réelles** real money balances ; **encaisse thésaurisée** hoarded balances.

encaisse-or nf [Eco] gold reserves.

encaissement nm 1- [Fin] (chèque) cashing ; (effet) collection.
2- [Acc] **(plu) encaissements** (cash) receipts * **encaissements et sorties de caisse** cash receipts and payments.
Δ **présentation à l'encaissement** presentation for collection.

encaisser v [Fin, Acc] (chèque) to cash ; (effet) to collect.

enchère nf bid * **faire une enchère** to bid for, to make a bid on ; **vendre aux enchères** to sell by auction.

enchérir v to make a higher bid.

encours, en cours nm 1- [Fin] outstanding amount * **encours de la dette** outstanding debt ; **encours de la dette publique** government outstanding debt.
2- [Acc] (produits en cours) goods in progress, work in process, work in progress, partly finished goods.

endetté, e adj indebted.

endettement nm [Eco, Fin, Acc] debt, indebtedness * **endettement des entreprises** corporate debt ; **endettement extérieur** external debt, foreign debt ; **endettement intérieur total** total domestic indebtedness, total domestic debt.
Δ **capacité d'endettement** debt capacity ; **effet d'endettement** gearing (UK), leverage (US) ; **limite d'endettement** debt capacity ; **niveau d'endettement élevé** high leverage position ; **plafond d'endettemment** debt ceiling ; **poids de l'endettement** debt burden ; **structure de l'endettement** debt structure, debt profile.

endetter (s') v to get into debt, to run into debt.

endiguement nm [St Ex] hedging.

endiguer v (inflation, chômage) to curb, to check.

endogène adj [Eco] endogenous.

endos nm [Fin] endorsement.

endossable adj [Fin] endorsable.

endossement nm [Fin] endorsement.

endosser v [Fin] to endorse.

engagement nm 1- obligation, commitment * **engagement contractuel** contractual obligation.
2- [Fin, Acc] liability * **engagement bancaire** bank liability ; **engagements hors bilan** off-balance sheet liabilities *or* OBS liabilities, off-balance sheet items *or* OBS items.

enregistrement nm recording, registration.

enregistrer v 1- to make a record of. 2- [Acc] to enter, to post.

enseignement nm education, teaching, training * **enseignement professionnel** vocational training ; **enseignement supérieur** higher education.

entente nf 1 - agreement.
2- [Eco] combine (US), trust, cartel * **entente de quotas** quota cartel ; **entente de répartition** allocation cartel ; **entente sur les prix** price cartel, price agreement, price collusion, price fixing.

entraîner v to bring about, to result in, to entail.

entrée nf 1- entry, admission.
2- [Eco, Fin] entry * **entrée de capitaux** inflow of capital, capital inflow.
3- [SCN, Acc] **entrée intermédiaire** intermediate consumption.

entrées-sorties [SCN] input-output.

entrepreneur nm a) entrepreneur ; b) contractor.

entreprise nf company, firm, business, corporation (US) * **entreprise cible** (cf. OPA) target company ; **entreprise commerciale** business concern, company ; **entreprise de service public** public utility ; **entreprise familiale** family business ; **entreprise individuelle** sole trader (UK), sole proprietorship (US), one-man business, unincorporated business ; **entreprise industrielle** manufacturing company ; **entreprise multinationale** multinational company (MNC) (UK), multinational corporation (MNC) (US), multinational enterprise (MNE) ; **entreprise nationale** publicly-owned enterprise ; **entreprise publique** state-owned enterprise (SOE), state-owned company ; **entreprise unipersonnelle** sole ownership, one-man business ; **entreprise unipersonnelle à responsabilité limitée** (EURL) private limited company under sole ownership.
∆ **cessation d'entreprise** discontinuation of business ; **chef d'entreprise** company manager ; **création d'entreprise** (new) business formation ; **culture d'entreprise** corporate culture ; **esprit d'entreprise** entrepreneurial spirit, entrepreneurship ; **gouvernement** ou **gouvernance d'entreprise** corporate governance ; **image de l'entreprise** corporate image ; **libre entreprise** free enterprise ; **petites et moyennes entreprises** (PME) small and medium-sized businesses (SMBs), small and medium-sized enterprises (SMEs), small-and medium-sized firms ; **pépinière d'entreprises** business incubator, business nursery ; **politique de l'entreprise** business policy ; **stratégie d'entreprise** business strategy ; **structure de l'entreprise** company structure, company organisation ; **structures d'entreprise** corporate structures.

épargnant nm [gen, Eco, Fin] saver, investor.
∆ **petit épargnant** small investor ; **les petits épargnants** small savers and investors.

épargne nf [gen, Eco, SCN, Fin] (en termes de flux) saving ; (en termes de stock) savings * **épargne active** active saving ; **épargne brute** gross saving ; **épargne collective** collective savings, community's saving ; **épargne contractuelle** contractual savings ; **épargne de précaution** precautionary saving ; **épargne des administrations publiques** government saving ; **épargne des entreprises** corporate savings ; **épargne des ménages** household saving ; **épargne des particuliers** personal savings ; **épargne désirée** desired saving ; **épargne du secteur privé** private saving ; **épargne forcée** forced saving, involuntary saving ; **épargne inactive** inactive saving(s) ; **épargne individuelle** individual savings, personal saving, private investment ; **épargne interne** domestic saving ; **épargne liquide** liquid saving(s) ; **épargne nationale nette** net national saving ; **épargne négative** negative saving ; **épargne nette** net saving ; **épargne nette totale** total net saving ; **épargne oisive** idle saving(s) ; **épargne publique** government saving ; **épargne spontanée** voluntary saving.
△ **caisse d'épargne** savings bank, savings and loans (US) ; **caisse d'épargne et de prévoyance** Savings and Provident bank ; **Caisse nationale d'Epargne** The National Savings Bank ; **canalisation de l'épargne** channeling of savings ; **insuffisance de l'épargne** saving shortfall, shortage of saving ; **plan d'épargne** savings plan, saving scheme ; **taux d'épargne** rate of saving, saving rate, saving ratio.

épargner v [gen, Eco] to save, to economize.

EPN *entreprise publique non financière* non-financial public enterprise (NPE).

EPT *équivalent plein temps* full time equivalent (FTE).

équation nf [Math, Eco] equation * **équation comptable** accounting equation ; **équation de Cambridge** Cambridge equation ; **équation de Fisher** Fisher's equation, quantity equation, equation of exchange ; **équation des échanges** Fisher's equation, equation of exchange, quantity equation ; **équation du 1er degré** simple equation ; **équation du 2e degré** second degree equation, quadratic equation.

équilibre nm 1- balance.
2- [Eco] equilibrium * **équilibre budgétaire** balanced budget ; **équilibre comptable** accounting equilibrium ; **équilibre de la balance des paiements** balance of payments equilibrium ; **équilibre de long terme** long-term equilibrium ; **équilibre de marché** market equilibrium ; **équilibre de sous-emploi** under-employment equilibrium ; **équilibre des anticipations rationnelles** rational expectations equilibrium ; **équilibre du consommateur** consumer equilibrium ; **équilibre du producteur** producer equilibrium ; **équilibre dynamique** dynamic equilibrium ; **équilibre économique** economic equilibrium ; **équilibre économique global** Keynesian equilibrium ; **équilibre externe** external equilibrium ; **équilibre général** general equilibrium ; **équilibre keynésien** Keynesian equilibrium ; **équilibre macroéconomique** macroeconomic equilibrium ; **équi-

libre partiel partial equilibrium ; **équilibre statique** static equilibrium ; **équilibre walrassien** Walrasian equilibrium ; **équilibre walrasso-parésien** general economic equilibrium.

Δ **prix d'équilibre** equilibrium (market) price, market clearing price ; **quantité d'équilibre** equilibrium (market) quantity.

équilibré adj balanced.

équilibrer v to balance.

équipement nm equipment, facility * **équipements collectifs** collective utilities ; **équipements d'infrastructure** facilities, amenities ; **équipements sociaux** social facilities.

équitable adj fair.

équité nf fairness, equity * **équité fiscale** [Fisc] tax fairness.

équivalent nm [Eco, Fin] equivalent * **équivalent brut** gross equivalent ; **équivalent certain** certainty equivalent ; **équivalent subvention à la consommation** (ESC) equivalent consumer subsidy (ECS) ; **équivalent subvention à la production** (ESP) producer subsidy equivalent (PSE).

érosion nf erosion * **érosion monétaire** [Eco] money erosion.

erreur nf 1- error, mistake.
2- [Eco] * **erreurs et omissions nettes** (cf. BDP) net errors and omissions.
3- [Stat] error * **erreur aléatoire** random error ; **erreur d'échantillonnage** sampling error ; **erreur d'estimation** error of estimate ; **erreur d'observation** measurement error ; **erreur de première espèce** type I error ; **erreur de deuxième espèce** type II error ; **erreur quadratique** square error ; **erreur quadratique moyenne** root mean square error (RMS error) ; **erreur quadratique moyenne minimale** minimal mean square error (MSE) ; **erreur systématique** biased error, systematic error ; **erreur type** standard error ; **erreur type d'estimation** standard error of estimate (SEE).

ESC *équivalent subvention à la consommation* consumer subsidy equivalent (CSE).

escompte nm [Fin] discount(ing), bill discount, discounting of note.
Δ **maison d'escompte** discount house ; **taux d'escompte** discount rate.

escompter v 1- to expect, to anticipate.
2- [Fin] to discount.

ESP *équivalent subvention à la production* producer subsidy equivalent (PSE).

espace nm space * **espace de vente** selling space ; **espace économique** economic area ; **Espace économique européen** (EEE) European Economic Area (EEA).

espèces nf, plu cash, bank-notes and coins.

espérance nf expectancy * **espérance de vie** life expectancy ; **espérance mathématique** (EM) [Stat] expected value (EV).

essaimage nm [Eco] spin off.

essor nm expansion, growth, rapid development * **l'économie est en plein essor** the economy is booming.

estimateur nm [Stat] estimator * **estimateur convergent** consistent estimator ; **estimateur du maximum de vraisemblance** maximum likelihood estimator (MLE) ; **estimateur efficace** efficient estimator ; **estimateur sans biais** unbiased estimator.

Δ **meilleur estimateur non biaisé** best linear unbiased estimator (BLUE).

estimation nf 1- a) (action) estimation, assessment ; b) (résultat) estimate 2- [Stat] estimate, estimation, inference * **estimation des moindres carrés** (EMC) least square estimation (LSE) ; **estimation statistique** statistical inference.

estimer v to assess, to value, to estimate.

établissement nm a) (action d'établir) (usine) setting up ; b) (bilan, facture) drawing up ; b) (institution) institution, establishment * **établissement bancaire** banking institution ; **établissement de crédit** financial institution ; **établissement financier** financial institution, financial establishment ; **établissement industriel** factory, plant ; **établissement public** public corporation.

étalon nm unit of account * **étalon de change-or** gold exchange standard ; **étalon monétaire** monetary standard.

étalon-dollar nm [Eco] dollar standard.

étalon-or nm [Eco] gold standard * **étalon-or espèces** gold-specie standard ; **étalon-or lingot** gold-bullion standard.

état nm 1- state, condition.
2- [Eco] * **état stationnaire** stationary state.
3- [Fin, Acc] statement, report * **états comptables** accounting statements ; **état de rapprochement** reconciliation statement ; **état des recettes et des dépenses** statement of income and expenses ; **état financier** financial statement ; **état récapitulatif** balance account, summary statement (US).

Etat-gendarme nm [Eco] watchdog.

Etat-providence nm [Eco] Welfare State.

ETE *excédent de trésorerie d'exploitation* operating cashflow, operating cash surplus.

étranger nm foreigner.

étranger adj foreign.

euro nm [Eco] euro.

euro-action nf euroequity.

euro-banque nf euro-bank.

euro-billet de trésorerie nm euro-commercial paper (ECP).

euro-crédit nm euroloan, jumbo loan.

euro-devise nf eurocurrency.

euro-dollar nm eurodollar.

euro-effet nm euronote.

euro-émission nf euro-issue.

euro-franc nm eurofranc.

euro-mark nm euro-DM.

euro-obligation nf eurobond * **euro-obligation à taux fixe** straight eurobond.

euro-sterling nm euro-sterling.

euro-yen nm euro-yen.

eurocrate nm eurocrat.

euromarché nm eurocurrency market.

évaluation nf 1- a) (action) appraisal, assessment, evaluation * **évaluation *a posteriori*** reappraisal ; **évaluation à prix constants** evaluation at constant prices ; **évaluation à prix courants** evaluation at current prices ; **évaluation des postes de travail** job evaluation ; **évaluation des résultats** performance evaluation, performance appraisal ; **évaluation des tâches** job valuation.
b) (résultat) estimate.
2- [Fin] valuation, rating * **évaluation boursière** market valuation ; **évaluation des actifs** asset pricing, asset valuation ; **évaluation des entreprises** rating ; **évaluation des options** option valuation ; **évaluation du marché** market valuation ; **évaluation par score** scoring.
△ **base d'évaluation** valuation base.

évaluer v to appraise, to assess, to evaluate, to value, to rate.

évasion nf evasion * **évasion fiscale** [Fisc] tax avoidance.

éviction nf [Eco] crowding-out.

évolution nf development, evolution, trend, change * **suivre l'évolution de** to move in line with ; **évolution défavorable** unfavourable trend, adverse change ; **évolution des ventes** sales trend ; **évolution industrielle contemporaine** contemporary industrial change ; **évolution organisationnelle** organizational change.

ex-ante [Eco] ex-ante.

ex-post [Eco] ex-post.

excédent nm [Eco, Acc] surplus * **excédent budgétaire** budget surplus ; **excédent brut d'exploitation** (EBE) gross operating surplus ; **excédent commercial** trade surplus ; **excédent de la balance commerciale** trade surplus ; **excédent de la balance des paiements** balance of payments surplus ; **excédent de recettes** surplus of receipts ; **excédent de tréorerie** cash surplus ; **excédent de trésorerie d'exploitation** (ETE) operating cash surplus ; **excédent net d'exploitation** net operating surplus (NOS).

exempter v to exempt (*de* from).

exemption nf exemption * **exemption fiscale** [Fisc] exemption from taxation.

exercer v [Fin] (option) to exercise.

exercice nm 1- (d'un droit) exercising.
2- [Acc, Fin] financial year, fiscal year * **exercice budgétaire** financial year ; **exercice comptable** accounting period ; **exercice fiscal** fiscal year, financial year.
Δ **clôture de l'exercice** end of financial year, end of fiscal year ; **d'un exercice à l'autre** on a financial year basis ; **déficit de l'exercice** *ou* **perte de l'exercice** loss for the year, loss for the period ; **séparation des exercices** cut-off procedures.

exhaustivité nf [Stat] sufficiency.

exigence nf requirement.

exigibilité nf enforceability, payability.

exigible adj receivable, due for payment.

exogène adj [Eco] exogenous.

exonération nf exemption (*de* from) * **exonération fiscale** [Fisc] tax exemption, tax waiver.

expansion nf expansion, growth * **expansion du crédit intérieur** [Eco] (ECI) domestic credit expansion (DCE).
Δ **sentier d'expansion** growth path.

expert nm expert * **expert comptable** chartered accountant (UK), certified public accountant (US).
Δ **cabinet d'experts comptables** accounting firm.

expertise nf expert appraisal, expert valuation.

exploitable adj exploitable.

exploitation nf 1- (établissement) concern * **exploitation industrielle** business concern, industrial concern.
2- [Eco] exploitation * **exploitation capitaliste** exploitation of labour.
3- [Acc] * **d'exploitation** operating.

exploiter v a) (une affaire) to run, to operate ; b) (ressources) to exploit, to tap ; c) (main-d'œuvre) to exploit.

exponentiel adj exponential.

exportateur, -trice nm, f [gen, Eco] exporter.

exportateur, -trice adj export, exporting.

exportation nf [gen, Eco, Eco int] export, exportation * **exportations de produits nationaux** domestic exports ; **exportations nettes** net exports ; **exportations nettes en volume** real net exports.
Δ **aides aux exportations** export grants ; **capacité d'exportation** export capacity ; **débouchés à l'exportation** export outlets ; **effort d'exportation** export drive ; **excédent des exportations** (par rapport aux importations) export surplus ; **insuffisance des exportations** export shortfall ; **licence d'exportation** export licence ; **marge à l'exportation** export margin ; **recettes d'exportation** export receipts, export revenue, export earnings ; **restrictions quantitatives à l'exportation** export quantitative restrictions ; **restitution à l'exportation** (cf. UE) export refund, export resti-

tution ; **résultats à l'exportation** export performance ; **subvention à l'exportation** export subsidy.

exporter v to export.

extensif adj extensive.

extérieur adj external, foreign.

extérieur * **l'extérieur** [SCN] the overseas sector.

externalisation nf [Eco] externalisation, outsourcing.

extrant nm [Eco] output.

extraterritorial adj off-shore.

F

F & A *fusions et acquisitions* mergers and acquisitions (M & A).

FAB *franco à bord* (FAB) free on board (FOB).

fabrication nf manufacturing, production * **arrêter la fabrication** to discontinue production ; **mettre en fabrication** to put into production ; **fabrication en série** mass-production.
∆ **arrêt de la fabrication** discontinuation of production ; **mode de fabrication** manufacturing process ; **secret de fabrication** trade secret ; **unité de fabrication** manufacturing facility, manufacturing plant.

fabrique nf factory, works (UK).

fabriquer v to make, to manufacture, to produce * **fabriquer en série** to mass-produce ; **fabriquer sur commande** to build to order.

façade nf [Fin] fronting.

facilité nf [Fin] facility * **Facilité d'ajustement structurel** (FAS) Structural Adjustment Facility (SAF) (cf. FMI) ; **Facilité d'ajustement structurel renforcée** (FASR) (cf. FMI) Enhanced Structural Adjustment Facility (ESAF) (cf. FMI) ; **facilités d'émission** issuance facilities ; **facilité d'émission à options multiples** (MOF *ou* MOFF) multi-option (financing) facility (MOF *ou* MOFF) ; **facilités d'émission cautionnées** *ou* **garanties** underwritten facilities ; **facilité d'émission de billets** (NIF) note issuance facility (NIF) ; **facilités d'émission non cautionnées** *ou* **non garanties** non-underwritten facilities ; **facilité d'émission renouvelable** (RUF) revolving underwriting facility (RUF) ; **facilité de caisse** overdraft facility ; **facilité de crédit** (cf. FMI) credit tranche.

facteur nm [Eco, Fin, Stat] factor * **facteur capital** capital ; **facteurs conjoncturels** cyclical factors ; **facteur d'annuité** *ou* **facteur de périodicité** (FAP) annuity factor ; **facteur de production** factor of production, production factor ; **facteur de valeur accumulée** future value factor ; **facteur déterminant** causal factor ; **facteur fondamental** underlying factor ; **facteur travail** labour.
∆ **abondance relative des facteurs** relative factor endowment ; **rémunération des facteurs** factor income.

facturation nf invoicing, billing.

facture nf [Acc] bill, invoice * **détailler une facture** to itemize an invoice, to itemize a bill ; **payer une facture** to pay an invoice *or* a bill, to settle an invoice *or* a bill ; **facture d'achat** purchase invoice ; **facture détaillée** itemized invoice, itemized bill.

facturer v to invoice, to charge (UK).

faiblir v (cours) to weaken, to sag ; (demande) to weaken, to slacken.

faillite nf [Jur, Fin] bankruptcy. * **être au bord de la faillite** to be on the brink of bankruptcy, to be on the verge of bankruptcy ; **faire faillite** to go bankrupt, to go into liquidation ; **faillite bancaire** bank failure.
△ **déclaration de faillite** adjudication of bankruptcy ; **jugement déclaratif de faillite** adjudication order.

faisabilité nf feasibility.

falsifier v to counterfeit, to falsify, to forge.

FAP *facteur de périodicité* annuity factor.

FAS *facilité d'ajustement structurel* Structural Adjustment Facility (SAF).

FASR *Facilité d'ajustement structurel renforcée* Enhanced Structural Adjustment Facility (ESAF).

FBCF *formation brute de capital fixe* gross fixed capital formation (GFCF).

FCP *fonds commun de placement* unit trust (UK), mutual investment fund (US).

FECOM *Fonds européen de coopération monétaire* European Monetary Cooperation Fund (EMCF).

FED 1- *Système fédéral de réserves* Federal Reserve System (FED) (US).

2- *Fonds de développement européen* European Development Fund (EDF).

FEDR *Fonds européen de développement régional* European Regional Development Fund (ERDF).

FEOGA *Fonds européen d'orientation et de garantie agricole* European Agricultural Guidance and Guarantee Fund (EAGGF).

fiabilité nf a) (chiffres) accuracy ; b) (personne) reliability.

fiable adj a) (chiffres) accurate ; b) (personne) reliable.

fiduciaire nm [Jur, Fin] trustee.

fiduciaire adj [Jur, Fin] fiduciary.

fiducie nf [Jur, Fin] trust.

filiale nf subsidiary, daughter company (US).

finance nf [Fin] finance * **finance d'entreprise** corporate finance ; **finances publiques** government finance, public finance.
△ **haute finance** high finance.

financement nm [Eco, Fin] financing, funding * **financement à moyen terme** medium-term financing ; **financement avec garantie** collateral financing ; **financement compensatoire** (cf. FMI) compensatory financing facility ; **financement de la dette** debt financing ; **financement du déficit budgétaire** gap financing ; **financement en devises** foreign currency finance ; **financement externe** external financing ; **finan-

financer

cement hors bilan off-balance sheet financing (OBSF) ; **financement interne** self-financing, internal financing ; **financement mezzanine** mezzanine financing ; **financement monétaire** monetary financing ; **financement monétaire du déficit** monetary financing of the deficit ; **financement non monétaire** non-monetary financing ; **financement obligataire** bond financing ; **financement par émission d'actions** equity financing ; **financement par émission de titres** securitized forms of financing ; **financement par emprunt obligataire** debt finance, debt financing ; **financement par emprunts publics** public bond financing ; **financement par fonds propres** equity financing ; **financement par l'emprunt** debt finance, debt financing, loan finance ; **financement sur ressources propres** internal financing.
△ **besoin de financement** [Fin, Acc] borrowing requirement, financing requirement, financing need ; **besoin de financement du secteur public** [Fin pub] Public Sector Borrowing Requirement (PSBR) (UK) ; **circuit de financement** financing channel ; **capacité de financement** [Fin] financing capacity ; [SCN] net lending ; **plan de financement** financing plan ; **tableau de financement** statement of source and application of funds.

financer v to finance, to fund.

financier adj financial.

firme nf 1- firm, business, company, corporation * **firme multinationale** (FMN) multinational company (MNC) (UK), multinational corporation (MNC) (US), multinational enterprise (MNE) (US) ; **firme transnationale** (FTN) transnational company (TNC), transnational corporation (TNC).
2- [Eco] firm * **firme diversifiée** diversified firm.

fisc nm [Fisc] tax authorities, Inland Revenue Service (UK), Internal Revenue Service (US).

fiscal adj tax, (plus rarement) fiscal.

fiscalité nf [Fisc] a) tax system ; b) taxation * **fiscalité des entreprises** corporate taxation, business taxation ; **fiscalité des ménages** household taxation ; **fiscalité directe** direct taxation ; **fiscalité indirecte** indirect taxation.
△ **allègement de la fiscalité** tax reduction, tax relief ; **poids de la fiscalité** tax burden.

fixage nm [St Ex] fixing.

FLB *franco long du bord* free along side ship (FAS).

fléchir v (prix) to sag, to fall off, to drop ; (devise) to weaken ; (cours d'un titre) to drop.

fléchissement nm (activité) downturn ; (prix) falling off, drop ; (devise) weakening ; (cours des titres) decline.

flexibilité nf [Eco] flexibility * **flexibilité des changes** flexible exchange rates, floating exchange rates ; **flexibilité limitée** limited flexibility ; **flexibilité sur le marché du travail** flexibility on the labour market.

flexible adj flexible.

florissant adj flourishing, thriving.

flottant nm [Fin] float.

flottant adj floating.

flottement nm [Eco] (des monnaies) floating, float * **flottement concerté** (cf. SME) common float, joint floating, concerted floating ; **flottement contrôlé** managed floating ; **flottement généralisé** widespread floating, generalized floating ; **flottement impur** dirty float(ing), controlled float, managed float(ing) ; **flottement pur** clean float(ing), free floating.

fluctuant adj fluctuating.

fluctuation nf [Eco] fluctuation * **fluctuations conjoncturelles** cyclical fluctuations, cyclical pattern ; **fluctuations cycliques** cyclical fluctuations ; **fluctuation de courte période** short-term fluctuation ; **fluctuation de longue période** long-term fluctuation ; **fluctuation des cours de change** foreign exchange movements ; **fluctuation saisonnière** seasonal fluctuation.
Δ **forte fluctuation** swing ; **libre fluctuation des monnaies** free floating ; **marges de fluctuation** (cf. SME) parity bands.

fluctuer v to fluctuate.

flux nm [gen, Eco, Fin] flow * **flux d'épargne** flow of saving ; **flux de capitaux** flow of capital, capital flow ; **flux de main-d'œuvre** labour flow ; **flux de trésorerie** q v trésorerie ; **flux économique** economic flow ; **flux financier** financial flow ; **flux monétaire** flow of money, money flow ; **flux monétaire actualisé** (FMA) [Fin] discounted cash flow (DCF) ; **flux monétaire annuel équivalent** (FMAE) equivalent annual cash flow ; **flux monétaire marginal** *ou* **supplémentaire** marginal cash flow.

FMA *flux monétaire actualisé* discounted cash flow (DCF).

FMAE *flux monétaire annuel équivalent* equivalent annual cash flow.

FMI *Fonds monétaire international* International Monetary Fund (IMF).

FMN *firme multinationale* multinational company (MNC) (UK), multinational enterprise (MNE) (US).

focaliser v to focus on.

fonction nf 1- a) function, duty, position * **fonctions de direction** managerial functions ; b) **fonction publique** Civil Service (UK). 2- [Stat, Eco] function * **fonction à élasticité constante de substitution** [Eco] constant elasticity of substitution function, CES function. **fonction à plusieurs variables** multivariate function ; **fonction bilogarithmique** double logarithmic function, log-log function ; **fonction Cobb-Douglas** [Eco] Cobb-Douglas Function, CD function ; **fonction cumulative** cumulative distribution function (CDF) ; **fonction de densité de probabilité** probability density function (PDF) ; **fonc-**

tion de fréquences cumulées cumulative frequency function ; **fonction de répartition** distribution function ; **fonction de répartition cumulée** cumulative distribution function (CDF) ; **fonction linéaire** linear function ; **fonction semi logarithmique** semi-log (arithmetic) function.

fonctionnaire nm civil servant.

fondamental adj basic.

fonds nm [Fin, Acc] a) (argent) funds, capital, money * **affecter des fonds** to earmark funds ; **faire un appel de fonds** to call up capital, to make a call for funds ; **investir des fonds dans** to invest capital in, to invest money in ; **founir les fonds** to supply capital ; **rentrer dans ses fonds** to get one's money back, to recover one's outlay ; **réunir les fonds** to raise the necessary funds, to raise the necessary capital ; **virer des fonds** to transfer funds ; **fonds d'Etat** gilts, gilt-edged stock, government stocks (UK), funds (US) ; **fonds de commerce** q v fonds de commerce ; **fonds de roulement** q v fonds de roulement ; **fonds non affectés** loose funds ; **fonds prêtables** loanable funds ; **fonds publics** public funds, government fonds, British funds (UK), federal funds (US) ; **fonds propres** q v fonds propres.
b) (caisse) fund * **Fonds asiatique de développement** Asian Development Fund (AsDF) ; **fonds commun de placement** (FCP) unit trust (UK), mutual investment fund (US) ; **fonds commun de placement fermé** closed-end fund, investment trust (UK) ; **fonds d'amortissement** sinking fund ; **fonds d'arbitrage** hedge fund ; **Fonds d'égalisation des changes** Exchange Equalization Fund ; **Fonds de développement européen** (FED) European Development Fund (EDF) ; **fonds de dotation** endowment fund ; **fonds de pension** pension fund ; **fonds de retraite** pension fund ; **fonds de roulement** q v fonds de roulement ; **Fonds de stabilisation des changes** (FSC) Exchange Stabilisation Fund ; **Fonds des salaires** Wage Fund ; **Fonds européen d'orientation et de garantie agricole** (FEOGA) European Agricultural Guidance and Guarantee Fund (EAGGF) ; **Fonds européen de coopération monétaire** (FECOM) European monetary Cooperation Fund (EMCF) ; **Fonds européen de développement** (FED) European Development Fund (EDF) ; **Fonds européen de développement régional** (FEDER) European regional Development Fund (ERDF) ; **Fonds monétaire international** (FMI) International Monetary Fund (IMF) ; **Fonds multilatéral de garantie** (cf. UE) Multilateral Guarantee Fund ; **Fonds social européen** (FSE) European Social Fund (ESF).

△ **bailleur de fonds** (money) lender, financial backer ; **détournement de fonds** misappropriation of funds, embezzlement ; **gestion de fonds** fund management ; **gestionnaire de fonds** fund manager ; **mise de fonds** outlay of capital, investment ; **mise de fonds initiale** seed money ; **mobilisation de fonds** fund raising.

fonds commercial nm [Acc] goodwill.

fonds de commerce nm [Acc] goodwill.

fonds de roulement nm [Acc] working capital * **fonds de roulement brut** gross working capital ; **fonds de roulement négatif** negative working capital ; **fonds de roulement financier** financial working capital ; **fonds de roulement net global** net working capital.
Δ **besoin en fonds de roulement** (BFR) negative working capital.

fonds propres nm, plu [Fin, Acc] share capital and reserves, equity base, equity capital, shareholders' equity (UK), stockholders' equity (US), owners' equity, owned capital, proprietors' equity (US).
Δ **autres fonds propres** other debts and subsidies.

Fordisme nm [Eco] Fordism.

forfait nm lump sum. * **être au forfait** to be taxed on estimated income ; **travailler au forfait** to work by contract, to work for a lump sum of money.

formation nf a) (éducation) training, education * **formation en alternance** sandwich training ; **formation (en) interne** in-house training ; **formation permanente** continuing education ; **formation professionnelle** vocational training, industrial training, occupational training ; **formation sur le tas** on-the-job training (OJT).
b) (constitution) formation * **formation de capital** capital formation.
Δ **centre de formation** training centre ; **programme de formation** training course, training programme, training scheme, occupational training programme.

fort adj (baisse, hausse) dramatic, sharp ; (devise) strong ; (perte) heavy.

fortune nf wealth.

fourchette nf [Stat] bracket, range * **fourchette d'imposition** tax bracket, tax band ; **fourchette de cotation** trading range ; **fourchette de croissance de la masse monétaire** target range ; **fourchette de prix** price range.

fournir v to supply.

fournisseur nm supplier.

fourniture nf supply, provision.

fragmentation nf fragmentation.

frais nm [gen, Acc] charges, expenses, costs * **contribuer** ou **participer aux frais** to contribute to the costs ; **frais afférents à la dette** debt charges ; **frais autres que les frais financiers** non-interest charges ; **frais bancaires** bank charges ; **frais d'encaissement** collecting charges ; **frais d'entretien** maintenance charges, maintenance costs ; **frais d'établissement** establishment expenses, preliminary expenses ; **frais d'exploitation** operating expenses ; **frais de douane** customs charges ; **frais de gestion** administrative charges, managing expenses, administrative expenses ; **frais de personnel** payroll expenses ; **frais de premier établissement** initial cost, initial expenses, initial expenditure ; **frais divers** miscellaneous expenses ; **frais financiers** bank charges and interest, interest expenses, financial charges ; **frais fixes** fixed charges, fixed expenses, fixed costs ; **frais généraux** general expenses, overheads, overhead expenses, fixed charges, indirect cost ; **frais initiaux** non-recurrent charges ; **frais payés d'avance** deferred charges, prepaid expenses ; **frais permanents** standing charges.

franc nm franc * **franc vert** green franc.

franchise nf a) (exonération) exemption * **franchise fiscale** [Fisc] tax exemption.
b) (licence exclusive) franchise.

franchiser v to franchise, to grant a franchise.

franco * **franco à bord** (FAB) free on board (FOB) ; **franco camion** free on truck (FOT) ; **franco de port** freight paid, freight prepaid ; **franco long du bord** (FLB) free along side ship (FAS) ; **franco wagon** free on rail (FOR).

fraude nf fraud * **fraude fiscale** [Fisc] tax evasion, tax dodging, tax cheating.

frauder v to cheat, to swindle * **frauder le fisc** to evade taxation, to dodge taxation.

fraudeur, -euse nm, f 1- crook, smuggler.
2- [Fisc] tax evader, tax smuggler.

frauduleux, -euse adj fraudulent.

frein nm brake, clampdown, negative incentive * **frein à l'investissement** brake on investment.

freinage nm slowdown, curbing.

freiner v (dépenses) to put a brake on, to curb, to slow down, to check, to stem ; (importations) to curtail.

fréquence nf [Stat] frequency * **fréquence cumulée** cumulative frequency.

fret nm [Eco int] cargo, freight.

FSC *Fonds de stabilisation des changes* Exchange Stabilisation Fund.

FSE *Fonds social européen* European Social Fund (EFS).

FTN *firme transnationale* transnational company (TNC), transnational corporation (TNC).

fuite nf [Eco] a) flight * **fuite des capitaux** flight of capital, capital fight ; **fuite devant la monnaie** flight from cash, flight from money, flight from currency.
b) * **fuite hors du circuit économique** leakage, withdrawal.

fusion nf [Eco, Fin] merger * **fusions-acquisitions** (F & A) mergers and acquisitions (M & A).

fusionner v [Eco, Fin] to merge.

G

G5 *Groupe des Cinq* Group of Five (G5).

G7 *Groupe des Sept* Group of Seven (G7).

GAB *guichet automatique de banque* automatic telling machine (ATM) (UK), automatic teller machine (ATM) (US).

gage nm [Jur] (garantie) security, pledge * **gage immobilier** mortgage ; **gage mobilier** chattel mortgage.

gages nm, plu (paye) wages.

gagner v a) (salaire) to earn * **gagner de l'argent** to make money ; **gagner sa vie** to earn one's living. b) (part de marché) to gain, to capture.

gains nm, plu a) (salarié) earnings, wages ; b) (entreprise) gains, profits * **gains et pertes** gains and losses.

Gamma [Fin] gamma coefficient.

gamme nf range, line.
Δ **bas de gamme** the bottom end of the range *or* the line ; **haut de gamme** the top end of the range *or* line.

GAP *gestion actif passif* Assets and Liabilities Management (ALM).

garant nm [Jur, Fin] guarantor, surety * **garant d'une dette** surety for a debt.

garanti, e adj 1 - guaranteed, covered, insured.
2- [Fin] (dette, emprunt) guaranteed, secured ; (émission) underwritten.

garantie nf 1- [Jur, Fin] guarantee, warranty, security * **garantie accessoire** collateral security ; **garantie de paiement** security for payment ; **garantie de remboursement** repayment guarantee ; **garantie de solvabilité** guarantee of solvency ; **garantie financière** financial security ; **garantie hypothécaire** mortgage security ; **garantie irrecouvrable** dead security ; **garantie mobilière** personal security ; **garantie solidaire** joint guarantee.
2- [St Ex] cover, hedging * **garantie de change** exchange guarantee, hedging ; **garantie de cours** hedging ; **garantie de taux** a) (sur un marché de gré à gré) forward rate agreement (FRA) ; b) (sur un marché organisé) future rate agreement (FRA) ; **garantie de taux plafond** cap ; **garantie de taux plancher** floor.

garantir v 1- [Jur] to guarantee, to secure, to collaterize.
2- [Fin] (émission) to underwrite.

GEIE *groupe européen d'intérêt économique* European Economic Interest Grouping (EEIG).

gérer v to manage, to run.

gestion nf management * **gestion actif-passif** (GAP) assets and liabilities management (ALM) ; **gestion d'entreprise** business management ; **gestion de fonds** fund management ; **gestion de la dette publique** public sector debt management, public sector debt servicing ; **gestion de patrimoine** assets management ; **gestion de portefeuille** asset management ; **gestion de production** production management ; **gestion de projet** project management ; **gestion de risque de taux** interest rate risk management ; **gestion de trésorerie** cash management ; **gestion des effectifs** manpower management ; **gestion des entreprises** corporate management ; **gestion des ressources humaines** human resource management ; **gestion des risques** risk management ; **gestion des stocks** stock control (UK), inventory control (US) ; **gestion du taux de change** currency management ; **gestion financière** financial management.
Δ **mauvaise gestion** bad management, mismanagement.

gestionnaire nm administrator, manager.

glissement nm (monnaie) slide ; (cours) slip * **en glissement annuel** [Stat] year over year, year on year.

glisser v (devise) to slip back.

global adj global, overall.

globalisation nf [Eco] globalization, globalisation * **globalisation des marchés financiers** globalization of financial markets.

GLOBEX *système international de transactions électroniques* global exchange (GLOBEX).

goulot d'étranglement nm capacity limitation, bottleneck.

graphe nm graph, chart.

graphique nm graph, chart.

grappe nf [Stat] cluster.
Δ **effet de grappe** cluster effect.

gratuit adj free * **à titre gratuit** free of charge.

gré à gré (de ...) adj over the counter (OTC).

grève nf strike * **grève avec occupation des lieux** sit-in strike ; **grève de solidarité** sympathy strike ; **grève illimitée** indefinite strike ; **grève perlée** work to rule, go slow strike ; **grève sauvage** unofficial strike, wild cat strike ; **grève symbolique** token strike ; **grève tournante** selective strike, staggered strike.

grille nf scale, grid * **grille des salaires** salary scale, wage scale ; **grille des taux pivots-bilatéraux** (cf. SME) grid of bilateral exchange rates.

grimper v (prix, cours) to soar, to rocket * **faire grimper les prix** to push prices up ; **grimper en flèche** to skyrocket.

gris adj [St Ex] (marché) grey (UK), gray (US).

grossiste nm wholesaler.

groupe nm group * **groupe d'étude** task force, working party ; **groupe d'experts** panel of experts ; **groupe de pression** pressure group, lobby, special interest group (US) ; **groupe de réflexion** think-tank ; **groupe de travail** working party, task force ; **Groupe des Cinq** (G5) Group of Five (G5) ; **Groupe des Dix** Group of Ten, Paris Club ; **Groupe des Sept** (G7) Group of seven (G7) ; **Groupe des Vingts** Group of Twenty ; **groupe industriel** industrial group.

guerre nf war * **guerre commerciale** trade war.

guichet nm (banque) counter, window * **guichet automatique de banque** (GAB) automatic telling machine (ATM) (UK), automatic teller machine (ATM) (US) ; **guichet ouvert (à guichet ouvert)** on tap.

H

harmonisation nf harmonization.

harmoniser v to harmonize.

hasard nm 1- chance. 2- [Stat] random.
Δ **choix au hasard** random choice ; **échantillon au hasard** random sample ; échantillonnage au hasard random sampling ; **marche au hasard** random walk ; **répartition au hasard** random distribution.

hausse nf rise (*de* in), increase (*de* in).

haussier nm [St Ex] bull (operator).

haussier adj [St Ex] bullish.

hétérogène adj [Eco] heterogeneous.

hétérogénéïté nf [Eco] heterogeneity.

heuristique adj heuristic.

HIBOR *taux interbancaire offert à Hong Kong* Hong Kong interbank offered rate (HIBOR).

histogramme nm histogram, bar graph, bar chart.

histoire nf history * **histoire de la pensée économique** history of economic thought.

holding nf holding company.

homogène adj [Eco] homogeneous.

homogénéïté nf [Eco] homogeneity.

honoraires nm fees.

hors prep apart from, except, exclusive of.

hors bilan off balance-sheet (OBS).

hors contingent above quota.

hors-cote nm [St Ex] over the counter market, OTC market.

hors cote adj [St Ex] unlisted.

hors frontières off-shore.

hors taxe duty-free, exclusive of tax, before tax.

hydrocarbures n, plu oil products.

hyperinflation adj [Eco] hyperinflation.

hypothèque nf [Jur, Fin] mortgage * **hypothèque de premier rang** first mortgage, first-recorded mortgage ; **hypothèque de second rang** junior mortgage ; **hypothèque de dernier rang** junior mortgage.

hypothéquer v [Jur] to mortgage, to secure.

hypothèse nf [Math, Eco] assumption, hypothesis (**plu** hypotheses)

* **faire l'hypothèse** to assume ; **hypothèses contradictoires** conflicting assumptions ; **hypothèse de croissance basse** slow growth hypothesis ; **hypothèse de forte croissance** high growth hypothesis ; **hypothèse de la neutralité monétaire** neutral money hypothesis ; **hypothèse de la révision graduelle des anticipations** adaptative expectations hypothesis ; **hypothèse des anticipations rationnelles** rational expectations hypothesis ; **hypothèse des marchés efficients** efficient-market hypothesis ; **hypothèse du cycle de vie** life-cycle hypothesis (LCH) ; **hypothèse du revenu permanent** permanent income hypothesis.

Δ **test d'hypothèse** hypothesis testing.

hystérésis nf [Eco] hysteresis.

I

IBS *impôt sur les bénéfices des sociétés* corporate profit tax (CPT).

IDA *Association internationale de développement* International Development Association (IDA).

IDE *investissement direct à l'étranger* foreign direct investment (FDI).

illégal adj [Jur] illegal, unlawful.

illimité adj unlimited.

illusion monétaire nf [Eco] money illusion.

immeubles n, plu [Acc] properties.

immobilisation nf 1- immobilization, tying up.
2- [Acc] fixed assets, capital assets * **immobilisations corporelles** fixed assets, tangible assets, physical assets ; **immobilisations en cours** constructions in progress ; **immobilisations incorporelles** intangible assets ; **immobilisations réelles** fixed assets, tangible assets, physical assets, plant and equipment.
Δ **autres immobilisations** other fixed assets.

immobiliser v [Fin] (capital) to immobilize, to lock up, to tie up.

impayé adj unpaid, dishonoured.

impayés nm, plu [Acc] outstanding bills.

Δ **taux d'impayés** default rate, delinquency rate.

implantation nf (entreprise) setting up, location.

implanter v (entreprise) to set up, to locate.

implanter (s') v (entreprise) to set up, to establish * **s'implanter sur un marché** to break into a market, to gain *or* to secure a foothold on a market.

importateur, -trice nm, f [gen, Eco] importer.

importateur, -trice adj importing.

importation nf [gen, Eco, Eco int] import, importation * **importations d'énergie** energy imports ; **importations de biens et services** [SCN] imports of goods and services ; **importations hors énergie** non-energy imports ; **importations incompressibles** irreducible *or* irreductible imports.
Δ **capacité d'importation** [Eco int] import capacity, capacity to import ; **coefficient d'importation** import coefficient ; **coût (global) des importations** import bill ; **embargo sur les importations** import ban ; **licence d'importation** (cf. UE) import licence ; **pénétration des importations** import penetration ; **surtaxe à l'importation** import surcharge ; **taxe à l'importation** (cf. UE) import levy.

importer v to import (*de* from).

imposable adj [Fisc] taxable, liable to tax.

imposer v [Fisc] to tax, to levy a duty on.

imposition nf [Fisc] taxation * **imposition à la source** taxation at source ; **imposition conjointe** joint taxation ; **imposition des personnes physiques** personal taxation ; **imposition forfaitaire** presumptive assessment, flat-rate taxation ; **imposition progressive** progressive taxation ; **imposition sur la base du bénéfice mondial** worldwide profit taxation, worldwide unitary taxation.

∆ **année d'imposition** year of assessment ; **assiette de l'imposition** basis of tax assessment, tax base, tax basis ; **avis d'imposition** tax notice ; **barème d'imposition** taxation schedule ; **base d'imposition** tax base ; **double imposition** double taxation ; **niveau d'imposition** tax level ; **tranche d'imposition** tax band, tax bracket.

impôt nm [Fisc] tax * **asseoir un impôt** to base a tax, to fix a tax ; **percevoir un impôt** to collect a tax, to levy a tax, to raise a tax ; **retenir un impôt à la source** to withhold a tax at source ; **impôt dégressif** degressive tax ; **impôt déguisé** hidden tax ; **impôt direct** direct tax ; **impôt direct sur le revenu** [SCN] direct taxes on income ; **impôt exceptionnel** non-recurrent tax ; **impôt foncier** land tax, land taxation (UK), property tax (US) ; **impôt indirect** indirect tax ; **impôts locaux** local authority rates (UK), poll tax (UK), community charge ; **impôt négatif sur le revenu** negative income tax ; **impôt progressif** progressive tax ; **impôt retenu à la source** withholding tax ; **impôt supplémentaire** additional tax ; **impôt sur la consommation** consumption tax ; **impôt sur la fortune** wealth tax ; **impôt sur le capital** capital tax ; **impôt sur le revenu** income tax ; [SCN] direct taxes on income ; **impôt sur le revenu des personnes physiques** (IRPP) personal income tax ; **impôt sur les bénéfices** corporation tax, corporate income tax (US) ; **impôt sur les bénéfices des sociétés** (IBS) corporate profit tax (CPT) ; **impôt sur les bénéfices exceptionnels** windfall tax ; **impôt sur les donations** gift tax ; **impôt sur les plus-values** capital gains tax (CGT) ; **impôt sur les produits énergétiques** energy tax ; **impôt sur les revenus du capital** capital yield tax ; **impôt sur les sociétés** corporation tax (UK), corporation income tax (US), corporate tax.

∆ **aménagement d'impôt** tax adjustment ; **arriérés d'impôt** back taxes, delinquent taxes (US) ; **assiette de l'impôt** basis of taxation, basis of tax assessment ; **assujetti à l'impôt** taxable, liable to tax ; **assujettissement à l'impôt** tax liability ; **barème de l'impôt** tax scale, tax schedule ; **calcul de l'impôt** tax assessment ; **déclaration d'impôt** tax return ; **exonération partielle de l'impôt** partial tax relief ; **fait générateur de l'impôt** taxable event ; **feuille d'impôt** tax return, tax slip ; **majoration d'impôt** tax surcharge ; **produit de l'impôt** tax proceeds, tax yield ; **progressivité de l'impôt** tax progression ; **recouvre-**

ment de l'impôt collection of taxes, tax collection ; réductions d'impôts tax concessions ; rendement de l'impôt tax yield.

imprévisible adj unforeseeable.

imprévu adj unforeseen.

improductif adj [Eco] unproductive.

imputation nf charging, allocation.

imputer v 1- to attribute, to ascribe. 2- [Acc, Fin] to charge.

inactif, -ive adj (capitaux) idle ; (marché) slack, dull ; (population) non-working.

inaliénable adj [Jur] untransferable.

incertitude nf [Eco, Fin] uncertainty.

incidence nf effect, impact, implication * **incidence(s) budgétaire(s)** budget implications ; **incidence fiscale** a) effect of taxation ; b) tax impact.

incitation nf incentive.
△ **mesures d'incitation et de dissuasion** incentives and disincentives.

inclus adj included, inclusive.

incomparable adj unparalleled.

incorporel adj intangible.

incoterme nm incoterm.

indemnisation nf indemnification, compensation.

indemniser v to indemnify, to compensate for.

indemnité nf a) compensation, indemnity ; b) allowance ; c) benefit * **indemnités de chômage** unemployment benefits ; **indemnités de déplacement** travel allowance ; **indemnités de licenciement (pour raisons économiques)** redundancy payment ; **indemnités de maladie** sickness benefit ; **indemnités de transport** travel allowance ; **indemnité forfaitaire** inclusive payment ; **indemnités kilométriques** mileage allowance.

indépendance nf independence.

indépendant adj independent.

indexation nf [Eco] indexation, index-linking, index-pegging.
△ **clause d'indexation** escalator clause ; **clause d'indexation sur le coût de la vie** cost of living escalator clause ; **système d'indexation** indexation scheme.

indexé adj [Eco] index-linked, index-tied.

indexer v [Eco] to peg.

indicateur nm [Eco, Fin, St Ex] indicator * **indicateur avancé** forward indicator, leading indicator ; **indicateur budgétaire** fiscal indicator ; **indicateurs conjoncturels** current economic indicators, business (climate) indicators ; **indicateur courant (par opposition à avancé)** current indicator ; **indicateur d'alerte** early warning indicator ; **indicateur de divergence** divergence indicator ; **indicateurs de la politique économique** policy indicators ; **indicateur pilote** main indicator ; **indicateur prospectif** leading indicator ; **indicateur retardé** lagged indicator, lagging indicator ; **indicateur synthétique** composite indicator.

Δ **seuil d'un indicateur** indicator threshold.

indice nm [Stat, Eco] index, index number (**plu** indices) * **indice à pondération constante** base weighted index ; **indice boursier** average, share index, stock index ; **indice composite** composite index ; **indice composite d'indicateurs avancés** comprehensive index of forward indicators ; **indice de concentration** concentration ratio ; **indice de concentration de Gini** Gini inequality index ; **indice de Laspeyres** Laspeyres index ; **indice de Paasche** Paashe index ; **indice de production** output index ; **indice de productivité** productivity index ; **indice de référence** benchmark index ; **indice de valeur** value index ; **indice de volume** volume index ; **indice des indicateurs avancés** index of leading indicators (US) ; **indice des indicateurs instantanés** index of coincident indicators (US) ; **indice des indicateurs retardés** index of lagging indicators (US) ; **indice des prix** price index ; **indice des prix à l'exportation** export price index ; **indice des prix à la consommation** (IPC) consumer price index (CPI) (US) ; **indice des prix de détail** Retail Price Index (RPI) (UK) ; **indice des prix de gros** wholesale price index ; **indice des valeurs boursières** share index, stock index ; **indice différentiel de zone** area differential ; **indice Dow Jones** Dow Jones index ; **indice du cours des actions** share prices index ; **indice du coût de la construction** building cost index ; **indice du coût de la vie** cost of living index ; **indice économique** index number ; **indice FOOTSIE** FOOTSIE index (UK), FTSE 100 share index (UK) ; **indice global d'efficience** overall index of effectiveness, omnibus index of efficiency ; **indice global de la production industrielle** overall index of industrial production ; **indices globaux** aggregate indices ; **indice idéal de Fisher** ideal index, Fisher's index ; **indice Nikkei** Nikkei index ; **indice non pondéré** unweighted index ; **indice normalisé** standardized index ; **indice partiel** incomplete index ; **indice pondéré** weighted index ; **indice supplétif** proxy index.

induit adj [Eco] induced.

industrie nf industry * **industrie aéronautique** aircraft industry ; **industrie agro-alimentaire** food processing industry ; **industrie automobile** car industry (UK), motor industry (UK), auto(mobile) industry (US) ; **industrie chimique** chemical industry ; **industrie clé** key industry, key sector ; **industrie dans l'enfance** [Eco int] infant industry ; **industrie de base** staple industry, basic industry ; **industrie de l'agro-alimentaire** food-processing industry ; **industrie de luxe** luxury goods industry ; **industries de main-d'œuvre** labour industries ; **industries de pointe** high-tech industries ; **industrie de transformation** processing industry ; **industries de transformation finale** manufacturing industries ; **indus-**

trie du pétrole oil industry ; industries légères light industries ; industrie lourde heavy industry ; industries manufacturières manufacturing industries ; industries mécaniques mechanical engineering industries ; industrie métallurgique metal working industry ; industrie minière mining industry ; industrie naissante [Eco int] infant industry ; industrie sidérurgique steel industry ; industrie textile textile industry.

industriel nm industrialist, manufacturer.

industriel adj industrial.

inférence nf [Stat] inference.

inférieur adj a) lower ; b) (montant) smaller ; c) (qualité) poorer.

inflation nf [Eco] inflation * l'inflation cède du terrain inflation is losing ground, inflation is receding ; juguler l'inflation to curb inflation, to keep inflation under control ; maîtriser l'inflation to curb inflation, to keep inflation under control, to repress inflation ; nourrir l'inflation to fuel inflation ; inflation à deux chiffres double-digit inflation ; inflation anticipée anticipated inflation ; inflation contenue repressed inflation, pent-up inflation ; inflation d'origine externe imported inflation, import-induced inflation, import-price-push inflation ; inflation d'origine interne domestically-generated inflation ; inflation déclarée open inflation ; inflation due à la hausse des profits profit-push inflation ; inflation due aux salaires wage-push inflation ; inflation galopante rampant or roaring or galloping or runaway inflation ; inflation importée imported inflation, import-induced inflation, import-price-push inflation ; inflation irréductible core inflation ; inflation larvée hidden inflation ; inflation non anticipée unanticipated inflation ; inflation par la demande demand-pull inflation ; inflation par les coûts cost-push inflation ; inflation rampante creeping inflation ; inflation structurelle built-in inflation ; inflation tendancielle underlying inflation.

Δ dynamique de l'inflation inflation momentum ; écart d'inflation inflation gap ; enclin à l'inflation inflation prone ; maîtrise de l'inflation inflation control ; nouvel accès d'inflation ou nouvelle poussée de l'inflation a new burst of inflation, inflation bout ; noyau dur de l'inflation core inflation ; poussée inflationniste inflation bulge ; taux d'inflation inflation rate.

inflationniste adj inflationary.

information nf 1- information * informations données par les faits factual information, evidence ; information privilégiée [St Ex] inside information.
2- [Acc] disclosure.
Δ collecte de l'information information gathering ; gestion de l'information information management ; note d'information [St Ex] prospectus ; obligation d'information disclosure requirement ; technologies de l'information information technology (IT) ; traitement de l'information information processing.

informatique nm a) (science) computer science ; b) data processing.

informatisation nf computerization.

informatisé adj computerized, computer-based.

infrastructure nf [Eco] infrastructure.
Δ **dépenses d'infrastructure** infrastructure expenditure.

ingénierie nf engineering.

ingénieur nm engineer * **ingénieur technico-commercial** sales engineer.

injection nf [Eco] injection.

innovation nf [Eco] innovation * **innovation financière** financial innovation.

innover v to innovate.

INR *impôt négatif sur le revenu* negative income tax (NIT).

inscription nf 1- registration.
2- [Acc] entry, posting.

inscrire v 1- to write down.
2- [Acc] to enter, to post.

insolvabilité nf [Fin] insolvency.

insolvable adj [Fin] insolvent.

inspecteur nm inspector * **inspecteur des finances** Treasuree official ; **inspecteur des impôts** tax inspector, revenue officer ; **inspecteur du travail** factory inspector, labour inspector.

inspection nf a) (surveillance) inspection ; b) (administration) inspectorate * **inspection des finances** tax inspectorate ; **inspection du travail** factory inspectorate, Occupational Safety and Health Administration (US).

instabilité nf instability.

instable adj unstable.

institution nf institution * **institutions de crédit** [SCN] credit institutions ; **institutions de crédit monétaires** [SCN] monetary credit institutions ; **institutions de crédit non monétaires** [SCN] non-monetary credit institutions ; **institution financière** financial institution ; **institution monétaire** monetary institution.
Δ **autres institutions financières** [SCN] other financial institutions ; **autres institutions monétaires** [SCN] other monetary institutions.

instrument nm [Eco, Fin] instrument * **instrument de paiement** instruments of payment ; **instrument de placement** investment instrument ; **instrument de politique économique** instrument of economic policy, policy instrument ; **instrument financier** financial instrument ; **instrument incomplet** inchoate instrument ; **instrument monétaire** monetary instrument ; **instrument participatif** equity-line instrument ; **instruments très liquides** highly liquid instruments.
Δ **nouveaux instruments financiers** new financial instruments ; **nouvel instrument communautaire** (NIC) (cf. UE) New Community

Instrument (NCI) ; **nouvel instrument de politique commerciale communautaire** (cf. UE) New Trade Policy Instrument.

insuffisance nf a) (qualité) inadequacy ; b) (quantité) shortage.

insuffisant adj a) (qualité) inadequate ; b) (quantité) insufficient.

intangible adj intangible.

intégration nf 1- [gen, Eco] integration * **intégration économique** economic integration ; **intégration vers l'amont** backward integration, upstream integration ; **intégration vers l'aval** forward integration.
2- [Fin] * **intégration financière** globalization of financial markets.
3- [Acc] consolidation.

intensif adj intensive.

intensité nf intensity, content * **intensité factorielle** [Eco] factor content.
Δ **à forte intensité capitalistique** capital-intensive ; **à forte intensité de travail** labour-intensive.

interbancaire adj interbank.

interdépendance nf interdependence.

interentreprise adj intercompany.

intérêt nm [Eco, Fin, Acc] interest * **calculer les intérêts** to calculate the interest ; **rapporter un intérêt** to earn or to carry an interest ; **intérêts à payer** interest payable ; **intérêts à recevoir** [Acc] interest receivable, accrued interest ; [Fin] accumulated interest ; **intérêts bonifiés** subsidized interest rate ; **intérêts composés** compound interest ; **intérêt conditionnel** contingent interest ; **intérêts courus** [Acc] accrued interest ; [Fin] accumulated interest, back interest ; **intérêts courus à recevoir** accrued interest receivable ; **intérêts créditeurs** interest earned ; **intérêts d'emprunt** interest on loans, loan interest ; **intérêts débiteurs** debit interest, red interest ; **intérêt de pénalisation** penalty interest ; **intérêts échus** interest due ; **intérêts échus mais non perçus** interest accrued but not received ; **intérêts exonérés d'impôts** tax-free interest ; **intérêts moratoires** interest on arrears, interest on overdue payment, default interest ; **intérêt négatif** negative interest ; **intérêts non échus** interest not accrued ; **intérêts pour défaut de paiement** default interest ; **intérêts précomptés** prepaid interest ; **intérêts simples** simple interest ; **intérêts versés** interest paid.

intérieur adj domestic, internal.

intermédiaire adj intermediate.

intermédiaire nm intermediary, middleman * **intermédiaire financier** financial intermediary.

intermédiation nf [Fin] intermediation.

interne adj internal, in-house.

interpénétration nf interpenetration.

intervenant nm [Eco] (sur un marché) entrant, participant.

intervention nf intervention.
△ **point d'intervention** [Eco] divergence limit (cf. SME).

intrant nm [Eco] input.

intra-journalier adj [St Ex] intraday.

invendu nm * **les invendus** unsold items, dead stock.

invendu adj unsold.

inventaire nm [Acc] stocktaking, inventory * **inventaire comptable** book inventory.

investir v [Eco, Fin] to invest.

investissement nm [Eco, Fin, Acc] investment, capital spending * **investissement à l'étranger** investment abroad ; **investissement autonome** autonomous investment ; **investissement brut** gross investment ; **investissement corporel** investment in tangible assets ; **investissement créateur d'emplois** job-creating investment ; **investissement de capacité** capital-widening investment, capacity investment ; **investissement de modernisation** rationalization investment ; **investissement de portefeuille** portfolio investment ; **investissement de productivité** cost-saving investment, productivity-enhancing investment, capital-deepening investment ; **investissement de remplacement** replacement investment ; **investissement de renouvellement** replacement investment ; **investissement des entreprises** corporate investment ; **investissement direct à l'étranger** (IDE) foreign direct investment (FDI), direct investment abroad ; **investissement du secteur privé** private investment ; **investissement du secteur public** public investment ; **investissement en capital humain** human investment ; **investissement(s) étranger(s)** inward investment ; **investissement improductif** improductive investment ; **investissement incorporel** investment in intangible assets ; **investissement induit** induced investment ; **investissement intérieur** domestic investment ; **investissement négatif** negative investment ; **investissement net** net investment ; **investissement productif** productive investment ; **investissements privés directs à l'étranger** (IPDE) private overseas direct investment (PODI) ; **investissement(s) réalisé(s) à l'étranger** investment abroad, outward investment.

△ **aides à l'investissement** investment subsidies, investment grants (UK) ; **certificat d'investissement** (CI) investment certificate ; **choix des investissements** investment project selection ; **club d'investissement** investment club ; **décision d'investissement** capital budgeting ; **faiblesse de l'investissement** sluggish investment ; **frein à l'investissement** brake upon investment ; **insuffisance de l'investissement** investment gap ; **projet d'investissement** project ; **projet (d'investissement) dépendant** contingent project ; **projets (d'investissement) mutuellement exclusifs** mutually exclusive projects ; **redressement** *ou* **reprise de l'investisement** recovery, upturn, pick-up in investment ; **sensibilité de l'investissement au taux d'intérêt** interest rate sensitivity of investment ; **taux d'investisse-**

investisseur | 414 | **isoquant**

ment investment rate ; **tiré par l'investissement** investment-led.

investisseur nm [Eco, Fin] investor * **investisseur individuel** individual investor ; **investisseur institutionnel** institutional investor.

invisibles n, plu [Eco] invisibles, services.
Δ **recettes des invisibles** receipts of invisibles, invisible receipts.

IPC *indice des prix à la consommation* Consumer Price Index CPI (US).

IPDE *investissements privés directs à l'étranger* private overseas direct investment (PODI).

IRPP *impôt sur le revenu des personnes physiques* personal income tax.

IS-LM IS-LM.

ISE *International Stock Exchange* (UK) Bourse de Londres (appellation donnée à la suite du *Big Bang* de 1986 mais qui n'a pas réussi à s'imposer).

isocoût n [Eco] isocost line.

isoquant n [Eco] isoquant, isoquant curve * **courbes d'isoquants** isoquant map.

JK

jeton nm token * **jeton de présence** directors'fees.

jeu nm a) game ; b) working, interaction, interplay * **le jeu des mécanismes de marché** [Eco] the working of the market mechanism, the play of market forces.

jouer v 1- to play.
2- [St Ex] to speculate, to gamble on the stock exchange * **jouer à la baisse** to go a bear, to speculate for a fall, to speculate on a fall, to play for a fall to bear the market ; **jouer à la hausse** to go a bull, to play for a rise, to speculate on a rising market, to buy a bull, to bull the market ; **jouer le dollar à la baisse** to speculate against the dollar ; **jouer sur les valeurs de premier ordre** to speculate on blue chips.

joueur nm [St Ex] speculator, operator * **joueur à la baisse** bear, bear operator ; **joueur à la hausse** bull, bull operator.

jour le jour (au jour le jour) at call, on call.

journal nm 1- newspaper, payer.
2- [Acc] journal * **journal auxiliaire** subsidiary journal ; **journal de la paie** payroll journal ; **journal des achats** bought journal, purchases journal ; **journal des ventes** sales journal ; **journal général** general journal.

juguler v to curb, to stem * **juguler l'inflation** to curb inflation ; **juguler la dérive des dépenses publiques** to stem the upward drift in public expenditure.

juste adj a) fair, right ; b) right, accurate.

juste à temps nm just-in-time (JIT).

justice nf equity, justice * **justice commutative** [Eco] commutative justice ; **justice distributive** [Eco] distributive justice.

keynésiannisme nm [Eco] keynesian economics, keynesianism.

keynésiens nm, plu [Eco] keynesians.

krach nm crash, collapse * **krach boursier** crash.

L

Laissez-faire nm [Eco] Laissez faire.

LCR *lettre de change relevé* bill of exchange statement.

lettre de change nf bill of exchange, draft, bill, note (US) * **lettre de change relevé** (LCR) bill of exchange statement.

levier nm [Fin] gearing (UK), leverage (US) * **levier financier** capital leverage *or* financial leverage (US).

libellé adj denominated (*en* in) * **libellé en dollar** dollar denominated, denominated in dollar.

libéralisme nm [Eco] free market economics, economic liberalism.

libéraux nm, plu [Eco] free-marketers.

libéré adj [Fin] fully paid, paid-up.

libérer v [Eco] to free, to decontrol, to deregulate.

liberté nf freedom * **liberté d'entrée (sur un marché)** [Eco] freedom of entry ; **liberté d'établissement** freedom of establishment ; **liberté de sortie (du marché)** [Eco] freedom of exit.
Δ **degré de liberté** (dl) [Stat] degree of freedom (df).

LIBID *taux interbancaire demandé à Londres sur les dépôts en eurodollars* London inter-bank interest rate demanded (LIBID).

LIBOR *taux interbancaire offert à Londres sur les dépôts à court terme* London inter-bank offered rate (LIBOR).

libre-échange nm [Eco int] free trade.

libre-échangisme nm [Eco int] free trade policy.

libre-échangiste adj [Eco int] free-trade.

licenciement nm a) (individu) dismissal, firing, sacking ; b) (raisons économiques) redundancy, lay off * **licenciement abusif** unfair dismissal ; **licenciement sec** compulsory redundancy.
Δ **indemnité de licenciement** redundancy payment ; **lettre de licenciement** notice of dismissal ; **prime de licenciement** redundancy payment, severance pay (US).

licencier v a) (individu) to dismiss, to sack, to fire ; (raisons économiques) to lay off, to make redundant.

LIFFE *Marché à terme d'instruments financiers à Londres* London International Financial Futures Exchange (LIFFE) (Créé en 1982, il a fusionné, en 1992, avec le "London Traded Option Market" (LTOM), pour former le "London Derivative Exchange").

ligne nf 1- line, direction.
2- [Fin] line, facility * **ligne budgétaire** appropriation line ; **ligne d'eurocrédit** euroloan facility ; **ligne de crédit** appropriation line, credit line, line of credit ; **ligne de substitution** back up line.

limité adj limited.

limiter v to limit, to reduce.

linéaire adj linear.

lingot nm ingot.

liquidateur nm [Jur] receiver in bankruptcy.

liquidation nf 1- [Jur, Acc] liquidation, winding up, closing-out (US) * **entrer en liquidation** to go into receivership, to fall into receivership ; **mettre en liquidation** to liquidate, to put up into liquidation, to put up into receivership ; **liquidation judiciaire** receivership, winding-up, **liquidation volontaire** voluntary winding-up.
2- [St Ex] settlement, account (UK) * **liquidation de quinzaine** mid-month settlement, mid-month account ; **liquidation fin de mois** end of month settlement, end account, end of month account.
Δ **jour de la liquidation** [St Ex] settlement day, account day (UK) ; **mise en liquidation** [Jur] liquidation, winding-up.

liquider v 1- [Jur, Acc] to liquidate, to close out (US).
2- [St Ex] to close * **liquider sa position** to close out, to close one's position.

liquidité nf [Eco] liquidity * **liquidité bancaire** bank liquidity ; **liquidités de l'économie** liquid assets ; **liquidités internationales** international liquidity ; **liquidités mondiales** world liquidity ; **liquidités primaires** primary liquidities ; **liquidités secondaires** secondary liquidities ; **liquidités tertiaires** tertiary liquidities.
Δ **crise de liquidité** liquidity squeeze ; **degré de liquidité** moneyness ; **fonction de liquidité** demand for money function ; **préférence pour la liquidité** liquidity preference ; **régulation de la liquidité** liquidity control ; **trappe à liquidités** liquidity trap, money trap.

lissage nm [Stat, Eco] smoothing * **lissage exponentiel** exponential smoothing.

lisser v [Stat, Eco] to smoothe, to smoothe out.

livraison n [gen, St Ex] delivery * **livraison à terme** forward delivery.

livre nm 1- book.
2- [Acc] book, journal * **tenir les livres** to keep the books ; **livre de paie** payroll ; **livre des achats** goods-bought ledger ; **livre des fournisseurs** goods-bought ledger ; **livre des ventes** goods-sold ledger.
Δ **clôture des livres** balancing of the books ; **grand livre** ledger ; **grand livre de paie** payroll ledger ; **grand livre des achats** bought ledger ; **grand livre des ventes** sales ledger ; **grand livre général** general ledger (GL) ; **tenue des livres** book-keeping ; **tenue des livres en partie double** double-entry book-keeping ; **tenue des**

livres en partie simple single-entry book-keeping.

livre sterling nf sterling.

LOA *location avec option d'achat* leasing.

localisation nf location.

location nf renting, hiring * **location avec option d'achat** (LOA) [Fin] leasing ; **location avec promesse de vente** (LPV) [Fin] hire with option to buy.

location-vente nf [Fin] hire purchase (UK), installment buying (US).

logarithme nm [Math] logarithm (LOG).

loi nf 1- [Jur] law, act, bill * **loi bancaire** Banking Act ; **loi de Finances** Finance Act (UK), Budget Act (US) ; **loi de Finances initiale** Finance Bill ; **loi de Finances rectificative** Autumn Statement (UK) ; **lois sur le blé** (UK) Corn Laws ; **lois sur les enclosures** (UK) Enclosures Acts.
2- [Eco] law * **loi d'airin des salaires** Iron Law of Wages, Wage Fund Theory, Lassalle's law of wages ; **lois d'Engel** Engel's Laws ; **loi d'Okun** Okun Law ; **loi de Goodhart** Goodhart's Law ; **loi de Gresham** Gresham's Law ; **loi de J.B. Say** J.B. Say's law of markets ; **loi de Keynes** Keynes' Law ; **loi de l'accumulation capitaliste** law of capital accumulation ; **loi de l'égalisation des utilités marginales** law of equal marginal utilities ; **loi de l'offre et de la demande** law of supply and demand ; **loi de l'utilité marginale décroissante** law of diminishing marginal utility ; **loi de la baisse tendancielle du taux de profit** law of the falling rate of profit ; **loi de la rareté** law of scarcity ; **loi de la valeur** law of value ; **Lois de Navigation** (UK) Navigation Acts ; **loi de Pareto** Pareto's Law ; **loi de proportion des facteurs** law of relative factor endowments ; **loi des 20/80** Pareto's Law ; **loi des 80-20** eighty-twenty rule ; **Loi des débouchés** Say's Law of Markets, Law of Markets ; **loi des rendements décroissants** law of diminishing returns, law of diminishing productivity ; **loi psychologique fondamentale** fundamental psycological law.
3- [Math, Stat] distribution * **loi de Poisson** Poisson distribution ; **loi du khi-deux** chi-square distribution ; **loi des grands nombres** [Math] law of large numbers ; **loi normale** normal distribution ; **loi exponentielle** exponential distribution ; **loi normale centrée réduite** standard normal distribution.

lot nm [St Ex] (minimum) trading lot.

loyer nm rent * **loyer de l'argent** rate of interest, interest rate.

LPV *location avec promesse de vente* hire with option to buy.

LTOM *Marché des options à la Bourse de Londres* London Traded Option Market (LTOM) (Créé en 1978, il a fusionné, en 1992, avec le "London International Financial Futures Exchange" (LIFFE) pour former le "London Derivative Exchange".

M

MBA *marge brute d'autofinancement* flow of funds.

machine nf 1- machine.
2- [Acc] machinery.

machinisme nm mechanization.

macroéconomie nf [Eco] macroeconomics.

macroéconomique adj [Eco] macroeconomic.

main-d'œuvre nf 1- labour force, workforce, manpower * **main-d'œuvre directe** [Acc] direct labour ; **main-d'œuvre étrangère** foreign labour ; **main-d'œuvre indirecte** [Acc] indirect labour ; **main-d'œuvre non qualifiée** unskilled labour ; **main-d'œuvre qualifiée** skilled labour ; **main-d'œuvre syndiquée** unionized labour, organized labour.
2- [Eco] labour.
Δ **demande de main-d'œuvre** labour demand ; **pénurie de main-d'œuvre** labour shortage ; **reconversion** *ou* **redéploiement de la main-d'œuvre** redeployment of labour ; **réserve de main-d'œuvre** labour pool.

main invisible nf [Eco] invisible Hand.

maîtrise nf a) (contrôle) control * **maîtrise du marché** control of the market.
b) (personnel) lower management, supervisory staff.

maîtriser v to control, to bring under control, to curb.

majoration nf a) (augmentation) increase, rise, hike (US) (*de* in) ; b) (surtaxe) surcharge.

majorer v to increase, to raise, to put a surcharge on, to put up.

malthusianisme nm [Eco] malthusianism * **malthusianisme économique** economic malthusianism.

mandat nm 1- money order, postal order (UK).
2- [Jur] mandate * **mandat de gestion** [St Ex] management mandate.

mandant, e nm, f [Jur, Fin] principal.

mandataire nm [Fin] agent.

mandatement nf [Fin] order to pay.

manufacture nf factory, mill.

marasme nm sluggishness, slump * **marasme économique** slump.

marchand nm dealer, merchant, shopkeeper, trader.

marchand adj marketable, tradeable, tradable (US).

marchandise nf commodity, goods * **marchandises hors taxes** duty-free goods ; **marchandises sous douane** bonded goods ; **marchandises vendues à terme** futures.

marché nm [gen, Eco, Fin, St Ex] market * **abandonner un marché** to pull out of a market, to withdraw from a market ; **approvisionner un marché** to supply a market ; **attaquer un marché** to tap a market ; **capturer** *ou* **conquérir un marché** to capture a market ; **dominer un marché** to control a market, to have a dominant position on a market ; **gagner un marché** to gain a market, to capture a market ; **inonder un marché** to flood a market ; **pénétrer un marché** to penetrate a market ; **percer sur un marché** to break into a market, to penetrate a market ; **s'implanter sur un marché** to break into a market ; **se retirer d'un marché** to pull out of a market, to withdraw from a market ; **trouver de nouveaux marchés** to find new market, to find new outlets ; **marché à découvert** [St Ex] short buying and selling market ; **marché à la baisse** [St Ex] bear(ish) market ; **marché à la hausse** [St Ex] bull(ish) market ; **marché à primes** [St Ex] option market ; **marché à règlement mensuel** (RM) [St Ex] forward market ; **marché à terme** q v marché à terme ; **marché acheteur** [St Ex] buyers' market ; **marché actif** deep market ; **marché au comptant** [St Ex] spot market ; **marché baissier** [St Ex] bear(ish) market ; **marché bien approvisionné** well-supplied ; **marché boursier** [St Ex] stock market ; **marché captif** captive market ; **marché cible** target market. ; **marché cloisonné** fragmented market ; **Marché Commun** Commun Market ; **Marché commun centraméricain** (MCCA) Central American Common Market (CACM) ; **Marché commun des Caraïbes** Caribbean Common Market (CARICOM) ; **Marché commun des Caraïbes orientales** (MCCO) East Caribbean Common Market (ECCM) ; **Marché commun économique** European Common Market ; **marché concurrentiel** competitive market ; **marché conditionnel** [St Ex] Futures option market ; **marché contestable** contestable market ; **marché d'arbitrage** [St Ex] hedge market ; **marché d'options sur indices boursiers** [St Ex] index options market ; **marché de contrats à terme** [St Ex] futures market ; **marché de concurrence pure et parfaite** perfect market ; **marché de concurrence imparfaite** imperfect market ; **marché de gré à gré** [St Ex] over-the-counter market ; **marché de l'argent** money market ; **marché de l'argent à court terme** money market ; **marché de l'argent au jour le jour** money market ; **marché de l'emploi** labour market, job market ; **marché de l'escompte** discount market, bill market ; **marché de l'or (à Londres)** Bullion Exchange ; **marché de l'or (double marché de l'or)** two-tier gold market, two-tier gold system ; **marché de sous-traitance** subcontract ; **marché déprimé** depressed market ; **marché des actifs financiers** asset market ; **marché des actions** [St Ex] equity market ; **marché des biens et des services** market product ; **marché des capitaux** [St Ex] capital market ; **marché des capitaux à long terme** [St Ex] long end of the capital market ; **marché des changes** [St Ex] foreign exchange market, FOREX market, exchange market, currency market ;

marché des changes à terme [St Ex] forward (exchange) market ; **marché des changes au comptant** [St Ex] spot (exchange) market ; **marché des contrats à terme** [St Ex] futures market ; **marché des crédits consortiaux** [St Ex] syndicated credit market ; **marché des émissions** [St Ex] issue market ; **marché des emprunts obligataires à l'étranger** [St Ex] foreign bond market ; **marché des euro-obligations** [St Ex] euro-bond market ; **marché des facteurs** factor market ; **marché des fonds d'Etat** [St Ex] gilt-edged market (UK) ; **marché des matières premières** [St Ex] commodity market, commodity exchange ; **marché des métaux précieux** [St Ex] bullion market ; **marché des nouvelles émissions** [St Ex] new-issue market, primary market ; **marché des obligations classiques** [St Ex] money-bond market ; **marché des obligations d'Etat** [St Ex] public bond market ; **marché des options** [St Ex] option market, option exchange ; **marché des options négociables** [St Ex] traded option market, trade share option market ; **marché des options sur devises** [St Ex] foreign currency option market ; **marché des produits dérivés** [St Ex] derivatives market ; **marché des titres** [St Ex] securities market ; **marché des titres d'Etat** [St Ex] gilt-edged market ; **marché des valeurs à revenu fixe** [St Ex] fixed-income market ; **marché des valeurs mobilières** [St Ex] bond and equity market, securities market ; **marché du crédit** [St Ex] lending market ; **marché du capital risque** venture capital market ; **marché du travail** q v marché du travail ; **marché émergent** [St Ex] emerging market ; **marché en baisse** falling market ; **marché en banque** [St Ex] banking system's short of central bank money ; **marché en continu** [St Ex] continuous quotation ; **marché en expansion** expanding market, booming market ; **marché en recul** contracting market, declining market, shrinking market ; **marché étroit** [St Ex] narrow market, thin market ; **marché euromonétaire** [St Ex] euromoney market ; **marché extérieur** foreign market ; **marché fermé** [St Ex] narrow market, thin market ; **marchés financiers** [St Ex] capital markets ; **marchés financiers internationaux** [St Ex] international capital markets ; **marché fragmenté** fragmented market ; **marché global** global market ; **marché gris** [St Ex] pre-market trading, grey market (UK), gray market (US) ; **marché haussier** [St Ex] bull(ish) market ; **marché hors banque** [St Ex] banking system's surplus of central bank money ; **marché hors bourse** [St Ex] *ou* **marché hors cote** [St Ex] over the counter market, "off board" (US) ; **marché hypothécaire** [St Ex] mortgage market ; **marché interbancaire** [St Ex] inter-bank market ; **marché interbancaire international** international inter-bank market ; **marché intérieur** domestic market, home market ; **marché monétaire** [St Ex] money market ; **marché noir** black market ; **marché obligataire** [St Ex] bond market, debt market ; **marché officiel** [St Ex] official market ; **marché oligopolistique** oligopoly ; **marché organisé** [St Ex]

marché 422 marché

organized market ; **marché parfait** perfect market ; **marché parvenu à maturité** mature market ; **marché pétrolier** oil market ; **marché peu actif** *ou* **marché peu animé** flat market, soft market ; **marché porteur** growth market ; **marché potentiel** potential market ; **marché primaire** [St Ex] new-issue market, primary market ; **marché public** government procurement ; **marché régi par les ordres** [St Ex] order-driven market ; **marché réglementé** [St Ex] official market ; **marché secondaire** [St Ex] secondary market ; **marché restreint** [St Ex] narrow market, thin market ; **marché vendeur** [St Ex] sellers' market ; **marché transparent** transparent market ; **Marché unique** Single European Market (SEM).

Δ **agitation sur les marchés** turmoil on financial markets ; **appel au marché** capital raising ; **assainissement du marché** market stabilization ; **autorité de marché** [St Ex] regulator ; **cloisonnement des marchés** market segmentation ; **compartiment du marché** market segment ; **comportement du marché** market behaviour ; **cours du marché** market price ; **croissance du marché** market growth, market expansion ; **défaillance du marché** market failure ; **demande du marché** market demand ; **dérèglement du marché** market disruption ; **détente sur le marché** market easing ; **droite de marché** q v droite ; **échec (des mécanismes) du marché** market failure ; **effondrement du marché** market collapse ; **enquête de marché** market survey ; **entrée sur le marché** market entry ; **état du marché** market conditions ; **étroitesse du marché** narrowness *or* smallness *or* exiguity of the market ; **étude de marché** market research, market survey ; **évolution du marché** market development ; **faiseur de marché** [St Ex] market maker ; **fluidité du marché** liquidity of the market ; **fluctuations du marché** market fluctuations, market ups and downs ; **forces du marché** market forces ; **inefficience du marché** market failure ; **intégration des marchés** (market) globalization ; **intervenants sur le marché** market participants ; **manipulation du marché** [St Ex] market rigging ; **mécanismes du marché** market mechanism ; **mise sur le marché** marketing ; **nervosité du marché** jumpiness of the market ; **orientation du marché** general trend of the market ; **orientation par le marché** market orientation ; **ouverture du marché** opening of the market ; **part de marché** market share ; **pénétration du marché** market penetration ; **percée sur un marché** breakthrough into a market ; **pouvoir de marché** market power ; **prévisions du marché** market forecasts ; **raffermissement du marché** market strengthening ; **reprise du marché** [St Ex] market rally ; **rétrécissement du marché** market contraction, shrinking ; **salle des marchés** [St Ex] trading floor, trading room, dealing room, front-office ; **sanction du marché** market approval ; **saturation du marché** market saturation, market glut ; **segmentation du marché** market segmentation ; **signaux du marché** market signals ; **sortie du marché** market exit, exit ; **soutien au marché** market support ; **stabilisation du** marché market stabilization; **structure de marché** market structure; **suivi de marché** [St Ex] middle office; **taille du marché** market size; **tendance(s) du marché** market trend(s); **teneur de marché** [St Ex] market maker; **tenue de marché** [St Ex] market making; **tenue du marché** [St Ex] firmness.

marché à terme nm [Eco, St Ex] forward market, futures exchange, futures market * **marché à terme conditionnel** futures option market; **marché à terme d'instruments financiers** (MATIF) *ou* **marché à terme de France** Paris financial futures market; **marché à terme de matières premières** commodity futures market; **marché à terme de taux d'intérêt** interest rate futures market; **marché à terme des changes** forward exchange market; **marché à terme des valeurs à revenu fixe** fixed-income market; **marché à terme ferme** fixed-term market.

marché du travail nm [Eco] labour market * **marché du travail externe (à l'entreprise)** external labour market; **marché du travail interne (à l'entreprise)** internal labour market; **marché du travail non organisé** informal labour market; **marché du travail officiel** formal labour market; **marché du travail primaire** mainstream labour market *or* primary labour market; **marché du travail secondaire** secondary labour market; **marché du travail tendu** tight labour market.

Δ **flexibilité du marché du travail** labour market flexibility; **réinsertion sur le marché du travail** re-entry; **rigidités sur le marché du travail** rigidities on the labour market; **situation sur le marché du travail** labour market conditions; **tensions sur le marché du travail** labour market strain, tight labour market.

marge nf 1- margin, mark-up.
2- [Acc] margin * **marge à l'exportation** export margin; **marge bénéficiaire** profit margin, margin of profit; **marge brute** gross margin; **marge brute d'autofinancement** (MBA) q v autofinancement; **marge commerciale** trading margin; **marge d'exploitation** operating margin; **marge de découvert réciproque** [Eco int] swing; **marge financière** interest margin, interest rate margin; **marge nette** net margin.
3- [Fin, St Ex] spread.
Δ **appel de marge** [St Ex] margin call; **comportement de marge** profit behaviour.

marginal adj marginal.

marginalisme nm [Eco] Marginalism, Marginal Utility School.

marque nf (biens non durables) brand; (biens durables) make.

Marxisme nm [Eco] Marxism.

masse monétaire nf [Eco] money supply, money stock.
Δ **croissance de la masse monétaire** monetary growth, growth of the money supply; **définitions de la masse monétaire** definitions of the money supply, money supply definitions; **objectif de croissance de la masse monétaire** monetary growth target; **volume de la**

masse monétaire level of the money supply.

masse salariale nf wage bill.

matière première nf raw material.

MATIF *Marché à terme d'instruments financiers (à Paris)* Paris financial futures market.

matrice nf [Math] matrix * **matrice de Leontief** [SCN] Leontief matrix.

maturité nf [Fin] maturity * **maturité d'un titre** maturity.

maximax nm [Math, Eco] maximax.
Δ **critère du maximax** maximax criteria.

maximin nm [Math, Eco] maximin.
Δ **critère du maximin** maximin criteria.

maximisation nf [Math, Eco] maximization, maximisation * **maximisation de l'utilité** utility maximization ; **maximisation de la croissance (de l'entreprise)** asset-growth maximization ; **maximization de la fonction d'utilité des dirigeants** management-utility maximization, managerial utility maximization ; **maximisation du profit** profit maximization.

maximiser v [Math, Eco] to maximize, to maximise.

maximum nm [Math] **maximum de vraisemblance** [Stat] maximum likelihood.

MC *monnaie convertible* convertible currency (CC).

MCCA *Marché commun centraméricain* Central America Common Market (CACM).

MCCO *Marché commun des Caraïbes orientales* East Caribbean Common Market (ECCM).

MCM *montants compensatoires monétaires* monetary compensatory amounts (MCAs).

MCO *moindres carrés ordinaires* ordinary least squares (OLS).

mécanisation nf mechanization.

mécénat nm sponsoring.

mécène nm sponsor.

MEDAF *modèle d'équilibre des actifs financiers* capital asset pricing model (CAPM).

MEDC *mécanisme élargi de crédit* extended fund facility (EFF) (cf. IMF).

médiane nf [Stat] median.

médiante nf [Stat] median.

ménage nm 1- household.
2- [Eco, SCN] **(plu) les ménages** households * **ménages et entreprises individuelles** [SCN] households including private non financial unincorporated enterprises.
Δ **secteur des ménages** household sector.

mensualisation nf paying by the month, payment by the month.

mensualisé adj paid on a monthly basis.

mensualiser v to pay on a monthly basis.

mensualité nf monthly payment, instalment.

mercantilisme nm [Eco] Mercantilism.

mesure nf (disposition) measure * [Eco] **mesures anticycliques** counter-cyclical measures ; **mesure budgétaire** fiscal measure ; **mesures d'austérité** austerity measures ; **mesures de précaution** precautionary measures ; **mesures de protection** protective measures ; **mesures de redressement** recovery measures ; **mesures de relance** reflationary measures, reflationary package ; **mesures de rétorsion** retaliatory measures ; **mesures déflationnistes** deflationary measures, deflationary package ; **mesure incitative** incentive ; **mesures non tarifaires** non-tariff measures (NTM) ; **mesures protectionnistes** protectionist measures.

métallurgie nf steel industry.

méthode nf method, technique * **méthode d'amortissement** [Acc] depreciation method ; **méthode de l'amortissement dégressif** [Acc] written-down value method (UK), accelerated depreciation method (US) ; **méthode de l'amortissement linéaire** [Acc] straight-line (depreciation) methode ; **méthode de la tendance moyenne de phase** [Stat] phase average trend method ; **méthode de Monte Carlo** [Stat] Monte Carlo method ; **méthode de référence** [Fin] benchmark method ; **méthode des cas** case study method ; **méthode des coûts variables** [Acc] direct costing ; **méthode du chemin critique (CPM)** critical path method (CPM) ; **méthode PERT** Programm Evaluation and Review Techniques (PERT).

méthodologie nf methodology.

MFC *Mécanisme de financement compensatoire* Compensatory Financing Facility (CFF).

microéconomie nf [Eco] microeconomics.

microéconomique adj microeconomic.

milieu nm a) environment ; b) circle * **milieux boursiers** stock-exchange circles ; **milieux d'affaires** business circles ; **milieux financiers** financial circles.

minimum nm minimum * **minimum imposable** [Fisc] tax threshold ; **minimum vital** [Eco] subsistence level.

minorité nf minority * **minorité de blocage** [Fin] control by a minority of shareholders.

miracle nm miracle * **miracle économique** economic miracle.

MN *multinationale* multinational, multinational company (MNC) (UK), multinational enterprise (MNE) (US).

MNC *monnaie non convertible* non-convertible currency (NCC).

mobilier nm [Acc] furniture.

mobilité nf [Eco] mobility * **mobilité du (facteur) travail** labour mobility ; **mobilité géographique** geographical mobility ; **mobilité professionnelle** occupational mobility ; **mobilité sociale** social mobility.

modèle nm [Eco, Fin] model * **modèle d'anticipations rationnelles** rational expectation model ; **modèle d'équilibre des actifs financiers** (MEDAF) capital asset pricing model (CAPM) ; **modèle d'équilibre en économie ouverte** internal-external balance model ; **modèle d'équilibre général** general equilibrium model (GEM), Walrasian model ; **modèle d'équilibre général multisectoriel** multisectoral general equilibrium model ; **modèle d'évaluation des options** option valuation model ; **modèle de Black et Scholes** Black and Scholes Model ; **modèle de Harrod-Domar** Harrod-Domar Model ; **modèle de Hicks-Hansen** Hicks-Hansen Model ; **modèle de la maximisation du profit** profit maximization model ; **modèle de Modigliani-Miller** Modigliani-Miller's model ; **modèle de portefeuille** portfolio balance model ; **modèle de portefeuille à l'état d'équilibre** stock adjustment model ; **modèle décisionnel** decision model ; **modèle des anticipations rationnelles** rational expectation model ; **modèle des parités de pouvoir d'achat des monnaies** purchasing power parity model ; **modèle dynamique** dynamic model ; **modèle économétrique** econometric model ; **modèle économétrique mondial** global econometric model (GEM) ; **modèle économétrique MULTI-**

MOD multiregion econometric model (MULTIMOD) ; **modèle économique** economic model ; **modèle IS-LM** IS-LM model ; **modèle macro-économique standard de la Banque mondiale** revised minimum standard model (RMSM) ; **modèle marginaliste** incremental model ; **modèle multilatéral de taux de change** multilateral exchange rate model (MMTC) ; **modèle normatif** normative model ; **modèle simple** naive model.

modélisation nf [Eco, Fin] model building.

MOF *facilités d'émission à options multiples* multi-option facilities (MOF *or* MOFF).

MOFF *facilités d'émision à options multiples* multi-option financial facilities (MOFF *or* MOF).

moins-value nf [Fin, Acc] loss, loss in value * **moins-value de cession** asset disposal loss, capital loss, decrease in value ; **moins-value en capital** capital loss ; **moins-value réalisée** loss on realization ; **moins-value sur cession d'éléments d'actif immobilisé** loss on sale of assets ; **moins-value sur cession de valeurs mobilières de placement** loss on sale of securities ; **moins-value sur titres** paper loss.

moment nm [Stat] moment.

monétaire adj monetary.

monétarisme nm [Eco] monetarism.

monétariste nm, adj [Eco] monetarist.

monétisation nf [Eco] monetization.

monétiser v [Eco] to monetize.

monnaie nf [gen, Eco] a) money ; b) (devise) currency * **battre monnaie** to mint coins ; **dévaluer une monnaie** to devalue a currency ; **réaligner les monnaies** to realign currencies ; **réévaluer une monnaie** to revalue a currrency ; **monnaie à cours forcé** fiat money ; **monnaie active** active balances ; **monnaie au sens étroit** narrow money ; **monnaie au sens large** broad money ; **monnaie (banque) centrale** central bank money (CBM), high powered money (US) ; **monnaie convertible** (MC) convertible currency (CC) ; **monnaie d'échange** money of exchange ; **monnaie de compte** money of account ; **monnaie de reserve** reserve currency ; **monnaie électronique** plastic money ; **monnaie faible** weak currency ; **monnaie fiduciaire** fiat currency, fiduciary issue, paper money ; **monnaie forte** hard currency ; **monnaie internationale** international currency ; **monnaie interne** endogenous money, inside money ; **monnaie** *lato sensu* money supply ; **monnaie légale** legal tender ; **monnaie marchandise** commodity money ; **monnaie métallique** coins ; **monnaie non convertible** (MNC) non-convertible currency (NCC) ; **monnaie oisive** idle balances, idle money ; **monnaie papier** paper money ; **monnaie scripturale** bank money, deposit money ; **monnaie** *stricto sensu* narrow money ; **monnaie verte** green money.

Δ **altération de la monnaie** debasement ; **création de monnaie** credit creation ; **demande de monnaie** demand for money, money demand ; **dématérialisation de la monnaie** dematerialisation of money ; **fausse monnaie** counterfeit money ; **neutralité de la monnaie** neutral money ; **offre de monnaie** money supply ; **trappe à monnaie** money trap, liquidity trap.

monnayer v to convert into cash.

monométallisme nm [Eco] monometallism.

monopole nm [Eco] monopoly * **monopole à prix différenciés** discriminating monopoly ; **monopole absolu** absolute monopoly ; **monopole bilatéral** bilateral monopoly ; **monopole d'Etat** state monopoly ; **monopole imparfait** imperfect monopoly ; **monopole naturel** natural monopoly ; **monopole parfait** complete monopoly.
Δ **pouvoir de monopole** monopoly power.

monopoleur nm [Eco] monopolist.

monopsone nm [Eco] monopsony, buyer's monopoly.

montant nm amount * **montants compensatoires** compensatory amount (cf. UE) ; **montants compensatoires monétaires** (MCM) monetary compensatory amounts (MCAs) (cf. UE) ; **montant restant dû** outstanding amount ; **montant total** overall amount.

mouvement nm 1- movement.
2- [Eco] fluctuation * **mouvement de courte période** short-term fluctuation ; **mouvement de longue période** long-term cycle, long-term fluctuation ; **mouvement naturel de la population** natural growth of population ; **mouvement saisonnier** seasonal fluctuation.

moyen adj average.

moyenne nf [Stat] average, mean * **moyenne arithmétique** arithmetic mean ; **moyenne d'échantillon** sample mean ; **moyenne de fréquence** mode ; **moyenne de position** median ; **moyenne empirique** sample mean ; **moyenne mobile** moving average ; **moyenne pondérée** weighted average.
Δ **en moyenne** on average ; **inférieur à la moyenne** below average ; **supérieur à la moyenne** above average.

multidevise nf [Eco] multicurrency.

multilatéral adj multilateral.

multilatéralisme nm multilateralism.

multinational, e adj multinational.

multinationale (MN) **nf** [Eco] multinational, multinational company (MNC) (UK), multinational enterprise (MNE) (US).

multiplicateur nm [Eco] multiplier * **multiplicateur budgétaire** fiscal multiplier ; **multiplicateur d'investissement** investment multiplier ; **multiplicateur de crédit** money multiplier, deposit multiplier, credit multiplier ; **multiplicateur de Haalvemo** Haalvemo multiplier ; **multiplicateur de l'emploi** employment multiplier ; **multiplicateur des dépenses publiques** budget mutiplier, government expenditure multiplier ; **multiplicateur des exportations** export multiplier ; **multiplicateur du budget équilibré** balanced budget multiplier ; **multiplicateur du commerce extérieur** export balance multiplier, foreign trade multiplier, trade balance multiplier ; **multiplicateur du revenu** income multiplier ; **multiplicateurs keynésiens** keynesian multipliers ; **multiplicateur monétaire** money multiplier.
Δ **principe du multiplicateur** multiplier principle.

multiplicateur, -trice adj multiplying.

multiplier v to multiply.

multiplier (se) v to multiply, to grow in numbers.

N

NAIRU *taux de chômage non accélérateur de l'inflation* non-accelerating inflation rate of unemployment (NAIRU).

nantissement nm [Jur] pledge, collateral, pledged collateral, security.

nation nf nation * **nation la plus favorisée** (NPF) [Eco int] most-favoured nation (MFN).

national adj national.

nationalisation nf nationalization.

nationaliser v to nationalize.

nationalisme nm nationalism.

nature nf 1- kind, type, nature.
2- [Fin] kind * **en nature** in kind.

NAWRU *taux de chômage non accélérateur des salaires* non-accelerating wage rate of umployment (NAWRU).

NCM *négociations commerciales multilatérales* Multi Trade Negotiations (MTN).

négoce nm trade, business, trading * **petit négoce** small business.

négociable adj marketable, tradeable, tradable (US).

négociant, e nm, f merchant, dealer * **négociant en gros** wholesaler dealer.

négociateur nm negotiator.

négociation nf 1- negotiation * **négociations commerciales** trade negotiations, trade talks ; **négociations commerciales multilatérales** (NCM) multilateral trade negotiations (MTN) ; **négociation salariale** wage bargaining, wage-round, wage negotiations.
2- [St Ex] transaction, operation, deal * **négociation à prime(s)** [St Ex] premium deal ; **négociation à terme** a) dealing for the account, dealing for the settlement ; b) (bourse marchandises) forward transaction, trading in futures, futures ; **négociation au comptant** a) cash deal, cash transaction, cash operation ; b) [St Ex] spot transaction, spot operation, spot dealing.
Δ **base de négociation** basis for negotiation ; **pouvoir de négociation** bargaining power.

négocier v to negotiate.

négocier (se) v to trade, to be negotiated (*à* at).

NEI *nouvelles économies industrielles* newly industrializing (*or* industrialized) economies (NIEs).

néo-classique adj [Eco] neoclassical.

néo-protectionnisme nm [Eco int] neo-protectionism.

net adj [Eco, Acc] net * **net d'impôt** tax-free.

neutralité nf * **neutralité budgétaire** [Eco] neutral budget ; **neutralité fiscale** [Fisc] fiscal neutrality, non discriminatory tax treatment ; **neutralité monétaire** [Eco] neutral money.

NIC *nouvel instrument communautaire* New Community Instrument (NCI).

NIF *facilité d'émission de billets* note issuance facility (NIF).

niveler v to level, to even.

nivellement nm levelling out, evening out * **nivellement par le bas** levelling down.

NOEI *Nouvel ordre économique international* New International Economic Order (NIEO).

nombre n number * **nombre aléatoire** random number ; **nombre indice** index number.

nominal adj nominal.

non affecté adj [Fin] unallotted.

non amorti adj [Fin] outstanding.

non amortissable adj [Fin] unredeemable, irredeemable.

non appelé adj [Fin] uncalled.

non bancable adj [Eco] unbankable.

non bancaire adj [Eco] non-bank.

non cessible adj [Jur, Fin] non-transferable.

non consolidé adj [Fin] unfunded, non-consolidated.

non convertible adj [Eco] non-convertible.

non coté adj [St Ex] a) (qui n'est pas admis à la cote) unlisted ; b) (sans cotation) unquoted.

non couvert adj [Fin, St Ex] a) (emprunt) undersubscribed ; b) (contre le risque) unhedged.

non cumulatif adj [Fin] non-cumulative.

non déductible adj [Fisc] non-deductible.

non distribuable adj [Fin] undistributable.

non distribué adj [Fin] (bénéfices) undistributed, retained.

non durable adj [Eco] non-durable.

non échu adj [Fin] unmatured.

non endossé adj [Fin] unendorsed.

non financier adj [Eco] non-financial.

non garanti adj [Jur, Fin] unsecured.

non honoré adj [Fin] dishonoured, defaulted (US).

non imposable adj [Fisc] non-taxable.

non inflationniste adj [Eco] non inflationary.

non inscrit adj [Eco] unregistered.

non libéré adj [Fin] unpaid.

non lucratif adj non-profit.

non négociable adj [Fin] non-negotiable, non-marketable.

non officiel adj unofficial.

non paiement nm [Fin] default, non payment.

non productif adj [Eco] non-productive.

non programmé adj unscheduled.

non qualifié adj unskilled.

non remboursable adj [Fin] a) non-refundable ; b) (obligation) irredeemable, unredeemable.

non résident nm [Eco] non resident.

non résident adj [Eco] non-resident.

non respect nm (Jur) (contrat) non-fulfillment.

non souscrit adj [Fin] unsubscribed.

non subventionné adj unsubsidised, unsubsidized.

non tarifaire adj [Eco int] non-tariff.

non-valeur nf [Fin, Acc] bad debt.

NPF *nation la plus favorisée* most-favoured nation (MFN).

NPI *nouveau pays industriel* Newly Industrializing (*or* Industrialised) Country (NIC).

normalisation nf standardization.

normalisé adj standard.

normaliser v to standardize.

normatif adj normative.

norme nf standard, norm * **satisfaire les normes** to meet the standards ; **norme communautaire** EEC norms ; **normes comptables** accounting conventions, accounting standards ; **normes de présentation** [Acc] disclosure standards ; **normes de qualité** quality standards ; **normes prudentielles** [Eco] prudential standards ; **norme salariale** wage norm.

notation nf [Fin] rating * **notation d'une entreprise** rating ; **notation AAA** triple A rating.
Δ **agence de notation** rating agency ; **échelle de notation** rating scale.

noyau nm core, hardcore.

nuire à v to damage, to harm.

nuisances nf harmful effects.

nuisible adj harmful, prejudicial, detrimental.

numéraire nm [Eco] cash, (bank) notes and coins.
Δ **augmentation en numéraire** [Fin] cash contribution to capital increase.

NYFE *Marché à terme des instruments financiers de la Bourse de New York* New York Futures Exchange (NYFE).

NYMEX *Bourse de commerce de New York* New York Mercantile Exchange (NYMEX).

NYSE *Bourse de New York* New York Stock Exchange (NYSE).

O

objectif nm objective, purpose, goal, target * **objectif budgétaire** [Eco] budget target ; **objectif monétaire** [Eco] money target ; **objectifs quantitatifs fixes** [Eco] fixed targets.
Δ **fixation d'objectifs** target setting.

objectif adj objective, unbiased.

obligataire nm [Fin] bondholder, debenture holder.

obligation nf 1- obligation, duty. 2- [Fin] bond, debenture (en général sans garantie aux US, à long terme au UK) * **amortir des obligations** to redeem bonds ; **appeler des obligations au remboursement** to call bonds for repayment ; **émettre des obligations** to issue bonds, to float bonds ; **rembourser des obligations par tirage au sort** to draw bonds for redemption ; **obligation à bons de souscription** bond with warrants ; **obligation à bons de souscription d'actions** (OBSA) bond with equity warrants, bond with share warrants ; **obligation à bons de souscription d'obligations** (OBSO) bond with bond warrants ; **obligation à bons de souscription de certificats d'investissement** (OBSCI) bond with investment certificate warrants ; **obligation à coupon** coupon bond ; **obligation à coupon unique** single coupon bond ; **obligation à coupon zéro** zero-coupon bond ; **obligation à échéance fixe** fixed-term bond ; **obligation à fenêtre** retractable bond ; **obligation à haut risque** junk bond ; **obligation à intérêt conditionnel** income bond ; **obligation à intérêt indexé** interest-indexed bond ; **obligation à lots** lottery bond ; **obligations à plus d'un an** bonds and notes ; **obligation à rendement élevé** high-yield bond ; **obligation à revenu fixe** fixed-interest bond ; **obligation à taux fixe** straight bond, fixed-rate bond ; **obligation à taux variable** floating-rate bond, floating-rate note ; **obligation à taux variable avec coupon plafonné** capped floating-rate note ; **obligation à taux variable convertible en taux fixe** drop log bond ; **obligation à taux variable émise en dollars** floater ; **obligations appelées au remboursement** bonds called for repayment ; **obligations arrivant à maturité** bonds payable ; **obligation assortie d'une option** booster ; **obligation au porteur** bearer bond ; **obligation cautionnée** hypothecated bond ; **obligation chirographaire** simple debenture ; **obligation classique** conventional bond ; **obligation convertible** (OC) convertible bond, convertible debenture ; **obligation convertible en actions** (OCA) convertible debenture ; **obligation d'Etat** government bond ; **obligation de conversion** consolidated bond, conversion bond ; **obligation de pacotille** junk bond ; **obligation de premier rang** senior bond ; **obligation de second ou**

dernier rang junior bond ; **obligation de société de premier rang** high grade corporate bond ; **obligation démembrée** splitted bond ; **obligations émises par les PVD** exit bonds ; **obligations étrangères** foreign bonds ; **obligation garantie** secured bond ; **obligation hypothécaire** mortgage debenture, mortgage-revenue bond ; **obligation indexée** indexed bond, index-linked bond ; **obligation internationale** international bond ; **obligation libellée en deux monnaies différentes** dual currency bond ; **obligation négociable** marketable bond, negotiable bond ; **obligation nominative** registered bond ; **obligation non amortissable** irredeemable bond, uncallable bond ; **obligation non remboursable** irredeemable bond, uncallable bond ; **obligation perpétuelle** permanent bond, perpetual bond, irredeemable bond ; **obligations remboursables par anticipation au gré de l'émetteur** bonds with call options ; **obligations remboursables par anticipation au gré du porteur** bonds with put options ; **obligation renouvelable du Trésor** (ORT) renewable Treasury bond ; **obligation réservée aux investisseurs étrangers** foreign targeted bond ; **obligations sans amortissement** bullet issue.
Δ **détenteur d'obligations** bondholder, debenture holder ; **émission d'obligations** bond issue ; **remboursement d'obligations** redemption of bonds ; **rendement d'une obligation** bond yield.

obligatoire adj compulsory, mandatory.

OBSA *obligation à bons de souscription d'actions* bond with equity warrants, bond with share warrants.

OBSI *obligation à bons de souscription de certificats d'investissement* bond with investment certificate warrants.

OBSO *obligation à bons de souscription d'obligations* bonds with bond warrants.

obsolescence nf [Eco] obsolescence.

obsolète adj [Eco] obsolete.

OC *obligation convertible* convertible bond, convertible debenture.

OCA *obligation convertible en actions* convertible debenture.

OCDE *Organisation de coopération et de développement économique* Organisation for Economic Co-operation and Development (OECD).

OEB *Office européen des brevets* European Patent Office (EPO).

OECE *Organisation européenne de coopération économique* Organisation for European Economic Cooperation (OEEC).

office nm agency, office * **Office européen des brevets** (OEB) European Patent Office (EPO) ; **Office statistique des Communautés européennes** (OSCE) (Eurostat) Statistical Office of the European Statistics (SOEC).

offrant nm bidder * **le plus offrant** highest bidder.

offre nf 1- offer, proposal.
2- [Eco] supply * **l'offre et la demande** supply and demand ; **offre complémentaire** joint supply ; **offre conjointe** joint supply ; **offre de capital** capital supply ; **offre de main-d'œuvre qualifiée** supply of skills ; **offre de monnaie** q v monnaie ; **offre de travail** labour supply ; **offre du facteur travail** labour supply ; **offre élastique** elastic supply ; **offre étrangère** foreign supply ; **offre excédentaire** excess supply ; **offre globale** aggregate supply, overall supply ; **offre inélastique** inelastic supply ; **offre liée** joint supply ; **offre mondiale** world supply ; **offre parfaitement élastique** perfectly elastic supply ; **offre parfaitement inélastique** perfectly inelastic supply ; **offre parfaitement rigide** perfectly rigid supply ; **offre rigide** inelastic supply.
3- [Fin, St Ex] bid, tender, offer(ing) * **faire une offre** to bid, to tender ; **offre d'achat** bid, tender offer ; **offre de conversion de titres** exchange offering ; **offre publique d'achat** (OPA) takeover bid (TOB) ; **offre publique d'achat amicale** friendly takeover bid ; **offre publique d'achat inamicale** hostile takeover bid ; **offre publique d'échange** (OPE) offer for exchange of stock, exchange offer for shares ; **offre publique de vente** offer for sale, public issue, public offering.
Δ **courbe de l'offre** supply schedule ; **insuffisance de l'offre** inadequate supply ; **politique de l'offre** supply-side policy ; **régulation de l'offre** supply management ; **rigidité de l'offre** inelasticity of supply.

OIC *Organisation internationale du commerce* International Trade Organization (ITO).

OICV *Organisation internationale des commissions de valeurs* International Organization of Securities Commissions (IOSCO).

OIT *Organisation internationale du travail* International Labour Organization (ILO).

oligopole nm [Eco] oligopoly * **oligopole bilatéral** bilateral oligopoly ; **oligopole imparfait** imperfect oligopoly ; **oligopole parfait** perfect oligopoly.

oligopoleur nm [Eco] oligopolist.

oligopsone nm [Eco] oligopsony.

OM *ouvrier moyen* average production worker (APW).

OMC *Organisation mondiale du commerce* World Trade Organization (WTO).

OMPI *Organisation mondiale de la propriété intellectuelle* World Intellectual Property Organization (WIPO).

OMS *Organisation mondiale de la santé* World Health Organization (WHO).

ONG *organisation non gouvernementale* non-governmental organization (NGO).

ONU *Organisation des Nations unies* United Nations Organization (UNO).

OPA *offre publique d'achat* takeover bid (TOB).

OPAEP *Organisation des pays arabes exportateurs de pétrole* Organization of Arab Petroleum Exporting Countries (OAPEC).

OPCVM *organisme de placement collectif en valeurs mobilières* undertaking for collective investment in transferable securities (UCITS).

OPE *offre publique d'échange* exchange offer for shares, offer for exchange of stock.

opéable adj [Fin] take-over prone, open to bids.

open market nm [Eco] open market.

OPEP *Organisation des pays exportateurs de pétrole* Organisation of Petroleum Exporting Countries (OPEC).

opérateur nm [St Ex] dealer, trader, operator * **opérateur en couverture** hedger.

opération nf [Fin, St Ex] operation, transaction, dealing * **opération à terme** forward transaction, dealing in futures ; **opération à terme conditionnelle** futures option transaction ; **opération à terme ferme** transaction for forward *or* future delivery, fixed forward contract ; **opération au comptant** a) cash transaction ; b) [St Ex] spot transaction, spot operation, spot dealing ; **opérations avec l'étranger** cross-border operations ; **opération boursière** stock exchange operation, stock exchange transaction ; **opération de change** foreign exchange dealing, foreign exchange transaction ; **opération de change à terme** forward exchange transaction, forward exchange contract, forward exchange dealing ; **opération de change à terme sec** outright transaction, outright operation ; **opération de change au comptant** spot exchange transaction, spot exchange dealing ; **opération de change sèche** outright (exchange) operation ; **opération de compensation** offset transaction ; **opération de couverture** hedging ; **opération de crédit** credit operation, credit transaction, lending operation ; **opération de sauvetage** rescue operation ; **opérations en devises avec l'étranger** overseas exchange transactions ; **opération financière** financial operation, financial transaction ; **opération haut de bilan** long-term financing operation ; **opérations sur biens et services** [SCN] transactions on goods and services ; **opérations sur l'étranger** external operation, foreign operation ; **opérations sur titres** security dealings, security transactions.

opérationnel adj operational.

optimal adj optimal.

optimisation nf [Math, Eco] maximization, optimization.

optimum nm [Eco] optimality, optimum, equilibrium * **optimum de**

Pareto Pareto optimality ; **optimum de peuplement** population optimum ; **optimum de population** population optimum ; **optimum de second rang** second best (optimum).

option nf 1- option.
2- [Fin, St Ex] option * **exercer le droit attaché à l'option** to exercise an option right ; **exercer une option** to exercise an option ; **lever une option** to exercise an option ; **option à barrière** extinguishable option ; **option à barrière activante** option in ; **option à barrière désactivante** option out ; **option à l'américaine** American option ; **option à l'européenne** European option ; **option à parité** at-the-money option ; **option d'achat** call option, buyer's option, option to buy, option to purchase ; **option d'achat vendue à découvert** naked option ; **option d'échange** swaption ; **option dans le cours** in-the-money option ; **option de change** (foreign) currency option, (foreign) exchange option ; **option de conversion** conversion option ; **options de souscription** stock options (cf. intéressement des salariés) ; **option de taux d'intérêt** interest rate option ; **option de vente** put option, option to sell, seller's option ; **option du double** option to double ; **option du double à l'achat** call of more, call-of-more option, buyer's option to double ; **option du double à la vente** put of more, put-of-more option, seller's option to double ; **option en dedans** in-the-money option ; **option hors cote** over-the-counter option ; **option négociable** traded options ; **option sur actions** equity option, share options ; **option sur contrats à termes** futures option ; **option sur devises** currency option ; **option sur indices boursiers** index option ; **option sur le "physique"** (marchandises, titres) (US) option on physical ; **option sur taux d'intérêt** interest rate option.
∆ **abandon de l'option** abandonment of the option ; **acheteur de l'option** option buyer ; **certificat d'option** warrant ; **contrat d'option** option contract ; **déterminants de la valeur d'une option** determinants of the value of an option ; **double option** put and call option ; **droit attaché à l'option** option right ; **levée de l'option** call for the option, exercise of the option ; **vendeur de l'option** option seller.

OPV *offre publique de vente* offer for sale, public offering.

or nm [gen, Eco] gold.
∆ [Eco] **controverse sur l'or** Bullionist controversy ; **démonétisation de l'or** demonetization of gold ; **pool de l'or** gold pool ; **points d'entrée et de sortie de l'or** gold import point and gold export point ; **points d'or** gold points.

ordre nm 1- order * **ordre hiérarchique** pecking order.
2- [Fin, St Ex] order * **passer un ordre de bourse** to put in an order ; **exécuter un ordre** to execute an order ; **à l'ordre de** payable to, to the order of ; **ordre à cours limite** limit order ; **ordre à prime** option order ; **ordre à révocation** good till (*or* until) cancelled order (GTCO) ; **ordre à terme** order for the account,

order for the settlement ; **ordre à validité limitée** good through order ; **ordre au dernier cours** order at closing price, at the close order ; **ordre au mieux** order at best, open order ; **ordre au premier cours** order at the opening, at the opening order ; **ordre au prix du marché** order at market price ; **ordre "d'abord et ensuite"** matched order ; **ordre d'achat** buy(ing) order ; **ordre d'arbitrage** quick turn order ; **ordre de vente** sell(ing) order ; **ordre "environ"** near order, open order (US) ; **ordre fractionné** split order ; **ordre lié** straddle ; **ordre stop** stop order, stop-loss order ; **ordre "tout ou rien"** all or none order, AON order ; **ordre valable jour** order valid for one day, order valid today ; **ordre valable jusqu'à la fin de la semaine** good-through week order ; **ordre valable jusqu'à la fin du mois** good-through month order.

Δ **déclaration des ordres** reporting ; **donneur d'ordre** contractor, principal ; **rapprochement des ordres** order matching ; **Nouvel ordre économique international** (NOEI) New International Economic Order (NIEO).

organigramme nm organization chart.

organisation nf organization * **Organisation de coopération et de développement économique** (OCDE) Organization for Economic Cooperation and Development (OECD) ; **Organisation des nations unies** (ONU) United Nations Organization (UNO) ; **Organisation des pays arabes exportateurs de pétrole** (OPAEP) Organization of Arab Petroleum Exporting Countries (OAPEC) ; **Organisation des pays exportateurs de pétrole** (OPEP) Organization of Petroleum Exporting Countries (OPEC) ; **Organisation européenne de coopération économique** (OECE) Organization for European Economic Cooperation (OEEC) ; **Organisation internationale des commissions de valeurs** (OICV) International Organization of Securities Commissions (IOSCO) ; **Organisation internationale du commerce** (OIC) International Trade Organization (ITO) (n'a jamais été créée) ; **Organisation internationale du travail** (OIT) International Labour Organization (ILO) ; **Organisation mondiale de la propriété intellectuelle** (OMPI) World Intellectual Property Organization (WIPO) ; **Organisation mondiale de la santé** (OMS) World Health Organization (WHO) ; **Organisation mondiale du commerce** (OMC) World Trade Organization (WTO) ; **organisation non gouvernementale** (ONG) non-governmental organization (NGO) ; **Organisation pour l'alimentation et l'agriculture** Food and Agriculture Organization (FAO) ; **Organisation pour la coopération commerciale** Organization for Trade Cooperation (OTC) ; **organisation syndicale** labour union.

organiser v to organize, to arrange.

organisme nm body, organization * **organisme bancaire** banking institution ; **organisme de placement collectif en valeurs mobilières** (OPCVM) undertaking for collective investment in transferable securities (UCITS) ; **organisme de surveillance** [St Ex] regulator, supervisory body ; **organisme de tutelle** supervisory body.

ORT *obligation renouvelable du Trésor* renewable Treasury bond.

orthodoxie nf * **orthodoxie budgétaire** conventional budget wisdom.

OSCE *Office statistique des Communautés européennes* (Eurostat) Statistical Office of the European Statistics (SOEC).

oscillateur de Samuelson nm [Eco] accelerator-multiplier model.

oscillation nf fluctuation, variation, ups and downs.

osciller v to fluctuate.

outil nm tool * **machine-outil** machine tool.

outillage nm [Acc] tools, implements, utensils.

outre-mer overseas.

ouvrier nm [gen, Eco] worker * **ouvrier agricole** farm worker ; **ouvriers et employés** manual and non-manual workers ; **ouvrier moyen** (OM) average production worker (APW) ; **ouvrier non qualifié** unskilled worker ; **ouvrier qualifié** skilled worker ; **ouvrier spécialisé** semi-skilled worker ; **ouvrier très qualifié** highly skilled worker.

P

PAB *produit agricole brut* gross agricultural product (GAP).

PAC *Politique agricole commune* Common agricultural Policy (CAP).

paie nf pay, salary, wages * **avoir une bonne paie** to be well paid, to get a good salary ; **toucher sa paie** to be paid.
△ **bulletin** *ou* **feuille de paie** *ou* **fiche de paie** payslip ; **grand livre de paie** q v livre ; **jour de paie** payroll ; **journal de la paie** q v journal ; **livre de paie** q v livre.

paiement nm [gen, Fin] payment * **paiement à la commande** cash with order ; **paiement à la livraison** cash on delivery ; **paiement anticipé** payment in advance, early payment ; **paiement (au) comptant** cash payment, down payment ; **paiement au titre du service de la dette** [Fin pub] service payment ; **paiement contre livraison** (PCL) [St Ex] delivery vs payment (DVS) ; **paiement d'intérêts** interest payment ; **paiement de garantie** underwriting payment ; **paiement différé** deferred payment ; **paiement différentiel** deficiency payment ; **paiement échelonné** progress payment ; **paiement en espèces** payment in cash, cash payment ; **paiement en nature** payment in kind ; **paiement en numéraire** payment in cash ; **paiement informatisé** electronic payment ; **paiement intégral** payment in full ; **paiements internationaux** international payments ; **paiement libératoire** payment in full discharge ; **paiement par anticipation** payment in advance, early payment ; **paiement par chèque** payment by check (US) *or* payment by cheque (UK) ; **paiements par versements échelonnés** payment by instalments ; **paiement symbolique** token payment.
△ **arriérés de paiement** payments in arrears ; **cessation de paiement** default, suspension of payments ; **conditions de paiement** terms of payment, payment terms, credit terms ; **délai de paiement** a) (date) term of payment ; b) (prolongation) extension of payment ; **facilités de paiement** easy payments ; **mise en paiement** payment ; **mode de paiement** method of payment ; **moyens de paiement** means of payment ; **ordre de paiement** order to pay.

pair nm [Eco, Fin] par * **pair métallique** mint par (of exchange).
△ **au-dessous du pair** below par, at a discount ; **au-dessus du pair** above par, at a premium ; **au pair** at par.

panier nm [gen, Eco] basket * **panier de devises** basket of currencies ; **panier de la ménagère** household basket, housewife's shopping basket ; **panier de monnaies** basket of currencies.

papier nm 1- paper.
2- [Eco, Fin] paper, bill * **papier bancable** bankable paper ; **papier commercial** bill ; **papier éligible** bank paper (US), eligible paper (UK) ; **papier escomptable** discountable bill, discountable paper ; **papier long** long-dated paper ; **papier négociable** negotiable paper ; **papier non bancable** non-bankable paper.
Δ **mauvais papier** bad paper.

paradigme nm [Eco] paradigm.

paradis fiscal nm [Fisc] tax heaven, tax haven, tax shelter, haven country.

paradoxe nm [gen, Eco] paradox * **paradoxe de Giffen** Giffen Paradox, negative income effect ; **paradoxe de l'épargne** paradox of thrift ; **paradoxe de la valeur** paradox of value ; **paradoxe de Leontief** Leontief Paradox.

paramètre nm parameter.

parité nf [Eco] parity * **parités à crémaillères** crawling peg ; **parité bilatérale** cross parity, cross rate ; **parités croisées** exchange cross rates ; **parité des pouvoirs d'achat (PPA)** purchasing power parity (PPP) ; **parité des taux d'intérêt (PTI)** interest rate parity (IRP) ; **parité fixe** fixed parity ; **parités fixes** fixed exchange rates ; **parité flexible** flexible parity, floating parity ; **parités flexibles** flexible exchange rates ; **parité flottante** floating parity, fluctuating parity ; **parités flottantes** floating exchange rates ; **parité glissante** gliding parity, moving parity ; **parités glissantes** sliding peg, trotting peg ;

parité monétaire exchange parity ; **parité or** gold parity.
Δ **à parité** at the money ; **grille de parité** (cf. SME) parity grid ; **marges de part et d'autre de la parité** margins around parity ; **régime** ou **système de parités fixes** system of fixed parities, system of fixed peg ; **régime** ou **système de parités fixes mais ajustables** system of fixed but flexible parities ; **régime** ou **système de parités flexibles** system of flexible or floating or variable or fluctuating parities.

parrainer v to sponsor.

parrain nm sponsor.

part nf share * **part de marché** market share ; **part de promoteur** founder's share ; **part patronale** employer's share ; **part salariale** workers' contribution ; **part sociale** share.

partage nm a) distribution ; b) sharing * **partage de temps** time-sharing.

partager v to share, to divide up.

partenaire nm partner * **partenaire commercial** trading partner.

partenariat nm partnership.

participation nf 1- participation.
2- [Fin] holding, (ownership) interest, stake * **participation au capital d'une entreprise** equity stake ; **participation aux bénéfices** profit sharing ; **participations croisées** crossholdings, cross-shareholdings, cross-stockholdings, cross-ownership, intercompany hol-

dings, intercompany investments ; **participation majoritaire** controlling interest, controlling stake, majority holding, majority interest, majority ownership, majority stake ; **participation minoritaire** minority interest, minority holding, minority stake.
Δ **prise de participation** acquisition of interests.

PAS 1- *Programme d'assistance spéciale* Special Assistance Program (SAP) (cf. Banque mondiale).
2- *prêts à l'ajustement structurel* structural adjustment lending SAL (cf. BIRD).

passager clandestin nm [Eco] free rider.

passif nm [Acc] liabilities * **passif à long terme** long-term liabilities ; **passif circulant** current liabilities, short-term debt ; **passif externe** external liabilities ; **passif interne** internal liabilities.

passif, -ive adj passive.

PAT *tendance moyenne de phase* phase-average-trend (PAT).

patrimoine nm [Fin] asset holdings, wealth, total assets * **patrimoine financier** financial wealth.

patronat nm * **le patronat** the employers.

paupérisation nf pauperization.

pauvreté nf [gen, Eco] poverty * **pauvreté absolue** absolute poverty ; **pauvreté relative** relative poverty.
Δ **piège de la pauvreté** poverty trap ; **seuil de pauvreté** poverty line.

payable adj payable * **payable à 30 jours** payable at 30 days' date.

payer v to pay * **payer à l'échéance** to pay at maturity ; **payer à vue payer** to pay on demand ; **payer au porteur** to pay to the bearer ; **payer comptant** to pay cash ; **payer en espèce** to pay in cash ; **payer en nature** to pay in kind ; **payer la totalité** to pay in full ; **payer par chèque** to pay by cheque.

pays nm [gen, Eco] country * **pays à bas salaires** low wage country ; **pays à croissance rapide** fast growing country ; **pays à faible revenu** (PFR) low income countries (LICs) ; **pays à faible revenu et à revenu intermédiaire** low and middle income countries (LMIs) ; **pays à fort niveau d'inflation** high-inflation country ; **pays à revenu élevé** high(er)-income country ; **pays à revenu intermédiaire** (PRI) middle income countries (MICs) ; **pays à revenu intermédiaire de la tranche inférieure** (PRITI) lower middle income countries (LMICs) ; **pays à revenu intermédiaire de la tranche supérieure** (PRITS) upper middle income countries (UMICs) ; **pays à risque** risk country ; **pays avancé** advanced country ; **pays bénéficiaire (de l'aide)** recipient country ; **pays créancier** creditor country ; **pays d'accueil** host country ; **pays d'Europe centrale et orientale** (PECO) Central and Eastern European countries (CEEC) ; **pays d'implantation** host country ; **pays d'origine** country of origin ; **pays d'outre-mer** overseas countries ; **pays de la source** [Fisc] source country ; **pays**

de production primaire commodity-producing country, primary producing country ; **pays débiteur** debtor country ; **pays défaillant** defaulting country ; **pays développé** developed country ; **pays développés à économie de marché** developed market economies (DMEs) ; **pays donneur d'aide** donor country ; **pays en développement** less developed country (LDC) ; **pays en développement non pétrolier** (PDNP) non-oil developing country (NODC) ; **pays en développement tributaires des produits de base** (PDTPB) commodity-dependent developing countries (CDDCs) ; **pays en voie d'industrialisation** newly industrializing countries ; **pays en voie de développement** (PVD) developing country ; **pays et territoires d'outre mer** (PTOM) overseas countries and territories (OCT) ; **pays excédentaire** (cf. BDP) surplus country ; **pays exportateur** exporting country ; **pays exportateur de pétrole** oil exporting country ; **pays exportateur de produits primaires** primary exporting country ; **pays industrialisé** industrial(ized) country ; **pays intermédiaires** intermediate countries ; **pays les moins avancés** (PMA) least advanced countries (LAC), least developed countries (LLDC) ; **pays membre** member country ; **pays moyennement développé** halfway country ; **pays nouvellement industrialisé** (PNI) newly-industrialized country (NIC) ; **pays ouvert sur l'extérieur** outward-looking country ; **pays peu développé** backward country ; **pays producteur de pétrole** oil producing country, oil producer ; **pays surendetté** debt-distressed country, debt-pressed country ; **pays tiers** third country.

Δ **autres pays producteurs de pétrole** (hors OPEP) other oil producers (OOP) ; **nouveaux pays exportateurs** new(ly) exporting (or export-oriented) countries (NEC) ; **nouveau pays industriel** (NPI) newly industrializing (or industrialized) country (NIC).

PCL *paiement contre livraison* [St Ex] delivery vs payment (DVS).

PDNP *pays en développement non pétrolier* non-oil developing country (NODC).

PDR *prêteur en dernier ressort* lender of last resort (LOLR).

PDTPB *pays en développement tributaires des produits de base* commodity-dependent developing countries ((CDDCs).

PEA *plan d'épargne en actions* personnal equity plan (PEP) (UK).

PECO *pays d'Europe centrale et orientale* Central and Eastern European countries (CEEC).

pécule nm savings.

pécuniaire adj financial.

PED *principales économies en développement* main developing economies.

PEDS *premier entré dernier sorti* first in last out (FILO).

pension nf 1- pension, annuity * **pension alimentaire** alimony ; **pension d'invalidité** disability

pension ; **pension de retraite** old age pension, retirement pension ; **pension de vieillesse** old-age pension.
2- [Fin] repurchase * **pension livrée** repurchase agreement, REPO agreement.
Δ **mise/prise en pension** [Fin] repurchase agreement, REPO agreement.

pénurie nf shortage.

PEPS *premier entré, premier sorti* first in-first out (FIFO).

percepteur nm [Fisc] tax collector.

perception nf [Fisc] collection, levy.

performance nf [Eco, Fin] performance, result * **performances de l'économie** economic performance ; **performance d'un portefeuille** portfolio performance.

performant adj effective, efficient, profitable.

périmé adj out-of-date, expired.

période nf periode * **période comptable** accounting period ; **période de base** base period ; **période de pointe** peak period.

permanent adj permanent.

personne nf person * **personne morale** [Jur] legal person, corporate personality ; **personne physique** [Jur] natural person.

personnel nm staff, workforce, personnel * **manquer de personnel** to be short of staff, to be undermanned ; **réduire de personnel** to cut back on staff ; **personnel d'appoint** extra staff, temporary staff ; **personnel d'encadrement** executive staff, management staff ; **personnel de bureau** office staff, clerical staff ; **personnel intérimaire** temporary staff.
Δ **compression de personnel** labour cutback, staff reduction ; **excédent de personnel** overmanning, overstaffing ; **service du personnel** personnel department.

personnel adj personal.

perspective nf prospect, outlook * **perspectives économiques** economic outlook.

perte nf [gen, Fin, Acc] loss * **enregistrer une perte** to carry a loss ; **pertes antérieures** adverse balance brought forward ; **perte d'exploitation** trading loss, operating loss ; **perte de change** loss on exchange, exchange loss ; **perte de l'exercice** loss for the year, loss for the period ; **perte de valeur** loss in value ; **pertes et profits** profit and loss ; **pertes et profits d'exploitation** profit and loss from operations ; **perte exceptionnelle** windfall loss ; **perte nette (de l'exercice)** net loss (for the period *or* for the year) ; **perte sèche** dead loss, deadweight loss, outright loss.

pertinence nf relevance * **pertinence des données** relevance of data.

pertinent adj relevant.

perturbation nf shock * **perturbation endogène** [Eco] endogenous shock ; **perturbation exogène** [Eco] exogenous shock, external shock.

pétrodollar nm petrodollar.

pétrole nm oil * **pétrole brut** crude oil.

PFR *pays à faible revenu* low income countries (LICs).

phase nf phase, stage * [Eco] **phase ascendante du cycle économique** upswing ; **phase conjoncturelle** phase of the cycle ; **phase d'expansion** upward swing ; **phases de la croissance économique** stages of economic growth ; **phase descendante du cycle économique** downswing.

Physiocrates [Eco] Physiocrats.

PIB *produit intérieur brut* gross domestic product (GDP).

PIBID *taux interbancaire demandé à Paris* Paris interbank bid rate (PIBID).

PIBM *produit intérieur des branches marchandes* domestic product of industries (DPI), traded gross domestic product (TGDP).

pic nm peak * **pic conjoncturel** [Eco] cyclical peak, cyclical high.

PIE *produit intérieur corrigé des incidences environnementales* environmentally-adjusted domestic product (EDP).

pilule empoisonnée nf [Fin] poison pill.

PIMEAN *taux moyen des taux offerts (PIBOR) et des taux demandés (PIBID) à Paris* Paris interbank mean rate (PIMEAN).

PIN *produit intérieur net* net domestic product.

PIPB *programme intégré des produits de base* Integrated Program for Commodities (IPC).

place nf 1- job.
2- [Fin] market * **place boursière** stock market ; **place de Paris** Paris market ; **place extraterritoriale** off-shore place ; **place financière** financial centre ; **place financière extraterritoriale** off-shore financial centre.

placement nm [Fin] a) investment * **faire un placement** to make an investment ; **placement à revenu fixe** fixed-yield investment ; **placements à risque** risk assets ; **placement boursier** equity investment, stock market investment ; **placement de capitaux** investment of capital ; **placement de portefeuille** portfolio investment ; **placements dorés sur tranche** gilt-edged investment ; **placement financier** financial investment ; **placement immobilier** real estate investment, investment in property ; **placement liquide** liquid investment ; **placement sûr** good quality investment.
b) (d'un emprunt, de titres) placement, placing * **placement privé** private placement.
Δ **capacité de placement** selling power ; **garantie de placement** underwriting ; **instrument de placement** investment instrument ; **technique de placement** selling technique.

placer v [Fin] to invest.

plafond nm ceiling, upper limit.

plan nm plan, programme, schedule, scheme * **plan comptable** (cf. France) official accounting plan ; **plan d'amortissement** depreciation schedule ; **plan d'épargne** savings plan, saving scheme ; **plan d'épargne en actions** (PEA) personnal equity plan (PEP) (UK) ; **plan d'épargne logement** Building Society account (UK), home loan plan (US) ; **plan d'épargne retraite** savings related retirement scheme ; **plan d'intéressement des salariés aux bénéfices** profit sharing scheme ; **plan d'investissement** investment plan ; **plan d'options sur titres** stock option plan ; **Plan de Colombo** Colombo Plan ; **plan de financement** financial plan, financing plan ; **plan de formation** training programme ; **plan de rigueur** austerity package ; **plan de sauvetage** bailout plan ; **plan de trésorerie** cash flow forecast ; **plan Keynes** Keynes Plan ; **Plan Mansholt** Mansholt Plan ; **plan marketing** marketing plan ; **Plan Marshall** Marshall Aid, Marshall Plan ; **plan social** planned redundancy scheme.

plancher nm floor, lower limit.

planification nf [gen, Eco] planning * **planification centralisée** central planning ; **planification des ressources humaines** manpower planning ; **planification indicative** indicative planning ; **planification par objectif** target planning ; **planification stratégique de l'entreprise** corporate planning.

planifier v to plan, to schedule.

plein-emploi [Eco] full employment.

plus-value nf 1- [Eco] surplus value. 2- [Fin, Acc] a) (accroissement de la valeur) appreciation, increase in value, gain in value ; b) (bénéfice obtenu) capital gain * **plus-value foncière** land profit ; **plus-value latente** unrealized gain ; **plus-value sur cession d'éléments d'actif immobilisé** gain on sale of assets ; **plus-value sur cession de valeurs mobilières** gain on sale of securities ; **plus-value sur les capitaux** capital gains ; **plus-value sur titres** paper profit, capital gains on the sale of securities.
Δ **analyse marxiste de la plus value** Marx's analysis of surplus value.

Pm *produit marginal (physique)* ou *productivité marginale physique* marginal physical product (MPP).

PMA *pays les moins avancés* least advanced countries (LAC) *or* least developed countries (LLDC).

PMaC *propension marginale à consommer* marginal propensity to consume (MPC).

PMaS *propension marginale à épargner* marginal propensity to save (MPS).

PMC *propension moyenne à consommer* average propensity to consume (APC).

PME *petites et moyennes entreprises* small and medium-sized businesses (SMBs), small and medium-sized enterprises (SMEs), small and medium-sized firms.

PMI *petites et moyennes industries* small and medium-sized industries (SMI).

PMM *propension moyenne à importer* average propensity to import (APM).

PMS *propension moyenne à épargner* average propensity to save (APS).

PNB *produit national brut* gross national product (GNP).

PNI *pays nouvellement industrialisé* newly-industrialized country (NIC).

PNN *produit national net* net national product (NNP).

point nm point * **point de base** [Fin] basis point, percentage point ; **point de retournement du cycle conjoncturel** [Eco] (cyclical) turning point ; **point de pourcentage** [Fin] basis point, percentage point.

point mort nm [Acc] breakeven point.

politique nf a) (science) politics ; b) (du gouvernement ou de l'entreprise) policy * **politique agricole commune** (PAC) Common Agricultural Policy (CAP) ; **politique anticyclique** counter-cyclical policy ; **politique anti-inflationniste** anti-inflationary policy ; **politique budgétaire** fiscal policy ; **politique commerciale** trade policy ; **politique commerciale commune** Common Commercial Policy (CCP) ; **politique conjoncturelle** counter-cyclical policy, business cycle policy ; **politique contractuelle** contractual policy ; **politique d'accompagnement** accommodating policy ; **politique d'ajustement** adjustment policy ; **politique d'argent à bon marché** cheap money policy ; **politique d'argent cher** dear money policy ; **politique d'assainissement** corrective policy ; **politique d'austérité** contractionary policy, restrictive policy ; **politique de blocage du crédit** credit freeze policy ; **politique de change** exchange rate policy, exchange rate management ; **politique de crédit** credit policy ; **politique de croissance** growth policy ; **politique de croissance fondée sur les exportations** export-led growth policy ; **politique de découplage** disengagement policy ; **politique de désengagement** retrenchment policy ; **politique de développement** development policy ; **politique de dividendes** dividend policy ; **politique de l'argent à bon marché** cheap money policy ; **politique de l'emploi** employment policy ; **politique de l'emploi et de la main-d'oeuvre** employment and manpower policy ; **politique de l'offre** supply-side policy ; **politique de la concurrence** competition policy ; **politique de la "douce négligence"** benign neglect policy ; **politique de lutte contre l'inflation** counter-inflationary policy ; **politique de régulation de la demande globale** demand management policy, demand policy ; **politique de relance** reflation policy, reflationary measures, pump primming measures ; **politique de resserrement du crédit** tight credit policy ; **politique de rigueur** tight policy, restrictive policy ; **politique de soutien** supportive policy ; **politique de soutien à l'agriculture** agricultural support policy ; **politique de stabilisation** stabilization policy ;

politique des prix et des revenus prices and incomes policy ; **politique des revenus** incomes policy ; **politique des salaires** wage policy ; **politique du crédit** credit poliy ; **politique du laisser-faire** laisser-faire policy, hands-off policy ; **politique du taux de change** currency management ; **politique économique** economic policy ; **politique en coups d'accordéon** stop and go policy ; **politique financière** financial policy ; **politique fiscale** tax policy ; **politique industrielle** industrial policy ; **politique libre-échangiste** free-market policy, free-trade policy ; **politique macroéconomique** macroeconomic policy ; **politique mixte** policy mix ; **politique monétaire** monetary policy ; **politique monétaire d'accompagnement** accommodating monetary policy ; **politique monétaire restrictive** tight monetary policy ; **politique non interventionniste** hands-off policy ; **politique régionale** regional policy ; **politique restrictive** contractionary policy ; **politique salariale** wage policy ; **politique sociale** social policy.

politique adj political.

pondération nf weighting.

pondéré adj weighted.

pondérer v to weight.

population nf population * **population active** [Eco] working population ; **population active occupée** [Eco] employed population ; **population d'inférence** [Stat] population of inference.

Δ **recensement de la population** population census ; **vieillissement de la population** ageing population.

port franc nm free port.

portefeuille nm 1- wallet, pocket book (US).
2- [Fin] portfolio * **portefeuille de liquidités** liquid assets portfolio, liquidity portfolio ; **portefeuille de marché** market portfolio ; **portefeuille efficient** efficient portfolio ; **portefeuille-titres** investment portfolio, security portfolio.

Δ **ajustement de portefeuille** portfolio adjustment ; **analyse de portefeuille** portfolio analysis ; **choix de portefeuille** portfolio choice ; **diversification de portefeuille** portfolio diversification ; **effet de portefeuille** portfolio effect ; **gestion de portefeuille** asset management ; **gestionnaire de portefeuille** portfolio manager ; **modèles de portefeuille** portfolio-balance modelling ; **réallocation de portefeuille** portfolio ajustment, portfolio reshuffling, portfolio switching.

porteur nm (chèque) bearer ; (titres) holder.

porteur adj (marché) buoyant.

positif adj positive.

position nf 1- position * **position dominante sur un marché** dominant position *or* leading position in a market ; **position concurrentielle** competitive position.
2- [Eco, Fin, St Ex] position * **déboucler sa position** to close one's

position ; **être en position** to carry a position ; **liquider sa position** to close one's position ; **position à la baisse** bear position ; **position à terme** forward position ; **position acheteur** long position, bull position ; **position courte** short position ; **position de change** (foreign) exchange exposure, (foreign) exchange position, trading position in foreign exchange ; **position de change à terme** open forward exchange position ; **position de change fermée** square position ; **position de change non couverte** open exchange position ; **position de place** open interest ; **position extérieure créditrice nette** net foreign assets position ; **position extérieure nette des banques** net foreign assets of banks ; **position longue** long position ; **position monétaire extérieure** net foreign assets position, external monetary position ; **position nette** net position ; **position ouverte** open position, naked position, uncovered position.
△ **calcul de position au jour le jour** calculation of positions on a day to day basis.

post-marché nm [St Ex] backoffice.

poste nm 1- job, post, position.
2- [Acc, Fin pub] item * **poste budgétaire** budget item, budget heading ; **poste créditeur** credit item ; **poste d'ajustement** balancing item ; **poste de dépense** expenditure item ; **poste débiteur** debit item ; **poste hors bilan** off-balance sheet item, OBS item.
△ **profil de poste** job description.

potentiel nm potential, prospective.

PPA *parité des pouvoirs d'achat* Purchasing Power Parity (PPP).

pratique nf practice, experience, procedure * **pratiques anticoncurrentielles** unfair trade practices ; **pratiques commerciales déloyales** unfair trade practices ; **pratiques comptables** accounting procedures ; **pratiques discriminatoires** discriminatory practices ; **pratiques restrictives** restrictives practices.

pratique adj practical.

préférence nf preference * **préférence communautaire** (cf. UE) Community preference ; **préférence pour la liquidité** [Eco] liquidity preference ; **préférence pour le présent** [Eco] (positive) time preference.
△ **échelle de préférence** preference scale.

préfinancement nm [Fin] prefinancing, advance financing.

prélèvement nm deduction, levy, charge * **prélèvement conjoncturel** [Eco] anticyclical tax ; **prélèvement forfaitaire** [Fisc] flat-rate deduction, standard deduction (US) ; **prélèvement forfaitaire de 10 %** flat deduction of 10 % ; **prélèvement libératoire** [Fisc] standard deduction ; **prélèvement sur le capital** [Fisc] capital levy ; **prélèvements obligatoires** [Eco] income tax and social security contributions ; **prélèvements sociaux** [Eco] Social Security Contributions.

premier entré, dernier sorti (PEDS) [Acc] first in last out (FILO).

premier entré, premier sorti (PEPS) [Acc] first-in, first-out (FIFO).

preneur nm (locataire) lessee * **preneur ferme** underwriter.

préretraite nf early retirement.

président nm chairman * **président directeur général** (PDG) managing director (UK), chief executive officer (CEO) (US) ; **président du conseil d'administration** chairman of the board.

présidente nf chairwoman.

présider v to chair.

pression nf pressure * **pression fiscale** tax burden ; **pressions inflationnistes** inflationary pressures.

prestation nf allowance, benefit, contribution * **prestation de la sécurité sociale en cas de maladie** health care benefit, sickness benefit ; **prestation en espèce** benefit in cash ; **prestation en nature** benefit in kind ; **prestations familiales** family allowances ; **prestations liées à des conditions de ressources** means-tested benefits ; **prestations sociales** social benefits, welfare benefits.

prêt nm [gen, Eco, Fin] loan * **accorder un prêt** to grant a loan ; **demander un prêt** to apply for a loan ; **prêt à court terme** short-term loan ; **prêt à des conditions de faveur** soft loan ; **prêt à des conditions favorables** loan on favourable terms ; **prêt à des conditions rigoureuses** hard loan ; **prêt à échéance fixe** fixed-term loan ; **prêt à intérêt bonifié** government-subsidized loan ; **prêts à l'ajustement structurel** (PAS) structural adjustment lending SAL (cf. BIRD) ; **prêt à la consommation** consumer loan ; **prêts à long et moyen terme** [SCN] medium-and long-term loans ; **prêt à long terme** long-term loan ; **prêt à remboursements échelonnés** instalment loan (US) ; **prêt à très court terme** call loan, day-to-day loan, demand loan, overnight loan ; **prêt au jour le jour** call loan, day to day (money) loan ; **prêt au secteur privé** private loan ; **prêts aux particuliers** personal loans ; **prêts bancaires** bank loans, bank lending ; **prêt bonifié** subsidized loan ; **prêt cautionné** secured loan ; **prêt conditionnel** tied loan ; **prêt consolidé** consolidated loan ; **prêt consortial** consortium loan ; **prêt de 24 heures** overnight loan ; **prêt en dernier ressort** lender of last resort facility ; **prêts et avances** loans and advances ; **prêt garanti** collateral loan, secured loan ; **prêt hypothécaire** mortgage loan ; **prêt hypothécaire à taux variable** flexible rate mortgage, variable (or adjustable) rate mortgage (US) ; **prêt immobilier** housing loan ; **prêt indexé** indexed loan ; **prêt interbancaire** inter-bank loan ; **prêt inter-entreprises en devises** back-to-back loan ; **prêt non garanti** non-recourse loan ; **prêt non remboursé** defaulted loan, delinquent loan ; **prêt obligataire** debenture loan ; **prêt participatif** subordinated loan ; **prêt personnel** personal loan ; **prêt relais** bridging loan ; **prêt renouvelable** roll-over loan ; **prêt risqué** problem loan ; **prêt sans intérêt** free

loan ; **prêt subordonné** subordinated loan.
△ **contrat de prêt** loan agreement ; **convention de prêt** loan covenant ; **demande de prêt** loan application ; **durée d'un prêt** life of a loan ; **encours des prêts** outstanding loans ; **engagement de prêt** loan commitment ; **garantie de prêt** loan collateral ; **réaménagement d'un prêt** rephasing of a loan, rescheduling of a loan.

prêter v [gen, Fin] to lend * **prêter à 8 %** to lend money at 8 % ; **prêter à intérêt** to lend at interest ; **prêter sur gage** *ou* **garantie** to lend against security, to lend on security ; **prêter sur nantissement** to lend on collateral.

prêteur nm [Fin] lender * **prêteur en dernier ressort** (PDR) [Eco] Lender of last resort (LOLR).

prévision nf a) (action de) forecasting ; b) (résultat) forecast, estimate * **prévisions budgétaires** budget forecasts, budget estimates.

prévisionnel adj estimated.

prévoir v to forecast.

prévu adj anticipated.

PRI *pays à revenu intermédiaire* middle income countries (MICs).

prime nf 1- a) bonus ; b) grant, subsidy, allowance * **prime d'encouragement** incentive bonus ; **prime d'équipement** development subsidy ; **prime de rendement** productivity bonus ; **prime de transport** transport allowance.

2- [Fin, Acc, ASR] premium * **prime d'assurance** insurance bonus ; **prime d'émission** a) share premium, premium on capital stock ; b) (lors d'une augmentation de capital) issue premium ; **prime d'émisssion d'actions** premium on shares, share premium ; **prime d'émission d'obligations** premium on bonds, bond premium ; **prime de conversion** conversion premium ; **prime de fusion** paid-in capital, paid-in surplus ; **prime de liquidité** liquidity premium ; **prime de remboursement** call premium ; **prime de remboursement (des obligations)** premium on bond redemption, redemption premium ; **prime de risque** premium for risk, risk premium ; **prime de risque du marché** market risk premium ; **prime de taux** interest rate premium.
△ **abandon de la prime** abandonment of the premium ; **supplément de prime** additional premium (AP).

principal nm [Fin] principal.
△ **montant du principal dû** *ou* **exigible** principal due ; **part du principal non encore remboursée** principal outstanding.

principe nm principle * **principe de l'imposition sur la base du bénéfice mondial** [Fisc] worldwide profit taxation principle ; **principe de la séparation des exercices comptables** [Acc] cut-off principle ; **principe du nominalisme monétaire** [Acc] monetary principle ; **principe du rattachement des charges aux produits** [Acc] matching principle.

prisée n pricing.

priser v to price.

priseur n pricer.

PRITI *pays à revenu intermédiaire de la tranche inférieure* lower middle income countries (LMICs).

PRITS *pays à revenu intermédiaire de la tranche supérieure* upper middle income countries (UMICs).

privatisation nf [Eco] privatization.

privatiser v [Eco] to privatize * **privatiser une partie de l'activité** to contract out.

prix nm [gen, Eco] price * **casser les prix** *ou* **écraser les prix** to slash prices, to undercut prices, to undersell ; **maintenir les prix** to keep prices in check ; **majorer les prix** to increase *or* to raise *or* to put up prices ; **prix à l'exportation** export price ; **prix à l'importation** import price ; **prix à la consommation** consumer price ; **prix à la livraison** delivery price ; **prix à la production** producer price, output price ; **prix administrés** administered prices, managed prices ; **prix affiché** posted price, sticker price ; **prix agricoles** farm prices ; **prix communautaires** community prices ; **prix constants** constant prices ; **prix conventionné** officially agreed price ; **prix convenu à l'avance** predetermined price ; **prix courant** (= prix d'achat) purchase price ; **prix courants** (par opposition à prix constants) current prices ; **prix coûtant** cost price ; **prix d'émission** issue price ; **prix d'équilibre (du marché)** equilibrium (market) price, market clearing price ; **prix d'éviction** predatory price ; **prix d'exercice** exercise price, strike price, striking price ; **prix d'intervention** (cf. UE) intervention price, support price ; **prix d'intervention uniforme** (cf. UE) uniform Community intervention price ; **prix d'orientation** (cf. UE) guide price ; **prix de cession interne** transfer price, intercompany price, intercompany transfer price (US), intra-group price ; **prix de concurrence** competitive price ; **prix de conversion** conversion price, conversion value ; **prix de détail** retail price ; **prix de dumping** dumping price ; **prix de faveur** concessional price ; **prix de gros** wholesale price ; **prix de l'option** option price ; **prix de levée de l'option** exercise price ; **prix de monopole** monopoly price ; **prix de référence** a) benchmark ; b) reference price (cf. UE) ; **prix de remboursement** redemption price ; **prix de revient** cost ; **prix de seuil** threshold price ; **prix de seuil unique commun** (cf. UE) uniform Community threshold price ; **prix de vente** selling price ; **prix de vente au détail** retail price ; **prix défiant toute concurrence** rock-bottom price ; **prix demandé** ask price, asked price, asking price ; **prix départ usine** ex factory price ; **prix du marché** market price ; **prix du marché mondial** world (market) price ; **prix effectif** actual price ; **prix en termes réels** real prices ; **prix en vigueur** going price ; **prix fermes** firm prices ; **prix fermes et définitifs** firm prices ; **prix forfaitaire** contract price, fixed price ; **prix fort** full price ; **prix implicite** implicit price ; **prix imposés** administered prices, fixed selling prices ; **prix indicatif** (cf. UE) target price, guiding price ; **prix indicatif unique** (cf. UE) commun uniform Community target price ; **prix intérieur** domestic price ; **prix libérés** deregulated prices ; **prix minimum garanti** (cf. UE) guaranteed minimum price ; **prix mondial** world price ; **prix naturel** natural price ; **prix nominal** nominal price ; **prix normal de longue période** normal price ; **prix offert** bid price ; **prix optimum** optimum price ; **prix plafond** ceiling price ; **prix plancher** floor price ; **prix pondéré** blended price, weighted price ; **prix réduit** discounted price, reduced price, cut(-off) price ; **prix réel** real price ; **prix réglementés** administered prices, controlled prices, regulated prices ; **prix relatif** relative price ; **prix sacrifiés** knockdown prices, slashed prices, give away prices, rockbottom prices ; **prix sur le marché intérieur** domestic price(s) ; **prix virtuels** shadow prices.

∆ **augmentation du prix de vente** mark up ; **barème des prix** price list, price schedule ; **blocage des prix** price freeze ; **blocage des prix et des salaires** wage-price freeze ; **clause de révision des prix** price adjustment clause, price escalation clause ; **composante prix** price component ; **contrôle des prix** price control ; **contrôle des prix et des salaires** wage and price controls ; **coup de frein sur les prix** clampdown on prices ; **dérapage des prix** price surge, price drift ; **distorsion des prix** price distorsion ; **effondrement des prix** the collapse of prices, the free fall in prices ; **entente sur les prix** price agreement ; **éventail des prix** price differentials, price spread ; **évolution des prix** price trends ; **fixeur de prix** price maker ; **flambée des prix** soaring prices, price boom ; **fluctuation des prix** price swing ; **formation des prix** price formation ; **fourchette de prix** price range ; **gel des prix** price freeze ; **guerre des prix** price war ; **juste prix** fair price ; **libération des prix** price liberalization ; **majoration de prix** price increase ; **mécanisme des prix** price mechanism ; **niveau des prix** price level ; **niveau général des prix** general level of prices ; **offre de prix** price offer ; **preneur de prix** price taker ; **proposition de prix** price quotation ; **réduction des prix** price cutting ; **réglementation des prix** price control ; **rigidité des prix** price rigidity ; **soutien des prix** price support ; **soutien des prix du marché (SPM)** market price support (MPS) ; **stabilité des prix** price stability ; **suiveur de prix** price follower ; **système de prix** price system ; **tensions sur les prix** pressure on prices ; **variation de prix** price change.

probabilité nf [gen, Stat] probability
* **probabilité complémentaire** complementary probability ; **probabilité conditionnelle** compound probability ; **probabilité d'inclusion** probability of selection ; **probabilité d'inclusion double** joint probability of selection.
∆ **calcul des probabilités** calculus of probability.

procédure nf procedure * **procédures comptables** [Acc] accounting procedures ; **procédure de séparation des exercices** [Acc] cut-off procedures.

processus nm process * **processus aléatoire** [Stat] random process ; **processus cumulatif** cumulative process, self-contained pattern ; **processus de fabrication** manufacturing process ; **processus stochastique** [Stat] stochastic process.

producteur nm [gen, Eco] producer * **producteurs de matières premières** primary producers.

productif adj productive.

production nf 1- production. 2- [Eco, SCN] a) production ; b) (volume, extrant) output * **production à flux tendus** continuous flow manufacturing ; **production contingentée** quota production ; **production de masse** mass production ; **production de matières premières** primary production ; **production de produits finis** final production ; **production délocalisée** offshore production ; **production effective** actual production ; **production en série** mass production ; **production globale** total output, total production ; **production intérieure** domestic production ; **production intérieure brute** gross domestic production ; **production intérieure nette** net domestic production ; **production interne (à l'entreprise)** in-house production ; **production juste-à-temps** just-in-time production ; **production locale** indigenous production ; **production marchande** [SCN] marketable production ; **production nationale** national output, national production ; **production non marchande** non-marketable production.

Δ **appareil de production** production capacities ; **capacités de production** production capacity ; **capacités de production existantes** existing capacity ; **capacités de production inutilisées** excess capacity, idle capacity, spare capacity ; **chaîne de production** production line ; **coefficient de production** production coefficient ; **cycle de production** production cycle ; **en-cours de production** [Acc] goods in progress (UK), work in progress (US) ; **facteurs de production** production factors ; **fonction de production** production function ; **fonction de production Cobb-Douglas** Cobb-Douglas (production) function, CD function ; **mode de production** production mode ; **moyens de production** means of production ; **processus de production** production process ; **structure de la production** production pattern.

productique nf industrial automation.

productivité nf [Eco] productivity, product * **productivité des facteurs (de production)** factor productivity ; **productivité du (facteur) capital** productivity of capital ; **productivité du (facteur) travail** labour productivity ; **productivité globale** overall productivity ; **productivité horaire** productivity per man-hour ; **productivité marginale** marginal productivity ; **productivité marginale du capital** marginal productivity of capital,

marginal product of capital, marginal efficiency of capital ; **productivité marginale du travail** marginal productivity of labour, marginal product of labour ; **productivité marginale en valeur** marginal revenue product ; **productivité marginale physique** (Mp) marginal physical product (MPP) ; **productivité par personne occupée** productivity per person employed ; **productivité totale des facteurs** (PTF) total factor productivity (TFP).
Δ **accord de productivité** productivity agreement, productivity deal ; **gain de productivité** productivity gain.

produire v 1- to produce, to make, to manufacture.
2- [Eco] to produce.

produit nm 1- [gen, Eco] a) (bien ou service) product, good * **lancer un produit** to launch a product ; **produits à forte intensité technologique** high technology products, high-tech products ; **produits agricoles** farm produce ; **produit bas de gamme** bottom-end product, down-market product, low quality product ; **produits de base** staple goods ; **produit de deuxième choix** grade two product ; **produit de grande consommation** mass consumption product ; **produit de première nécessité** staple product ; **produit de substitution** substitute product, subtitute ; **produit de tout premier choix** top-quality product, first-class product, top-grade product ; **produit dérivé** a) by product ; b) [Fin] derivative ; **produit écologique** green product ; **produit essentiel** key product ; **produit final** end product ; **produits finis** finished goods ; **produit haut de gamme** top-market product, up-market product, high quality product ; **produit immatériel** intangible product, intangible good ; **produit intérieur** domestic product ; **produit intermédiaire** intermediate good, intermediate product ; **produits liés** joint products, joint demand products ; **produits manufacturés** manufactured goods, manufactured products ; **produits marchands** marketable goods ; **produits nationaux** home products ; **produits non soumis à la concurrence étrangère** non-tradable good ; **produit optionnel** [Fin, St Ex] derivative, optional product ; **produits pétroliers** oil products ; **produit porteur** growth product ; **produit primaire** primary product ; **produit secondaire** by-product, secondary product ; **produits semi-finis** partly-finished goods, semi finshed products ; **produits semi-ouvrés** partly-finished goods, semi-finshed products ; **produit sensible** sensitive product ; **produits soumis à la concurrence étrangère** tradable goods.
b) [Eco, SCN] (valeur de l'activité de production) product ; (productivité) product * **produit agricole brut** (PAB) gross agricultural product (GAP) ; **produit global** aggregate product ; **produit intérieur** domestic product ; **produit intérieur brut** (PIB) [SCN] gross domestic product (GDP) ; **produit intérieur brut marchand** [SCN] gross domestic product, tradable ; **produit intérieur brut non marchand** [SCN] gross domestic product, non-tra-

dable ; **produit intérieur corrigé des incidences environnementales** (PIE) environmentally-adjusted domestic product (EDP) ; **produit intérieur des branches marchandes** (PIBM) [SCN] domestic product of industries (DPI), traded gross domestic product (TGDP) ; **produit intérieur net** (PIN) [SCN] net domestic product ; **produit intérieur net au coût des facteurs** [SCN] net domestic product at factor cost ; **produit intérieur net aux prix du marché** [SCN] net domestic product at market prices ; **produit marginal en valeur** marginal revenue product (MRP) ; **produit marginal (physique)** (Pm) marginal physical product (MPP) ; **produit moyen** average product ; **produit national brut** (PNB) [SCN] gross national product (GNP) ; **produit national net** (PNN) [SCN] net national product (NNP), national income ; **produit national net au coût des facteurs** [SCN] national factor income ; **produit national net aux prix du marché** [SCN] national product at market prices ; **produit social net** net welfare product ; **produit total** total product.
2- [Fin] (d'un placement, de l'investissement) yield, return.
3- [Acc] a) revenue, income ; b) good * **produits à recevoir** accruals, accrued income, accrued revenue, accrued receivables ; **produits accessoires** other income ; **produits constatés d'avance** prepaid income, deferred revenue ; **produits d'exploitation** income from operations ; **produit des ventes** income from sales ; **produits divers** other income ; **produits en cours** goods in process, work in progress, work in process ; **produits exceptionnels** non-recurring income, non-recurring revenue ; **produits financiers** interest dividends and other financial income ; **produits semi-finis** *ou* **produits semi-ouvrés** partly-finished products, semi-finished products.
4- [Fisc] * **produit d'un impôt** *ou* **d'une taxe** proceeds.
Δ **élaboration d'un produit** product development ; **différentiation des produits** product differentiation ; **éventail de produits** product line ; **gamme de produits** product line, product range ; **lancement d'un produit** launching, launch ; **ligne de produits** product line, product range.

profession nf occupation * **professions libérales** the professions.

profit nm [Eco] profit * **profit anormal** above-normal profit, abnormal profit, excess profit.
Δ **centre de profit** [Acc] profit centre ; **part des profits** (dans le revenu total des facteurs) [Eco] profit share ; **part des profits dans le revenu national** [Eco] profit share of national income ; **source de profit** source of profit.

profitable adj profitable.

profiteur nm free rider.

programmation nf scheduling, planning, programming * **programmation linéaire** linear programming ; **programmation non linéaire** non linear programming.

programme nm programme, plan, scheme, schedule.

programmer v to schedule, to plan, to program.

progrès nm [Eco] progress, advance, development * **progrès économique** economic progress ; **progrès scientifique** scientific progress ; **progrès social** social progress ; **progrès technique (le)** technical progress ; **progrès technique (un)** technical advance, technical development, technical breakthrough ; **progrès technologique (un)** technological advance.

progresser v to progress, to advance, to improve, to go up, to increase, to rise.

progression nf 1- increase, improvement * **être en progession** to be on the increase, to be increasing ; **progression régulière** steady increase, steady improvement.
2- [Math] progression * **progression arithmétique** arithmetic progression ; **progression géométrique** geometric progression.

progressivité nf progressivity.

prohibition nf prohibition, ban.

projection nf projection.

propension nf [gen, Eco] propensity * **propension à consommer** propensity to consume ; **propension à épargner** propensity to save ; **propension à exporter** propensity to export ; **propension à importer** propensity to import ; **propension marginale** marginal propensity ; **propension marginale à consommer** (PMaC) marginal propensity to consume ; **propension marginale à épargner** (PMaS) marginal propensity to save (MPS) ; **propension marginale à importer** marginal propensity to import ; **propension moyenne** average propensity ; **propension moyenne à consommer** (PMC) average propensity to consume (APC) ; **propension moyenne à épargner** (PMS) average propensity to save (APS) ; **propension moyenne à importer** (PMM) average propensity to import (APM).

propriété nf [Jur] property, ownership * **propriété individuelle** individual ownership ; **propriété industrielle** industrial property ; **propriété privée** private property ; **propriété publique** public property, state property.

prorogation nf extension.

prospective nf forecasting, prospective studies.

prospectus nm [Fin] prospectus.

prospère adj thriving.

prospérer v to boom, to thrive.

protection nf protection, safety * **protection douanière** tariff protection ; **protection sociale** health care system, social security, medicare, medicaid.
△ **filet de protection** safety net ; **filet de protection sociale** social safety net.

protectionnisme nm [Eco int] protectionism * **nouveau protectionnisme** new protectionism.

protectionniste adj protectionist.

provision nf 1- stock, supply.
2- [Acc] allowance, reserve, provision * **provision pour amortisse-**

ment allowance for depreciation, depreciation allowance, provision for depreciation ; **provision pour créances douteuses** allowance for bad debts, allowance for doubtful accounts (US), provision for bad debts, bad debt account, bad debt reserve ; **provision pour dépréciation clients** allowance for uncollectible accounts ; **provision pour dépréciation des immobilisations** provision for depreciation on fixed assets *or* provision for loss on fixed assets ; **provision pour dépréciation des stocks** allowance for inventory losses, provision *or* reserve for inventory losses ; **provision pour dépréciation des titres** provision *or* reserve for loss on investments ; **provision pour impôt** tax reserve ; **provision pour pertes de change** provision for exchange losses ; **provision pour pertes et charges** provision for losses and expenses ; **provisions pour risques** provision *or* reserve for contingencies ; **provision pour risques divers** contingency reserve.

∆ **avoir une provision suffisante sur son compte** to have sufficient funds on one's account.

provisionnel adj provisional.

provisoire adj temporary.

PTF *productivité totale des facteurs* total factor productivity (TFP).

PTI *parité des taux d'intérêt* interest rate parity (IRP).

PTOM *pays et territoires d'outre mer* overseas countries and territories (OCT).

publicité nf advertising * **publicité mensongère** misleading (price) advertising.
2- [Fin, Acc] disclosure of information.

publier v 1- to publish.
2- [Acc, Fin] to report.

PVD *pays en voie de développement* less developed country (LDC).

pyramide nf pyramid-shaped diagram * **pyramide des âges** age pyramid, age structure.

Q

Q de Tobin [Eco] Tobin's Q.

QMG *quantité maximale garantie* maximum guaranteed quantity (MGQ).

quadruplement nm quadrupling * **quadruplement du prix du café** quadrupling of coffee price.

quadrupler v to quadruple, to go by four, to increase fourfold.

quai * **à quai dédouané** ex quay duty paid ; **à quai non dédouané** ex quay duty on buyer's account.

qualification nf qualification, skill * **qualifications professionnelles** occupational skills.

qualité nf quality.
Δ **bonne qualité** high quality ; **cercle de qualité** quality circle ; **contrôle de la qualité** quality control ; **mauvaise qualité** poor quality ; **rapport qualité-prix** quality-price ratio.

quantification nf quantification.

quantifier v to quantify.

quantile nm [Stat] quantile.

quantitativisme nm [Eco] quantity theory.

quantitaviste nm [Eco] quantity theorist.

quantité nf [gen, Eco] quantity * **quantité de monnaie** quantity of money ; **quantité demandée** quantity demanded ; **quantité maximale garantie** (QMG) (cf. UE) maximum guaranteed quantity (MGQ) ; **quantité offerte** quantity supplied.

quartile nm [Stat] quartile.

quasi-monnaie nf [Eco] near money, quasi-money.

quasi monétaire adj [Eco] money like.

quasi-monopole nm [Eco] almost monopoly, near monopoly.

quintupler v to quintuple, to go by five, to increase fivefold.

quittance nf a) (reçu) receipt ; b) (facture) bill * **quittance comptable** accounting receipt ; **quittance d'électricité** electricity bill.

quota nm quota * **quota d'importation** import quota ; **quotas de production** producer's quotas, production quotas.
Δ **excédent hors quota** post-quota surplus.

quote-part nf 1- share.
2- [Eco] (cf. FMI) quota.

quotité nf quota * **quotité de négociation** [St Ex] unit of trading.

R

R-D *recherche développement* Research and Development (R & D).

rabais nm discount, reduction, rebate * **rabais sur ventes** [Acc] sales discounts.

rachat nm [Fin] a) repurchase, buying-back ; b) (d'entreprise) takeover, buyout * **rachat anticipé** advance repurchase, early repurchase ; **rachat avant l'échéance** advance repurchase, early repurchase ; **rachat d'actions** stock repurchase ; **rachat d'entreprise** takeover, buyout ; **rachat d'entreprise avec effet de levier** leveraged buyout (LBO) ; **rachat d'entreprise par ses salariés** (RES) leveraged management buy-out (LMBO).

racheter v [Fin] a) to repurchase, to buy back ; b) to take over * **racheter des titres** to buy up ; **racheter une entreprise** to take over, to buy out.

raffermir (se) v to harden, to strengthen.

raffermissement nm strengthening.

rajustement nm adjustment, readjustment.

ralentir v to slow down.

ralentir (se) v to slow down.

ralentissement nm slowing down * **ralentissement conjoncturel** [Eco] cyclical slowdown ; **ralentissement de l'activité économique** slowing down of the economy, slackening of the economy, economic downturn, economic slowdown.

rallonge budgétaire nf [Fin pub] supplementary budget.

rang nm [Fin] rank * **avoir le même rang que** to rank *pari passu* with, to rank equally with ; **prendre rang après** to rank after ; **prendre rang avant** to rank before.

rapport nm 1- report.
2- [Fin] (rendement) return, yield.
3- [Math] ratio.

rapporter v [Fin] to yield a return of.

rare adj scarce.

raréfier (se) v to grow scarce, to become scarce.

rareté nf [Eco] scarcity * **rareté de l'argent** scarcity of money.

ratio nm [Eco, Fin, Acc, St Ex] ratio * **ratio COOKE** COOKE ratio ; **ratio cours/bénéfice** price earnings ratio (PER) ; **ratio coût-avantages** [Eco] cost-benefit ratio ; **ratio coût-profit** [Fin] cost-benefit ratio (CBR) ; **ratio d'autofinancement** [Acc, Fin] self-financing ratio ; **ratios d'autonomie financière** [Fin] debt ratios ; **ratio d'endettement**

debt ratio, gearing ratio (UK), leverage ratio (US) ; **ratio d'évaluation** valuation ratio ; **ratio de couverture** [Fin, St Ex] hedge ratio ; **ratio de couverture des intérêts** interest coverage ratio ; **ratio de couverture des stocks** inventory coverage ratio ; **ratio de distribution de dividendes** (dividend) payout ratio ; **ratio de financement de l'actif circulant** [Fin, Acc] capital to circulating assets ratio ; **ratio de financement des immobilisations** [Fin, Acc] capital to fixed assets ratio ; **ratio de levier** [Fin] gearing ratio (UK), leverage ratio (US) ; **ratios de liquidité** [Acc] liquidity ratios ; **ratio de liquidité générale** [Acc] current ratio, liquid asset ratio, working capital ratio ; **ratio de liquidité immédiate** a) (banques) cash ratio, cash reserve ratio ; b) [Acc] acid test ratio, quick ratio ; **ratio de réinvestissement** ploughback ratio (UK), plowback ratio (US) ; **ratios de rentabilité** [Fin] profitability ratios ; **ratio de rentabilité des capitaux propres** [Fin] return on equity (ROE), return on net worth ; **ratios de résultats** [Fin] profitability ratios ; **ratio de rotation des capitaux propres** [Fin, Acc] capital turnover ratio ; **ratio de solvabilité** a) (banque) solvency ratio ; b) [Acc] solvency ratio, debt coverage ratio (US) ; **ratios de structure** [Fin, Acc] structure ratios ; **ratio de structure financière** financial structure ratio ; **ratio de trésorerie** [Fin, Acc] cash ratio ; **ratio de versement des dividendes** (dividend) payout ratio ; **ratio du taux de couverture des bénéfices par le dividende** dividend cover ; **ratio endettement/capital** debt to equity ratio ; **ratios financiers** financial ratios ; **ratios prudentiels** [Eco] prudential ratios.

rationalisation nf rationalization * **rationalisation des choix budgétaires** (RCB) [Fin pub] planning programming budgeting system (PPBS).

rationaliser v to rationalize * **rationaliser la production** to rationalize production.

rationalité nf [Eco] rationality * **rationalité limitée** limited rationality ; **rationalité procédurale** procedural rationality ; **rationalité réelle** substantive rationality.

rattachement nm [Fin] matching.

RCB *Rationalisation des choix budgétaires* Planning-Programming-Budgeting System (PPBS).

RCI *rentabilité des capitaux investis* return on capital employed (ROCE), return on equity (ROE), return on investment (ROI).

RCP *rendement des capitaux propres* return on equity (ROI), return on capital (ROC).

RDA *rendu droits acquittés* delivered duty paid (DDP).

RDB *revenu disponible brut* gross disposable income.

RDNA *rendu droits non acquittés* delivered duty unpaid (DDU).

réaffectation nf a) (ressources) reallocation ; b) (fonds) to reassign.

réaffecter v a) (ressources) to reallocate ; b) fonds) to reassign.

réagir v to react * **réagir à la baisse** [St Ex] to react negatively ; **réagir à la hausse** [St Ex] to react positively.

réajustement monétaire nm [Eco] parity realignment.

réajuster v to readjust.

réalignement nm [Eco] realignment * **réalignement des parités** exchange rate realignment ; **réalignement monétaire** exchange rate realignment, parity realignment ; **réalignement monétaire au sein du SME** exchange rate parity realignment.

realigner v (parités) to realign.

réalisation nf 1- (d'un objectif) achievement.
2- [Fin] realization.
3- [Jur] (d'un contrat) conclusion.

réaliser v 1- (objectif) to achieve.
2- [Fin] to realize.
3- [Jur] (contrat) to conclude.

réallocation nf (ressources) reallocation.

réapprovisionnement nm restocking.

réapprovisionner v to restock, to replenish.

rebond nm [Eco] upturn, rebound * **rebond de l'activité** rebound in activity.

recensement nm [gen, Stat] census.

recentrage nm refocussing.

récépissé nm receipt.

récession nf [Eco] downturn, recession, slump.
Δ **ampleur de la récession** magnitude of the recession ; **entrée brutale en récession** hard lending (of the economy).

récessif adj recessionary.

recette nf 1- [Eco, Fin pub] revenue * **recettes budgétaires** budget revenue, fiscal revenue ; **recettes de l'Etat** government revenue ; **recettes des administrations publiques** general government revenue ; **recettes fiscales** tax revenue ; **recette marginale** (Rm) marginal revenue (MR) ; **recette moyenne** (RM) average revenue (AR) ; **recette totale** total revenue.
2- [Acc, Fisc] receipts, revenue * **recettes d'exploitation** business revenue ; **recettes diverses** sundry receipts, miscellaneous revenues ; **recettes et dépenses** receipts and expenditures ; **recettes fiscales** tax collections, tax receipts, tax revenue.

recherche nf research * **recherche appliquée** applied research ; **recherche fondamentale** basic research ; **recherche opérationnelle** operational research ; **recherche scientifique** scientific research.

recherche-développement (R-D) research and development (R & D).

réciprocité nf reciprocity.

réciproque adj reciprocal.

réclamation nf claim.

réclamer v to claim.

reconversion nf [Eco] a) (personnel) retraining ; b) (une activité industrielle) redeployment * **reconversion industrielle** industrial redeployment.

reconvertir v [Eco] a) (personnel) to retrain ; b) (une activité industrielle) to reconvert.

reconvertir (se) v a) (personnel) to retrain ; b) (une activité industrielle) to be reconverted.

recouvrement nm [Fin, Fisc] collection * **recouvrement de créances** collection of debts, debt collection ; **recouvrement forcé** judicial collection.
Δ **délai de recouvrement** collection period ; **délai moyen de recouvrement** average collection period ; **mise en recouvrement** collection of taxes ; **période de recouvrement** collection period.

recouvrer v [Fisc] to collect.

recrutement nm recruiting, recruitment.
Δ **cabinet de recrutement** recruting agency, recruiting firm.

recruter v to recruit, to engage.

reçu nm receipt.

reçu adj received.

recul nm drop, fall, decline.

reculer v a)- (chômage, inflation) to fall, to go down ; b) (devise) to fall back, to slide ; c) (titres) to fall back, to drop, to recede.

récurrent adj recurring.

récursif adj [Stat] recursive.

recyclage nm 1 a) (main-d'oeuvre) retraining ; b) (matières) recycling, reprocessing.
2- [Fin] recycling * **recyclage des pétrodollars** petrodollars recycling.

recycler v 1 a) (main-d'oeuvre) to retrain ; b) (matières) to recycle, to reprocess.
2- [Fin] to recycle.

recycler (se) v (main-d'oeuvre) to retrain.

redémarrer v (croissance) to bounce back, to recover ; (économie) to recover, to take off again ; (inflation) to rise again ; (ventes) to pick up.

redéploiement nm [Eco] redeployment * **redéploiement de la main-d'oeuvre** redeployment of labour ; **redéploiement industriel** industrial redeployment.

redéployer v (ressources) to reallocate.

redevance nf a) dues, fees ; b) (droit d'exploitation) royalty.

redistribuer v to redistribute, to reallocate * **redistribuer le risque** to reallocate risk.

redistribution nf [Eco] redistribution * **redistribution du revenu** redistribution of income, redistribution of wealth.

redressement nm 1- [Eco] (économie, investissement) recovery, upturn, pick-up.
b) [Fin] recovery * **redressement budgétaire** [Fin pub] fiscal consolidation ; **redressement (financier) d'un groupe** recovery of the group.
2- [Acc, Fisc] adjustment * **redressement fiscal** tax adjustment, tax reappraisal.
3- [St Ex] (cours) rally.
4- [Stat] weightening.
Δ **plan de redressement** recovery plan.

redresser v [Acc] to adjust, to correct.

redresser (se) 1- (économie) to recover.
2- [St Ex] (cours) to rally.

réduction nf 1- a) (baisse) reduction, cut (*de* in) ; b) (rabais) discount, reduction, rebate.
2- [Acc] * **réduction d'un élément d'actif** write off.

réduire v 1- to reduce, to diminish, to cut down, to cut back on, to lower.
2- [Acc] (élément d'actif, dette) to write down, to write off.

redynamiser v to reactivate.

rééchelonnement nm [Eco, Fin] (dette) rescheduling * **rééchelonnement de la dette** debt rescheduling ; **rééchelonnement obligatoire** compulsory rescheduling, mandatory rescheduling.

rééchelonner v [Eco, Fin] (dette) to reschedule.

réel adj [gen, Eco] real.

réembauche nf reemployment, rehiring.

réembaucher v to reemploy, to rehire.

réemploi nm a) (main-d'oeuvre) reemployment ; b) (argent) reinvestment.

réemployer v a) (main-d'oeuvre) to reemploy ; b) (argent) to reinvest.

réendosser v [Fin] to reendorse.

réendossement nm [Fin] reendorsement.

rééquilibrer v to restore the balance of.

réescomptable adj rediscountable.

réescompte nm [Eco] rediscount(ing).
Δ **plafond de réescompte** rediscount ceiling, rediscount quota.

réescompter v [Eco] to rediscount.

réévaluation nf 1- (réexamen) reappraisal, reassessment.
2- [Eco] (monnaie) revaluation.
3- [Acc, Fin] (élément d'actif) write-up.
Δ **écart de réévaluation** revaluation surplus.

réévaluer v 1- (réexaminer) to reappraise, to reassess.
2- [Fin] (une monnaie, un bien, un bilan) to revalue.

réexportation nf re-exportation.

réexporter v to re-export.

refinancement nm [Fin] refinancing ; (dette) refunding.

refinancer v [Fin] to refinance ; (dette) to refund.

régime nm system, scheme, plan * **régime de changes** q v change ; **régime de parités** q v parité ; **régime de retraite** q v retraite ; **régime douanier** customs system ; **régime fiscal** tax treatment.

région nf region, area, district * **région assistée** assisted area ; **région économique** economic region ; **région en crise** problem area ; **région en difficulté** distressed area.

registre nm register * **registre des actionnaires** register of members (UK) ; **registre des obligataires** register of debenture holders ; **registre du commerce** register of companies, corporate register (US).

réglable adj [Fin] payable.

règle nf rule, regulation * **règles comptables** accounting procedures.

règlement nm 1- a) (règles) rules, regulations ; b) (conflit) settlement.
2- [Fin, St Ex] settlement, payment * **règlement anticipé** early settlement ; **règlement mensuel** a) monthly settlement ; b) (marché à la bourse de Paris) (RM) forward market ; **règlements officiels** (cf. BDP) official settlements.

3- [Jur] * **règlement judiciaire** composition to the creditors, settlement by court order.
Δ **base des règlements** (cf. BDP sur la …) on a settlement basis ; **conditions de règlement** terms of payment.

règlement-livraison nm [St Ex] settlement * **règlement livraison en continu** rolling settlement.

réglementaire adj statutory.

réglementation nf regulations, control * **réglementation bancaire** banking regulations ; **réglementation des changes** q v change ; **réglementation du travail** labour regulations ; **réglementation financière** financial regulations ; **réglementation fiscale** fiscal regulations ; **réglementation prudentielle** prudential regulations ; **Réglementation Q** (US) Q Regulation.

réglementer v to regulate.

régler v 1- (conflit) to settle.
2- [Fin] to pay, to settle * **régler le solde d'un compte** to pay the balance of an account ; **régler par chèque** to pay by cheque.

régresser v 1- to decline, to fall, to drop.
2- [Math, Stat] to regress.

régression nf 1- decline, fall.
2- [Math, Stat] regression * **régression multiple** multiple regression ; **régression temporelle** time regression.
Δ **courbe** ou **droite de régression** regression line ; **méthode de régression** regression analysis.

régularisation nf [Acc] adjustment.

régulateur adj regulating.

régulation nf regulation, management, control * **régulation de la demande globale** [Eco] demand management.

régulationniste nm [Eco] régulationiste.

réguler v to regulate.

régulier adj steady.

réimportation nf reimport, reimportation, reimporting.

réimporter v to reimport.

réintermédiation nf [Eco, Fin] reintermediation.

réinvestir v [Eco, Fin] to reinvest, to plough back (UK), to plow back (US).

réinvestissement nm [Eco, Fin] a) (action de) reinvesting, ploughing back (UK), plowing back (US) ; b) (somme) reinvestment.

relance nf [Eco] reflation, pump priming * **relance budgétaire** fiscal boost, fiscal impulse, fiscal stimulus ; **relance par la demande** demand reflation.
Δ **effet de relance** expansionary effect ; **mesures de relance** reflationary measures, reflationary package, boosting measures, stimulus ; **mesures de relance budgétaire** fiscal stimulus ; **mesures de relance monétaires** monetary stimulus ; **plan de relance** recovery plan, stimulus plan.

relancer v [Eco] to boost, to stimulate * **relancer l'économie** to boost the economy, to stimulate demand ; **relancer la demande** to stimulate demand.

rembours nm [Eco int] drawback.

remboursable adj repayable.

remboursement nm a) [Fin] repayment, refunding, redemption ; b) [St Ex] redemption * **appeler les obligations au remboursement** to call bonds for redemption ; **remboursement anticipé** a) repayment before due date ; b) (titres) redemption before maturity, early redemption ; **remboursement au dessus du pair** redemption above par ; **remboursement contractuel** contractual repayment ; **remboursement d'un emprunt** debt redemption, debt repayment, debt retirement ; **remboursement d'un prêt** loan repayment ; **remboursement d'un prêt hypothécaire** mortgage repayment ; **remboursement d'une obligation** redemption ; **remboursement d'une obligation au-dessus du pair** redemption above par ; **remboursement de la dette publique** public sector debt repayment ; **remboursement du capital** principal repayment ; **remboursement en totalité à l'échéance** lump-sum repayment ; **remboursement in fine** bullet ; **remboursement par anticipation** redemption before due date.
Δ **appelé au reboursement** earmarked for refund ; **capacité de remboursement** ability to pay ; **clause de remboursement** refunding clause ; **date de remboursement** (pour une obligation) redemption date ; **échéancier de rembourse-**

ment repayment schedule ; **modalités de remboursement** repayment pattern ; **période de remboursement** repayment period ; **prime de remboursement** (pour une obligation) redemption premium ; **tableau de remboursement** amortization table, repayment schedule, redemption table ; **valeur de remboursement** (pour une obligation) redemption value.

rembourser v [Fin] a) (dette) to amortize, to amortise, to pay back, to pay off, to repay ; b) (emprunt) to pay back, to pay off, to repay, to reimburse ; c) (obligation) to redeem.

réméré nm * **accord de réméré** [Fin] repurchase agreement, REPO agreement.

remise nf discount, reduction.

remontée nf rise * **remontée de la bourse** rally ; **remontée du cours** rise.

remonter v a) (Bourse) to rise, to rally ; b) (taux d'intérêt) to go up again, to rise again.

rémunération nf a) remuneration, payment ; b) (salaire) salary, wage ; c) (placement) return.

rémunérer v to remunerate, to pay.

renchérir v to go up, to rise.

renchérissement nm rise in price, increase in price.

rendement nm [Eco, Fin] yield, return * **rendement à l'échéance** yield to maturity ; **rendement actuariel brut** redemption yield ; **rendement agricole** yield ; **rendements croissants** increasing returns ; **rendements d'échelle** returns to scale ; **rendements d'échelle constants** constant returns to scale ; **rendements d'échelle croissants** increasing returns to scale ; **rendements d'échelle décroissants** decreasing returns to scale, diminishing returns to scale ; **rendement de l'actif** return on assets (ROA) ; **rendement de l'actif total** return on total assets ; **rendement de l'investissement** return on capital (ROC), return on capital employed (ROCE), return on equity (ROE), return on investment (ROI), return to capital ; **rendements décroissants** decreasing returns, diminishing returns ; **rendement des actifs productifs** return on earning assets ; **rendement des actions** dividend yield ; **rendement des capitaux engagés** return on capital (ROC), return on capital employed (ROCE), return on equity (ROE), return on investment (ROI) ; **rendement des capitaux investis** return on capital (ROC), return on capital employed (ROCE), return on equity (ROE), return on investment (ROI), net return on equity ; **rendement des capitaux propres** (RCP) return on equity, return on capital ; **rendement des dividendes** dividend yield ; **rendement des titres** return on securities ; **rendement du capital** return on capital ; **rendement du capital investi** (RCI) return on capital (ROC), return on capital employed (ROCE), return on equity (ROE), return on investment (ROI) ; **rendement finan-**

rendu

cier yield ; **rendement immédiat** quick return ; **rendement marginal du capital** marginal return on capital ; **rendement nominal** accounting rate of return.
Δ **à plein rendement** to full capacity ; **norme de rendement** output standard ; **prime de rendement** output bonus.

rendu * **rendu droits acquittés** (RDA) delivered duty paid (DDP) ; **rendu droits non acquittés** (RDNA) delivered duty unpaid (DDU) ; **rendu frontière** (DAF) delivered at frontier (DAF).

renflouer v to set afloat, to bail out.

renouvelable adj [Eco] (capital, ressources) renewable, replenishable, reproducible.

rentabiliser to make optimum use of, to make pay.

rentabilité nf [Eco, Fin, Acc] a) profitability, earning capacity ; b) (placement, capital) return * **rentabilité de l'investissement** return on capital (ROC), return on capital employed (ROCE), return on equity (ROE), return on investment (ROI), return to capital ; **rentabilité de la production** return on production ; **rentabilité des capitaux investis** (RCI) return on capital (ROC), return on capital employed (ROCE), return on equity (ROE), return on investment (ROI), return to capital ; **rentabilité des fonds propres** return on equity (ROE) ; **rentabilité des investissements de portefeuille** investment yields ; **rentabilité des investissements productifs**

return on investment (ROI) ; **rentabilité économique** return on assets (ROA) ; **rentabilité financière** return on equity (ROE).
Δ **seuil de rentabilité** breakeven point.

rentable adj profitable, cost-effective.

rente nf 1- [Eco] rent * **rente de monopole** abnormal profits, above-normal profit, monopoly rent ; **rente de situation** above-normal profit ; **rente du consommateur** consumer's surplus ; **rente du producteur** producer's surplus ; **rente économique** economic rent ; **rente économique pure** pure economic rent ; **rente foncière** land rent ; **rente implicit** implicit rent ; **rente supplétive** implicit rent.
2- [Fin] annuity * **rente d'Etat** consol (UK) ; **rente perpétuelle** [Fin pub] perpetual annuity, perpetual loan ; **rente sur l'Etat** government annuity ; **rente temporaire** temporary annuity ; **rente viagère** [Jur] life annuity.

rentier nm viager annuitant.

réorientation nf reorientation, redirection.

réorienter v to redirect, to reorientate.

repartir v (affaires, ventes) to pick up again.

répartir v 1- to share out, to divide up.
2- [Eco] to distribute.
3- [Acc] to allocate, to apportion.

répartition nf 1- sharing out, dividing up, distribution * **répartition par secteur d'activité** occupational distribution ; **répartition par tranche d'âge** age distribution.
2- [Eco] a) allocation ; b) distribution * **répartition des ressources** allocation of resources ; **répartition des revenus** income distribution ; **répartition primaire** primary distribution ; **répartition secondaire** secondary distribution.
3- [Acc] allocation, apportionnement * **répartition des bénéfices** appropriation of profits ; **répartition des charges payées d'avance** apportionment of recorded costs ; **répartition des produits encaissés d'avance** apportionment of recorded revenues.
Δ **effet sur la répartition** distributional effect, distributional impact, income distributive effect ; **principe de la répartition** [Eco] distribution principle.

repli nm drop, fall, decline.

replier (se) v a) (Bourse) to drop, to fall back ; b) (par rapport à une autre devise) to fall back against.

report nm 1- postponement, deferment.
2- [Acc] * **report à nouveau** retained earnings, earned surplus unappropriated, unappropriated earned surplus ; **report à nouveau bénéficiaire** accumulated profit ; **report à nouveau déficitaire** accumulated losses ; **report en amont** carry-back ; **report en arrière** carry-back ; **report en arrière de déficit** loss carry back ; **report en aval** carry-forward.
3- [St Ex] contango, premium * **avec un report sur le marché des changes** at a premium.
Δ **jeu sur les reports** speculation in contangos.

reporter v 1- (réunion, date) to postpone, to defer, to put off, (chiffres, données) to write, to copy.
2- [Acc] (écriture) to post ; (une somme à l'exercice suivant) to carry forward.

reprise nf 1- (négociation) resumption.
2- [Eco] recovery, upturn, upswing * **soutenir la reprise** to underpin recovery ; **reprise de l'activité** business recovery ; **reprise de l'investissement** investment recovery ; **reprise durable** sustainable recovery ; **reprise tirée par l'investissement** investment-led recovery ; **reprise tirée par les exportations** export-led recovery ; **reprise très marquée** pronounced recovery ; **reprise très soutenue** buoyant recovery, solid recovery.
3- [St Ex] rally, rebound * **reprise vigoureuse** sharp rally ; **reprise technique** technical rally, technical rebound.
Δ **amorce de la reprise** upturn ; **début de reprise** incipient recovery ; **dynamisme de la reprise** strength of the recovery ; **frémissement de la reprise** slight improvement in the economy ; **moteur de la reprise** driving force behind recovery ; **signes de la reprise** signs of recovery ; **vigueur de la reprise** strength of the recovery.

reproductible adj [Eco] (capital, ressources) renewable, replenishable, reproducible.

RES *rachat d'entreprise par les salariés* leveraged management buyout (LMBO).

réseau nm network.

réserve nf 1- stock.
2- [Eco] reserve * **réserves de change** exchange reserves, official reserves, foreign (exchange) reserves ; **réserves de change internationales** external reserves, international reserves ; **réserves en or** gold reserves ; **réserves en or et devises** reserves in gold and foreign exchange, gold and foreign exchange reserves ; **réserves mondiales** world (exchange) reserves ; **réserves monétaires** monetary reserves ; **réserves obligatoires** reserve requirements, special deposits (UK), required reserves (US) ; **réserves officielles de change** external reserves, international reserves.
3- [Acc] reserve, retained earnings (UK), appropriated (earned) surplus (US) * **réserves consolidées** consolidated retained earnings ; **réserve contractuelle** contractual reserve, contractual appropriated earned surplus ; **réserve de réévaluation** (assets) revaluation reserve, revaluation reserve for non-depreciable assets ; **réserve facultative** free reserve, voluntary reserve, unappropriated reserve (US) ; **réserves latentes** hidden reserves, inner reserves, undisclosed reserves ; **réserve légale** legal reserve ; **réserve statutaire** statutory reserve.
Δ **incorporation de réserves** capitalization of reserves, incorporation of reserves ; **insuffisance des réserves** reserve deficiency ; **reconstitution des réserves** rebuilding of reserves ; **reprise sur réserves** reserve written back.

résidence nf [Fisc] residence * **résidence principale** main residence.
Δ **statut de résident ou de non résident** residence status.

résident, e nm, f resident.

résilier v [Jur] (contract) to terminate.

résiliation nf [Jur] (contract) termination.
Δ **clause de résiliation** [Fin, St Ex] termination clause.

résorber v a) (chômage) to bring down, to reduce ; b) (excédent de liquidités) to mop up.

responsabilité nf 1- responsibility.
2- [Jur] liability * **responsabilité limitée** limited liability.

ressource nf [gen, Eco, Fin] resources * **ressources disponibles** cash resources ; **ressources en personnel** manpower ; **ressources et emplois** resources and expenditures or resources and uses ; **ressources humaines** human resources ; **ressources inexploitées** untapped resources ; **ressources liées** tied resources ; **ressources mondiales** world resources ; **ressources naturelles** natural resources ; **ressources non engagées** uncommitted resources ; **ressources non renouvelables** depletable resources.

reste nm [Acc] balance.

reste du monde nm [Eco, SCN] overseas.

restituable adj refundable.

restitution nf refund * **restitution à la production** (cf. UE) refund to producers.

restreindre v to cut down, to limit.

restrictif, -ive adj restrictive.

restriction nf restriction, limitation, squeeze * **restriction budgétaire** budget cuts ; **restriction de crédit** credit squeeze, credit crunch, credit tightening ; **restrictions volontaires d'exportations** [Eco int] voluntary export restraints (VERs) ; **restrictions quantitatives** [Eco int] quantitative restrictions (QRs) ; **restrictions quantitatives à l'exportation** [Eco int] quantitative export restrictions ; **restrictions quantitatives à l'importation** [Eco int] quantitative import restrictions.

restructuration nf [Eco] restructuring, redeployment.

restructurer v [Eco] to restructure, to redeploy.

résultat nm 1- result.
2- [Acc] result, income, earnings, profit * **résultat d'exploitation** operating profit, operating result, trading profit, trading result ; **résultat final** bottom line ; **résultats financier** financial results ; **résultat net** net income, net earnings, net profit ; **résultat net de l'exercice** net result for the year.

retard nm delay * **retard technologique** [Eco] technological gap.

retenue nf deduction, withholding * **retenue à la source** [Fisc] taxation at source, withholding system.

retombée nf consequence, spin-off.

rétorsion nf retaliation.

retour nm 1- return.
2- [Fin, Acc] return * **retour sur immobilisations** return on assets ; **retour sur investissement** return on investment.

retournement nm reversal (*de* of), turnaround (*de* in).

retrait nm [Fin] withdrawal (of funds, of capital) * **retrait à vue** withdrawal on demand ; **retrait d'espèce** cash withdrawal ; **retrait de fonds** withdrawal of capital ; **retraits massifs de dépôts** runs on banks.
Δ **clause de retrait** withdrawal clause.

retraité nm pensioner.

retraite nf retirement * **retraite anticipée** early retirement ; **retraite par capitalisation** funded pension scheme, funded retirement scheme ; **retraite par répartition** non-funded pension scheme, non-funded retirement scheme ; **retraite vieillesse** old age pension.
Δ **âge (obligatoire) de la retraite** (mandatory) retirement age ; **caisse de retraite** pension fund ; **mise à la retraite** pensioning off ; **mise en retraite anticipée** early retirement ; **régime de retraite** pension scheme, retirement plan ; **régime de retraite complémentaire** supplementary pension plan *or* scheme ; **régime de retraite obligatoire** mandatory pension plan *or* scheme.

revendeur nm dealer.

revendre v to resell, to sell again.

revente nf resale.

revenu nm [Eco, SCN, Eco int, Fin] a) income ; b) (rendement) return * **revenus accessoires** incidental income ; **revenu agricole** farm income ; **revenu après impôt** after-tax income ; **revenus autres que les salaires** unearned income ; **revenu courant** current income ; **revenu de l'entreprise** [SCN] entrepreneurial income ; **revenu de l'impôt** tax revenue ; **revenu de la propriété** [SCN] income from property, property income ; **revenu de la propriété et de l'entreprise** [SCN] income from property and entrepreneurship ; **revenus de portefeuille** income from investments, investment income ; **revenus de solidarité** transfer payments ; **revenu de subsistance** subsistence income ; **revenus de transferts** transfer payments ; **revenus des capitaux investis** income from investments ; **revenu des facteurs** [SCN] factor income ; **revenu des facteurs issu de la production intérieure** [SCN] domestic factor income ; **revenu des facteurs reçu de l'étranger** [SCN] factor income from abroad ; **revenu des investissements** investment income ; **revenu des investissements directs** direct investment income ; **revenu des ménages** personal income, household income ; **revenu des personnes physiques** personal income ; **revenus des placements (financiers)** income from investments, investment income, investment earnings, portfolio income ; **revenu des titres** return on securities ; **revenu des travailleurs indépendants** self-employment income ; **revenu des valeurs mobilières** return on securities ; **revenu discrétionnaire** discretionary income ; **revenu disponible** disposable income ; **revenu disponible brut** (RDB) [SCN] gross disposable income ; **revenu disponible des ménages** disposable personal income (DPI), personal disposable income ; **revenu du capital** income from capital, capital income, unearned income, investment income ; **revenu du travail** income from labour, labour income, earned income, earnings from employment ; **revenu effectif** actual income ; **revenu en nature** income in kind ; **revenus en provenance du reste du monde** income payments from the rest of the world ; **revenu en situation d'équilibre** equilibrium income ; **revenu en termes réels** real income ; **revenu fiscal** tax income ; **revenu global** national income, aggregate income ; **revenu imposable** a) (d'une société) taxable income, assessable income, taxable surplus ; b) (d'un ménage) taxable income, income liable to tax, income subject to tax ; **revenu intérieur brut** gross domestic income (GDY) ; **revenus marchands** market incomes ; **revenu mondial** world income ; **revenu monétaire** money income, cash income ; **revenu moyen** average income ; **revenu national** [SCN] national income ; **revenu national au coût des facteurs** [SCN] national income at factor cost ; **revenu national aux prix du marché** [SCN] national income at market prices ; **revenu national brut** (RNB) [SCN] gross national income (GNY or GNI), gross national

revenue ; **revenu national brut disponible (aux prix du marché) (RNDB)** [SCN] gross disposable national income (at market prices) ; **revenu national d'équilibre** equilibrium level of national income ; **revenu national par habitant** national income per head, national income per capita, per capita income ; **revenu net** net income ; **revenu nominal** money income ; **revenu non imposable** tax-free income ; **revenus non salariaux** unearned income, non-wage income ; **revenu occasionnel** casual income ; **revenu par habitant** per capita income ; **revenus perçus à l'étranger** foreign income ; **revenu permanent** permanent income ; **revenus primaires** earned and unearned income, primary income ; **revenu réel** (par opposition à nominal) real income ; **revenu réel disponible** real disposable income ; **revenus salariaux** wage income, wage earnings ; **revenus sociaux** social benefits ; **revenu total des facteurs** total factor income ; **revenu total du capital** total capital income.
∆ **catégorie de revenu** *ou* **classe de revenu** class of income ; **éventail des revenus** income range, income spread ; **source de revenu** source of income ; **tranche de revenu** income bracket, pay bracket, income group, type of income.

riche adj rich, wealthy.

richesse nf [gen, Eco] wealth * **richesse nationale** [SCN] national wealth.
∆ **signes extérieurs de richesse** external evidence of wealth.

rigidité nf [Eco] rigidity, inelasticity * **rigidité à la baisse** downward rigidity ; **rigidité des salaires** wage rigidity ; **rigidités sur le marché du travail** rigidities on the labour market ; **rigidité structurelle** structural rigidity.

rigueur nf austerity, restraint, stringency * **rigueur budgétaire** budget(ary) restraint, budget stringency.

risque nm 1- [Eco, Fin] risk, exposure * **redistribuer le risque** to redistribute risk, to reallocate risk ; **s'assurer contre un risque** to insure oneself against a risk ; **se couvrir contre le risque de change** to hedge against exchange risk *or* exposure ; **supporter le risque** to bear the risk ; **risque aléatoire** unsystematic risk ; **risque commercial** business risk ; **risque d'exploitation** business risk, operating risk ; **risque d'insolvabilité** risk of insolvency ; **risque de baisse du cours** downside risk ; **risque de change** currency risk, (foreign) exchange risk, exchange exposure ; **risque de contrepartie** counterparty risk ; **risque de crédit** lending risk ; **risque de défaillance** risk of default, default risk ; **risque de dilution** risk of dilution ; **risque de marché** market risk ; **risque de non paiement** default risk ; **risque de non-transfert** transfer risk ; **risque de portefeuille** portfolio risk ; **risque de règlement** settlement risk ; **risque de système** systemic risk ; **risque de taux (d'intérêt)** interest-rate risk ; **risque de transfert** currency transfer risk ; **risque(s) encouru(s)** risk exposure ; **risque financier** financial risk ; **risque infla-**

tionniste inflationary risk ; **risque moral** moral hazard ; **risque non diversifiable** non-diversifiable risk ; **risque non systématique** unsystematic risk, residual risk ; **risque pays** country risk ; **risque résiduel** residual risk, unsystematic risk ; **risque souverain** sovereign risk ; **risque spécifique** residual risk ; **risque systématique** systematic risk ; **risque systémique** systemic risk.
2- [Math, Stat] * **risque de première espèce** alpha risk ; **risque de deuxième espèce** beta risk.
Δ **aversion pour le risque** risk aversion ; **comportement face au risque** attitude to risk ; **diversification des risques** exposure diversification ; **évaluation du** *ou* **des risque(s)** risk assessment ; **gestion du risque** risk management ; **mutualisation des risques** mutualization of risks ; **prime de risque** risk premium ; **réallocation du risque** reallocation of risk ; **répartition des risques** spreading of risks.

risqué adj risky.

ristourne nf 1- rebate, refund, discount.
2- [Acc] return * **ristournes et remises** returns and allowances ; **ristournes et remises sur achats** purchase returns and allowances ; **ristournes et remises sur ventes** sales returns and allowances.

Rm *recette marginale* marginal revenue (MR).

RM 1- *recette moyenne* average revenue (AR).
2- *Règlement mensuel* (cf. Bourse de Paris) forward market.

RNB *revenu national brut* gross national income (GNY *or* GNI).

RNDB *revenu national brut disponible* gross disposable national income.

robotiser v to automate, to robotize.

rompu nm [St Ex] odd lot.

rotation nf turnover, rotation * **rotation des postes** job rotation ; **rotation du capital** turnover of capital, capital turnover ; **rotation du personnel (d'un poste à l'autre)** rotation of staff ; **rotation du personnel (entrées et sorties d'une entreprise)** labour turnover.

RUF *facilités d'émission renouvelables* Revolving Underwriting Facilities (RUF).

S

salaire nm 1- wages, salary, paycheck (US) * **salaire de base** basic pay, basic salary ; **salaire net** net wages, take home pay (US).
2- [Eco] wage * **salaire d'équilibre** market-clearing wage ; **salaire de subsistance** subsistence wage ; **salaires et traitements** [SCN] wages and salaries ; **salaire effectif** actual wage ; **salaire implicite** implicit wage ; **salaire indirect** indirect wage(s) ; **salaire minimum** minimum wage ; **salaire minimum interprofessionnel de croissance** (SMIC) (cf. France) minimum wage linked to growth ; **salaire minimum interprofessionnel garanti** (SMIG) (cf. France) minimum guaranteed wage ; **salaire naturel** natural wage ; **salaire nominal** money wage, nominal wage ; **salaire réel** real wage.
Δ **augmentation de salaire** (UK) pay rise, salary rise, wage rise ; (US) pay raise, salary raise, wage raise ; **blocage des salaires** wage freeze ; **coup de frein sur les salaires** clampdown on wages ; **dérive des salaires** wage drift ; **différences de salaires** wage differentials ; **écarts de salaires** wage differentials ; **échelle mobile des salaires** sliding wage scale ; **éventail des salaires** salary range, wage range ; **freinage des salaires** wage restraint ; **glissement des salaires** wage drift, wage shift ; **grille des salaires** salary scale, wage scale ; **pression des salaires** wage push ; **retenue sur les salaires** retention on wages.

salarial adj wage.

salariat nm wage and salary earners.

salarié nm salary earner, salaried employee, wage earner.

saturation nf saturation.

saturé adj saturated.

saturer v to saturate (*de* with).

sauvage adj unplanned, uncontrolled, unrestrained.

sauvegarde nf safeguard.
Δ **clause de sauvegarde** safeguard clause, hedge clause (US).

sauvegarder v to safeguard.

sauvetage nm rescue.

savoir-faire nm know-how.

SCE *somme des carrés des écarts* sum of squared deviations (SSD) *or* sum of squared differences (SSD).

scénario nm [Eco] scenario * **scénario à hypothèse basse** low scenario ; **scénario à hypothèse haute** high scenario ; **scenario de référence** base-line scenario.

science nf science * **science économique** economics.

scission nf (entreprise) demerger.

scorage nm [Fin] scoring.

scorer v to score.

séance nf session * **séance boursière** [St Ex] trading session, trading day.
Δ **en début de séance (boursière)** [St Ex] at the opening (of the day's trading) ; **en fin de séance (boursière)** [St Ex] at the close (of the day's trading).

SEBC *Système européen de banques centrales* European System of Central Banks (ESCB).

SEC *Système européen de comptes économiques intégrés* European System of Integrated Economic Accounts (ESA).

secret nm secret * **secret bancaire** bank secrecy.

secteur nm 1- a) (zone géographique) area * **secteur de distribution** marketing area ; **secteur de vente** sales area, trading area.
b) (domaine d'activité) line of business.
2- [Eco] a) industry ; b) sector * **secteur à forte intensité de travail** labour-intensive industry ; **secteur abrité** sheltered industry ; **secteur bancaire** banking sector, banking industry ; **secteur capitalistique** capital-intensive industry ; **secteur clé** key sector, key industry, backbone industry ; **secteur d'avenir** growth sector, spearhead industry, sunrise industry ; **secteur de base** heavy industry ; **secteur de haute technicité** high technology industry ; **secteur de la distribution** retailing ; **secteur de pointe** leading industry ; **secteur des biens d'équipement** capital investment sector ; **secteur des industries légères** light industries ; **secteur des ménages** household sector ; **secteur du logement** housing sector ; **secteur en amont** upstream industry ; **secteur en aval** downstream industry ; **secteur en croissance rapide** high growth industry ; **secteur en difficulté** ailing industry ; **secteur en expansion** growth industry ; **secteur en perte de vitesse** ailing industry, contracting industry, sunset industry ; **secteur exportateur** export sector ; **secteur exposé à la concurrence** international exposed sector ; **secteur industriel** industry ; **secteur institutionnel** [SCN] institutionnal sector ; **secteur monétaire** money sector ; **secteur officiel** (cf. BDP) resident official sector ; **secteur parvenu à maturité** mature industry ; **secteur phare** flag-carrying industry ; **secteur porteur** growth sector, spearhead industry ; **secteur primaire** primary sector, primary activities ; **secteur privé** private sector ; **secteur privé non bancaire** (cf. BDP) non-banking sector ; **secteur protégé de la concurrence internationale** sheltered industry ; **secteur public** public sector, government sector ; **secteur quaternaire** quaternary sector ; **secteur qui bat de l'aile** ailing industry, lame duck ; **secteur secondaire** secondary sector, secondary activities ; **secteur tertiaire** tertiary sector, services.

sectoriel adj sectoral.

séculaire adj secular.

sécurité sociale nf social security, National Insurance (UK).

segment nm segment * **segment de marché** (market) segment.

segmentation nf segmentation.

segmenter v to segment.

sélection nf selection * **sélection adverse** [Eco, Fin] adverse selection ; **sélection aléatoire** [Stat] random selection.

sensibilité nf [Eco] sensitivity * **sensibilité aux différences de taux d'intérêt** interest sensitivity ; **sensibilité de l'investissement au taux d'intérêt** interest rate sensitivity of investment ; **sensibilité de la demande** sensitivity of demand.

sentier nm path * **sentier d'expansion (de la firme)** [Eco] expansion path ; **sentier de croissance** [Eco] growth path.

série nf [Stat] * **série à prix constants** deflated value series ; **série chronologique** time series ; **série cumulée** cumulative frequency distribution ; **série statistique** statistical data.

serpent monétaire européen [Eco] the Snake.

service nm 1- a) (travail) duty ; b) (prestation) service ; c) (département) department * **service juridique** legal department, law department ; d) **service public** (public) utility.
2- [Fin] service, servicing * **service de la dette** debt servicing.
3- [Eco, SCN] **les services** services * **services aux entreprises** business services ; **services bancaires** bank services ; **services d'assurance** insurance services ; **services domestiques** domestic services ; **services non-marchands** non-market services, non-trading services, services, non tradable ; **services sociaux** welfare services.
Δ **société de service** service company.

seuil nm threshold, point, level, line * **seuil d'assujetissement à la TVA** [Fisc] registration threshold ; **seuil d'intervention** trigger point ; **seuil de divergence** q v divergence ; **seuil de l'épargne** q v épargne ; **seuil de pauvreté** poverty line ; **seuil de rentabilité** q v rentabilité.
Δ **effet de seuil** threshold effect.

sévère adj a) (mesure) drastic, severe ; b) (diminution) dramatic, sharp.

SFI *Société financière internationale* International Finance Corporation (IFC) (cf. Banque mondiale).

SGP *Système généralisé de préférence* Generalized System of Preferences (GSP).

SIAM *système interagent de marché* inter-dealer broker system (IDBS).

SICAV de trésorerie cash management unit trust, money market trust fund (UK), money market mutual trust (UK).

sidérurgie nf steel industry.

siège social nm headoffice, headquarters.

signe nm sign * **signes monétaires** money tokens.

significatif, -ive adj relevant.

situation nf 1- a) (conjoncture) situation ; b) (emploi) job, post * **perdre sa situation** to lose one's job ; c) (position) status, position. 2- [Fin, Acc] statement * **situation de caisse** cash statement ; **situation nette** net worth, stockholders' equity.

SME *Système monétaire européen* European Monetary System (EMS).

SMI *Système monétaire international* international monetary system (IMS).

SMIC *salaire minimum interprofessionnel de croissance* minimum wage linked to growth (cf. France).

SMIG *salaire minimum interprofessionnel garanti* minimum guaranteed wage (cf. France).

SNIF *facilité d'émission de billets à court terme* short-term note issuance facility (SNIF).

société nf 1- society * **société de consommation** consumer society ; **société de casino** gambling society ; **société post industrielle** post-industrial society. 2- [Fin, Jur] company, firm, corporation * **société à capitaux publics** publicly-owned company ; **sociétés affiliées** associated companies ; **société anonyme** public limited company ; **société apparentée** affiliated company ; **société captive** captive society ; **société cible** (dans le cadre d'une OPA) target company ; **société coquille** shell operation ; **société d'économie mixte** semi-public company ; **société d'investissement** investment trust, investment company ; **société d'investissement à capital variable** (SICAV) investment fund, mutual funds (US), open-end investment company ; **société d'investissement en valeurs mobilières** security investment trust ; **société d'utilité publique** public utility company, utility (US) ; **société de bourse** broker, brokerage house, broking house, broking firm, stockbroking firm ; **société de capitaux** company (UK), corporation (US) ; **société de personnes** partnership ; **société écran** umbrella company, shadow company, screen company, shell operation, conduit company (US) ; **société en commandite simple** limited partnership ; **société en nom collectif** partnership ; **société fermée** close(d) company ; **société fictive** dummy company, fictitious company, shell company ; **société fiduciaire** trust company ; **société filiale** subsidiary, daughter company ; **société financière** finance company ; **Société financière internationale** (SFI) International Finance Corporation (IFC) (cf. Banque mondiale) ; **sociétés fusionnées** amalgamated companies ; **société holding** holding company ; **société initiatrice d'une OPA** bidding company ; **société mère** parent company, mother company ; **société multinationale** multinational, multinational company (MNC) (UK), multinational enterprise (MNE) (US) ; **société ouverte** open company ; **société par actions** incorporated company, joint stock company ; **société relais** conduit company (US), umbrella company ; **société transnationale** transnational corporation.

solde nm [Acc] balance * **établir le solde d'un compte** to strike the balance of an account ; **solde à régler** balance due ; **solde à reporter** balance carried forward ; **solde bénéficiaire** balance showing a profit ; **solde créditeur** credit balance, active balance ; **solde créditeur en caisse** balance in hand ; **solde créditeur en compte** balance in account ; **solde d'exploitation** net operating surplus (NOS) ; **solde de clôture** closing balance ; **solde de l'exercice précédent** balance from last account ; **soldes de la balance des paiements** [Eco] balances of the balance of payments ; **solde de trésorerie** cash balance ; **solde débiteur** adverse balance, debit balance, loss balance ; **solde des transferts courants** [Eco] current transfers, net ; **solde des transferts du secteur public** [Eco] official transfers, net ; **solde des transferts privés** [Eco] private transfers, net ; **solde du commerce extérieur** [Eco] trade balance ; **solde en banque** bank balance ; **soldes en début d'exercice** opening balances ; **soldes en fin d'exercice** closing balances ; **solde négatif** adverse balance ; **solde payable à 30 jours** balance to be paid within 30 days ; **solde reporté** balance brought forward ; **solde sur la base des règlements officiels** [Eco] official reserve transaction balance.

soldé adj [Acc] settled, paid.

solder v 1- to sell off, to sell at discount prices, to sell at sale prices. 2- [Acc] a) (calculer le solde) to balance ; b) (solder un compte) to pay off the balance of * **solder un découvert** to pay off an overdraft.

solder (se) v to show * **se solder par une perte** to show a loss.

solvabilité nf [Fin] solvency, ability to pay.
Δ **degré de solvabilité** credit rating, creditworthiness.

solvable adj solvent.

somme nf sum, amount * **somme forfaitaire** lump sum ; **somme des carrés des écarts** [Stat] sum of squared deviations (SSD), sum of squared differences (SSD).

sondage nm 1- poll, survey * **sondage d'opinion** opinion poll. 2- [Stat] sampling * **sondage aléatoire** random sampling ; **sondage par segments** cluster sampling.
Δ **base de sondage** sampling frame ; **effet de sondage** design effect ; **plan de sondage** sampling design ; **poids de sondage** sampling weight.

sortie nf 1- launching. 2- [Eco] outflow, export * **sortie de capitaux** capital outflow, outflow of capital.

soumission nf [Fin] (à un appel d'offres) tender, bid (US).

soumissionnaire nm [Fin] bidder, tenderer * **soumissionnaire le moins**

offrant lowest bidder ; **soumissionnaire le plus offrant** highest bidder.

soumissionnement nm [Fin] tendering.

soumissionner v [Fin] to bid for, to tender for.

sous-activité nf [Eco] below capacity utilization.

sous-capitalisation nf [Fin] undercapitalization.

sous-consommation nf [Eco] underconsumption.

sous-développé adj [Eco] underdeveloped.

sous-développement nm [Eco] underdevelopment.

sous-effectifs nm, plu undermanning.

sous-emploi nm [Eco] underemployment.

sous-estimation nf underestimation.

sous-estimer v to undervalue.

sous-évaluation nf [Fin, Acc] underestimation, underevaluation.

sous-évalué adj [Fin] undervalued.

sous-évaluer v [Fin] to undervalue.

sous-jacent nm [Fin, St Ex] underlying asset, underlying instrument.

sous-jacent adj [Fin] underlying.

sous-production nf [Eco] underproduction.

sous-traitance nm subcontracting.

sous-traitant n subcontractor.

sous-traité adj subcontracted.
Δ **accord de sous-traitance** subcontracting arrangement or contract.

sous-traiter v to subcontract.

sous-utiliser v [Eco] (facteurs de production) to underutilize, to underutilise.

souscrire à v [Fin] (des actions) to apply for, to subscribe for ; (à un emprunt, une émission) to subscribe to.

souscrit adj [Fin] subscribed.

soutenir v to support, to back (up).

soutien nm support, backing.

spécialisation nf [Eco] spécialization, division of labour.

spécialiste nm specialist * *spécialiste en valeurs du Trésor* (SVT) gilt-edged market maker (GEMM) (UK), primary dealer (US).

spéculateur nm [St Ex] speculator * **spéculateur à la baisse** bear ; **spéculateur à la hausse** bull.

spéculatif adj [St Ex] speculative.

spéculation nf [St Ex] speculation * **spéculation à la baisse** bear operations, bear transactions, bear raid ; **spéculation à la hausse** bull operation ; **spéculation bour-**

sière stockmarket speculation ; **spéculation sur les taux de change** foreign exchange speculation.

Δ **motif de spéculation** [Eco] speculation motive.

spéculer v [St Ex] to speculate (*contre* against) * **spéculer à la baisse** to go a bear ; **spéculer à la hausse** to go a bull.

spirale nf [Eco] spiral * **spirale des coûts et des prix** cost-price spiral ; **spirale des prix et des salaires** price-wage spiral ; **spirale des salaires et des prix** wage-price spiral ; **spirale inflationniste** inflationary spiral.

SPM *soutien des prix du marché* market price support (MPS).

SSE *structure selon l'échéance des taux d'intérêt* term structure of interest rates.

stabilisateur nm [Eco] stabilizer * **stabilisateurs (fiscaux) automatiques** automatic stabilizers, built-in stabilizers.

stabilisation nf [Eco] stabilization.

stabiliser v to stabilize.

stabiliser (se) v to level off.

stabilité nf stability.

stable adj stable.

stagflation nf [Eco] stagflation.

stagnation nf [Eco] stagnation.

standard adj standard.

standardisation nf [Eco] standardization.

standardiser v [Eco] to standardize.

statique adj [gen, Eco] static.

statistique nf [Stat] statistics.

statistique adj [Stat] statistical.

stellage nm [St Ex] straddle.

stimulant adj stimulating.

stimulant nm incentive.

stimuler v to stimulate.

stochastique adj [Stat] stochastic.

stock nm 1- [gen, Eco] stock * **stock monétaire** money stock, money supply ; **stock régulateur** buffer stock.
2- [SCN] **(plu) stocks** stocks.
3- [Acc] inventory (US), stock (UK) * **constituer des stocks** to build up inventories *or* stocks ; **diminuer la valeur comptable des stocks** to write down inventories ; **reconstituer des stocks** to rebuild inventories *or* stocks ; **réduire les stocks** to run down inventories *or* stocks ; **stocks et en-cours** operating assets, stocks and work in progress ; **stock d'ouverture** *ou* **stock de début d'exercice** beginning inventory, initial inventory, opening inventory, opening stock ; **stock de fin d'exercice** ending *or* closing inventory, closing stock ; **stock de précaution** reserve stock ; **stock dormant** inactive inventory ; **stock final** closing *or* ending inventory, closing stock ; **stock initial** opening inventory,

beginning inventory, initial inventory, opening stock.
Δ **accumulation de stocks** inventory build-up (US), stock piling (UK), stockbuild-up (UK) ; **coût du stock** inventory cost ; **désinvestissement en stocks** [Eco] inventory disinvestment ; **entrées de stock** stock entries ; **évaluation des stocks** inventory valuation, stock valuation ; **gestion des stocks** inventory control *or* management, stock management ; **formation des stocks** [Eco] inventory accumulation, stock accumulation, stockbuilding ; **investissement en stocks** [Eco] inventory investment ; **liquidation des stocks** clearance sale ; **plus-values sur stocks** inventory valuation adjustment (IVA) ; **reconstitution des stocks** rebuilding of inventories, rebuilding of stocks, restocking ; **réévaluation des stocks** inventory valuation adjustment ; **rotation des stocks** inventory turnover, stock turnover ; **variation de stocks** a) change in stocks, change in inventories ; b) [SCN] increase in stocks.

stockage nm stocking, stock piling.

stratégie nf strategy * **stratégie d'entreprise** corporate strategy ; **stratégie de compétitivité** competitive strategy ; **stratégie de désengagement** harvest strategy ; **stratégie de développement** development strategy ; **stratégie de produit** product strategy ; **stratégie de recentrage (sur l'activité de base)** focus strategy, refocussing strategy.

structure nf structure, pattern * **structure à terme des taux d'intérêt** [Fin] term structure of interest rates ; **structure des dépenses de consommation** [Eco] consumption patterns ; **structure des dépenses des ménages** []Eco households spending patterns ; **structure des échanges mondiaux** [Eco int] the pattern of world trade, world-trade patterns ; **structure financière** [Fin] financial structure, capital structure ; **structure fonctionnelle** staff organization ; **structure selon l'échéance des taux d'intérêt (SSE)** *ou* **structure temporelle des taux d'intérêt** [Fin] term structure of interest rates.

structuré adj structured.

structurel adj structural.

subordination nf [Fin] subordination.

subordonné adj 1- (rang, position) subordinate.
2- [Fin] subordinated.

substituer v to substitute * **substituer du capital au travail** [Eco] to substitute capital for labour ; **substituer du travail au capital** [Eco] to substitute labour for capital.

substitution nf [Eco] substitution * **substitution de produits nationaux aux produits importés** import substitution ; **substitution des facteurs** factor substitution ; **substitution du capital au travail** substitution of capital for labour ; **substitution du travail au capital** substitution of labour for capital.
Δ **effet de substitution** substitution effect.

subvention nf grant, subsidy.

subventionner v to subsidize.

succursale nf branch, sub-office.

supérieur nm superior * **supérieur hiérarchique** immediate superior.

supérieur adj better than, higher than.

supplément nm extra charge.

supplémentaire adj additional, supplementary.

supplétif adj additional.

suppression nf removal, cancellation, withdrawal * **suppression d'emplois** lay-offs, redundancies ; **suppression de barrières douanières** removal of trade barriers, dismantling of trade barriers.

supprimer v to remove, to cancel, to withdraw.

surabondance nf overabundance, superabundance.

surabondant adj overabundant, superabundant.

surabonder v to be overabundant.

suraccumulation nf [Eco] (du capital) overaccumulation.

surcapacité nf [Eco] overcapacity.

surcapitalisation nf [Fin] overcapitalization.

surcapitaliser v [Fin] to overcapitalize.

surchauffe nf [Eco] overheating.

sureffectifs nm overmanning, overstaffing.

suremploi nm [Eco] overemployment.

surenchère nf overbid, higher bid * **faire une surenchère** to make a higher bid ; **faire une surenchère sur quelqu'un** to outbid sb, to overbid sb, to bid higher than sb.

surenchérir v to make a higher bid.

surendettement nm [Fin] debt overhang.

surestimation nf overestimation.

surestimer v a) (la valeur d'un bien) to overvalue ; b) (un coût) to overestimate, to overrate.

surévaluation nf overvaluation.

surévaluer v to overvalue.

surface nf surface, area * **surface financière** [Fin] financial position, financial strength.

surfacturer v to overcharge.

surfinancement nm [Fin] over-financing.

surimposition nf [Fisc] overtaxation.

surinvestissement nm [Eco] overinvestment.

surplus nm [Eco] surplus * **surplus du consommateur** consumer's surplus ; **surplus du producteur** producer's surplus.

surpopulation nf overpopulation.

surproduction nf [Eco] overproduction.

surproduit nm [Eco] surplus.

surprofit nm [Eco] abnormal profit, excess profit, surplus profit.

surréaction nf [Eco] overshooting.

surtaxe nf surcharge, extra charge.

surtravail nm [Eco] surplus value.

surveillance nf [St Ex] supervision. Δ **organe de surveillance** supervisory board.

surveiller v to supervise.

SVT *spécialiste en valeurs du Trésor* gilt-edged market maker (GEMM) (UK), primary dealer (US).

syndicalisme nm unionism, trade unionism (UK).

syndicat nm 1- trade union (UK), labour union (US).
2- [Fin] syndicate, pool, group * **syndicat d'émission** issue syndicate, selling group ; **syndicat d'enchères** tender panel ; **syndicat de banques** bank syndicate ; **syndicat de garantie** underwriting pool, underwriting syndicate ; **syndicat de placement** issue syndicate, selling group ; **syndicat de prix ferme** pool, underwriting syndicate.
Δ **mise en syndicat** [Fin] syndication.

syndication nf [Fin] syndication.

synergie nf synergy.

système nm system * [Eco] **système bancaire** banking system ; **système capitaliste** capitalist system ; **système d'exploitation** operating system ; **système d'information comptable** reporting system ; **système de Bretton Woods** Bretton Woods System ; **système de changes** exchange system ; **système de changes fixes** system of fixed parities, system of fixed peg ; **système de parités fixes mais ajustables** system of fixed but flexible parities ; **système de changes flexibles** *ou* **flottants** system of flexible *or* floating *or* variable *or* fluctuating parities ; **système de compensation** clearing system ; **système de la répartition** distribution principle ; **système de parités fixes** system of fixed parities ; **système de parités flottantes** system of flexible *or* floating *or* variable *or* fluctuating parities ; **système de rapprochement des ordres** [St Ex] order-matching system ; **système de taux de change fixes** system of fixed exchange rates ; **système de taux de change flottants** system of floating *or* flexible exchange rates ; **système économique** economic system ; **Système européen de banques centrales** (SEBC) European System of Central Banks (ESCB) ; **Système européen de comptes économiques intégrés** (SEC) European System of Integrated Economic Accounts (ESA) ; **Système européen de transfert express automatisé à règlement brut en temps réel** (TARGET) [St Ex] Trans-European Automated Realtime Gross Settlement Express Transfer System (TARGET) ; **Système fédéral de réserves** (FED) Federal Reserve System (FED) (US) ; **système financier** financial system ; **système fiscal** tax system ; **Système généralisé de préférence** (SGP) Generalized System of Preferences (GSP) ; **Système global de préférences commerciales entre pays en développement** Global System of Trade Preferences among Developing Countries (GSTP) ; **système interagent de marché** (SIAM) inter-dealer-broker system (IDBS) ; **système monétaire** monetary system ; **Système monétaire européen** (SME) European Monetary System (EMS) ; **Système monétaire international** (SMI) International Monetary System (IMS) ; **système productif** productive system ; **système réglementé** managed system.

T

tableau nm table, chart, matrix, statement * [Eco, SCN] **tableau de Léontief** Leontief input-output table, Leontief's tableau of inter-industry flows ; **tableau des échanges interindustriels** interindustrial input-output tableau ; **tableau des entrées-sorties** (TES) input-output matrix ; **tableau des opérations financières** (TOF) financial operations table ; **tableau des ressources et emplois** statement of source and application of funds ; **Tableau Economique** (Quesnay) Tableau Economique.

tâche nf work, task, job.
Δ **diversification des tâches** job enlargement ; **enrichissement des tâches** job enrichment ; **évaluation des tâches** job evaluation.

taille nf size * **taille critique** [Eco] critical size.

tangence n [Math] tangency.
Δ **point de tangence** tangency point.

tangenciel adj [Math] tangential.

tantièmes nm, plu a) percentage ; b) director's fees.

TARGET *Système européen de transfert express automatisé à règlement brut en temps réel* Trans-European Automated Realtime Gross Settlement Express Transfer System (TARGET).

tarif nm 1- a) price list, price schedule ; b) price, rate * **tarif uniforme** flat rate.
2- [Eco int] tariff, duty * **tarif douanier** customs tariff ; **tarif douanier discriminatoire** discriminatory tariff ; **tarifs douaniers et droits sur les importations** import tariffs and duties ; **tarif extérieur commun** (TEC) Common External Tariff (CET).
Δ **abaissement des tarifs douaniers** lowering of tariffs ; **compensation des tarifs douaniers** binding of tariffs ; **harmonisation des tarifs douaniers** tariff harmonization.

tarifer v to fix the price.

tarification nf pricing * **tarification au coût marginal** (TCM) [Eco] marginal cost pricing (MCP) ; **tarification au coût moyen** [Eco] average cost pricing.

taux nm [gen, Eco, Fin, Acc] rate, ratio * **taux actuariel** redemption yield ; **taux annualisé** annualized rate ; **taux annuel** annual rate ; **taux annuel corrigé des variations saisonnières** *ou* **taux annuel désaisonnalisé** seasonally adjusted annual rate (SAAR) ; **taux attendu** expected rate ; **taux brut** gross rate ; **taux composé** compound rate ; **taux courts** short-term rates, short rates ; **taux CVS** seasonally adjusted annual rate (SAAR) ; **taux d'accroissement démographique** population growth rate ;

taux d'activité activity rate, participation rate ; **taux d'actualisation** discount rate ; **taux d'amortissement** depreciation rate ; **taux d'épargne** saving ratio, rate of saving ; **taux d'équilibre** clearing rate, equilibrium rate ; **taux d'équivalence** equivalent annual rate ; **taux d'équivalence des monnaies** exchange rate ; **taux d'escompte** discount rate, discounting rate ; **taux d'impayés** delinquency rate ; **taux d'imposition** tax rate ; **taux d'imposition des sociétés** business tax rate ; **taux d'inflation** inflation rate ; **taux d'inflation restreint** core rate of inflation ; **taux d'intérêt** q v taux d'intérêt ; **taux d'intervention** intervention rate ; **taux d'investissement** investment rate ; **taux d'utilisation des capacités de production** (industrial) capacity utilization rate ; **taux de base bancaire** base (lending) rate (UK), prime rate (US) ; **taux de capitalisation** capitalization rate ; **taux de capitalisation continue** continuous compounding rate ; **taux de capitalisation du marché** market capitalization rate ; **taux de capitalisation des bénéfices** price-earnings ratio, price to earnings ratio (P/E ratio), price-earnings multiple ; **taux de change** q v taux de change ; **taux de chômage** q v taux de chômage ; **taux de conversion** conversion rate (cf. monnaie, action préférentielle) ; **taux de couverture** [Fin] coverage rate ; **taux de couverture des importations** [Eco int] cover rate of imports, export-import ratio ; **taux de croissance** growth rate ; **taux de croissance naturelle** natural rate of growth ; **taux de fécondité** fertility rate ; **taux de flambage** burning cost ; **taux de l'argent** money rate ; **taux de l'argent au jour le jour** overnight money rate ; **taux de l'usure** usury rate ; **taux de marge** profit ratio ; **taux de mortalité** death rate ; **taux de natalité** birth rate ; **taux de pénalité** penalty rate ; **taux de pénétration** penetration rate ; **taux de profit** profit rate, rate of profit ; **taux de protection** [Eco int] rate of protection ; **taux de protection effective** [Eco int] effective rate of protection ; **taux de récupération du capital** capital recovery factor ; **taux de référence bancaire** base rate ; **taux de rémunération des dépôts** deposit rate ; **taux de remplacement** replacement level ; **taux de rendement** q v taux de rendement ; **taux de rentabilité** q v taux de rentabilité ; **taux de rotation** turnover rate ; **taux de rotation de la main-d'œuvre** labour turnover ; **taux de rotation du capital** capital turnover ; **taux de salaire** wage rate ; **taux de salaire moyen** average hourly rate ; **taux directeur** official market rate, leading rate ; **taux effectif moyen** actual average rate ; **taux en vigueur** going rate, prevailing rate ; **taux équivalent** equivalent rate ; **taux fixe** fixed rate ; **taux flottant** floating rate ; **taux forfaitaire** flat rate ; **taux horaire** hourly rate ; **taux interbancaire demandé à Londres** (LIBID) London interbank interest rate demanded (LIBID) ; **taux interbancaire demandé à Paris** (PIBID) Paris interbank bid rate (PIBID) ; **taux interbancaire offert** (TIO) interbank offered rate (IBOR) ; **taux interbancaire offert à Londres** (pour les dépôts en euro$) (TIOL)

London interbank offered rate (LIBOR) ; **taux interbancaire offert à Paris** (pour les dépôts en euro$) (TIOP) Paris interbank offered rate (PIBOR) ; **taux interbancaire offert à Singapour** (pour les dépôts en euro$) (TIOS) Singapour interbank offered rate (SIBOR) ; **taux interbancaire offert à Tokyo** (pour les dépôts en euro$) (TIBOR) Tokyo interbank offered rate (TIBOR) ; **taux interne de rentabilité** internal rate of return ; **taux Lombard** Lombard rate ; **taux longs** long-term rates, long rates ; **taux marginal** marginal rate ; **taux marginal d'imposition** marginal rate of taxation ; **taux marginal de substitution** (TMS) marginal rate of substitution (MRS) ; **taux marginal de substitution technique** (TMST) marginal rate of technical substitution ; **taux marginal de transformation** (TMT) marginal rate of transformation ; **taux monétaire de l'intérêt** monetary rate of interest, interest monetary rate ; **taux moyen des taux offerts** (PIBOR) **et des taux demandés** (PIBID) **à Paris** (PIMEAN) Paris interbank mean rate (PIMEAN) ; **taux naturel de l'intérêt** natural rate of interest, interest natural rate ; **taux nominal** nominal rate ; **taux observé** actual rate ; **taux officiel d'escompte** Bank rate ; **taux plafond** a) ceiling rate ; b) cap (interest) rate ; **taux plancher** floor (interest) rate ; **taux préférentiel** prime rate, fine rate ; **taux-pivots** (cf. SME) central rates ; **taux pivot bilatéral** (cf. SME) bilateral central rate ; **taux révisable** adjustable rate ; **taux CVS** seasonally adjusted annual rate (SAAR) ; **taux spoliateur** confiscatory rate ; **taux tendanciel** underlying rate, trend rate.

taux d'intérêt nm [Eco, Fin] interest rate * **taux d'intérêt à court terme** short-term interest rate ; **taux d'intérêt à long terme** long-term interest rate ; **taux d'intérêt administré** controlled interest rate, regulated interest rate ; **taux d'intérêt commercial de référence** (TICR) commercial interest reference rate (CIRR) ; **taux d'intérêt couvert** (cf. couverture de change) covered interest rate ; **taux d'intérêt créditeur** interest deposit rate ; **taux d'intérêt de référence** benchmark rate ; **taux d'intérêt débiteur** lending rate ; **taux d'intérêt dégressif** regressive interest rate ; **taux d'intérêt directeur(s)** key interest rate(s) ; **taux d'intérêt du coupon** coupon rate ; **taux d'intérêt du marché** market interest rate ; **taux d'intérêt effectif** effective interest rate ; **taux d'intérêt flottant** floating rate ; **taux d'intérêt hypothécaires** mortgage interest rates ; **taux d'intérêt monétaire** nominal interest rate ; **taux d'intérêt nominal** a) money rate of interest, nominal interest rate ; **taux d'intérêt non réglementé** free interest rate ; **taux d'intérêt plafond** ceiling interest rate ; **taux d'intérêt plancher** floor interest rate ; **taux d'intérêt privilégié** concessional interest rate ; **taux d'intérêt réel** real interest rate, inflation adjusted interest rate ; **taux d'intérêt réglementé** controlled interest rate, regulated interest rate ; **taux d'intérêt révisable** floating interest rate ; **taux d'intérêt tendanciel** trend interest rate ; **taux d'intérêt variable** floating interest rate.

Δ **bonification de taux d'intérêt** interest rate subsidy ; **détente des taux d'intérêt** easing of interest rates ; **hiérarchie des taux d'intérêt** yield curve, term structure curve ; **montée des taux d'intérêt** rise in interest rates ; **structure des taux d'intérêt** interest rate structure ; **structure selon l'échéance des taux d'intérêt** (SSE) *ou* **structure temporelle des taux d'intérêt** term structure of interest rates, term structure.

taux de change nm [Eco, St Ex] rate of exchange, (foreign) exchange rate * **taux de change à terme** forward exchange rate ; **taux de change administré** managed exchange rate ; **taux de change au comptant** spot exchange rate ; **taux de change d'équilibre** equilibrium exchange rate ; **taux de change effectif** (pondéré par le volume des échanges) effective exchange rate ; **taux de change fixes** fixed exchange rates ; **taux de change fixes mais ajustables** fixed but adjustable exchange rates ; **taux de change flottants** floating exchange rates, floating exchange rates ; **taux de change nominal** nominal exchange rate ; **taux de change officiel** official exchange rate ; **taux de change réel** real exchange rate ; **taux de change réel effectif** real effective exchange rate ; **taux de change surévalué** overvalued exchange rate.

Δ **surréaction des taux de change** overshooting of exchange rates ; **tension sur les taux de change** exchange rate strain.

taux de chômage nm [Eco] unemployment rate * **taux de chômage naturel** natural rate of unemployment ; **taux de chômage non accélérateur de l'inflation** (NAIRU) non-accelerating inflation rate of unemployment (NAIRU) ; **taux de chômage non accélérateur des salaires** (NAWRU) non-accelerating wage rate of unemployment (NAWRU) ; **taux de chômage standardisé** (TCS) standardized unemployment rate (SUR).

taux de rendement nm [Eco, Fin] rate of return * **taux de rendement à l'échéance** yield to maturity ; **taux de rendement à l'émission** yield at issue ; **taux de rendement à terme** forward rate of return ; **taux de rendement actuariel** yield to maturity (YTM) ; **taux de rendement attendu** expected rate of return ; **taux de rendement comptable** accounting rate of return ; **taux de rendement des capitaux propres** (RCP) return on equity (ROE) ; **taux de rendement effectif** effective rate of return ; **taux de rendement interne** (TRI) internal rate of return (IRR) ; **taux de rendement minimal** hurdle rate ; **taux de rendement nominal** nominal rate of return ; **taux de rendement réel** real rate of return.

taux de rentabilité nm [Eco, Fin] rate of return * **taux de rentabilité économique** economic rate of return (ERR) *or* economic internal rate of return (EIRR) ; **taux de rentabilité financière** financial internal rate of return (FIRR), financial rate of return, internal rate of (financial) return.

taxe nf [Fisc] tax, duty * **imposer une taxe sur** to lay a tax on sth *or* to levy a tax on sth ; **taxe à la valeur ajoutée** (TVA) value-added tax (VAT) ; **taxe foncière** property rates (GB), property tax (US).

taxer v to tax.

Taylorisme nm [Eco] Taylorism.

TCM *tarification au coût marginal* marginal cost pricing (MCP).

TCS *taux de chômage standardisé* standardized unemployment rate (SUR).

TEC *Tarif extérieur commun* Common External Tariff (CET).

technique nf technique.

technique adj technical.

technologie nf technology * **technologie peu coûteuse en capital** light-capital technology (LCT).

technologique adj technological.

technostructure nf technostructure.

temporaire adj temporary.

tendance nf [Stat, Eco] trend * **tendance à la baisse** a) downward trend, falling trend ; b) [St Ex] bearish trend, bearish tendency ; **tendance à la détente** easing trend ; **tendance à la hausse** upward trend ; **tendance baissière** [St Ex] downward trend, bearish trend, bearish tendency ; **tendance conjoncturelle** cyclical trend ; **tendance de longue période** long-term trend ; **tendance démographique** demographic trend ; **tendance moyenne de phase** (PAT) [Stat] phase-average trend (PAT) ; **tendance observée** prevailing trend ; **tendance profonde** underlying trend ; **tendance saisonnière** seasonal trend ; **tendance séculaire** secular trend.

Δ **coefficient de tendance** trend equation ; **équation de tendance** trend equation ; **inversion de la tendance** reversal in the trend.

tension nf pressure * **tensions inflationnistes** inflationary pressures.

termaillage nm [Eco] leads and lags.

terme nm 1- time limit, deadline.
2- [Fin] due date, date for payment.
3- [St Ex] * **terme contre terme** forward-forward ; **terme sec** forward-outright.

Δ **à terme** (devise) future ; **court terme** short term ; **déchéance du terme** event of default ; **en termes nominaux** in money terms ; **en termes réels** in real terms ; **long et moyen terme** long-and medium-term (LMT) ; **long terme** long term.

terrains n, plu [Acc] land.

territoire nm territory * **territoire économique** [SCN] domestic territory ; **territoires d'outre-mer** (TOM) overseas territories (OT's).

tertiaire adj tertiary.

tertiarisation nf [Eco] shift to services.

TES *tableau des entrées-sorties* input-output matrix.

test nm test.

tester v to test.

tête nf head * **par tête** per head, per capita.

textile adj textile.

textile nm textile * **le textile** textile industry.

Théorème nm [Math] theorem * **théorème central limite** central limit theorem ; **Théorème de Bayes** Bayes's rule, Bayesian Theorem ; **Théorème de Heckscher-Ohlin** [Eco] Heckscher-Ohlin Theorem, Heckscher-Ohlin principle ; **théorème des élasticités critiques** [Eco int] Marshall-Lerner Criterion, Marshall-Lerner Condition ; **Théorème du Cobweb** [Eco] Cobweb Theorem.

théorie nf theory * [Eco] **théories behaviouristes de l'entreprise** behavioural theories of the firm ; **théorie classique du taux d'intérêt** classical theory of interest ; **théorie de l'abstinence** abstinence theory of interest ; **théorie de l'accélérateur** accelerator theory ; **théorie de l'agence** agency theory ; **théorie de l'optimum de second rang** theory of second best, second-best theory ; **théorie de l'organisation** organisation theory ; **théorie de l'utilité** utility theory ; **théorie de l'utilité anticipée** expected utility theory ; **théorie de la décision** [Math] decision theory ; **théorie de la détermination du revenu** theory of income determination ; **théorie de la firme** theory of the firm ; **théorie de la marche au hasard** [Stat] random walk theory ; **théorie de la maximisation** maximum value theory ; **théorie de la parité des pouvoirs d'achat** Purchasing-Power Parity Theory, PPP Theory ; **théorie de la parité des taux d'intérêt** Interest Rate Parity Theory, IRP Theory ; **théorie de la préférence pour la liquidité** liquidity preference theory ; **théorie de la production** theory of production ; **théorie de la productivité marginale du travail** marginal productivity theory of wages *or* marginal productivity wage theory ; **théorie de la répartition** theory of distribution ; **théories de la régulation** regulationist theories ; **théorie de la surproduction permanente** theory of market gluts ; **théories de la surproduction du cycle économique** overproduction theories of the business *or* trade cycle ; **théorie de la valeur** theory of value ; **théorie de la valeur-travail** labour theory of value ; **théorie des anticipations** expectation theory ; **théorie des anticipations rationnelles** theory of rational expectations ; **théorie des contrats** theory of contracts ; **théorie des coûts de transaction** theory of transaction costs ; **théorie des ensembles** [Math] set theory ; **théorie des fonds prêtables** theory of loanable funds ; **théorie des jeux** theory of games ; **théorie des marchés efficients** efficient-markets theory ; **théorie des organisations** organization theory ; **théorie du commerce international** theory of international trade ; **théorie du consommateur** theory of consumer behaviour ; **théorie du deuxième choix** theory of second best ; **théorie du finance-**

ment hiérarchique de l'entreprise pecking order theory ; **théorie du fonds des salaires** wage fund theory ; **théorie du prix d'arbitrage** arbitrage pricing theory (APT) ; **théorie du revenu permanent** permanent income theory ; **théorie du surinvestissement du cycle économique** overinvestment theory of the business cycle *or* trade cycle ; **théorie économique** economic theory ; **théories endogènes du cycle économique** endogenous theories of the business cycle *or* trade cycle ; **théories exogènes du cycle économique** exogenous theories of the business cycle *or* trade cycle ; **théorie keynésienne** Keynesian Economics, Keynes Theory ; **théories managériales de l'entreprise** managerial theories of the firm ; **théorie néo-classique** neoclassical economics, neoclassical theory ; **théorie quantitative** Quantity Theory of Money ; **théorie quantitative de la monnaie** Quantity Theory of Money.

théoricien nm theorist * **théoricien de l'offre** [Eco] supply-sider.

thésaurisation nf [Eco] hoarding.

TIBOR *taux interbancaire offert à Tokyo* Tokyo interbank offered rate (TIBOR).

TICR *taux d'intérêt commercial de référence* commercial interest reference rate (CIRR).

tiers adj third.

tiers nm third * **tiers monde** third world ; **tiers payant** paying third ; **tiers provisionnel** [Fisc] interim tax payment.

TIO *taux interbancaire offert* interbank offered rate (IBOR).

TIOL *taux interbancaire offert à Londres* (pour les dépôts en euro$) London interbank offered rate (LIBOR).

TIOP *taux interbancaire offert à Paris* Paris interbank offered rate (PIBOR).

TIOS *taux interbancaire offert à Singapour* (pour les dépôts en euro$) Singapour interbank offered rate (SIBOR).

tiré nm [Fin] drawee.

tireur nm [Fin] drawer.

tissu nm * **tissu économique** economic base ; **tissu industriel** industrial base.

titre nm 1- title.
2- [Fin] security * **acheter des titres** to buy securities ; **placer des titres** to raise debt ; **vendre des titres** to sell securities ; **titres à terme** forward securities ; **titres Alpha** Alpha stocks ; **titre à revenu fixe** fixed-interest security, fixed-yield security ; **titre à revenu variable** variable-interest security, variable-yield security ; **titre à terme conditionnel** option contract ; **titres admis en nantissement** collateral securities ; **titre au porteur** bearer security ; **titres Beta** Beta stocks ; **titre coté** listed security, quoted security ; **titre d'emprunt** debt security ; **titre d'Etat** government bond, government security ; **titres d'Etat** bills issued by Government or other public bodies, gilts (UK), gilt-edged securities (UK) ; **titre**

de la dette debt instrument ; **titre de la dette publique** government debt instrument ; **titre de paiement** order to pay ; **titre de participation** equity share, equity security ; **titre de placement** investment security ; **titre de premier rang** senior security ; **titre de prêt** loan certificate ; **titre de second rang** junior security ; **titres Delta** Delta stocks ; **titre dématérialisé** paperless security, book-entry security ; **titres du marché monétaire** money market paper ; **titres entièrement libérés** fully paid-up shares, fully paid-up stock ; **titres Gamma** Gamma stocks ; **titre hybride** hybrid security ; **titre hypothécaire** mortgage bond ; **titre négociable** marketable security, negotiable instrument ; **titre nominatif** bearer security ; **titre non coté** unlisted security, unquoted security ; **titres non entièrement libérés** partly paid-up shares, partly paid-up stock ; **titre participatif** non-voting share, non-voting stock ; **titre payable à vue** sight document ; **titres subordonnés** subordinated securities, subordinated debt, junior debt ; **titres subordonnés à durée indéterminée** (TSDI) perpetual floating rate notes, perpetual floating rate bonds ; **titre support** underlying security, underlying stock.
∆ **bloc de titres** block ; **conservation internationale des titres** global custody ; **conservation nationale des titres** local custody, subcustody ; **dématérialisation des titres** dematerialisation ; **démembrement d'un titre** stripping ; **maison de titres** securities firm, securities house, securities company ; **reconditionnement d'un titre** repackaging.

titrisation nf [Fin] securitisation (UK), securization (US).

titriser v [Fin] to securitize.

TMS *taux marginal de substitution* marginal rate of substitution (MRS).

TMST *taux marginal de substitution technique* marginal rate of technical substitution.

TMT *taux marginal de transformation* marginal rate of transformation.

TOF *tableau des opérations financières* financial operations table.

TOM *territoires d'outre-mer* overseas territories (OT's).

tomber v (prix, inflation) to fall, to drop, to come down, to decrease.

tour de table nm [Fin] pool.

tourisme nm tourism, tourist industry.

trafic nm 1- traffic.
2- [Eco int] trade.
∆ **création de trafic** trade creation ; **détournement de trafic** trade diversion.

traite nf [Fin] draft, bill * **accepter une traite** to accept *or* to honour a bill *or* a draft ; **cautionner une traite** to back a bill ; **honorer une traite** to honor a draft, to meet a bill ; **présenter une traite au paiement** to present a bill for payment ; **traite à vue** demand bill ; **traite au porteur** blanked bill of exchange ; **traite avalisée** guaranteed bill, backed bill ; **traite bancaire** banker's draft ; **traite de cavalerie** accommodation paper ; **traite de complaisance** accommodation draft, accommodation bill ; **traite documentaire** documentary draft ; **traite escomptée** discounted bill ; **traite sur l'extérieur** foreign draft.

traité nm treaty * **Traité de Maastricht** Maastricht Treaty ; **Traité de Rome** Treaty of Rome.

traitement nm a) treatment, handling, processing * **traitement différencié** differential treatment (cf. GATT).
b) (salaire) salary.

tranche nf section, bracket * **tranche d'âge** age bracket ; **tranche d'imposition** tax bracket ; **tranche de salaire** wage bracket ; **tranches du barème de l'impôt** taxation bands.

tranche de crédit nf [Eco] credit tranche (cf. FMI).
Δ **achats dans les tranches de crédit** credit tranche purchases ; **tirage dans les tranches de crédit** credit tranche drawing.

tranche-or nf [Eco] gold tranche (cf. FMI).
Δ **achat dans la tranche-or** gold-tranche purchase ; **position de tranche-or** gold tranche position ; **tirage sur la tranche-or** gold tranche drawing.

transaction nf 1- [gen, Fin, Eco, St Ex] transaction, operation * **transaction à terme** forward transaction ; **transaction au comptant** spot transaction ; **transactions bancaires** bank transactions, bank operations ; **transactions courantes** (cf. BDP) current account ; **transaction de change à terme sec** outright transaction, outright operation ; **transaction fictive** sham transaction.
2- [St Ex] **(plu)** trading * **transactions de gré à gré** over-the-counter trading ; **transactions informatisées** computerized trading (US), screen-based trading ; **transactions sur devises** foreign exchange trading ; **transactions sur les marchés terme** trading in futures ; **transactions sur obligations** bond trading.
Δ **motif de transaction** [Eco] transaction motive ; **sur la base des transactions** [Eco int] on a transaction basis ; **volume des transactions** (boursières) trading volume.

transférable adj [Fin] assignable, transferable.

transférer v [Fin] (des fonds) to transfer.

transfert nm [Eco, Fin, SCN] transfer * **transfert bancaire** bank transfer ; **transferts courants** [SCN] current transfers ; **transferts courants en provenance de l'Etat** [SCN] current transfers from government ; **transfert de fonds** transfer of funds ; **transfert de technologie** technology transfer ; **transfert électronique de fonds** electronic funds transfer (EFT) ; **transfert électronique de fonds au point de vente** electronic funds transfer at point of sale (EFTPOS) ; **transfert financier** financial transfer ; **transferts nets des ménages vers le secteur public** [SCN] net transfers from households to the public sector ; **transferts nets reçus du reste du monde** [SCN] net current transfers from the rest of the world ; **transferts privés** private transfers ; **transferts privés internationaux** international private transfers ; **transferts publics** government transfers, public transfers, official transfer payments ; **transferts sociaux** social transfers, welfare transfers, security transfers ; **transferts unilatéraux** unilateral transfers.

transformation nf 1- alteration, change
2- [Fin] mismatch, maturity mismatching * **faire de la transformation** to borrow short and lend long.

transfrontière adj cross-border.

transit nm [Fin] float.

transparence nf [Eco] (marché) transparency.

transport nm a) transport, transportation
b) freight.

trappe monétaire nf [Eco] liquidity trap.

travail nm 1- work, occupation, job, employment * **travail à domicile** home work ; **travail à la chaîne** assembly-line work ; **travail à la pièce** piece work ; **travail à mi-temps** part-time work, part-time job ; **travail à temps partiel** part-time work(ing) ; **travail à temps plein** full time work ; **travail au noir** moonlighting ; **travail clandestin** undeclared employment, unrecorded employment ; **travail d'appoint** sideline job ; **travail en temps partagé** timesharing ; **travail indépendant** self-employment ; **travail non déclaré** undeclared work ; **travail non marchand** non-market work ; **travail non rémunéré** unpaid work ; **travail posté** shift work ; **travail précaire** insecure employment, unstable employment ; **travail qualifié** skilled work ; **travail saisonnier** seasonal job ; **travail sur le terrain** field work.
2- [Eco] (facteur travail) labour.
Δ **aménagement du temps de travail** arrangement of working hours ; **arrêt de travail** a) (grève) work stoppage ; b) (maladie) sick leave ; **conditions de travail** working conditions ; **désincitation au travail** work disincentive ; **division du travail** division of labour ; **division internationale du travail** (DIT) International Division of Labour ; **force de travail** labour force ; **partage du travail** work sharing ; **réduction du temps de travail** reduction in working hours, shorter working week ; **rémunération du (facteur) travail** income from labour ; **sans travail** unemployed.

travailler v to work * **travailler à mi-temps** to work part-time ; **travailler à plein temps** to work full-time ; **travailler à temps partiel** to work part-time ; **travailler au noir** to moonlight ; **travailler en indépendant** to work freelance.

travailleur nm worker * **travailleur à domicile** home worker ; **travailleur à mi-temps** part-time worker ; **travailleur frontalier** border worker ; **travailleur indé-**

pendant self-employed person, self-employed worker ; **travailleurs indépendants** the self-employed ; **travailleur manuel** blue-collar worker ; **travailleur occasionnel** casual worker ; **travailleur sur le marché primaire** mainstream worker.

travaux publics nm, plu public works.

trésorerie nf [Acc] cash, cash in hand, liquidity.
Δ **besoin de trésorerie** cash requirement ; **déficit de trésorerie** cash deficit ; **difficultés de trésorerie** cash shortage, cash squeeze ; **excédent de trésorerie** cash surplus, excess cash ; **excédent de trésorerie d'exploitation** (ETE) operating cashflow, operating cash surplus ; **flux de trésorerie** cash flow ; **flux de trésorerie issu de l'exploitation** operating cash flow ; **gestion de trésorerie** cash management ; **insuffisance de la trésorerie** shortfall of cash ; **opération de trésorerie** cash operation, cash transaction ; **plan de trésorerie** cash forecast ; **situation de trésorerie** liquidity position, cash position (US) ; **solde de trésorerie** cash balance ; **sorties de trésorerie** cash outflows, cash payments, cash disbursements ; **volant de trésorerie** floating cash reserve.

TRI *taux de rendement interne* internal rate of return (IRR).

tripler v to treble, to triple, to increase by three.

troc nm [Eco int] barter, countertrade, countertrading.
Δ **accord de troc** barter agreement, countertrade agreement ; **opération de troc** barter transaction, barter deal.

troquer v to barter.

TVA *taxe à la valeur ajoutée* value added tax (VAT).

U

UCE *unité de compte européenne* European Unit of Account (EUA).

UE *Union européenne* European Union (EU).

UEBL *Union économique belgo-luxembourgeoise* Belgium-Luxembourg Economic Union (BLEU).

UEP *Union européenne des paiements* European Payments Union (EPU).

UME *Union monétaire européenne* European Monetary Union (EMU).

union nf union * **union douanière** customs union, tariff union ; **union économique** economic union ; **Union économique belgo-luxembourgeoise** (UEBL) Belgium-Luxembourg Economic Union (BLEU) ; **Union européenne** (UE) European Union (EU) ; **Union européenne des paiements** (UEP) European Payments Union (EPU) ; **union monétaire** monetary union ; **Union monétaire européenne** (UME) European Monetary Union (EMU).

unité nf a) unity.
b) (élément) unit * **unité comptable** [Acc] accounting entity, accounting unit ; **unité d'échantillonnage** [Stat] sampling unit ; **unité d'inventaire** [Acc] inventory unit ; **unité d'observation** [Stat] unit of interest ; **unité d'œuvre** [Acc] cost unit, allocated cost per unit, activity unit (US) ; **unité de compte** [Eco] unit of account ; **unité de compte européenne** (UCE) European Unit of Account (EUA) ; **unité de production** production unit ; **unité économique** economic unit ; **unité institutionnelle** [SCN] institutional unit ; **unité monétaire** monetary unit ; **unité monétaire européenne** (ECU) European Currency Unit (ECU), European monetary unit ; **unité primaire** [Stat] primary unit ; **unité secondaire** [Stat] secondary unit ; **unité statistique** [SCN] statistical unit ; **unité travail-année** (UTA) [Eco] year work unit (YWU) ; **unité travail-homme** (UTH) [Eco] annual work unit (AWU) ; **unité-type** [Stat] purposive unit.

usager nm user.

usine nf factory, plant * **usine clés en main** turnkey factory, turnkey plant, turnkey contract ; **usine de montage** assembly plant ; **usine délocalisée** transplant ; **usine tournevis** screwdriver assembly.

usure nf 1- wear and tear.
2- [Fin] usury, loan-sharking (US).

UTA *unité travail-année* year work unit (YWU).

UTH *unité travail-homme* annual work unit (AWU).

utilisable adj usable.

utilisateur nm user * **utilisateur final** end user.
Δ **gros utilisateur** heavy user.

utilité nf 1- usefulness, use. 2- [Eco] utility * **utilité cardinale** cardinal utility ; **utilité des dirigeants** management utility, managerial utility ; **utilité économique** economic utility ; **utilité marginale** marginal utility ; **utilité marginale de la monnaie** marginal utility of money ; **utilité ordinale** ordinal utility ; **utilité totale** total utility.

V

valable adj valid.

valeur nf 1- value, price, cost. 2- [Eco, SCN, Fin, Acc, St Ex] value * **augmenter de valeur** to increase in value ; **diminuer de valeur** to decrease in value ; **doubler de valeur** to double in value ; **perdre de la valeur** to lose in value ; **prendre de la valeur** to gain in value ; **valeur à l'échéance** maturity value ; **valeur à l'exportation** external value ; **valeur à prix constants** deflated value ; **valeur actualisée** present value, discounted present value (DPV) ; **valeur actualisée des occasions de croissance** (VAOC) present value of growth opportunities (PVGO) ; **valeur actualisée nette** (VAN) net present value (NPV) ; **valeur actualisée nette ajustée** (VANA) adjusted net present value (ANPV) ; **valeur ajoutée** added value ; **valeur ajoutée brute** [SCN] gross value added (GVA) ; **valeur ajoutée nette** [SCN] net value added (NVA) ; **valeur approchée** approximate value ; **valeur approchée au coût des facteurs** [SCN] factor value, approximate ; **valeur au pair** par value ; **valeur aux prix courants** current value ; **valeur comptabilisée** carrying value ; **valeur comptable** book value, written-down value (UK) ; **valeur d'acquisition** acquisition cost, purchasing value ; **valeur d'échange** value in exchange, exchange value ; **valeur d'usage** value in use, use value ; **valeur de conversion** conversion value, conversion price ; **valeur de la monnaie** value of money ; **valeur de liquidation** a) liquidation value, salvage value, scrap value ; b) (entreprise) break-up value (US) ; **valeur de marché** [St Ex] market value ; **valeur de remboursement** redemption value ; **valeur de remplacement** replacement value ; **valeur des installations** capital value of plant ; **valeur économique totale** total economic value (TEV) ; **valeur en douane** bonded value, customs value ; **valeurs en termes réels** real values ; **valeur extrême** extreme value ; **valeur faciale** face value, nominal value, face amount, nominal amount ; **valeur intrinsèque** absolute value, intrinsinc value, underlying value ; **valeur liquidative** net asset value ; **valeur marchande** market value, cash value ; **valeur monétaire** money value ; **valeur moyenne** mean value ; **valeur nette comptable** net book value, written-down capital ; **valeur nominale** face amount, face value, nominal value, money value ; **valeur nominale d'un titre** par value ; **valeur observée** actual value ; **valeur patrimoniale** property value ; **valeur résiduelle** salvage value, scrap value ; **valeur sur le marché national** domestic value ; **valeur travail** value of labour ; **valeur unitaire** unit value ; **valeur vénale** fair (market) value, sale value, trade value.

3- [St Ex] (titre) security, stock * **valeurs admises à la cote** listed securities ; **valeurs aurifaires** golds ; **valeurs cotées en bourse** listed securities ; **valeur de croissance** growth share ; **valeur de père de famille** blue chip (stock), gilt-edged security, gilt-edged stock ; **valeur de premier ordre** blue chip (UK) ; **valeurs du Trésor** Gilts (UK), Treasuries (US) ; **valeurs en baisse** declines, decliners (US), losers ; **valeurs en hausse** advances, advancers (US), gainers, winners, bullish stocks ; **valeurs industrielles** industrials ; **valeurs minières** mines ; **valeurs mobilières** securities, stocks and bonds ; **valeurs mobilières composées** hybrid securities ; **valeurs non admises à la cote** unlisted securities ; **valeurs non cotées** unquoted securities ; **valeurs obligataires** debt securities ; **valeurs pétrolières** oils ; **valeurs textiles** textiles ; **valeur vedette** leader, leading equity, glamour stock (UK).
4- [Math] * **valeur propre** Eigen value.
△ **additivité de la valeur** value additivity ; **ensemble des valeurs (mobilières)** shares and bonds ; **réserve de valeur** store of value ; **spécialiste en valeurs du Trésor (SVT)** gilt-edged market maker (GEMM) (UK), primary dealer (US).

valeur-or nf [Eco] gold value.

valeur-temps nf [Eco] time value.

valorisation nf [Fin] pricing, valuation * **valorisation patrimoniale** total asset valuation.
△ **valuation effect** effet de valorisation.

valoriser v to value.

VAN *valeur actuelle nette* net present value (NPV), present discounted value (PDV).

VANA *valeur actalisée nette ajustée* adjusted net present value (ANPV).

VAOC *valeur actualisée des occasions de croissance* present value of growth opportunities (PVGO).

variable nf [Math, Stat, Eco] variable, variate * **variable aléatoire** random variable ; **variable auxiliaire** dummy variable ; **variable continue** continuous variate ; **variable de la politique** économique policy variable ; **variable de substitution** proxy ; **variable dépendante** dependent variable ; **variable discontinue** discontinuous variate ; **variable endogène** endogenous variable, dependent variable ; **variable exogène** exogenous variable ; **variable explicative** explanatory variable, determinant ; **variable fictive** dummy variable ; **variable indépendante** independent variable, explanatory variable ; **variable muette** dummy variable ; **variable normale** normal variate ; **variable normale centrée réduite** standard normal variable *or* variate ; **variable opérationnelle** instrument variable ; **variable supplétive** proxy indicator.

variable adj variable.

variance nf [Stat] variance * **variance résiduelle** unexplained variance.

variation nf variation, change * **variation brusque** swing.

varier v to vary, to fluctuate, to change.

vecteur nm [Math] vector * **vecteur colonne** column vector ; **vecteur ligne** line vector.

vega nm [Fin] vega.

vendeur nm 1- shop assistant.
2- [Eco, St Ex] seller.

vendre v [gen, Fin, St Ex] to sell * **vendre à découvert** [St Ex] to sell short, to sell a bear ; **vendre à domicile** to sell door to door ; **vendre à perte** to sell below cost, to sell at a loss ; **vendre à terme** [St Ex] to sell forward ; **vendre au comptant** a) to sell for cash ; b) [St Ex] to sell spot ; **vendre au dernier cours** [St Ex] to sell at the close ; **vendre au mieux** [St Ex] to sell at market ; **vendre au premier cours** [St Ex] to sell at the opening market ; **vendre aux enchères** to auction ; **vendre en dessous du coût de production** to sell below cost ; **vendre ferme** [St Ex] to sell firm ; **vendre par appartements** [Fin] to sell off piecemeal, to sell off in bits.

vente nf 1- [gen, Fin, St Ex] a) (action) sale, selling ; b) (résultat) sale * **vente à crédit** credit sale, hire purchase sale (UK), installment sale (US) ; **vente à découvert** [St Ex] bear sale, short sale, uncovered sale ; **vente à l'encan** auction sale ; **vente à tempérament** sale by instalments, installment sale (US) ; **vente à terme** [St Ex] a) short sale ; (marché des changes) forward sale ; **vente au détail** retail selling, retail trade ; **vente aux enchères** auction sale, debt sale ; **vente de gré à gré** voluntary sale ; **vente de porte à porte** door to door selling, door to door sale ; **vente en gros** wholesaling, wholesale trade ; **vente par correspondance** mail order selling.
2- [Acc] **(plu) ventes** goods sold, sales.
∆ **conditions de vente** terms of sale.

ventilation nf 1- breakdown.
2- [Acc] allocation, apportionment.

vérification nf 1- checking.
2- [Acc] auditing.

vérifier v 1- to check.
2- [Acc] to audit.

versement nm [Fin] a) payment ; b) (sur un compte) deposit * **faire un versement sur un compte** to pay money into an account, to make a deposit ; **versement de dividendes** dividend payment ; **versements échelonnés** instalments (UK), installments (US) ; **versement par acompte** instalment (UK), installment (US) ; **versement sans contrepartie** unrequited payment.

verser v (payer) to pay * **verser de l'argent sur un compte** to pay money into an account ; **verser le solde** to pay the balance ; **verser un intérêt** to pay an interest ; **verser un salaire** to pay a salary.

virement nm [Fin] 1- transfer, payment * **virement bancaire** bank transfer.
2- [Acc] transfer.

virer v 1- to turn.

2- [Fin] to transfer * **virer de l'argent d'un compte à l'autre** to transfer money from one account to another ; **virer de l'argent sur un compte** to pay money into an account, to transfer money to an account ; **virer des fonds** to transfer.

viscosité n [Eco] stickiness.

vitesse nf 1- speed.

2- [Eco] velocity * **vitesse de circulation** velocity of circulation ; **vitesse de circulation de la monnaie** velocity of circulation of money, money velocity.

vitesse-revenu nf [Eco] income velocity * **vitesse-revenu de circulation de la monnaie** income-velocity of money.

vitesse-transaction nf [Eco] transaction velocity.

volatile adj [Fin] volatile.

volatilité nf [Fin] volatility.

volume nm volume.

vue * **à vue** on demand, on sight.

Z

ZEP zone d'échanges préférentiels preferred trade area (PTA).

zone nf area, zone * **zones cibles** [Eco] target zones ; **zone d'échanges préférentiels** (ZEP) [Eco int] preferred trade area (PTA). **zone de libre échange** [Eco int] free trade area (FTA) ; **zone défavorisée** less favoured area (LFA) ; **zone dollar** dollar area ; **zone en difficulté** distressed area ; **zone économique exclusive** exclusive economic zone (EEZ) ; **zone franc** French franc area ; **zone franche bancaire** offshore market ; **zone grise** (Eco int) grey area ; **zone monétaire** monetary area ; **zone périphérique** fringe area ; **zone sterling** [Eco] Overseas Sterling Area (OSA), Sterling Area.

Composé par Economica, 49, rue Héricart, 75015 PARIS
Imprimé en France. - JOUVE, 18, rue Saint-Denis, 75001 PARIS
N° 241565V. - Dépôt légal : Janvier 1997